대한예수교장로회
고신총회70년사

대한예수교장로회 고신총회70년사

초판1쇄인쇄 2022년 9월 1일
초판1쇄발행 2022년 9월 21일
편집 이상규
지은이 대한예수교장로회(고신) 총회 70년사 편찬위원회
발행처 총회출판국
등록번호 서울 제22-1443호(1998년 11월 3일)
주소 06593 서울시 서초구 고무래로 10-5(반포동)
전화 02-533-2182
팩스 02-533-2185
홈페이지 www.edpck.org
디자인 CROSS-765
ISBN 978-89-5903-031-6 (03230)

책값은 뒤 표지에 있습니다.

대한예수교장로회

고신총회70년사

편집: 이상규
대한예수교장로회(고신) 총회 70년사 편찬위원회

대한예수교장로회
총회출판국

목차

제3부. 고신총회의 형성과 발전

제4부. 총회 산하 기관의 역사와 현황

제5부. 부록

발간사

우리 총회의 역사가 70년이 되었습니다. 70년의 세월 동안 크고 작은 사건과 사고가 있었고, 심지어 총회의 존립이 불투명한 상황들도 맞이했습니다. 그러나 그 가운데에도 하나님께서 은혜 주셔서 총회가 굳건하게 70년을 이어올 수 있었습니다. 모든 것이 하나님의 은혜입니다. 이번에 발간하는 『대한예수교장로회 고신총회 70년사』는 이런 하나님의 은혜가 오롯이 기록된 역사입니다.

또한 고신총회 70년의 역사는 이런 하나님의 은혜에 순종한 초창기 고려파 선배들이 있어서 가능했습니다. 하나님이 아니고는, 말씀이 아니고는 어디에도 무릎 꿇지 않고, 목숨을 내던지면서까지 신앙의 절개를 지키신 고려파 선배님들이십니다. 일제의 신사참배 강요와 옥살이도 꿋꿋이 감내하였고, 광복을 맞이해서는 교회 재건과 쇄신을 위해 헌신하셨던 선배들의 헌신에 경의를 표합니다. 외부의 잔악무도한 탄압과 내부의 치졸한 협잡이 있었지만 하나님 앞에 한국교회를 새롭게 하고자 한 열망으로 이룬 역사입니다.

선배들의 역사가 후배들에게로 이어졌습니다. 세월이 변하면서 세상은 신앙에 의문을 제기하고 믿음을 흔들고자 했습니다. 외부뿐만 아니라 내부에서 일어난 혼란으로 고신총회가 흔들리기도 했습니다. 그러나 총회 모든 산하 교회와 성도들이 흔들리지 않는 믿음으로 개혁주의 신앙을 올곧게 이어가고자 애썼습니다. 그 세월이 70년간 이어졌습니다. 『대한예수교장로회 고신총회70년사』를 발간하면서 믿음을 지켜 온 총회 산하 모든 교회와 성도들께 감사와 축하를 전합니다.

『대한예수교장로회 고신총회 70년사』 발간이라는 거대한 과업을 위해 수고해 주신 70년사편찬위원장, 총무, 그리고 집필자들께 감사드립니다. 특별히 집필위원장 겸 대표편집자를 맡으신 이상규 교수님께 감사드립니다. 한국교회 역사와 고신총회 역사를 기록하는 데 가장 적임자가 총회 내에 계셔 참 기쁩니다. 또 우리 총회의 기쁜 일을 축하해 주신 한국교회 총연합회 대표회장 류영모 목사님, 합신총회 총회장 김원광 목사님과 대신총회 총회장 이정현 목사님께도 감사드립니다.

70주년을 맞이하여 『대한예수교장로회 고신총회 70년사』를 통해 다시 선배들의 정신을 기리며, 다시 하나님 앞에서 말씀 앞에서 새로운 70년을 준비했으면 좋겠습니다. 선배들의 일사각오(一死覺悟), 여주동행(與主同行), 지사충성(至死忠誠)의 뜻을 깊이 새기며 구호보다는 삶으로, 말보다는 행동으로 나선다면, 우리 고신총회가 세상의 소금과 빛의 역할을 온전히 감당할 것입니다.

2022년 8월 30일
고신총회 총회장
강학근 목사

편찬사

역사를 돌아보고 살피는 일은 너무나도 중요합니다. 성경의 전통이 그렇고 교회의 전통이 그러합니다. 이런 점에서 고신총회 70년을 맞아 총회의 역사를 돌아보는 것은 뜻깊은 일이라고 하겠습니다. 지난 역사에서 감사할 것은 감사하고 회개할 것은 회개하며, 고칠 것은 고쳐서 새로운 역사를 만들어 가야 할 것입니다.

고신총회는 신사참배 회개운동으로 시작한, 그야말로 한국교회를 바른길로 이끈 복음의 역사의 중심에 있었습니다. 교회 재건과 쇄신을 위해 말씀에 집중하는 교회였습니다. 일상에서도 회개(거룩)와 주일성수(예배)의 단정한 삶을 추구했습니다. 학생들도 자발적으로 교회를 섬기고 복음을 전했습니다. 복음병원을 비롯해 여러 경로로 약자를 섬기고 보듬었습니다. 물론 안타까운 일들이 없었던 것은 아닙니다. 예배당 소유권과 관련한 세상 법정 고소 사건, 합동과 환원으로 인한 상처, 사조직 이사회와 대학교명 불법 변경, 복음병원 관선이사 파송 등입니다.

총로회로 시작한 고신총회가 내외적으로 어려움이 있었지만 어느덧 성장하여 총회 산하 여러 기관을 두었으며 연합회들을 이루고 있습니다. 이 모든 것이 하나님의 은혜요, 모든 교회와 성도들의 섬김과 헌신 덕분입니다. 이제 새로운 시대를 맞이하여 복음을 가지고 사랑으로 역사하는 교회로 전진해야 합니다. 그 첫발이 『대한예수교장로회 고신총회70년사』 편찬 및 발간입니다. 우리는 고신총회 70년사를 통해 그간의 역사를 돌아보며 잘못된 전철은 다시 밟지 않는 새로운 길로 나아갈 것입니다.

역사를 기록하는 일이 쉬운 일은 아닙니다. 그럼에도 이렇게 편찬하여 출간하게 되었습니다. 여러분의 수고와 헌신이 있었습니다. 70년사 편찬을 결정한 강학근 총회장님을 비롯해 실무로 수고해 주신 편찬위원회 위원들께(총무 정태진 목사, 집필자 강종환 장로, 김중락, 이성호 교수, 나삼진, 배정훈, 신재철, 양향모, 이상규, 정하태, 최정기, 황권철 목사) 감사드립니다. 책 제작을 위해 힘써 준 총회교육원 이기룡 원장과 실무진께도 감사를 드립니다. 교계 지도자로서 축하해 주신 한국교회 총연합회 류영모 대표회장님 그리고 합신총회 김원광 총회장님과 대신총회 이정현 총회장님께도 감사드립니다. 무엇보다 고신총회를 70년 동안 인도해 주시고 앞으로도 인도해 주실 하나님께 모든 영광을 돌려 드립니다.

8월 30일
70년사편찬위원장
권오헌 목사

서문

우리가 속한 대한예수교장로회 총회가 1952년 9월 총로회라는 이름으로 출발한 지 70주년을 맞게 되었고, 이를 기념하여 고신총회 70년사를 편찬하게 된 것을 기쁘게 생각합니다. 고신총회는 70주년을 앞두고 부총회장을 위원장으로, 정태진 목사를 총무로 하는 '고신총회 70년사편찬위원회'를 구성하였는데, 이 위원회는 70년사 집필위원을 11인을 위촉하였습니다. 강종환 장로, 김중락 교수, 그리고 나삼진, 배정훈, 신재철, 양향모, 이상규, 이성호, 정하태, 최정기, 황권철 목사 등입니다. 그리고 저를 집필위원장 겸 책임편집자로 위촉하였습니다.

고신총회 70년사 편찬 및 집필위원들은 2021년 5월 27일, 7월 23일, 그리고 10월 22일의 세 차례의 모임을 통해 70년사 집필과 편찬에 관한 의견을 나누고 집필 원칙과 집필 방향, 구성과 목차 등에 대해 논의한 바 있습니다. 이런 논의에 근거하여 주제와 목차를 확정하고 항목별로 집필위원들에게 집필을 의뢰하였습니다. 편집 책임자인 저는 집필 위원들의 원고를 다시 검토하고 일부는 수정하거나 보완하여 70년사를 완성하였습니다. 그리고 유관사진을 편집하여 대한예수교장로회 고신총회 70년사를 펴내게 되었습니다. 이 역사편찬을 기획하신 총회장님 이하 편찬위원 여러분, 그리고 집필에 참여 해 주신 여러 집필위원들에게 깊은 감사를 드립니다.

이번의 고신총회 70년사는 크게 4부로 구성되어 있습니다. 제1부, '기독교의 시원과 발전'에서는 예수님의 탄생에서부터 한국에 기독교가 전파되기까지의 역사를 기술한 것입니다. 예루살렘교회의 설립에서부터 중세와 종교개혁기를 거쳐 근대선교운동, 그리고 19세기까지의 기독교회 역사를 간략하게 정리한 것입니다. 제2부, '기독교의 전래와 한국에서의 교회'는 한국교회의 역사를 정리한 것입니다. 고신총회가 조직되기까지의 한국에서의 교회의 발전 과정을 기술했습니다. 고신총회는 해방 이후 갑자기 생성된 교회가 아니기 때문에 고신총회가 조직될 수밖에 없었던 환경을 역사적으로 그리고 신학적으로 정리한 것입니다. 고신총회의 역사를 구체적으로 기술하기 전에 서양과 한국에서의 교회의 역사를 간명하게 정리한 것은 편찬위원회의 요청에 따른 것이기도 하지만, 예루살렘교회로부터 시작된 하나의(One) 거룩한(holy) 보편적인(catholic) 교회(church)의 일원이 된 고신교회의 연원을 이해하는데 도움이 되게 편집한 것입니다. 이 책의 중심은 제3부, '고신총회의 형성과 발전' 입니다. 고신교회의 연원에서부터 70년의 역사를 주제에 따라 정리한 것입니다. 물론 완전하지는 못하지만 여러 필자들이 고신교회 70년의 발자취를 정리하고자 노력하였습니다.

제4부, '고신총회 기관의 역사와 현황'은 총회 산하의 여러 기관들의 역사와 현황을 정리한 것입니다. 제3부가 통시적으로 교회의 역사를 기술하였다면 제4부는 총회 산하의 여러 기관의 역사를 소개한 것입니다. 제5부에서는 역대 총회임원, 노회 현황과 교세 등 각종 자료와 연표를 정리하여 고신총회의 조직과 행정, 혹은 현황을 정리한 것입니다.

이번에 출판하게 된 고신총회 70년사는 필자들의 수고에도 불구하고 부족한 점이나 보완되어야 할 사항이 적지 않다고 생각합니다. 그러기에 "역사는 다시 기술되어야 한다." 라고 말하는 것 같습니다. 여러 약점에도 불구하고 고신 교회가 걸어 온 지난 70년의 자취를 뒤돌아보는 기회가 되고, 후일의 더 나은 역사기술을 위한 작은 디딤돌이 되기를 기대합니다.

이번 70년사는 한 사람의 집필이 아니기 때문에 주제 혹은 항목 중심의 기술이 되었고, 사건에 대한 이해나 해석은 집필자의 주관으로부터 자유 할 수 없다는 점을 양해해 주시기 바랍니다. 편집책임자인 제가 원고를 읽고 검토했으나 개별 사건에 대한 이해나 기술은 집필자의 관점이라고 할 수 있습니다.

집필자들은 과거의 사건 자체가 어떠했는가에 관심을 가지고 보다 정확하고 객관적으로 기술하려고 노력했지만 역사 기술은 완전히 객관적일 수 없고, 기록자의 주관이 개입될 수밖에 없다는 점은 헤아려 주시기를 바랍니다. 또 이번의 70년사는 여러 필자들이 주제 중심으로 기술하였기 때문에 사건 전후와 관련하여 약간의 중복은 피할 수 없었다는 점도 이해해 주시기를 바랍니다. 이 책에서 대한예수교장로회(고신)를 줄여서 '고신교회,' '고신교단' 혹은 '고신총회'로 표기하였음을 밝혀 둡니다.

이번 70년사 출판을 기획하시고 격려해 주시고 발간사를 써주신 강학근 총회장님, 편찬사를 써 주신 편찬위원장 권오헌 부총회장, 출판을 총괄하신 정태진 목사님, 그리고 축사를 써 주신 교계 지도자들께도 감사를 드립니다. 특히 70년사 출판을 위해 수고해 주신 총회교육원의 이기룡 박사와 김은덕 목사님, 그리고 관계자 여러분들께도 깊은 감사를 드립니다. 고신교회 70년사를 통해 우리의 뒤를 돌아보고 하나님의 자비로운 인도에 대하여 하나님께 감사하고, 앞으로 70년, 앞으로 100년 그리고 주님 오실 때까지 교회의 본질을 지키며, 교회의 사명을 감당하는 새로운 결단의 기회가 되기를 바라며, 이 70년사가 우리와 우리 공동체와 우리 총회의 자취를 성찰하는 공동의 기억이 되기를 기대합니다.

이상규(대표 집필 및 편집자)

축사

대한예수교장로회 고신총회의 70주년을 축하하며, 70주년을 기념하여 펴내는 70년사에 축사를 하게 되어 감사드립니다.

사람의 나이 70세이면 고희라고 합니다. 고희(古稀)란 70세를 뜻하는 말로 당나라의 시인 두보(杜甫)의 시 '곡강(曲江)'에 나오는 '인생칠십고래희(人生七十古來稀)'의 준말입니다. 사람이 70세까지 장수하는 것이 드물다는 뜻입니다. 70세 혹은 70년이 된다는 것이 그만큼 어렵다는 의미겠습니다. 그런 의미에서 고신총회가 70년이 되었다는 것은 쉽지 않은 세월을 지나면서 겪은 수많은 풍파를 이기고 왔기에 정말 축하할만한 일이라 생각합니다. 70년의 세월동안 함께 한국교회와 하나님 나라를 위해 애쓴 모든 고신총회 교회와 성도들에게 축하의 말씀을 드립니다.

또한 세월의 변화 속에서도 흔들리지 않는 믿음으로 개혁주의 신앙을 올곧게 이어가고 있는 고신총회 모든 교회와 성도들에게 감사의 말씀을 전합니다. 세상은 점점 우리의 신앙에 의문을 제기하고 믿음의 반대편에 서서 우리를 흔들고 있습니다. 하지만 그 세상과 타협하지 않고 하나님 앞에서 성경대로 살고자 애쓴 성도들과 교회가 있어 70년의 긴 세월을 보낼 수 있었을 것입니다. 70주년을 맞이하며 고신총회에 속한 모든 교회와 성도들께 감사와 축하의 말씀을 전합니다.

특별히 전 세계를 덮친 코로나19 상황은 우리의 생활과 삶에서 많은 어려움을 가져왔습니다. 사소한 일상에서부터 우리의 신앙 생활에 이르기까지 적지 않은 변화를 일으켰습니다. 하지만 이 코로나19 상황을 통해 교회와 성도가 함께 소통하고 연대하는 것이 얼마나 필요하고 소중한지 느낄 수 있는 시간들이었습니다. 성도가 함께 소통하고 교회와 함께 연대하는 것, 이것이 오늘을 살아가는 그리스도인들에게 필요한 가치가 아닐까 생각합니다.

그런 의미에서 고신총회와 공통의 관심사에 함께 소통하고 연대하여 주님의 몸 된 교회와 하나님 나라를 위해 함께 진력하길 소망합니다.

다시 한번 고신총회 70주년을 축하하며, 고신총회에 속한 모든 교회와 성도들 위에 주님의 평강과 은혜가 넘치시길 기도합니다. 감사합니다.

한국교회 총연합회 대표회장 류영모 목사

축사

고신총회를 세우시고 70년을 지켜 주신 성삼위 하나님께 영광을 돌리며, 고신총회 70년사 발간을 진심으로 축하드립니다. 고신총회는 그동안 보수적인 한국교회의 대표주자로 대한민국 교회와 사회 안에 건강한 영향을 미치며 부흥발전 해 왔습니다. 고신총회의 70주년을 우리가 함께 축하해야만 할 중요한 몇 가지 이유들이 있습니다.

첫째 고신총회는 애국, 애민의 정신으로 세워진 총회로 지금까지도 한국교회와 사회 안에 건강한 영향을 미치고 있기 때문입니다.

둘째 고신총회는 일제하의 엄혹한 시절에도 일사각오의 정신으로 순결한 신앙생활을 추구해온 총회로 오늘날도 타락한 세상과 하나가 되어 자신을 더럽히게 될까 봐 조심 또 조심하는 삶으로 모범이 되는 총회이기 때문입니다.

셋째 성경적 개혁주의 신학의 틀을 철저히 지키며, 세속화와 현대화의 물결로 인한 한국교회의 부패와 타락을 막기 위해 최선을 다하는 총회이기 때문입니다.

고신총회가 이 귀한 가치들을 지키며, 굳건하게 한국교회의 신학적, 정신적 보루로서 역할을 잘 감당해 주고 있기에, 동일한 마음으로 신앙생활을 하는 다른 총회들이 얼마나 큰 격려를 받고 있는지 모릅니다. 그러므로 주 안에서 형제 된 모두가 한마음으로 고신총회의 70주년을 축하하지 않을 수 없습니다.

앞으로도 고신총회가 70주년을 넘어, 종말의 날까지 지금보다 더 부흥하고 발전하는 총회로 든든히 서 나가시기를 기원합니다. 주께서 재림하시는 날

'잘하였다 착하고 충성된 종아!'라고 칭찬해 주실 고신총회의 영광스러운 미래를 기대하며, 70년사 발간을 다시 한 번 축하드립니다.

대한예수교장로회(합신) 총회장 김원광 목사

축사

하나님의 원대하신 계획과 섭리 가운데 고신총회가 이 땅 위에 세워진 지 70주년이 되었습니다. 1952년 9월의 설립 때부터 시작하여 2022년 9월에 이르기까지 귀 총회는 하나님의 은혜로 눈부신 발전을 거듭해 왔습니다. 바울이 선교사역을 마치고 '이방인 가운데 역사하신 하나님의 큰일에 관하여 구체적으로 보고한 것처럼'(행 14:27, 21:19) 제2부에서 제5부의 부록에 이르기까지의 모든 일들이 '우리 가운데 역사하신 하나님의 큰 일'을 목도하는 것 같습니다. 지난 70년의 총회 역사를 구체적이며 정직하게 진술한 것을 읽으며 삼위일체 하나님의 큰 역사를 보는 듯하여 감사와 찬양을 돌리지 않을 수 없습니다.

고신총회 70년사에는 단순히 귀 총회의 70년의 역사를 기술한 것이 아니라 그 이전 대한민국 땅에 복음이 전파된 역사를 서술하였습니다. 이것뿐만 아니라 그 이전의 복음의 시초이며 교회를 창립하시고 교회의 머리가 되시는 그리스도의 사역까지 거슬러 올라가서 서술하고 있다는 장점이 있습니다. 곧 고신총회는 예수 그리스도의 사역과 교회에 기인하고 있다는 역사적이며 기원적인 진술을 하였다는 것입니다. 이것은 고신총회와 초대교회가 결코 분리되지 않는 하나의 공교회적 개념의 교회를 진술한 것이라고 보여집니다. 또한 제3부에서 제5부까지의 총회 역사를 매우 구체적이며 사실적으로 기술하였는데, 특히 총회 산하 각 기관의 역사와 각 노회 및 지교회의 현황을 면밀히 기록했다는 점은 높이 평가할 수 있겠습니다. 이런 자료들은 고신의 밝은 미래를 위한 좋은 자료가 될 것입니다. 물론 이 부분에서 교단의 아픈 역사를 솔직히 말한 것은 다음 세대에 반면교사가 되기에 충분하다고 생각합니다. 고신의 향후 100년의 밝은 미래를 전망할 수 있는 아주 멋지고 훌륭한 일이었습니다.

이 대 작업을 기획 및 실행하신 총회장 강학근 목사님, 70년사 발행 준비위원장이시며 현 부총회장이신 권오헌 목사님, 편찬위원장으로 많은 수고를 하신 이상규 교수를 비롯한 여러 집필 및 편찬 위원들에게 감사와 축하를 드립니다. 고신총회 70년사 발행을 마음을 다하여 축하를 드립니다. 이 일을 위하여 기도하고 적극적으로 협력하신 고신총회 모든 교회에 하나님의 은혜가 항상 함께 있기를 기원합니다.

대한예수교장로회(대신) 총회장 이정현 목사

A 70 Years History of
the Presbyterian Church
in Korea(Kosin)

제1부
기독교의 시원과 발전

1. 예수님의 생애와 사역 / 황권철

교회의 시작: 예수님의 생애

예수님의 생애와 사역은 교회사의 시작이 된다. 그의 탄생과 지상 사역, 그의 십자가와 부활은 복음의 핵심이자 기독교 신앙의 중심이다 우리 교회의 긴 역사를 기술하기 전에 먼저 예수님의 사역에 대해 정리해 두고자 한다. 성경은 하나님의 구원 역사를 계시한 책인데, 하나님은 인류 구원역사를 이루기 위해 아브라함을 통해 한 민족을 삼으시고 다윗 언약을 통해 오실 메시야 왕국으로 예수 그리스도를 보내 주셨다. 그래서 복음서는 이렇게 시작된다. 아브라함과 다윗의 자손 예수 그리스도의 계보라(마 1:1). 예수 그리스도는 우리를 죄와 사망권세에서 건져 내기 위해 이 땅에 오셨고, "수고하고 무거운 짐 진 자들아 다 내게로 오라. 내가 너희를 쉬게 하리라"(마 11:28)고 우리를 초청하셨다. 죄로 인하여 멸망할 인생들이 예수 안에서 살아갈 수 있는 하나님의 자녀가 되게 하셨다. 이것은 이 세상에서 가장 놀라운 복음(Good News)이었다. 그래서 복음서 기자들은 이 기쁜 소식을 온 천하만국에 전하기 위해 마태는 유대인들에게, 마가는 로마인에게, 누가는 헬라인에게, 그리고 요한 흩어져 있는 모든 언약 백성들에게 전하였다. 우리는 이것을 새 언약의 복음서라고 부른다.

복음서에 나타난 예수님의 사역은 그의 공생애 잘 나타나 있다. 예수님의 3년간의 사역은 수난을 당한 한 주간으로 요약할 수 있고, 마지막 한 주간의 사역은 십자가 사건으로 요약할 수 있다. 그래서 주님은 십자가에서 율법 아래 있는 자들을 구원하기 위해 율법에 나타난 하나님의 뜻을 다 이루고 부활하심으로 하나님 나라가 온전히 이루어지기까지 지상교회를 세우고 승천하셨다. 예수님의 지상사역은, 천국 복음을 전파하시고(Preaching), 가르치시고(Teaching), 치유하심(Healing)으로 요약할 수 있다. 그래서 "예수께서 온 갈릴리에 두루 다니사 그들의 회당에서 가르치시며(διδάσκω), 천국 복음을 전파하시며(κηρύσσω), 백성 중의 모든 병과 모든 약한 것을 고치시니(θεραπεύω)"(마 4:23)라고 하셨다.[1]

복음 전파

예수님은 복음전파를 위해 이 세상에 오셨다(마 11:1; 막 1:39; 눅 4:18, 4:44). 이 복음은 하나님 나라에 관한 것인데 마태는 이것을 천국 복음(the gospel of the kingdom)이라고 했고(마 4:23, 9:35), 마가는 하나님 나라의 복음(the gospel of the kingdom of God)이라고 했다. 예수님이 전한 복음의 핵심은 하나님 나라이다. 그래서 세례요한은 하나님 나라 곧 천국이 가까이 왔다고 했다. 복음은 다름 아닌 예수님 자신이 하나님 나라 천국이었다. 그를 구주로 영접한 자는 이미 그 마음에 하나님의 나라가 이루어졌다고 했다. 주님은 이 일을 위하여 오셨으며, 온 성과 촌을 두루 다니면 천국 복음을 전했다. 그는 구원 사역을 다 이루시고 승천하기 직전에 제자들에게 당부하기를 온 천하 만민에게 복음 전할 것을 당부하셨다. "예수께서 나아와 말씀하여 이르시되 하늘과 땅의 모든 권세를 내게 주셨으니, 그러므로 너희는 가서 모든 민족을 제자로 삼아 아버지와 아들과 성령의 이름으로 침례를 베풀고, 내가 너희에게 분부한 모든 것을 가르쳐 지키게 하라 볼지어다. 내가 세상 끝날까지 너희와 항상 함께 있으리라"(마 28:18-20)고 하셨다. 그러므로 우리는 때를 얻든지 못 얻든지 영혼 구하고 생명 건지는 일에 힘써야 한다.

가르치심

예수님의 사역 중에 가장 중요한 사역이 가르치심, 곧 교육이다. 가르침은

1. Καὶ περιῆγεν ὁ Ἰησοῦς τὰς πόλεις πάσας καὶ τὰς κώμας διδάσκων ἐν ταῖς συναγωγαῖς αὐτῶν καὶ κηρύσσων τὸ εὐαγγέλιον τῆς βασιλείας καὶ θεραπεύων πᾶσαν νόσον καὶ πᾶσαν μαλακίαν(Matt 9:35).

예수님의 공생애에서 가장 중요한 직무 중의 하나였다 기독교 교육학자 루이스 쉐릴(L. J. Sherrill, 1892-1957)의 통계에 의하면 예수님은 공생애 중에 가르침에 해당하는 곳이 47회인데, 마태복음에 9회, 마가복음에 15회, 누가복음에 15회, 그리고 요한복음에 8회 사용되었다고 했다. 예수님을 가리켜 선생이라고 부른 곳이 복음서에 42회나 나온다. 이처럼 교육은 예수님의 생애에 중요한 사역이었다.

이 같은 교육은 주로 회당에서 이루어졌다(마 9:35, 12:9, 13:54). 회당은 교육적인 목적을 위한 시설이었다. 그래서 회당은 민중종교학교라 불렀다. 신, 구약 중간기부터 유대인이 있는 곳이면 어디든지 회당(會堂)이 세워졌다. 회당은 단일 중앙 성소인 성전의 이념을 해치지 않으면서 서로 조화를 이루던 유대교의 대표적 집회소였고, 역사적 측면에서 보면 교회의 전신이라 할 수도 있다. 지금도 전 세계 어디든지 유대인이 있는 곳이면 회당이 존재한다. 회당은 유대인의 종교뿐 아니라 행정, 교육 그리고 사교의 중심지였다. 회당에서는 회당장(눅 8:41; 행 18:8,17)과 부회당장 격인 핫잔(Hazzan)이 행정과 집회 인도를, 랍비(Rabbi)가 교육을 담당했다. 주님은 이 같은 회당을 천국 복음을 가르치는 교육의 장으로 이용하셨다.

예수님이 가르친 대표적인 주제가 하나님 나라였다.[2] 그래서 그가 세상에 도래했을 때 세례요한은 하나님의 나라가 가까이 왔다고 했다. 복음서에서는 '하나님 나라' 또는 '하늘 나라' 라는 말이 100회 이상 언급되고 있다. 사실상 그의 첫 번째 설교(막 1:15)도 하나님 나라에 관한 것이고, 마지막 설교(행 1:3)도 하나님 나라였다. 그가 설교 시 비유의 핵심 주제도 하나님 나라였다. 그를 구주로 영접한 자에게는 하나님 나라가 그 마음에 임했다고 했다.

---

2. 하나님의 나라는 하나님의 주권적인 통치를 실현하기 위하여 오신 왕이 예수 그리스도의 나라이다. 하나님의 나라는 예수 그리스도 안에서 그의 나라를 완성해 가는 것이다. 김정민. 『히브리어 성경 구속사: 창조의 역사』 (서울: 기독교문서선교회, 2020), 8.

병고치심

예수님의 병 고치심, 곧 치유사역은 복음서 전체를 보면 약 5분의 1을 차지한다(요 9:16-33). 복음서에서 예수님의 치유사역은 72회나 등장하는데, 그중 27회가 개인의 치유이다. 성경에서 치유와 관련된 동사 데라퓨오(θεραπεύω)는 섬기다, 치료하다는 뜻이다. 마태복음에 16회, 누가복음과 사도행전에 각각 14회, 5회, 마가복음에 5회, 요한 일서에 1회, 요한계시록에 2회 사용되었다. 데라퓨오라는 단어가 '봉사하다'(serve), '아픈 사람을 받들다,' 혹은 '의료적 처치를 해주다'를 의미한다. 예수님의 치유는 완전하게 하다는 의미가 있다. 또 데라퓨오는 귀신을 쫓아내는 것(마 4:24; 마 12:22; 마 17:16)과 소경이나 절름발이 같은 신체적인 병을 제거하는 것(요 5:10)에도 사용되었다. 복음서 기자들은 이 단어를 종말론적이며 예언적으로 선포한 것으로 이해하고 바리새인들은 일반적인 의료 행위, 즉 안식일에 금지된 것으로 생각했다. 예수님의 치료행위는 하나님의 나라에서의 완전함을 보여주신 것이다.

정리하면, 예수 그리스도의 생애와 사역은 인류 구원의 사역이었다. 이 점을 누가는 다음과 같이 요약해서 말씀하고 있다. "인자가 온 것은 섬김을 받으려 함이 아니라 도리어 섬기려 하고 자기 목숨을 많은 사람의 대속물로 주려 함이니라."(막 10:45) 여기 대속물(λύτρον, Lutron)이란 석방금(price of release), 대속물(ransom), 속전(ransom price)의 제물로 우리를 대신하여 십자가에서 죽으심으로 우리를 죄에서 속량해 주셨다. 이와 같은 예수님의 사역이 교회의 기초였고 교회설립의 배경이 된다.

2. 교회의 탄생과 복음의 확산 / 이상규

기독교의 기원

앞에서 말한 바와 같이 예수의 생애와 사역은 교회의 시작이자 교회 탄생의 배경이 된다. 교회는 예수 그리스도의 생애와 사역으로부터 시작된다고 할 수 있다. 예수 그리스도의 3여 년간의 사역은 복음의 선포와 증거였으며, 그는 교회설립을 의도하셨다(마 16:16-21).

특히 오순절 성령강림은 교회설립의 직접적인 시작이 되었다(행 2장 참조). 성령강림사건은 언어의 일치(방언) 사건을 보여주었고, 이 현상은 언어의 장벽, 사회적 계층, 민족적 한계성을 넘어서 전파되어야 할 복음의 성격을 보여주었다. 오순절 사건은 기원 30년경 최초의 예루살렘 교회의 설립을 가져왔다. 이런 점에서 아우구스티누스는 오순절을 '그리스도교회의 생일'(dies natalis)이라고 불렀다.

예루살렘 교회는 세계교회의 모체가 되었다. 사도행전 2장-7장까지는 예루살렘 교회상을 보여주는데, 교회의 조직, 집회, 사도직, 직분의 기원, 교회의 성장, 이단의 출현, 박해 등을 보여주고 있다. 새롭게 시작된 에클레시아로 불린 교회 공동체는 예수님을 '주님'(κύριος, kyrios)이라고 부르며 새로운 삶을 추구하였다. 이들이 처음에는 유대교의 일부 혹은 유대교의 한 종파로 간주되었고, '나사렛파'(Nazaraeans)라고 불렸다(행24:5). 예루살렘에 교회가 설립된 이후 기독교 복음은 아시아와 아프리카, 유럽으로 전파되었고, 18세기 선교운동의 결과로 세계적인 종교가 되었다. 이런 점에서 예루살렘교회는 세계교회의 모체라고 할 수 있다. 세계 도처에 설립된 교회를 지역교회라고 부르는데, 이는 예수 그리스도를 머리로 하는 하나의(One) 거룩한(holy) 보편적인(catholic) 교회(church)의 일원이 된 것이다.

사도시대의 교회

사도행전은 교회의 설립 이후 30여 년간의 역사(약 30-60 AD)를 보여주는 최초의 교회사로서 교회의 발전, 지리적 확장, 직분의 기원, 지역교회의 설립, 성령의 역사 등 초기 교회상(ecclesia primitiva)을 보여준다. 또 사도시대의 복음의 확장과정을 바울을 중심으로 1차(행13:4-14:26), 2차(15:36-18:22), 3차(18:23-21:14) 전도여행을 통해 잘 보여주고 있다.

기독교회는 처음에는 팔레스타인 지역 중심이었으나 바울에 전도활동으로 여러 지역으로 전파된다. 길리기아 지방의 다소에서 히브리인 중의 히브리인이요 벤야민 지파에 속하는 유다민족의 후손으로 출생한(빌3:5) 바울은 유대교 전통과 바리새적 관습에 충실하였던 인물로서 로마 시민권자였다(행16:37, 22:25-29). 어려서부터 아람어와 코이네헬라어를 배웠고 가말리엘 문하에서 교육을 받았다(행22:3). 스테반이 순교할 때(약 37년경) 기독교 역사에 등장하였고(행7:58) 38년경 다메섹에서 개종하였다.

바울의 전도 여정을 보면 기독교 복음은 서진(西進)의 과정을 거쳐 당시 세계로 확산되었음을 알 수 있다. 즉 복음은 예루살렘에서 시작되어 안디옥 → 에베소 →고린도 →로마 →유럽으로 전파되었음을 알 수 있다. 3차전도 여행을 마치고 예루살렘에서 체포된 바울은 약 2년간 가이사랴에 구금되어 있다가 로마로 압송되어 로마감옥에 다시 2년간 구금되어 있었다. 그 이후 바울의 사적에 대해서는 사도행전에는 기록이 없으나 대부분의 학자들은 로마에서 일시 석방되어 로마제국의 동부지역을 순회하였고, 64년 네로의 박해시 드로아에서 체포되어(딤후4:13) 로마로 압송되었고(딤후1:17) 그곳에서 순교한 것으로 보고 있다. 바울이 순교하기 전 일시 자유한 상태에서 선교활동을 계속하였음은 몇 가지 성경 외의 기록이 확인해 주고 있다. 로마의 클레멘트는 95년경 고린도교회에 보낸 편지에서 "바울은 온 세상에 진리를 전하고 서쪽 끝까지 여행하였다."고 했고(5:7), 180년경에 기록진 『무리토리아 단편』(*Muratorian Fragments*) 에서도 "바울이 로마를 떠나 에스파냐로 떠났다”(38-39)고 언급하고 있다. 유세비우스도 그의 『교회사』에서 바울이 다시 복음을 전하다가 로마에서 순교하였다고 기록하고 있다.[3]

사도시대의 예배와 생활에 대해서 정확하게는 파악하기 어려우나 예루살렘 중심의 공동체적 생활이 점차 쇠퇴하여 갔고, 안식일이 아닌 주일 예배가 정착화되어 갔던 것으로 보인다. 별도의 예배당은 없었으며 지역단위의 교회, 곧 신자의 공동체가 형성되어 갔다. 직분(Officers)은 사도들이 공궤하는 일을 감당할 수 없을 때 자연스럽게 집사의 직분이 생겨났고, 여러 곳에 교회가 설립되어 사도들이 그 모든 교회들을 치리할 수 없을 때 자연스럽게 장로란 직분이, 그다음 시기 이단과 거짓 가르침이 일어났을 때 장로직이 분화되어(딤전 5:17) 치리하는 장로(장로)와 가르치는 장로, 곧 목사직이 생겨난 것으로 보인다. 신약에서 장로라는 용어는 60여회, 감독이라는 용어는 5회 사용되었으나 장로와 감독은 동의어(同義語)였다(행 20:17, 28; 딛 1:5, 7; 빌 1:1).

예루살렘을 중심으로 한 팔레스틴 지방은 기독교운동의 진원지이자 중심지였으나 70AD 예루살렘이 멸망하게 되자 이 지방교회는 심한 타격을 받았다. 그러나 결과적으로는 기독교회의 이방 지역에로의 진출을 촉진하였고 복음을 확장하는 결과를 가져왔다.

이방지역으로 전파되는 기독교

초기 사도시대의 교회는 진정한 의미의 순례자 공동체였고 선교공동체였다. 물론 그 당시에도 전적으로 전도선교에만 종사하는 이들도 있었다. 사울과 바나바 같은 이들이 대표적인 경우다. 이들은 선교사업을 위해서 특별히 구별된 이들이었다(행13:1-4). 이들 외에도 복음을 위해서 전적으로 헌신하는 이들이 적지 않았다. 비록 기록은 없으나 충성된 증인들이 적지 않았다. 이들에 대한 첫 언급이 사도행전 8:4절이다.

---

3. Eusebius, 『교회사』, II, 25, 1

기독교회는 여러 불리한 정치적 상황 가운데서도 요원의 불길처럼 당시 세계로 확장되었다. 스데반에서부터 오늘에 이르기까지 기독교회의 가르침과 기독교적인 삶의 방식은 이 세상에서는 '낯선 것'이었고, 이 세상의 가치와는 상합할 수 없는 '전도(顚倒)된 가치'였다. 기독교의 가르침은 당시 헬라-로마의 사회나 문화전통으로 볼 때 받아드릴 수 없는 것이었다. 어떤 이는 이를 '야만인의 철학'(barbaros philosophia) 이라고 폄하했다. 그럼에도 불구하고 기독교 복음은 팔레스틴에서 소아시아로, 소아시아에서 유럽으로 확산되었다. 그래서 기독교가 공인받기 이전인 4세기 초에는 로마제국 전체 인구의 약 10%에 이르는 인구를 가진 조직화 된 종교로 발전하였다. 이런 복음의 확산 과정을 좀 더 소개하고자 한다.[4]

예루살렘과 유대지방

성령강림 후 나타난 예루살렘 교회의 첫 회중은 3천 명이었다(2:41). 오순절 날 마가의 다락방에서 11사도들과 함께 있었던 120여명의 사람들(행1:15)이 이 회중의 중심인물들이었을 것이고(행1:15). 또 이들 가운데는 예수의 형제들과 갈릴리에서 온 신실한 여인들도 포함되어 있었다(행1:14). 곧 이 공동체는 남자만 5천 명으로(4:4) 증가되었다. 성경에서 그 회중을 수적으로 언급하고 있는 곳은 예루살렘 교회뿐이다. 당시 예루살렘의 상주인구를 보통 2만 명 내지 2만 5천 명으로 추산하는데, 이는 적지 않는 무리였음을 알 수 있다.

---

4. 사도행전에 기록된 복음의 지리적 확장은 일반적으로 터너(C. H. Turner)의 선례에 따라 6개 단계로 구분하여 왔다. 예루살렘교회(행1:1-6:7), 팔레스틴으로 확장되는 교회(6:8-9:31), 안디옥으로 전파되는 교회 (9:32-12:24), 소아시아로 확장되는 교회(12:25-16:5), 유럽으로 확장되는 교회(16:6-19:20), 그리고 로마로 전파되는 교회(19:21-28:31)가 그것이다[C. H. Turner, "Chronology of the New Testament," *Dictionary of the Bible* ed., J. Hastings (NY: Scribner's, 1905), 1:421]. 아더 피치아는 교회확장의 과정은 5 단계로 구분될 수 있다고 말한다. 즉 예루살렘(행1:15-8:3), 유대, 사마리아, 갈릴리, 그리고 해안지역(8:4-11:18), 안디옥과 1차 전도여행(11:19-14:28), 에게해 주변 지역들(15:36-21:16), 로마까지(21:17-28:31)가 그것이다. Arthur G. Patzia, *The Emergence of the Church* (Downers Grove: IVP, 2001), 79.

곧 더 많은 남여의 큰 무리들이(행5:14) 개종하여 교회 공동체의 일원이 되었고, 점차 제자의 수가 더 많아졌다(6:1, 7). 오랜 후에는 예루살렘에는 유대인 중에도 믿는 자가 수만 명 있었다(행21:20)고 한다. 이 말은 수학적 진술이라기보다는 수사적 언급으로 보이지만, 박해에도 불구하고 하나님의 교회가 꾸준히 성장해 갔음을 시사하고 있다.

예루살렘 교회를 시작으로 유대지방에 교회가 설립되었다. 바울은 자신이 개종한 지 3여 년쯤 지났을 때 "유대에 그리스도안에 있는 교회들"이라고 함으로서 유대 여러 지역에 교회들이 있었음을 암시하고 있다(갈1:22). 바울은 데살로니가 전서 2장 14절에서는 이 교회들을 다시 언급하는데, 이 교회가 유대인들의 핍박을 받았음을 상기시키면서 데살로니가에 있는 교회들도 박해받고 있는 점을 위로하고 있다. 여기서 바울이 지칭하는 유대에서의 박해가 스데반의 순교 시에 있었던 박해(행8:1)를 말하고 있는지 아니면 그 이후의 박해사건을 지칭하는지는 분명치 않다. 그러나 바울은 유대에 있는 교회를 데살로니가 교인들이 본받아야 할 모범으로 제시하는 것을 보면 유대의 이 교회들은 시련에도 불구하고 계속적으로 인내하며 유지되었던 것으로 보인다. 예루살렘은 기독교의 중심 지역이었고, 기원 70년 예루살렘의 멸망 이후 기독교의 중심이 안디옥으로, 그리고 이방지역으로 옮겨갔다.

사도행전 8장 4절을 보면 우리에게 익숙한 사도들 외에도 여러 무명의 전도자들이 있었음을 암시해 주고 있다. 이 "흩어진 자들"에 의해 복음이 각지로 전파되어 갔을 것이다. 누가는 기독교를 박해했던 바울이 개종한 후에는 "온 유대와 갈릴리와 사마리아 교회가 평안하여 든든히 서 갔고, 그 수가 더 많아졌다"(행9:31)고 기록하고 있다. 유대와 사마리아 교회만이 아니라 갈릴리의 교회도 평안히 서 갔고, 기독교 복음은 팔레스틴 전역으로 확산되었다.

가이샤라 지방에도 복음이 전파되었다. 빌립은 이곳에 도착하여(행8:40) 베드로가 이 지역에서 사역하도록 길을 열었다. 빌립은 가이사랴에서 사역하여 신자들이 생겨나게 했는데, 3차 전도여행을 마치고 예루살렘으로 돌아오는 여정에서 바울과 동행했던 누가는 가이사랴에 빌립 이외에도 신자들이 있었다는 사실을 언급하고 있다(행21:16).

또 베니게 해안 북쪽에 위치하고 있는 두로(행21:3-4)에도 교회가 있었음을 알 수 있다. 아마도 "스데반의 환란을 인하여 흩어진" 헬라파 사람들이 베니게로 갔고(행11:19), 이들에 의해 두로와 그 주변에 복음을 전했을 것으로 보인다. 그뿐만 아니라 돌레마이(행21:7)와 시돈(행27:3)에도 일군의 신자들이 있었다.

다메섹에는 아주 초기에 복음이 전해졌고 다수의 신자들이 있었던 것으로 보인다. 바울이 다메섹에 있는 신자들을 잡으려고 다메섹에 갔다는 점(행9:1-2)이 이 사실을 반증한다. 그곳의 신자들이 오직 소수에 불과했다면 사울은 그리로 갈 필요도 없었을 것이고, 그리로 가지도 않았을 것이다. 바울의 회심을 폴 바넷(Paul Barnett)의 견해를 따라 33/34년으로 본다면 이 이전에 이미 다메섹에 그리스도인 집단이나 교회가 있었음을 알 수 있다.

안디옥

안디옥에 복음이 전래되었고, 이곳은 이방전도의 중심지가 되었다. 안디옥은 알렉산더대왕 휘하의 장군 중의 한 사람인 셀류쿠스(Seleucus Nicator, BC 312-280)에 의해 설립되었는데, 그는 자기 아버지의 이름 안티오쿠스(Antiochus, 안디옥)을 따라 이 도시의 이름을 지었다. 그리고 선박이 통행할 수 있는 오론테스(Orontes) 강을 따라 24킬로미터 서쪽에 있는 그 도시의 항구는 자기 이름을 따라 셀류키아(Seleucia, 실루기아)라고 명명했다. 안디옥은 기원전 64년에는 폼페이(Pompey)에 의해 로마제국에 흡수되었고, 수리아 지방의 수도가 되었다. 요세푸스는 이 도시를 로마, 알렉산드리아에 이어 '세 번째 도시'라고 불렀는데, 이곳은 다인종적 도시였다. 특히 이 도시는 군사적으로나 상업적으로 지리적 요충지였다. 남쪽으로는 팔레스틴과 이집트로 연결되어 있었고, 북쪽으로는 소아시아에 이르는 통로였다. 오른테스강을 따라 실루기아에 이르면 이 항구도시를 통해 당시 세계와 연결되어 있었다(행13:4). 그래서 이곳은 상업과 무역의 중심지였던 것이다. 따라서 이곳에 기독교가 전해진 것은 특별한 의미를 지닌다.

안디옥의 신자들은 급증해 갔다. "수다한 사람이 주께로 돌아왔고"(행11:21), 바나바의 사역 결과로 "큰 무리가 주께 더하였다"(행11:24). 바나바가 사울을 찾아 그의 도움을 구한 사실에서 이와 같은 수적인 성장은 과장이 아님을 알 수 있다. 사울과 바나바는 일 년 동안 함께 사역하였고, 그들이 "큰 무리"(행11:26)를 가르쳤던 것으로 보아 교세가 상당했던 곳으로 보인다. 이곳에서 신자들은 처음으로 그리스도인(Χριστιανοί)이라고 불렸다(행11:26). 이때가 30년대 후반이었을 것이다. 이 말은 유대인들에 의해 붙여진 이름이 아니었다. 그리스도에 해당하는 히브리어가 메시야인데, 유대인들은 예수가 메시야라는 사실을 인정하지 않았다. 따라서 유대인들은 안디옥의 신자들을 그리스도인이라고 부를 하등의 이유가 없었던 것이다. '그리스도인'이라는 말은 로마인들에 의해 붙여진 이름이었는데, 이 말은 그리스도 당파라는 정치적 의미를 지니고 있었으므로, 초기 신자들이 이 용어를 선호하지 않았다. 이 말은 신약성경에서 오직 2번 사용되었다는 점(행26:28, 벧전4:16)이 이점을 반증한다. 이 안디옥은 로마제국에서 예루살렘에 이어 기독교 운동의 중심지가 된 최초의 도시였다. 동시에 바나바와 바울의 선교사역에 의해 이방기독교의 전초기지가 된다. 이런 점에서 안디옥은 세계기독교의 요람이라고 불릴 수 있다. 4세기 말경, 요한 크리소스톰 시대에는 안디옥의 신자 수는 약 10만 명 정도였던 것으로 추정한다.[5]

복음의 이방진출

안디옥을 거점으로 복음은 에베소, 빌립보, 아덴, 고린도를 거쳐 로마로 확

5. Adolf von Harnack, *The Expansion of Christianity in the first Three Centuries* (London: Williams & Norgate, 1904), 2: 285.

산되는데, 서쪽지역만이 아니라 동쪽의 수리아어권 지역의 중심지 에뎃사(Edessa)로 전파되고, 에뎃사를 중심으로 기독교는 주변도시로 전파되어 티그리스-유프라데스강 유역과 페르시아, 중앙아시아를 거쳐 중국까지 이르렀다고 라토렛은 지적하고 있다.[6]

그래서 소아시아는 1세기 이후 기독교의 중요한 거점이 된다. 바울이 에베소에서 일한 결과로 요한계시록에 기록된 바와 같은 6개 처에 교회가 설립되었다. 골로새는 에베소에서 동쪽으로 약 100마일 떨어진 곳에 위치한 도시인데, 바울이 이곳에 교회를 세우지 않는 것은 분명하다. 에베브라(Epaphras)가 에베소에서 바울의 가르침을 받고 그곳에 복음을 전한 결과로 생겨난 것으로 보인다. 이런 점을 고려해 볼 때, 에베소서는 에베소 교회만을 위한 것이 아니라 그 주변의 교회들을 위한 회람서신이었을 가능성이 높다. 후에 언급하겠지만 2세기 초 이그나치우스가 로마로 압송되어 가면서 남긴 7통의 편지 가운데, 요한계시록에서 언급되지 않는 트랄레스(Tralles)와 마그네시아(Magnesia)라는 그 위치가 정확하게 밝혀져 있지 않는 지역까지 교회가 설립된다.

흥미로운 사실은 베드로는 베드로전서 1장 1절에서 "흩어진 나그네들"에게 문안의 인사를 보내고 있는데, 이 점은 기독교 확산에 대한 중요한 정보를 주고 있다. 베드로는 "본도, 갈라디아, 갑바도기아, 아시아와 비두니아에 있는 택하심을 입은 자들"에게 문안함으로써 소아시아 북부지방에도 복음이 전파되었음을 강하게 증거하고 있다는 점이다. 바울은 2차 전도여행 때 바두니아로 가려고 했으나 성령께서 허락하지 않았다(행16:5)는 점을 볼 때 바울 아닌 다른 전도자들에 의해 이곳에 복음이 전해진 것 같다. 베드로전서는 62년경 기록되었다고 볼 수 있는데, 이때 이미 이런 여러 지역에 기독교 복음이 전해졌음을 알 수 있다. 또 베드로는 "바벨론에 있는 교회가 너희에게 문안하고"(벧

---

6. K. S. Latourette, *A History of the Expansion of Christianity*, vol. 1. *First Five Centuries* (NY: Harper & Bros, 1937), 102.

전5:13)라는 말로 인사하고 있는데, 이 바벨론을 계시록에서 그러했듯이 로마로 보는 견해가 있는가 하면, 로마에 대한 상징적인 표현이 아니라 지역적인 바벨론으로 보는 의견도 있다. 그 어느 것으로 이해하던 복음은 "예수 그리스도의 이름을 위하여 생명을 아끼지 아니하는"(행1:25,26) 이들에 의해 팔레스타인의 한계를 벗어나고 있었다.

해리슨은 소아시아에서 기독교가 발전할 수 있었던 요인으로 특히 회당의 역할을 강조한다. 해리슨은 이 지역에 82개의 회당이 있었는데 이 회당은 대체로 도시 중앙에 있었고, 이 회당이 복음전도의 징검다리 역할을 한 것으로 보고 있다. 이 소아시아는 사도시대 이후 4세기 니케아 회의에 이르기까지 주도적인 신앙의 본거지가 되었고, 영지주의와 몬타니즘에 대항하여 싸웠던 논쟁의 중심지가 되기도 했다.

로마와 유럽

도서지방인 구브로(행13장)와 그레데(딛1:5)에도 복음이 전해졌고, 바울의 전도여행을 통해 빌립보, 데살로니가, 뵈레아, 아덴, 그리고 고린도 등 마게도니아와 아가야 지방에도 교회가 있었고, 고린도에 인접한 겐그리아에도 교회가 있었다(롬16:1). 바울이 고린도후서에서 "고린도에 있는 하나님의 교회와 또 온 아가야에 있는 모든 성도에게"(고후1:1) 문안한 것을 보면 아가야 지방에 여러 교회가 있었음을 암시한다.

바울은 3차전도 여행 후 약 2년간 가이사랴에 구금되어 있다가 로마로 압송되어 2년간 구금되는데,[7] 그가 로마에 도착하기 전에 이미 로마에는 그리스

7. 바울이 로마에서 2년간 구금 된 이후의 사적에 대해서는 사도행전에서 침묵하고 있다. 그러나 대부분의 학자들은 로마에서 2년간 구금되어 있다가 일시 석방되어 로마제국의 동부지역을 순회하였고, 64년 네로의 박해 하에서 드로아에서 체포되어(딤후4:13) 로마로 압송되었고(딤후1:17) 그곳에서 순교한 것으로 보고 있다. 바울이 순교하기 전 일시 자유한 상태에서 선교활동을 계속하였음은 몇 가지 성경 외의 기록이 확인해 주고 있다. 로마의 클레멘트(Clement of Rome)는 95년경 고린도교회에 보낸 편지에서 "바울은 온 세상에 진리를 전하고 서쪽 끝까지 여행하였다."고 했고(5:7), 180년경

도인들이 있었다. 1세기 당시 약 100만 명의 인구를 가진 도시로 알려진 로마는 세계의 중심이었다. 이곳에서의 기독교의 기원에 대해서는 분명히 알 수 없으나 오순절 성령강림 때, "로마로부터 온 나그네들"도 있었다(행2:10), 이들 중 일부가 복음의 멧세지를 이탈리아로 가져갔을 가능성이 있다. 일반적으로 40년대 초에 로마에 기독교가 전해진 것으로 보고 있다. 흔히 로마교회는 베드로에 의해 설립되었다고 주장하지만 이를 뒷받침할 아무런 근거가 없다. 단지 베드로와 바울은 60년대 중반 이곳에서 순교했고, 이 교회에 커다란 영향을 끼쳤을 따름이다. 이런 점에서 약 96년경에 기록된 클레멘트서신(5:3-5)에서와 로마에 보낸 익나티우스서신(4:3)에서 이 점을 언급하고 있다. 베드로와 바울이 로마 교회에 끼친 영향을 단순화하여 이레니우스는 베드로와 바울이 순교한 지 1세기가 지난 후 이들이 로마교회를 설립했다고 말하게 된 것이다.

로마를 방문하기 전에 기록한 서신인 로마서 1장 8절에서 바울은 "너희 믿음이 온 세상에 전파됨을 인하여 내 하나님께 감사한다"고 말하고 있는데, 네로가 즉위 한지 불과 3년이 못되어 로마의 신앙공동체의 소문이 온 세계에 알려졌다고 말하고 있다. 이때는 글라우디오의 칙령이 내려진 지 8년 만이었는데, 로마의 기독교는 박해 하에서도 경이로운 성장을 하였음을 알 수 있다. 로마서는 흔히 57년경 쓰여진 것으로 보는데, 로마서 16장 5, 14, 15절에 근거하여 볼 때 이때 로마에는 적어도 3개 처 이상의 교회가 있었음을 알 수 있다. 신자들 가운데는 가이사의 집안사람들도 있었다(빌4:22). 바울은 60년경 로마로 가게 되는데, 로마에서 남동쪽으로 150마일 떨어진 보디올(Puteoli)에서 믿는 형제들을 발견했고(행28:13-14), 로마에 도착하기 전에 로마에서 온 형제들을 만나기도 했다(행28:15). 로마는 예루살렘과 안디옥에 이어 기독교의 제3의 중심지였다.

에 씌여진 『무리토리아 단편』(Muratorian Fragments) 에서도 "바울이 로마를 떠나 에스파냐로 떠났다"(38-39행)라고 언급하고 있다. 유세비우스도 그의 『교회사』에서 바울이 다시 복음을 전하다가 로마에서 순교하였다고 기록하고 있다. Eusebius, *The Ecclesiastical History*, II, 25, 1.

네로가 기독교를 박해했던 64년경 로마시에 기독교 신자들이 많았으므로, 타키투스는 "헤아릴 수 없는 무리"라고 묘사했다. 로마교회는 하층민이 다수를 점했던 교회로 알려져 있다. 물론 교인 중에는 소수의 상류층도 없지 않았다. 96년 도미티아누스 황제의 핍박시 그의 아내였던 도미틸라(Domitilla)는 '모독죄'(sacrilege)로 판데테리아(Pandeteria)섬으로 추방되었고, 그의 사촌이었던 클레멘스(Titus Flavius Clements)는 기독교인이라는 이유로 사형에 처해졌다. '모독죄'란 무엇을 의미했는지 분명치 않으나 많은 이들은 기독교 신앙을 고수한 죄로 보고 있다. 로마교회 신자들 중에는 개종자도 많았지만 타 지역에서 이주해 온 신자들도 많았다.

로마교회의 급성장에 대한 두 개의 증거가 있는데, 166년 소테르(Soter) 감독이 그리스도인 인구가 유대인의 숫자를 능가했다는 언급이 그 하나이다. 또 로마의 감독 코넬리우스(Cornelius)는 자신의 동료인 안디옥의 파비우스(Fabius of Antiock)에게 보낸 편지[8]에서 언급한 내용에 근거하여 하르낙은 3세기 중엽에 로마시에만 적어도 3만 명의 신자들과 40여 개의 바실리카(basilica) 교회당이 있었을 것이라고 보았다.

골(Gaul) 지방에서의 기독교의 연원은 알려져 있지 않지만 디모데 후서 4장 10절의 '갈라디아'(Γαλατίαν)를 '갈리아'(Γαλλίαν)로 읽음으로서 이곳이 현재의 '골'지방을 의미한다고 보는 견해가 있다. 그렇다면 이곳에서도 바울 시대에 이미 복음의 역사가 시작되었다고 보는 견해도 있다. 만일 이렇게 이해한다면 신약에서 지중해가 아닌 서부 유럽지역에 대한 유일한 언급이 된다. 만일 서바나(스페인)로 가려했던 바울의 소망(롬15:24,28)이 이루어졌다면 그가 서바나로 가는 도상에서 남부 골 지방에 들렀을 가능성이 높다. 바울이 스페인을 방문했는가에 대해서는 여전히 논쟁점으로 남아 있다. 그러나 분명한 사실은 1세기에 이곳에도 복음이 전해졌다는 점이다. 이레니우스나 테툴리안

8. 이 편지의 내용은 Eusebius, *Historia ecclesiastica*, VI, 43, 11 에 실려 있음.

은 이 점을 밝히고 있다.

사도시대에 복음이 당시 세계에 널리 전파되었음을 시사하는 기록은 복음의 광범위한 지리적 확산을 보여준다. 바울은 "복음은 세계 도처에서 열매를 맺고 있다"(골1:6)고 했고, "천하 만민에게 전파되었다"고 했다(골1:23). 정리하면, '극동의 떠오르는 태양,' 예루살렘에서 기원한 복음은 바울이나 사도들 외에도 무명의 전도자들에 의해 안디옥, 소아시아, 로마, 고울, 스페인, 알렉산드리아와 북아프리카 지역으로 전파되었다.

3. 로마와 유럽에서의 기독교 / 배정훈

여기서는 서방교회, 즉 유럽을 중심으로 발전된 중세기독교에 대해 기술하고자 한다. 중세는 일반역사에서 보면 서로마 제국의 멸망(476년)부터 아메리카 대륙이 발견된 1492년까지로 볼 수 있는데, 교회사에서는 주후 약 600년부터 1500년까지를 가리킨다. 흔히 중세는 '암흑시대'로 간주되어 왔는데 이는 르네상스의 인문주의자들에게서 기인했다. 대표적인 인물이 이탈리아의 인문주의자 페트라르카(Francesco Petrarca, 1304-1374)였다. 하지만 약 1,000년의 긴 역사를 단지 암흑시대였다고 판단하기는 어렵다. 최근 많은 학자들은 중세교회는 독자적인 그리스도교 문명을 이룩했고 후대의 유럽과 현대인들의 정신과 삶을 지배하는 많은 사상과 제도를 남겼다고 평가한다. 곧 중세는 어두운 면과 퇴보한 면도 있지만 밝고 문명과 문화가 발달한 점도 있다는 것이다. 중세는 크게 세 시기, 곧 초기(c.600-c.1050), 고 중세(High Middle Ages, c.1050-c.1300), 후기(c.1300-c.1500)로 나눌 수 있는데, 여기서 각 시기를 간략하게 살펴보도록 하겠다.

초기: 중세 기독교와 문명의 태동기

4세기 고대 후기 기독교 세계는 중세로 전환되는 큰 역사적인 사건들을 경험하게 되었다. 우선적으로 게르만 민족의 침략과 서로마 제국의 멸망이다(476년). 로마 사람들은 게르만 민족들을 야만인으로 폄하하고 무시했지만 이들에 의해 종말을 고하게 되는 비참한 현실을 목도했다. 이 시기의 많은 사람들은 서로마가 멸망함으로 세상에 종말이 왔다고 느꼈다. 또한 7세에 유럽은 아라비아의 모래 폭풍으로부터 예기치 않은 사건을 마주했는데 그것은 이슬람의 발생과 정복이다. 이슬람의 정복으로 인해 기독교의 전통적인 중심지인

시리아, 아시아, 북아프리카 지역 등이 사라지게 되었다. 이러한 사건들의 결과로 당시 서구의 종교지형은 서방교회, 동방의 비잔틴 교회, 이슬람 지역으로 형성되었다. 이중 서방 유럽교회가 가장 문화적, 종교적, 경제적인 면에서 열등했다. 중세를 암흑이라고 규정한다면 바로 이 시기가 해당될 것이다. 서방교회는 이러한 위기를 극복해나가면서 중세시기라고 불릴 수 있는 몇 가지 기둥들을 발전시켰다. 여기에는 교황제도, 수도원 제도, 거룩한 시간, 날, 인물, 장소 등의 성속의 구분 등 해당된다.

350-700년 사이 서방교회는 정복민이었던 게르만 민족을 다시 복음으로 승리하게 된다. 본래 게르만 부족국가를 중심으로 다양한 기독교가 자리를 잡았는데 교황, 주교, 선교사 등의 노력으로 서방교회의 복음화가 가능하게 되었다. 서방교회는 항상 콘스탄틴과 같은 황제가 교회를 보호해 주기를 염원하고 있었다. 그러한 바램은 751년 교황과 프랑크 왕국 간의 동맹으로 다시 실현되었다. 프랑크 왕국의 카롤링 왕조는 왕족 출신이 아니었기 때문에 왕권을 인정해 줄 외부 권력이 필요했고 교황은 교회를 보호할 강력한 군주가 필요했다. 약 750년부터 850년까지 서방 기독교는 정치적으로 안정을 누리고 발전했다. 이 가운데 중요한 인물이 바로 샤를마뉴 대제(Charles the Great, 768-814)이다. 그는 800년 로마 교황 레오 3세에 의해 로마의 황제가 되었다. 그는 성직자(수도사)와 평신도 사이의 질서를 강조하며 교회를 개혁했고 '카롤링 르네상스'로 불리는 문예부흥 운동을 일으켰다. 이 시기에 수도원과 궁정에 여러 학교들이 설립되었고 중세학문의 기초인 3학(문법, 논리, 수사학)과 4과(산수, 기하, 천문, 음악)이 자리를 잡게 되었다. 또한 수도원이 베네딕트 규칙서로 통일되었다. 하지만 샤를마뉴 황제의 죽음 이후 카롤링 왕국은 멸망하게 되었고 중세는 다시 어둠의 그림자가 앉았다. 정치와 교회의 연합으로 신학적, 도덕적으로 타락하게 되었다.

10-11세기에 이러한 교회의 타락을 개혁하기 위해 수도원을 중심으로 교회개혁운동이 일어났다. 그 중심에 두 가지 수도원 클뤼니, 시토 수도원이 있었

다. 수도원은 이후 계속 개혁운동의 동력이 되었다. 수도원 외에 교황들도 개혁운동에 나섰다. 이들 개혁운동이 공통적으로 추구하는 것이 있었는데 그것은 바로 교황의 권력을 세속으로부터 보호하는 것이었다. 구체적으로는 서임권이 세속 권력자가 아닌 교황에게 있다는 것이다. 이는 자연스럽게 교황권의 강화라는 결과로 이어졌다.

중기: 중세교회의 절정

오늘날 사람들이 중세하면 떠오르는 광경들, 기사, 웅장한 성당, 수도원, 대학 등의 거의 모두 중세의 중반에 해당되는 광경이다. 샤를마뉴 시대에 문예부흥이 잠깐 있었지만 이 시기는 중세기독교와 문화가 고도로 발전한 시기이다. 흔히 이 시기는 '기독교 왕국'(Christendom)으로 불렸다. 즉 교회가 서방세계의 중심이었고 종교, 정치, 사회, 경제 등 사회의 전반에 걸쳐 막대한 영향력을 행사했다. 그 중심에는 교황이 있었다. 중기 중세는 교황의 시대라고 해도 틀린 말이 아닐 것이다. 이 시기에 교황권이 상승하여 '베드로의 대리자'에서 제국에 대한 보편적인 통치권을 주장하게 된다. 10세기 전까지 교황의 권력은 로마와 이탈리아 일부 지역에 국한 되었다. 로마교황의 수위권을 주장했지만 실제로 집행되지는 못했다. 그러나 10세기 이후부터는 상황이 달라졌다. 교황의 권위가 계속 높아져 결국 세속 권까지 차지하게 되었다. 교황권과 더불어 이 시기 중세기독교를 지탱한 또 다른 요소는 대학의 발전과 스콜라 신학의 발전이었다. 스콜라주의는 학교를 중심으로 발전한 신학과 학문의 방법론을 일컫는다. 기존의 성당과 수도원에 있던 학교들이 12-13세기에 발전해 대학이 설립되었다. 이러한 대학에서 발전한 신학이 스콜라 신학으로 대표적인 인물이 안셀무스, 토마스 아퀴나스, 둔스 스코투스 등이다. 하지만 교회의 권력과 성공에 대한 무리한 야망은 십자군 전쟁이란 무서운 결과를 낳았다. 십자군 전쟁은 1095년부터 시작해 총 8차 원정, 약 180년간 지속되었다.

중세의 크리스텐덤은 결코 완전하지 않았다. 기독교가 사회의 중심이 되고 교회가 정치, 경제, 사회, 문화 등의 근본이 된다고 해도 이 세상은 유토피아가 되지 않았다. 오히려 교회는 점점 더 퇴보해갔다. 이러한 세계에 도전하는 무리들이 발생하게 되는데 한편으로는 13세기에 발생한 복음의 근본적인 정신으로 돌아가자는 탁발수도회이다. 이들은 구걸하여 생계를 유지하며 사람들에게 설교하고 복음을 전했다. 대표적인 탁발수도회는 프란체스코 수도회, 도미니크 수도회, 갈멜 수도회, 어거스틴 수도회이다. 종교개혁자 루터가 어거스틴 수도회 출신이다. 이들의 금욕과 높은 도덕성은 사람들의 존경을 자아냈다. 대표적인 다른 한편으로는 기득권층에 반발한 이단들이 있었다. 중세교회는 이들을 무력으로 진압했고 종교재판소와 이단 심문이 만들어졌다.

후기: 교회의 퇴락과 개혁을 향한 열망

통상적으로 14-15세기를 기독교 왕국의 쇠퇴로 규정한다. 이 쇠퇴의 원인은 무엇보다도 교황의 수위권과 보편권력에 대한 주장 때문이다. 오랜 시간 동안의 교황권과 세속권력의 충돌에서 결국 교황이 패하여 1309년부터 1377년까지 교황이 프랑스 아비뇽(Avignon)에 거주하는 '교황청의 바벨론 포로기'를 맞게 되었다. 이후 교황이 다시 로마로 돌아왔지만 교회가 두 개로 분열되는 대분열(1378-1417)이 발생했다. 그리고 세 명의 교황이 생겼고 이에 따라 유럽대륙도 분열되었다. 공의회의 결정이 교황보다 높다는 공의회 운동이 시도되었지만 이것도 결국 실패로 돌아갔다. 이와 더불어 교회의 신학과 제도는 변질되었다. 성경과 전통이 같은 권위로 인정받았고 7가지 성례가 모든 신자들의 삶을 장악하고 있었다. 무엇보다도 중세의 구원론은 행위구원론이었고 그 절정은 면죄부의 판매이다. 구원을 돈으로 주고 살 수 있었던 것이다. 또한 성직자들의 도덕적, 윤리적 타락이 심각한 상태였다.

이러한 교회와 신학의 위기로 인해 당시 중세 사회를 지탱하고 있던 다양한 안전의 상징들이 무너지기 시작했다. 또한 사회, 문화적으로 큰 위기들이 발생했다. 중세 후기에는 자연재해와 전쟁이 자주 발생했고 전염병이 크게 일어났다. 그중에 대표적인 것이 흑사병이다. 1347년 이탈리아에서 시작된 흑사병은 급속도로 유럽 전역으로 퍼져 당시의 유럽 인구의 30%가 사망했을 정도였다. 사회는 죽음에 대한 두려움으로 꽉 차게 되었다. 많은 사람들이 절대적 빈곤으로 인해 고통을 겪었다. 산업이 발전하고 도시가 확장되고 민족주의가 발전함으로 교황이 통치하는 하나의 단일한 기독교 국가에 대한 의구심들이 계속 증가했다.

그러나 위기와 격변의 시기에 당시 중세교회는 둔감했다. 여전히 과거의 향수와 꿈속에서 나오지 못하고 과거의 영광을 회복시키려고 했다. 소망의 등불이 꺼져버린 시대에 대한 반응은 여러 가지였다. 첫째는 기존질서에 체념하고 교회의 가르침에 순응하는 것이다. 둘째로 개인적인 신앙과 신비를 추구하는 신비주의가 발생했다. 대표적인 인물이 에크하르트, 타울러, 토마스 아켐피스 등이다. 마지막으로 인문주의와 반(反)성직주의이다. 인문주의자들은 쇠락한 중세세계를 근본적으로 개혁하는 길은 고대 그리스-로마의 고전과 문화로 돌아가는 것이라고 생각했다. 따라서 그들은 근원으로의 복귀(*ad fontes*)를 외치며 고전연구와 그리스-로마의 정신을 그 당시에 적용하려고 했다. 이와 같은 인문주의는 종교개혁자들에게 큰 영향을 주었다. 성직자들의 무능함과 비도덕성에 대한 반 성직주의가 나타났다. 에라스무스와 같은 학자들은 성직자, 심지어 교황의 무능함과 무식함을 풍자하며 비판했다. 교회에 대한 비판뿐만 아니라 중세교회 신학에 대한 근본적인 개혁을 요구한 인물들이 등장했다. 대표적으로 존 위클리프, 얀 후스, 프라하의 제롬, 지롤라모 사바나롤라 등이 있다. 중세세계와 교회는 근원적인 개혁을 요구하고 있었다.

4. 종교개혁과 프로테스탄트 교회의 성립 / 김중락

중세교회의 혼란과 타락

16세기 초의 교회는 혼란과 타락의 상태에 있었다. 먼저 구원에 대한 교리적 혼란이 심각하였다. 중세교회는 모든 인간은 교회가 정한 7개의 성사(聖事), 영세, 견진, 성찬, 고해, 혼인, 종부, 신품을 잘 지킴으로서 구원에 이른다고 가르쳤고, 중세 말에는 유명론(唯名論, Nominalism)의 영향으로 개인적 신앙이 강조되었지만 여전히 인간편에서 최선의 선을 행해야 한다는 입장이었다. 일부 학자들이 초대교부 아우구스티누스(Augustinus, 354-430)의 사상을 이어받아 하나님의 주권을 강조했지만 이는 교회의 공식적인 입장은 아니었다.[9]

이러한 교리적 혼란과 더불어 교회의 타락도 극에 달하고 있었다. 초대교회 이후 교회의 우두머리를 자처해온 교황은 정신적 영역이 아니라 정치적 권력을 탐하였고, 도덕적 타락으로 그 영적 권위를 잃어버렸다. 14세기 70년 동안 일어난 교황청의 아비뇽 유폐는 교황권의 추락을 극단적으로 보여주었고, 로마 교황청과 아비뇽 교황청의 분열은 사실상 교회를 분열시켰다. 15세기 초 이런 분열은 가까스로 봉합되었지만 교회의 타락은 전혀 개혁되지 못하고 있었다. 교회의 부패를 보여주는 단적인 현상은 성직매매였다. 교황은 고위성직을 팔았고, 고위성직자는 교구성직을 팔아서 치부하였다. 이러한 성직매매로 성직에 부적합한 이들을 받아들이면서 교회의 부패는 더욱 심해졌다. 이와 연결된 현상이 한 사람이 여러 곳의 성직록을 소유하는 부재성직자제도였다. 성직록이 치부의 수단이 되면서 한 명의 성직자가 여러 곳의 성직을 사는 현상이 곳곳마다 나타난 것이다. 이 결과 성직자가 없는 지역이 나타났고, 많은 사

9. Euan Cameron, *The European Reformation* (Oxford: Clarendon Press, 1991), 85.

람들이 성사를 받을 수 없게 되었다.

중세 초 교회의 개혁, 학문의 발달과 경제적 번영에 기여하던 수도원들은 부유한 집단으로 변하였고, 청빈과 지성을 강조하면서 생긴 프란체스코 탁발승단과 도미니크 탁발승단은 그들의 초심을 버리고 부유한 성직자 계층에 영향을 주지는 못한 채 오히려 민중의 경제적 부담이 되고 있었다. 이러한 와중에 이단과 신비주의가 교회에 들어와 유행하고 있었다. 성인들의 유골을 지니거나, 성지순례를 하면 병으로부터 보호받는다는 미신적 속설에 따라 성물수집과 성지순례가 유행하였다.

14세기 말부터 교회를 개혁하려는 움직임도 있었는데 교회는 오히려 이들을 탄압하였다. 중세 말 교회개혁운동의 선구자는 잉글랜드의 존 위클리프(John Wycliffe, 1320s-1384)였다. 옥스퍼드 대학 신학 교수였던 위클리프는 성경이 신앙의 최고 권위라고 주장하였고, 교회의 부에 대해 비판하였다. 그의 사상은 잉글랜드뿐 아니라 유럽 전역에 전파되었고, 그를 따르는 이들은 롤라디(Lollardy)라 불렸다. 대륙에서 위클리프의 영향을 받은 대표적 인물은 보헤미아의 얀 후스(Jan Hus, 1372-1415)였다. 프라하 대학의 총장이었던 후스는 위클리프의 주장에 더하여 교황청과 고위성직자들의 면벌부 발행과 성직매매를 강력히 비판하였다. 이러한 개혁운동에도 교황청과 교회지도부는 개혁을 수용하기보다는 1415년 콘스탄스 공회에서 후스를 이단으로 정죄하고 화형에 처하였다. 당시 후스는 안전을 보장한다는 공회의 약속을 믿고 참석했다가 화형되었던 것이다. 교회 내의 자발적 개혁이 불가능함을 보여주는 사건이었다.[10]

종교개혁의 방아쇠 역할을 한 사건은 교황청의 대대적인 면벌부 판매였다. 면벌부는 비성경적인 연옥교리를 기반으로 한 교황청의 민중 통제 도구였다. 면벌부를 받은 이는 사후 연옥에서의 처벌을 면할 수 있다는 것이다. 교황청은 중세 내내 십자군과 같은 교황 주도의 운동에 면벌부를 이용해 왔지만 돈

---

10. Cameron, *The European Reformation*. 70-74.

을 받고 면벌부를 대대적으로 판매한 적은 없었다. 그러나 1517년 교황 레오 10세(Leo X, 1513~1521)는 1506년부터 시작된 성베드로 성당의 증축 재원이 모자라자 면벌부를 판매하기로 한 것이다. 이는 교회가 구원 장사를 한 것으로 교회 타락의 바닥을 치고 있었던 것이다.

루터의 종교개혁

1517년 10월 31일 독일의 작센 선제후국의 한 도시인 비텐베르크의 올 세인트 교회(All Saint's Church)의 문에 한 대자보가 걸렸다. 면벌부 판매의 부당성을 지적한 마르틴 루터(Martin Luther, 1483-1546)의 '95 개조'였다. 아우구스티누스회 수도사이자 비텐베르크 대학의 신학 교수였던 루터는 오직 믿음으로만 구원을 얻는다는 말씀을 깨닫고 당시 독일지역에서 이루어지고 있었던 면벌부 판매를 극도로 싫어했다. 당시 독일지역은 도미니크 수도승인 요하네스 테첼(Johannes Tetzel)이 돌아다니면서 면벌부를 판매하고 있었다. 심지어 그는 죽은 조상에게도 면벌부가 효력이 있다고 외쳤다. 이에 분개한 루터는 대자보에서 "교황의 면벌부로 말미암아 모든 징벌로부터 용서받는다는 주장은 잘못이다"라고 적었다. 물론 루터의 이같은 행위가 교회를 분리하려는 어떤 의도를 가진 것은 아니었다. 그는 단지 진실을 외치고 공개토론을 하고 싶었던 것이다. 그러나 이 사건은 누구도 의도하지 않는 종교개혁의 신호탄이었다.[11]

95개조는 즉시 독일어와 유럽 각국어로 번역 출판되었고 신설 비텐베르크 대학의 무명 학자였던 루터는 하루아침에 유럽에서 가장 주목받는 인물이 되었다. 이는 당시 면벌부에 대한 거부감이 얼마나 컸던가를 보여주는 것이다. 다음 해 루터는 교황청과 대립에 부담을 느끼고 『95개조에 대한 해명서』를 저술하여 교회에 대한 공격한 것이 아니라고 해명했지만 면벌부 판매의 부당성

11. 라인하르트 슈바르츠(정병식 역), 『마틴 루터』 (한국신학연구소, 2007), 100-101.

은 철회하지 않았다. 루터가 교황청과의 결별을 결심하게 된 것은 1519년 6월에 있었던 라이프찌히(Leipzig) 논쟁 이후였다. 라이프찌히 대학의 요하네스 에크(Johannes Eck, 1486-1543)라는 신학자와 공개토론에서 루터는 1415년 교회가 이단으로 화형시킨 얀 후스의 주장이 성경적이라는 입장을 밝혔다. 이는 그 자신이 이단으로 몰릴 수 있는 발언이었다. 결국 교황청은 1520년 6월 루터에게 60일 이내에 모든 주장을 철회하지 않으면 파문하겠다는 최후통첩을 보냈고, 그해 연말 루터는 이를 불태우면서 자신의 대답을 알렸다. 이것은 가톨릭교회의 정통성을 부인하는 행위였고 새로운 교회의 시작을 알리는 행위였다. 물론 이듬해 초 교황은 루터를 파문하였다.

1520년 루터는 교황청의 위협 가운데서도 자신의 종교개혁 사상을 담은 세 권의 책을 저술하였는데, 바로 『독일의 기독교 귀족들에게 고함』과 『교회의 바빌론 유수』 그리고 『그리스도인의 자유』이다. 루터는 『독일의 기독교 귀족들에게 고함』에서 독일의 제후들이 교회의 개혁을 위해 귀족의 지위를 사용하는 것이 의무라고 주장하였다. 당시 독일은 신성하지도 로마처럼 강대하지도 않았지만 신성로마제국의 일부였고, 크고 작은 제후들이 독립적인 권한을 누리고 있었다. 루터가 제후들 중심의 종교개혁을 주장한 것은 교황과 황제에 대항하는데 큰 도움이 되었지만 이후 루터파 교회의 국가에 대한 종속적 성격을 결정짓는 계기가 되었다. 루터의 가장 핵심적인 사상인 만인제사장설과 성경중심주의는 그의 두 번째 책 『교회의 바빌론 유수』의 핵심이다. 루터는 성경이 모든 교회의 제도와 교황의 전승보다 우선한다고 주장하였다. 그리고 마지막 『그리스도인의 자유』에서 루터는 선행이 아니라 오직 믿음만으로 의롭게 된다는 이신칭의를 주장하였고 양심에 대한 교회의 속박을 거부하였다. 이제 루터는 이제 이론과 실제를 갖춘 종교개혁가로 변모해 있었다.

1521년 4월 보름스(Worms)에 열린 제국회의는 루터가 가톨릭교회와의 결별을 선언하는 또 하나의 기회였다. 신성로마제국의 황제 칼 5세(Karl V, 1519-1556)는 제국회의를 소집하고 루터를 소환하였는데 루터는 후스처럼 배신당할 수 있다는 동료들의 걱정과 만류에도 불구하고 참석하였다. 제국의회에서 루터는 주장을 철회하라는 압박을 받았으나 "주여, 내가 여기 섰나이다"라는 유명한 연설을 통해 "양심을 위반하는 것은 옳지도 안전하지도 않다"고 주장하면서 자신의 신념을 굽히지 않았다. 그는 하나님의 손에 사로잡힌 사람이었다. 그 후 루터는 작센 선제후의 보호 하에 바르트부르크(Wartburg)성에서 머물면서 독일의 종교개혁을 본격적으로 추진하였다. 루터는 이때 신약성경을 독일어로 번역하였는데 성경은 명료하여 누구나 읽을 수 있다는 그의 입장을 보여주는 것이다. 루터파 교회는 미사를 폐지하였고, 독일어로 예배를 진행하였으며, 목사들의 결혼을 허용하였다. 루터의 교회는 황제의 탄압에도 불구하고 독일 내 작센 선제후와 같은 주요 귀족들과 인문주의가 꽃핀 도시들의 지지를 받았는데 1550년까지 65개의 제국도시 가운데 50개가 루터파 교회로 개혁되었다. 독일 밖에서는 스칸디니비아 반도의 국가들에도 전파되었다.

루터를 지지하는 귀족들은 황제의 탄압에 대해 항의(protest)했는데 이 말은 후일 신교도 전체를 가리키는 개념으로 확장되었다. 결국 황제의 탄압은 신교도 귀족들을 슈마칼덴 동맹으로 이끌었고 황제를 중심으로 한 가톨릭 세력과 전쟁에 돌입하게 했다. 1555년 황제는 제후가 자신의 통치 영역 내에서 루터파와 가톨릭 중 종교를 결정할 수 있다는 조건으로 전쟁을 멈추었다. 개인의 종교적 자유는 주어지지 않았고, 제후들에게는 이미 성립된 칼뱅파 교회에 대한 선택의 자유도 주어지지 않았다. 이런 문제가 이후 30년 전쟁의 배경이 되었다.

루터의 중요성을 아무리 강조해도 지나치지 않을 것이다. 루터 이후 모든 종교개혁은 그 강조점이 조금씩 달랐으나 루터의 기초위에 이루어진 것이라 할 수 있다. 그러한 의미에서 루터는 종교개혁의 선구자였다. 그럼에도 불구하고 루터파 교회는 한계도 분명하였다. 지나치게 제후들에게 의존적이었다는 것이다. 1525년 독일 남부지역의 농민들이 농민해방을 부르짖으며 반란을 일으켰는데 그들은 루터의 지지를 기대하였다. 그러나 루터는 이들에 대한 지지가 제후들을 종교개혁으로부터 멀어지게 할 수 있다고 생각하였다. 루터는 『부정하고 살인적인 농민 무리들』이라는 소책자를 집필하여 농민들을 '도적 때'라고 불렀고, 제후들에게 강력한 진압을 촉구하였다.[12] 농민들의 반란은 진압되었고 약 10만 명이 죽임을 당했다. 이 같은 루터의 입장은 독일의 종교개혁이 대중운동으로 발전할 수 있는 길을 막았고, 루터파 교회가 세속권력자에 의존하는 결과를 초래하였다. 루터의 종교개혁이 관료적이 된 것은 이 같은 배경에서 이다.

잉글랜드의 종교개혁

전 유럽을 뒤흔든 루터의 종교개혁은 바다 건너 잉글랜드에도 적지 않은 충격을 주었다. 잉글랜드는 위클리프의 추종자들인 롤라드파(the Lollardy)가 여전히 잔존하고 있었고, 종교개혁에 우호적인 인문주의자들이 대학을 중심으로 활동하고 있던 나라여서 루터의 사상이 뿌리를 내리기 좋은 토양이었다. 특히 윌리엄 틴데일(William Tyndale, c.1494-1536)이 번역한 영어 성경은 라틴어에 익숙하지 못한 대중에게 성경을 직접 접할 기회를 부여했기 때문에 종교개혁 사상의 전파에 큰 도움이 되었다.

그러나 당시 젊은 국왕 헨리 8세(Henry VIII, 1491, 1509-1547)는 루터에 대해 비판적이었고, 루터를 비판하는 글[13]을 써 교황으로부터 "신앙의 수호자"라는 칭호를 얻은 자였다. 그는 인문주의자였지만 종교개혁을 반대한 토마스 모어(Thomas More, 1478-1535)를 대법관으로 임명하여 신교도를 박해하였다. 그러던 그가 1534년 교황과의 결별을 선언하고 국왕이 수장이 되는 잉글랜드만의 독자적인 교회, 즉 잉글랜드 교회(성공회)를 만든 것은 종교적인 문제보다는 개인적인 이유에서이다. 헨리 8세의 첫 왕비는 에스파냐 왕실 출신의 캐서린(Catherine)으로 원래는 형수였으나 형이 요절하자 에스파냐와의

12. 슈바르츠, 『마틴 루터』, 290-298.

13. *Assertio septem sacramentorum adversus Martinum Lutherum* (1521).

관계유지를 원했던 부친의 강요로 결혼하게 된 것이다. 그녀는 공주만 한 명 출산하였을 뿐 헨리 8세가 그토록 원했던 아들은 낳지 못했는데 헨리는 이것이 형수와 결혼했기 때문에 하나님이 내리신 벌이라고 여겼다.[14] 헨리 8세가 캐서린과 이혼을 하고자 한 것은 이러한 이유였다. 당시 국왕의 이혼은 교황의 허락이 필요한 일이었다. 그러나 당시 유럽에서 가장 강력한 국가이고 가톨릭의 강력한 지지자인 에스파냐와의 관계를 고려한 교황이 헨리 8세의 이혼을 허락할 리는 만무하였다. 이에 헨리 8세는 종교개혁을 추진하였는데 이는 교황의 승인 없이 캐서린과 이혼하기 위한 것이었다. 따라서 잉글랜드의 종교개혁은 종교적 요인보다는 정치적 요인이 더 크게 작동한 것이라 할 수 있다. 헨리 8세는 수장법을 통과시켜 자신이 잉글랜드 교회의 수장이 되었고, 수도원을 해산하였으나 그 이상의 변화는 주지 않았다. 그의 종교개혁이 형식적인 것임을 보여주는 부분이다.[15] 잉글랜드의 종교개혁은 헨리 8세가 세 번째 왕비로부터 얻은 아들 에드워드 6세(Edward VI, 1437, 1547-1553)의 치세 때 조금 진척되었다. 에드워드 6세는 신교적인 예배와 성례를 통일시키기 위해 『공동기도서』(*The Book of Common Prayer*)를 발행하는 등 종교개혁을 진척시켰다. 『공동기도서』는 아침기도와 저녁기도, 일요일의 예배순서, 세례와 성찬식 등의 성례 순서, 그리고 다양한 형태의 고정된 기도문으로 구성되어 있었다.[16]

그러나 에드워드 6세가 후사 없이 일찍 사망하면서 잉글랜드의 종교개혁

---

14. Keith Randell, *Henry VIII and the Reformation in England* (Hodder & Stoughton, 1993), 10.

15. 수장법은 *Documents of the English Reformation*, ed, by Gerald Bray(Cambridge: James Clarke, 1994), 113-114에 수록되어 있음. 헨리 8세는 1536년 수도원을 해산하고, 1538년에서 1540년까지 파괴를 명령하였다. Randell, *Henry VIII and the Reformation in England*, 64-67. 1539년 6개조 교리는 *An Act abolishing diversity in Opinions*라는 이름으로 통과되었다.

16. *The Book of Common Prayer and Administration of the Sacraments and other Rites and Ceremonies of the Church, after the use of the Church of England* (1549); John E. Booty, *The Book of Common Prayer 1559: the Elizabethan Prayer Book* (Charlottesville and London: University of Virginia Press, 2005).

은 다시 원점으로 돌아갔다. 에드워드 6세 다음으로 그의 이복누이 메리 1세(Mary I, 1516, 1553-1558)가 즉위하였는데 그녀는 헨리 8세의 이혼당한 왕비 캐서린의 딸이었고 철저한 가톨릭교도였다. 메리 1세는 부친과 동생의 종교개혁을 무위로 되돌리고 다시 가톨릭으로 복귀하였으며, 가톨릭 수호자를 자처한 에스파냐 국왕 필리페 2세와 결혼하였다. 메리는 그녀의 종교적 반동에 반대하는 수많은 신교도를 이단으로 처형하였는데. 그로써 그녀는 "피의 메리"(Bloody Mary)라는 별명을 얻기도 하였다. 이때 켄터베리 대주교 토마스 크렌머(Thomas Cranmer), 런던 주교 니콜라스 리들리(Nicholas Ridley), 워스터 주교 휴 레티머(Hugh Latimer)와 같은 신교지도자들이 처형되었다. 이때 순교한 신교도들에 대해서는 존 폭스(John Fox)의 『순교자 열전』에 잘 소개되어있다.

그러나 그녀 역시 1558년 후사 없이 사망했고 헨리 8세의 두 번째 왕비 앤 볼린(Ann Bolyn)의 딸 엘리자베스 1세(Elizabeth I, 1533, 1558-1603)가 즉위하면서 잉글랜드는 다시 신교로 돌아갔다. 엘리자베스 여왕은 예배의식을 통일시키고, 39개조 교리를 확정지었다. 이를 '종교정착(religious settlement)'이라고 부른다. 그러나 엘리자베스의 종교정착은 조직 면에서는 가톨릭과 같은 감독제(또는 주교제)를 채택하였고, 예배의식에서도 일부 가톨릭 의식을 포함하고 있는 것이었다. 역사가인 콘라드 러셀이 말한 것처럼 잉글랜드 교회(성공회)는 "보기에는 가톨릭, 듣기에는 신교"처럼 보이는 교회로 남았고, 칼뱅파와 루터파와는 달리 유럽 전역으로 전파되지는 못했다.

그러나 칼뱅의 영향을 받은 이들은 더 철저한 종교개혁을 원하였는데 그들을 가리켜 청교도(Puritans)라 부른다. 이미 엘리자베스 시기에 유럽 전역에는 칼뱅파의 종교개혁이 널리 전파되고 있었다. 당시 북쪽 왕국인 스코틀랜드는 1560년에 국가적으로 칼뱅파 교회를 받아들였다. 잉글랜드보다 25년이나 늦었지만 더 철저한 종교개혁을 이루었고, 청교도는 스코틀랜드와 같은 개혁을 원하고 있었다. 엘리자베스 시대의 청교도는 조직 면에서 스코틀랜드와 같은 장로교를 원하는 이들이 가장 많았는데, 그들은 토마스 카트라이트(Thomas Cartwright, c. 1535-1603)를 중심으로 장로교로의 개혁을 추구하였지만 급진적 개혁을 꺼린 엘리자베스 여왕을 설득할 수는 없었다. 그리고 극단적인 청교도는 당국의 처벌을 피할 수는 없었다. 제임스 1세(James I, 1603-1625)와 찰스 1세(Charles I, 1625-1649) 시대에는 많은 청교도가 박해를 피해 신앙의 자유를 찾아 미국으로 건너가기도 하였다.[17]

칼뱅의 종교개혁

루터의 사상은 스위스에서도 큰 영향을 미쳤는데 취리히에서는 츠빙글리(Zwingli, 1484-1531)가, 제네바에서는 기욤 파렐(Guillaume Farel, 1489-1565)이 종교개혁을 추진하였다. 취리히의 종교개혁은 1531년 츠빙글리가 전사하면서 큰 성과를 거두지 못했지만, 제네바는 1536년 파리대학의 교수인 장 칼뱅(Jean Calvin, 1509-1564)을 동역자로 초청하면서 칼뱅파 종교개혁의 중심지가 되었다.

칼뱅은 1509년 프랑스 노용(Noyon)에서 태어났으며, 1523년에 파리대학에 입학하여 19세가 된 1528년에 졸업하였다. 이후 그는 오를레앙에서 법률을 공부했으나 1531년 파리대학으로 돌아왔고 교수가 되었다. 칼뱅이 복음을 받아들인 것은 이 무렵으로 보인다. 그러나 1534년 말부터 당시 프랑스 국왕 프랑소와 1세(Francis I, 1515-1547)가 신교를 탄압하자 칼뱅은 파리를 떠날 수밖에 없었다. 칼뱅은 일단 스위스 북부 바젤(Basel)로 피신하였는데 그곳에 머무는 동안 그 유명한 『기독교강요』를 저술하였다. 『기독교강요』는 신교사상을 간소히 정리한 책으로 법학과 신학을 공부한 학자답게 매우 논리적이었다. 루터의 사상이 3권의 책에 흩어져 있다면 칼뱅의 『기독교강요』는 모든 신교 사

17. 엘리자베스 시대 청교도 운동과 장로교 운동에 대해서는 다음을 참조. Patrick Collinson, *The Elizabethan Puritan Movement* (Oxford: Clarendon, 1967); Polly Ha, *English Presbyterianism, 1590-1640* (Stanford U. P., 2011).

상을 체계화한 최초의 책이라 할 수 있다. 처음에 6장에 불과했으나 이 책은 1559년까지 많은 개정을 통해 80장으로 늘어났고 신교사상의 걸작이 되었다. 이 책으로 칼뱅의 명성은 유럽 전역에 잘 알려졌다.

종교개혁자 칼뱅(1509~1564)

프랑스에서 신교에 대한 박해가 심해지자 칼뱅은 1536년 프랑스를 완전히 떠나기로 하고 스트라스부르그(Strasbourg)로 향했다.[18] 스트라스부그는 프랑스 국경 가까이에 위치하였고, 신성로마제국에 속한 자유도시였으며, 프랑스어를 사용하고 있었다. 또한 마르틴 부처(Martin Bucer, 1491-1551)가 종교개혁을 주도하고 있었기 때문에 국제적인 종교개혁가들의 피난처였다. 그러나

18. 당시 스트라스부그는 신성로마제국의 자유도시로 프랑스 국경이었기에 불어사용권이었다. 또한 마르틴 부처(Martin Bucer (1491-1551)가 종교개혁을 주도하고 있었기 때문에 국제적인 종교개혁가들의 피난처였다.

이탈리아를 둘러싼 프랑스와 신성로마 간의 전쟁으로 인해 칼뱅은 제네바를 포함한 우회로를 택하였는데 제네바에서 종교개혁가 기욤 파렐(Guillaume Farel, 1489-1565)의 간곡한 요청을 받고 그곳에 남기로 하였다. 그러나 칼뱅의 개혁으로 제네바 시민들과 시당국이 불만을 가지자 1638년 칼뱅은 스트라스부르그로 가서 프랑스 피난민 교회를 맡았다. 칼뱅은 1541년까지 스트라스부르그에 머물면서 가정도 꾸리며 비교적 안정적인 삶을 살았다. 그러나 1541년 9월 칼뱅은 제네바로 다시 돌아왔는데 이는 제네바의 종교개혁이 어려움에 처하면서 칼뱅을 다시 요청했기 때문이었다. 이후 칼뱅은 1564년 사망시까지 제네바에 머물면서 노회를 근간으로 하는 교회조직을 만들었다.

칼뱅의 제안에 따라 제네바 의회는 네 종류의 교회직분자를 규정한 교회법령을 통과시켰는데 설교와 성례를 집행하는 목사, 성도들 가르치는 박사, 치리를 담당하는 장로, 빈민을 구제하는 집사가 그것이다. 그리고 칼뱅은 제네바의 목사들과 장로들로 구성된 제네바 컨시스토리(Consistory)를 구성했는데 이는 오늘날의 노회와 유사한 것이라 할 수 있다. 제네바 컨시스토리는 제네바 내의 개별교회를 감독하고, 교인들을 치리하고, 교리의 순수성을 지키고자 하였다. 칼뱅이 이러한 치리회 중심의 교회정치를 만든 것은 한 사람이 큰 권한을 가지고 권력을 남용하는 감독제의 문제점을 개선하고자 했기 때문이었다.

칼뱅은 교리 면에서도 예정설(predestination)을 주장하였는데 이는 하나님이 구원받을 이가 누구인지 미리 택정하셨다는 것으로, 이후 칼뱅파 교회의 핵심교리로 발전하였다. 칼뱅은 교회의 화려한 장식을 우상으로 보았고 이를 철거하도록 하였다. 성상파괴운동은 이후 칼뱅파 교회가 전파되는 모든 곳에서 일어났다. 칼뱅은 시민들이 모두 부지런하고, 검소하게 살기를 원했는데 과도한 소비를 하거나 낭비하는 자는 노회에 불려 나와서 책망을 듣기도 하였다.

칼뱅은 교회와 세속정부의 관계에 대해서 세속통치자가 교회를 통제할 수 있다는 루터의 입장과는 달리, 교회와 정부는 근본적으로 다른 영역이므로 상호 간에 간여할 수 없다고 주장하였다. 이때문에 자국의 교회에 대해 통제권을 장악하고자 한 유럽의 통치자들은 이를 거부하는 칼뱅파보다는 이를 인정하는 루터파 교회를 더 선호하는 경향이 있었다.

그럼에도 불구하고 칼뱅파는 더 큰 대중적인 지지를 얻었고, 더 많은 국가에 전파되었다. 칼뱅의 노력으로 칼뱅파 교회는 프랑스 남부 중심으로 크게 전파되었다. 그러나 위그노라 불린 프랑스 칼뱅파 교회는 큰 박해를 받았고, 1572년 '성바놀로뮤 축일의 대학살'을 계기로 '위그노 전쟁'이 발발하였다. 프랑스 위그노 이론가들은 악한 정부에 대해서는 무력저항이 가능하다는 저항이론을 발전시켰고 이는 칼뱅파가 전파된 모든 나라에 지대한 영향을 미쳤다.[19] 칼뱅파가 전파된 모든 국가에서는 전쟁과 혁명이 있었다. 프랑스의 위그노는 약 30년간의 무력저항 끝에 1598년 낭트칙령으로 신앙의 자유를 얻었다. 칼뱅파는 상공업이 발달한 네덜란드에도 크게 전파되었는데 그들 역시 종교적 박해에 무력저항을 해야만 했다. 당시 네덜란드는 가톨릭 국가인 에스파냐의 지배를 받고 있었는데 그들은 80년간의 무력저항을 통해 종교적 자유와 독립을 동시에 성취하였다. 칼뱅파 교회를 가장 잘 수용한 국가는 스코틀랜드였다. 스코틀랜드의 칼뱅파는 제네바에서 칼뱅과 동역한 존 녹스(John Knox, 1514-1572)의 지도 아래 가톨릭 정부와 내전을 벌였고 1560년 승리하면서 국가적 종교개혁을 성취하였고, 칼뱅의 교회조직을 더욱 발전시켜 전국적인 장로회 제도를 만들었다. 잉글랜드에서도 칼뱅의 가르침에 영향을 받은 이들이 있었는데 그들은 청교도라 불리었다.

재세례파(Anabaptists)의 개혁

루터파 교회, 잉글랜드 교회, 칼뱅파 교회가 세속권력의 도움으로 국가적인

19. 스테파누스 유니우스 부르투스(Stephanus Junius Brutus)라는 이름으로 출판된 『폭군토벌론』(*Vindiciae contra tyrannos*)과 조지 뷰캐넌(George Buchanan, 1506-1582)이 쓴 『스코틀랜드 왕의 권한』은 각각 왕권에 대한 프랑스 위그노와 스코틀랜드 장로교 저항사상을 정리한 것이다. 그리고 Philip Duplesis-Mornay, *Defences Against Tyrants*(1579)같은 입장을 피력하고 있다.

종교개혁을 이루었다면 민중 차원의 종교개혁운동도 있었는데 재세례파 운동이 바로 그것이다. 재세례파 운동은 소규모의 다양한 집단으로 구성되었으며, 각 집단은 추구하는 바가 달랐으나 대부분 유아세례에 반대한다는 점에서 공통점이 있었다. 그들은 판단력이 없는 유아 때 받은 세례를 무효라고 외쳤고 모든 성인은 다시 세례를 받아야 한다고 주장했기 때문에 통칭 재세례파라 불렸다. 재세례파는 종교개혁 초기에는 남부독일에서, 그 이후에는 북부독일과 스위스 그리고 네덜란드를 중심으로 크게 전파되었다.

가장 중요한 재세례파 지도자는 네덜란드의 프리슬랜드(Friesland)를 중심으로 활동한 멜히오르 호프만(Melchior Hoffmann, c. 1500~1543)이었다. 그는 자신이 엘리야 선지자이며 1533년에 종말이 올 것이라고 주장했으며, 추종자들에게 재세례를 베풀었다. 그의 추종자들은 뮌스터와 쾰른을 중심으로 크게 증가했으나 종말이 오지 않자 그 세력은 감소되었고 그는 감옥에서 죽음을 맞이하였다. 그러나 그의 추종자들은 여전히 재세례를 주장하였고, 1533년 2월에는 얀 마티이스(Jan Mathijs)의 지도아래 뮌스터시를 장악하고 새예루살렘으로 선포하였다. 뮌스터는 네덜란드와 가까워 네덜란드로부터 많은 재세례파가 유입된 곳이었다. 그들은 가톨릭과 루터파 군대가 도시를 포위한 가운데서도 시민들에게 강제로 재세례를 받게 하였고, 일부다처제를 시행하였다. 1534년 4월 마티이스가 전사하자 네덜란드의 양복재단사 존 라이덴(Jan van Leyden)이 스스로 새로운 다윗왕이라고 주장하면서 약 1년 이상 버티었다. 그는 16명의 아내를 두었고 공포정치를 시행하였다. 그러나 결국 뮌스터는 1535년 6월 신구교연합군에 의해 함락되었고 라이덴은 고문으로 죽었으며, 수많은 추종자들은 처형되었다.

이후 재세례파는 여러 갈래로 흩어졌는데 그중에서 가장 성공적인 재세례파 집단은 네덜란드인 메노 사이몬(Meno Simons, 1496-1561)에 의해 주도된 메노파, 즉 메노나이트(The Menononites)였다. 뮌스터 사건 이후 재세례파는 급감하였으나 평화주의자인 사이몬의 열정적인 전파로 독일과 네덜란드에서 추종자를 확보하였다. 그들은 다른 급진적 종교개혁처럼 국가와 교회의 완전한 분리를 주장하였고, 화체설을 부정하였다. 재세례파는 오늘날 침례교의 조상이다.[20]

16세기 종교개혁을 교회의 분열로 본다면, 이는 11세기 동서교회의 분열에 이은 두 번째 대규모 분열이다. 첫 번째 분열과는 달리 두 번째 분열은 가톨릭교회 내 남북분열이라고 할 수 있다. 종교개혁을 추진한 국가들이 대부분 북유럽 국가들이기 때문이다. 잉글랜드, 스코틀랜드, 독일, 스위스, 네덜란드, 스칸디나비아 반도 등이 종교개혁에 국가적으로 동참하였다. 또한 종교개혁은 두 개의 교회로만 분열된 것이 아니라 여러 개의 신교로 분열되었다. 이미 살펴보았지만 크게는 루터파교회, 칼뱅파교회, 잉글랜드 교회, 재세례파교회를 탄생시켰다. 종교개혁을 부정적으로 보는 가톨릭 학자들은 분열로 인식한다. 그들은 이를 '개혁'이 아니라 '개악'으로 부르기도 하였다.

그러나 이러한 평가는 정당하지 못하다. 중세교회의 혼란과 타락을 본다면 당시의 교회는 교회라고 부르기 어려웠다. 어떤 의미에서 종교개혁은 초대교회로의 복귀라고 할 수 있을 것이다. 올바른 신앙의 대상과 구원론 그리고 말씀 중심의 교회를 회복한 것만 해도 그 의미의 중대성을 알 수 있다. 종교개혁으로 모든 신자는 제사장이 되었고, 말씀과 다른 교회의 전승은 배척되었다. 성경은 모든 이의 소유가 되었고, 하나님의 주권과 은혜로 받는 구원이 선포되었다. 물론 종교개혁으로 교회가 여러 개의 신교 교파로 나누어진 것은 가슴 아픈 일이다. 이 중에 가장 잘 개혁된 교회가 분명히 있지만 그렇다고 다른 개혁교회가 하나님의 교회가 아닌 것은 아니다. 종교개혁은 교회가 존재하는 한 계속되어야 하고, 이후 세대에게 이어져야 한다는 하나님의 섭리를 보여주는 것이다.

---

20. 채드윅, 『종교개혁사』, 203-203.

5. 스코틀랜드 종교개혁과 장로회교회 / 김중락

종교개혁의 전래와 박해

유럽의 최북단에 위치한 스코틀랜드는 16세기 전반 유럽에서 최빈국 중 하나였고, 종교개혁에서도 가장 늦은 지각생이었다. 대륙의 종교개혁이 1530년대와 1540년대에 이루어졌지만 스코틀랜드의 종교개혁은 1560년에 이루어졌다. 1534년 수장법(the Act of Supremacy)을 공표한 잉글랜드에 비해서도 거의 한 세대가 늦은 개혁이었다. 그러나 이것이 스코틀랜드에 새로운 신교신앙이 늦게 전파되었음을 의미하는 것은 아니다. 비록 유럽의 변방에 위치해 있고, 사회경제적으로 낙후된 국가였지만 스코틀랜드는 문화적으로 다른 나라에 뒤쳐진 나라가 아니었고 신교신앙이 늦게 전파된 것도 아니었다. 16세기 초 스코틀랜드는 대학이 3개나 있는 문화적인 국가였다. 당시 잉글랜드는 두 개의 대학, 즉 옥스퍼드 대학과 캠브리지 대학을 가지고 있었지만 인구면에서 그리고 경제적인 면에서 잉글랜드의 절반에도 미치지 못했던 스코틀랜드에는 세개의 대학이 있었다. 1412년에 세워진 세인트 앤드류스(St. Andrews) 대학, 1451년에 세워진 글래스고(Glasgow) 대학, 그리고 1495년에 설립된 아버딘(Aberdeen) 대학이 있었으며, 이들 대학은 유럽의 대학들과 많은 교류를 하고 있었고, 학문적 수준에서도 결코 뒤처지지 않았다. 당시 대학은 새로운 신학과 사상이 전파되는 통로였다.

신교사상이 스코틀랜드에 전파된 것은 대륙의 종교개혁이 시작된 직후로 보인다. 스코틀랜드 의회가 1525년 루터의 저술에 대해 수입과 유포를 금하는 법을 제정한 것은 신교사상이 이미 전파되고 있었음을 말해주는 것이다. 이즈음 '이단' 재판도 기록되어있는데 이때 이단은 신교도를 지칭했을 가능성이 높다. 신교도 박해를 상징적으로 보여주는 사건은 1528년에 일어난 패트릭 해밀턴(Patrick Hamilton, 1503-1528)의 화형이었다. 해밀턴은 루터의 종교개혁 당시 프랑스 파리와 루벤에서 유학중 루터의 사상을 받아들인 것으로 보인다. 해밀턴은 1523년 스코틀랜드로 귀국하였고 곧바로 세인트 앤드류스 대학의 교수가 되었다. 해밀턴은 대학을 중심으로 종교개혁사상을 전파하다가 1527년 이단으로 정죄되었고, 1528년 이단으로 화형을 당했다. "해밀턴의 재가 날라 그만큼 많은 이들을 개종시켰다"라는 스코틀랜드의 말처럼 그의 순교는 오히려 신교의 확대에 획기적인 공헌을 한 것으로 보인다.[21]

신교도에 대한 박해는 1530년대에도 지속되었다. 그러나 스코틀랜드 왕 제임스 5세(James V, 1513-1542)가 1542년 사망하면서 신교도 박해는 잠시 완화되었다. 제임스 5세의 사망 당시 그의 자녀는 태어난 지 6일밖에 되지 않은 딸 메리뿐이었다. 따라서 스코틀랜드는 섭정체제하에 들어가게 되었는데 메리 여왕의 첫 섭정은 신교성향을 지닌 2대 아란(Arran) 백작 제임스 해밀턴(James Hamilton)이었다. 해밀턴은 친잉글랜드적이었고 신교성향을 지녔기 때문에 신교도에 어느 정도 우호적이었지만 곧 잉글랜드와의 갈등이 시작되자 친프랑스적이 되었고 가톨릭으로 개종하였다. 아란 백작의 개종은 바로 신교도들에 대한 탄압 재개를 의미하였다. 당시 신교도 탄압에 앞장을 선 인물은 바로 비턴 추기경이었다.

1540년대 박해 중 가장 큰 사건은 존 녹스의 스승인 조지 위샤트(George Wishart, 1513- 1546)의 화형이었다. 1530년대 프랑스의 루뱅(Louvain) 대학에서 공부한 위샤트는 1538년 스코틀랜드로 돌아와 몬트로스(Montrose)에서 성경과 종교개혁사상을 가르치고 있었다. 그는 루터보다는 칼뱅의 영향을 더 크게 받은 인물이었다. 그는 이미 1536년에는 스위스 신앙고백(Helvetic Confessions)을 영어로 번역한 적도 있었다. 위샤트는 1543년부터 순회설교자로서 스코틀랜드 전국을 돌며 종교개혁사상을 전파하기 시작하였다. 스코

21. 패트릭 해밀턴에 대한 전기적 연구는 다음을 참조하라. Peter Lorimer, *Patrick Hamilton, the First Preacher and Martyr of the Scottish Reformation*(Thomas Constable, 1857).

틀랜드의 위대한 종교개혁가 존 녹스가 개종한 것도 이시기였다. 존 녹스는 위사트를 스승으로 받아들이고 위사트와 함께 스코틀랜드 전역을 돌며 칼뱅과 츠빙글리의 사상을 전했다. 녹스는 스승 위사트의 호위무사로 같이 동행한 것으로 보인다. 그러나 폭력을 배격하였던 위사트의 설교를 감안할 때 녹스가 차고 다녔던 양날검은 실제 사용을 위한 것이라기보다는 상징적인 물건이었을 것으로 보인다.[22]

위샤트의 노력으로 1540년대 초까지 종교개혁사상은 지식인들 중심으로 크게 전파된 것으로 보인다. 1540년대 초 스코틀랜드를 방문한 교황특사는 "이 왕국은 여러 갈래로 분열되어있고, 혼란스러우며, 이단으로 가득 차 있다. 하나님이 돕지 않으시면 우리는 잉글랜드에서 일어난 일을 스코틀랜드에서도 듣게 될 것이다." 교황특사의 목소리는 종교개혁이 크게 전파되고 있음을 말해주는 것이다. 그러나 위사트도 박해의 칼에서 벗어나지 못했다. 1546년 1월 위사트는 비턴 추기경의 명령으로 체포되었고 3월 세인트 앤드류스에서 화형에 처해 졌다. 위샤트의 죽음은 신교도의 구심점이 사라짐을 의미했다. 많은 신교도들은 위사트를 스코틀랜드 종교개혁 지도자로 여겼는데 그의 화형으로 큰 혼란에 빠진 듯하다. 세인트앤드루스 농성은 바로 이러한 지도자의 부재를 보여주는 사건이었다.

1546년 3월 29일 위사트의 화형에 격분한 18명의 신교도가 추기경 관저인 세인트앤드류성을 침입해 비턴 추기경을 살해한 사건이 발생하였다. 그러나 그들은 탈출하기 전에 성이 포위되어 성에 갇히는 상황이 되었다. 바닷가에 위치한 성의 견고함 덕분에 그들은 장기간 버티며 농성할 수 있었고, 포위가 느슨한 틈을 타 외부의 신교도가 성내의 농성에 합류하기도 하였다. 1547년 4월 위사트의 제자인 존 녹스가 농성에 합류한 것은 스코틀랜드 종교개혁의 중요한 이정표였다. 농성 중인 신교도는 녹스를 그들의 설교자로 요청했고, 녹스

22. *Works of John Knox*, i, 139.

는 기도하는 가운데 이를 수락하였다. 농성 중인 신교도를 체포할 힘이 없었던 스코틀랜드 정부는 프랑스 함대에 도움을 요청하였고, 농성 중인 신교도는 종교개혁을 단행한 잉글랜드의 지원을 기대하고 있었다. 불행하게도 세인트 앤드루스에 먼저 도착한 것은 프랑스 함대였다. 1567년 7월 31일 신교도는 항복할 수밖에 없었고 녹스와 그 일행은 프랑스 갤리선(인력으로 움직이는 배)의 포로가 되었다. 위샤트는 화형에 처해 졌고, 녹스는 프랑스 겔리선의 포로가 되면서 스코틀랜드 신교도는 그들을 이끌어 줄 지도자가 없는 가운데 이후 10여 년간 정부의 가혹한 박해를 받아야만 했다. 녹스 외에도 많은 신교도 학자들이 망명의 길을 떠났다. 아마도 종교개혁사상이 일찍 전래되었음에도 불구하고 스코틀랜드가 유럽에서 가장 늦은 종교개혁국가가 된 것은 이 같은 지도자의 부재 때문이라고 여겨진다.[23]

존 녹스와 회중의 귀족 그리고 내전

녹스가 프랑스 갤리선의 노예로 있었던 기간은 약 1년 7개월 정도였던 것으로 보인다. 녹스는 1549년 2월 잉글랜드왕 에드워드 6세의 도움으로 포로에서 자유를 얻었다. 그러나 그는 박해 중인 고국으로 돌아가지 못하고 잉글랜드에 체류하면서 잉글랜드의 종교개혁을 도왔다. 녹스는 어린 에드워드 국왕에게도 설교할 기회를 가졌다. 그러나 1553년 에드워드 6세가 후사 없이 죽고 그의 이복누이인 메리 튜더(Mary Tudor) 여왕이 즉위하면서 잉글랜드가 다시 가톨릭 국가로 돌아가자 녹스는 잉글랜드를 떠날 수밖에 없었다. 녹스가 택한 곳은 칼뱅이 종교개혁을 주도하고 있던 제네바였다. 녹스가 제네바를 선택한 것은 칼뱅의 유명세도 있었지만 그의 스승 위샤트의 영향도 컸던 것으로 보인다.

녹스의 제네바 망명은 스코틀랜드 종교개혁에서 큰 의미를 가지는 사건이

---

23. 김중락, 『스코틀랜드 종교개혁사』 (흙곰, 2017), 71.

었다. 제네바 망명으로 녹스는 칼뱅으로부터 신교도와 장로회제도에 대한 것을 직접 보고 배우는 계기가 되었다. 훗날 녹스가 스코틀랜드 종교개혁을 이끌 때 중요한 기초가 되었던 것이다. 또한 녹스의 제네바 망명은 그로 하여금 스코틀랜드 신교도 지도자로 인정받는 기회가 되었다. 녹스는 비록 해외에 있었지만 국내의 박해 아래 있던 신교도에게는 하나의 희망이었던 것이다. 녹스가 제네바에 머무는 동안 스코틀랜드 내 신교도는 모진 박해를 받아야만 했다. 특히 1554년부터 섭정직을 이어받은 메리여왕의 모후 기즈 가문의 메리(Mary of Guise)는 철저한 가톨릭 교도였고 신교도 박해에 열정적이었다. 게다가 1558년 4월 프랑스에 체류 중인 메리여왕이 프랑스 왕세자(후일 프랑소와 2세)와 결혼하자 프랑스를 등에 업고 더욱 신교도 박해에 앞장섰다. 제네바에 머물던 녹스가 『괴물 같은 여성정권에 대한 첫 번째 나팔』을 출판한 것도 이 시기였다.[24]

녹스가 제네바에 머무는 동안 1550년대 후반 스코틀랜드에서는 새로운 종교개혁지도자들이 부상하고 있었는데 그들은 바로 신교도 귀족들이었다. 그들은 제네바의 녹스와 연락을 취하면서 신교도 운동을 펼쳤고, 1558년에는 "회중의 귀족들(the Lords of Congregation)"이라는 이름의 결사를 맺고 정부의 박해에 대한 무력저항을 시작하였다. 이 중에서 지도자 격은 스코틀랜드에서 가장 강력한 귀족인 제5대 아가일 백작 아치발트 캠벨(Archibald Campbell, 1537, 1558-1573)이었다. 그들은 귀족의 신분과 지위를 이용하여 신교도 순회설교자들을 보호하였고, 가정에서 설교를 하도록 기회를 부여하였으며, 그들 영지 내에서 신교 예배방법을 보급하는 데 힘썼다. 물론 그들은 제네바에 망명 중인 존 녹스의 추종자들이었다.

"회중의 귀족들"의 지원 아래 많은 목회자들이 자신들이 맡고 있던 교구 교회당의 장식을 제거하기 시작하였는데 스코틀랜드판 '성상파괴'(iconoclasm)

---

24. 김중락, 『스코틀랜드 종교개혁사』, 86.

운동이었다. 성상파괴운동은 어느 국가나 막론하고 칼뱅파 종교개혁의 한 모습이었다. 스코틀랜드에서는 몬트로스, 던디, 퍼스 그리고 에든버러와 같은 동해안의 도시들에서 이 운동이 강하게 전개되었다. 아마도 이러한 운동은 제네바의 영향을 받은 녹스의 가르침으로부터 시작된 것으로 보아도 무방할 것이다.

존 낙스(1515?-1572)

또한 회중의 귀족들은 신교도를 박해하는 정부와 섭정에 대해서 무력저항을 준비하고 있었는데 회중의 귀족들이 결사를 맺은 것 자체가 무력저항을 전제로 한 것이라 할 수 있다. 회중의 귀족들이 무력저항을 결심한 것도 녹스의 영향 때문이었다고 볼 수 있다. 녹스가 회중의 귀족들에게 무력저항을 구체적으로 언급한 자료는 없다. 그러나 그의 책 『괴물 같은 여성정권에 대한 첫 번째 나팔』(1558)을 고려하면 그 개연성은 매우 높다. 녹스는 이 책에서 '로마의 적그리스도'를 옹호하는 권력을 반대'하고, '공의로운 군주'에게 복종해야 한다는 입장을 피력하였다. 그리고 녹스는 종교개혁 이후 메리여왕과의 대담에서도 "만일 군주들이 범위를 넘어선다면 의심 없이 그들은 힘으로 저항을 받아야 합니다"라고 말한 적이 있었다. 이로 유추하건데 녹스는 1550년대 말 스코틀랜드의 종교개혁을 위해서는 신교도를 박해하는 정부에 무력저항을 할 수 있다는 입장을 지녔음이 분명하고 이를 회중의 귀족들에게 가르쳤음이 분명하다. 후일 악한 통치자에 대한 무력저항이 칼뱅파의 중요특징이 되었음을 감안하면 녹스의 입장은 저항사상에서 매우 중요한 지위를 지닌다고 할 수 있다.

1559년 5월 녹스가 제네바에서 스코틀랜드로 귀국한 것은 무력저항을 계획하고 있던 회중의 귀족들에게는 더할 나위 없는 도움이었다. 대중들의 참여가 필요하였던 신교도 귀족들에게 신교도의 정신적 지주였던 녹스의 지지는 필수적인 것이었다. 5월 2일 리스(Leith)에 도착한 녹스는 바로 에든버러(Edinburgh)와 던디(Dundee)를 거쳐 5월 9일에는 퍼스(Perth)에 도착하였다. 퍼스는 회중의 귀족들이 무력저항을 준비하고 있던 도시였다. 당시 완전한 신교도 도시였고, 성벽이 있었기 때문에 섭정의 군사적 행동으로부터 방어하기 좋은 곳이었다.

녹스의 합류로 힘을 얻은 신교도 귀족들은 즉시 군사적 행동을 시작하였다. 회중의 귀족들은 6월 초 스코틀랜드의 종교적 수도라고 할 수 있는 세인트앤드루스를 점령하였고, 대성당과 가장 오래된 홀리 트리니티(Holy Trinity) 교회당과 대학의 채플에서 제단과 장식을 뜯어내 불태웠다. 세인트엔드류스의 성공으로 '회중의 귀족들'은 더욱 용기를 얻었고 6월 중순에는 스털링(Stirling)을 확보하였다. 스털링은 수도 에든버러에 가까웠고, 매우 견고한 요새(castle)가 있어 지리적으로나 전략적으로 매우 중요한 도시였다. 마침내 6월 29일 '회중의 귀족들'은 수도 에든버러를 확보하기에 이르렀다. 에든버러에서도 세인트엔드류스와 같이 모든 수도원 건물들이 피괴되었고, 가톨릭인 교회장식은 제거되었다.

'회중의 귀족들'에게 수도인 에든버러를 빼앗긴 섭정은 군대를 던바

(Dunbar)로 이동시켰고, 신교도 군대와 일전을 각오하고 있었다. 그러나 어느 쪽도 확실한 우위를 자신할 수 없었기 때문에 소강상태가 지속되었다. 결국 섭정과 '회중의 귀족들'은 7월 25일 리스(Leith) 조약으로 정전에 들어갔다. 리스 조약에서 '회중의 귀족들'은 양심의 자유를 조건으로 에든버러에서 군대를 철수하기로 하였다. 그러나 이것은 일시적인 휴전이었고 양측은 외국의 군사적 지원을 기대하고 있었다. 섭정은 메리여왕의 남편인 프랑소와 2세의 지원을, 녹스와 회중의 귀족들은 잉글랜드 엘리자베스 여왕의 군사적 도움을 기대하고 있었다. 1560년 초에는 프랑스 함대와 잉글랜드 함대가 각각 도착하여 이제 전쟁은 프랑스와 잉글랜드의 대리전으로 확전될 수 있는 상황이었다. 그 순간 신교도에게는 기적과 같은 일이 일어났다. 1560년 6월 10일 섭정 기즈 메리가 갑자기 사망한 것이었다. 그녀의 사망은 구교도 귀족들과 프랑스군의 사기를 결정적으로 꺾어놓았다. 결국 프랑스는 스코틀랜드를 포기하였고, 7월 6일 스코틀랜드, 잉글랜드, 프랑스 3국은 에든버러 조약에 들어갔다. 이 조약으로 잉글랜드 군대와 프랑스 군대가 동시에 스코틀랜드에서 철수했지만 이제 스코틀랜드 정국은 신교도 편에 들어오게 된 것이다. 사실상 스코틀랜드의 종교개혁이 실현되는 순간이었다. 존 녹스와 회중의 귀족들은 그해 7월 19일 에든버러의 세인트자일스(St. Giles) 교회에서 감사예배를 드렸다.[25] 스코틀랜드의 종교개혁이 일단락되는 순간이었다.

스코틀랜드 종교개혁으로 스코틀랜드와 잉글랜드는 같은 신교국이 되었고, 두 나라는 급속히 친밀한 관계가 되었다. 스코틀랜드와 잉글랜드는 14세초 스코틀랜드 독립전쟁이 시작된 이후 거의 250년간 전쟁을 해왔다. 잉글랜드는 지배를 원했고, 스코틀랜드는 독립을 원했다. 수많은 전투에서 두 나라는 울기도 하고 웃기도 하였다. 이 기간 동안 두 나라 간의 원한은 깊었다. 스코틀랜드인들은 잉글랜드인들을 '오랜 원수'(auld enemy)라고 불렀다. 반면 스코

---

25. 김중락, 『스코틀랜드 종교개혁사』, 96-97.

틀랜드인들에게 프랑스는 오랫동안 도와준 '오랜 동맹'(auld alliance)이었다. 프랑스의 도움 없이는 스코틀랜드가 그토록 오래 잉글랜드의 침입을 막아낼 수는 없었을 것이다. 그러나 종교개혁은 이를 단숨에 역전시켰다. 잉글랜드는 스코틀랜드의 종교개혁에 결정적 기여를 하였고 프랑스는 이를 방해한 나라로 기억된 것이다. 이후 스코틀랜드와 잉글랜드의 역사는 이처럼 같은 신교국가라는 의식 위에서 전개된 것이다.

종교개혁의회와 메리 여왕의 반동

1560년 8월 9일 스코틀랜드 수도 에든버러는 축제 분위기였다. 새로운 의회가 소집된 것이다. 의회는 소집되자마자 '교황의 사법권 폐지법'(the Papal Jurisdiction Act)과 '신앙고백 추인법'(the Confession of Faith Ratification Act)을 통과시켰다. '교황의 사법권 폐지법'은 교황은 스코틀랜드에서 어떠한 사법권도 가지지 않으므로 누구도 스코틀랜드에서 교황의 권위를 사용해서는 안되며, 이를 어기는 자는 처형이나 추방 또는 공직취임 금지에 벌을 부과할 수 있는 법이었다. 이는 스코틀랜드가 법적으로 신교국가임을 선포하는 것과 마찬가지였다. 그리고 의회는 8월 17일 스코틀랜드 종교개혁의 중요한 문서인 『스코틀랜드 신앙고백서』(the Scots Confession)를 통과시켰다. 유럽의 모든 국가가 종교개혁으로 각각의 신앙고백서를 채택하였듯이 스코틀랜드 교회도 자신의 신앙고백서를 채택한 것이었다. 존 녹스에 따르면 신앙고백서 초안은 의회가 소집되고 나서 4일 만에 만들어졌다. 『스코틀랜드 신앙고백서』가 체계적이지 못한 것은 이때문으로 보인다. 『스코틀랜드 신앙고백서』는 짧은 서문과 총 25개조의 항목으로 이루어져 있다. 이 문서는 1조의 '하나님에 대하여'로 시작하여, 창조, 원죄, 약속, 그리스도, 교회, 성례 등을 다룬 후, 25조의 '교회의 자유로운 은사'로 끝이 난다. 24조에서 '국가의 관리'에 대한 규정을 가지고 있다는 사실이 특이하다. 그러나 『스코틀랜드 신앙고백서』에서 가장 흥미로운 부분은 전문에서 스코틀랜드 종교개혁자들의 감회를 담고 있다는 것이다. 그들은 스코틀랜드 종교개혁이 늦은 이유가 가혹한 박해 때문이었다고 설명하고 있다.

> 사랑하는 형제들이여! 우리는 우리가 믿는 신앙고백을 세상에 밝히길 갈망하면서 오랫동안 괴로움과 위험을 참아왔습니다. 비록 사탄의 사나움이 최근 우리 속에서 다시 태어난 그리스도의 진리와 우리를 계속 방해해왔으나, 기쁘게도 이제야 비로소 우리는 우리의 신앙을 정리할 시간과 기회를 얻게 되었습니다. 지금까지 우리가 어떻게 괴롭힘을 당해왔는지 대부분의 유럽의 국가들이 알 것으로 생각합니다.[26]

1560년 스코틀랜드가 신교국가가 되었음에도 불구하고 철저한 종교개혁을 달성하기 위해서는 해야 할 일이 많았다. 녹스는 제네바에서 회의체 교회 정치를 배웠으나 이를 스코틀랜드에 바로 적용할 수는 없었다. 감독제(주교제)를 폐지하는 일은 정치적으로 민감한 일이었다. 신교도 귀족들 가운데 주교직을 차지하고 있는 이들도 없지 않았다. 이러한 상황에서 만들어진 것이 『제1치리서』였다. 1561년에 총회에서 채택된 『제1치리서』는 의회에서는 통과되지 않았지만 주요 정치지도자들의 승인을 받은 것이었다. 당시 스코틀랜드 교회의 중요한 틀은 의회나 정부의 승인을 필요로 하였다. 『제1치리서』는 주교를 폐지하는 대신 임시직인 '시찰감독'(Superintendents)을 도입하였다. 그들은 기존의 주교들이 맡은 지역에서 교구를 시찰감독하고, 교회가 없는 곳에는 교회를 세우는 임무를 부여받았다. 녹스가 시찰감독제를 도입한 것은 치리회로 가기 위한 과도기적 조치라고 여겨진다.[27]

그러나 스코틀랜드 종교개혁에서 가장 큰 걸림돌은 스코틀랜드 여왕이었다. 프랑스 프랑소와 2세의 왕비로 프랑스에 머물던 여왕은 스코틀랜드 정치

26. 김중락, 『스코틀랜드 종교개혁사』, 102-103.
27. 김중락, 『스코틀랜드 종교개혁사』, 110-121.

나 종교개혁에 무관심한 태도를 지니고 있었다. 그러나 남편의 갑작스런 사망으로 18세의 나이에 과부가 된 메리여왕은 1561년 여름 스코틀랜드로 돌아오게 된 것이다. 그녀에게 스코틀랜드의 상황은 실망스러웠다. 프랑스의 화려하고 웅장한 왕궁과는 달리 에든버러의 홀리루드 왕궁은 너무나 작고 소박했으며, 절대적인 프랑스 왕권에 비해 스코틀랜드 왕권은 유럽에서 가장 미약하였고, 세련된 프랑스 귀족들과는 달리 스코틀랜드 귀족들은 거칠고, 무례하였다. 게다가 그녀는 철저한 가톨릭 신자였기 때문에 스코틀랜드의 종교개혁에 대해서 적극적으로 반대하지는 않았지만 부정적인 태도를 지니고 있었다. 여왕은 종교개혁은 인정하지만 자신은 가톨릭교도로서 왕궁에서 사적인 가톨릭 미사를 드리겠다고 공표하였다. 이러한 여왕과 스코틀랜드 종교개혁지도자 존 녹스 간에 불화는 불가피한 것이었다.[28]

왕궁의 왕실 채플에서 여왕이 사적으로 미사를 드리게 되자 존 녹스와 신교도 지도자들은 이를 큰 위협으로 받아들였다. 여왕의 행동은 백성들에게 큰 영향을 미쳤기 때문이다. 여왕의 개인적 미사는 가톨릭 세력의 재결집 신호로 여겨질 수도 있었고, 그 결과 어렵게 이룬 종교개혁이 위험에 처할 수도 있었기 때문이었다. 녹스는 이런 위험을 잘 알고 있었던 것처럼 보인다. 당시 녹스는 왕궁에서 1km가량 떨어진 세인트자일스 교회의 목회자였는데 그는 설교를 통해서 여왕의 미사가 하나님의 진노를 살 것이라고 경고하였다. 그리고 그는 "한 명의 미사가 … 이 나라에 상륙한 만 명의 무장한 적군보다 더 무섭다"라는 유명한 말을 남기기도 하였다.

이러한 녹스의 설교에 불쾌하게 여긴 여왕은 1561년 9월 4일 녹스를 왕궁으로 소환하였다. 18세의 여왕과 40대 중후반의 녹스 사이의 대화는 학술대회 같았지만, 양자의 말투는 매우 공격적이었다. 녹스는 여왕 앞에서도 당당하게 여왕의 미사가 하나님의 진노와 백성들의 저항을 불러올 것이라고 경고하

28. 메리 여왕과 존 녹스 간의 대립에 대해서는 김중락, 『스코틀랜드 종교개혁사』, ch. 09 참조.

였고 여왕은 무력저항을 암시한 녹스의 이 말에 충격을 받았다. 그럼에도 여왕은 사적 미사를 계속하고 가톨릭교도들에게 우호적인 정책을 시행하였다. 녹스와 종교개혁지도자들에게 여왕의 이러한 입장과 정책은 큰 우려의 대상이었다. 녹스가 교회개혁에 더 많은 여력을 쏟지 못한 것은 이처럼 여왕과의 갈등 때문이었다. 결국 이러한 상황은 신교도들의 실력행사를 불러왔다. 1563년 부활절 무렵 종교개혁에 적극적인 스코틀랜드 서남부지역의 신교도들이 직접 가톨릭 사제들을 포박하는 일이 벌어졌고 중지하라는 여왕의 명령은 무시되었다. 나라가 혼란에 빠지자 여왕은 녹스의 영향력을 빌리고자 하였다. 그해 4월 14일 여왕이 녹스를 불러 신교도를 설득해달라고 부탁하였다. 그러나 녹스는 여왕의 부탁을 단호히 거절했는데 이는 가톨릭의 복귀를 우려했기 때문이었다. 여왕과 녹스의 사이가 결정적으로 틀어지게 된 사건은 여왕의 재혼설이었다. 1563년 여름 여왕이 가톨릭 귀족과 재혼할 것이라는 소문이 돌자 녹스는 설교를 통해 여왕이 가톨릭 귀족과 결혼하면 이는 백성들이 무신론자들을 섬겨야 하는 상황이 된다고 강력히 비판하였다. 이 소식을 들은 여왕은 분개하였고 녹스를 다시 왕궁으로 소환하였다. 분노한 여왕은 "내 결혼이 당신과 무슨 상관이 있나요?"라고 하면서 따지면서 울음을 터뜨렸다. 그러나 녹스는 여왕의 결혼에 대해 가만히 있는 것은 "조국을 배신하는 것"이라고 반박하였다.

오늘날 많은 스코틀랜드 사람들은 여왕에 대한 녹스의 태도가 매우 무례하였다고 평가한다. 그러나 당시 스코틀랜드가 처한 상황을 보면 녹스의 태도는 이해가 되고도 남는다. 당시 스코틀랜드는 형식적인 종교개혁을 이루었지만 여전히 많은 가톨릭 귀족들은 가톨릭을 고수하였고, 교구차원에서는 여전히 많은 가톨릭 사제들이 자리를 차지하고 미사를 행하고 있었다. 녹스는 이러한 상황에서 여왕이 가톨릭 부활의 구심점이 되는 것을 두려워하였다. 또한 여왕의 결혼이 스코틀랜드를 다시 가톨릭 국가로 되돌릴 수 있는 위험성도 적지 않았다. 여왕에 대한 녹스의 공격적인 태도는 이러한 시각에서 이해될 필요가 있을 것이다.

녹스의 경고에도 불구하고 여왕은 1565년 가톨릭 귀족인 단리 경(Lord Darnley)과 결혼하였고, 가톨릭 부활을 공개적으로 추진하기 시작하였다. 당시는 국제적으로도 가톨릭이 트리엔트(Trent) 공회를 통해 단결을 추진하고 있었다. 녹스는 다시금 여왕의 결혼을 비판하는 설교를 하였는데 이번에는 여왕도 참지 않았다. 여왕은 녹스에게 설교금지령을 내렸고, 녹스는 세인트자일스 교회에서 추방되었다. 이에 녹스는 자신의 집에 머물며 『스코틀랜드 종교개혁사』를 집필한 것으로 여겨진다. 1566년 봄에는 여왕은 더욱 강한 가톨릭 부활정책을 실시하였다. 여왕은 공공연하게 미사와 가톨릭 절기를 권장하고 있었고, 가톨릭 축제인 성촉절(Candlemas) 행사에서는 여왕과 부군이 직접 촛대를 들고 에든버러 시가지를 행진하기도 하였다. 여왕의 이러한 정책은 공식적인 신교국가에 가톨릭을 뒷문으로 불러들이는 것이었다.

이에 대해 녹스는 신교도들에게 금식을 선포하면서 기도를 요청하였다. 녹스는 기도를 통해 스코틀랜드의 종교개혁을 지키고자 한 것이다. 그러나 일부 신교도 귀족들이 여왕의 비서인 데이비드 리치오(David Riccio)의 암살사건에 연루되고, 녹스는 배후인물로 의심을 받게 되자 결국 잉글랜드로 망명을 떠날 수밖에 없었다. 종교개혁이 이루어진 지 6년 만에 스코틀랜드 교회는 큰 위기에 봉착하게 된 것이다. 녹스가 없는 스코틀랜드에서 여왕이 가톨릭 부활을 추진할 수 있는 상황이었다. 그러나 여왕의 몰락은 갑자기 찾아왔다. 1567년 남편 단리 경에 싫증이 난 여왕이 보스웰 백작과 모의하여 피접중인 남편 단리경을 살해한 것이다. 그해 7월 24일 두 사람의 음모가 밝혀지자 신교도 귀족들은 반란을 일으켜 여왕을 폐위하고 갓 돌을 지난 그녀의 아들 제임스를 왕으로 옹립하였다. 이 왕이 유명한 제임스 6세이고, 훗날 잉글랜드 왕위까지 물려받아 잉글랜드의 제임스 1세가 되었다. 그의 즉위식은 7월 29일 스털링의 홀리 루더(Holy Rude) 교회당에서 거행되었는데 설교는 잉글랜드 망명에서 돌아온 존 녹스가 맡았다. 녹스는 즉위식이 하나님과 백성과 그리고 국왕 사이의 언약이라고 주장하였다. 이 주장은 후일에 장로교 저항사상에서 중요한 개념으로 정착되었다.

메리여왕이 추방되고 신교도 귀족들이 권력을 장악했지만 스코틀랜드는 여전히 혼란스러웠고 종교개혁의 진전은 미미하였다. 그것은 1568년 5월 레반호에 수감중이던 여왕이 탈출하면서 다시 내전이 발발하게 되었기 때문이다. 여왕의 탈출 소식에 가톨릭 귀족들은 다시 결집하였고 신교도 귀족들도 대응차원에서 군대를 동원하였다. 이 내전은 신구교간의 싸움인 동시에 아들과 어머니의 싸움이기도 하였다. 두 편은 그해 5월 13일 랑사이드(Langside) 전투에서 결전을 벌였고 다행히 신교도 귀족들이 승리를 거두었다. 결국 여왕은 잉글랜드 엘리자베스 여왕의 도움을 기대하고 잉글랜드로 갔으나 그녀의 소행을 미워한 엘리자베스 여왕에 의해 연금되고 말았다. 그럼에도 불구하고 메리여왕을 추종하는 귀족들은 에든버러 성을 차지하고 이후 5년 동안 저항을 이어갔다. 결과적으로 신교도는 승리했지만 이러한 혼란 속에서 종교개혁의 전진을 기대하기는 어려웠다.

잉글랜드로 간 메리여왕은 1587년 처형까지 연금하에서 살아야만 했다. 그녀는 잉글랜드에 있으면서도 지속적으로 가톨릭 세력과 연락을 취하였고, 심지어 엘리자베스의 암살음모에도 관여하였다. 결국 엘리자베스 여왕은 그녀를 처형할 수밖에 없었던 것이다. 모든 것은 가지고 태어난 여왕이었지만 종교개혁을 반대하고, 종교개혁자인 존 녹스의 조언을 무시한 결과 모든 것을 잃게 된 것이었다.

한편 존 녹스도 그녀와의 싸움에서 적지 않은 것을 잃었다. 그녀와의 싸움으로 인해 녹스는 더 철저한 종교개혁을 진전시키지 못한 것이다. 국왕이라는 거대한 세력과 내전이라는 혹독한 상황에서 일개 영적지도자가 할 수 있는 일은 한계가 있었던 것이다. 1572년 여름 내전이 종료되자 녹스는 8월에 자신의 교구 세인트자일스로 돌아왔다. 그러나 그는 이미 기력이 쇠한 노인이었다. 그해 11월 녹스는 후임에게 교구를 물려주고 은퇴하였고 보름 뒤 하나님의 부름을 받았다. 그는 험난한 상황 속에서 죽기 직전까지 자신의 임무를 감당한 인물이었다. 그는 설교자로의 부르심에 겸손하였고, 말씀연구에 항상 열정적이었고, 종교개혁에 있어서 어느 누구도 두려워하지 않았던 사람이었다. 녹스는 세인트자일스 예배당 뜰에 묻혔고, 그 뜰은 지금은 주차장이 되었다.

앤드류 멜빌과 장로교회의 완성

위대한 종교개혁가였던 존 녹스가 사망하자 스코틀랜드 교회는 다시 큰 혼란에 빠졌다. 1570년대 스코틀랜드는 비록 신교국이었으나 가톨릭과 같은 감독제가 재도입되었고, 교구 목사들에게 돌아가야 할 교회재산은 귀족들이 장악하고 있었다. 녹스는 메리여왕의 가톨릭 반동정책과 투쟁하느라 모든 정력을 다 사용해야만 했고, 그가 제네바에서 배운 장로회 조직은 조금도 진척을 이루지 못했던 것이다. 비록 목회자들의 느슨한 모임이 있기는 하였지만 이는 장로회 조직과는 거리가 멀었다.

진정한 장로회 조직의 건설자는 녹스의 제자인 앤드류 멜빌 (Andrew Melville, 1545-1622)이었다. 멜빌은 21세에 파리대학의 교수가 되었고, 스코틀랜드 "최고 철학자요, 최고 시인이며 최고 그리스어 학자"라는 명칭을 얻었을 정도로 학문적 자질이 뛰어난 인물이었다. 그는 신교도가 된 이후로 제네바에서 칼뱅의 제자인 데오도르 베자(Theodore Beza)와 함께 제네바 교회를 이끌고 있었다. 칼뱅과 녹스가 함께 사역한 것처럼 그들의 제자인 베자와 멜빌도 동역자였던 것이다. 그는 녹스 사후 혼란스러운 조국교회의 모습을 보고 1574년 스코틀랜드로 귀국하였다. 당시 멜빌의 나이는 29세였으나 학문적 우수성으로 인해 그는 바로 글래스고 대학의 학장이 되었고, 글래스고 대학은 유럽 전역에 명성을 떨치게 되었다.

그러나 멜빌의 주요관심은 스코틀랜드 교회를 장로회 조직으로 개혁하는 일이었다. 그는 1578년 총회에서 총회장으로 선출되었고, 총회는 장로회 조직의 근간을 규정한 『제2 치리서 *The Second Book of Discipline, 1578*』를 제정하였다.[29] 『제2 치리서』는 후일 웨스트민스터 총회가 만든 『장로회 정치』와 함께 오늘날도 장로회 조직과 정치의 원형으로 인정되는 문서이다. 물론 『제2 치리서』는 22명의 목회자들이 함께 초안에 참여했지만 사실상 멜빌 혼자의 노력으로 만들어진 책이다. 이로써 스코틀랜드 교회의 개혁 방향이 설정된 것이다.

『제2 치리서』는 먼저 교회권과 세속권의 분리를 강조하고 있다. 국가는 하나님이 세운 관리에 의해 통치되지만, 교회는 하나님에 의해 통치되는 또 다른 왕국으로 하나님이 임명한 교회직분자(church officers)에 의해 통치되어야 한다는 것이다. 즉 세속권은 교회의 일에, 교회는 국정에 관여할 수 없다는 것이었다. 다만 세속권력은 교회에 대한 의무를 가지는데, 그것은 교회가 외부의 세력에 의해 위기에 처해졌을 때 칼(공권력)을 사용하여 교회를 보호하는 것이다. 반면 교회는 세속통치를 위한 기구가 아니므로 교회의 직분자들이 세속통치의 영역을 직접 담당해서는 안 된다. 단지 교회가 세속권력에 대해 할 수 있는 일은 국왕의 실정에 대해 경고할 수 있을 뿐이다.

그리고 『제2 치리서』는 치리회 중심의 장로교 체계를 규정하였다. 이는 제네바의 독노회 제도를 처음으로 전국적인 조직으로 확장한 것이었다. 『제2 치리서』 7장 2조에 따르면 스코틀랜드 교회의 조직은 4종류의 회의체, 즉 개별교회의 회의체인 당회(kirk assembly), 그리고 특정 지역의 회의체인 지역회(provincial assembly), 전국적 회의체인 총회(general assembly) 그리고 그리스도를 고백하는 모든 국가의 회의체인 국제총회(assembly of all and divers nations)로 구성된다. 『제2 치리서』가 국제총회를 언급한 것은 각국 장로교회의 국제적 연대 를 생각하고 있었던 것으로 여겨진다. 이 제도는 약간의 차이가 있지만 대부분 국가의 장로교회에 적용되었다는 점에서 매우 역사적 의미를 지니고 있다.

---

29. 『제2치리서』에 대해서는 김중락, 『스코틀랜드 종교개혁사』, ch. 13 참조.

『제2 치리서』의 조직원리에 따라 1581년 총회는 전국의 약 1천 개 교회를 600여 개의 교구(parish)로 나누었고, 각 교구에는 1명의 목회자가 있어야 한다고 결정하였다. 작은 교회의 경우 2, 3개의 마을을 묶어 하나의 교구를 만들었다. 이는 각 교구가 목회자의 생계를 지원할 수 있어야 한다는 의도와 관련이 있어 보인다. 또한 총회는 약 50개의 노회를 만들고 각 노회에는 12개 내외의 교구교회가 배정되었다. 이로써 스코틀랜드 교회는 일단 형식적인 종교개혁을 완성하였다고 할 수 있다. 스코틀랜드는 가장 늦게 종교개혁을 시작했으나 가장 성경적인 교회조직을 만들었다. 그리고 스코틀랜드인들은 그들의 장로교회를 "가장 잘 개혁된 교회"라고 여겼고, 장로회조직에서 그들의 국민적 정체성을 확인하였다. 게다가 스코틀랜드 장로교회는 17세기 중반 잉글랜드의 웨스트민스터 총회의 표준문서 탄생에 직접적인 영향을 주었고, 이는 다시 전 세계 장로교회의 헌법으로 채택되고 있다는 점에서 교회사적으로 지대한 공헌을 했다고 평가할 수 있을 것이다.

6. 17세기 이후의 개혁주의 교회 / 이성호

배경

교회 역사에 있어서 17세기는 개신교 정통주의 시대라고 불린다. 종교개혁으로 인해 서방 교회는 여러 교회로 분리되었고 분리된 교회들은 저마다 자신들 신학적 입장을 체계화하였다. 16세기 종교개혁가들이 로마 가톨릭교회의 거짓된 교리들을 비판하는데 집중하였다면, 17세기 신학자들은 이전의 신학적 전통을 그대로 이어받으면서도 그것들을 보다 발전시키고 심화시키고 체계화하는데 집중하였다. 17세기에는 로마 가톨릭 외에도 소시누스주의나 알미니우스주의와 같은 새로운 신학적 흐름도 형성되었는데 정통주의 신학은 이런 신학적 흐름에 대해서도 자신의 신학적 입장을 치밀하게 변증해야 했다.

17세기가 이와 같은 특성을 가졌고 이와 더불어 개신교 국가는 대학을 통하여 전문적인 신학교육을 강화시켰기 때문에 이전과는 비교할 수 없는 수많은 신학자들이 배출되었다. 17세기의 이와 같은 거대한 작업이 없었다면 16세기에 있었던 종교개혁은 단지 일시적인 거대한 운동으로 그치고 말았을 것이다. 이 당시 대학에서는 스콜라주의라고 하는 중세적 학문 방법이 그대로 사용되었는데 이때문에 교파를 막론하고 모든 신학자들은 스콜라적인 방법을 사용하여 자신들의 신학을 변증하였다. 이때문에 정통주의 신학을 스콜라 신학이라고 불리기도 한다. 하지만 전자는 신학의 내용을 말하고, 후자는 방법을 말하기 때문에 이 둘은 세밀하게 구분되어야 한다. 한때 스콜라주의는 제대로 인식되지 못하여 사변적이고 메마른 신학방법으로 오해되었으나 최근에 이 주장은 전혀 근거가 없는 주장으로 밝혀졌다.

17세기에 개신교 정통주의가 가장 활발하게 전개된 곳은 네덜란드였다. 물론 칼빈이 세운 제네바 아카데미도 여전히 영향력 있는 학교였지만 네덜란드가 스페인에서 실질적으로 독립을 하게 되자 네덜란드 개혁교회는 개혁신학의 가장 중심적인 교회가 되었다. 프랑스나 스코틀랜드에서도 개혁신학이 자리를 잡기도 했으나 이들은 국가의 박해에 맞서서 생존하는 데 더 많은 관심과 노력을 기울여야 했다. 개혁파 신학자들은 서로 다른 나라에 속해 있었지만 서로 교류하고 배우면서 다양성 속에서도 신학적 통일성을 유지할 수 있었다.

도르트 총회 1618-19: 네덜란드 개혁교회

로마 가톨릭의 위험으로부터 어느 정도 벗어나게 되자 개신교 안에서의 신학적 논쟁은 불가피한 일이었다. 이전까지는 거대한 공동의 적이었던 교황과 싸우는 데 힘을 모았지만 종교개혁 이후 100년이 지나자 내재해 있었던 신학 논쟁이 공론화되었다. 이와 같은 신학적 논의가 해결되지 못했다면 오늘날 개혁교회는 그 당시에 스스로 자멸하거나 급격하게 쇠퇴의 길을 걸었을 것이다.

네덜란드에서 격렬한 논의가 되었던 신학적 주제는 예정론에 관한 것이었다. 그 당시 개혁교회는 모두 하나님의 절대적 예정과 선택과 유기의 이중 예정을 일반적으로 받아들이고 있었다. 이것은 보통 칼빈이 가르쳤다고 알려져 있는데 예정은 성경이 분명히 가르치는 바이고 중세 시대에도 여러 방식으로 가르쳐졌기 때문에 무슨 새로운 교리는 전혀 아니었다. 하지만 이와 같은 교리는 인간의 자유의지와 조화를 이룰 수 없다는 이유로 여러 가지 도전을 받게 되었는데 여기에 선봉에 섰던 인물이 아르미니우스(Arminius, 1560-1609)라는 인물이었다. 그는 제네바 아카데미에서 공부하였음에도 불구하고 네덜란드로 귀국한 이후에 개혁파 예정론을 비판하기 시작하였다.

아르미니우스는 매우 뛰어난 학자였기 때문에 많은 추종자들을 거느리게 되었고 항론파라고 불리는 그룹을 형성하기까지 하였다. 비록 그가 일찍 죽었음에도 불구하고 그의 가르침은 그대로 이어졌다는 것을 볼 때 그의 가르침이 얼마나 큰 영향력을 행사하였는지 알 수 있을 것이다. 이들은 공식적으로 네덜란드 교회에 5가지 항목으로 이의를 제기하였고 이 문제를 해결하기 위하여 교회는 공의회를 개최하기로 하였으니 이것이 바로 도르트 총회였다. 총회에서 다루어진 의제는 단지 네덜란드 교회만의 문제가 아니었기 때문에 개혁파 신앙을 고백하는 여러 교회가 참여하였다. 최종적으로 아르미니우스의 주장은 이 회의에서 정죄되었고 도르트 신경이 작성되었으며 이것은 개혁교회의 신조 중 하나가 되었다. 이 신경의 내용은 이후에 웨스트민스터 신앙고백서의 예정론에도 큰 영향을 주었다.

도르트 총회(1618-1619)

웨스트민스터 총회: 잉글랜드와 스코틀랜드 교회

오늘날 우리가 '영국'이라고 말하지만 당시 영국은 잉글랜드와 스코틀랜드로 분리된 나라였다. 두 나라는 국경을 맞대고 있었기 때문에 정치적이고 종교적으로 서로 영향을 받지 않을 수 없었으며 왕족들이 서로 친족 관계로 연결되어 있었기 때문에 아주 복잡한 관계를 갖고 있었다. 특히 국력이 우세한 잉글랜드는 자신들의 종교적 입장을 스코틀랜드에 강요하려고 하였고 스코틀랜드는 여기에 대해서 강력하게 저항하였다.

16세기에 스코틀랜드는 존 녹스를 통하여 종교개혁에 성공하였고(1560) 그 이후에 앤드류 멜빌(Andrew Melville, 1545-1622)을 통하여 장로교 정치가 자리를 잡게 되었다. 반면 남쪽의 잉글랜드는 헨리 8세의 종교개혁과 그의 딸인 엘리자베스를 통하여 우리에게는 성공회라고 알려진 잉글랜드 교회가 뿌리를 내리게 되었다. 성공회는 교리적으로는 개혁파에 가깝지만 예배 의식에 있어서는 가톨릭에 가까웠고, 교회정치는 강력한 주교제를 따르고 있었다. 16세기까지 이와 같은 잉글랜드의 교회 체제는 비교적 안정적으로 유지되었다.

1603년 엘리자베스가 후사가 없이 죽자 그의 왕위는 스코틀랜드 왕이었던 제임스에게 돌아갔다. 하루아침에 두 나라는 동일한 왕을 군주로 모시게 되었다. 하지만 의회와 법은 완전히 달랐기 때문에 서로 다른 나라였고 교회도 완전히 구분되었다. 제임스는 스코틀랜드 왕이었으나 잉글랜드의 왕이 되자 성공회를 신봉하였다. 잉글랜드에서 왕은 교회의 최고 수장으로 인정받았지만 스코틀랜드에서는 교인 중 한 명일 뿐이었다. 통치기간 기간 동안 제임스는 스코틀랜드 교회를 잉글랜드 교회와 하나가 되는 조치를 시도했지만 적정한 선에서 타협을 하였다.

제임스의 아들 찰스는 1625년 왕위에 오르자 본격적으로 스코틀랜드 교회를 잉글랜드 교회로 합병하려고 하였다. 먼저 주교제를 점차 확대 시켰으며 잉글랜드의 예전서인 공동기도서를 강제로 시행하도록 명령하였다. 이것은 스코틀랜드인들의 격렬한 저항을 불러일으켰으며 결국 두 나라의 전쟁으로 이어지게 되었다. 찰스의 정책은 잉글랜드 의회의 지지를 받지 못했기 때문에 두 번의 전쟁에서 패할 수밖에 없었을 뿐만 아니라 의회와 대립하면서 내전으로 발전하게 되었다. 이것이 그 유명한 영국혁명의 시작이었다.

의회파는 왕당파에 비해서 군사력에 있어서 열세에 있었기 때문에 스코틀랜드의 원조를 받아야만 했다. 스코틀랜드는 군사력 지원을 약속하면서 잉글랜드에 교회개혁을 강력하게 요구하였다. 잉글랜드 의회는 스코틀랜드의 요구를 수용하였고 그것을 시행하기 위해서 전국적으로 총회를 개최하였으니 이것이 바로 웨스트민스터 총회였다(1643년 7월 1일). 의회의 소집 명령에 따라 잉글랜드 내에 있는 최고의 학식과 경건을 갖춘 신학자와 목사들이 참여하였고 이들은 수년간 지속적으로 회의를 하면서 오늘날 장로교의 기초라고 할 수 있는 표준문서를 작성하였으니 신앙고백서, 요리문답, 예배지침, 교회정치 규범이었다.

이 표준문서들은 스코틀랜드에서는 채택되어 오늘까지 이르고 있지만, 잉글랜드의 상황은 완전히 달랐다. 혁명기간 동안 군인들이 권력을 잡게 되었고 뒤이어 올리버 크롬웰(Oliver Cromwell, 1599-1658)의 독재로 이어지게 되었다. 군인 지도자들은 종교의 관용을 신봉하면서 회중주의를 따랐다. 따라서 잉글랜드에서 장로교는 제대로 시행될 수가 없었으며 1660년 혁명이 실패하고 아들 찰스가 복귀하자 모든 개혁은 수포로 돌아가고 교회는 이전 상태로 돌아가고 말았다. 성공회를 용납할 수 없었던 2000명이나 되는 목사들이 강단을 떠나야만 했으며 장로교 지도자들은 오랫동안 박해의 고통 속에서 인내해야만 했다.

찰스 2세와 그 뒤를 이은 동생 제임스 2세는 부친에게서 전혀 교훈을 얻지 못하였다. 그들은 망명기간 동안 프랑스에 머물며 로마 가톨릭의 영향을 받아 스스로 로마 가톨릭 신앙을 고백하였고 잉글랜드 교회를 로마 교회화 시키는 시도를 하였다. 이와 같은 시도는 잉글랜드 국민의 거대한 저항을 불러일으켰고 이와 같은 갈등은 명예혁명(1688년)으로 종결되었다. 이 혁명으로 네덜란드의 오라녀 공(Prins van Oranje, 1533-1584)과 그의 부인이자 제임스 2세의 딸 마리아가 공동으로 잉글랜드 왕으로 즉위하였다. 명예혁명 이후 종교의 관용이 보편적으로 정착되면서 장로교 신자들은 종교의 자유를 얻게 되었으나 그 이후 활력을 많이 잃고 급격하게 쇠퇴하고 말았다. 스코틀랜드는 장로교회의 정체성을 유지하면서 오늘까지 이르고 있다.

미국교회

소위 '지리상의 발견' 이후 유럽인들은 아메리카[30]에서 자신들의 세력을 지속적으로 확장시켰다. 스페인에 비해서 잉글랜드는 상대적으로 아메리카 진출이 늦어졌는데 새로운 환경에서 적응하는 것은 결코 쉬운 일이 아니었다. 17세기에 접어들게 되면 잉글랜드에서 종교적 박해를 받는 이들이 신앙의 자유를 찾아 신대륙으로 이민을 가는 일이 본격적으로 시작되었다. 이 당시 잉글랜드에서는 잉글랜드 국교회를 오염된 교회로 보고 보다 정결하게 만들려는 그룹이 있었는데 이들은 오늘날 청교도라고 불리고 있다.

청교도들의 구성은 매우 다양했는데 잉글랜드 교회를 거짓교회로 규정하고 이 교회로부터 분리하여 완전히 새로운 교회를 세우려는 그룹이 있었고, 잉글랜드 교회에 계속 소속하면 개혁하려는 사람들이 그룹이 있었다. 전자를 분리주의 청교도라고 하고 후자를 비분리주의 청교도라고 하는데 후자가 절대적 다수를 이루고 있었다. 1620년 메이플라워호를 타고 아메리카에 도착한 이들은 분리주의 청교도들이었다. 1630년대에 박해가 심해지자 비분리주의 청교도들도 대거 이민을 하기 시작하였는데 이들은 주로 회중주의적인 입장을 고수하였다.

웨스트민스터 총회가 개최되었을 때 교리적인 대립도 심했지만 교회 정치에 대한 논쟁이 훨씬 더 심각하였다. 기본적으로 웨스트민스터 회의에 참석한 이들은 개혁파 신학을 신봉하였지만 교회정치에 대해서는 입장이 크게 달랐다. 주교제를 폐지하는 것에는 모두 동의하였으나 그 대안에 대해서는 개체교회의 독립을 주장하는 회중파가 있었고, 개체교회의 연합을 강조하는 노회파가 있었다. 이 논쟁에서 노회파의 입장이 최종적으로 채택되었고 회중파는 주변으로 밀려나게 되었다.

본국에서 박해를 받았던 회중파 지도자들은 네덜란드로, 네덜란드에서 아

30. 이 시기에는 아직 미국이라는 국가가 형성되지 않았기 때문에 아메리카로 표기함.

메리카로 이동하였다. 그들의 소원은 단 한 가지 오직 성경에 따라 하나님을 예배하는 것이었다. 아메리카에서는 회중파들이 다수를 점하면서 주도권을 잡게 되었다. 초기에 메사추세츠 주에서는 회중파만이 유일하게 합법적 종교로 인정을 받기도 하였다. 이들 중에는 존 코튼(John Cotton, 1585-1652)이나 토마스 후커(Thomas Hooker, 1686-1647) 같은 뛰어난 지도자들이 있었는데, 17세기 뉴잉글랜드 신학의 기초를 형성하였다. 아메리카에서 회중파 개혁신학은 크게 번성하였고 이와 같은 배경에서 조나단 에드워즈와 같은 위대한 신학자가 배출될 수 있었다. 일찍 자리잡은 회중파 교회와 달리, 상대적으로 늦게 아메리카로 이민을 오게 된 장로교 신자들은 18세기가 되어서야 본격적으로 교회를 설립할 수 있었다.

7. 근대선교운동과 복음의 확산 / 이상규

배경

17세기까지 기독교는 사실상 서양의 종교 혹은 유럽의 종교였다. 그러나 18세기 근대선교운동이 일어나면서 기독교는 아시아 아프리카로 전파되었고 19세기 후반에는 한국에까지 전파되었다. 따라서 근대 선교운동은 비유럽 지역에서의 기독교의 기원 혹은 한국에의 기독교의 기원을 이해하는 열쇠가 된다. 그래서 이 항에서는 근대선교운동의 전개 과정을 국제사적 시각에서 소개하려고 한다. 일반적으로 윌리엄 케리(William Carey, 1761-1834)를 '근대선교의 아버지'라고 말하는데 그로부터 시작된 선교운동이 '선교의 위대한 세기'를 열어 갔다고 미국의 교회사학자인 케네스 라토렛이 지적한바 있다.

윌리엄 케리 이전에도 선교에 대한 관심을 환기시킨 인물이 없지 않았다. 대표적인 인물이 찬송가 작가인 아이작 왓츠(Isaac Watts, 1674-1748)였다. 1719년 "햇빛을 받는 곳마다 주 예수 왕이 되시고"(Jesus shall reign where'er the Sun)라는 선교 찬송을 썼던 그는 케리 보다 앞서 교회의 선교적 사명을 주창한 바 있다. 또 한 사람의 선구적 인물이 로버트 밀러(Robert Millar of Paisley)였는데, 그는 1723년 『기독교의 복음전파와 이교도 정복사』(*A History of the Propagation of Christianity and the Overthrow of Paganism*)를 출판하여 이교도를 회심시키는 데 가장 중요한 방법은 중보기도라고 주장하고 중보기도를 호소한 바 있다. 이처럼 윌리엄 케리 이전에도 선교를 강조한 이들이 없지 않았으나, 근대 선교운동은 케리 이후 본격화되고, 이 선교운동을 주도한 나라가 영국이었다. 영국의회(장기국회)에 의해 1649년 조직된, '뉴잉글랜드복음전파협회'(Corporation for the Propagation of the Gospel in New England)는 최초의 개신교 선교단체였다. 이 조직을 통해 북미대륙 원주민들을 위해 파송된 존 엘리어트(John Eliot, 1604-1690)의 활동, 영국 쉘돈의 교구목사인 토마스 브레이(Thomas Bray) 중심으로 시작된 '기독교지식 증진협회'(The Society for the Promoting Christian Knowledge, 1698), 1701년에 창립된 '외지복음전도회'(SPG, The Society for the Propagation for the Gospel in Foreign Parts), 그리고 영국에서 일어난 복음주의운동도 영국에서의 선교운동 확산에 영향을 주었다.

윌리엄 케리의 선교활동

그럼에도 불구하고 윌리엄 케리의 『이방인의 개종을 위하여 사용해야 할 방법에 대한 그리스도인의 책임에 관한 연구』(*An Enquiry into the Obligation of Christians to Use Means for the Conversion of the Heathens*, 1792. 이하 『이방인의 개종』)의 발간과 그의 주도로 1792년 10월 케터링에서 창립된 침례교선교회(BMS)는 영국과 그 이후 기독교 역사에 선교적 각성을 준 '신기원'으로 중시되어 왔다. 1761년 영국 노스햄톤에서 출생한 케리는 18세 때 회심의 경험 이후 비국교도 침례교에서 신앙생활을 시작했다. 그 후 학문의 길에 정진하여 헬라어, 라틴어, 히브리어 등 고전어와 이태리어, 프랑스어, 화란어 등 현대 유럽언어를 독학으로 습득했다. 또 데이비드 쿡(David Cook, 1728-1779) 선장의 『쿡선장의 마지막 항해』(*Captain Cook's Last Voyages*), 가스리(Guthrie)의 『지리학 입문』(*Geographical Grammar*), 요나단 에드워드가 편집한 『브레이너드의 생애와 일기』(*Life and Diary of David Brainerd*) 등을 읽고 세계선교에 대한 관심을 갖게 된다. 1785년에는 침례교에서 목사안수를 받았고 1789년 이래로 레이세스터(Leicester)교회에서 활동했다.

복음 선교에 대한 열망으로 불타던 그가 1792년에 발표한 『이방인의 개종』은 87쪽에 불과한 소책자였으나 선교각성에 커다란 반향을 불러 일으켰다. 당시 교회는 3가지 이유, 곧 선교명령은 사도들에게만 국한된 명령이라는 점, 칼빈주의 예정론에 대한 잘못된 이해, 그리고 로마가톨릭 국가가 해상권을 장악하고 있다는 현실적 이유에서 선교에 대해 무관심했다. 그러나 케리는 선교는 우리 개인과 교회에 주어진 가장 중요한 과제라는 사실을 지적하고 선교의 도구, 곧 선교단체의 조직을 강조했다. 이 책이 선교에 끼친 영향은 흔히 루터의 95개조가 교회개혁에 끼친 영향과 비교되곤 한다.

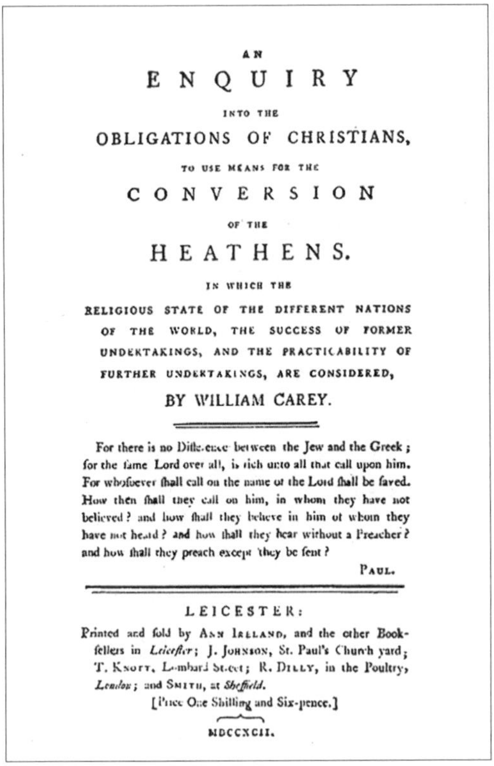

AN
ENQUIRY
INTO THE
OBLIGATIONS OF CHRISTIANS,
TO USE MEANS FOR THE
CONVERSION
OF THE
HEATHENS.
IN WHICH THE
RELIGIOUS STATE OF THE DIFFERENT NATIONS OF THE WORLD, THE SUCCESS OF FORMER UNDERTAKINGS, AND THE PRACTICABILITY OF FURTHER UNDERTAKINGS, ARE CONSIDERED,
BY WILLIAM CAREY.

For there is no Difference between the Jew and the Greek; for the same Lord over all, is rich unto all that call upon him. For whosoever shall call on the name of the Lord shall be saved. How then shall they call on him, in whom they have not believed? and how shall they believe in him of whom they have not heard? and how shall they hear without a Preacher? and how shall they preach except they be sent?

PAUL.

LEICESTER:
Printed and sold by ANN IRELAND, and the other Booksellers in *Leicester*; J. JOHNSON, St. Paul's Church yard; T. KNOTT, Lombard Street; R. DILLY, in the Poultry, *London*; and SMITH, at *Sheffield*.
[Price One Shilling and Six-pence.]
MDCCXCII.

윌리엄 케리의
『이방인의 개종을 위하여 사용해야 할 방법에 대한 그리스도인의 책임에 관한 연구』 책 표지(1792).

윌리엄 케리는 1792년 5월 30일 노팅햄에서 모인 침례교 교역자대회에서 이사야 54장 2-3절을 본문으로 '네 장막터를 넓히소서'라는 제목으로 설교하면서 "하나님께로부터 위대한 결과를 기대하고, 하나님을 위해서 위대한 일을 시도하라"(Expect great things from God, attempt great things for God)고 강조하였으나 교회 지도자들의 반응은 냉담하였다. 결국 케리는 4개월 후 13명의 동료들과 함께 침례교선교회(BMS, Baptist Missionary Society)를 창립했다. 케리의 후원자이자 이 선교회설립 회원이었던 앤드류 풀러(Andrew Fuller)가 선교회의 초대 총무로 선임되었다.

심한 반대에 직면했으나 케리는 1793년 6월 13일 아내와 4자녀 그리고 두 사람의 동료와 함께 인도로 출발하였는데, 이것이 현대선교의 중요한 사건이 되었다. 1793년 11월 11일, 인도 후글리(Hooghly)에 도착한 케리는 이때부터 약 40년간 선교사로 활동하면서 성경번역 사업을 중요한 과제로 여겨 벵갈어, 산스크리트어, 마라디어 등 6개 언어로 성경을 완역하였고, 동역자들의 도움을 입어 24개 국어로 신약을 완역하였고, 10개 국어로 성경 일부를 번역하였다. 이런 전례에 따라 선교지에서의 성경번역은 그 후 선교사들의 일차적 과제로 인식되었다. 케리는 세람포대학 설립 외에도 사회개혁, 곧 과부의 화형, 유아살해 등과 같은 구습 타파를 위해서도 노력하였다. 해외선교에 대한 케리의 호소와 40년간의 선교활동, 그의 편지와 보고서 등은 선교운동에 큰 영향을 끼쳤고, 그 결과 여러 선교단체들이 조직된다. 이런 점에서 케리는 선교 열정과 함께 선교단체조직에 대한 새로운 모델을 제시하게 되었고, '선교의 위대한 세기'를 열어가게 된다. 윌리엄 케리가 제시했던 선교정책, 곧 1) 가능한 모든 방법을 동원하여 복음을 전파하되, 2) 자국어로 번역된 성경을 보급하고, 3) 신속한 장래에 교회를 세우며, 4) 비기독교인들의 역사와 문화를 연구하며, 5) 가능한 빠른 기간에 토착교회 지도자를 양성하는 것 또한 그 이후 모든 선교사들의 동일한 관심사가 되었다.

새로운 선교단체의 조직

윌리엄 케리의 영향은 영속적인 것이었다. 교회에 선교 각성을 가져왔고, 유럽과 미국에서의 새로운 선교단체의 조직에 영향을 주었다. 이 시기 선교는 다양한 형태로 수행되었다. 유형별로 볼 때 초기의 선교는 초교파적인 운동으로 시작되었다는 점이다. 교회는 선교 사명을 인식하지 못했고, 선교사업을 감당할 힘도 없었다. 따라서 선교 사명을 인식한 개인이나 단체의 자발적인 노력에 의해 시작되었다. 그것이 교회 밖의 초교파적 단체였다. 1792년에 조직된 '침례교선교회'는 그 첫 경우였다. 둘째, 선교가 강조되면서 점차 교회 중심의 교파적 선교단체도 출현하게 되었다는 점이다. 교회가 중심이 된 선교단체가 창립되었다는 점은 교회가 선교사명을 인식하게 되었음을 의미한다. 셋째, 특정한 교파나 선교기구의 지원 없이 시작된 '믿음선교'(Faith Mission) 단체도 출현했고, 넷째, 특정한 인종(예컨대 유대인, 인디안, 에스키모 등)이나, 특수한 계층(나환자, 부녀자나 아동, 군인 등), 특수한 사업(곧 성경번역, 문맹퇴치, 봉사와 구호 등)을 대상으로 하는 선교기구나 단체도 조직되었다. 그래서 19세기는 스테판 닐의 말처럼 "위대한 선교단체의 시기"(the great age of societies)가 도래하게 된 것이다. 이시기 설립된 중요한 선교단체는 다음과 같다.

런던선교회(LMS)

침례교선교회에 이어 1795년 2월에는 런던선교회(LMS: London Missionary Society)가 창립되었다. 런던선교회는 이방 땅에 영원한 복음을 전한다는 고매한 목적을 가지고 시작되었는데, 설립자들은 처음부터 '비교파적 복음선포'를 기본 원칙으로 정했다. 즉 "우리는 장로교나 독립교회나 감독교회 정치제도를 전파하지 않고 … 도리어 축복된 하나님의 영광스러운 복음을 이방인들에게 전한다."고 표명했다. 이처럼 런던선교회는 초교파적인 단체로 출발했으나 회중교회적 성격이 강했고, 곧 영국 회중교회의 공식선교단체로 변모되었다. 런던선교회의 첫 30명의 선교사는 1796년 남태평양의 타히티(Tahiti)로 파송되었고, 이어서 인도(1798), 아프리카(1799)에 선교사를 파송했다. 네 번째 선교지는 중국이었다. 로버트 모리슨(Robert Morrison, 1782-

1843)은 중국에 파송된 첫 선교사였다. 1807년 광동(Canton)에 파송된 모리슨은 1813년에는 중국어로 신약을, 1818년에는 밀른(William Milne, 1785-1822)과 함께 구약성경을 번역하였고 중국어 문법책을 비롯하여 약 20여권의 중국선교 관련서적을 저술하기도 했다. 그는 특히 귀츨라프(Karl Friedrick Gutzlaff, 1803-1851)와 교류하였고, 그에게 영향을 끼쳤다. 모리슨은 자신이 번역한 신약과 밀른과 같이 번역한 구약을 합본하여 『神天聖書』(Morrison and Milne's Version of the Holy Scripture)라고 명명하고 21책의 선장본(線裝本)으로 마카오에서 1823년 출간했는데, 1832년 귀츨라프가 내한할 당시 가져온 성경이 바로 이 『神天聖書』였다. 귀츨라프는 바로 이 성경을 순조대왕께 진상했다.[31] 『神天聖書』는 흠정역성경(AV)의 축어역 성격이 강했다. 또 마테오 리치는 하나님(God) 칭호를 '天主' '上帝'로 번역했으나 모리슨은 '神'으로, Holy Spirit를 '聖風' 후에는 '聖靈'으로 번역하였다. 이런 번역어가 후일 한국어성경에도 영향을 준다. 신천성서는 만주에서의 로스역본의 준대본이었다.

런던선교회는 한국에도 선교사를 파송하게 되는데, 그가 로버트 토마스(Robert Jermain Thomas)였다. 1863년 12월 갓 결혼한 아내와 함께 중국 상하이에 파송된 그는 아내와의 사별, 상해 선교부 책임자인 윌리엄 무어헤드(William Muirhead)와의 불화 등으로 1864년 12월 선교사직을 사임하였다. 그러나 1865년 9월 스코틀랜드성서공회(NBSS)의 윌리암슨(Alexander Williamson, 1829-1890)의 격려와 후원을 얻고 스코틀랜드성서공회 대리인으로 비밀히 조선을 방문하였다. 이듬해인 1866년 8월에는 런던선교회 소속 선교사이자 스코틀랜드성서공회 대리인 자격으로 재차 입국하여 9월 5일경 조선에서 순교하였다. 조선측 기록, 곧 '조선왕조실록'에서는 27세의 토마스를 최난헌(崔蘭軒)으로, 나이는 36세로, 키는 227cm로 잘못 기록하고 있다. 토마스의 한국행에 영향을 주었던 윌리암슨은 1863년 스코틀랜드성서공회 파송

---

31. K. Gutzlaff, "An Appeal in behalf of China," *ABCFM Missionary Herald* Vol.XXX (Boston: Crocker and Brewster, 1834), 423.

으로 중국에 왔으나 그 이전에는 런던선교회 소속으로 일한 바 있다. 이렇게 볼 때 런던선교회는 한국에서의 개신교 연원에 영향을 주었음을 알 수 있다. 런던선교회는 1796년부터 1896년까지 948명의 선교사를 파송했는데, 가장 많은 236명이 인도에 파송되었고, 중국에는 1816년 이래 1896년까지 109명이 파송되었다. 이들은 직간접적으로 조선 선교에 영향을 끼쳤다. 런던선교회는 1977년 The Council for World Mission으로 개편되었다.

영국교회선교회(CMS)

선교에 대한 관심이 고조되자 영국교회 복음주의자들은 1799년 새로운 선교단체를 조직했는데 이것이 영국교회선교회(CMS: Church Missionary Society)였다. 이 선교회는 찰스 시므온의 주도로 창립되는데, 국교회의 저(低)교회 인물들인 헨리 벤(Henry Venn, 1725-1797)과 클레펌 교구 목사인 그의 아들 존 벤(Jonh Venn, 1759-1813), 노예무역 폐지론자였던 윌리엄 윌버포스(William Wilberforce, 1759-1833), 그리고 '가정성경'의 편집자 토마스 스코트(Thomas Scott)가 중심인물이었다. 이들은 선행의 실천, 사회개량운동, 노예제도 폐지, 그리고 선교운동을 주도하였던 '클레펌파'(the Clapham Sect)의 인물들이었다. 이들은 웨슬레 운동에 찬동하면서도 영국교회로부터의 분리를 거부했던 인물로서 후일 국교회 내의 부흥운동을 주도하였다.

이들은 "불신자 사이에 복음에 관한 지식을 보다 효과적으로 증진시키기 위해서 우리는 어떤 방법을 사용할 수 있는가"를 진지하게 논의하기 시작하였고, "교회가 무엇을 해야 하는가?" 그리고 "우리가 무엇을 할 수 있는가?"를 협의하는 가운데 선교단체를 창립하게 되었다. 대영성서공회(BFBS: British and Foreign Bible Society)도 이들의 기부금으로 1804년 설립되었다.

영국교회선교회는 영국교회 고고회파의 SPG(The Society for Propagation of the Gospel in Foreign Parts, 1701)와 선의의 경쟁을 벌이면서 선교사역을 감당했는데, 한국선교, 특히 한국 성공회 형성에 기여하였다. 이 선교회는 연령 학력 등 선교사의 자격에 제한을 두지 않았다. 그래서 1815년부터 1891년까지 파송한 650명의 선교사 중에서 대학교육을 받은 이들은 240명에 불과했다. 가장 중요한 선교지역은 인도, 아프리카, 중국이었다.

영국교회선교회의 창립회원이자 초대총무였던 헨리 벤은 선교정책가로서 소위 네비우스정책의 입안자였다. 그는 1854년 선교의 목표는 자치적이고(self-governing), 자립적이며(self-supporting), 자전하는(self-propagating) 토착교회설립을 목표로 하는 3-S 원리를 제창했다. 그는 자치(自治), 자급(自給), 자전(自傳)만이 아니라, 외국 선교부는 피선교지에서 토착교회를 세우고 일정 기간 후 조용히 물러가야 한다는 소위 '선교부의 안락사'(the euthanasia of a mission)를 주장했다. 헨리 벤의 선교정책은 네비우스(John Nevius)를 통해 한국에 소개되었고, 이 정책의 실행의 충실성과 상관없이 한국교회에 커다란 영향을 끼쳤다.

화란선교회와 바젤선교회

이상의 선교단체 외에도 여러 선교단체가 조직되는데, 앞서 조직된 선교단체의 활동이 가져온 결실이었다. 그래서 영국과 스코틀랜드를 비롯하여 독일, 스위스, 네델란드, 미국 등에 여러 선교단체가 조직된다.[32] 여기서는 한국선교와 유관된 화란선교회(Netherlands Missionary Society)와 바젤선교회(Basel Mission), 그리고 베르린선교회(Berlin Missionary Society)에 대해서만 간단하게 언급하고자 한다.

화란선교회는 당시 저명한 석학이었던 펀 켐프(van der Kemp)에 의해

32. 대표적인 조직은 다음과 같다. Scottish and Glasgow Missionary Society(1796), Netherlands Missionary Society(1797), Interdenominational Religious Tract Society(1799), British and Foreign Bible Society(1804), The American Board of Commissioners for Foreign Missions (1810), American Baptist Missionary Union(Board, 1814), Basel Mission (Switzerland, 1815), American Bible Society(1816), The Wesleyan Methodist Missionary Society(1817), Berlin Missionary Society (Germany, 1824) 등이다.

1797년 창립되었고, 로테르담에 본부를 두고 있었다. 비록 초교파적 선교단체였으나 칼빈주의 영향을 받은 복음주의 단체였다. 이 단체 소속으로 활동했던 이가 내한한 첫 개신교 선교사인 귀츨라프였다. 귀츨라프는 중국에서 모리슨 선교사와 활동하던 중 1832년 동인도회사 소속 상선 로드 애머스트호가 대만과 조선 서해안 일대에 통상기지를 개척하기 위한 항해를 계획하자 통역관 겸 의사로 동행하게 된다. 1832년 2월 26일 마카오를 출발한 귀츨라프는 타이완(4.11) 닝보(寧波, 5.26)를 거쳐 상하이에 도착하였고(6.19), 7월 8일 상하이를 출발하여 산둥을 거쳐 7월 17일 조선 연안에 도착했다. 그가 내한한 첫 개신교 선교사였다. 이처럼 첫 개신교 선교사의 내한은 근대선교운동의 결실이자 여러 선교부와 선교사들의 종횡 연쇄의 열매였다. 특히 그가 남긴 두 편의 항해기(1833, 1834)가 토마스의 내한 동기를 제공하고, 서방세계에 조선, 및 조선 선교에 대한 관심을 환기시켰다는 점을 고려해 볼 때 더욱 그러하다.

스위스의 바젤선교회(Basel Mission)는 뷔르템베르크(Würtemberg)의 개신교 목사이자 독일 기독교공동체(Deutsche Christentumsgesellschaft)의 신학부 총무(1803-1807)를 역임했던 불룸하르트(Christian Gottlieb Blumhardt, 1779-1838)에 의해 1815년 창립되었다. 뷔르템베르크는 경건주의의 중심도시였고, 이곳에서 창립된 바젤선교회 또한 경건주의적 경향을 띄고 있었다. 이 선교회도 한국선교와 무관하지 않다. 첫 개신교 선교사 귀츨라프가 선교적 이상을 갖게 된 것은 15세 때였던 1818년 출생지에서 멀지 않는 슈테틴에서 바젤선교회가 발간하던 '바젤선교지'(*Basler Missionsmagazin*)를 접한 이후였다.

1900년 내한했던 유력한 호주선교사 엥겔(Gelson Engel, 1868-1939)은 본래 바젤선교회 소속 선교사였다. 따지고 보면 그도 근대 선교운동의 열매였다. 그는 The Reformation을 일본학자들이 '宗教改革'으로 번역하기에 앞서 '教會更正'으로 불렀고, '종교개혁사'를 '교회갱정사'로 번역했던 인물이자, 루터가 작시, 작곡한 '내 주는 강한 성이요(Ein feste Burg)를 번역하여 신편찬송가

(1935)에 수록되게 한 인물이다.

중국내지선교회(CIM)

1865년 6월 25일 영국에서 허드슨 테일러(James Hudson Tayler, 1832-1905)에 의해 창립된 중국내지선교회(CIM, China Inland Mission) 또한 이 시기 선교의 중요한 발전이었다. 이 선교회는 복음주의적인 초교파 단체로서 '믿음선교'(Faith Mission)을 지향했다.[33] 당시 영국에서는 조지 뮐러(George Muller)를 중심으로 '신앙운동'(faith movement)이 일어났는데, 영국국교회의 고(高)교회적 전통에 대한 반발이었다.

최초의 프로테스탄트의 선교사였던 로버트 모리슨(Robert Morrison)이 1807년 중국선교를 시작한 이래 중국은 가장 많은 수의 선교기관, 선교사가 사역했던 선교의 무대였지만 해안을 비롯한 비교적 살기 좋은 곳에 집중되어 있었고 중국 내지(內地)는 버려져 있었다. 1865년 당시 중국의 18개 성(省) 가운데, 11개 성에는 개신교 선교사가 전혀 없었고, 선교사가 활동하고 있는 7개 성에서도 양쯔강 연안의 일부지역 외에는 선교사의 발길이 미치지 못하고 있었다. 그래서 허드슨 테일러는 중국 내지(內地) 선교를 목적으로 선교회를 창립하고, 중국 내륙의 전인미답(全人未踏)의 지역으로 들어가 중국인의 복장을 하며 중국인과 함께 살면서 복음을 증거하고 교회를 개척하는 선교회를 창립하기에 이른 것이다. 이런 시도는 21세의 나이로 중국전도협회(Chines Evangelization Society) 소속으로 중국에서 7년간 선교했던 자신이 사역에 대한 반성이었다.

---

33. '믿음선교' 단체는 19세기 중엽 영국에서 시작된 선교단체인데, 당시 영국에만 10여개의 단체가 있었다. 이중 대표적인 조직이 CIM이었다. 당시 영국은 중국과 체결한 조약에 의해 중국의 내지(內地)로 들어가는 것은 불법이었다. 그러나 테일러는 내지의 중국인도 복음을 들어야 한다는 확신에서 중국 내지 입경을 요청하였다. 그러나 영국교회는 조약 위반이라는 이유로 지원을 거부했다. 이 무렵 테일러는 조지 뮬러(George Muller)와의 교제를 통해 믿음선교를 지향하게 되었다. Roger Steer, *George Muller: Delighted in God* (London: Hodder and Stoughton, 1975), 192.

창립당시의 CIM은, 복음주의적 초교파 신앙선교를 지향하되 선교사들의 공식적인 학교교육을 중시하지 않았고, 선교본부를 영국이 아닌 중국에 두며, 선교사의 중국인과의 동화(의복, 음식 등)를 추구하고, 선교부의 일차적인 과제는 직접적으로 복음전파에 있다고 보았다. 교육이나 의료 활동, 자선사업 등을 경시하지는 않았으나 이것이 복음 전도 활동에 저해가 되어서는 안 된다는 입장이었다. 이런 선교회의 창립과정에서 허드슨 테일러는 귀츨라프의 깊은 영향을 받았다. 귀츨라프의 용기 독창성 모험심 중국문화에 대한 적응력 선교 소신과 방식은 그대로 테일러에게 전수되었다.[34] 테일러는 귀츨라프를 CIM의 '선조'(forefather)로 여겼을 정도였다고 브룸홀은 평가하고 있다.

CIM은 창립된 지 20년이 안된 1882년까지 중국 모든 성에 선교사를 파송하였고, 1900년 당시 800여명의 선교사들이 중국전역에서 활동하고 있었다. 1900년 의화단사건(Boxer Rebellion)[35] 때 개신교 선교사 135명이 살해되었는데, 중국내지선교회 소속 선교사 58명과 28명의 선교사 자녀가 죽임을 당하므로 다른 선교기관보다 피해가 컸다. 사건이 해결된 후 피해 보상금을 받도록 권유받았으나 그리스도의 용서하심을 보여주기 위해 이를 거절한 일은 화제가 되기도 했다. 의화단 사건 당시 원산으로 피난해 온 이들이 남감리회 여선교사 화이트(Miss Mary Cutler White)와 캐나다장로교 파송 매컬리(Louise H. McCully)였다. 이들의 발의에 의해 원산 기도회가 1903년 8월 24일부터 1주일간 개최되었고, 이 기도회가 원산부흥, 그리고 1907년 대부흥으

34. A. J. 브룸홀, 『근대중국의 형성』(부산: 로뎀, 2009), 227.

35. 의화단((義和團)사건이란 1900년 중국 농민들에 의해 일어난 반제애국(反帝愛國) 운동으로써 산동(山東)에서 시작하여 하북(河北) 북경(北京) 천진(天津) 산서(山西) 하남(河南) 내몽고(內蒙古) 동북(東北) 등지로 확산되었다. 이들은 '부청멸양'(扶淸滅洋, 청나라를 도와 서양세력을 물리친다) 구호 아래 반외세를 주창하며 교회와 선교사를 물리적으로 파괴하고 살상했다. 영국, 미국, 일본, 러시아, 독일, 프랑스, 오스트리아, 이탈리아 등 8개국은 연합군을 구성하여 중국에 대해 무력으로 대응하였다. 연합군은 북경과 천진을 함락시키고 의화단은 진압되었다. 자희태후는 광서황제와 소수의 측근들을 데리고 북경에서 서안(西安)으로 탈출하였다. 1901년 9월 청 정부는 연합군에 투항하고, '신축조약'(辛丑條約)을 체결함으로 사건은 종료되었다.

로 발전했다는 점은 널리 알려진 일이다.

CIM을 비롯한 여러 선교단체의 활동으로 1949년 공산주의자들이 권력을 잡았을 때, 중국에는 300만에 달하는 로마가톨릭교도와 100만의 개신교 신자들이 있었던 것으로 보고되고 있다. 당시 중국 인구를 5억5천만 명으로 계상할 때 1% 미만이었다. 중국이 공산화되자 상하이에 있던 CIM국제 본부는 1951년 공산당이 접수하였고, CIM은 중국에서 철수했다. 1964년 CIM은 OMF(Overseas Missionary Fellowship)로 개칭되어 오늘에 이르고 있다. OMF는 배도선(Dr Petterson), 모신희(Miss S. Moar) 등 여러 선교사들을 한국에 파송하였다.

8. 미국에서의 기독교와 선교운동 / 이성호

미국의 형성과 미국교회

미국 혁명으로 1789년 독립 정부를 수립하기 이전까지 미국은 영국의 식민지 중에 하나로 존재하였을 뿐이다. 미 동부 연안에 처음으로 세워진 13개 주도 뉴잉글랜드라고 불렸을 정도로 초창기 미국에서 영국의 영향력은 절대적이었다. 신앙의 자유를 찾아 신대륙으로 이주 왔던 청교도들 역시 대부분 스스로 영국교회의 교인이라고 생각하였으며 신대륙에 말씀에 따라 세운 교회가 참된 영국교회라고 확신하였다. 영국의 신민지 교회가 미국교회로 바뀌기까지는 상당한 시간이 소요되었다.

미국이 영국으로 독립한 이후 미국의 국력은 급성장하였다. 무엇보다 영토가 엄청나게 확장되었다. 1803년에 프랑스로부터 아메리카 대륙의 중부 대부분을 차지하고 있었던 루이지애나를 프랑스로부터 사들였고 1845년에 텍사스를 병합하였으며 다음 해에 스페인과 전쟁을 벌여 캘리포니아를 차지하였다. 이로 인하여 미국은 대서양에서 태평양에 이른 거대한 영토를 차지하였고 태평양으로 진출할 수 있는 교두보를 마련하였다. 유럽과 거의 방불한 영토를 보유하였을 뿐만 아니라 단일국가였기 때문에 서로 경쟁하고 있었던 여러 유럽 국가들에 비해서 미국은 매우 유리한 위치에 놓이게 되었다.

미국의 변화에 따라 교회 안에도 미국적인 요소가 서서히 나타나기 시작하였다. 미국은 기본적으로 이민자의 나라였기 때문에 이민자의 유입에 따라 여러 교파의 교회들이 형성되기 시작하였다. 또한 유럽과는 달리 종교와 정치가 원칙적으로 분리될 수밖에 없는 상황이었기 때문에 어느 한 종교가 절대적인 우위를 차지할 수 없었다. 그런데 18세기의 부흥 운동의 영향으로 급성장하였던 감리교회와 침례교회가 상대적인 우위를 차지하게 되었다. 서부개척 시대에는 캠프 집회와 같은 미국식 집회가 성행하였고, 개교회의 독립을 강조하는 교회정치가 사람들에게 선호되었다.

19세기 중엽에 미국에 가장 큰 이슈는 노예문제였다. 1861년에 피비린내 나는 남북전쟁은 미국 사회 전체뿐만 아니라 교회에도 영향을 주었다. 노예문제로 인하여 장로교회와 감리교회는 각각 스스로 분열하고 말았다. 비록 전쟁 이후에 국가는 무력으로 하나가 되었지만 무력 사용이 불가능했던 교회는 오랜 기간 동안 분리된 채로 존재하였다. 남북전쟁 이후에도 미국의 국력은 급속도로 팽창하였다. 1867년에는 겨우 720만 달러에 거대한 알래스카 땅을 제정 러시아로부터 구입하였다. 시카고에서 캘리포니아까지 이르는 대륙 횡단 철도는 미국 사회를 근본적으로 바꾸어 놓았고, 증기기관을 이용한 여객선의 출현으로 인해 미국에서 아시아까지 정기적인 여행이 가능하게 되었다.

산업발전, 교통혁명, 도시화 등으로 인해 미국은 막대한 부를 쌓을 수 있었고 이와 같은 에너지는 세계로 뻗어 나가기 시작하였다. 이와 같은 물적 토대 위에서 미국교회는 훨씬 더 수월하게 해외선교에 힘쓸 수 있었는데 이와 같은 환경이 조성되지 않았더라면 미국교회의 관심은 자국 안에 머물렀을 것이며 세계선교에 가장 앞장서는 일도 없었을 것이다.

대각성 운동

미국교회 역사에 있어서 가장 큰 영향을 준 것은 대각성 운동이라고 할 수 있을 것이다. 대각성 운동은 미국교회가 영적으로 침체한 상태에 있었을 때 탁월한 설교자들을 통하여 수많은 사람들이 자신의 죄를 깊이 깨닫고 회개하여 교회 전체가 부흥을 경험하는 역사적 사건을 의미한다. 이 운동은 교파와 관계없이 광범위하게 일어났으며 교회가 급격하게 성장하는 계기가 되었다. 제1차 대각성 운동은 조지 휫필드(George Whitefield, 1714-1770)나 조나단 에드워드(Jonathan Edwards, 1703-1758)와 같은 개혁주의 신학자들이 주도하였지만 제2차 대각성 운동의 경우 알미니우스주의적 신학을 추구한 찰스

피니(Charles Finney, 1792-1875)가 주도하기도 하였다.

대각성 운동은 기본적으로 진보적인 운동이었다. 이 운동의 지도자들은 원하지는 않았지만 기존 교회의 질서와 충돌할 수밖에 없었다. 대표적인 예로 이들은 전통적인 교구제도에 부정적이었다. 복음 전도의 열정으로 가득 찬 이들을 교구제도가 막을 수 없었다. 또한 회심자를 향한 집회가 전통적인 점잖은 예배와 공존하는 것은 쉽지 않았다. 찬송에도 회중들이 쉽게 따라 부를 수 있는 노래가 많이 도입되었다. 이런 비형식적 예배 요소들은 기존의 예배를 대체하기도 하였다. 설교만 잘하면 교단이나 신학교육은 그렇게 중요한 것으로 인식되지 않았다. 특히 감리교회의 경우 교회정치가 기본적으로 위계적이었음에도 불구하고 은사가 충분하다면 평신도 중에서도 목사로 세워 필요한 곳으로 파송하였다.

제2차 대각성 운동 중에 가장 미국적인 교회사 사건이 일어났으니 캠프 미팅(Camp Meeting)이었다. 미국의 영토가 확장되자 많은 사람들이 동부를 벗어나서 서쪽으로 이동하기 시작하였다. 이 과정에서 사람들은 강 주변과 같은 적절한 장소에 대규모 텐트를 치면서 임시적인 마을을 형성하였는데 여러 교파의 목사들이 집회를 인도하면서 거대한 부흥운동이 일어나기도 하였다. 그 대표적인 집회가 켄터키주의 케인 리지(Cane Ridge)에서 있었던 부흥회였다. 무려 2만 명이 넘는 사람들이 모인 이 집회에서 강력한 성령의 역사가 일어났다.

대각성 운동은 분명히 성도들 개인적인 삶에도 영향을 미쳤지만 단지 개인적인 차원에서 멈춘 것은 아니었다. 대각성 운동으로 흑인들도 개종을 많이 하였는데 목사 중에는 이들을 위하여 노예제도를 비판하는 이들이 많았다. 특히 피니의 경우 사회 문제도 관심이 많았는데 노예제도에 대해서 신랄하게 비판하였고 금주와 금연에 대해서 강력하게 옹호하기도 하였다. 피니는 노예를 소유하고 있는 주인들이 성찬에 참여하는 것을 금할 정도로 노예제 폐지에 앞장섰으며, 그가 학장으로 있었던 오벌린 대학은 노예제 폐지 운동에 중심에

서게 되었다. 만약에 이와 같은 운동이 교회에서 일어나지 않았더라면 남북전쟁 이후 많은 흑인들이 교회를 떠나게 되었을 것이다.

선교운동

대각성 운동과 선교운동은 반드시 함께 가는 것은 아니다. 1, 2차 대각성 운동으로 인해 선교에 대한 관심이 증가한 것은 아니었다. 물론 미국 내의 선교, 즉 인디언들에 대한 선교적 관심은 증가하였지만 해외선교에 대한 관심이 증가한 것은 아니었다. 하지만 대각성 운동으로 인하여 교회의 성장, 신자들의 영적 부흥은 선교를 뒷받침이 된 것은 분명하다. 만약 대각성 운동과 같은 강력한 영적 부흥 운동이 없었다면 쇠락한 교회들이 선교에 관심을 가지는 것을 거의 불가능한 일이었을 것이다.

근대 개신교 선교는 영국의 윌리엄 캐리(William Carey, 1761-1834)에서 시작된다고 해도 과언이 아니다. 캐리의 탁월한 지도력으로 인해 선교회가 조직이 되었고 선교사 개인뿐만 아니라 교회와 기관들이 협력해서 전방위적으로 선교하는 시대가 도래하였다. 캐리의 호소에 많은 사람들이 응답하였고 19세기 동안 세계선교의 주역의 역할을 하였던 런던선교회(London Missionary Society)가 설립되었다. 이 당시 영국은 해가 지지 않는 나라로 불리며 전 세계 곳곳에 식민지를 통치하고 있었는데 선교사들은 이를 선교의 기회로 삼았다.

영국에서 시작된 선교의 관심은 미국에도 전파되었다. 미국교회의 해외선교는 사무엘 밀즈(Samuel Mills, 1783-1818)에 의해서 시작되었다. 그는 대학생 시절 동료들과 작은 기도 모임을 시작하였는데 어느 폭풍우가 몰아치던 날 폭우를 피해서 건초더미에서 기도회를 지속하였는데 이곳에서 모두가 깊은 영적 체험을 하였다. 특히 이들은 선교에 헌신하지 않으면 자신들의 기도가 무익하다고 하고 자신들의 삶을 선교에 헌신하기로 결심한다. 졸업 이후에 이들은 해외선교를 위한 단체를 조직하였는데 그것이 바로 미국 해외선교회였다(American Board of Commissioners for Foreign Missions, ABCFM). 이 선교회는 19세기 동안 가장 많은 해외선교사를 파송하여 미국에서 가장 영향력 있는 선교회가 되었다. 이 선교회가 파송한 최초의 다섯 선교사가 인도로 파송되었는데 이중 아도니람 저드슨(Adoniram Judson, 1788-1850)은 버마(오늘날 미얀마)로 이동하여 버마의 첫 개신교 선교사가 되었고, 그곳에서 신구약 성경을 번역하는 등 선교에 큰 족적을 남겼다.

미국교회의 첫 다섯 선교사 파송식(1812. 2. 6) 상상도

미국 해외선교운동에 있어서 학생자발운동(Student Volunteer Movement)을 언급하지 않을 수 없다. 학생자발운동을 최초로 주도했던 사람은 아서 피어선(Arthur Tappan Pierson, 1837-1911)이었고 이와 함께 했던 사람이 평신도로서 현대 대중 선교를 시작했던 디 엘 무디(Dwight L. Moody, 1837-1899)였다. 특히 무디는 시카고와 같이 그 당시 급속도로 진행되고 있었던 대도시에서 큰 성과를 거두었다. 이들은 "이 세대 안에 세계 복음화"라는 구호로 대학생들에게 선교의 열정을 불러일으켰고 수많은 젊은이들이 이들이 선교에 헌신하게 되었다.

학생자발운동은 한국에 대한 선교와도 밀접한 관계를 가지고 있다. 무디가 활동했던 시카고에 있는 맥코믹 신학교에는 비록 장로교 신학교이지만 무디의 영향을 받은 학생들이 많았는데 초기 한국에서 선교활동을 했던 대부분의 선교사는 맥코믹 신학교 출신이었다. 피어선 역시 한국선교에 관심이 많았는데 그가 죽고 나서 유언에 따라 피어선 신학교(오늘날 평택대학교)가 설립이 되어 한국 복음화에 큰 공헌을 하였다. 학생자발운동으로 인해 선교 열정은 물론이고 지성적으로도 잘 준비된 유능하고 신실한 선교사들이 선발될 수 있었고 이들의 헌신적인 노력으로 한국선교가 성공적으로 수행될 수 있었다. 학생자발운동은 20세기에 들어와서도 한국교회 큰 영향을 미치게 되었는데 고신총회의 경우 학생신앙운동(SFC)이 활발하게 성장할 수 있는 배경이 되었다. 이외도 초교파적인 여러 학생선교단체들이 대학교를 중심으로 전도 활동을 하였고 이것은 마침 급속도로 증가하고 있는 대학교와 맞물려서 큰 성과를 거두었다. 이렇게 발전된 미국교회의 선교운동의 결과로 중국, 일본에 이어 1880년대 한국에 선교사를 파송하게 된다.

70 Years History of
the Presbyterian Church
in Korea(Kosin)

제2부

기독교의 전래와 한국에서의 교회

1. 은둔의 나라 조선 / 정하태

한반도와 만주, 연해주 등 동아시아 지역을 바탕으로 반만년의 역사를 가진 조선은 서양인들의 눈에는 '은둔의 나라,' '고요한 아침의 나라' 등으로 비쳐졌다. 일본 동경제국대학에서 동양학을 가르쳤던 윌리암 그리피스(William E. Griffis, 1843-1928)는 『은자의 나라, 한국(Corea, the Hermit Nation)』에서 조선을 '은둔의 나라(Hermit Kingdom)'로 처음 사용하였다.[1] 이 표현은 대외 개국을 반대하고 쇄국의 길을 가는 조선에 대한 인식을 반영하고 있다.[2] 퍼시벌 로웰(Lowell, Percival)은 그의 견문기 『조선 : 조용한 아침의 나라(*Choson : the Land of the morning calm*)』에서 조선을 '조용한 아침의 나라'로[3] 표현하였다. '고요한 아침의 나라'는 조선(朝鮮)의 한자를 풀이한 것에서 유래하였다. 이 은둔의 나라 조선이 기독교와의 접촉을 통해 외부인, 특히 유럽에 알려지게 되었다.

개신교 접촉 이전 기독교와의 접촉

기독교와 한국 간 최초의 접촉이 언제였는가에 대해서는 분명하게 말할 수 없다. 그러나 최근 경교와의 접촉보다 그 이전에 기독교와의 접촉이 있었을 것이라는 주장들이 제기되고 있다. 경상북도 영풍군 평은면 왕유동(王留洞)에 있는 분처바위와 순흥면 읍내리에 있는 벽화고분, 안동군 북후면 신전리 학가산에서 발견된 비석 등에 기초하여 고대기독교 접촉설을 말하는가 하면, 주후 635년 중국 당나라에 전래된 경교(景教)가 통일 신라에까지 전래되었다는 주

1. William Elliot Griffis, *Corea, the hermit nation* (New York: Charles Scribner's Sons, 1902).
2. 이상규, 『한국교회 역사와 신학』 (서울: 생명의 양식, 2007), 48.
3. Percival Lowell, *Choson: the land of the morning calm. A sketch of Korea* (London: Trubner and Company, 1885).

장도 있다. 1965년 경주 불국사 경내에서 출토된 도마석상과 경주에서 발견된 석제(石製) 십자가 등의 유적에 근거하여 8세기경 경교가 중국을 거쳐 통일 신라 시대에 전파되었다는 것이다.[4]

천주교와의 접촉 또한 오랜 역사를 지니고 있다. 1225년 프랑스 루이 9세가 이슬람의 동진을 막기 위해 중국 원(元)나라에 신부 루브르크(Gaillaume de Rubruc)를 파송했는데 그는 압록강까지 와서 답사하고, 자신의 보고 들은 것을 교황청에 기고문 형식으로 보냈는데, 이것이 유럽사회에 조선에 대한 첫 보고였다. 임진왜란 중인 1593년 일본에 있던 스페인 신부 그레고리오 데 세스페데스(Greogorio de Cespedes, 1551-1611)가 종군신부로 조선 땅을 밟았는데 이것이 로마 가톨릭과의 첫 접촉이었다. 그 후 1636년(인조 14년) 병자호란을 통해 천주교와 다시 접촉하게 되었고, 조선은 서방에 알려지게 되었다.[5]

박연(Weltevree)과 하멜(Hamel)의 표착

화란 리프(Riip) 지방 출신인 박연(Jan Janse Weltevree)은 화란에서 1626년 홀랜디아(Hallandia)호에 승선하여 본국을 출발한 후, 1627년 무역선 우베르케르크(Ouwerkerck)에 올라 일본으로 교역차 항해하던 중 폭풍우를 만나 표류하다가 일행 세 사람은 경주 앞바다에 표착하였다. 박연은 일행과 함께 서울로 압송되어 훈련대장 구인후(具仁垕) 휘하에서 한·왜군의 영솔자가 되었고 조선 여인과 결혼하여 1남 1여를 두었다. 그는 자신처럼 난파로 표착한 외국인들의 통역을 담당하면서 조선에서 그의 생애를 보냈다. 박연은 개신교도였을 가능성이 높은데, 김양선은 "박연은 조선에 들어온 최초의 개신교도였음은 의심할 여지가 없다"[6]고 하였다.

화란인 하멜 일행을 태운 네덜란드 무역선 스패로우 호오크(Sparrow

---

4. 이상규, 『한국교회 역사와 신학』, 17.
5. 이상규, 『한국교회 역사와 신학』, 17-18.
6. 김양선, 『한국기독교사연구』, 38.

Hawk)호는 대만에서 출발해 일본을 향해 항해하다가 폭풍을 만나 1653년 1월 10일 제주도 앞바다 화순포(和順浦) 사빈(沙濱)에 표착하였다. 승선원 64명 중 28명이 익사하고 나머지 36명은 1653년 8월 21일 제주 감영에 압송되어 제주 목사 이원진의 심문을 받았고 동년 10월 29일, 벨트브레를 만난 후 1654년 5월 말에 서울로 압송되어 효종 대왕을 알현한 후 훈련도감에 편입되어 박연의 지도를 받으며 군인 생활을 하였다.

1664년 9월 4일 여수 좌수영에 유배된 하멜의 일행 12명은 조선인 뱃사공 8명과 함께 여수를 떠나 일본 이쓰시마(五島)에 도착한 후 1668년 7월 20일 고국 암스텔담에 도착하였다. 13년 만에 고국으로 돌아온 하멜은 표류기를 남겼다. 그리피스(William Elliot Griffis)는 그와 그의 일행이 독실한 개신교도였다고 말한다.[7] 그 후 조선에 남아 있던 8명도 일본을 통해 고국으로 돌아갔다. 하멜의 표류기는 은둔의 나라 조선을 유럽과 세계에 알리는데 큰 공헌을 하였고 조선선교와 동양선교의 입문서가 되었다.

바실 홀(Basil Hall)과 머리 맥스웰(Murray Maxwell)의 보고

영국의 프리게이트(Frigate)함대 알세스트(Alceste)호의 맥스웰 대령과 브리그(Brig)함대 리라(Lyra)호의 바실 홀 대령은 조선의 서해안 해도작성(海圖作成)의 임무를 띠고 1816년 8월 29일 위해위(威海威)를 출발하여 9월 1일 황해도 대청 군도에서 남하하면서 해도 작성을 착수하였다. 탐사 중 9월 5일 조선을 떠나면서 맥스웰과 바실 홀은 충청남도 서천군 마량진에서 마량진 첨사 조대복을 만나 최초로 성경을 전달하였다. 영어성경 흠정역 성경이었을 것인데, 이것이 우리나라에 소개된 첫 성경이었다. 머리 맥스웰 대령과 바실 홀이 서해안을 ekq사하고 돌아가 1818년에 기록한 『조선 항해기』와 맥레오드(John McLeod)의 『조선 항해기』는 은둔의 나라 조선을 전 세계에 알리는데 크게 공

7. William Elliot Griffis, *Corea, Without and Within*, 107.

헌하였다.[8] 이들은 처음으로 조선인들에게 성경을 건네주었을 뿐만 아니라, 후일 귀츨라프 일행이 서해안을 탐사할 수 있도록 서해안 해도를 작성하여 조선을 서양에 알리는데 크게 기여하였다.

김양선은 "조선의 가장 중요한 서해안과 요동만을 처음으로 세계의 국제공수로에 결부시켜서 그때부터 반세기 넘는 동안에 이 지방 항해의 길잡이가 된 공적은 감출 수는 없는 일이었다. 조선이 쇄국정책을 계속 강행하건 말건 이 해도를 길잡이도 우리나라를 찾아온 상선 혹은 군함은 그 수가 날로 더해갔다."[9]고 하였다. 이처럼 조선은 은둔의 나라였으나 외부와의 간헐적인 접촉을 통해 기독교와도 접하게 되었고, 1876년 일본과의 조약을 체결 한 이후 선교사의 도래가 가능하게 되었다.

---

8. Captain Basil Hall, *Account of a Voyage of Discovery to the West Coast of Corea, and the Great Loo-Choo Island: With Two Charts* (Philadelphia: Abraham Small, 1818), 5-55; Captain Basil Hall, *Voyage to Loo-Choo, and Other Places in the Eastern Sea, in the Year 1816* (Edinbrugh: James Ballantyne and Co., 1826), 3-115; John McLeod, *Voyage of His Majesty's Ship Alceste, Along the Coast of Corea to the Island of Lewchew ; With an Account of Her Subsequent Shipwreck* (London: John Murray, 1818), 42-61.
9. 김양선, 『한국기독교사연구』, 304.

2. 개신교 선교사들과의 접촉 / 정하태

조선이 대원군의 실각으로 쇄국정책을 포기하고 문호를 개방하게 되자 1882년 '한미수호통상조약'의 체결 이후 서방의 여러 나라들과 조약을 맺으므로 개신교의 한국선교가 가능하게 된다. 개신교의 첫 선교사로 내한한 이는 1884년 알렌(H. G. Allen)이었지만 이보다 앞서 한국으로 찾아온 선교사들이 있었다.

칼 귀츨라프의 내한

조선에 입국한 첫 개신교 선교사는 칼 귀츨라프(Dr. Karl A. F. Gutzlaff, 1803-1851)였다. 1803년 7월 8일 독일 포메라니아(Pomerania) 지방 피리츠(Pyritz) 지방에서 유태계 부모 슬하에서 태어난 그는 할레대학에서 교육을 받고 베를린에 있는 선교사 양성소선교사 훈련을 받았다. 그는 중국의 첫 개신교 선교사 로버트 모리슨(Robert Morrison, 1782-1834)을 만나 중국선교에 대한 정보와 보고를 얻고 1827년 네덜란드 선교회의 파송으로 인도네시아 바타비아(Batavia)에서 활동했다. 1831년에는 네덜란드 선교회를 사임하고 런던 선교회(LMS)로 이적했다. 1831-1834년 사이에 중국, 시암, 한국, 그리고 오끼나와(Liu Chou Islands) 연안을 세 차례나 항해했다.[10] 1831년 6월 요동반도를 거쳐 마카오에 도착한 그는 중국 동해안과 만주를 거쳐 6개월에 이르는 선교 여행을 떠났고 한국 방문을 계획하였다. 1832년에는 로버트 모리슨에게 받은 한문 성경을 들고 동인도회사의 통역관으로 영국 상선 '로드 앰허스트'(Lord Amherst) 호를 타고 조선을 방문하였다. 1832년 7월 17일 한국(Corea)을 처

10. N. C. Whittemore, "Notes on the Life of Rev. Karl F. A. Gutzlaff. First Protestant Missionary to Visit Korea," *KMF* Vol. 16 No. 1(January), 1920), 17.

음으로 목도하고 황해도 서해안 장산곶 근해에 상륙했다. 7월 25일에는 충청도 홍주만 앞 고대도에 도착하여 약 한 달간 머물렀다. 순조에게 통상을 요구하며 한문성경 2권을 보내며 무역과 선교를 청원했으나 순조는 성경을 돌려보내며 거절하였다. 주민들에게 쪽 복음과 전도지를 나누어 주며, 주기도문을 한글로 번역하였던 그는 8월 17일 그는 조선을 떠나면서 "이는 하나님의 역사였다. 나는 이 땅에 뿌려진 하나님의 진리의 씨가 소멸되리라고 믿지 않는다. 하나님의 영원하신 섭리 가운데 그들에게 하나님의 자비가 미칠 날이 오고야 말 것이다. 우리는 그날을 기다린다."[11]고 했다. 그는 1851년 8월 9일 홍콩 빅토리아에서 하나님의 부르심을 받았다.

칼 귀츨라프(1803-1851)

11. Charles Gutzlaff, *Journal of Three Voyages the Coast of China, in 1831, 1832 & 1833 with Notices of Siam, Corea and the Loo-Choo Island* (London: Frederick Westley & A. H. Danis, 1834), 317-356.

토마스의 입국과 순교[12]

귀츨라프의 한국 방문 34년이 지난 1866년 토마스(Robert Jermain Thomas, 1840-1866) 선교사가 입국하였고 최초의 개신교 순교자가 되었다. 1840년 9월 7일 영국 웨일즈의 라야다(Rhyader, Radnoshire)에서 회중교회 목사 로버트 토마스(Robert Thomas, 1810-1884)와 메리 윌리암스(Mary L. Williams, 1817-1895)의 6남매 중 둘째 아들로 출생한 그는 란도버리(Landovery) 칼리지에서 3년간 수학하며 헬라어와 라틴어, 그리고 프랑스어를 공부하였다. 또 워터만(Waterman) 의사 휘하에서 2년간 의학 교육을 받았다. 후에는 잉글랜드 노스햄톤 지역 온돌(Oundle)에 있는 알프레드 뉴스 학교(Alfred New's School) 보조교사로 약 1년간 일했다. 이때 중국에 관심을 가지게 되었으며 자신보다 2살 연상인 캐롤라인 갓프리를 만났다. 토마스는 1857년 런던대학교 뉴칼리지에 입학하여 1859년에 학사 학위(BA)를 받았고 1863년 5월 뉴칼리지를 졸업한 후 5월 29일에 캐롤라인 갓프리와 결혼하였다. 1863년 6월 4일 고향 하노버교회에서 목사 안수를 받고, 7월 21일 아내와 함께 그레이브센드(Gravesend) 항구를 떠나 12월 첫 주에 상하이(上海)에 도착하였다. 그로부터 4개월 후인 1864년 3월 11일 임신 중이던 부인이 유산하고 바이러스에 감염되어 1864년 3월 24일 26세의 나이로 세상을 떠났다. 토마스는 부인을 잃은 큰 슬픔에 빠졌고, 런던선교회 상해지부장 무어헤드와의 갈등으로 1864년 12월 7일 런던선교회를 사임하였다. 그리고는 엔타이(煙臺)라고 불리는 지푸(Chefoo) 세관의 통역으로로 1865년 8월 31일까지 일하였다.

이 어간 산동성 지푸에서 일하던 스코틀랜드성서공회의 알렉산더 윌리암슨(Alexander Williamson)을 알게 되었고 또 그때 알게 된 한국 천주교 신자 김자평과 최선일 두 사람과 함께 1885년 9월 13일 황해도 옹진 자라리(紫羅

12. 이상규, "토마스 선교사의 입국, 활동 그리고 죽음," 『부경교회사 연구』 제65호 (2017. 1), 22.

里) 근포(近浦)에 들어와서 2개월 반 동안 머물면서 한문 쪽복음서를 나누어 주며 조선어를 공부했다. 다시 중국으로 돌아가 베이징에 도착한 날은 1866년 1월 4일 혹은 5일이었다.

1866년 8월 9일 토마스는 미국 상선 제너럴 셔먼(General Sherman)호를 타고 천진을 떠나 다시 조선으로 향했다. 알렉산더 윌리엄슨으로부터 많은 양의 한문성경과 기독교 서적을 공급받았다. 제너널 셔먼호에는 미국인 선주 프레스턴(W. Preston)을 비롯하여 항해사 윌슨(Wilson), 선장 페이지(Page), 화물관리인 영국인 호가스(G. Hogarth), 토마스 선교사, 두 사람의 중국인 항해안내원, 그리고 중국인과 말레시아인 선원 등 24명이 승선하고 있었다. 제너널 셔먼호는 8월 16일 용강면 다미면 주용포항에, 8월 17일 금요일에는 항주 송산에 정박하였다. 8월 20일에는 평양 초리방 사포구에 이르렀다. 토마스는 서양 선박을 구경 온 사람들 중 홍신길이라는 소년을 갑판에서 맞이하여 기독교 문서를 주고 케이크를 맛보게 하였다. 또 인근 쑥개마을 사람들인 장인국 지달수 지달체 지택구 지택붕 지택주 장용국 지달해 표명보 등 아홉 사람에게 자신을 개신교 선교사라고 소개하고 성경과 기독교 문서, 그리고 빅토리아 여왕이 새겨진 동전을 주었다.[13] 8월 21일 평양부 초리방 일리 신장포(草里坊 一里 新場浦)에 이르렀다. 토마스은 몰려든 구경꾼들에게 성경책을 나누어 주었다. 이때 성경을 받은 김영섭은 후에 기독교신앙을 받아드렸고, 두 아들 김종권과 김성집은 후일에 장로가 되었다고 한다. 8월 22일 셔먼호는 평양 만경대의 작은 섬 두로도에 닻을 내렸고, 토마스는 이곳에서 100권의 성경을 배포하였다.

그러던 중 8월 27일 평양감사 박규수는 셔먼호의 공격에 대비하여 만경대를 둘러싸는 방어선 구축을 지시하였고, 셔먼호 승무원들이 순시대장 중군(中軍) 이현익을 억류하는 사건이 일어났다. 이현익의 억류 소식을 들은 주민들

13. 이상규, "토마스 선교사의 입국, 활동 그리고 죽음," 30-31.

은 셔먼호에 돌을 던졌고 석방을 요구했으며 관군은 사격을 가했다. 이런 와중에 박춘권(朴春權)이 혼자 배를 저어 가 이현익을 구출하였다. 8월 22일 셔먼호는 발포를 시작하였고 8월 31일에는 조선인 7명이 사살되고 5명이 중경상을 입었다. 9월 3일 고종의 허락에 따라 평양감사 박규수는 셔먼호 공격을 지시했다. 9월 4일 강 수위가 낮아져 셔먼호는 좌초되어 쑥섬에 갇히게 되자 조선군은 작은 거룻배에 나무를 싣고 불을 붙여 셔먼호로 접근시켜 셔먼호를 불태웠다. 셔먼호의 선원들은 불길을 피해 밖으로 나왔으나 강변에서 군인들에 의해 죽임을 당했다. 이때 토마스 선교사도 성경책을 나왔으나 심문을 받고 9월 5일 대동강 쑥섬 모래사장에서 처형되었고, 그의 시신은 대동강변에 묻였다.[14] 26세의 나이로 순교를 당한 것이다. 1927년 5월 8일 많은 기독교인들이 모여 토마스 선교사 순교 기념예배를 드렸고, 1933년 9월 14일에는 평양에 기념예배당이 세워졌다.

알렉산더 윌리엄슨의 한국선교 지원

알렉산더 윌리엄슨(Alexander Williamson)은 한국에 오지는 않았으나 한국선교를 위해 헌신했다. 그는 1855년 런던선교회(LMS)의 파송을 받고 중국에서 사역하던 중 과로로 2년 뒤 본국으로 돌아갔고, 1863년에는 스코틀랜드 성서공회 파송으로 다시 중국에서 사역했다. 1865년 무역을 목적으로 지푸에서 온 조선의 천주교인 김자평(金子平)과 최선일(崔善一)을 통해 천주교 박해 소식을 접하고 조선 선교에 관심을 갖게 되었고, 토머스 목사의 두 차례에 걸친 조선 방문을 지원하였다. 토마스 선교사가 순교하기 1년 전부터 고려문에서 한국인들에게 복음을 전하고, 1867년에도 고려문에서 한국 상인들을 상대로 전도하면서 한국선교를 준비하였다. 토마스 목사가 순교한 후 윌리엄슨은 한국선교에 관한 자료를 수집하여 1870년 『한국에 관한 몇 가지 설명을 곁들

14. 이상규, "토마스 선교사의 입국, 활동 그리고 죽음," 31-32; 박용규, 『한국기독교회사』, 258-260.

인 북중국, 만주, 동몽고 여행기(Alexander Williamson, *Journeys in North China, Manchria, and Eastern Mongolia; with Some Account of Corea)*』[15] 를 저술했다. 이 책은 한국을 서구에 알리는 데 크게 기여하였다.

존 맥킨타이어와 존 로스의 한국선교 준비

스크틀랜드 연합장로교 소속으로 만주에서 활동하고 있던 존 맥킨타이어(John McIntyre, 1837-1905)와 존 로스(John Ross, 1841-1915) 선교사는 1862년부터 중국선교를 시작하였다.[16] 스코틀랜드의 록 로먼드 지방의 루스(Luss) 출신인 맥킨타이어는 에딘버러의 연합장로교 신학교를 졸업하고 1865년 목사 안수를 받고 1971년 중국에 입국하였다. 후에 로스의 여동생과 결혼하였다. 로스는 연합장로교 신학교에서 신학교육을 받고 1872년 2월 목사 안수를 받고 3월 25일에 스튜어트(M. A. Stewart)와 결혼한 후 1872년 가을 중국에 도착했다. 로스의 부인이 첫 아이를 출산하다가 사망하게 되자 아이의 양육을 위해 누이동생 캐서린이 임지에 오게 되었고 독신으로 있던 메킨타이어와 결혼함으로 처남매부지간이 되었다. 이들은 윌리암슨으로부터 조선에서의 종교적 상황과 토머스 선교사의 순교 사실을 듣고 한국인과 한국선교에 관심을 가지게 되었다. 결국 이들에 의해 한국어 성경 번역이 이루어졌다.

그래서 그는 고려문을 방문하고 의주 출신 이응찬(李應贊)과 그의 동료 김진기(金鎭基), 백홍준(白鴻俊), 이성하(李成夏)을 만나게 된다. 이 네 청년이 신앙을 갖게 되었고, 1879년 매킨타이어 목사에게 세례를 받은 후 성경을 한글로 번역하는 일에 동참하였다.[17] 이어 인삼 행상인이었던 서상륜(徐相崙)도 선교사들과 접촉하여 1879년 만주 뉴좡(牛莊)에서 존 로스에게 세례를 받았고,

15. Alexander Williamson, *Journeys in North China, Manchria, and Eastern Mongolia; with Some Account of Corea* Vol. II(London: Smith, Elder & Co., 1870), 295-312.

16. 이상규, 『한국장로교회의 역사 1』, 25.

17. 이상규, 『한국장로교회의 역사 1』, 26.

1883년에는 서간도 한인 김청송(金青松)도 세례를 받음으로 한국인 수세자는 6명이 되었으며, 이들은 공식적인 한국인 첫 수세자가 되었을 뿐만 아니라, 선교사들을 도와 한국어 성경 번역에 기여하였다.[18]

18. 이상규, 『한국장로교회의 역사 1』, 26.

3. 만주와 일본에서의 성경번역 / 이성호

한반도에서 선교사기 입국하기 전에 성경이 먼저 번역되었다는 것은 유래를 찾아보기 힘든 역사적 사건이라고 할 수 있다. 19세기 중엽에 한글이 대중화되지 않았다는 것을 고려해 보면 한글 성경을 통해서 비로소 한글이 대중화되었다고 할 수 있다. 이 점에서 한글 성경은 한글 발전에도 결정적 영향을 미쳤다. 외국 선교사들의 한글에 대한 관심은 국내의 한글 학자들에게도 도전을 주었고 한글이 급속도로 대중 속에 자리를 잡을 수 있었다.

존 로스와 존 맥킨타이어

최초의 한글 성경은 존 로스(John Ross, 1842~1915)와 매킨타이어(John McIntyre, 1837-1905) 선교사에 의해서 이루어졌다. 이들은 스코틀랜드의 연합장로회(The United Presbyterian Church)[19] 소속으로 원래 중국 선교사로 파송을 받았으며 중국선교를 위해서도 큰 업적을 남겼다. 존 로스는 발린토어(Balintore)라는 스코틀랜드 동북쪽의 작은 도시에서 태어나고 자랐는데 그의 부모님은 스코틀랜드 원주민들이 사용했던 게일어(Gaelic)를 구사하였다. 오늘날에서 사용되고 있는 게일어는 영어와는 완전히 다른 체계의 언어였는데 로스는 어려서부터 영어와 게일어를 자유자재로 구사할 수 있었다. 이와 같은 이유 때문에 그는 한국어와 같은 외국어를 아주 쉽게 습득할 수 있었다.

그의 부모와 같이 로스는 연합장로교회에서 성장하였는데 이 교회는 제도화된 국교회에 비해서 선교에 대해서 큰 열정과 관심을 가지고 있었다. 이와

19. 연합장로교회는 1847년에 연합분리교회(The United Secession Church)와 해방교회(The Relief Church)가 연합하여 형성된 교회로 이들은 국가 교회의 과도한 간섭을 거부하고 개체교회의 독립을 추구하였다. 이후에 1900년에 자유장로교회와 연합하였고, 1929년에는 스코틀랜드교회와 연합하였다.

같은 배경 속에서 로스는 자연스럽게 해외선교에 관심을 가지게 되었다. 1872년 3월 20일에 목사 안수를 받고 7일 뒤에 결혼을 한 후에 8월에 산둥반도의 즈푸(옌타이)에 도착하였다. 이 도시는 한반도에 가장 가까운 항구도시로 이곳에 연합장로교회의 선교부 본부가 있었고 알렉산더 윌리엄슨(Alexander Williamson, 1829-1890)이 스코틀랜드성서공회의 대표로 활동하고 있었다.

윌리엄슨은 중국 선교를 보다 효과적으로 하기 위하여 만주를 여러 번 방문하는데 이 방문을 통하여 만주 선교에 대한 필요성을 확신하였다. 만주에는 조선과 중국의 관문이라고 할 수 있는 고려문이 있었는데 이곳을 방문하면서 조선 선교에 대한 비전을 갖게 되었다. 로스와 매킨타이어 선교사가 도착하자 윌리엄슨은 아예 선교본부를 만주로 옮겼고 이로 인해 이들은 만주에서 사역을 하게 되었다. 만주에서 중국인 선교를 시작하였던 이들은 한국선교에 관심을 더 가지게 되었고 한국선교를 위해 가장 좋은 방법은 성경번역이라고 확신하였다.

한국어 성경 번역에 기여한 존 로스(1842-1915)

고려문에서 존 로스는 이응찬이라는 조선인 상인을 만나게 되었다. 이응찬은 로스에게 훌륭한 한글 선생이었으며 그와 더불어 한글 기초문법(*Corean Primer*, 1876)을 발간하였다. 이것은 최초의 한글 문법책이었으며 이후의 선교사들에게 훌륭한 한글 안내서가 되었다. 이 문법책에 기초하여 로스는 본격적으로 성경을 번역하기 시작하였다. 1882년에 누가복음과 요한복음이 번역되었고 5년 뒤 1887년에는 『예수교셩교전서』라고 불리는 신약 전서가 번역되었다. 로스는 성경 번역에만 전념한 것은 아니었다. 1879년에는 한국역사(*History of Corea*), 다음 해 1880년에는 만주의 역사(*The Manchus; or, the Reigning Dynasty of China*)를 출간하였을 정도로 학문적 활동에도 열심이었다. 하지만 이때문에 직접적인 선교사역에 소홀하다는 비판을 받기도 하였다. 매킨타이어 또한 한국의 문화와 역사에 관심을 가지고 한국의 언어와 역사에 대한 서술을 남겼고 성경번역에 동참하였다.

그 당시 열악한 상황 속에서도 번역 작업은 매우 충실하게 이루어졌다. 먼저 한국 사람이 중국 성경을 한글로 번역하고 나면 로스는 영어와 헬라어 성경을 대조하면서 수정하였다. 이때문에 『예수교성교전서』는 원문에 상당히 충실한 성경 번역이 될 수 있었다. 신을 "하나님"이라고 사용한 것도 이 번역이 한국 개신교에 남긴 위대한 유산이라고 할 수 있을 것이다. 물론 아쉬운 점도 없는 것은 아니었다. 번역에 참가한 한국인들이 모두 서북 출신이었기 때문에 평안도 사투리의 영향을 받을 수밖에 없었다. 이로 인해 다른 지역 사람들에게 복음을 전하는데 장애가 되기도 하였다. 이후에 입국한 선교사들은 이 문제를 직시하고 최대한 빨리 새로운 성경 번역을 출간하려고 하였다.

이수정(1842-1886) 마가복음

존 로스가 만주에서 신약성경을 번역하고 있을 때 일본에서도 성경 번역 작업이 이루어지고 있었다. 이 번역은 이수정이라는 사람이었는데 로스의 협력자 이응찬과 달리 상당한 지식을 가진 개화파 지도자 중 한 사람이었다. 그는 임오군란 때 명성황후를 안전하게 피신한 공로를 고종에게 인정받아 신사유람단의 비수행원 자격으로 일본을 방문하였다. 그 이후에 동경제국대학에서 선발하는 한국어 교사로 선발되어 일본에서 거주할 기회를 얻게 되었다. 이수정은 조국의 발전을 위해서 농업 기술에 큰 관심을 가졌는데 일본 농학자이자 개신교 신자였던 츠다센(津田仙, 1837~1908)을 만나게 되었다. 츠다센은 이수정에게 한문성경을 소개하였고 이것을 읽는 중에 복음을 믿고 1883년 세례를 받음으로 일본에서 세례를 받은 첫 한국인이 되었다.

세례를 받은 이후 이수정은 신앙은 급속도로 깊어졌고 적극적으로 유학생들에게 복음을 소개하기 시작하였다. 그 결과 소규모이지만 일본에서 최초의 신앙공동체가 형성되기도 하였다. 수세 이후 이수정은 성경을 깊이 공부하였고 복음을 효과적으로 전하기 위해서 성경을 번역할 필요성을 강하게 느꼈다. 미국성서공회 총무였던 헨리 루미스(Henry Loomis, 1839-1920)의 요청으로 일단 한문성경에 한글 토를 다는 작업을 하여 『현토 한한 신약성서縣吐漢韓新約聖書』를 출간하였다. 비록 사복음서와 사도행전만 수록되었지만 식자층을 위해서 아주 유용한 성경이었다.

이수정은 이와 더불어 본격적으로 성경을 번역하기 시작하였다. 그리하여 복음서 중에 가장 짧은 마가복음 번역하였는데, 『신약 마가전 복음서 언해』라는 이름으로 1885년 2월에 요코하마에서 발간되었다. 약 2달 뒤 언더우드와 아펜젤러가 이 성경을 소지하고 한국에 입국하였다. 이 번역 역시 한문 성경에 주로 의지하였고 영어와 헬라어 그리고 일본어까지 참조하였다. 이수정 역본은 『예수성교전서』와 달리 국한문 혼용체를 사용하였다. 이수정은 성경을 번역하면서 미국에 선교사를 파송해 달라서 호소문을 작성하였고 이것이 세계선교평론(*The Missionary Review of the World*)에 게재되면서 미국에서 한국선교에 대한 관심이 크게 증가하기도 하였다.

이후의 성경번역

성경 번역 및 출판도 중요하지만 보급 역시 이에 못지않게 중요한 일이었다. 이 일에 헌신한 사람은 스코틀랜드성서공회 총무인 존 톰슨(J. A. Thomson)이었다. 그는 부산과 대구 제물포와 같은 중요 도시에 성서보급서를 설립하고 매서인들을 통하여 성경 보급에 힘썼다. 성서보급소는 장날에 크게 붐빌 정도로 많은 사람들이 성경에 관심을 가졌고 이로 인하여 성경이 신속하게 한국 사람들에게 보급될 수 있었다.

선교사들이 한국에 본격적으로 입국하게 되었을 때 이들을 성경의 중요성을 금방 인식할 수 있었고 성경 번역을 개정하는 일에 아주 일찍 착수하게 되었다. 이전에는 주로 한 개인에 의해서 번역이 이어졌다면 이제는 정식으로 번역위원회가 구성되어서 체계적으로 성경 번역이 추진되었다. 한국교회에 자리 잡은 사경회 전통과 이에 따른 부흥의 결과 한국 신자들은 성경 번역에 대하여 지대한 관심을 가지게 되었으며 이때문에 성경 전체 번역이 급속도로 진행될 수 있었다. 1906년에 처음으로 공인역본 『신약전서』가 발간되었고, 구약은 상대적으로 늦었지만 1910년 구약 전체의 번역이 완료되어 1911년 출판되었다. 비록 나라는 망했지만 하나님의 말씀은 더욱더 왕성하게 전파되었다.

공적인 위원회를 통한 개정된 번역은 신자들의 생활에 큰 영향을 주었다. 여러 용어들이나 표현들이 통일되었고 체계적인 문법을 따르게 되었다. 기본적으로 일반 민중들도 쉽게 이해하는데 목적을 두었기 때문에 개정된 번역은 대중들에게도 큰 사랑을 받았다. 이로 인하여 교회 생활에서 있어서 한자보다는 한글이 중심이 되었다. 성경이 개정되자 이에 따라 쪽복음과 찬송가도 개정된 성경에 영향을 받지 않을 수 없었다.

성경 개정과 관련되어 우리가 주목할 것은 이 작업이 장로교와 감리교회의 공동으로 이루어졌다는 점이다. 언더우드가 위원장이었고 아펜젤러 역시 위원으로 활동하였다. 아펜젤러의 경우 번역위원회에 참가하기 위해서 배를 타고 목포로 여행하다가 배가 침몰함으로 순직까지 하였다. 이와 같은 공동 작업의 결과 대한성서공회가 설립되었고 지금까지 거의 대부분의 개신교회 전체가 하나의 성경을 사용하게 되었다. 사실 찬송가 역시 대부분의 교회가 통일 찬송가를 사용하기 때문에 비록 오늘날 법적으로는 한국교회가 수많은 교단으로 분리되어 있지만 성경과 찬송에 있어서는 하나 된 모습을 유지하고 있다는 점은 고무적인 일이다.

4. 선교사들의 내한 / 배정훈

역사적 배경

1876년의 개항과 1882년 미국과의 외교관계 수립에 이어 서양 열강들과의 조약으로 인해 조선의 분위기는 달라지기 시작했다. 이전까지는 만주와 일본 등의 외국 선교사들이 간접적으로 조선에 복음을 전했다면 이제는 선교사들이 공식적으로 내한하면서 그리스도를 소개했다. 이 시기는 열강의 식민지 확장 정책과 더불어 선교의 부흥기였다. 조선의 변화 물결 앞에서 여러 사람들이 조선 선교의 필요성을 호소했다. 만주에서 활동하던 스코틀랜드 선교사들을 제외하면 조선에 가장 큰 관심을 가졌던 이들은 미국 선교사들이다. 미국 북감리교 선교사인 맥클레이(Robert S. Maclay)가 그런 예이다. 맥클레이는 1884년 6월 서울에 도착하여 김옥균의 도움으로 고종으로부터 학교와 병원을 설립을 허락받았다. 미국 장로교도 한국의 선교를 시도했다. 중국과 일본에서 사역하던 녹스(George W. Knox)와 리드(Gilbert Reid) 등의 미국 선교사들은 한국선교의 가능성을 보고 본국 교회에 선교사 파송을 요청했다. 이수정의 호소문이 발표된 후 미북장로교 해외선교부 동아시아 담당 총무 엘린우드(F. F. Ellinwood) 역시 한국선교의 긴박성을 주장했다. 그는 기금을 모금하면서 중국과 일본에서 활동 중인 선교사들이 조선으로 갈 것을 권고했다.

이런 연쇄적인 호소로 인해 1884년 이래로 한국에 여러 외국 선교사들이 들어왔다. 처음에는 미국이 한국선교를 주도했지만 점차적으로 호주, 캐나다 교회들이 동참했다. 연도순으로 1884년에 미북장로교, 1885년에 북감리회, 1889년에 호주 빅토리아 장로교, 침례교, 1890년에 성공회, 1892년에 미남장로교, 1896년에 미남감리교, 1898년에 캐나다 장로교 등이 선교사를 파송했다.

미국 북장로교회(1884년)

한국에 선교사를 파송한 최초의 교회는 미국 북장로교(PCUSA: The Presbyterian Church in USA)였다. 원래 북 장로교는 의사 헤론(John Heron)을 첫 한국선교사로 임명했지만 이미 중국에서 활동하고 있던 알렌(Horace N. Allen, 1858-1932)이 1884년 9월 20일에 내한했다. 그는 한국으로 파송된 첫 번째 선교사이다. 그는 1883년 10월부터 중국 상해에서 일하던 중 새로운 선교지 한국으로 가서 일할 것을 권유받고 1884년 9월 14일 상해를 떠나 부산을 거쳐 그달 20일에 제물포(인천)에 도착했다. 알렌은 미국 공사 푸트에 의해 공사관의 공의로 임명되었고 외국인들을 위한 의사로 일하면서 한글을 익히는 등 선교사로서의 준비를 갖추었다. 1884년 12월 갑신정변 때 개화파의 민영익을 치료해 준 것이 계기가 되어 그는 고종의 어의(御醫)로 임명되었다. 고종의 허락으로 1885년 4월 10일에 서울 재동에 한국 최초의 서양식 병원인 광혜원을 설립했다. 개원 13일 후 이 병원은 제중원으로, 후일에는 세브란스 병원으로 개칭되었고 1957년 1월 이후 연세대학교 세브란스 병원이 되었다.[20]

미 북장로교회는 알렌에 이어 언더우드(Horace G. Underwood, 1859-1916) 목사를 파송했다. 언더우드는 1859년 7월 19일 영국 런던에서 태어나 13세 때 미국으로 이주하여 뉴욕대학을 거쳐 화란 개혁교회의 뉴 브른즈윅신학교를 졸업한 후 1884년 7월 18일 미 북장로교회 선교사로 임명되었다. 그는 1885년 2월에 일본에 도착하여 이수정을 만났고 미국 북감리교회 선교사인 아펜젤러(Henry G. Appenzeller, 1858-1902) 목사 부부와 함께 1885년 4월 5일에 제물포에 도착했다. 이때 이들은 이수정이 번역한 『신약 마가젼 복음셔 언해』를 가지고 왔다. 아펜젤러 부부는 한국의 불안한 정세로 인해 일본으로 돌아갔다가 두 달 후 다시 귀국했다. 언더우드와 아펜젤러는 교파는 달랐지만 가장 친근한 복음의 동역자로 서로 협력하며 일했다. 의사 헤론이 1885년

---

20. 이상규, 『한국교회사』, 68-69.

6월에 내한했고 북장로교회 한국선교부가 조직되었다. 이들은 서울을 중심으로 전도, 의료, 교육 사업을 했다. 북장로교회는 총 11개 지역, 즉 서울(1885), 부산(1891), 원산(1892), 평양(1893), 대구(1895), 재령(1896), 선천(1901), 청주(1905), 강계(1908), 안동(1910), 만주(1914)에 선교 지부를 설치했다.[21]

미국 북감리교회(1885년)

미국 북감리교회는 북장로교회를 이어 선교사를 한국에 보냈다. 가우처(John F. Goucher, 1845-1922)의 요청으로 일본 주재 감리교 선교사 매클레이는 1884년 6월 24일부터 7월 4일까지 두 주 동안 한국에 체류하면서 선교의 가능성을 타진하였다. 그는 외위문 주사 김옥균을 통해 고종에게 한국선교를 허락해 줄 것을 청원했고 그 결과 병원 선교와 학교교육을 허락받아 이를 미국 북 감리교 선교부에 보고했다. 북 감리교는 의료 선교사 파송을 준비했고 1885년 2월 27일 의사 윌리엄 스크랜턴(William B. Scranton, 1856-1922)과 그의 어머니 메리 스크랜턴(Mary F. Scranton, 1832-1909), 그리고 아펜젤러가 한국선교사로 우선 일본에 도착했다. 아펜젤러는 언더우드와 함께 1885년 4월 5일(부활주일)에 한국으로 왔고 뒤이어 스크랜턴이 5월 3일에, 그의 부인과 어머니 스크랜턴이 6월 20일에 한국 땅을 밟았다. 아펜젤러는 그 해 10월에 정동감리교회를 설립했고 스크랜턴 의사는 정동의 사저에서 의료활동을 시작했다. 그의 어머니는 1886년 5월 31일에 한국 최초의 여성 교육 기관인 이화학당을 설립했다.[22]

호주 장로교회(1889년)

호주 빅토리아 장로교회(PCV: Presbyterian Church of Victoria)의 파송을 받은 요셉 데이비스(Joseph H. Davies, 1856-1890)와 그의 누나 메리 데이비

21. 이상규, 『한국교회사』, 69-70.
22. 이상규, 『한국교회사』, 75.

스(Miss Mary T. Davies, 1853-1941)가 1889년 10월에 내한하면서 호주 장로교회의 한국선교는 시작되었다. 데이비스 목사는 인도에서 선교활동을 했지만 건강이 나빠져 귀국했고 한국선교의 긴박성을 말하는 월프(John R. Wolfe)의 편지를 읽고 한국선교를 자원했다. 그는 영국 성공회에서 장로교로 이적한 후 에딘버러대학의 뉴 칼리지를 졸업하고 1889년 8월에 목사 안수를 받았다. 그리고 빅토리아 주 청년연합회의 파송을 받아 부산과 제물포를 거쳐 10월 4일에 서울에 도착했다. 서울에서 5개월을 사역한 후 아직 선교사가 없는 곳으로 가기로 결정하고 1890년 3월 14일 부산으로 떠났다. 하지만 천연두와 폐렴에 감염되어 부산 도착 다음 날인 4월 5일에 사망했다. 이때가 데이비스가 한국에 온 지 겨우 6개월 되던 때였다. 동생의 죽음 후 누나 데이비스는 본국으로 돌아갔다.

내한한 장로교 선교사들. 시계 방향으로 언더우드, 데이비스, 마펫, 게일.

그의 죽음 후에도 호주교회의 선교는 계속되었다. 호주 빅토리아 주 장로교청년연합회와 여선교회연합회가 한국선교를 계속 지원하기로 했고 그로 인해 1891년 맥케이(J. Mackay) 목사 부부와 멘지스(Belle Menzies), 페리(Jean Perry), 퍼셋(Mary Fawcett) 세 명의 미혼 여 선교사가 한국으로 오게 되었다. 이들은 부산, 경남 지역을 중심으로 활동했다. 호주 장로교회는 부산(1891), 진주(1905), 마산(1911), 거창(1913), 통영(1913) 다섯 개 지역에 선교 지부를 설치했다.[23] 호주 장로교회 선교사들은 부산을 중심으로 경상도 지역에서 선교 활동을 했다.

영국 성공회(1890년)

영국 성공회의 한국선교는 월푸 주교에 의해 시작되었다. 그는 영국교회선교회 소속 선교사로 1884년 10월 부산을 방문하고 그 해에 남중국선교회(The South China Mission) 연례대회에서 한국선교의 필요성을 역설했다. 또한 그는 한국선교의 필요성을 호소하는 편지를 1887년 10월에 보냈는데 이 편지는 호주의 『국내외 선교』(*The Missionary at Home and Abroad*) 1888년 5월 호에 게재되었다. 데이비스는 이 편지를 읽고 한국선교를 자원하게 되었다. 영국 성공회의 선교는 1890년에 시작되었다. 외지복음선교회(SPG: Society for the Propagation of Gospel in Foreign Parts)의 파송을 받은 코프(C. John Corfe) 감독이 두 의사 와일즈(J. Wiles)와 랜디스(E. B. Landies), 그리고 트롤로프(M. N. Trollope), 와너(L. O. Warner) 신부, 그리고 여러 명의 사람들과 함께 1890년 9월 29일 제물포에 도착했다.[24] 코프는 한국에 오기 전인 1890년 7월부터 영국에서 조선선교를 소개하기 위한 잡지인 Morning Calm을 발행했다. 이는 조선에 대한 최초의 영문잡지였다. 그에 의해 1891년 9월 말에는 제물포에 최초의 성공회 교회인 인천 내리교회가 건축되었다. 랜디스는 인천의 첫 서양식

23. 이상규, 『한국교회사』, 70-71.
24. 이상규, 『한국교회사』, 74-75.

병원인 성 누가병원을, 와일즈는 서울에서 성베드로병원을 세웠다.[25]

미국 남장로교회(1892년)

미국 남장로교회는 처음에는 한국선교에 대한 계획이 없었다. 미 북장로교회 소속인 언더우드가 1891년 10월에 첫 안식년으로 귀국하여 내시빌(Nashville)에서 열린 외국선교를 위한 신학교협의회(Inter-Seminary Alliance for Foreign Mission) 연차대회에서 한국선교에 대해 설명했다. 이때 벤더빌트 대학에서 유학 중이던 윤치호도 한국선교의 필요성을 호소했다. 이 강연을 들은 테이트(Lewis B. Tate)와 정킨(William M. Junkin)과 레이놀드(William D. Reynolds)가 한국선교를 자원했다. 이들의 자원과 함께 선교 기금을 후원받은 남장로교회 선교부는 선교사들을 한국에 파송했다. 정킨과 레이놀드와 함께 4명의 미혼 여선교사들(Miss M. Tate, Miss L. Davis, Miss P. Bolling, Mary Leyburn)이 1892년 11월 3일에 입국했다. 남장로교 선교사들은 제주도를 포함한 호남 지방을 중심으로 사역했고 전주(1895), 군산(1896), 목포(1897), 광주(1904), 순천(1912) 등에 선교 지부를 설치했다.[26] 레이놀즈는 나중에 평양신학교에서 조직신학을 가르쳤다.[27]

미국 남감리교회(1896년)

미국 남감리교회의 조선선교 시작에서 윤치호의 역할이 컸다. 1888년에 미국으로 유학해 밴더빌트 대학에서 신학을 공부한 그는 근대 인물 중 신학을 공부한 첫 번째 인물로 간주된다. 그는 남감리교회에 한국선교를 요청했다. 이에 1895년 10월 18일에 중국 선교사 헨드릭스(E. R. Hendrix)감독과 리드(C. F. Reid)가 한국을 방문하여 선교 가능성을 타진했고 이듬해인 1896년 5월에

25. 류대영, 『한국기독교의 역사』, 63.
26. 이상규, 『한국교회사』, 71-72.
27. 김영재, 『한국교회사』, 91.

리드가 한국선교사로 오게 되었다.[28]

캐나다 장로교회(1898년)

캐나다 장로교회 선교사들의 활동 이전에 독립 선교사들이 먼저 한국선교의 길을 열었다. 게일(James S. Gale)은 캐나다 토론토대학을 졸업한 후 이 대학 기독교청년연합회의 파송을 받아 1888년 12월 15일 한국에 왔다. 그는 1890년 말까지 서울, 송천, 부산 등지에서 활동했고 이후 북장로교회로 이적하여 원산, 서울 등지에서 선교했다. 게일은 한국학 연구의 선구자로서 영한사전을 편찬하였고 한국의 역사, 문화, 종교와 풍습에 관한 저술들을 남겼다. 게일의 뒤를 이어 펜윅(Malcom C. Fenwick)이 1889년에 조선에 왔다. 1890년 9월 토론토 의과대학 기독교청년연합회의 파송을 받은 의사 로버트 하디(Robert A. Hardie)가 한국선교사로 활동했다. 그는 감리교회로 이적한 후 원산 등지에서 의료 활동과 전도를 했고 서울에서 협성신학교 교수로 봉직했다. 후에 그는 원산부흥운동을 촉발하게 된다. 1893년에는 애비슨(Oliver R. Avison)이 도착했다. 1893년 12월에는 매켄지(William J. Mckenzie, 1861-1895)가 황해도 장연의 소래에 거주하면서 서경조의 도움을 받아 헌신적으로 일했다. 하지만 그는 2년 후인 1895년 6월 23일에 사망했다.[29]

매켄지의 죽음은 캐나다 장로교회의 한국선교의 동기가 되었다. 캐나다 장로교회는 1897년에 한국선교에 동참하기로 결정하고 이듬해인 1898년 9월에 푸트(W. R. Foote) 목사 부부, 그리어슨(Robert G. Grierson) 의사 부부, 맥래(Duncan McRae) 목사를 한국에 파송했다. 이들은 함경도와 간도 지방을 중심으로 사역했고 이들에 의해 원산(1898), 성진(1901), 함흥(1903), 회령(1912)에 선교 지부가 설치되었다.[30] 이 외에도 침례교, 러시아 정교회, 안식교, 성결교, 구세군 등이 한국에서 선교활동을 벌였다.

---

28. 이상규, 『한국교회사』, 76.
29. 이상규, 『한국교회사』, 72-73; 류대영, 『한국기독교의 역사』, 63-64.
30. 이상규, 『한국교회사』, 73.

5. 장로교회의 조직과 발전 / 김중락

교인 수의 증가와 장로회 설립의 꿈

19세기 말 한국에 도착한 선교사들의 압도적 다수는 장로교회 소속이었다. 장로교회의 발생지인 스코틀랜드로부터 파견된 선교사는 없었지만 그 영향을 크게 받은 미국의 북장로교회, 남장로교회, 캐나다 장로교회, 호주 장로교회, 즉 삼국의 네 개 장로교회가 선교사를 파견하였다. 잘 알려져 있다시피 각국의 선교사들은 서로 간의 경쟁을 피하고 전국을 선교지로 만들기 위해 지역을 나누어 선교에 들어갔다. 미국의 북장로교회 선교사들은 평안도와 황해도, 경상북도를 중심으로 선교를 하였고, 미국의 남장로교회 선교사들은 호남지역을 주요 선교지역으로 삼았다. 캐나다장로교회는 함경도와 간도지방을 선교기지로 삼고 활동했고, 호주장로교회 선교사들은 부산과 경남지역을 선교기지로 삼았다. 선교사들은 지역의 중심도시를 거점으로 순회 전도와 사랑방 전도를 하였고, 병원을 통한 의료 선교에도 크게 노력을 기울였다. 선교사들로부터 복음을 받아들인 한국 사람들도 선교사들의 지원하에 복음전파에 적극 참여하였다. 예를 들면 사무엘 모펫(Samuel Moffett, 마포삼열) 선교사의 세례를 받은 한석진은 길선주, 양천백, 송인서, 김종섭, 이기풍에게 복음을 전했다. 이들 중 김종섭을 제외한 모든 이들이 후일 최초의 장로교회 목사가 된 것은 주지의 사실이다. 이러한 전략 덕분에 전국 곳곳에서 복음의 불꽃이 타올랐고 개종자들이 폭발적으로 증가하였다.

초기 10년 동안이 선교사들의 정착시기였다면 그다음 10년은 선교사들의 적극적이고, 체계적인 전도로 교인수가 폭발적으로 증가한 시기였다. 아래 그림에서 보듯이 1895년부터 1905년까지 교인수의 증가는 가파르게 증가하여 세례교인이 거의 1만 명에 육박하고 있음을 볼 수 있다.

한국 장로교회 세례교인 수
(1885-1905)

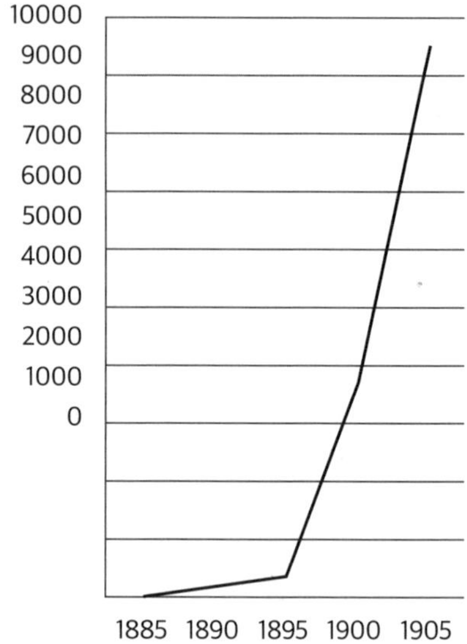

<출처, 서명원(이승익 역), 『한국교회성장사』(대한기독교서회, 1972), 56>

물론 이러한 성장은 이후 10년 동안에도 지속되었다. 이 같은 성장을 보고 받은 미국의 북장로교회 선교부의 1900년 연례보고서는 "이 사람들이 너무 빨리 증가되고 있지 않는가?"라고 반문했다고 한다. 그러면서도 보고서는 "그들의 전진은 그들이 참된 신앙으로 자라고 있다는 가정하에서 해석되지 않으면 안 된다"라고 결론을 내리면서 한국에서의 교인수의 증가를 선교사들의 헌신으로 인해 이루어진 참된 개종으로 보았다.[31]

1907년 평양 대부흥운동은 이전부터 전개되어온 이러한 성장의 일부로 보아도 무방할 것이다. 그러면서도 평양 대부흥운동이 주마가편(走馬加鞭)의 역할을 했음은 분명하다. 평양 대부흥 이후 '백만인구령운동'이 일어났다는 것

31. 서명원(이승익 역), 『한국교회성장사』 (대한기독교서회, 1972), 55에서 재인용.

은 이를 잘 보여주는 것이다. 그러나 평양 대부흥의 진정한 의의는 교회의 질적 성숙이라고 할 수 있다. 이를 통해 한국교회는 성장은 확실한 영적 회개 위에 이루어지고 있음을 보여준 것이다. 백낙준의 언급처럼 평양 대부흥은 "하나의 정신운동"이었고, "비기독교인을 신자화하려는 운동이라기보다는 이미 신자가 된 사람들의 영적 생활을 소생기키려는 부흥"이었다.[32] 이제 한국교회는 양적인 성장뿐 아니라 질적인 성장도 이루었고 조직적인 자립을 구하는 상황이 된 것이다.

장로교회 선교사들이 자신들을 파견한 나라와 소속 교회가 달랐음에도 서로 연합하여 이 땅에 하나의 장로교회를 조직하기로 합의한 것은 참으로 감사한 일이고, 한국교회에 대한 하나님의 큰 은총이다. 만일 그들이 각자의 교회를 설립하기로 했다면 한국은 처음부터 4개의 장로교회 교단으로 분열될 수 있었던 상황이었다. 4개 교단의 선교사들은 하나의 교회설립을 위해 1893년 협의기관을 만들었는데 이름하여 '장로회선교공의회'(the Council of Missions Holding the Presbyterian Form of Government)이다.[33] 이 공의회는 한국 땅에서 하나의 장로회 교회를 세운다는 목적을 가지고 있었다. 한마디로 장로교회설립준비위원회 같은 기구였다. 1901년부터는 공의회는 한국인들도 참여시켰는데 이는 그들로 하여금 장로회정치를 배우도록 하는 데 목적이 있었다.[34] 1901년 참여자는 선교사 25명과 한국인은 장로 3명과 한국인 조사 6명이었다.

선교사들은 장로회 운영에 필수적 인력인 장로를 세우는 일에도 공을 들였다. 1900년 한국인 최초로 장로로 장립된 이는 평남의 김종섭, 황해의 서경조였다. 이듬해는 평남의 길선주, 방기창, 1902년에는 평북의 양전백, 1903년에

32. 백낙준, 『한국개신교사, 1832-1910』 (연세대학교, 1973), 392, 395.

33. 서명원은 이를 'presbyterian council'로 불렀다.

34. 처음에는 미국의 남북장로교회 선교사들로 구성되었으나 호주와 캐나다 선교사들도 참여하였다. 곽안련(C. A. Clark), 『장로회교회사전휘집』(1918), 10-16.

는 평남의 주공삼, 정익로, 한석진, 황해의 최정엽, 조병직, 함경의 유태연, 경상의 심취명이 장로로 공의회에 참석하였고, 1904년 공의회에 참석한 장로는 25명으로 증가하였다. 장로들은 평안, 경성, 전라, 경상, 함경의 공의회에도 위원으로 참석하였다. 그러나 각 지방 공의회는 1904년 공의회소회로 변경되었다.

그들은 교회설립을 위해 우선적이고, 필수적인 신학교의 설립도 잊지 않았다. 신학교는 성장하는 한국교회의 지도자를 양성하기 위한 목적이었다. 당시 성장 속도로 보아 많은 회중들이 생겨나고 있었고, 이 회중들을 선교사들이 모두 관리하는 것은 무리였기 때문이다. 그리고 한국의 장로교회의 설립을 위해서도 한국인 교회지도자는 필수적이었다. 평양에 연합장로교신학교(Union Theological Seminary)가 설립된 것은 1903년이었다. 각 지역의 선교부는 신학생들을 평양으로 모아서 교육을 시키기로 하였고, 신학을 교수할 만한 이들, 즉 경성의 호레이스 언드우드(Horace G. Underwood, 원두우), 전라도의 윌리엄 전킨(William. M. Junkin, 전위렴), 함경도 윌리엄 푸트(W. R. Foote, 부두일) 등을 평양으로 보내 학생들을 가르치게 하였다.

1906년 공의회는 다음 해에 공식적인 장로회 설립을 하기로 결의하고 마지막 준비에 힘을 다했다. 장로회가 만들어지면 공의회는 폐지되고, 장로교회의 일반적인 원칙을 적용하여 목사와 장로만 장로회의 회원자격을 가지기로 하였다. 한 가지 흥미로운 사실은 장로회가 만들어진다 해도 국제적인 장로교회정치의 표준이 되는 『웨스트민스터 장로회정치』의 완전한 적용은 "연약한 교회가 감당하기" 어렵다고 본 것이다. 따라서 그들은 임시적으로 간단한 규칙을 만들어 사용하다가 때가 되면 『웨스트민스터 장로회정치』를 수용하는 형편에 따라 수용하도록 하였다. 1907년 장로회 조직 직전에 모인 공의회는 장로회가 만들어지면 그 모든 기능을 장로회에 이관하기로 하였고, 평양신학교는 '전국장로회신학교'로 이름을 변경하기로 하였다.[35] 이로써 장로회 설립

35. 곽안련, 『장로회교회사전휘집』, 43-46.

의 기초적 준비는 끝이 났다.

조선예수교장로회의 설립

1907년 9월 17일은 한국교회사에서 가장 의미 있는 날 중 하나였다. 한국에 최초의 장로회 조직인, '독노회'가 탄생한 날이다. 이는 이후 한국교회의 주축을 감당하게 되는 장로교회의 시작을 알리는 사건이었다. 평양의 장대현교회에서 개최된 이 창립회에는 미국, 캐나다 그리고 호주로부터 파견된 33명의 선교사들과 36명의 한국인 장로들이 참여하였다.[36] 한국인들이 더 많은 회원이었다는 점에서 진정한 한국인 장로회였다. 한국선교 23년 만에 결실을 거둔 것이니 그동안 헌신했던 선교사들에게도 감동의 순간이었다. 다만 최초의 장로교회 선교사인 언더우드는 안식년으로 본국 체류 중이었으므로 이 감동적인 순간을 경험하지는 못했다.

오전 회의에서 그들은 유진 벨(Eugene Bell, 배유진) 목사의 주도에 따라 기도와 성찬식에 참여하였다. 이후 공의회 회장인 사무엘 모펫이 '조선예수교장로회' 창립을 선언하였다. 당시 창립된 '조선예수교 장로회'는 하나의 노회로 구성된 '독노회'였다. 전국을 담당하였다는 점에서 총회의 성격도 있었으나 형식적인 면에서 '노회'라고 할 수 있는 조직이었다. 오후에 다시 모인 그들은 임원을 선출하였는데 노회장에는 모펫 선교사, 부노회장에는 방기창, 서기는 한석진, 부서기 송인서, 회계 이길함 등이었다. 모펫은 첫 설교에서 "이 노회가 교회의 머리이신 주 예수 그리스도를 힘입어 … 정결한 노회를 반드시 이루어야 한다."고 강조하였다.[37] 그리고 교세 보고도 있었는데 장로회 설립 당시 교세는 목사 7명, 장로 53명, 예배처소 989개, 세례교인 17,890명, 원입교

---

36. 백낙준, 『한국개신교사, 1832-1910』, 407. Clark는 평양중앙교회에서 모였다고 주장하며, 선교사 38명, 한국인 장로 40명이라고 주장하고 있다. 서명원, 『한국교회성장사』, 65.
37. 『선교 70주년 기념설교집』.

인 21,482명, 신자 69,098명 이었다.[38]

저녁에 다시 모인 회의에서는 신학교 졸업생인 서경조(1852-1938), 한석진(1868-1939), 송린서(1867-1929), 양전백(1869-1933), 방기창(1851-1911), 길선주(1869-1935), 이기풍(1865-1942) 7인에 대한 목사장립식 있었다. 선교사들이 장로회의 설립까지 목사안수를 미룬 것은 노회가 아니면 목사를 세울 수 없다는 장로교회 치리규정을 지키고자 한 것이다.[39] 이 최초의 7인은 서양식 교육이 아니라 한학 교육을 받은 이들이었으나 신학교에서 성경으로 훈련을 받았고 교회지도자로서 영적훈련을 받았다. 모펫 목사는 딤전 3:1-12과 딤후 4:11-15을 낭독하고, 7명을 호명한 후 기도한 후 이들 7인에게 안수하였다. 캐나다 출신의 미국북장로교회 소속 선교사인 제임스 게일(James, S. Gale)과 윌리엄 레이놀즈(William D. Reynolds, 이눌서) 선교사가 장립 받은 목사들에게 권면하였다. 장립식은 새로 장립된 한국인 목사 서경조의 축도로 마무리되었다.

7인의 첫 장로교 목사

38. 『대한예수교장로회독로회회록』, 6, 7; 백낙준, 『한국개신교사, 1832-1910』, 407.
39. 백낙준, 『한국개신교사, 1832-1910』, 407.

7인에 대한 목사장립은 장로회 설립 못지않은 의미를 담고 있다. 이는 선교사들과 신학교의 첫 열매이자 한국교회의 인적자립을 위한 첫걸음이라고 할 수 있다. 오랫동안 선교사들은 이들의 양성을 위해 눈물의 기도와 많은 비용을 지불하였다. 훗날 이들이 탁월한 교회지도자가 되었다는 사실은 이들이 얼마나 훌륭한 자질을 갖추었고, 신학교의 훈련이 얼마나 충실하였는지를 알 수 있다. 이들 가운데 한 사람인 길선주 목사는 이듬해 3월 1일 한국인 최초로 평양장대현교회에서 모펫 선교사의 도움을 받아 201명에게 세례식을 거행하였다. 이는 한국인 최초의 경험이었다.[40] 또 한 사람 이기풍 목사는 제주도 선교사로 파송되었다.

어느 나라에서나 독립적인 교회는 신앙고백서, 정치서, 예배규칙서, 교리문답서 등을 채택하는 것이 필수적이다. 이것은 교회가 갖추어야 할 기본이기 때문이다. 종교개혁을 이룬 모든 유럽의 교회들이 이 네 가지 기초를 제정했음을 기억할 필요가 있다. 새로 설립된 조선예수교장로회도 이 문제에 대해 방관하지 않았다. 대부분의 장로교회에서는 웨스트민스터 표준서(신앙고백서, 장로회정치, 예배모범, 대소교리문답)를 교회의 기초로 채택하고 있다. 그런데 조선예수교장로회는 이를 채택하지 않고 대신 '12신조'를 채택하였는데 그 내용은 "성경무오, 하나님의 주권, 삼위일체, 동정녀 탄생, 인간의 타락, 그리스도의 속죄, 성령, 성례전, 불가항력적 은혜, 부활과 심판" 등을 포함하고 있었다.[41] 웨스트민스터 신앙고백서가 아니라 12신조를 택한 것에 대한 공식적인 이유는 신설 한국교회가 웨스트민스터 신앙고백서를 감당하기 어렵다는 것이었다. 이에 대해 허순길은 흥미로운 해석을 제시하고 있다. 조선예수교장로회가 웨스트민스터 신앙고백서를 신조로 채택하지 않는 것은 이것이 장로교회 성격과 칼빈주의 정체성이 강해서 나중에 있을 수 있는 감리교와의 단일교회를 염두에 둔 것이라고 주장하였다. 그는 1905년 장로교회와 감리교회

---

40. 서명원, 『한국교회성장사』, 65-6.

41. 이상규, 『해방전후 한국장로교회의 역사와 신학』 (한국독교역사연구소, 2015), 13.

의 선교사들이 한국에 하나의 그리스도교회를 세우기로 합의한 사실을 주장의 근거로 제시하고 있다.[42] 사실 교회일치 운동은 장로회 설치 이후에도 수년간 지속되었다는 점에서 설득력 있는 주장이라고 여겨진다.

조선예수교장로회 지도부가 어떠한 이유로 웨스트민스터 신앙고백서를 채택하지 않았는지는 확실히 알 수는 없다. 그러나 이 전략은 장로회 정체성 확립이라는 면에서 볼 때 큰 실수였다. 신앙고백은 어느 교회이든지 그 교회의 정체성을 좌우하며, 장로회라는 정체성과 개혁주의라는 정체성은 웨스트민스터 표준문서와 불가분의 관계에 있다. 그럼에도 불구하고 한국 장로교회는 해방이 될 때까지 웨스트민스터 신앙고백서를 정식 신앙고백으로 채택하지 않았고 단지 참고자료 정도로 간주하였다. 오늘날 대부분 한국장로교회 교단에서는 웨스트민스터 신앙고백서를 정식 신앙고백으로 채택하고 있지만 그동안 이 문서에 대한 강조나 교육은 이루어지지 못했다. 오늘날 한국교회의 난맥상이 이와 관련이 있다고 보아도 크게 틀린 말은 아닐 것이다.

장로교 총회의 성립

1907년에 성립된 장로회는 독노회였다. 비록 상징적인 의미가 강했지만 하나의 노회가 전국 각지에 많은 교회와 빠른 속도로 증가하는 교인들을 관리하기는 사실상 무리였다. 교회 간의 거리를 보나 교인 수를 보나 하나뿐인 노회를 여러 개로 나누고 전국을 하나로 묶는 총회를 조직하는 것은 필연적인 일이었다. 따라서 1911년 대구 남문안교회에서 열린 제5회 장로회 독노회는 다음 해 3월까지 7개 지역의 노회를 조직키로 하고 9월에는 총회를 열기로 하였다. 7개 노회는 장로회 휘하의 7개 대리회(代理會)를 승격시키기로 한 것이다. 이 결정에 따라 1911년 10월 15일에 전라노회가, 같은 해 12월 4일에는 경충노회가 조직되었다. 1912년 1월에는 경상노회와 남평안노회가, 2월에는 북평안

42. 허순길, 『한국장로교회사』, 146.

노회와 함경노회가 조직되었다. 각 노회별 창립 시 목사와 장로의 수는 아래 표와 같다. 표에서 보듯이 남평안노회의 설립인 수가 다른 노회에 비해 압도적으로 많은 것은 당시 평양지역 교세를 보여 준다.

노회설립이 순조롭게 이루어지자 1912년 9월 2일 7개 노회가 파송한 목사 96명(선교사 44명 포함)과 장로 125명이 평양 여성경학원(女聖經學院)에 모여 '조선야소교장로회 총회'로 모였다. 한국 장로교회는 독노회에서 발전하여 전국적인 조직을 갖추게 된 것이다. 초대 총회장은 첫 장로교 선교사였던 호레이스 언더우드(Horace G. Underwood, 원두우)가 선출되었고, 부총회장은 길선주 목사, 서기는 한석진, 회계는 방위량이 선출되었다. 언더우드가 한국 땅에 가장 먼저와 제일 공이 많은 인물이기는 하나 한국의 장로회 총회인 만큼 한국인 목사가 총회장을 맡지 못한 것은 아쉬움이 많은 부분이다. 비록 경험이 필요한 직분이기는 하나 선교사들이 부총회장을 맡아서 도움을 준다면 어려운 부분도 아니었다. 총회 성립 당시 교세는 당회가 조직된 교회가 134개, 미조직교회가 1,920개, 목사 128명, 장로 225명, 세례교인 53,008명, 학습교인 26,400명, 총 신자는 127,228명이었다.[43]

표) 1911-12년 7대 노회의 설립일과 설립인수

노회	조직일	장소	목사수	장로수
전라	1911년 10월 15일	전주 성밖교회	20	25
경기충청	1911년 12월 24일	새문안교회	12	21
경상	1912년 1월 6일	부산진교회	18	18
남평안	1912년 1월 28일	평양신학교	28	96
북평안	1912년 2월 15일	선천북교회	26	15
함경	1912년 2월 20일	원산 상리교회	14	16
황해	1911년 12월 8일	봉산 모동교회	10	34

43. 『대한예수교장로회 조선총회 뎨일회 회록』, 60; 이상규, 『해방전후 한국장로교회의 역사와 신학』, 14; 허순길, 『한국장로교회사』, 149.

장로교회의 전국적 조직은 여러 가지 큰 의미를 담고 있다. 이 땅에 진정으로 주의 몸 된 교회가 공적으로 생겼음을 의미하고 한국교회가 선교사들로부터 독립한다는 의미를 담고 있기도 하다. 그러나 무엇보다도 중요한 것은 다가올 일제의 침략에 조직적으로 대항하고 국민과 성도들을 보호하기 위한 힘이 생겼음을 의미하기도 한다. 물론 교회의 존재가 일제의 침략을 완벽히 막아냈음을 의미하는 것은 아니다. 그러나 만일 일제의 침략기에 한국장로교회라는 조직이 없었다면 그 결과는 얼마나 더 참혹했을지 상상하기 어렵다. 교회는 성도들에게 하나님의 말씀을 통해 제국주의적 침략이 옳지 않음을 가르쳤고, 복음과 교육을 통해 민족의식을 주입시켰다.

6. 평양신학교와 신학교육 / 양향모

우리나라 장로교회의 첫 신학교육기관은 1901년 설립된 조선야소교장로회 신학교인데, 평양에 위치하고 있어 평양신학교로 불렸다. 이 신학교는 장로교 정통신학 혹은 보수주의 신학교육을 지향하여 자유주의에 물들지 않은 교역자를 양성했다. 이 학교는 1938년 1학기를 끝으로 폐교되기까지 727명의 졸업생을 배출했다.[44] 이 평양신학교가 폐교하고 난 후에 평양에는 '후 평양신학교,' 서울에는 '조선신학교' 등이 세워졌다. 그리고 해방 이후에는 부산에 '고려신학교'가 세워졌다.

평양신학교 설립과 발전

평양신학교는 마포삼열(Samuel A. Moffett, 1864~1939) 선교사의 사랑채에서 시작되었다. 첫 학생은 평양 장대현교회 장로였던 김종섭과 방기창 두 사람이었다. 이것이 장로회신학교의 시작이 되었다. 1904년에는 조선에서 활동하고 있던 4개의 장로교 선교부(미국 북장로교, 미국 남장로교, 캐나다 장로교, 호주장로교)에서 공동으로 운영하자는 요청에 의해 각 선교부가 협력하게 되었고, 신학생 수는 1902년에는 6명, 1904년에는 19명, 1905년에는 40명, 1906년에는 50명이 입학하여 점차 큰 발전을 가져왔다. 1907년 첫 졸업생 배출과 함께 4개 장로교 선교부의 허락을 받아 '조선장로회신학교'(The Presbyterian Theological Seminary of Korea)라는 공식 명칭을 갖게 되었다. 1908년에는 미국 시카고에 거주하는 매코믹 여사(Mrs. Cyrus McCormick)가 기부한 5천 불로 평양 하수구리에 대지 6,000평을 매입하였다. 그 땅에 2층으로 된 한옥으로 된 학교 교사 건축을 시작하여 그 이듬해에 완공하였

44. 이상규, "백석학원의 신학교육40년, 역사와 과제," 「백석신학저널」 31(2016. 가을), 16.

고 1911년에는 기숙사도 완공하였다. 초기에는 북장로교의 마포삼열, 이길함(Grmham Lee, 1861~1916)이 가르치는 일을 시작했으나 나중에는 남장로교의 전위렴(William M. Junkin, 1865~1908), 캐나다장로교의 부두일(William R. Foote, 1869~1903) 호주장로교의 왕길지(Gelson Engel, 1868~1939) 등도 교수로 동참하게 되었다.

조경현은 그의 책 『초기 한국장로교 신학사상』에서 평양신학교의 발전과정을 정초기(1901~1906), 안정기(1907~1919), 발전기(1920~1938)로 나누어서 설명하고 있는데,[45] 정초기는 1901년 개교에서부터 첫 졸업생을 배출하기 직전인 1906년까지를 말한다. 안정기는 첫 졸업생을 배출하고 4개 장로회 선교부로부터 '조선장로회신학교'라고 불린 1907년부터 1919년까지를 말한다. 발전기는 1920년부터 1938년까지인데 1920년은 학교의 교과과정을 5년에서 3년으로 변경된 해이고, 이 시기부터 성경만 강조하는 교육에서 조직신학과 보조학문 등의 확장된 교육을 시작한 해이다. 그리고 1938년은 일제의 신사참배 강요에 불복하고 학교를 휴교한 해이다.

평양신학교의 신학교육

평양신학교의 신학교육을 알기 위해서는 교수들의 신학 사상이 어떤지를 알아야 한다. 평양신학교에서 교수로 일한 24명의 선교사들의 원명, 생몰연대, 소속 선교부, 그리고 출신학교는 다음과 같다.[46]

미국 북장로교

언더우드 Horace Grant Underwood, 1858-1961, 화란개혁신학교

마포삼열 Samuel Austin Moffet 1864-1939, 매코믹신학교

기일 James Scarth Gale, 1863-1961, 토론토대학교

45. 조경현, 『초기 한국 장로교 신학사상』, 200~207.

46. 조경현, 『초기 한국 장로교 신학사상』, 98~163.

곽안련 Charles Allen Clark, 1878-1961, 매코믹신학교
소안론 William L. Swallen, 1865-1954, 매코믹신학교
이길함 Grmham Lee, 1861-1916, 매코믹신학교
배위량 William A. Baird, 1862-1931, 매코믹신학교
라부열 Stacy L. Roberts, 1881-1946, 프린스턴신학교
어도만 Walter C. Erdman, 1877-1948, 프린스턴신학교
함일돈 Floyd E. Hamilton, 1890-?, 프린스턴신학교
사우업 Charles Edwin Sharp, 1870-1952, 매코믹신학교
방위량 William Newton Blair, 1876-1970, 매코믹신학교
편하설 Charles Francis Bernheisel, 1874-1958, 매코믹신학교
한위렴 William Brewster Hunt, 1869-1953, 프린스턴신학교

미국 남장로교

이눌서 William D. Reynolds, 1867-1951, 유니온신학교
마로덕 Luther Oliver McCutchen, 1875-1960, 유니온신학교
부위렴 William Ford Bull, 1876-1941, 유니온신학교
배유지 Eugene Bell, 1868-1925, 유니온신학교
전위렴 William M. Junkin, 1865-1908, 유니온신학교
최의덕 Lewis Boyd Tate, 1862-1929, 매코믹신학교
구례인 John Curtis Crane, 1888-1964, 유니온신학교

캐나다 장로교

부두일 William R. Foote1869-1930
업아력 Alexander Francis Robb, 1872-1935

호주 장로교

왕길지 Gelson Engel, 1868-1939,

이상에서 보여주듯이 북장로교 선교부 소속 교수 14명 중 8명이 매코믹신학교 출신이고, 4명이 프린스턴신학교 출신이다. 남장로교 선교부 소속 교수 7명 중 6명이 유니온신학교 출신이고 1명이 매코믹신학교 출신이다. 장로회신학교 교수는 매코믹신학교 출신이 9명, 유니온신학교출신이 6명, 프린스턴신학교 출신이 4명, 기타 5명으로 되어있다. 매코믹신학교 출신이 가장 많기도 하지만 초기부터 24년간 교장직을 맡았던 마포삼열도 매코믹신학교 출신이었다. 또 초기 장로회신학교 교수는 대부분이 매코믹신학교 출신이었기 때문에 매코믹신학교의 신학 사상이 초기 장로교신학교의 신학형성에 영향을 끼쳤다고 할 수 있다.

조경현은 초기 한국선교사들의 본국 배경을 세 가지로 말하고 있는데, 첫째, 한국 초기 선교사들이 수학한 신학교의 학풍은 당시 유럽 비평신학의 도전에도 불구하고 경건하고 보수적인 신학학교 출신이었다. 이는 평양신학교의 학풍이 건전한 보수주의 신학의 요람이 될 수 있었던 중요한 단서가 된다. 둘째, 1880년대부터 1890년대는 무디를 중심으로 한 부흥운동의 영향권 안에 있었기 때문에 선교의 비전을 가진 신학도를 배출했다. 셋째, 초기 선교사들은 본국에서 목회와 선교에 철저한 훈련을 받았고, 부흥을 열망한 이들이었고, 복음주의의 정신이 투철했다고 지적한다.[47]

평양신학교는 오랫동안 선교사들이 교수하였으나 1920년대 말부터 한국인도 신학교육에 도참하게 된다. 즉 남궁혁(南宮爀, 1882-1950) 박사가 1927년에 교수가 되었고, 이성휘(李聖輝, 1889-1950) 박사는 1928년에 평양신학교 교수로 참여하였다. 미국 프린스톤신학교와 켄터키주의 남침례교신학교에서 유학하고 1927년 귀국한 박형룡(朴亨龍, 1897-1978) 박사가 평양신학교에서 전임교원으로 가르치기 시작했을 때는 1931년이었다.[48] 즉 1930년 이전까지는 선교사들의 영향이 한국에서의 신학교육을 주도하였음을 알 수 있다.

---

47. 조경현, 『초기 한국 장로교 신학사상』, 95~96.

48. 이상규, 『해방전후 한국장로교회의 역사와 신학』, 58, 426.

신사참배 강요에 대한 평양신학교의 대응

평양신학교가 신사참배 문제로 휴교하게 되는 1938년 당시 초창기 교수들의 절반 이상이 소천하거나 귀국하였으나 남아 있는 교수들도 초창기 교수들과 같이 매코믹 신학을 따르는 이들이었다. 매코믹 신학이란 "개혁파 복음주의, 칼빈주의적 경건주의, 복음주의 장로교 등으로 규정될 수 있는 구학파 전통과 신학파 부흥 운동의 혼합체"[49]라고 할 수 있는데, 평양신학교는 휴교를 할 때까지 보수주의적 칼빈주의 노선을 지향하고 있었다. 따라서 신사참배 요구를 받아드릴 수 없었다. 1930년대 시작한 신사참배의 강요는 국공립학교를 시작으로 하여 선교사들이나 교회가 세운 기독교 학교까지 강요하기 시작했다. 그러나 기독교 학교는 신사참배를 거부하여 평양의 숭실전문학교와 숭실중학교 그리고 숭의여중이 폐교되었고, 평양신학교도 결국 폐교된다. 1938년 2월 19일 제53회 평북노회에서 신사참배를 가결했는데, 이 소식을 들은 평북노회 소속 신학생 장홍련 전도사는 평북노회장 김일선 목사가 신학교에 심은 기념식수를 뽑아버렸다. 이 사건을 계기로 신학생들은 신사참배 반대 운동에 나섰다. 이를 감지한 평양경찰서에서 박형룡 교수와 김인준 교수를 불구속 기소하고 신사참배 반대 운동에 참가한 학생들을 검거하였다. 또 신학생들은 각 교회로 흩어져서 신사참배를 반대했다. 특히 장로교 총회가 1938년 9월 신사참배를 가결하자 평양신학교가 개학을 하지 못했고 결국 폐교에 이르고 말았다.

49. 이재근, "매코믹신학교 출신 선교사와 한국복음주의 장로교회의 형성 1888~1939" 「한국기독교와 역사」 35, 43.

7. 한국교회 부흥과 전도운동 / 황권철

기독교가 한국에 소개된 이후 첫 십년 간은 매우 힘든 시기였다. 이상규는 이 첫 10년을 '고투의 기간'이었다고 불렀다.[50] 그러다가 청일전쟁 이후 첫 부흥이 나타났고, 1900년 이후 한국교회는 부흥을 경험하게 된다. 특히 1903년의 원산 부흥과 1907년의 평양대부흥, 그리고 1909년에는 백만인구령운동이 일어난다. 이런 부흥과 전도운동은 한국교회의 성장을 가져오게 된다.

관서지방에서의 빠른 성장

그런데, 한국교회 성장을 말할 때 평안남북도와 황해도 지방, 곧 관서지방의 교회성장이 두드러지게 나타났다. 그 이유는 서울 이남 지방보다 복음이 먼저 전해졌고, 순회전도 역시 이 지역에 집중되었기 때문이었다.[51] 1897년 스피어(Robert E. Speer)는, 한국 북부지역에는 세계 그 어떤 곳도 능가할 만큼 복음이 놀랍게 확산되고 있으며 교회가 차고 넘치고 있고, 전도의 기회가 무궁했다고 했다. 그로부터 10년 후 저명한 영국의 저널리스트 매켄지(E. A. McKenzie)는, 한국북부 지방의 선교는 세계에서 보기 드물 정도로 놀라운 성공을 거둔 사례 가운데 하나였다[52]고 했다. 그래서 서북지역이 북한지역의 영적 각성을 주도하는 구심점 역할을 했다. 1901년과 1902년에 접어들면서 평양, 선천, 의주를 비롯한 서북지역은 혁명시대를 맞고 있었다.[53]

그러면 왜 서북지역에서 이런 부흥이 일어났을까? 여러 가지 이유가 있을

50. 이상규, 『다시 쓴 한국교회사』, 142.
51. H. G. Underwood, *Call of Korea Political Social Religious* (NY: Fleming H. Revell Co., 1908), 137-138.
52. F. A. McKenzie, *The Unveiled East* (NY: E. D. Dutton &Co., 1907), 287.
53. L. H. Underwood, *Fifteen Years Among the Top-Knots or Life in Korea* (Boston New York, Chicago: American Tract Society, 1904), 232-236.

수 있는데, 첫째, 북부 사람들은 남부 사람들에 비해 자립적 중산층이 많았기 때문이다. 이는 당시 남북을 왕래하면서 선교했던 윌리엄 베어드(William M. Baird)가 남부지역 사람들과 북부지역 사람들과 비교하여 느낀 점을 두고 한 말이었다.[54] 둘째, 북부 사람들은 중국 영향으로 한문을 배우고 익혔고 지적인 능력이 있었기 때문이다. 에드워드 와그너(Edward Wagner)의 말대로 북쪽 사람은 거의 모두가 한문을 배웠고 또 배우는 방법을 알고 있었으나 남쪽 사람들은 훨씬 더 읽기 쉬운 한글도 겨우 읽을 수 있을 정도였다.[55] 셋째, 북부 관서지방은 농민들보다 상인들이 많았고,[56] 교류가 빈번했기 때문이다. 실제로 초기 교회 지도자 이응찬이 한약재 인삼 상인, 서상륜이 홍삼 상인, 이수정이 인삼 상인, 한석진이 인삼과 녹용 무역 상인, 길선주가 한약재 상인, 이승훈이 유기 생산지로 유명한 정주 상인, 조만식도 평양 종로의 포목상 출신이었다.[57] 넷째, 권서인들로 인한 복음을 들을 수 있는 기회가 많았기 때문이다. 선교사들의 순회전도가 다른 지역에 비하여 많이 집중되었으며 중국 내륙으로부터 한반도로 복음이 유입되는 길목이었다.[58] 다섯째, 국가적 위기가 인간의 심성을 가난하게 만들었기 때문이다. 매켄지가 지적한 것처럼 청일전쟁과 러일전쟁과 같은 틈바구니 미래의 불확실성으로 인해 복음에 대해 보다 수용적이었다.[59]

한국에서 부흥역사와 부흥운동에 대해 말할 때 흔히 3가지 경우, 곧 1903년의 원산부흥, 1907년 평양대부흥, 그리고 1909년의 백만인부흥운동을 말하는데 이에 대해 순차적으로 소개하고자 한다.

평양에서의 대부흥 2년 후에 백만인구령운동이 전국적으로 전개되었다. 이 같은 영적 대각성운동에는 독특한 3가지 특징이 있다. 첫째, 세계 기독교회에

---

54. W. M. Bard, Notes on a Trip into Northern Korea.
55. 이광린, 『韓國開化思想研究』 (서울: 일조각, 1980), 247.
56. 이광린, 245 이하.
57. 이광린, 249.
58. Horace G. Underwood, *The Call of Korea Political Religious*, 137f.
59. F. A. McKenzie, *The Unveiled East*, 294.

일고 있는 운동과 맥을 같이한다. 둘째, 정치 사회적인 위기가 복음을 받아들이는 토양을 만들었다. 셋째, 한국부흥운동은 네비우스 선교정책의 일환으로 사경회 운동과 밀접한 연계성이 있다.[60] 특별히 한반도가 동아시아 패권을 노리는 일본제국주의로 한국 식민지가 구체화 되어가는 시기에 한국교회는 부흥을 경험했다.

원산에서의 부흥(1903)

평양을 중심으로 청일전쟁 이후 일기 시작한 영적 각성은 1903년 하디를 통하여 원산 부흥으로 나타났다. 원산에서의 부흥은 중국에서 온 남감리교 소속 선교사 화이트(Mary Culler White)와 캐나다 장로교 선교사 맥컬리(Louise Hoard McCully)가 조선에서도 부흥이 일어나게 해 달라고 기도하던 중 캐롤(Arrena Carroll, 갈월), 노올즈(Mary Knowles), 아운셀(Josephine C. Hounshell) 등이 동참하였고, 그해 8월 24일부터 30일까지 의사이자 목사인 하디(Robert A. Hardie, 河理泳)를 주 강사로 한 주간 연합성경공부 및 기도회를 가졌다.[61]

이때 하디 선교사는 선교의 열매가 없었던 것은 자신이 가졌던 민족적 우월감, 교만 때문이었음을 통회하게 되었고, 성령의 도우심과 인도하심을 의지하기보다는 자신의 능력을 의지하는 자만심, 한국인을 무시했던 자신의 죄를 깨닫고 회개했다. 생각하는 깊은 자만심을 동료 선교사들과 한국인들이 모인 가운데 그대로 토로한 것이다. 하디의 회개는 영적 강성을 불러 왔고, 집회에 참여한 이들의 마음을 여는 계기가 되었다. 당시 집회는 사경회 중심이었다. 이때의 회개가 원산에서 부흥의 시작이었고 곧 다른 지역으로 확산되었고, 1904년과 1906년 간헐적인 부흥의 역사로 이어졌다. 1906년 8월에는 평양주재 선교사들이 하디 선교사에게 평양에 와서 일련의 모임을 인도해 줄 것을

60. 박용규, 『한국기독교회사1』 (서울: 생명의말씀사, 2005), 815.

61. 박용규. 『평양대부흥운동』, 40.

요청했는데, 이 집회에서도 성령의 역사가 나타났다.[62]

원산부흥과 평양대부흥의 중심 인물 로버트 하디 선교사.

평양대부흥(1907)

1907년 1월 평양에서는 대부흥의 역사가 나타났다. 이는 미국에서의 제1차 대각성운동, 영국 웨일즈부흥운동, 인도부흥운동과도 견줄만한 부흥이었다. 방위량 선교사는 평양 대부흥을 한국의 오순절이라고 불렀다. 평양 부흥 전후 정치적인 현실은 매우 암담했다. 1904년 러일전쟁과 그 이후에 이어진 을사조약으로 인해 국권이 상실되고 일본이 노골적으로 침략을 일삼고 있던 이때 교회가 민족의 희망이었고 가장 영향력 있는 단일 기관이었다. 1907년 1월 3일 베어드가 선교부에 보낸 편지에서, 사경회가 열리기 전 매일 밤 모임을 갖고 성령의 은혜를 위해 기도했으며 한국인들은 성령의 인도와 은혜를 간절히 염원하고 있었다고 썼다. 1907년 1월 2일부터 15일까지 평양 장대현교회에서

62. 박용규, 『평양대부흥운동』, 847.

네 장로교 선교회가 연합으로 개최한 큰 규모의 평안남도 겨울 남자 도사경회가 개최되었다. 관례에 따라 아침 경건의 시간과 30분 동안의 찬양, 선교사들과 한국인 교사들의 기도 하에 3시간 성경공부, 오후 전도 그리고 저녁에는 많은 사람들이 참석한 가운데 대중집회를 가졌다.

1월 6일 저녁 집회가 열리는 첫날, 길선주는 세속적 유혹에 빠져 영적 기근에 허덕이는 이들을 향해 맛을 잃은 말라빠진 사람들아 라며 정곡을 찌르는 메시지를 전했다. 길선주의 메시지를 들은 그곳에 참석한 모든 사람들은 바로 자기를 지적하는 것으로 알고 통회의 기도를 올리기 시작했다. 첫째 날부터 특별한 성령의 임재를 바라는 선교사들과 한국인 지도자들의 기도가 어느 정도 응답되기 시작했다.[63] 1월 12일 토요일 집회는 그래함 리의 고백대로 한 주간 집회 가운데 최고의 집회였다. 그날 설교를 맡았던 블레어(William N. Blair)는 후일 자신의 저서(*Gold in Korea*)에서 그날의 사건을 생생하게 밝히고 있다. 본문 고린도전서 12장 27절 말씀으로 설교했는데, "이제 너희는 그리스도의 몸의 지체요 각 부분"이라는 말씀으로 교회와 불일치는 몸에 발생한 병과 같다고 설교했다. 이 사실을 자신이 사냥하면서 손가락에 입은 상처가 온 몸의 고통임을 증거하자 모든 성도가 은혜를 받았다. 설교 후 모든 사람들이 죄를 고백했다.[64]

1월 14일 월요일 정오기도회에서 선교사들은 영적 위기의식에서 하나님의 성령의 역사가 임하도록 강력히 기도했다. 그날의 기도는 마치 야곱의 압복강 나루에서 기도하는 장면과 같았다. 당시 교회 안에는 하나님의 임재하심을 느낄 수 있었다. 바로 그날이 백낙준 박사가 그의 『한국개신교사』에서 어느 날 저녁집회 때에 부흥 기운이 터져 나왔다고 말한 바로 그날이었다.[65] 이날 윌리엄 헌트의 설교가 있은 후 그래함 리가 모인 회중들에게 통성 기도를 요청하

63. 김양선, 『한국기독교사연구』 (서울: 기독교문사, 1991), 86.
64. 윌리엄 블레어, 『속히 예수 믿으시기를 바라나이다』, 100.
65. 백낙준, 『韓國改新教史』, 387.

자 놀라운 성령의 역사가 일어났다.

이렇게 시작된 평양부흥의 역사는 전국적으로 확산되었다. 한 달이 되지 않아 서울, 선천, 청주, 광주, 대구, 그리고 전국 방방곡곡으로 퍼져나갔다. 평양부흥 이후 길선주가 제일 먼저 찾아간 곳이 서울이었다. 1월 14일과 15일에 평양 장대현교회에서 시작된 놀라운 성령의 역사는 그날부터 한 달 후인 2월 길선주를 통해 서울에도 재현되었다.[66] 당시 길선주에게는 예루살렘 교회 사도들에게 임한 권능의 역사가 나타났다. 그래서 많은 자들이 그 앞에 와서 무릎을 꿇고 기도를 간청했고, 아무도 그의 말에 저항하거나 거부하는 자가 없었다. 이 같은 불길은 국경을 넘어 중국에까지 번져 갔다.

백만인 구령운동(1909)

원산부흥운동과 평양대부흥운동에 이어 1909년에는 백만인구령운동이 시작되었다. 백만인구령운동은 이름 그대로 100만 명의 영혼을 구원하자는 전도운동이었고, 민족복음화를 이루려는 거대한 운동이었다. 이를 위해 장로교와 감리교 6개 선교부가 연합한 전도운동이었다. 그래서 로이 쉬리어(Roy E. Shearer)는 백만인구령운동을 '전도운동'(an Evangelistic Campaign)이라고 불렀다. 이같은 운동이 일어나게 된 배경에는 세 가지 원인이 있었다. 1909년 여름 개성의 남 감리교 선교사들의 기도운동과 동일한 시기에 평양 장대현교회에서 길선주 목사로 시작된 새벽기도운동과 그해 9월에 입국한 해외 부흥사들의 순회전도운동이 바로 그것이었다.[67]

이를 좀 더 소개하면, 개성의 남감리교 선교사들의 기도운동이 있었다. 1909년 7월 12일 민족의 미래를 염려하는 감리교 개성 선교부의 갬블(F. K. Gamble), 리드(C. F. Reid), 스톡스(M. B. Stokes) 선교사는 한국교회 부흥을 염려하여 기도모임을 가지면서 시작했는데, 이 기도회는 평양 대부흥의 불씨

66. George T. B. Davis, *Korea for Christ*, 33-38.

67. 박용규, 『평양대부흥운동』, 925.

가 사그라질 무렵 기도의 불씨를 이어가기 위한 의도였다.

백만인구령운동을 촉발시킨 또 하나의 움직임은 장대현교회의 새벽기도였다. 스톡스, 캠블, 리드가 개성에서 밤을 지새우며 기도하고 있는 동안 평양 대부흥의 주역 장대현교회 길선주 목사는 새벽을 깨우고 있었다. 길선주 목사는 동료인 박치록(朴致祿) 장로와 함께 아무에게도 알리지 않고 두 달 동안 새벽 4시에 모여 기도회를 시작했다. 그 후에 교회 광고로 교인들이 동참하기도 했는데, 후에는 4, 5백 명이 모였다고 한다.[68]

외국 유명 부흥사들이 입국하여 순회전도 운동을 했는데, 이것이 1909년 백만인구령운동의 세 번째 동기가 된다. 1909년 가을 장로교와 감리교 선교사들이 장감연합공의회에서 백만인을 그리스도에게로 라는 슬로건을 채택한 몇 시간 후 윌브 채프만(J. Wibur Chapman) 목사, 찰스 알렉산더(Charles M. Alexander) 부부, 로버트 학니스(Robert Harkness), 조지 데이비스(George T. B. Davis)와 그의 어머니 노튼(R. C. Norton) 부부, 그리고 다른 몇몇 사람들이 한국에 왔다.[69] 이들은 전국을 돌면서 순회부흥집회를 인도하므로 영적 재충전과 도전의 기회가 되었다. 당시 세계적인 부흥사 채프만과 알렉산더는 5일 동안 전국 주요 도시를 순회하면서 집회를 인도했다. 백만인구령운동을 통해 초신자를 정착시키는 권찰제도와 교회를 돌보는 영수제도를 두어 지도자를 양성했다.[70] 이로 인하여 민족복음화 불길이 타오르면서 만주와 소련과 일본 하와이 거주하는 디아스포라 한인들을 대상으로 선교사를 파송하려는 노력들이 강하게 일어났다. 이로 인해 민족교회로서 틀을 다져가는 전기를 마련했다.

---

68. 백낙준, 『韓國改新教史』, 394 이하.
69. George T. B. Davis, *Korea for Christ*, 7.
70. 곽안련, 『한국교회와 네비우스 선교정책』 (서울: 대한기독교서회, 1994), 180.

8. 기독교계의 민족, 독립운동 / 김중락

일본의 국권침탈과 선교사들의 태도

초기 한국교회는 민족운동, 혹은 독립운동에도 관여하였고 조선이 처한 역사현실에 무관심하지 않았다. 초기 내한 선교사들의 복음전파 시기는 일본의 한국에 대한 제국주의 침략의 시기와 일치하기 때문이었다. 일찍 서구화를 단행한 일본은 1876년 강압적으로 강화도 조약을 체결하고 한국에 대한 제국주의적 정책을 추진하였다. 청일전쟁과 러일전쟁을 통해 조선에 대한 독점적 지위를 차지하고, 1905년에는 을사늑약을 체결하여 한국의 외교권을 박탈하였으며, 1910년 8월 29일에는 기어코 나라를 합병하여 일본의 식민지로 삼아버렸다. 이 시기 선교사들이 복음을 들고 내한하였으며, 한국에 복음의 씨를 뿌렸다. 따라서 초기 기독교 수용은 필연적으로 민족주의와 독립운동의 모습으로 나타날 수밖에 없었다. 비록 선교사들은 서양문물과 서양식 교육을 통해 이 땅에 복음을 전했지만, 이 땅에 세워진 교회는 복음을 나라 사랑과 독립운동과 분리해서 생각할 수 없었다. 침략과 수탈에 대한 저항은 교회의 기본적 책무였고, 복음전파의 일부였다. 그리고 한국의 백성들을 이끌고, 일제의 침략과 약탈에 저항할 이들은 교회밖에 없었다. 당시 교회는 국가적 상황을 가장 먼저 알 수 있었고, 일제에 저항할 수 있는 가장 효율적인 조직이었다. 선교사들의 주도로 이루어진 민족교육과 계몽운동은 조선인 기독교인들에게 조직적으로, 그리고 효율적으로 일제에 저항할 수 있는 지식과 힘을 제공하였다. 한마디로 구한말과 일제시기 교회사는 모습은 불의에 대한 저항의 역사요, 민족운동의 역사였다.

조선에 대한 선교의 시작과 함께 내한 선교사들은 선교지인 조선이 일본의 침략을 받고 있음을 목도하였다. 이 상황이 선교사들을 매우 당황하게 만들었음이 분명하다. 선교사들은 정치적으로 제3자였기 때문에 중립적인 입장을 취할 수밖에 없었고, 만일 정치적 문제에 관여할 경우 복음 전파가 방해받을 수 있다는 우려도 있었다. 따라서 조선에 파견된 각국 선교사들의 선교부는 공식적으로 정치적 문제에 중립을 표방할 수밖에 없었다. 1906년부터 호머 헐버트(Homer B. Hullbert)가 격월간으로 발간한 선교소식지 코리아 리뷰(*The Korea Review*)는 "선교회는 한국의 정치적 문제에 대해서는 어떤 식으로든지 간섭하지 않았다"라고 입장을 밝히고 있다.[71] 이러한 사실은 1908년 2월 15일 북장로교회 선교사인 찰스 클라크(Charles Clark, 곽안련)가 본국에 보낸 편지에서도 분명히 드러난다. 그는 선교부가 채택한 정책이 "불편중립정책(不偏中立政策)"이었고, 선교부는 이를 잘 지켜왔으며, "교회는 진정 영적인 조직체로서 현 정부나 또 다른 정부의 정치에 관하여서는 찬성이나 반대를 하여서는 안 된다"라고 밝혔다.[72]

그러나 이러한 중립 표명과는 달리 다수의 선교사들은 20세기 초 일본의 한국 지배를 바람직한 것으로 보고 있었다.[73] 선교사들은 일본이 조선을 강압적으로 점령하고 있었지만 일본의 한국지배가 그들의 선교에 더 안전하고, 효율적인 환경을 제공할 것으로 보았던 것이다. 또한 선교사들의 시각에는 일본의 침략 이후 도로교통의 발달, 교육의 체계화, 법체계의 정립, 위생의 향상 등이 이루어졌으므로 이것이 조선에 더 유익하리라 여겼다. 일제의 지배를 우호적으로 본 것에 대해서는 감리교회 선교사들이나 장로교회 선교사들이나 크게 다르지 않았다. 감리교회 메리만 해리스(Merriman C. Harris) 감독은 선교사들로부터 "일본정부의 앞잡이"이라 불릴 정도였고, 부산에서 활동한 북장로교회 소속 월터 스미스(Walter Smith, 한국명 심익순) 선교사는 1908년 본

---

71. Harry A. Rhodes, ed., *The History of Korea Mission, Presbyterian Church*, U.S.A. (Seoul, 1934), 498

72. George L. Paik, *The History of Protestant Missions in Korea, 1832-1910* (Korea Union Christian College Press, 1929), 402.

73. 강위조, 『일본 통치하 한국의 종교와 정치』 (대한기독교서회, 1987), 28.

국 선교부에 보낸 편지에서 "나 개인적인 생각에는 현재의 상태보다 합병이 나으리라 생각한다."고 자신의 입장을 밝혔다.[74] 그리고 평양주재 미국선교사들은 일본과의 관계에 있어서 대적, 무관심, 협력 그리고 충성의 네 가지 중 충성의 입장을 만장일치로 가결하기도 하였다.[75]

그리고 선교사들은 한국인 신자들이 독립운동에 참여하는 것에 대해서도 부정적인 입장을 가지고 있었다. 고종의 양위로 인한 의병운동에 대해서도 선교사들은 "모든 권세는 하나님이 정하신 바"라는 말씀으로 교인들의 참여를 반대하였고, 앞서 언급한 해리스 감독은 1908년 감리교회 선교 25주년 기념 대회에서 감리교회 선교사들이 한국교회가 "동요에 휩쓸려 들지 않고 교인들을 안정"시킨 일을 자랑하였다. 에드윈 쿤스(Edwin Koons, 군예빈) 선교사는 1908년 2월 14일 본국에 보낸 편지에서 "나는 여러 시간을 허비하면서 일본인의 통치가 유익하리라는 사실을 교회 제직들과 학교 교사들에게 설명했다"고 언급한 적이 있으며, 클라크는 비슷한 시기 "1년 전에 의병운동이 시작되었는데 … 우리는 이 운동에 대하여 기껏 반대하여 우리교회로 하여금 말려들어가지 않도록 지켰다"라고 기록하였다.[76]

이처럼 선교부와 선교사들은 중립의 미명하에 일본의 한국합병에 대해 침묵하였고, 개인적으로는 동조하였다. 그들은 한국의 교인들에게도 일제의 통치가 정당하고 유익하다고 가르쳤다. 이 같은 선교사들의 행동은 선교사역을 우려한 것 때문이라고 보면 이해는 될 수 있으나 서로 사랑하고 평화하라는 그리스도의 가르침과 불의에 저항하라는 종교개혁자들의 가르침에 따르면 잘못된 것이었다고 평가된다. 그들은 자신들이 하나님의 말씀이라고 가르친 성경대로 적용하지 못했고, 그들 자신들의 가르침과는 다른 결정을 한국 교인들

---

74. Korean Information Papers, Foreign Mission Board, Presbyterian Church, New York (백낙준, 『한국개신교사』, 435~37에서 재인용).

75. Arthur Brown to Masano Hanihara, Feb., 16, 1912. 강위조, 『일본 통치하 한국의 종교와 정치』, 28에서 재인용.

76. Korean Information Papers (백낙준, 『한국개신교사』, 436-37에서 재인용).

에게 강요한 것이다. 이러한 용인과 허용은 일제의 침략에 정당성을 부여하였고, 결국 얼마 가지 않아 교회 자체에 대한 탄압을 불러왔다. 일제가 후일 교회에 가중한 신사참배를 요구했을 때 교회가 힘없이 무너진 것도 잘못된 초기대응에서 기인하는 것이다.

물론 일제의 침략에 부정적이고 비판적인 태도를 지닌 선교사들이 전혀 없었다는 이야기는 아니다. 일부 선교사들은 주로 한국에 대한 일제의 침략을 외부로 알리는 일을 감당하였다. 일제에 대해 비판적인 입장을 취한 대표적인 선교사는 호레이스 알렌(Horace Allen)과 호머 헐버트(Homer Hulbert) 그리고 프레드릭 메켄지(Frederick A. McKenzie)였다. 알렌과 헐버트는 당시 황실의 처지를 외국에 알리는 역할을 했고, 메켄지는 『한국의 비극』(*The Tragedy of Korea*)을 써서 일본의 침략을 전 세계에 알렸다. 미국 선교사들이 발간하는 선교소식지들도 자연스럽게 한국의 정세를 알리면서 일본에 대해 비판하였다. 프랭클린 올링거(Franklin Ohlinger), 헐버트, 아펜젤러가 1892년부터 격월간으로 발간한 코리아 리파지토리(*The Korea Repository*)와 1906년부터 헐버트가 격월간으로 발간한 코리아 리뷰(*The Korea Review*)는 한국의 정치와 사회 전반에 대한 한국의 상황을 알렸다.[77] 그럼에도 소수의 선교사들의 활동은 매우 소극적인 것이었고 개인적인 차원에만 머물렀다. 여기에서 우리는 한 가지 역설적인 상황에 주목해야 한다. 선교사들의 정치적 입장과는 달리 그들이 채택한 선교방법은 의도와는 달리 민족운동에 기여했음을 기억할 필요가 있다. 대표적인 것이 교육선교였다. 선교사들은 많은 학교를 설립했는데 배제학당(1885), 경신학교(1885), 이화학당(1886), 정신여학교(1887), 숭실학교(1897), 숭의여학교(1903) 등이 대표적이다. 이들 학교는 기독교정신에 입각한 서양식 지식뿐 아니라 민주주의와 민족주의도 교육하였다. 이런 기독교 계통의 학교들은 민족운동의 모판 역할을 하고 있었다. 1907년 일본 정부

77. 박용규, 『한국기독교회사 2권』, 124-25.

대변인 미도루 코마츠(Midoru Komatsu)도 이를 분명 적시하고 있다:

> 기독교 전파 사역에 종사하는 미국 선교사들은 학교를 운영하고 문명화가 완전히 되지 않은 한국 백성 가운데 외국 정치 및 사회 사상을 확산시키고 있다. 한국인들 가운데 자유의 원리가 개의치 않고 주창되고 있다.[78]

또한 교회의 성경번역사업 역시 민족의식 함양에 큰 기여를 하고 있었다. 1900년에는 신약성경이 완역되었고, 1910년에는 구약성경이 번역되었다. 그리고 미국성서공회와 영국성서공회를 통한 성경의 반포는 1910년경 60만 권이 넘었다. 당시 한글에 대한 경시가 만연된 상황에서 한글 성경의 번역과 배포는 민중에게 한글을 크게 보급하는 기회가 되었고, 민중들로 하여금 신문 등 여러 매체에 접근할 수 있는 능력을 부여하였다. 결과적으로 이는 민족의식의 확장에 큰 역할을 했다고 할 수 있을 것이다.[79]

일제의 침략과 기독교계의 민족운동

선교부와 선교사들의 입장과는 달리 복음을 전수받은 한국 기독교인들은 일제의 침략에 분개하였다. 이는 한국 기독교인들이 선교사들의 가르침을 수동적으로만 따랐던 것이 아니라 그들 스스로 성경의 가르침을 깨닫고 삶에 실천적으로 적용했음을 보여주는 것이었다. 그들은 수동적인 복음의 소비자인 동시에 능동적인 복음의 생산자였던 것이다. 이에 대해 사무엘 모펫 선교사는 후일 "비록 선교사들이 중립적인 입장을 취하라고 권고하고, 정치적인 문제에 관여하는 것을 피하려고 하였지만 민족주의 감정이 기독교계에서 발흥하고 있었다."라고 보고하였다. 그리고 그는 한국인들에게 "기독교인이 된다는 것

---

78. Samuel H. Moffett, *The Christians of Korea* (New York: Friendship Press, 1962), 66-7.
79. 박용규, 『한국기독교회사 2권』, 123.

은 곧 애국자가 된다."는 뜻이라고 주장하였다.[80]

1905년 을사늑약이 체결된 이후에야 조선인 기독교 지도자들은 비로소 일제의 의도를 제대로 깨달았던 것으로 보인다. 1905년 장로교공의회에 참여한 길선주 장로는 전국 교회로 하여금 일주일간의 구국기도회를 가지자고 발의해 시행하였고, 1907년 고종이 강제로 양위하게 되자 교인들은 통곡기도회를 가졌다. 초기 기독교인들의 민족운동은 이처럼 기도회 중심이었던 것으로 보인다. 그러나 이러한 기도회는 기독교인들의 민족의식 고취에 기여했을 것으로 보인다. 당시 교인들의 단체사진에 태극기가 배경이 되거나, 교인들이 손에 태극기를 들고 있음은 그들이 민족의식을 가지고 있었음을 보여주는 것이다.

기독교인들의 민족운동은 신민회의 설립으로 체계화되었다. 신민회는 1907년 일제의 국권침탈에 대항하여 기독교인들 중심으로 만들어진 비밀결사조직이었다. 신민회는 독립자유국을 세운다는 목표하에 신사상, 신윤리, 신학술, 신모범, 신개혁을 주창하였다. 발기인은 안창호, 양기탁, 전덕기, 이동휘, 이동녕, 이갑, 유동열 7인이었고 전국적으로 800여 명의 회원을 가지고 있었다. 지도부뿐 아니라 회원들 대다수도 기독교인이었다. 이처럼 기독교인들은 전국각지에서 민족을 운동을 활발히 전개하고 있었던 것이다.

그럼에도 불구하고 일제의 침략은 강화되어 한일합병이 이루어졌고, 민족운동에 대한 박해는 심화되었다. 105인 사건은 일제의 민족운동에 대한 박해를 보여주는 대표적인 사건이었다. 1910년 한일합병 후 일제는 소위 '데라우찌 총독 모살미수사건'을 조작하여 대대적으로 민족지도자들에 대한 체포를 감행하였다. 일제의 주장에 따르면 1910년 12월 27일 초대총독 데라우찌가 압록강 철교 낙성식에 참여하기 위해 선천에 들러 선교사인 조지 맥큔(George S. McCune, 윤산온)과 악수를 나눌 때 기독교인들이 그를 암살하려 했고 그 배후에 선교사들과 기독교계 민족지도자들이 있었다는 것이다. 일제는 이 날

80. Moffett, *The Christians of Korea*, 67.

조된 사건으로 기독교인 지도자들을 대대적으로 체포하였고 심문에 들어갔다. 일부 선교사들과 윤치호, 이승훈 등 신민회 간부 그리고 기독교인 600여 명이 체포되어 심문을 받았다. 일제는 심문과정에서 극심한 고문을 감행했는데, 전덕기 목사를 비롯한 일부는 고문을 견디지 못하고 죽었다.

일제는 이들 중 123명을 기소하였는데 그들 중 98명이 기독교인이었다. 기소된 98명의 기독교인들 가운데 89명이 장로교회 소속이었고 89명 중 1명을 제외하고는 모두 선천과 평양 출신이었다. 이 사실은 일제가 이들 지역의 기독교인들이 민족운동에 적극적으로 가담하고 있다고 여겼기 때문이다. 일제는 기소된 123명 모두가 음모에 가담한 사실을 자백했다고 했으나 이는 사실과 달랐다. 후일 밝혀진 바에 따르면 그들 모두는 그런 음모를 알지 못한다고 자백했다. 일부 자백한 경우에도 이는 고문을 견디지 못한 것 때문이었다.[81]

재판 역시 공정과는 거리가 멀었다. 선교사 블레어의 언급처럼 "법원의 적대적이고 불공정한 태도는 점점 더 명확해졌다."[82] 길선주 목사의 아들인 길진형의 경우는 사건 당일 대학에 있었으나 의주에 있었다고 혐의를 씌웠으며, 재판에서 두 외국인 교수의 증언조차 묵살되었다.[83] 재판에 넘겨진 123명은 심문과정에서 고문이 있었고, 그들의 자백은 고문에 의한 것이었다고 주장하였으나 이는 수용되지 않았다. 그러나 결국 재판부는 123명 중 105인에게 유죄판결을 내렸다. 고문으로 가득한 수사, 공정과 정의가 사라진 재판이었다. 105인 중 80명이 기독교인이었는데 이는 일제가 민족운동과 기독교 운동을 같은 것으로 보고 그들을 동시에 제거하려고 한 것이라고 볼 수 있다.

진실이 사라지면 돌들이 소리를 지르듯 심문에서 조작과 고문이 있었음을 드러내는 증거가 나타났다. 유죄판결을 받은 이들은 서울고등법원에 상소하였고, 이 법정에서 일부 사람들의 알리바이가 확인되면서 사건 전체가 의심을 받

---

81. William N. Blair, *Gold in Korea* (H. M. Ives and Sons, 1967), 175.
82. Arthur J. Brown, *The Korean Conspiracy Case* (New York, 1912), 17.
83. Brown, *The Korean Conspiracy Case*, 12.

을 수밖에 없었다. 결국 1913년 2월 서울 고등재판소는 105인 중 99명을 무죄로 석방할 수밖에 없었다. 이승훈, 양기탁, 안태국, 윤치호, 임치정, 옥관빈 6명을 유죄로 판결한 것은 블레어 선교사의 지적처럼 일본의 체면을 위한 것이었다. 유죄판결을 받은 이들은 1915년 2월 사면될 때까지 옥고를 치러야만 했다.

이 조작으로 가득한 105인 사건으로 신민회의 지도부 대다수가 투옥되었고 신민회는 해산되었다. 그리고 일시적이기는 하지만 한국교회도 큰 타격을 입었다. 상당수의 교인이 1911년과 1912년 사이 교회를 떠났는데 장로교인의 수는 144,261명에서 127,228명으로 줄었다.[84] 그러나 이 사건으로 교회가 얻은 것도 적지 않았다. 이 사건으로 신앙공동체는 더욱 강한 결속력을 가지게 되었고 박해에 대한 내성을 가지게 되었다. 그러나 가장 중요한 것은 민족운동에 대해 서로 다른 이견을 가졌던 선교사들과 한국 교인들이 같은 마음을 가지게 된 것이다. 그동안 일본에 협조적이었던 선교사들은 105인 사건으로 일본의 진면목을 생생히 보게 된 것이다. 일본의 음모와 고문 그리고 불공정을 목격한 선교사들은 일본에 비판적으로 방향을 바꾸었고, 한국 기독교계의 민족운동을 우호적으로 보게 된 것이다. 모펫 선교사의 언급처럼 105인 사건은 "선교사들과 한국교회 지도자들 사이에 더 큰 우정과 동정을 가져다주었다."[85] 비록 늦었지만 선교사들의 방향 전환은 이후 더 큰 시련을 맞이할 한국교회에 너무나 다행한 일이었다.

일제는 선교사들의 그들에 대한 인상을 바꾸고자 노력했는데 그중 하나가 1915년 9월 11일부터 50일간 열린 박람회장에서 관람자들을 대상으로 복음을 전할 수 있는 기회를 부여한 것이었다. 이에 프로테스탄트 각 교파들이 힘을 합쳐 상당한 규모의 연합전도관을 설립하고, 전도지를 만들어 복음을 전했는

84. 박용규, 『한국기독교회사 2권』, 152-53.

85. Samuel A, Moffett, "Missionary Life and Service", *The Fiftieth Anniversary Celebration of the Korean Mission of the Presbyterian Church in the U.S.A.* (Seoul: John D. Wells School, 1934), 46.

데 1만 명 이상이 복음을 받아들였다. 이는 때를 얻든지 못 얻든지 복음을 전하려는 교회의 태도를 보여준 것이지 일제의 회유에 교회가 민족운동을 내려놓았음을 의미하는 것은 아니다.

3.1운동과 민족운동

1910년 한국병합 이후 일제의 통치는 한마디로 수탈과 무단통치라고 할 수 있다. 1912년 데라우찌 총독은 소위 "토지조사사업"이라는 정책으로 확증이 되지 않은 토지를 모두 국유지로 편입시켰다. 조상 대대로 토지를 소유해왔던 많은 조선인들이 신고 기간을 넘겼는데 일제는 그들의 토지까지 모두 국유로 편입시켰다. 이 과정에서 일제는 동양척식회사를 만들어 농민들의 토지를 차지했으며 많은 한국인 농민들은 소작농으로 전락하고 말았다. 또 많은 이들이 화전민이 되거나 만주로 이주하는 현상이 나타나기 하였다.[86]

또한 많은 일본인들이 식민되어 한국의 상권을 빼앗아갔다. 1918년 한국에 거주하는 일본인들은 336,872명이었고 그중 66,943명이 서울에 정착하였다. 그들 중에 일부는 소규모이지만 한국인에게는 색다른 상품을 판매하는 상점을 열어 기존 한국의 상권을 잠식하였다. 그리고 많은 일본의 기업들도 진출하였는데 일제는 그들을 돕기 위해 여러 가지 독점권을 발행하고 한국인 기업에는 허가제를 이용하여 여러 가지 제재를 가하였다. 합병 후 10년간은 일제의 철저한 수탈로 한국이 일본의 식량과 원료 공급지, 그리고 일본상품의 시장으로 전락한 시기였다.

교회에 대한 박해도 점차 가중되었다. 1913년에는 의료선교사들의 한국입국과 개업이 어렵도록 만들었고, 1915년에는 학교에서 종교를 가르치는 것을 금지하였다. 이 조치는 기독교 계통의 학교를 겨냥한 것이었다. 게다가 일제는 교회의 운영과 설교에도 개입하였다. 교회를 세우는 일도 허락을 받아야 했으

86. 이기백, 『한국사신론』, 개정판, 376-77.

며, 반일을 포함한 설교는 제재받았다.

일제는 이 같은 정책을 위해 삼엄한 헌병경찰 조직을 전국적으로 설치하였다. 1910년에 1,120개였던 헌병대는 1918년에는 1,825개로 증가하였다.[87] 이 조직을 통해 일제는 한국인들을 감시하고 수탈을 용이하게 만들었다. 그들의 역할은 감시, 정보수집, 징세, 탄압, 즉결처분 등으로 일제의 무단통치를 상징적으로 보여주는 것이었다.

이러한 가운데서도 민족운동은 사라지지 않았다. 기독교는 여전히 민족운동의 구심점이었다. 일제의 삼엄한 감시로 인해 많은 무장결사조직이 국내가 아니라 만주로 이주했지만 교회는 민중과 함께 일제의 박해를 견디며 민중에게 민족의식을 심어주고 있었다. 당시 교회가 치중한 민족운동은 교육문화 운동이었다. 기독교 학교와 교회교육을 통해 교회는 조용히 민족의식을 고취시키고 있었던 것이다. 이러한 가운데 민족운동이 전국적인 국민운동으로 확장될 수 있는 하나의 국제적인 흐름이 나타났는데 바로 민족자결주의이다. 1918년 1차 대전 후 파리강화회의에서 미국의 대통령 우드로 윌슨은 14개 조항의 민족자결주의 원칙을 제시하였는데 이는 국제적인 반향을 일으켰고 한국인들에게 미치는 영향이 컸다. 1919년 3.1운동은 이러한 배경에서 일어난 것이다.

1919년 1월 18일 파리강화회의는 당시 국내외에서 독립운동을 하고 있던 민족지도자들에게는 중요한 의미를 가진 회의였다. 식민지 국가에 민족자결주의 원칙에 적용될 것이라는 전망은 조선의 독립에 대한 도움을 받을 수 있다는 희망을 가지게 만들었다. 상해에서 활동하던 민족운동지도자들은 김규식을 파견하였고, 미국에서는 안창호 등이 윌슨에게 조선의 독립을 원하는 청원서를 보냈다. 일본 유학생들은 2월 8일 유학생대회를 열어 독립선언서를 발표하였다. 이러한 국제적 흐름에 발맞추어 국내의 종교계도 독립요구 운동에 대한 힘을 모으고 있었다. 1918년 말부터 기독교, 천도교 그리고 불교 지도자

87. 박용규, 『한국기독교회사 2권』, 155.

들도 각각 독자적인 독립요구를 준비하고 있었다. 그러다가 그들은 1919년 2월부터는 서로 힘을 모으기로 하였고 함께 독립선언문을 준비하였다. 기미독립선언문에 서명한 민족대표 33인은 기독교 측 16명, 천도교 측 15명, 불교 측 2명이었다.

33인의 대표는 천도교 교주 손병희였고 독립선언서의 초안자는 천주교도 최남선이었으나 이것이 기독교 측의 역할이 수동적이었음을 의미하는 것은 아니다. 당시 기독교측도 별도의 독립요구를 준비하고 있었지만 천도교 측의 준비가 더 빨랐고, 독립요구라는 대의를 위해서는 힘을 합치는 것이 좋다고 생각했기 때문이다. 33인 중 기독교 측 인사들이 가장 많이 포함된 것도 기독교의 역할이 소극적이었다고 볼 수 없는 증거이다. 그리고 이후에 전개될 만세운동에서 기독교회의 역할이 매우 컸다는 사실도 이를 증거한다. 주지하다시피 독립만세운동은 3월 1일 서울의 파고다 공원에서 시작되었지만 같은 시간 평양, 의주, 선천, 정주 등에서도 전개되었다. 한마디로 3.1운동은 전국에서 일어난 전 국민의 운동이었다. 이 운동에서 교회와 기독교계 학생들의 참여가 지배적이었음은 부인할 수 없는 사실이다.[88] 만세운동이 5일이나 지속된 평양에서는 기독교 학교인 숭실학교가 주도적인 역할을 담당하였다.

3.1운동은 비폭력 평화적인 운동이었으나 일제의 대응은 헌병과 경찰을 동원한 폭력 그 자체였다. 그들은 무차별 폭력과 발포로 시위대를 해산시켰고 체포된 이들에게는 갖은 고문을 가했다. 만세운동 3달 동안 7,500명 이상이 사망했고, 부상자는 45,000명 이상이 부상을 당했다. 약 50,000명이 체포되었고 많은 민가와 교회당이 소실되었다. 교회의 참여가 주도적이었던 것만큼 가장 많은 피해를 입은 것도 교회였다. 강서 사천교회, 정주교회, 강계교회, 위안교회, 북간도와 서간도의 교회들, 수원 제암리교회에서 학살사건이 일어났다. 제암리교회의 경우 일본군은 35명의 제암리교인들을 교회당에 가두고 집

88. 김양선, 『한국기독교사연구』 (기독교문사, 1971), 115.

중사격하여 모두를 학살하고 교회당을 불태웠다. 정도의 차이는 있지만 이러한 만행은 전국에서 자행되었다. 47개의 교회당이 소실되었다.

3.1운동은 민족사적으로도 큰 의미를 가진 사건이나 기독교회사의 입장에서 중요한 의미를 지니고 있다. 우선 3.1운동으로 교회의 사회적 영향력이 강화되었다. 교회는 3.1 운동에 앞장을 섰고, 그 결과 많은 희생을 당하면서 사회로부터 국가를 위한 조직, 희생하는 조직, 민족적 조직으로 인식되었다. 이 결과 교회의 영향력이 크게 확대되었고, 이는 자연스럽게 복음의 확대로 연결되었다. 일시적으로 교회는 박해를 받았으나 1920년 10월 서울에서 열린 장로회 총회는 예배, 기도회, 주일학교, 사경회 등의 참석률이 50%나 증가했다는 보고를 받았다. 교회신문의 구독, 헌금 등도 크게 늘었다.[89] 평양의 남산마루교회는 3.1운동으로 목사와 장로를 잃었으나 교인 수는 150명에서 400명으로 늘어났다.

또한 교회는 3.1운동으로 영적 각성의 계기를 마련하였다. 3.1운동으로 많은 환란과 박해를 받았고, 상당수의 교회지도자들이 투옥되어 있었지만 교회는 내적으로 영적무장을 추구하는 기회를 얻게 된 것이다. 1919년 10월에 열린 장로교회 총회는 영적, 교육적 발전을 위한 진흥운동을 결의하고 이후 3년간 추진하되 1차 년도는 기도에 힘쓰고, 2차년도에는 부흥회를 경영하기로 하였다. 이 진흥운동에서 김익두 목사가 유명 부흥사로 등장한 것은 잘 알려져 있다. 3.1운동으로 교회는 더욱 영적이고 활력이 넘치는 조직이 된 것이다. 이러한 내적이고 영적인 무장은 이후에 나타날 신사참배와 같은 영적 배교에서도 신앙의 순수함을 지키는 이들이 존재하게 만든 배경이다.

89. 『대한예수교 장로회 제9회 회록』, 1920, 69-75.

9. 한국교회의 신학 / 이상규

이상에서 한국교회와 민족운동, 그리고 독립운동에 대해 살펴보았다. 그렇다면 이 시기 한국교회의 신학은 어떠했을까? 이번에는 이런 문제에 대해 소개하고자 한다. 특별히 1930년대까지 한국의 장로교회를 중심으로 소개하고자 한다.

초기 한국장로교회의 신학

한국장로교회의 신학을 시대적으로 구분할 때 1920년대까지의 기간을 '초기'라고 할 수 있다. 이때까지의 한국 신학은 사실상 선교사들의 신학이었다. 이때까지는 선교사들이 신학교육과 연구, 그리고 집필 등 신학활동을 주도했기 때문이다. 한국장로교회의 첫 신학교육기관인 평양신학교는 1901년 시작되지만 신학교육은 마포삼열을 비롯한 선교사들이 주도했다. 첫 한국인 교수인 남궁혁(南宮爀, 1882-1950) 박사가 교수로 취임한 때는 1927년이었고, 이듬해에는 이성휘(李聖輝, 1889-1950) 박사가 교수가 된다. 박형룡(朴亨龍, 1897-1978)은 1930년부터 교수로 참여하게 된다. 송창근, 김재준이 귀국했을 때는 1933년이었다. 그래서 한국인들에 의한 구체적인 신학 논구는 1930년대부터 시작된다. 이런 점에서 1920년대까지의 신학을 초기 장로교회의 신학이라고 할 수 있다.

평양신학교 교지 형식으로 발행되었던 『신학지남 神學指南』은 1918년 창간되지만, 창간 때부터 1920년까지는 왕길지(Gelson Engel) 선교사가, 1921년부터 1927년까지는 배위량(W M Baird) 선교사가 편집인으로 일했다. 한국인 남궁혁이 편집인으로 활동하게 된 때는 1928년이었다. 1930년 이전까지는 선교사들이 주된 집필진이었다. 이처럼 선교사들이 한국의 신학교육과 신학

논구를 주도하였으므로 초기 한국교회의 신학이란 바로 선교사들의 신학을 의미했다. 이런 점에서 초기 한국교회의 신학은 '한국신학'(Korean theology)이라기보다는 '한국에서의 신학'(theology in Korea)이라고 말하는 것이 적절할 것이다.

평양신학교는 주한 네 장로교 선교부 연합으로 운영되지만 사실은 미국 북장로교 선교부가 신학교육을 주도하였다. 북장로교 선교사 중에서도 1924년 라부열(Stacy L. Robert)이 제2대 교장으로 취임하기 이전까지는 이길함(Graham Lee), 소안론(W. L. Swallen), 배위량(W. M. Baird), 곽안련(C. A. Clark) 등 매코믹신학교 출신들이 신학교육을 주도하였다. 내한한 약 1,500여 명의 선교사 가운데 약 70%가 미국 국적의 선교사들이었고,[90] 내한한 장로교 선교사 671명중 76%에 해당하는 513명이 미국 선교사들이었다. 이 점만 보더라도 미국장로교회가 한국교회, 특히 한국장로교회에 큰 영향을 끼쳤음을 알 수 있다.

그렇다면 초기 한국교회를 주도했던 선교사들의 신학은 어떠했는가? 이 점에 대해서는 상이한 평가가 있어왔다. 초기 한국장로교회의 신학에 대해, '보수주의 신학,' '철저한 근본주의,' '정통적 복음주의,' 혹은 '경건주의적 복음주의,' '청교도 개혁주의 정통신학,'[91] 등 다양한 용어가 사용되었으나 신복윤은 한국장로교회의 신학전통은 "유럽의 칼빈주의와 영미의 청교도 사상이 웨스트민스터 표준문서에 구현된 신학"이라고 보아 한국장로교회의 신학을 '청교도적 개혁주의 신학'이라고 평가했다.[92] 비록 한국교회 초기 신학에 대해 근본

90. 김승태, 박혜진 편, 『내한 선교사 총람』(한국기독교역사연구소, 1994) 참고.

91. 박아론는 한국교회 신학적 전통을 '보수주의'(「신학지남」, 1976년 가을호, 권두언), '청교도 개혁주의 정통신학'(『보수신학은 어디로 가고 있는가?』, 1985, 195)이라고 불렀다. '청교도 개혁주의 정통신학'이란 "좌로는 성경영감을 부인하는 인본주의적 자유주의에 치우치지 않고, 우로는 방언, 신유, 묵시, 예언 등을 일삼는 기도원적 은사주의에 치우치지 않으면서 하나님의 절대주권과 생활의 경건이라는 두 바퀴를 가지고 성경 66권의 궤도를 굴러가는 신학"이라고 정의했다.

92. 신복윤, "한국개혁주의 신학의 어제와 오늘과 내일," 「신학정론」 10/1(1992. 3), 115.

주의, 정통주의, 경건주의, 청교도주의, 그리고 복음주의 등의 용어를 사용했지만 공통적인 특징은 자유주의 신학을 배격하는 보수적 신학이었다는 점이다. 1920년대 이전에 내한하였던 선교사들의 신학은 대체적으로 보수적이며 복음적이었고, 전통적 웨스트민스터신앙고백서(WCF)에 준하는 역사적 기독교 신앙을 신봉하는 자들이었다.

미국 북장로교 선교부 총무였던 브라운(A. J. Brown)은, 1911년 이전의 주한 선교사들의 신학은 청교도적인 보수주의 신학이었다고 평가했다.[93] 이점은 1890년에 내한한 마포삼열의 기록에서도 확인된다. 그는 1909년 첫 25년간(1884-1909)의 한국선교를 회고하면서, "선교부와 교회는 성경은 하나님의 말씀이라는 투철한 신념과 예수 그리스도를 통해 죄로부터 구원받는다는 복음의 메시지를 믿는 열성적인 복음정신으로 특징 지워질 수 있다."고 했다. 그로부터 다시 25년이 지난 1934년 그는 다시 이렇게 말했다. "오늘 어떤 신 신학자들은 나를 너무 보수적이라고 비난한다. … 근래에 신신학이니, 신복음이니 하는 말을 하며 다니는 사람이 있는 모양인데 우리는 그러한 인물을 삼가야 한다. 조선에 있는 선교사들이 다 죽는다든지, 혹은 귀국하든지 조선교회 형제여 40년 전에 전파한 그 복음을 그대로 전하자." 마포삼열의 이 두 가지 진술은 한국교회의 초기 신학이 보수주의 혹은 복음주의적이었음을 증언하고 있다. 동시에 1930년대 이후 한국교회에는 새로운 신학운동이 일어나고 있음을 암시해 주고 있다.

일반적으로 1930년대 이전 내한한 선교사들은 보수주의 신학을 견지했던 것으로 평가되고 있는데, 그렇다고 칼빈주의 혹은 개혁주의적 입장이었다고 보기에는 여러 가지로 미흡하다. 왜냐하면 칼빈주의나 개혁주의라는 용어 자체가 1930년대 이전에는 거의 사용되지 않았고, 장로교의 「신학지남」에서 '칼빈신학'이 처음 논구된 것은 1934년 남궁혁, 이눌서에 의해서였다. '칼빈주

93. A. J. Brown, *The Mastery of the Far East* (Scribners, 1919), 540.

의'에 관한 논설이 처음 게재된 때는 1937년 함일돈(Froyd Hamilton) 선교사에 의해서였다. 함일돈은 이 글에서 칼빈주의라는 신학체계의 초보를 소개하고 있을 뿐이다.[94] 박형룡이 로라인 뵈트너(L. Boethner)의 *Reformed View of Predestination*을 『칼빈주의 예정론』이란 제목으로 역간한 때는 1937년이었다. 이 책이 칼빈주의 신학에 관한 최초의 번역서였다.[95]

초기 한국교회의 신학을 헤아려 볼 수 있는 단서는 1907년 독노회 조직 때 채택된 교리 표준이다. 독노회는 '12개 신조'를 채택했는데, 이 신조는 영국의 장로교회가 작성한 것으로 1904년 인도장로교회가 채택했던 동일한 신조를 단지 서문만 고쳐 그대로 채택했다. 이 신조에는 하나님의 말씀으로서의 성경, 유일신 하나님과 그 성품, 삼위일체, 하나님의 창조사역, 인간의 창조, 인간의 타락, 그리스도의 속죄사역, 성령의 역사, 선택과 수양, 성례, 신자의 의무, 최후 심판 등 12가지 기본교리가 간명하게 언급되어 있다. 선교사들은 독자적인 신앙고백서 제정을 시도하지 않았고 인도 장로교회가 채택한 동일한 고백을 갖게 함으로서 피선교국의 장로교회 간의 복음주의적 연대를 의도한 것으로 보인다. 선교사들이 개혁주의나 개혁주의적인 장로교 전통을 세우고자 했다면 웨스트민스터 신앙고백서를 고집했을 것이다. 미국장로교회는 불과 4년 전인 1903년 웨스트민스터신앙고백서를 수정 채택했으나 이 고백서를 한국장로교회에 소개하지 않았다. 단지 "웨스트민스터신앙고백서와 대요리문답은 성경을 밝히 해설한 책으로 인정한 것인즉 우리 교회와 신학교에서 마땅히 가르칠 것"이라고 했을 뿐 교회의 공고백으로 채택하지는 않았다.[96] 사실 이때에는 웨스트민스터 교리표준서가 한국어로 번역도 되지 않았을 때였으므로 이 진술마저도 선언적 의미만 지닌다. 12개 신조에는 개혁신앙의 특색도 없지 않

---

94. 함일돈, "칼빈주의," 『신학지남』19권 4집, 5집(1937), 19-23 참고. 한국에서의 칼빈, 칼빈주의 연구에 대해서는, 이상규, "한국에서의 칼빈연구," 『칼빈과 한국교회』(SFC, 2010), 266-291을 참고할 것.
95. 이상규, 『한국에서의 칼빈연구』(개혁주의신행협회, 1985), 18.
96. 대한예수교장로회로회회록(1908), 24.

으나 근본주의와 정통주의, 보수주의와 복음주의적인 성격을 동시에 지니고 있다. 12개 신조가 기본교리를 말하는 단문으로 되어 있어 불가피한 결과라고 할 수 있다.

이런 점을 고려해 볼 때 초기 한국장로교회의 신학은 "보수적이고 복음적인 기독교"였다고 할 수 있다.[97]

한국에서 보수주의 신학을 주도했던 박형룡 박사

1930년대의 신학적 변화

그런데, 1930년대 한국장로교회에는 두 가지 변화가 나타나는데, 첫째는 한국인들에 대한 신학논구가 시작되었다는 점이다. 감리교의 경우는 이보다 앞서지만 1930년대부터 한국인의 신학 활동이 구체화 되고, 연구와 집필, 신학교육에도 참여하기 시작했다. 이것은 한국인에 의한 주체적 신학연구의 시

97. Harvie M. Conn, 26, 31, 김영재, 『한국교회사』 (서울: 개혁주의신행협회, 1993), 142.

작이자 선교사 중심의 신학으로부터의 독립이기도 했다. 그래서 유동식은 1930년대(1929-1939)를 '한국신학의 정초기'라고 불렀다.[98] 한국인에 의한 신학 연구와 저술의 첫 결실은 1929년에 출판된 백낙준의 『한국개신교사』(*The History of the Protestant Missions in Korea, 1832-1910*)였다. 박형룡의 『기독교 근대 신학난제선평』이 출판된 때는 1935년이었다. 감리교의 경우, 정경옥의 『기독교신학개론』이 출판된 때는 4년 뒤인 1939년이었다. 1930년대 장로교의 남궁혁, 이성휘, 백낙준, 박형룡, 송창근, 채필근, 김재준, 윤인구 등이 1930년대 신학자로 활동하게 된다.

두 번째 변화는 이전의 신학과는 다른 새로운 신학운동이 일어났다는 점이다. 물론 그 이후에도 보수주의 신학이 한국교회 신학의 주류를 형성하지만 1930년대부터 보수주의 아성이 공격받기 시작했다. 그렇다면 1930년을 전후하여 한국교회에는 어떤 신학적 변화가 있었는가? 이 변화는 3가지로 정리될 수 있는데, 첫째는 진보적 신학의 대두였다. 신비주의 운동과 일본 무교회사상의 유입 또한 이 시대의 신학적 변화였다.

신비주의 운동은 1920년대의 경제적 시련과 일제의 정치적 압제 하에서 현실을 초극하려는 탈 역사적 신앙의 내면화 현상이 빚은 결과였다. 역사 현실이 암담하면 암담할수록 현실 도피적 주관주의나 신비주의가 창궐한다. 바로 이런 이유에서 1930년대 한국교회에는 신비주의만이 아니라 신비적 열광주의, 거짓 계시운동(僞經運動)이 일어났다. 신비주의적 종파운동이나 위경운동의 대두는 한국교회의 신학적 미성숙을 반영했다. 당시 한국교회는 서양기독교 전통에 대한 이해가 부족했고, 주관적 신령주의의 폐해를 성찰할 수 있는 신학적 소양이 부족했다. 이것이 입신, 접신, 예언, 분별없는 방언 등 신령주의적 현상이 일어날 수 있는 토양이었다. 『한국선교연감』(*The Korean Mission Year Book for 1932*)은 당시 한국교회의 상황에 깊은 우려를 표명한 바 있다.[99]

---

98. 유동식, 『한국 신학의 광맥』, 133.

99. 신비주의적 종파운동에 대해 다음과 같은 우려를 표명했다. "현재 한국교회에는 자신들이야 말로

1930년대에 대두한 무교회주의(無教會主義)는 일본과의 지리적 근접성 때문에 용이하게 수용되었다. 한국은 일본의 식민지였으므로 일본의 토착적 기독교인 무교회주의와의 접촉은 용이했다. 한국어 신학서적이 절대적으로 부족한 현실에서 무교회주의 인사들의 저술이나 성경주석은 간단없이 수용되었다. 그래서 우치무라 간조(內村鑑三)를 비롯한 쯔가모토 토라지(塚本虎二), 구로사키 코우키치(黑崎幸吉), 난바라 시게루(南原繁), 야나이하라 타다오(矢內原 忠雄), 이토 유우시(伊藤祐之), 마사이께 메구무(政池仁), 모리모토 케이조(森本慶三), 스즈키 수케요시(鈴木弼美), 후지사와 타케요시(藤澤武義) 등의 작품이 널리 전파되었다. 심지어는 주기철 목사도 쯔가모토의 주기도문에 관한 연구인 『主の祈の研究』를 토대로 주기도문을 강해했을 정도였고,[100] 손양원 목사도 무교회주의자들의 서적을 탐독하였다. 손양원은 이들의 저술을 기초로 성경공부를 지도하여 경남노회에서 논란을 빚은 일도 있었다.[101] 한국에 무교회주의를 전파한 대표적인 인물은 김교신(金敎臣, 1901-1945)이었다. 그는 다른 다섯 동료들과 함께 1927년 7월 『성서조선』(聖書朝鮮)을 창간하고 무교회 신앙을 전파했다.

1930년대 상황에서 특히 주목하고자 하는 것은 진보신학의 대두였다. 이때의 신학을 흔히 '자유주의 신학'이라고 말하지만 그 주장이나 학맥(學脈)으로 보면 종래의 보수적 해석과 입장을 달리했을 뿐이며, 굳이 말한다면 신정통주의 신학에 가깝다. 따라서 보수주의 신학과의 대립은 불가피했다. 이 점은 선교사 중심의 신학에서 한국인에 의한 신학적 논구가 시작되었음을 의미했다.

참 예언자라 자처하는 남녀의 해괴한 일군(一群)이 있다. 교회가 참 예언자와 거짓 예언자를 식별하는 슬기가 없어 비통할 따름이다. 영화(靈化)운동이 진행되고 있지만, 지적인 신앙보다는 파타티시즘에 기우는 경향이 너무 많다. 어떤 이는 자신을 그리스도라 칭하고 한 여인은 자신이 '새 주'라 주장한다. 우리는 열광적 신앙에 빠지지 않도록 지적(知的) 신앙을 함양하지 않으면 안 된다."

100. 주기철은 『종교교육통신』제3호(1931. 1. 31)에서 제14호(1932. 2. 25)까지 12회에 걸쳐 쯔가모토 트라지의 주기도문 강해를 주 대본으로 하여 한국 현실에 맞게 소개한 바 있다.

101. 이상규, "해방 후 손양원의 생애와 활동," 「한국기독교와 역사」 35(2011. 9), 223.

보수신학과 성격을 달리하는 신학적인 문제들이 1930년 이전에도 대두된 바 있다. 이를테면 1916년 황해도에서 김장호(金壯鎬) 목사가 성경해석상의 문제로 물의를 일으킨 일이 있었고, 1925년에는 선교사 게일(Gale, 奇一)의 의역본(意譯本) 성경이 문제시된 일도 있었다. 1926년에는 소위 '서고도 사건'이 있었다. 캐나다연합교회의 서고도(William Scott, 1886-1979) 선교사는 함흥에서 개최된 사경회에서 성서비평학을 용납했기 때문에 당시 한국인 목회자들과 논쟁한 일이 있었다. 그가 성경에는 역사적, 지리적 오류를 포함하고 있다는 점에서 성경 무오설에 도전했을 때 미국 유학에서 돌아온 김관식, 조희염 등은 이에 동조했다. 함흥지역이 캐나다 연합교회의 선교구역이었기 때문에 타 지역에 비해 진보적 성향이 강했다. 그러나 미국 북장로교의 영향 하에 있는 지역에서는 1930년 이전까지는 이런 문제가 제기되지 않았다. 그러나 캐나다연합교회의 선교지역인 함경도를 중심한 자유주의적인 경향은 1930년대 중반 이후 전국적인 문제로 대두된 것이다.

1930년 중반기 이후 한국교회 신학에 영향을 준 것은 미국교회의 신학 논쟁과 그 여파라고 할 수 있다. 미국 프린스톤신학교는 1812년 설립된 이래 100여 년간 북장로교회 뿐만 아니라, 미국 전역에 있어서 유일한 보수주의 신학교였으나 1929년 교수진이 개편되어 점차 보수주의 신학에서 이탈하였다. 이렇게 되자 메이첸(J. G. Machen, 1881-1937)을 비롯한 보수주의 신학자들은 프린스톤을 떠나 필라델피아에 웨스트민스터신학교를 설립했다. 이것은 브릭스(Briggs) 사건이나 오번선언(Auburn Affirmation, 1924) 등에 연루된 미국교회의 신학적 변화를 반영한 것이었다. 1930년 이후의 한국교회의 자유주의 신학적 기류는 주로 미국교회의 영향 하에서 전개되었다고 할 수 있다.[102]

---

102. 하비 콘는 1930년대 이후의 자유주의 신학의 유입요인을 다음의 4가지로 설명한 바 있다. 1. 캐나다 연합교회 선교부를 중심으로 자유주의적 선교사인 서고도(W. Scott), 프레지어(Frazier) 등의 영향, 2. 미국 북장로교회의 신학적 변화와 자유주의 신학적 영향, 3. 일제의 조선통치 기간 중의 일본을 통한 바르트(K. Barth), 부른너(E. Brunner) 등의 자유주의 사상의 유입, 4. 초기 선교사들의 선교지역 분할정책의 조정으로 일부 지역이 자유주의 신학의 성역화가 된 점이 그것이다.

성경관의 변화는 신학적 변화를 보여주는 가장 분명한 증표인데, 1930년대에 와서 성경관의 변화가 뚜렷이 나타났다. 완전 영감설(完全靈感說)에 대한 의문이 제기되었고, 성경 비평학이 도입되었다. 서울 남대문교회 김영주(金英珠) 목사는 모세의 창세기 기록설을 부인했고(1934), 함북의 성진중앙교회 김춘배(金春培) 목사는 고린도전서 14장 33-34절의 해석과 관련하여 여권(女權) 문제를 제기하였다(1934). 또 아빙돈 단권성경주석사건(*Abigdon Bible Commentary, 1935*)을 중심으로 신학적 견해차가 분명하게 노정되었다.

1934년에 모였던 장로교 제23회 총회에서는 보수주의와 자유주의와의 대립이 분명히 노정되었다. 이것은 한국에서의 진보적 신학의 실재를 알리는 첫 신호였다. 이때 문제가 된 사건은 창세기 저자 문제와 교회에서의 여성의 위치에 관한 것이었다. 김양선은 1934년 장로교 제23회 총회에 제소된 창세기 저자문제와 여권문제를 가리켜 전 교회가 문제 삼은 성경의 고등비평과 자유주의 신학에 의한 최초의 사건이라고 평가했다.[103] 이런 신학적 문제는 당사자들의 사과로 일단락되었지만 진보적 신학을 완전히 포기한 것은 아니었고, 후일 보다 체계적으로 제기된다.

이상과 같은 장로교 총회 차원에서 제기된 문제들은 성경관의 문제였다고 볼 수 있다. 성경의 절대적 권위와 완전 영감설은 한국장로교회가 서 있는 양보할 수 없는 기초였다. 문제는 이런 신학적 토론의 과정에서 한국교회의 보수주의는 보다 방어적 성격을 띈 근본주의적 특성을 지니게 된 것이다. 1930년대 이후 점차 대두되던 이런 신학운동은 총회 차원의 결정이나 사과로 끝난 것이 아니라 그 후에도 계속 발전되어 장로교 안에는 자연히 보수와 진보의 경계선이 뚜렷해졌다.

---

103. 김양선, 178.

10. 일제하의 상황과 교회에 대한 탄압 / 이상규

일본은 1910년 8월 29일 한국을 강점하여 그들의 식민지로 만들었다. 그로부터 제2차 세계대전의 종식과 함께 타율에 의해 1945년 8월 15일 해방되기까지 우리나라는 35년간 일제의 지배를 받았다. 이 기간동안 한국교회는 수난을 당했고, 신사참배 강요는 한국교회에 지을 수 없는 상처를 남겨주었다. 그 후 유증은 해방 이후 오늘에 이르기까지 한국교회 분열과 대립을 야기하였고, 아픈 상처로 남아 있다. 그렇다면 일제의 식민지배, 종교정책, 그리고 기독교에 대한 정책은 어떠했을까?

일제의 조선 침략

일제의 한국침략은 점진적으로 추진되었는데, 이른바 운요호사건(고종 12년 1875)으로 일본에 문호를 개방했던 1876이래 계속되었다. 1876년 2월 27일 일본대표 구로다 기요다카(黑田淸隆)와 조선대표 신헌(申櫶) 사이에 체결된 전문 12조의 조일수호조약(강화도 조약, 병자수호조약)은 "조선은 자주국으로 일본과 평등권을 갖는다."(1조)고 명시하므로 청(淸)의 세력(宗主權)을 배제하고, 조선 진출의 길을 열었다. 이로부터 일제의 조선 침략계획은 구체화 되었다. 즉 1882년 일본세력의 조선 진출에 대한 반일감정의 표출이었던 임오군란(壬午軍亂)을 계기로 일본은 제물포조약을 체결하고 일본군의 조선 주둔권을 획득하였다. 1894년에는 청일전쟁을 일으켜 조선침략에 방해가 되는 청(淸)을 제거하고, 러일전쟁(1904-5)을 통해 러시아(露) 세력을 물리치고 러일강화조약(포츠머스 조약)을 채결함으로써 조선에 대한 독점적 지배권을 강화했다. 1905년 11월 17일에는 을사조약을 강제로 체결하고 조선 외교권을 강탈하고, 1906년 2월에는 통감부를 설치하여 조선의 행정권, 사법권, 경찰권을 차례로 탈취하였다. 1907년에는 조선의 군대를 해산시켜 국방력을 마비시키고, 이준(李儁, 1859-1907) 열사의 헤이그 밀사 사건의 책임을 묻는 형식으로 고종을 폐위시켰다. 이와 같은 일련의 과정을 거쳐 1910년 8월에는 '합방'(合邦)이란 이름으로 한국을 강점하였다. 1392년 이성계에 의해 시작된 조선왕조(朝鮮)은 27대 순종(純宗, 1872-1926)을 끝으로 518년간의 역사를 마감하게 된다.

일제강점기는 일제의 한반도 지배 정책에 따라, 흔히 헌병경찰 통치기(무단 통치기, 1910-1919), 문화통치기(1919-1931), 민족 말살기(1931-1945)로 구분한다. 이런 과정에서 체한 일본인 수도 크게 증가했다.

1910년 일본이 조선을 병탄한 후 통감부는 총독부로 승격되었고, 제3대 통감 데라우찌 마사타케(寺內正毅, 1851-1919)는 10월 1일 초대 총독으로 취임했다. 곧 그는 집회취체령을 공포하여 모든 사회단체를 해산시키고, 치안유지를 빙자하여 경찰과 헌병대를 일원화한 조선주차헌병조례(朝鮮駐箚憲兵條例)를 발표하여(1911.9.12) 일본헌병을 증원하고 경찰업무를 수행하도록 조치했다. 제1대 조선주차헌병 사령관으로 아카시 모토지로(明石完二郎)가 임명되었다.

1910년 12월 3일, 총독부는 제령(制令) 제10호로 '범죄즉결법'을 공표하였다. 피의자의 진술과 경찰서장의 인증만으로 즉결 처형할 수 있는 무서운 법이었다. 곧 언론기관을 폐지하고, 1910년 11월부터 전국의 각도 군 경찰서를 동원하여 1911년 12월까지 우리나라의 역사, 지리, 기타 민족정신을 고취하는 서적들을 압수하고 20여만 권의 사서(史書)를 불살랐다. 그리고는 식민사관(植民史觀)[104]에 입각한 『조선반도사』(朝鮮半島史)를 편찬하여(1915) 아시아사의 한 부분인 조선의 역사를 반도사(半島史)로 국한시키고, 일제의 조선 침략을 정당화했다. 1911년에는 '조선교육령'을 발표하여 식민지 지배에 필요한

---

104. 일제강점기 한국인에 대한 통치를 용이하게 하기 위해 일제에 의해 정책적으로 조작된 역사관으로서, 일제의 식민 지배를 정당화하는 사관을 의미다. 대체로, 한민족은 역사적으로 다른 나라의 지배를 받아 왔으므로 스스로 자립할 능력이 없는 정체된 민족으로 부각시켜 일본의 한국 병탄을 정당화 한다. 그래서 이들은 한국역사를 크게 일선동조론, 정체성론, 타율성론으로 설명했다. 식민사관은 민족사관과 대비된다.

일본어 교육을 강화하고 조선인에게는 정당한 교육의 기회를 제한하였다. 후에는 황민화정책의 일환으로 1931년 11월 29일부터 조선에서 조선어 사용이 금지되었고, 1939년 11월에는 제령19호로 조선민사령(朝鮮民事令)을 개정하여 조선인의 성명제(姓名制)를 폐지하고 일본식 이름으로 바꾸도록 창씨개명을 강요했다. 이와 같은 상황에서 기독교에 대한 탄압이 이루어졌다.

조선총독부의 기독교 정책

기독교는 일제 통치기간 중 가장 강력한 종교였고, 일제가 조선을 통치하기 시작한 1910년 이래 한국사회와 국가, 그리고 민족운동과 독립운동에 상당한 영향력을 행사하고 있었다. 그래서 조선총독부는 처음부터 한국 기독교와 우호적인 관계를 맺어 조선통치에 이용하든지 아니면 한국 기독교를 탄압하여 그 영향력을 약화시키든지 양자택일을 할 수밖에 없었다. 1905년 11월의 을사조약에 의해 다음 해 2월 조선통감부가 설치되어 초대 통감이 된 이또오 히로부미(伊藤博文, 1841-1909)는 외국인 선교사를 우대하고 회유하여 대외선전에 이용하고, 교회나 YMCA에 다액의 기부를 하여 의식 있는 사람들이나 청년들이 많이 모여 있는 기독교회의 반일운동을 약화시키려고 노력하였다.[105]

3대 통감을 거친 후 조선총독부 초대 총독이 된 데라우찌는 열성적인 불교도로서 기독교를 혐오, 적대시하면서 냉혹한 무단정치를 강행하기 시작하였다. 1910년 10월 5일 신임 각 도(各道) 장관회의에서 총독부 시정개시 훈시에서, "조선에서는 기독교가 비교적 번창한 것으로 본다. … 고금을 통하여 신앙은 자유라고 하나 내가 통치하는 조선은 기강이 문란할 때에는 그 내용을 바꾸어 정치상 필요한 통제를 해야 한다."고 말하면서 기독교에 대한 통제를 시사했다.[106]

---

105. 韓晳曦, 『日本の朝鮮支配と宗教政策史』(東京: 未來社, 19880, 89; 강재언 외, 『식민지시대 한국의 사회와 저항』(서울: 백산서당, 1983), 299.

106. 강재언 외, 300.

당시 한국기독교회는 무시 못 할 전국적인 조직이었다. 조선총독부는 1910년 당시 조선의 기독교회는 20만의 신도와 3백 개 이상의 학교, 3만이 넘는 학생, 1,900여 개의 집회소, 외국인 선교사 270여 명, 조선인 교직자 2천 3백여 명을 거느린 무시할 수 없는 집단으로 이해하고 있었다.[107] 그밖에 많은 병원과 자선기관을 운영하고 있었다. 그것은 신앙이라는 견고한 유대로 결합되어 있었고, 외국인 선교를 통해 세계 여론과 연결되어 있었다.

또 한국기독교는 한국사회 전반에 영향을 주고 있었다. 기독교는 한국에서도 서구적 가치와 윤리로 한국사회의 변혁을 주고 있었다. 미신의 타파, 구습과 악습의 폐지, 여권신장, 가정관의 변화, 관혼상제의 변화를 가져왔고, 한글보급, 서양음악이나 스포츠의 전파, 계몽운동, 민주의식 등 사회개혁의 구심점이 되었다. 특히 한국기독교는 민족 독립운동에도 직간접적으로 관련되어 있었다.

이런 상황에서 기독교를 어떻게 통치할 것인가 하는 점은 조선총복부의 시급한 현안이었다. 일제는 한국통치 시작부터 일면 회유, 일면 탄압정책을 고수하였으나 궁극적으로는 기독교세를 약화시켜 친일적 기독교 곧 황도주의 기독교로 변질시키는 것이었다. 이런 목적으로 일본은 조합교회(組合教會)의 조선선교를 기획하고 지원했다.[108] 이와 같은 일제하의 현실에서 한국기독교는 탄압을 받았고, 1931년 이후 일본의 전쟁정책과 더불어 한국 기독교는 이름 그대로 형극의 길을 가야 했다.

교회에 대한 탄압

이제 구체적으로 일제하에서의 기독교회에 대한 탄압의 몇 가지 사례를 소

107. 『조선총독부 통계연보, 명치 43년』(조선총독부, 1912), 668-9, 강재언 외, 『식민지시대 한국의 사회와 저항』(백산서당, 1983), 300에서 중인.

108. 조합교회의 조선전도에 대한 대표적인 기록으로는, 韓晳曦, 飯沼二郎, 『日本帝國主義下の朝鮮傳道』 (東京: 日本基督教團出版局, 1885), '제2장 日本組合教會の朝鮮傳道' (65-174)를 참고할 것.

개하고자 한다. 첫 번째 경우가 해서교육총회(海西教育總會) 사건이었다. 일제는 기독교세가 강한 서북지방 중에도 평북의 선천, 정주지방과 평양, 그리고 황해도의 안악지방을 3대 관찰 지구로 특별 관리하고 있었다, 이 지방에서는 학교를 세워 민족의식을 깨우치고 산업을 장려하여, 교회 지도자들은 교육입국(教育立國)이라는 취지로 일면일교제(一面一校制)를 주창하고 효과적인 교육운동을 위해 1909년에는 '해서교육총회'(海西教育總會)를 조직하였다. 김구(金九), 도인권(都寅權), 최광옥(崔光玉) 등 160여 명이 가담했다. 이렇게 되자 일제는 이 총회를 탄압할 구실을 찾던 중 안중근의 동생 안명근(安明根)이 서간도에 무관학교를 세우기 위해 자금을 얻으려 국내에 들어와 체포되자 이를 계기로 해서교육총회 관계자 전원을 체포하였다. 그리고는 혹독하게 탄압하였다. 안악사건(安岳事件)으로 불리는 이 사건은 일제의 기독교 탄압의 시작이었다.

105인 사건 또한 기독교에 대한 탄압이었다. 서북지방을 중심으로 하는 한국기독교의 민족운동 혹은 독립운동 노력을 차단하기 위한 음모였다. 이 사건은 조선총독부의 경무총감 아카이시 겐지로(明石元二郎) 등이 조작한 사건으로서, 1910년 12월 27일 데라우치(寺内正毅) 총독이 압록강 철교 개통식에 참석하기 위해 기차로 신의주로 갈 때 선천역에 잠시 하차하는 틈을 타서 그를 암살하려 했다고 조작하였다. 즉 데라우치 총독이 선교사 매큔(G. S. McCune)과 악수하는 것을 신호로 암살하려 했다고 조작하고, 양기탁, 이동녕, 이동휘, 윤치호, 전덕기 등 신민회(新民會) 간부와 강규찬, 안태국, 양전백, 옥관빈, 이승훈, 정익로 등 기독교 지도자와 교육자 등 600-700여 명의 민족지도자를 검거하였다.

기독교 탄압을 목적으로 조작한 이 사건에서 고문이 자행되어 감리교의 전덕기(全德基) 목사와 김근형(金根瀅), 정희순(鄭希淳) 등은 세상을 떠났다. 1912년 5월 122명이 기소되었는데, 이중 105명이 유죄판결을 받았다. 유죄판결을 받은 105명은 고등법원에 항소하였는데, 고등법원은 1913년 5월 24일 대구복심법원으로 되돌려 보냈다. 1913년 7월 15일 대구복심법원에서는 105명 중 99명을 무죄로 석방하였고, 윤치호(尹致昊), 양기탁(梁起鐸), 안태국(安泰國), 이승훈(李昇薰), 임치정(林蚩正), 옥관빈(玉觀彬) 등 6명에게만 징역 5~6년형을 선고하였다. 이 사건이 일제의 날조란 사실을 입증한 셈이었다. 이들이 1915년 2월 천황 대관식 특사 형식으로 출소했을 때 약 9천 명의 시민이 평양역에 나와 이들을 환영했다고 한다.

기독교인으로 반일인사로 지목된 이승만은 이때 선교사들의 도움으로 출국하여 체포를 면했고, 김규식은 이 사건 이후 일제의 회유와 협박을 피해 1913년 차량편으로 만주에 인삼장사 하러 간다는 핑계로 몽골로 망명하였다. 이 사건으로 체포되었던 안창호는 미국으로 망명하여 결과적으로 항일, 민족운동을 해외로 확산되는 결과를 가져왔다. 이승만의 『한국교회의 핍박』은 바로 105인 사건에 대한 기록이다.

기독교회에 대한 각종 법적 규제

일제는 각종 법률을 재정하여 한국과 한국교회를 통제하고, 신앙의 자유를 제한하였다. 조선 민중의 항일 저항운동을 규제하기 위한 '보안법'(保安法, 1907), '경찰범처벌령'(警察犯處罰令, 1908), '범죄즉결령'(犯罪卽決令, 1909) 등이 그것이다. 병탄 이후 경찰범처벌령은 '경찰범처벌규칙'(1912)으로, 범죄즉결령(1910)은 같은 이름으로 더욱 규제와 처벌이 강화되었다. 조선인에 한하여 적용되었던 조선태형령(朝鮮笞刑令, 1912년 제정, 1920년 폐지)는 조선인 탄압법으로 악용된 악법 중의 악법이었다. 이 법은 일본인의 자의적 판단에 의해 반일적인 언행은 모두 태형의 대상이 되었다.

이런 상황에서 기독교회에 대한 통제법이 '포교규칙'(布敎規則)이었다. 1915년 8월 16일 공포된 '포교규칙'은 한국교회의 종교 활동까지 통제하려는 의도에서 제정되었는데, 1898년 일본의회에 상정되었던 종교법이 그 모델이었다. 이 법안은 일본에서는 종교계의 반발로 제정되지 못했으나 식민지 한국에서는 제령 83호로 공포되었다. 이 법은 포교자의 자격을 강화하고, 이력서를 첨부하여 조선 총독에게 신고하여야만 포교활동에 종사할 수 있었고(제2조), 조선총독은 포교 방법, 포교관리자와 포교관리자의 권한 및 감독의 방법이 부적당하다고 인정할 때는 그 변경을 명령할 수도 있었다(제4조). 또 교회당 설립의 경우 총독부의 허가를 의무화했다(제9조). 이 법은 삼일독립운동 이후 선교사들의 요구를 일부 수용하여 1920년 4월 7일 '개정포교규칙'이란 이름으로 개정되었다. 교회당 설립의 경우 총독부의 허가를 의무화했으나 신고제로 완화되었다. 그러나 실질적으로는 이전과 크게 다르지 않았다. "교회당에서 안녕질서를 문란케 할 우려가 있다고 인정할 때는 그 사용의 정지 또는 금지를 명할 수 있게 했다(제9조). 이런 이유로 교회별 신도 수, 신도 수의 증감을 매년 신고하도록 했고, 각종 교회 집회와 설교를 감시하고 통제하게 된 것이다. 한국교회를 탄압하기 위한 규정이었다.

기독교 교육에 대한 탄압

일제는 기독교 학교에도 각종 규정을 통해 탄압했다. 기독교교육을 법적으로 제한하고 고사(枯死)시키려는 정책이었다. 그 첫 시도가 1911년 8월에 발표된 전문 30조의 '조선사립학교령'이었다. 이 법령은 조선인의 교육에 관한 법령으로 각종학교, 곧 보통학교, 고등보통학교, 여자고등보통학교, 실업학교, 사립학교의 교육규칙과 학제에 대한 규정이었다. 핵심규정은, a. 교육은 '교육에 관한 칙어'에 기초하여 충량한 국민을 양성을 목표로 한다(2조). b. 교육은 시세(時勢)와 민도(民度)에 맞도록 실시한다(3조). c. 일어를 국어로 가르치게 한다(8조). d. 각종 학교의 개폐, 교육과정, 교과서 등은 조선총독의 허가를 득해야 한다(28,29조)는 것이었다.[109]

조선총독부는 조선교육령 공포 직후인 1911년 10월 '사립학교규칙'을 공

109. 손인수, 『한국교육사』(문음사, 1995), 631-2.

포하였다. 주요 내용은, a. 학교의 설립, 학교장, 교직원의 채용은 총독부의 인가를 받아야 한다. b. 수업연한, 교과목, 교과과정 등 규정 사항은 총독부의 인가를 받아야 한다. c. 교과서는 총독부 편찬, 혹은 검정을 받아야 한다. d. 법령을 위반할 시는 학교의 폐쇄, 학교장과 교직원의 해고를 명할 수 있다는 것이었다.[110]

이상에서 보는 바처럼 보다 엄격하게 기독교 교육을 통제하겠다는 의지였다. 이런 조치로 1910년 5월 당시 학부대신의 인가를 얻은 사립학교는 총 2,250개에 달했는데, 조선교육령과 사립학교 규칙이 공포된 1911년에는 1,467개 학교로 감소했고, 이전의 746개 기독교계 학교는 1911년 473개 학교로 감소되었다.[111] 이 '사립학교 규칙'은 개정되어 1915년 3월 24일 '개정사립학교 규칙'(조선총독부령 제24호)으로 발표되었다. 식민지 교육을 더욱 강화하는 방향으로 개정되었는데, 중요한 내용은 각급 사립학교의 교과과정을 철저히 규제한다는 점이었다. 그리고 각종학교 규칙에서 규정한 과목 이외의 어떤 과목도 부가할 수 없다는 것이었다. 이는 성경과목이나 한국역사 과목을 교수할 수 없게 만든 조치였다. 교육과 종교의 분리 정책이었다. 선교학교에는 학교 존립과 관련된 치명적인 요구였다. 특히 모든 사립학교는 정부가 요구하는 기준에 도달하도록 하여 '지정(指定)'이라는 인준을 얻게 했다. 지정을 얻지 못하면 상급학교 진학이 불가능했고, 그런 학교는 잡종학교로 분류하였다. 그래서 서울의 경신, 전신, 평양의 숭실, 숭의, 대구의 계성, 신명, 광주의 숭일, 수피아, 전주의 신흥, 기전, 선천의 신성, 보성, 재령의 명신, 목포의 영흥, 정명, 강계의 영실, 마산의 의신학교 등은 모두 잡종학교로 존속할 수밖에 없었다.[112]

---

110. 한국교육사회 편, 『한국교육사』, 287; 이성전, 『미국 선교사와 한국근대교육』(한국기독교역사연구소, 2007), 95.

111. F. A. McKenzie, *Korea's Fight for Freedom* (1920), 214; 이성전, 96.

112. 김인수, 『일제의 한국교회 박해사』(대한기독교서회, 2006), 45. 장로교계통이나 영국계인 캐나다와 호주 선교부의 학교들, 곧 함흥의 영생, 부산 동래일신학교는 고등보통학교가 되었고, 선교사가 관여하지 않는 이승훈의 정주 오산학교, 함흥의 영생학교는 일제의 요구에 따랐다.

이상과 같은 탄압으로 사립학교는 감소되었는데, 개정사립학교 규칙이 공포된 1915년에는 1,082개교, 1918년에는 775개교로,[113] 1923년에는 649개 학교로[114] 감소되었다.

1919년 삼일운동 이후 8월에 사이토(齋藤實) 총독이 부임했고 소위 '문화정치'가 시행되었으나 실제적인 변화는 없었다. 그러나 선교사들은 새로운 총독의 부임과 함께 기독교학교에서 성경을 가르치고 예배드릴 수 있도록 요구했다. 또 한국어 교육의 철폐, 황제숭배 의식에의 불참, 사립학교의 자율과 시설 기준 완화 등을 요구했다. 사이또 총독은 선교사들의 요구를 수용하여 유화정책을 시행하는 듯했으나 1922년 2월에는 제2차 '조선교육령'을 발표하여 대학 설립을 허용하는 것처럼 가장하고 일본어 교육을 강화하였다. 미나미 지로(南次郎)가 총독으로 부임한 후인 1938년 3월에는 제3차 '조선교육령'을 개정·발표하였다. 종래의 보통학교를 '심상소학교(尋常小學校)'로, 고등보통학교를 '중학교,' 여자고등보통학교를 '고등여학교'로 개칭했다. 또 일본어와 일본역사를 강화하고, 각급학교 학칙을 개정을 하게하여 교육목적을 "국민도덕을 함양함으로써 충량유위(忠良有爲)의 황국신민을 양성하는 것을 목적으로 한다."로 규정했다. 무엇보다도 한국어 사용이 금지되고, 조선어 교과목은 정과(正果)에서 수의과(隨意科)로 구분되었고, 기독교학교에서의 성경 교수가 금지되었다. 기독교 교육도 제한되고 탄압을 받은 것이다.

삼일운동과 기독교

삼일운동은 직접적으로 교회가 중심이 되어 일어난 운동은 아니지만 교회의 참여와 영향은 지대하였다. 삼일 독립운동에 가담한 인구는 당시 전체 인구의 10%인 200만 명 정도로 간주 되는데, 전국 220개 군 가운데 212개 군에

---

113. 조선총독부, 『조선총독부 통계연보』(1918), 1002.

114. H. H. Underwood, *Modern Education in Korea* (NY: Friendship Press, 1951), 173. 언더우드는 1915년 당시 사립학교 수를 1,154개 학교로 산정하고 있다.

서 만세시위운동이 일어났다. 당시 한국 인구는 약 2천만으로 추산되는데, 이 중 기독교인은 25만-30만 명으로 추산된다.[115] 곧 기독교신자는 전체 인구의 1~1.5%에 지나지 않았으나 이들은 삼일운동의 준비단계에서 선언문의 배포와 군중동원에 이르기까지 중요한 역할을 감당하였다. 국사편찬위원회가 발행한 『일제침략 하 한국 36년사』에서는 3.1독립운동 참가자의 종교별 통계를 제시하는데, 개신교가 22%, 천도교가 15%, 기타종교가 2%, 무종교가 61%였다. 이 점은 기독교신자들이 삼일운동을 주도했음을 보여준다. 민족대표 33인 중에서도 천도교도 15명, 불교도는 2명에 불과했으나, 기독교인이 16명이었다. 기독교인사 16명은 목사 10명(정동감리교회 이필주 목사, 평양남산현감리교회 신홍식 목사, 해주 남본정감리교회 최성모 목사, 서울 수표감리교회 신석구 목사, 서울 종교감리교회 오화영 목사, 원산 상리감리교회 정춘수 목사, 평양 장대현교회 길선주 목사, 선천북교회 양전백 목사, 정주교회 김병조 목사, 의주 동교회 유여대 목사), 전도사 3명(정동감리교회 박동완 전도사, 서울 중앙감리교회 김창준 전도사, 서울 창의문감리교회 박희도 전도사), 장로 2명(선천 오산교회 이승훈 장로, 정주 덕흥교회 이명룡 장로), 집사 1명(세브란스 구내교회 이갑성)이었다. 이들을 연령 면에서 보면 40대 목사들이 주축을 이루고 있었다. 10명의 목사들은 당시 한국의 목사 257명(장로교 192명, 감리교 65명) 중 4%에 해당한다. 기독교 대표는 전국적인 지명도를 가진 원로목사 4인(길선주, 신홍식, 양전백, 이필주), 지역 지도자급 소장목사 6인(김병조, 유여대, 오화영, 신석구, 정춘수, 최성모), 청년지도자 4인(김창준, 박동완, 박희도, 이갑성), 그리고 민족운동가 출신의 지도자 2인(이명룡, 이승훈)으로 구성되었다고 분석할 수 있다. 이 점 또한 교회가 이 민족의 지도적 위치에 있었음을 반영하고 있다.

만세운동이 활발하게 전개된 3월부터 5월까지 박은식(朴殷植)의 『한국독

115. 1919년 당시 일본은 한국의 교회수 3,166개, 포교자 2,386명, 선교사 279명, 교인수 279,435명으로 파악하고 있었다. 『朝鮮の統治と基督教』(1922.1), 韓晳曦, 飯沼二郎, 113.

립운동지혈사』에 의하면, 7,500여명이 사망하고, 1만6천여 명이 부상을 당했다. 피검자만 4만7천명에 달했다. 3.1운동에서 기독교계의 역할과 영향이 컸기 때문에 교회에 대한 일제의 탄압 또한 심했다. 조선총독부가 1919년 5월에 발표한 피해 총계에 의하면 교회당 파괴가 41개 처였다. 1919년 4월 말까지 투옥된 기독교인은 2,120명으로서 유교, 불교, 천도교도의 총수 1,556명보다 훨씬 많은 숫자였다. 또 1919년 9월 장로교 총회에 보고된 자료에 의하면, 체포된 신자가 3,804명, 체포된 목사-장로는 134명, 기독교 관계 지도자는 202명이었다. 미국기독교연합회 동양문제연구회(a Commission of the Federal Council of Christian Churches in America)가 펴낸 "한국의 상황"(The Korean Situation)[116]에 의하면 1919년 3월 1일부터 7월 20일까지 631명이 피살되었고 28,934명이 체포되었다.

3.1운동 당시 일제의 만행을 보여주는 대표적인 사례는 경기도 화성군에 위치한 제암리(堤岩里)감리교회 학살사건이었다. 1919년 4월 15일 일경은 교인을 교회당에 감금한 채 방화하고 총검으로 28명을 학살했다. 당시 한반도에 주둔했던 조선군 사령관 우쓰노미야 다로(宇都宮太郎, 1861-1922)는 간부회의를 통해 주민들이 저항을 하여 살육한 것으로 조작하기까지 했다. 이 사건은 캐나다 출신 세브란스의전 교수 스코필드(Dr F. W. Scofield)에 의해 그 참상이 알려지게 되었다. 스코필드는 학살 현장의 처참한 모습을 사진에 담고, "수원에서의 잔학한 행위에 관한 보고서"를 만들에 세계 여론에 호소하였다.

비록 독립은 이루지 못했으나 자주 독립사상을 고취하고 독립투쟁을 해외로 확산하는 결과를 가져왔고, 민족기업 육성에 대한 자각을 얻게 되었다. 특히 삼일운동의 결과로 중국 상해에 대한민국임시정부가 수립되었다. 그간의 몇 갈래의 임시정부는 1919년 9월 통합되어 우파인 이승만을 대통령으로, 사회주의 계열의 이동휘(李東輝, 1872-1935)를 국무총리로 하는 새로운 내각을

116. 이 보고서는 "삼일운동 비사"란 제목으로 민경배 교수에 의해 번역되어 「기독교사상」 94-103(1966. 1-12)호에 게재되었다.

발족시켰다. 일제의 소위 '무단통치'를 이른바 '문화통치'로 바꾸게 한 것도 삼일운동의 결과였다.

11. 신사참배 강요와 저항 / 이상규

앞에서 지적했듯이 일제 치하에서 한국교회에 대한 탄압은 다양했으나 가장 대표적인 경우가 신사참배 강요였다. 앞서 언급한 바처럼 1930년대 일본에서는 군국주의가 득세하여 1931년에는 만주침략을 강행하였고, 1932년에는 소위 5.15사건을 통해 군국주의자들이 권력을 장악한 후 소위 전시체제로 돌입하였다. 그래서 1931년 9월 만주사변부터 중일전쟁, 태평양전쟁으로 이어지는 1945년 8월 15일 패전까지를 '15년 전쟁'이라고 부른다. 이 시기 신사참배는 내선일체(內鮮一體), 황민화정책(皇民化政策)과 더불어 전쟁 수행을 위한 소위 '국민정신 총동원'(國民精神總動員)의 일환으로 강요되었다. 일제는 '일면일신사주의'(一面一神社主義)를 강행하여 전국에 신사(神社, 神祠)를 건립하고, 1930년대 초부터 한국인들에게 참배를 강요했다. 그래서 해방 이전 10년간이 가장 고통스런 기간이었고, 신사참배 문제는 한국교회사에서 가장 중요한 현안이 되었다. 뿐만 아니라 해방 이후에는 한국교회 논란의 주제이자 교회 분열의 요인이 되었다. 여기서는 신도와 신사는 무엇인가? 그리고 왜 신사참배를 강요했는가? 그리고 교회와 선교부는 어떻게 반응했는가에 대하여 소개하고자 한다.

신도와 신사란 무엇인가?

신사란 신도(神道) 의식을 행하는 종교시설이다. 신도는 일본의 토착적인 원시종교로서 다신론적이며 자연숭배적인 일본 고래의 종교이다. 여기에다 국조신(國祖神)이라고 하는 태양신 '아마데라스 오미까미'(天照大神)와 그 이후의 종신(宗神)을 섬기며, 또 천황(天皇)을 현인신(顯人神)으로 섬기는 일종의 민족종교라고 볼 수 있다. 일본은 태양신을 섬기는 유일한 근대국가인데,

이 원시적 자연숭배 종교는 민족적 성격을 띤 국교화된 종교였다. 그런데 명치유신(明治維新, 1868)에 의해 새로 성립한 정권은 천황제 국가로서 신도를 기본이념으로 하였다. 그리고 신도를 국가적 종교로 전 국민에게 참배케 할 목적으로 '신사는 종교가 아니고 국가에 보은하는 국민도덕'이라고 규정하였다. 신사참배를 국가적 의식으로 강요하기 위해 의도적으로 신도라는 '종교적' 성격을 '비종교화'(非宗教化)한 것이다.

한국에 신사가 설립되기 시작한 것은 일본인의 이주에서부터 시작된다. 한국에 세워진 최초의 신사는 1675년 3월 부산진에 세워진 금도비라신(金刀比羅神) 사당(祠堂)인데, 3년 후 왜관을 용두산 기슭으로 옮기면서 금도비라신사를 건립했는데, 1900년에는 용두산 신사로 개칭되었다. 1910년 당시 우리나라에 31개 신사가 세워졌는데,[117] 용두산신사가 으뜸이었다. 1919년 당시에는 36개의 신사(神社)와 41개의 신사(神祠)가 있었고, 조선신궁(朝鮮神宮)이 설립되던 1925년에는 42개의 신사(神社)와 108개의 신사(神祠)가 있었다. 참고로 1923년부터 1945년까지 22년간의 신사 설립 통계를 보면 다음과 같다.

(표1) 연도별 신사(神社, 神祠) 건립 형황

	1923	1924	1925	1926	1927	1928	1929	1930	1931	1932	1933
신사수 (神社)	40	41	42	43	43	47	49	49	51	51	51
신사수 (神祠)	77	103	108	107	129	152	177	182	186	199	215

	1934	1935	1936	1937	1938	1939	1940	1941	1942	1943	1944	1945
신사수 (神社)	52	52	54	57	58	61	61	62	63	—	—	79
신사수 (神祠)	240	272	293	307	325	497	641	776	828	859	939	1062

* 朝鮮總督府要覽(1925)와 해 연도 統計年報에 근거함. 강위조, 130 등 참고함.

117. 「조선총독부 통계연보」(명치 43년), 638.

신사참배 문제는 1920년대부터 조금씩 거론되었으나 만주사변(1931) 이후 일본 군국주의의 대두와 더불어 문제시되기 시작하였다. 일제는 소위 대동아권(大東亞圈) 형성을 꿈꾸면서 신사에 대한 참배를 전면에 등장시켰다. 이것은 신도라는 종교로 천황중심주의의 이념적 통일을 꾀하려는 시도였다. 그래서 신사에 대한 참배만이 아니라, 천황이 있는 동쪽을 향해 경배하도록 요구하는 동방요배(東方腰拜), 일본국기 게양, 황국신민서사(皇國臣民誓詞)[118]의 제창 등을 요구하기에 이르렀다.

기독교학교에 대한 신사참배 강요

1930년대 일본에서 군국주의자들이 득세하게 되자, 소위 국민정신 통일이라는 취지에서 신사참배를 강요하기 시작하였고, 동시에 이 강요는 기독교회를 분열시키고 그 힘을 약화시킬 목적으로 강요되었다. 신사참배가 일제에 의해 강요되었을 때 정치인, 기업인, 지식인, 그리고 여러 종교인들이 신사참배 요구에 응했으나 기독교회는 처음부터 강하게 저항하였다.

기독교학교에 대한 신사참배 강요는 1935년 평양에서 시작되었다. 이해 11월 14일 평안남도 지사 야스다께(安武直夫)는 공·사립 중등학교 교장회의를 소집하고 참석자 전원에게 평양신사에 참배할 것을 요구하였다. 이때 숭실중학교 교장 윤산온(G. S. McCune), 숭의여중학교 교장 선우리(V. L. Snook)를

118. 皇國臣民ノ誓

(其ノ 一)

1. 私共ハ 大日本帝國ノ 臣民デアリマス
2. 私共ハ心ヲ合セテ 天皇陛下ニ忠義ヲ盡シマス
3. 私共ハ忍苦鍛錬シテ 立派ナ强イ國民トナリマス

(其ノ二)

1. 我等ハ皇國臣民ナリ 忠誠以テ君國ニ報ゼン
2. 我等皇國臣民ハ 互ニ信愛協力シ以テ團結ヲ固クセン
3. 我等皇國臣民ハ 忍苦鍛錬力ヲ養ヒ以テ皇道ヲ宣揚セン

대신한 정익성(鄭益成), 순안 의명학교 교장 이희만(H. M. Lee) 등은 신사에 대한 참배는 이전에 없던 일이며 교장인 동시에 선교사이므로 참배할 수 없다고 거절하였다. 교장회의가 끝난 뒤 "신사참배는 국민교육상의 요건이므로 앞으로 참배를 거부할 때에는 단호한 조치를 취한다."는 공문이 각급 학교로 발송되었다. 그리고 60일간의 기한을 주고 신사참배 여부를 회답하라고 요구하였다.

이런 요구에 대해 선교사들과 한국교회 지도자들은 기독교 교리의 위배라는 점에서 참배를 거부하였다. 결국 윤산온 교장 등은 1936년 1월 18일 교장직에서 해임되었고 그해 3월 강제 추방되었다. 이를 계기로 총독부와 한국교회는 날카롭게 대립하기 시작하였고, 기독교회와 선교부는 신사에 참배하면서 학교를 유지할 것인가, 아니면 신사참배를 거부하고 학교 폐쇄를 선택할 것인가를 결정해야 했다.

호남지방에서 활동했던 남장로교 선교부는 신사참배 요구를 단호하게 거절하여 1937년 2월 학교의 폐쇄를 결의했다. 그래서 총 4천8백여 명이 재학하고 있던 광주의 숭일중학, 수피아여중, 목포의 영흥중학, 정명여중, 순천의 매산학교, 전주의 신흥학교, 기전여학교, 군산의 영명학교 등은 1937년 9월 폐교되었다.[119]

경상남도 지방에서 선교하던 호주장로교 선교부의 경우 절대 다수의 선교사들이 신사참배를 반대하였다. 그러나 맹호은(F. J. L. Macrae)을 비롯한 학교 교육에 종사하는 교육 선교사들은 어떤 타협점을 찾아 선교학교를 유지하는 것이 차선책이라고 보았다. 그러나 1936년 2월 8일, 만장일치로 신사의례와 관련된 어떠한 참여도 거부한다고 결의했다. 모국교회인 호주장로교 해외선교부(Foreign Mission Committee)는 어떤 명예로운 중도적인(via media) 방도를 취할 것을 요구하였다. 그래서 경남지방 정부당국의 양해 하에 신사에

119. G. T. Brown, *Mission to Korea* (Seoul: PCK Dep. of Education, 1984), 156.

서의 '참배'(obeisance) 대신 '묵도'(silent prayer)하기로 하였다. 이것은 교육 사업을 지속하기 위해 일종의 타협이라고 볼 수 있다.[120] 그러나 일본 정부는 1938년부터는 더 이상 '묵도'를 허용하지 않고 완전한 참배를 요구하자, 1939년 1월 10일 신사참배 거부와 학교의 폐쇄를 결정했다.[121] 그 결과 부산진, 마산, 진주에 있는 세 여학교가 정부에 양도되었다.

그러나 미국북장로교 선교부는 분명한 입장을 정리하지 못해 의견이 분분했다. 그러나 남장로교 선교부의 영향을 받고 1937년 9월 연례회의에서 신사참배를 거부하고 학교 폐쇄를 결의한바 있는데, 1938년 4월 18일 실행위원회에서 63대 33으로 폐교방침을 재확인했다. 그래서 대구의 계성, 신명, 재령의 명신, 선천의 보성 및 신성학교, 서울의 경신학교와 정신학교 등이 폐쇄되었다. 원한경(H. H. Underwood)를 비롯하여 군예빈(E. W. Koons), 현거선(Harold H. Henderson) 등 교육 선교사들은 학교의 폐쇄에 대해 부정적이었다. 학교 교육에 직접적으로 참여하는 선교사들은 대체적으로 신사참배를 용인하는 입장이었다.

비교적 진보적이었던 캐나다연합교회 선교부는 신사참배를 허용하고 학교 교육을 계속할 수 있었다. 대체적으로 신학적으로 자유주의일수록 신사참배를 수용하고 타협적인 입장을 취했다. 이처럼 기독교학교에 대한 신사참배 요구는 심각한 문제를 야기하였다.

교회에 대한 강요

1936년 8월 우가키(宇垣一成, 1868-1956) 총독 후임으로 미나미(南次郎, 1874-1955)가 취임하였다. 그는 만주사변을 일으킨 육군 대신이었고 관동군 사령관을 지낸 인물로서 조선총독으로 취임하자 신사참배를 더욱 강요하였

120. Cf. An account of the present situation in the Church in South Kyung Sang province of Korea, 4, UCAV.

121. *Extracts* (Vol. 26), 14-15, *Blue Book* for May, 1939, 89.

다. 기독교계의 학교에 신사참배를 강제한 일제는 이제는 교회와 교회기관 그리고 교회지도자에게도 신사참배를 요구하였다.

1937년 7월에는 중·일전쟁(中日戰爭)이 발발하였고, 9월 6일을 애국일로 정하여 일본국기 게양, 동방요배, 신사참배를 요구하였다. 10월에는 황국신민서사(皇國臣民誓詞)를 제정하였고, 12월에는 천황의 사진을 각급 학교와 기관에 배부하고 경배를 요구하였다. 또 '일면일신사'(一面一神社)정책을 강해하여 곳곳에 신사를 건립했다. 또 1938년 2월에는 전쟁수행을 위해 특별지원제도를 제정하였고, 3월에는 조선교육령을 개정하여 조선어(한글) 사용을 금지시켰다.

이와 같은 일련의 과정 속에서 교회에 대한 탄압이 가중되었다. 로마 가톨릭교회는 신사참배는 우상숭배라고 보았던 1918년과 1931년의 입장을 포기하고, 교회조직을 보호한다는 이름으로 일제의 요구를 수용했다. 즉 로마 교황청은 1936년 5월 25일, 전교성청(Sacra congregatio christiano nomini propagando) 명의로, 신사참배는 "애국적 의의를 가진, … 공민적 가치"에 지나지 않음으로 수용한다고 발표했다.

감리교도 1937년 일제의 해석을 수용하여, 신사참배는 종교적인 행위가 아니라 애국적인 행위라고 하면서 신사참배를 받아드렸다.[122] 따라서 감리교 계열의 학교들은 신사참배를 거부하지 않았고, 선교학교도 존속될 수 있었다. 성결교는 신사참배를 거부했으나 1943년 12월 29일 교단이 해체되었다. 소규모 교단이었던 침례교는 교단이 강제 해산되었다. 남은 교회는 장로교뿐이었다. 장로교는 처음에는 신사참배 강요에 강력하게 저항했으나 압력이 심해지자 점점 그 의지가 약화되어 갔다. 1938년 2월 9일에는 가장 큰 노회인 평북노회가 압력에 굴복하여, "신사는 국가의식이므로 참배를 허용한다."고 결의하였다. 이렇게 되어 1938년 9월 이전까지 당시 23개 노회 중 19개 노회가 일제의

122. The Methodist Episcopal Church, Foreign Missions, *Journal*, Vol. XXVII, No. 105(1938), 216-217.

강요에 굴복하였다. 일제는 장로교 총회가 신사참배를 허용하도록 하기 위해 용의주도한 전략을 구사했다. 신사참배 반대론자를 예비 검속했고, 교회 지도자들을 회유하거나 친일세력을 이용했다. 강하게 저항하던 장로교회도 탄압을 이기지 못하고 1938년 9월 장로교 제27차 총회에서 신사참배는 종교가 아니라 국민의례라는 이름으로 참배를 가결함으로써 일제에 굴복하였다.

장로교 노회장들의 평양신사 참배(조선일보, 1938. 9. 12)

장로교 총회의 굴복

1938년 9월에 있을 장로교 총회에서 신사참배를 가결토록 하기 위해 신사참배 거부자들을 예비검속하거나 총대사임을 강요하고, 친일 성향의 인사들인 평양노회 박응률(朴應律) 평서노회 박임현(朴臨鉉) 안주노회 길인섭(吉仁燮) 목사에게 각각 신사참배안을 제안, 동의, 제청하도록 사전 모의하였다. 장로교 제27회 총회는 1938년 9월 9일 평양서문밖(外) 교회당에서 총회장 이문주 목사의 사회로 개회되어 임원을 선출했다. 평북노회 홍택기(洪澤麒) 목사는 총회장으로, 경남노회 김길창(金吉昌) 목사는 부총회장으로 선출되었다. 9

월 10일 오전에는 신사참배안이 상정되었다. 일본 경찰의 삼엄한 감시 하에서 이 안은 각본대로 진행되어 총회장 홍택기 목사에 의해 불법적으로 가결되었다. 그는 '가'(可)는 묻고, '부'(否)는 묻지 않은 채 일방적으로 가결을 공포하였다. 총회장 안팎에서의 감시, 위협이 컸던 것도 사실이지만 장로교회도 신사불참배 반대의지가 약화되어 있었기 때문이다. 불법적인 가결에 대해 방위량(W. N. Blair)과 그의 사위 한부선(Bruce F. Hunt) 선교사 등이 항의했으나 역부족이었다. 신사참배가결 후 다음과 같은 성명서가 발표되었다.[123]

> 아등(我等)은 신사는 종교가 아니오, 기독교 교리에 위반하지 않는 본의를 이해하고 신사참배가 애국적 국가의식임을 자각하며, 이에 신사참배를 솔선 여행(勵行)하고 추(追)히 국민정신 총 동원에 참가하여 비상시국 하에서 총후(銃後) 황국신민으로 적성(赤誠)을 다하기로 기(期)함.
>
> 소화 13년 9월 10일
>
> 조선예수교장로회 총회장 홍택기

뒤이어 '평양기독교 친목회'라는 친일조직의 심익현 목사의 신사참배 즉시 결행의 특청이 있자 부총회장 김길창 목사의 인솔로 전국의 노회장 23명이 신사에 참배하였다. 이것은 한국교회사를 오욕의 역사로 인도해 간 시작이었다. 신사참배가 장로교 총회에서 공식적으로 가결되자 불참배자에 대한 탄압은 가중되었고, 배교와 굴욕행위도 심화되었다. 1938년 이후 소위 시국(時局)인식이란 이름하에 행해진 기독교계의 친일행각은 암울한 역사의 한 단면이었다. 1942년 3월에는 친일적 기독교단인 '조선혁신교단'(朝鮮革新教團)이 조직되기도 했다.

정리하면, 신사참배 강요는 일제하에서 한국교회가 당한 가장 큰 박해였고

123. 조선예수교장로회 총회 제27회 회록, 9.

동시에 민족적 수난이었음을 알 수 있다.

신사참배 반대운동

신사참배에 대한 반대는 1930년대 초부터 시작되었지만, 장로교 총회에서조차도 신사참배가 가결되자 이에 대한 반대는 심화되고 조직화되었다. 기독교에 대한 외부적인 탄압이 있을 때 흔히 나타나는 반응이지만 신사참배가 강요되었을 때에도 한국교회 지도자들의 태도는 3가지 유형으로 나타났다. 첫째, 신사참배를 계명에 반하는 행위로 간주하고 반대, 투쟁하는 입장(반대론), 둘째, 탄압과 박해 때문에 마지못해 신사참배를 인정하고 순응하는 입장(타협론), 셋째, 신사참배는 국가의식에 불과하다고 인식하고 신사참배를 받아드리는 입장(수용론)이 그것이다. 그러나 엄밀하게 말하면 두 가지 입장, 곧 신사참배를 반대하고 투쟁하거나 신사참배를 수용하고 타협하는 입장이 있을 뿐이다.

신사참배에 대한 반대는 참배가 강요되기 이전부터 있었다. 주기철 목사는 1931년 초 여름 경남노회에 신사참배 반대 결의안을 상정하고 이를 가결케 한 일이 있다.[124] 또 1934년에는 「종교시보」 8월호에 기고한 "사(死)의 준비"라는 설교를 통해 신사참배 반대의지를 피력하였고, 1935년 5월 1일에서 5일까지 금강산 수양관에서 개최된 목사장로 수련회에서 "예언자의 권능"(마3:1-13)이라는 제목의 설교를 통해 동일한 반대의사를 피력했다.

신사참배 문제가 한국교회 현안으로 대두되자 반대의지는 전국적으로 확산되어 반대운동으로 조직화되었다. 특히 장로교총회가 1938년 9월 신사참배를 가결하게 되자 반대운동은 더욱 거세게 일어났다. 신사참배 반대는 세 가지 형태, 곧 신앙양심에 따른 개인적인 반대, 조직적인 신사불참배 운동의 전

124. 이 건의 사실성 여부에 대해서는 논란이 있다. 경남노회 결의라고 하지만 노회록에 언급이 없기 때문이다. 그러나 경남노회가 신사참배 반대를 결정 했을 때 일본인 경영의 부산일보는 이 사실을 보도하였고 "완미(頑迷)한 양귀(洋鬼), 끝끝내 신사참배 거부"라는 제하의 사설을 게재하였다고 한다.

개, 그리고 정계요로에 신사참배 강요의 부당성을 호소, 진정하는 방법이 있었다. 첫 번째의 경우가 주기철 목사의 입장인데, 그는 신사참배 강요에 조직화 된 힘으로 대항하기보다는 개인적인 확신으로 반대했고, 사실상 반대운동을 전개한 것은 아니었다. 두 번째 입장을 대표하는 이가 이기선, 한상동 목사였다. 이들은 국가권력에 의한 신사참배 강요에는 조직화 된 힘으로 대항해야 한다고 보아 신사참배 반대운동을 전개했다. 개인적 확신으로 신사참배를 거부했던 주기철 목사가 조직의 약점을 헤아려보았다면, 이기선 혹은 한상동 목사 등은 조직의 강점을 동원한 것으로 해석할 수 있다. 세 번째 경우가 박관준(朴寬俊, 1875-1945) 장로, 김선두(金善斗, 1876-1946) 목사의 입장인데, 이들은 일본 정계 요로에 신사참배 강요의 부당성을 진정하고 이의 시정을 촉구했다. 이런 입장을 김양선은 '합법적 방법'이라고 불렀다.

신사참배 반대운동은 지역적으로 전개되었는데, 평북의 중심인물은 이기선(李基宣) 목사, 박관준(朴寬俊) 장로였고, 전남지역은 양용근(梁龍根) 목사, 경남의 경우는 손명복(孫明福), 이현속(李鉉續), 주남선(朱南善), 최덕지(崔德智), 최상림(崔尙林), 한상동(韓尙東) 등이었다. 그리고 경북은 이원영(李源永) 목사, 전남은 손양원(孫良源) 목사였고, 만주지방의 경우 한부선(Bruce F. Hunt) 선교사가 지도적 인물이었다. 여러 지역 중 신사참배에 대한 항거가 강했던 곳은 평안도와 경상남도 지방이었다.

그렇다면 신사참배를 반대한 이유는 무엇이었는가? 다음의 세 가지로 요약될 수 있다. 첫째, 신사참배는 하나님의 계명에 반하는 우상숭배로 간주하였기 때문이다. 계명에의 준수가 신사참배를 거부했던 가장 중요한 이유였다. 둘째, 신사참배 강요는 개인의 신앙 양심과 신교의 자유를 억압하고 탄압하는 것으로 보았기 때문이다. 셋째, 교회의 순수성과 거룩성을 지키기 위해서였다. 한국교회는 중국에서와는 달리 선교 초기부터 조상제사는 우상숭배로 간주해 왔는데, 이와 같은 한국교회 전통에서 볼 때 신사참배는 명백한 우상숭배였다. 동시에 일제의 계속적인 탄압은 종국적으로 한국교회를 훼파하려는 저의가 있었으므로 신사참배 반대자들은 신교(信敎)의 자유와 영적(靈的) 자유를 주장하고 신앙의 순수성과 교회의 거룩성을 유지하기 위해 투쟁하였다.

우리에게 잘 알려져 있지 않으나 전라남도 광양군 진월면 출신인 양용근(梁龍根, 1905-1943) 목사 또한 신사참배나 동방요배만이 아니라 교회당에 가미다나(神棚, かみだな)를 설치하는 일에도 반대하고 싸웠고, 순천노회 교역자수난사건에 동료들과 함께 구속되어 수감생활을 하던 중 1943년 12월 순교했다. 양용근 목사는 일본대 법대 출신으로 평양신학교에서 수학 한 이후 1939년 목사 안수를 받았고, 광양읍교회, 신풍리교회, 길두교회, 구례읍교회 등에서 목회했다. 그는 성경의 절대권위와 하나님의 주권 사상을 신봉하며 신사참배를 거부하고 싸웠던 인물이었다.[125]

일제는 이러한 신사참배 거부운동을 식민정책에 반하는 민족주의운동으로 간주하고 이들을 검거하여 치안유지법, 불경죄, 보안법 위반 등의 죄목으로 중형을 선고하였다. 신사참배 반대로 2천여 명 이상이 투옥되었고, 그중 50여 명은 순교했으나 해방과 함께 마지막으로 출옥한 이들은 평양형무소 20명,[126] 대구 3명, 부산 2명, 청주 1명 등 총 26명이었다. 부산형무소에 수감되어 있던 김영숙과 염애나, 청주형무소의 손양원 전도사는 8월 17일 출옥했고, 대구 형무소에 수감 중이던 김두석 김야모 이술연은 8월 19일 석방되었다.[127] 신사참배 반대로 약 150여 교회가 파괴되었는데, 장로교회는 큰 수난을 감내해야 했다.

평양지방법원 예심종결결정 피고인 및 죄명은 다음과 같다.[128]

---

125. 양용근 목사의 생애, 신앙, 목회와 순교에 대해서는 양향모, '일제 신사참배 강요와 양용근 목사의 순교사에 관한 고찰', (칼빈대학교대학원, 신학박사 학위청구논문, 2017)을 참고할 것.

126. 8월 17일 늦은 밤 평양감옥에서 출옥한 이는 고흥봉 김화준 방계성 서정환 손명복 오윤선 이기선 이인제 조수옥 주남선 최덕지 한상동과 김린희 김형락 박신근 안이숙 양대록 이광록 장두휘 채정민 등 20명이다. 이현속은 다른 동료 20명과 함께 1945년 5월 18일 예심종결 판결을 받았으나, 5월 23일 옥중에서 사망하여 순교자가 되었다.

127. 김두석, 『두 감나무 고목에 활짝 핀 무궁화』(예음, 1985), 192,

128. 이상규, 『다시 쓴 한국교회사』, 233. 김승태, 167.

이름	직업	나이	거주지	적용법
이기선	목사	57	평북 의주	치안유지법위반, 불경, 보안법위반, 육군형법위반
김린희	전도사	38	평북 선천	치안유지법위반, 불경, 보안법위반
박신근	농업(집사)	37	평북 철산	치안유지법위반, 불경, 보안법위반
서정환	전도사	40	평북 강계	치안유지법위반, 불경, 보안법위반
한상동	목사	45	경남 밀양	치안유지법위반, 불경, 보안법위반
이인재 (이주원)	전도사	40	경남 밀양	치안유지법위반, 불경, 보안법위반
안이숙	무직	38	평남 평양	치안유지법위반, 불경, 보안법위반
이광록	약상(藥商)		평남 평양	치안유지법위반, 불경, 보안법위반
오윤선	무직	75	평남 평양	치안유지법위반, 불경, 보안법위반
고흥봉	목사	51	평북 강계	치안유지법위반, 불경
김형락	농업	43	평북 정주	치안유지법위반, 불경
김화준	농업, 전도사	47	평북 의주	치안유지법위반, 불경
손명복	전도사	35	경남 부산	치안유지법위반, 불경
방계성	전도사	58	평남 평양	치안유지법위반, 불경
양대록	집사	32	평북 초산	치안유지법위반, 불경
이현속	장로, 전도사	46	경남 함안	치안유지법위반, 불경
주남선 (주남고)	목사	58	경남 거창	치안유지법위반, 불경
조수옥	부인전도사	32	경남 부산	치안유지법위반, 불경
채정민	목사	74	평남 개천	치안유지법위반, 불경
장두희	무직, 서기	35	평북 강계	치안유지법위반, 불경
최덕지	부인전도사	45	경남 마산	치안유지법위반, 불경

신사참배 반대운동이 전개될 당시 주한 선교사들의 지원과 협조도 없지 않았다. 평양의 하밀톤(F. E. Hamilton, 咸日頓)과 말스버리(D. R. Malsbury, 馬斗元) 선교사 등은 불참배운동을 지원하여 운동자금을 지원하였고, 만주 봉

천주재 한부선(Bruce F. Hunt, 1903-1995) 선교사는 적극적으로 반대하고 반대자들을 지원하였다. 또 부산경남지방에서 일한 호주선교사 테메시(Miss Tate), 의사 마라연(Dr C. McLaren), 허대시(Miss Hocking) 서덕기(Rev Jim Stuckey) 등이 신사반대운동을 정신적으로 지원하고 이들의 가족을 보살폈다.

1945년 8월 17일 평양감옥에서 출옥한 신사참배거부자들
뒷줄 좌-우, 조수옥, 주남선, 한상동, 이인재, 고흥봉, 손명복
앞줄 좌-우, 최덕지, 이기선, 방계성, 김화준, 오윤선, 서정환

12. 신사참배 반대와 순교 / 이상규

- 주기철, 서성희, 이현속, 한상동, 손양원 목사 -

1930년대 일제의 신사참배 강요를 맞서 싸우는 과정에서 200여 교회가 파괴되었고, 2,000여 명 이상이 투옥되었고, 그중 50여 명은 옥중에서 순교했다. 그리고 투옥되어 있던 중 해방 이후 마지막으로 석방된 이들이 26명이었음을 앞에서 지적하였다. 이 중 순교자 주기철 목사와 서성희 전도사, 이현속 장로, 끝까지 믿음을 지켰던 고백자 한상동 목사와 손양원 전도사의 저항에 대해 소개하고자 한다.

주기철 목사

신사참배 반대와 이로 인한 희생의 대표적 인물이 주기철 목사(1897-1944)였다.[129] 평안도지방뿐 아니라 전국적으로 신사참배 반대의 상징적 존재였던 그는 신사참배는 제1, 2계명에 반하는 우상숭배라는 확신으로 신사참배에 대한 단호한 거부입장을 표명하였다. 그는 7년에 걸쳐 5년 7개월 동안 투옥되어 있었고, 종내 옥중에서 순교하여 한국교회를 대표하는 순교자로 지칭되고 있다.

주기철 목사는 1897년 11월 25일 경남 웅천읍에서 주현성(朱炫聲) 장로의 7남매 중 막내(4남)로 태어났다. 웅천의 개통학교에서 수학한 그는 이승훈이 설립하고 조만식이 교장으로 있던 민족운동의 본산 정주 오산학교에서 수학하였다. 그 후 연희전문학교 상과에 진학했으나 드라코마라는 안질로 학업을 계속할 수 없어 중퇴했다. 그러던 중 1920년 5월 마산문창교회에서 개최된 김

129. 주기철 목사의 신사참배 반대와 저항에 대한 자세한 논의는, 이상규, 『해방전후 한국장로교회의 역사와 신학』(한국기독교역사연구소, 2015), 355-391을 참고할 것.

익두 목사의 부흥회에서 특별한 사명의식을 깨닫고 1922년 4월 평양신학교에 입학하였다. 1925년 12월 신학교를 졸업하고 목사가 된 그는 부산 초량교회(1926-1931)에 부임하였다. 이곳에서의 5년간의 목회하던 중 1931년 경남노회에 신사참배 반대안을 앞질러 제출한 것으로 알려져 있다. 그후 마산 문창교회에서 시무하고(1931-1936) 1936년에는 평양 산정현교회(1936-1944)에 부임하였다. 이 교회에서 개최된 담임목사 환영 예배 때 평양신학교 교수였던 이성휘(李聖輝) 박사는 "우리는 산정현교회의 주기철 목사를 환영하는 것이 아니라 한국의 주 목사를 환영합니다."라고 했다. 주기철 목사는 산정현교회에 부임한 후 사실상 평양의 정신적 지주가 되었다. 당시 산정현교회는 독립지사 조만식(古堂 曺晩植)을 위시하여 유계준(劉啓俊), 김동원(金東元), 방계성(方啓聖) 등이 장로로 시무하고 있었다. 많은 이들이 주기철 목사를 위대한 순교자로만 알고 있으나 실제로 그는 엘리트 목사였고 명 설교가로 명성을 얻고 있었다.

신사불참배론자인 주기철 목사가 평양으로 전임하자 경찰은 그를 경계하고 그의 동태를 조사하기 시작했다. 1938년 2월에는 평양신학교 학생 장홍련이 평북노회장 김일선(金一善)의 기념식수 벌목 사건의 배후라는 이유로 검거되었다. 제1차 투옥이었다. 실제적으로는 아무런 관련이 없었으나 이때 3개월간 옥고를 치르고 석방되었다. 1938년 8월에는 신사참배 반대자란 이유로 두 번째로 검거되었다. 장로교총회에서 신사참배를 공식적으로 가결하게 위한 사전조치라는 점에서 예비적 조치였다. 이때의 조치는 사실상 아무런 관련이 없는 유재기(劉載奇, 1905-1949) 목사의 농우회(農友會) 사건과 관련시켜 검속한 것이다. 이때는 7개월간 투옥되어 있었다. 1939년 2월 석방된 후 산정현교회에서 행한 첫 설교가 유명한 '오 종목의 나의 기원'이었다.[130] 장로교 제28

130. 그의 다섯 가지 기도는, "죽음의 권세를 이기게 하옵소서, 장기간의 고난을 견디게 하옵소서, 노모와 처자와 교우를 주님께 부탁합니다. 의에 살고 의에 죽게 하옵소서, 내 영혼을 주님께 부탁합니다."였다. 그는 이렇게 설교했다. "나는 바야흐로 죽음에 직면하고 있습니다. 죽음에 직면한 나는

차 총회를 앞둔 1939년 9월 다시 구속되었는데, 제3차 구속이었다. 일제는 장로교총회에서 "국민정신총동원 조선예수교장로회연맹"조직을 모의하였는데, 이 과정에서 방해가 될 수 있다고 보아 다시 주기철 목사를 구속한 것이다. 이보다 앞서 1939년 8월, 일경은 주기철 목사에게 설교 금지령을 내린바 있으나 "나의 설교권은 하나님께 받은 것이니 경찰서에서 하지 말라 할 수 없다."며 거절하였고, "(설교를) 그만 두지 않으면 체포한다."고 협박했을 때 "설교는 내가 할 일이고 체포는 당신이 할 일이다."라고 응수하여 국가권력의 한계를 선언한 바 있었다. 거듭된 신사참배 요구와 회유를 물리치자 그를 다시 구속한 것이다. 그가 구속된 가운데 당시 평양노회장이었던 최지화(崔志化)를 이용하여 1939년 12월 주기철 목사를 파면하였고 산정현교회는 1940년 3월 24일을 끝으로 강제 폐쇄되었다. 주기철 목사는 1940년 4월 임시 석방되었다.

그러나 1940년 9월 다시 구속되었다. 조직적인 신사참배 반대운동이 만주와 평안남북도 지방, 그리고 경상남도 지방에서 거세게 일어나자 반대자 검속이 시작되었고, 1940년 9월 20일에는 이른바 '일제검거'라는 이름으로 신사참배 반대자들을 검속했다.[131] 가석방상태에 있던 주기철은 이 무렵 다시 투옥되었다. 4번째 구속이었다. 이때 피검된 인물로는 한상동, 손명복, 손양원, 주남선, 이인재, 조수옥, 최덕지 등이었다. 이때 투옥된 주기철 목사는 4년에 가까운 기간동안 가혹한 심문과 고문을 받았다.

1944년 4월 13일, 네 번째 투옥 3년 8개월이 지났을 때, 그의 몸은 극도로 쇠잔하여 병감(病監)으로 옮겨졌다. 4월 20일 부인 오정모와 마지막 대면했을 때 "내 하나님 앞에 가면 조선교회를 위해 기도하오리다."라는 말을 남긴 그는 1944년 4월 21일 금요일 밤 9시, 48년의 생애를 마감했다. 그는 아무도 없는

"사망권세를 이기게 하여 주옵소서. 기도하지 않을 수 없습니다. … 소나무는 죽기 전에 찍어야 시 푸르고 백합화는 시들기 전에 떨어져야 향기롭습니다. 세례요한은 33세, 스데반은 청장년의 뜨거운 피를 흘렸습니다. 이 몸도 시들기 전에 주님 제단에 제물이 되어지이다." 한국교회순교자기념사업회 편, 『주기철 설교집』(엠마오, 1992), 『주기철 설교집』, 10, 12.

131. "基督教에 不穩運動, 全鮮서 大檢擧着手," 「每日新報」 1940. 9. 22일자.

외로운 감옥에서 죽음을 맞았다. 그것이 믿음을 지켰던 한 목회자의 거룩한 순교였다. 그가 1934년 평양신학교 사경회에서 했던 말, "이 사람이 다른 것으로 우리 한국교회에 바칠 것은 없습니다. 주님을 위하여 목숨을 바치는데 앞장서겠습니다."는 설교를 실천하고 하나님의 부르심을 받았다.

서성희 전도사

경남 함안군 대산면 하기리 693-1번지에 위치한 하기교회 담임 교역자였던 서성희(徐聖熙) 전도사 또한 신사참배를 거부하여 순교자가 되었다. 함안군 대산면 지역에는 하기 교회를 비롯하여 구혜, 마산, 취무, 옥열교회 등 5개처 교회가 있었으나 하기교회는 지리적으로나 교인 수, 그리고 교회 지도력에 있어서 이 지역 중심교회였다. 하기 교회를 비롯하여 이 5개 처 교회의 교역자가 서성희 전도사였는데, 그는 1933년 부임하여 하기교회가 제공한 사택에 거주하며 위의 5개 지역 교회 목회자로 활동했다. 서성희 전도사는 경건하고 의지가 굳은 전도사로서 주일성수, 우상 배격을 강조하고, 그리스도인의 근검한 삶을 강조하여 절제운동을 강조하는 등 생활의 모범을 보인 교역자였다. 그는 또 교회 간의 연합의 필요성을 인식하고 1934년 3월에는 5개 처 교회를 연합하여 친목회를 조직하였고 이듬해에는 회장으로 이 모임을 지도하였다. 그 후에는 친목회 고문으로 배후에서 연합운동을 지도하였다.

이런 상황에서 일제에 의해 신사참배가 강요되었을 때 서성희 전도사는 이를 우상숭배로 간주하여 참배를 거부하였다. 당시 주변 교회의 이현속, 염애나, 황철도 전도사 그리고 호주여선교사 태매시 등도 서성희 전도사와 상호 영향을 주고받으며 신사참배를 거부하였다. 일제는 서성희 전도사를 이 지역 신사참배 반대운동의 중심인물로 간주하였고, 함안경찰서는 1941년 봄 서성희 전도사를 체포하여 심문하였고 경찰서 유도장에서 집단적으로 구타하였다. 일경은 신사참배를 수용하고 5개 처 지역 교인들에게 신사참배를 권장할 것을 요구했으나 서성희 전도사는 이를 거부하였다. 이런 폭력적인 고문은 수

일간 계속되었고, 구타 소리와 비명 소리는 경찰서 밖에서도 들을 수 있었다고 마산노회 공로목사인 이금도 목사는 증언하고 있다. 심한 고문으로 서성희 전도사는 의식을 잃게 되었고, 그가 가족들에게 인계되었으나 곧 의식을 회복하지 못하고 순교자의 길을 갔다. 장례식은 5개 처 연합으로 성대하게 거행되었고 유해는 함안군 대산면 하기리 동촌 뒷산에 안장되었다. 이 일로 5개 처 교회는 더욱 단결하여 신사참배를 거부하고 믿음을 지킬 것을 결의하였고, 주변 불신자들은 이 사건을 계기로 일제의 만행에 대해 분노하였다. 서성희 전도사의 순교는 분명한 사실이지만 6,25 동란으로 관계 문서가 소실되어 순교일자를 확정할 수 없다. 그의 아들이 부산북교회 원로목사, 총회장을 역임함 서완선 목사였다.

윗줄- 주기철, 주남선, 서성희, 아랫줄- 이현속, 한상동, 손양원

이현속 장로

경남 함안군 산인면 부봉리 548번지에 위치한 부봉교회 출신의 이현속 장로(전도사) 또한 해방을 3개월 앞둔 1945년 5월 23일 순교자의 길을 걸어갔다.[132] 이현속(李鉉續, 1900-1945)은 광무 4년인 1900년 12월 21일 경남 함안군 산인면 부봉리 705번지에서 이수목(李壽沐)과 하구류(河龜柳) 여사 사이에서 1남 2녀 중 장남으로 출생하였다. 그의 원래 이름은 쾌한(快漢)이었으나 1932년(소화 7년) 8월 22일 현속으로 개명하였다. 그의 아버지 이수목은 술과 담배를 즐기던 인물이었으나 40세경 간(肝)이 극도로 악화되어 고통을 당하던 중 전도를 받고 예수를 믿게 되었는데, 이런 환경에서 이현속은 약 6살 때부터 교회에 출석하기 시작했고, 1911년 8월 12일 세례를 받았다. 이현속은 당시의 조혼풍속을 따라 15살 때 남양 홍씨 가문의 홍선이(洪善伊)와 결혼하였고, 1921년 4월 19일에는 부봉교회의 영수가 되었다. 4년이 지난 1925년 1월 18일에는 부봉교회 장로가 되었다. 1926년에는 경남성경학원 입학하여 1년간 수학하고 부봉교회를 떠나 창녕군 소재 영산교회 전도사로 사역을 시작하였다. 1928년 4월경에는 진주 문산교회로, 2년 후에는 하동군의 하동읍교회로 이동했다. 이때가 1930년 2월 13일이었다. 이때부터 약 2년간 하계교회, 악양교회, 적양교회, 북천교회 등 주변의 6개 처 교회를 맡아 순회하며 예배를 인도했다. 1932년 3월 15일에는 경남 산청군 덕산으로 이동했다. 이곳에서 호주 선교부의 후원을 얻어 산청군 시천면 원리 123번지에 건평 20평의 예배당을 건축하기도 했다. 1934년 3월에는 평양에 있는 조선예수교장로회신학교에 입학하였다.

1937년 6월경에는 덕산교회 전도사를 사면하고, 산청군 생초면 어서리에 교회를 개척하기 위해 이동하였다. 그는 가난한 농촌지역 개척전도사로 일했으나 이 당시 제기된 신사참배를 반대하여 생초면 주재소로부터 출두명령을

132. 이현속 장로의 생애와 신앙, 순교에 대해서는, 이상규 편, 『이현속 장로의 생애와 순교』 (부산: 한국교회와역사연구소, 2016)을 참고할 것.

받고 조사를 받았고, 산청경찰서 유치장에 이틀간 구금되기도 했다. 그는 강력한 신사참배 거부자였고, 이 확신을 버리지 않았다. 결국 그는 신사참배를 거부한다는 이유에서 1939년 2월 10일 교회를 사임하고 고향인 함안군 부봉으로 돌아갔다. 그런 사정을 알게된 호주 선교부의 권임한 선교사는 그를 진주 배돈병원(培敦病院) 서기 겸 전도사로 일하도록 주선해 주었다. 병원에서 전도사로 일하면서도 신사참배 거부의사를 굽히지 않았고, 1940년 3월 27일에는 진주 봉래정에 있는 황성호(黃聖浩) 전도사 가정에서 한상동과 주남선 목사, 그리고 이인재 전도사와 함께 접촉하는 등의 일로 1940년 8월 19일, 배돈병원에서 체포되었다. 곧 사천경찰서로 이관되었고 1941년 3월 14일에는 최상림 목사와 함께 부산으로 압송되었다. 이현속은, 황철도, 최상림, 주남선, 최덕지, 김점용 등과 함께 남부경찰서 유치장에 수감되어 있던 중 1941년 7월 11일 부산을 떠나 평양으로 압송되었다. 투옥 기간 중 육신은 극도로 쇠약해 졌고, 1945년 4월 병보석으로 가석방되었으나 건강을 회복하자 재수감되었고, 한 달 뒤인 1945년 5월 23일 옥중에서 순교하였다. 이때는 예심종결을 받은 이후였으므로 그에 대한 법원의 기록은 그의 신사참배 거부에 대한 소중한 자료가 되고 있다. 그의 시신은 평양 돌박산 기독교공원묘지에 안장되었다.

한상동 목사

북한에서 조직적인 신사불참배 운동의 지도적 인물이 이기선(李基宣, 1878-1950) 목사라면 경남지방에서 대표적인 인물은 한상동(韓尙東, 1901-1976) 목사였다. 그리고 남과 북을 왕래하면서 두 지역의 운동을 연결해 준 이가 이인재(李仁宰, 1906-2000) 전도사였다. 1901년 7월 30일 경남 김해군 명지에서 출생한 한상동 목사는 1921년 9월경부터 삶의 문제로 고민하다가 1924년 4월 박창근(朴昌根)의 전도로 신앙을 갖게 되었고 이듬해 세례를 받았다. 호주장로교선교부의 배려로 진주 광림학교 교사(1927.9-1928)로 일하던 중 목사가 되기로 작정하고 서울의 피어선고등성경학교에 입학했다. 1933년에는 평양신학교에 입학하여 수학하고 1937년 3월 제32회로 졸업한 후 부산 초량교회 전도사로 부임하였다. 담임목사는 이약신 목사였다. 이때는 벌써 신사참배가 강요되기 시작하여 소위 '시국간담회'라는 것을 개최하여 교회 지도자들에게 참배를 유도하고 있을 때였다.

1937년 12월 경남노회에서 목사 안수를 받은 그는 주기철 목사의 뒤를 이어 1938년 1월 마산문창교회로 이동하였다. 그해 3월 6일 '3대 탄식'이라는 제목으로 설교하면서 "하나님이 선의로 창조한 만물을 국가가 악의로 사용하기 때문에 모든 만물이 탄식한다."고 설교하고 신사참배 반대의 입장을 분명히 했다. 마산 경찰서는 그에게 신사참배를 요구하였고 참배 못할 이유를 물었다. 이때 그는 십계명에 위배되는 점 등 6가지 이유를 들었다. 이 일로 감시를 받게 되자 마산 문창교회에 시무할 수가 없게 되어 부임한 지 6개월만인 7월 말 교회를 사임하고 부산으로 가 칩거하며 신사참배 반대운동을 전개했다. 1939년 8월 말경에는 부산 수영해수욕장에서 부인 김차숙과 윤술용, 이인재, 김현숙, 조수옥 전도사, 이정자(한정교 목사 부인), 백영옥 집사, 배학수(황철도 목사 부인) 등 10여 명의 뜻있는 동지들과 함께 조선교회 앞날을 위해 수양하면서 기도하였다. 이것이 경남지방에서의 조직적인 신사불참배 운동의 계기가 되었다. 1939년 10월부터 밀양 마산리교회에서 2개월간 임시로 목회하면서 신사불참배운동을 전개하였다. 그의 주장과 실행사항을 정리하면 다음과 같다.

1. 신사참배 하는 교회에는 출석하지 말 것.
2. 신사참배 하는 목사에게 성례를 받지 말 것.
3. 신사참배 하는 교회에 연보나 십일조를 하지 말 것.
4. 교회 출석하지 않는 성도들이 모여 예배하되 특별히 가정예배를 주로 할 것[133]

133. 이상규, 『한상동과 그의 시대』(SFC, 2006), 52.

등이었다. 신사참배를 용인하는 교회에 출석하지 말도록 한 것은 신사참배 목사는 수시로 교인들을 신사에 참배하도록 권장했기 때문이었다. 한상동 목사는 부산 경남 지역을 6개 구역으로 나누어 신사불참배 운동을 조직적으로 전개하도록 했고, 지역 책임자를 세워 상호 협력하게 했다. 부산지방은 한상동 목사를 비롯하여 조수옥(趙壽玉), 손명복(孫明復), 마산지방은 최덕지(崔德支), 염애나(廉愛拿), 이찬수(李贊秀), 함안지방은 이현속(李鉉續) 장로였고, 거창지방 주남선, 진주지방 황철도(黃哲道), 통영지방 최덕지, 김영숙(金英淑), 그리고 남해지방은 최상림(崔尙林) 목사 등이 지도자들이었다.

1940년 1월 1일 한상동 목사와 이인재 및 최덕지 전도사는 마산 노비산에 위치한 태매시(M. G. Tate) 선교사의 집에서 경남지역에서의 신사불참배 운동의 확산을 위하여 다음과 같은 사항을 합의 결정하였다.

1. 신사참배 하는 현 노회는 해체토록 한다.
2. 신사참배 하는 목사에게 세례 받지 않는다.
3. 신사불참배주의 신도들만의 새 노회를 조직한다.
4. 신사불참배 동지들 간의 상호원조를 도모한다.
5. 그룹예배의 여행과 동지 획득에 주력한다.[134]

그해 4월 2일 한상동 목사는 평양으로 가서 만주지방의 신사반대 운동자들과 만나 신사불참배 노회 재건을 협의하고, 그 다음날 채정민 목사 집에서 일시 석방된 주기철 목사와 만나 신사참배를 거부하는 이들만의 노회 구성을 협의했으나 주기철 목사는 '시기상조'라는 이유로 반대하였다. 그러던 중 한상동 목사도 1940년 7월 3일 체포되었고 경상남도 유치장에 투옥되었다. 1941년 7월 10일에는 평양형무소로 이감되어 있던 중 1945년 8월 17일 저녁 12시

134. 김양선, 『한국기독교사연구』(기독교문사, 1973), 196.

경 동료 20명과 함께 출옥하였다.

손양원 목사

손양원 목사(1902-1950)는 주기철 목사(1897-1944)와 더불어 한국교회 인물 중에 가장 존경받는 두 사람으로 지칭되어 왔다. 전기 작가인 안용준은 그를 '사랑의 원자탄'으로 비유했고, 신학자인 박형룡은 손양원 목사에게 '성자'라는 존호를 써도 무방하다고 했다. 자기의 두 아들을 죽인 원수를 용서하고 양자로 삼기까지 했고, 자기 본위의 안거위락(安居爲樂)을 거부하고 전라남도 여수의 나환자들을 위한 목회자로 봉사했기 때문이다.

손양원은 함안군 칠원면 구성리 685번지에서 손종일(孫宗一, 1871-1945)의 장남으로 출생했다. 1909년부터 부모를 따라 교회에 출석하기 시작했고, 1919년 10월 3일에는 호주 선교사 맹호은(孟虎恩, J. F. L. Macrae)에게 세례를 받았다. 고향의 서당에서 한학을 배운 그는 칠원보통공립학교(1913-1919)를 졸업하고 서울 중동중학교(1919. 4-)에 입학했으나 아버지가 만세운동에 가담한 일로 체포되자 학업을 중단하고 고향으로 돌아와 마산 창신학교에 편입하였다. 19살 때인 1921년에는 일본 도쿄의 스가모(巣鴨)중학교 야간부에서 수학하고(1921-23) 귀국했다. 이듬해 1월 17일에는 부모의 권유로 정양순(본명, 정쾌조)과 결혼하고, 그해 3월 재차 도일하여 7개월간 체류한 후 귀국했는데, 이때 일본의 성결교 인물로서 도쿄(東京) 이다바시(板橋)성결교회 목사인 나카다 쥬지(中田重治)의 영향을 받고 또 일본의 기독교인 무교회 신앙을 접하게 된다.

귀국한 손양원은 진주의 경남성경학원에서 수학하고(1926. 3-1929. 3) 목회자로의 삶을 시작했다. 즉 경남지역의 울산방어진교회, 양산교회 전도사로 일하면서 남창교회, 원동교회, 그리고 밀양수산교회를 설립하는 등 복음전도자로 활동했다(1926-1934). 특히 손양원은 부산 감만동의 나병원(癩病院) 내의 상애원(相愛園)교회에서 일하면서 호주 출신의 메켄지(Noble Mackenzie)

선교사와 접촉하게 된다. 이때 한국의 나환자들을 위한 외국인의 헌신적인 봉사를 목격하면서 내 민족의 환자들을 내가 돌보아야 한다는 확신을 갖게 된다. 1935년 4월에는 목사가 되기 위해 평양신학교에 입학하여 3년간 수학하고 1938년 3월 졸업하였고, 이후 부산지방 순회 전도사로 김해, 양산, 함안 등지에서 활동했다.

손양원 목사의 삶은 3가지 측면에서 정리할 수 있는데, 나환자들과 함께한 그의 목회적 삶(1940년 이전), 신사참배 반대와 투옥(1940-1945), 그리고 해방 이후의 두 아들의 죽음과 순교(1945-1950)가 그것이다. 여기서는 신사참배 반대와 그 이후의 사역에 대해 소개하고자 한다.

한국교회에 대한 일제의 박해는 다양했으나 대표적인 경우가 신사참배 강요였는데, 손양원 전도사는 이를 거부하였다. 그래서 그는 애양원에서 일하던 중인 1940년 9월 25일 체포되었다. 손양원은 개인적으로 신사참배를 반대했을 뿐만 아니라 부흥집회를 통해서도 신사참배는 우상숭배로서 계명을 어기는 것이라고 설교했기 때문에 그의 체포는 예견된 일이었다. 여수 경찰서에 구금된 그는 곧 광주형무소로 이송되었고 1943년 10월 8일 청주형무소로 이송되었다. 그의 죄명은 '치안유지법(治安維持法) 위반'이었다. 그가 체포된 후 곧 그의 가족은 애양원 사택에서 쫓겨났고, 적절한 거처가 없던 이들은 전전하던 끝에 부산 범일동 범내골 판자촌(현제 변전소 근처)으로 옮겨 갔다. 이때 가족들은 많은 고초를 겪었는데, 이런 어려움 중에서도 손양원 목사의 부인은 부산 사상교회의 민영석 집사가 신사참배를 반대해 투옥되어 있다는 소식을 듣고 사상의 민영석 집사 집을 정기적으로 방문하고 쌀 두서너 되, 토란 줄기, 갈치 말란 것 등을 나눠주는 사랑을 베풀었다고 한다. 손양원 목사의 자녀들은 신사참배를 반대해 학교를 포기하고 생계를 위해 직장을 다녀야 했다. 그래도 살기 어려워 가족들은 뿔뿔이 흩어졌고, 딸 동희와 아들 동장은 1944년 초부터 해방이 오기까지 구포의 '애린원'이라는 고아원에서 살았다.

만 5년간 투옥되었던 손양원은 해방과 함께 1945년 8월 17일 석방되었고 흩어졌던 가족이 다시 모여 다시 애양원으로 돌아갔다. 1946년 2월에는 목사 안수를 받았다. 해방 후 상황은 혼란했다. 좌우익의 대립이 심화되었고, 정치적으로나 사회적으로 혼란했다. 이런 상황에서 일어난 사건이 1948년 10월 19일의 '여순(麗順 반란)사건'이었다. 여순사건이란 여수에 주둔하고 있던 국군(당시 국방군) 제14연대를 제주 4·3사태를 진압하기 위해 급파하기로 했을 때 지창수, 김지회 등 좌익계 군인들이 중심이 되어 제주도 출동을 거부하고 반란을 일으킨 사건을 의미한다. 이들은 19일 저녁 8시경 무기고와 탄약고를 점령하고 선동과 위협으로 반란군에 동참하게 했다. 곧 경찰서와 관공서를 장악하고 여수·순천을 휩쓴 뒤 곧바로 광양·곡성·구례·벌교·고흥 등 전라남도 동부 5개 지방을 장악했다. 해방 후 공산당을 비롯한 좌익세력의 활동이 불법화되자 이들 세력은 지하활동으로 전환하여 폭동과 살인, 방화를 통해 사회적 불안을 일으키고 소위 '혁명적 여건'을 조성하고자 했던 것이다.

비록 반란은 일주일 만에 진압되었으나 많은 양민이 희생되었다. 이 당시 좌익학생들은 기독교는 친미적이라 하여 크리스챤 학생들에게 폭력을 가했는데, 이 와중에서 손양원의 두 아들 동인과 동신이 살해되었다. 손 목사의 투옥 때문에 제대로 교육받지 못했던 이들은 순천사범학교와 순천중학교에 각각 다니고 있었는데 반란이 일어난 다음날인 10월 21일, 좌익 학생들에 의해 피살된 것이다. 손양원 목사는 두 아들을 죽인 범인을 용서하고 양자로 삼았고, 두 아들의 장례식에서 답사를 하면서 아홉 가지 감사를 말했는데 이 소식을 들은 백범 김구 선생은 손양원 목사를 진정으로 존경하게 되었다고 한다. 해방 후 손양원은 애양원 교회에서 목회하는 한편 회개운동을 전개하고 '국기에 대한 경례' 반대 운동을 전개했다.

1950년 전쟁이 일어났을 때는 피난 가지 않고 교회를 지키던 중 1950년 9월 20일 수요일 공산당원에게 체포되었고 28일 목요일 밤 순천으로 옮겨가던 중 미평(美坪)에서 총살되었다. 48년의 삶을 마감하고 순교자의 길을 간 것이다.

13. 1940년대의 신학적 상황과 신학교육 / 이상규

한국교회 초기라고 볼 수 있는 1930년대 이전까지 한국교회의 신학이란 선교사들의 신학이라고 할 수 있고, 그 신학은 보수주의적이고 복음주의적인 신학이었으나 1930년대 새로운 신학운동이 일어났고, 특히 미국과 일본 교회의 영향으로 진보적인 혹은 신정통주의 신학이 소개되었음을 앞에서 소개하였다. 그러다가 1940년대 이후 보수주의 신학은 퇴조하고 진보주의 혹은 자유주의적인 신학이 소개되는데, 그 중심이 조선신학교였다.

김재준의 신학

한국에서의 자유주의 신학의 중심인물은 김재준(金在俊, 1901-1987) 목사였다. 김재준은 김익두(金益斗, 1874-1950) 목사의 감화로 기독교 신자가 되었고, 일본 아오야마 가쿠인(青山學院) 신학부에서 3년간(1925-1928) 유학하고 도미하여 핏츠버그에 있는 웨스턴(Western)신학교에서 3년(1929-1932), 그리고 프린스톤에서 일 년간 연구한 후 1933년에 귀국하였다. 남궁혁은 그를 평양신학교 교수로 추천했으나 박형룡은 그의 신학사상을 문제시하여 교수로 채용되지 못했다. 그래서 그는 1930년대의 대부분을 평양 숭인고등학교(1933-36)와 간도 용정의 은진중학교(1936-39) 성경교사로 일했다. 비록 교수는 되지 못했으나 「신학지남」의 남궁혁 편집인의 배려로 김재준은 자신의 신학을 피력하기 시작하였다. 즉 그는 1933년 귀국 후부터 1935년까지 9편의 논문을 기고하였다.[135] 이런 기고문을 통해서 김재준은 자신의 신학 입장을 천명

135. 발표한 논문을 연대순으로 보면 다음과 같다. 1933년: 욥기에 현한 영혼불멸(15권 3호), 전기로 본 예레미야의 내면생활(15:5), 아모스의 생애와 예언(15:6), 1934년: 이사야의 "임마누엘"예언 연구(16:1), 새양심의 창조(16:3), 실존의 탐구(16:5), 1935년: 뺵맨운동과 그 비판(17:1), 그리스도의 부활에 대한 연구(17:1), 위대한 종결-예레미야의 최후(17:3).

했고 성경에 대한 역사비평학적 입장을 드러냈다. 특히 문제가 된 것은 「신학지남」 1934년 1월호에 쓴 "이사야의 임마누엘 예언 연구"였다. 김재준은 이 글에서 이사야가 예언한 '처녀가 잉태하여 아들을 낳을 것이라'는 말의 '처녀'를 '젊은 여자'로 고쳐 읽었다. 또 이것이 사실에 가깝고 본문에 가까운 내용이라고 주장하였다. 그리고 거기서 '표적'을 꼭 '이적'으로 볼 것은 없다고 지적하므로 성경에 있는 초자연적 기사에 의문을 제기하였다. 김재준 목사의 이러한 해석은 당시 교회에 대한 심각한 도전이었다.

이때 「신학지남」 편집위원의 한 사람이었던 박형룡은 편집인 남궁혁에게 사표를 제출함으로 항의하였고, 김재준은 1935년 5월호를 끝으로 「신학지남」에 더 이상 기고할 수 없게 되었다. 박형룡이 볼 때 김재준은 성경의 축자적 영감설을 부인하고, 성경의 역사적, 과학적 오류를 주장함으로 보수주의 신학과는 완전히 대립되는 자유주의 신학이었고, 전통과 정통을 무시할 뿐만 아니라 그것과 대결하여 싸우려는 자유주의 신학자였다.

김재준과 박형룡의 대립은 시작에 불과했다. 신학적 대립은 캐나다연합교회 선교구역이었던 함경도 지방에서 보다 뚜렷했다. 곧 해외에서 신학을 연구한 이들이 귀국하면서 '다른 전통'이 힘을 얻기 시작하였다. 이런 상황에서 나온 것이 마포삼열의 경고였다.

> "근래에 신신학(新神學)이니 신복음이니 하는 말을 하며 다니는 사람이 있는 모양인데, 우리는 그러한 인물을 삼가야 합니다. 조선에 있는 선교사들이 다 죽는다든지, 혹은 귀국한다든지, 혹은 선교사업을 최소한도로 축소한다든지 할지라도 조선교회 형제여, 40년 전에 전파한 그 복음을 그대로 전합시다. 나와 한석진(韓石晋) 목사가 13도에 두루 다니며 전파하던 그 복음, 양전백(梁甸伯) 목사가 선천(宣川)에 전하던 그 복음은 저들의 지혜로 한 것이 아니었고, 오직 성신의 감동을 받아 전한 것이었으니 앞으로는 그것을 조금도 변경치 말고 받은 그대로 전합시다."

1935년 이후 해방 전까지 신학적인 문제가 총회적 차원에서 제기된 것은 신사참배건 뿐이었다. 그것은 일제 치하라는 시대적 제약도 있었으나, 그보다는 이때까지의 장로교 총회는 보수주의적 성향이 절대적이었음으로 승산이 없는 진보적 신학이론을 제기하지 않았기 때문이었다.

그러나 1930년대 말부터 한국의 신학 판도는 크게 변모되고 있었다. 이 변화에 동기를 준 사례가 신사참배 강요와 한국교회에 대한 탄압이었다. 1935년부터 신사참배가 강요되었고, 1938년 장로교 총회의 신사참배 가결 이후 교회에 대한 탄압은 가중되었다. 교회에서의 구약의 특정 본문에 대한 설교를 금지시키는가 하면 찬송 일부의 삭제를 명하기도 했다. 보수주의 신학의 보루였던 평양신학교는 1938년 1학기를 끝으로 사실상 폐교되었고, 1918년 창간되어 22년간 장로교회의 신학을 주도해 오던 「신학지남」은 1940년 8월호를 끝으로 폐간되었다. 보수주의 신학의 연구와 변증은 제한을 받게 되었고, 그 영향은 해방 후까지 계속되었다. 또 주한 선교사들이 강제출국 당하고, 보수주의 지도자들은 투옥되거나 해외로의 망명을 선택했다. 이런 일련의 사건들은 보수주의 신학의 약화를 초래했고, 그 신학적 공백상태에서 자유주의 신학은 지경을 넓혀갈 수 있었다. 결국 보수주의 신학은 급속도로 위축되었고, 교회의 주도권은 자유주의자의 손에 넘어갔다. 그래서 김양선은 "보수주의는 붕괴되고 지금까지 저들의 손에 있던 교회의 지도권은 일본에서 고등교육을 받은 사람들의 손에 넘어가게 되었다"고 평가했다.[136]

박형룡의 신학

김재준과는 달리 박형룡(朴亨龍, 1897-1978)은 한국에서의 보수주의 신학의 중추로서 신정통주의나 자유주의 신학과 대결했던 보수신학의 파수군이었다. 1897년 평안북도 벽동에서 출생한 박형룡은 평북 선천의 신성중학교

136. 김양선, 192. 김양선는 자유주의 신학을 "변질된 신학사상"이라고 불렀다.

(1916), 평양의 숭실전문학교(1920)를 거쳐 중국 남경(南京)의 금능대학(1923)에서 수학하고, 도미하여 프린스톤신학교에서 신학사와 신학석사 학위를 받고 1926년 졸업하였다. 이어 켄터키 주 루이빌에 있는 남침례교신학교에서 9개월간 수학하고 1927년 귀국하였다. 1932년에는 이 학교로부터 철학박사 학위를 받았다. 귀국한 그는 평양 산정현교회 전도사로 일하는 동시에 숭실전문학교와 평양신학에서 가르치다가 1931년 4월부터 평양의 장로회신학교 변증학 전임교수가 되었다. 이때부터 박형룡은 보수주의 신학을 변증하고 대변하는 역할을 하게 된다.

신사참배 문제로 1938년 1학기로 평양신학교가 폐교되자, 만주로 망명한 그는 1941년에는 만주 동북신학원 교수 및 교장으로 취임했다. 해방 후 귀국한 그는 1947년 10월 부산의 고려신학교 교장으로 취임했으나 한상동 목사와의 의견대립으로 고려신학교 교장직을 버리고 상경하여 1948년 6월 남산의 장로교신학교 교장으로 취임했다. 1952년에는 총회신학교 교장으로 취임하여 1972년까지 활동하고 은퇴했다.

그는 1935년 『근대 기독교신학 난제선평』이란 책을 저술한 이래, 『표준성경주석 로마서』를 포함한 4권의 주석서와 『우리의 피난처』라는 제목의 설교집, 『기독교 변증학』 등 단행본과 전7권의 『교의신학』을 완간했다. 1978년에는 박형룡의 모든 저작을 한데 묶어 전 14권의 『박형룡박사 저작전집』이 출판되었다.

박형룡 박사는 개혁주의 정통신학을 한국에 소개하는 데 기여한 인물로 평가되고 있다. 그가 프린스톤에서 공부한 때는 1923년에서 1926년 어간이었는데, 이때는 미국교회의 신학적 변화와 이로 인한 대립과 갈등의 시기였다. 1812년 설립된 프린스톤신학교는 16세기 개혁신학과 17세기 유럽의 칼빈주의적 장로교 정통주의를 이어받는 "칼빈주의적 정통주의 신학의 진정한 보루(a veritable bastion of calvinistic orthodoxy)였고, 알렉산더, 하지, 워필드, 메이첸 등이 프린스톤 신학을 주도하였다. 그의 신학적 체계에 가장 큰 영향을 준 인물은 메이첸(G. Machen, 1881-1937)이었다. 박형룡 박사는 1930년대 한국교회의 '다른 전통'에 대항하고 김재준의 자유주의 신학에 대항하여 한국교회의 정통신학을 지키고 이를 계승하는 역할을 감당하였다. 이런 맥락에서 그의 신학은 방어적 근본주의 성격을 띠게 된다.[137] 그에게는 변증과 옹호가 중요한 사상적 맥이었고, 그가 『기독교근대신학 난제 선평』에서 말한바와 같이 "신학사상의 바른 자와 그른 자를 획별차천명(劃別且闡明)"하는 것을 교회를 위한 사명으로 이해했다. 그러면서도 그의 신학에는 고도의 교리적이고 사변적인 성격이 짙었다. 박형룡 박사는 1930년대 이래로 정통주의 혹은 보수주의라고 일컬어지는 한국교회의 신학전통을 기초 놓고 이를 파수하며 계승해 가는 50년간의 변증과 대결과 투쟁의 중심에 서게 된다.

조선신학교의 설립

1901년 설립된 평양신학교가 폐교되자 서울과 평양에 새로운 신학교가 설립되는데, 서울에 설립된 학교가 조선신학교였다. 김재준, 송창근(宋昌根), 윤인구(尹仁駒) 등은 승동교회 김대현 장로의 재정적 후원과 김영주(金英珠), 차재명(車載明) 등의 지원을 얻어 1940년 4월 서울 승동교회에서 '조선신학교'(朝鮮神學校)를 개교하였다. 이미 있던 평양의 신학교가 폐교되는 상황에서 조선신학교가 개교될 수 있었던 것은 그 중심 인사들이 일제의 정책에 순응적이었기 때문에 가능한 일이었다. 김재준은 '선교사 집권 시대'는 끝났다고 주장하고 신학과 신학교육의 자주를 내세웠는데, 이것은 세계교회로부터의 한국교회를 이탈시키고자 했던 일제의 정책과 일치하고 있었다. 김재준은

137. 정경옥(1901-1945)의 "조선 기독교 신학사상의 동향"이란 글에서 조선신학의 보수진영의 대표자로 장로교의 박형룡과 감리교의 변홍규을 들고 있으며, 변홍규 박사를 '경건한 주지론자' 로, 그리고 '신앙은 보수요 신학은 신진'이라고 할 인물로 경남의 윤인구, 연전(延專)의 갈홍기, 이전(梨專)의 김영의, 부산진의 송창근, 간도의 김재준을 들고 있다. 그리고 바르트신학에 기울어진 분으로 복음교회의 최태용, 갈홍기 그리고 정경옥 자신을 칭하고 있다. 특히 박형룡을 가리켜 '직업적인 칼빈주의자이며 소위 미국 근본주의의 대언자'라고 했다. 「기독신문」 20(1939, 12).

평양신학교의 교육이념과 전통을 전적으로 개혁할 것을 말하면서, "조선교회의 건설적인 실제면을 고려에 넣는 신학"을 강조했는데, 이것은 한국교회의 기존의 신학전통으로부터의 이탈을 의미했다.

조선신학교는 1940년대 보수주의 신학의 폐허 위에서 진보적 신학의 기반을 다져갔고, 결국 한국에서 신정통주의 혹은 자유주의 신학의 온상의 역할을 감당했다. 조선신학교는 해방 이후 오늘에 이르기까지 보수주의와는 '다른 전통'을 파종하고 추수하는 결과를 가져온 것이다.

해방 당시 남한지역의 유일한 장로교신학교였던 조선신학교는 1946년 6월 11일부터 14일까지 서울 승동교회에서 회집한 '남부총회'에 의해 한국 장로교 직영신학교육기관으로 승인됨으로서[138] 한국장로교회 신학적 주도권을 행사하게 된다. 그러나 이 신학 때문에 5년 후 총회직영이 취소되었고, 결국 장로교 총회의 배척을 받아 1953년 기독교장로회라는 이름의 별도의 조직으로 분리하게 된다.

후 평양신학교

서울에 사설(私設) 조선신학교가 개교되자, 장로교 총회는 총회 직영신학교를 평양에 설립하기로 가결하고, 1939년 3월 3일 평양서문밖교회에서 신학교육부가 회집하여, 신학교는 총회 직영으로 하되 기본금 50만 원을 모금하기로 했다. 이것은 내면적으로는 조선신학교에 대한 거부인 동시에 기청(畿淸) 지역이 아닌 관서(關西)지방에 신학교를 재건해야 한다는 지역적 정서가 반영된 것이었다. 이들은 기존의 선교사 중심의 평양신학교의 인계를 청원 하였으나 선교부는 이를 거부했다. 그럼에도 불구하고 오문환(吳文煥), 김선환(金善煥) 등은 1939년 11월 김석창(金錫昌)을 교장으로 고려위, 김관식, 윤하영 목

138. 이때의 결의문은 다음과 같다. "조선신학교를 총회가 직영키로 하고 대학령에 의한 신학교로 하기로 함." 이 결의문은 총회록에는 누락되었다. 총회회의록, 11권(1946-1956) (대한예수교장로회 총회, n.d.), 1-6참고. 이 총회에 주남선 목사가 총대로 참석하였다.

사 등을 교수진으로 하여 평양선교리 동덕학교 교사를 빌려 새로운 평양신학교를 개교하였다. 이 학교를 이전의 선교사가 운영하던 평양신학교와 구별하기 위해 '후(後)평양신학교'라고 부른다. 설립 이듬해 2월에는 서울에서 조선신학교를 돕던 채필근 목사가 평양으로 와 이 신학교의 교장으로 취임했다. 평안남도 중화군 출신으로 숭실전문 출신인 채필근은 후 평양신학교를 선택하여 의리 없는 처신이라는 비난을 감수했다. 이 학교는 1940년 2월 9일 조선총독부의 인가를 받아 4월 11일 공식적인 개교식을 거행하였다. 이 학교는 인가를 받기 이전, 곧 1939년 10월 말부터 1940년 3월 9일까지 공부한 9인에게 졸업증서를 수여했는데, 이들이 흔히 평양신학교 제35회(1940) 졸업생으로 간주되고 있다. 후 평양신학교는 1945년 공산정권에 의해 폐쇄되기까지 7회에 걸쳐 162명의 졸업생을 배출했다. 북한 공산정권의 어용 인물이었던 강양욱(康良煜, 1903-1983)은 이 시기에 교육받은 이로서 1943년 38회로 졸업했다. 해방 후 북한이 공산화되자, 이 학교는 자연 폐교되었고 단명한 신학교가 되고 말았다. 선교사 중심의 평양신학교가 폐교된 현실에서 교역자 양성을 위한 잠정적 역할을 감당했으나 한국교회 형성에 기여하지 못했다.

봉천신학원 (동북신학교)

국내에서 평양신학교가 폐교되자, 봉천에서는 1941년 서탑한인교회 담임목사였던 정상인 목사의 주도로 새로운 신학교가 설립되었다. 국내에서의 신학교육이 사실상 불가하다는 점과 만주로의 한국인 이주자들이 많아지자 이들을 대상으로 한 신학교육 기관을 설립한 것이다. 1940년 9월 당시 만주에는 300여 장로교회와 동만 북만 남만 봉천 등 4노회가 있었고, 교역자 수는 172명(목사 65, 선교사 3, 남여전도사 104명)에 달했다. 망명 신학자 박형룡과 박윤선이 교수로 초빙되기도 했으나, 그것은 장로교 신학교가 아니라 초교파 신학교였다. 장로교를 비롯하여 감리교, 성결교, 침례교 등 여러 교파가 연합하여 조직된 조선기독교연맹의 후원으로 설립된 학교였지만, 특정 교회조직과 연계된 것은 아니었으므로 이 또한 사설 신학교 범주에 속했다. 그럼에도 불구하고 교세가 우세한 장로교가 주도적인 역할을 감당했다. 봉천신학원은 처음에는 봉천시 대화구 대화정 15-3의 서탑교회당에서 수업했으나, 1942년에는 황구룬구 대원가 지역에 새로 건축한 교사에 입주했고, 학생 수는 20-30명 정도에 불과했다. 이 학교는 후일 동북신학교로 개칭되었고 3회의 졸업생을 배출했는데,[139] 졸업생 수는 30여 명 내외에 불과했을 것이다. 해방과 함께 한국인들이 귀국하게 되자, 1947년 8월 말로 폐교되었고, 교장이었던 박형룡 박사 자신도 송상석 목사의 인도로 만주를 떠나 귀국했다. 이 학교는 만주에 위치하고 있었고, 해방 후 다수의 신학도들이 귀국하게 됨으로서 단명했고, 한국교회에 영향을 주지 못했다. 결국 해방 당시 국내에는 친일적 배경의 타협적인 신학을 추구하는 조선신학교가 유일한 학교였다.

139. 졸업생 중에서 귀국하여 활동한 인물로는 김치묵 남영환 백리언 오병수 이성찬 이응화 장동훈 전병홍 정찬준 최의종 황금천 등이다. 문동환과 문익환도 이 학교에서 공부했다고 한다. 『장로회신학대학 70년사』, 122.

14. 일제 말엽 한국교회의 훼절 / 양향모

1930년대 일제는 대륙침략을 위한 전쟁을 시작하였고 국가주의를 강화하였다. 일제는 천황이데올로기를 통하여 국가를 가장 높은 자리에 올려놓고 식민지 조선인들이 일제에 충성을 다하도록 하였다. 이 시기에 일제는 이른바 '심전개발운동'(心田開發運動)을 통하여 "일본은 만세일계(萬世一係)의 천황이 다스리는 나라"라는 것과 경신숭조(敬神崇祖) 사상을 통하여 천황을 현인신(顯人神)으로 섬기게 했다. 또 일제는 '조선병참기지화정책'을 수립하여 개인의 이익을 추구할 수 없고 오직 국가의 이익을 위해서 봉사하게 하였다. 그러나 조선인들은 자신들이 일본인이라고 생각하는 사람이 소수에 불과하여 이런 정책에 적극적이지 않았다. 이런 소극적인 자세를 개선하기 위해서 '황민화정책'을 수립하여 '황국신민서사'(皇國臣民誓詞)를 제정하고 신사참배와 황거요배 등을 강요하였다.

교회는 이에 대하여 거부하거나 대항하지 못하고 쉽게 수용하고 말았다. 1938년 5월 말 현재 많은 교회들이 이미 일제에 순복하고 있었음을 알 수 있다. 국기 게양탑을 건설한 교회 88%, 국기에 대한 경례 96%, 국가봉창 82%, 동방요배 96%, 황국신민서사 제창 93%, 신사참배 55% 등으로 나타나 있다.[140] 1940년대에 들어와서 일제는 거기에 만족하지 않고 기독교를 변질시켜서 교회를 말살시킬 계획을 세웠고 이미 신사참배 수용으로 변절된 교회 지도자들이 일제의 정책에 순응한 사건이 '일본기독교 조선교단' 형성으로 발전했다. 이는 교회의 교리 자체를 변질시켜서 기독교가 아닌 사이비 이단과 같은 교회로 만들고자 했던 부끄러운 역사였다.

---

140. 김승태 편역, 『일제강점기 종교정책사 자료집』(서울: 한국기독교역사연구소, 1996), 257.

일본기독교 조선교단 설립

일제가 조선교회를 일본화하려고 하기 전에 먼저 기독교를 일본화하여야 한다고 주장하는 사람도 있었다. 그 한 사람이 갈홍기(葛城弘基) 연희전문학교 교수였다. 그는 1942년 9월 15일부터 18일까지 경성일보에 "문화, 기독교의 일본화를 논한다."라는 제목으로 4회에 걸쳐서 기고했다.[141] 그 기고문의 요지는 조선의 기독교가 미국 영국의 색채가 진하기 때문에 일본적인 기독교로 다시 태어나게 해야 할 시급한 문제 중에 하나라고 했다. 그 이유는 일본의 종교가 유교와 불교를 받아들였고 서양문물을 많이 수용해서 그 내용이 풍부하기 때문에 조선 기독교도 일본화해야 한다고 했다. 그리고 기독교를 일본화하는 것이 기독교가 일본 통치하에서 살아남는 유일한 길이라고 했다. 유일신 하나님을 섬기고 오직 예수님을 그리스도로 믿는 믿음만이 구원에 이르는 기독교의 핵심을 버리고 혼합종교인 일본기독교에 자발적으로 합류하려고 한 것이다.

그런가 하면 조선의 각 교파는 자발적으로 일본 기독교회에로의 편입을 지향하고 있었다. 장로교회는 총회를 해산하고 일본기독교 조선장로교단으로, 감리교의 총리원 이사회는 친일적인 개혁안을 정하고 일본 감리교회와의 합동을 결의하였다. 구세군은 '조선 구세단'으로 바꾸고 통합을 위한 기구를 조성했다. 성공회와 성결교와 안식교는 일본기독교와의 통합을 거부하는 성명을 발표하고 스스로 해산했다. 외형적으로는 스스로 해산이지만 일제의 강압에 의한 강제 해산이었다.

이런 상황에서 일제는 각 교파를 일본 교단에 흡수시키기 위해서 먼저 조선의 교단을 하나로 통합하려고 했다. 1942년 초부터 교파합동위원회가 구성되어 활동하기 시작했고 '조선 기독교 합동준비위원회'를 구성했다. 1943년 4월에는 감리교단이 장로교단 일부와 손을 잡고 "조선 기독교 혁신교단"을 출

141. 김승태 편역, 『신사참배 문제 자료집 2』(서울: 한국기독교역사연구소, 2014), 214-216.

범시키고 장로교 경기노회 소속의 전필순 목사를 통리로 임명했다. 그러나 감리교가 내세운 혁신안이 장로교가 받아들일 수 없는 것이었다. "이 교단에서는 유대주의와 관련된 부분, 특히 출애굽기와 다니엘서, 요한계시록을 삭제하도록 했으며 시간이 지나면서 신약의 사복음서만 남겨놓고 모두 삭제하기로 했다"[142] 혁신 교단이 준비한 혁신안 중 핵심은 구약성경을 교회에서 사용하지 말라는 것뿐만 아니라 일본의 개국신(開國神)을 둔 신단(神壇, 가미다나)을 예배당에 설치하자는 것이었다. 구약성경은 유대민족의 민족사이기 때문이고 신단의 설치는 조선인의 일본화를 위한 정신무장을 위해서라고 주장했다.

이 혁신안을 따라서 구약성경과 요한계시록을 성경에서 삭제하고, 신약성경에서 마음에 들지 않은 부분은 검게 칠하여 보지 못하게 했다. 이 혁신안은 장로교뿐만 아니라 이를 주도한 감리교에서까지 반대하는 사람이 많았기 때문에 "조선기독교 혁신교단"은 자연스럽게 해체되고 말았다. 장로교는 이 단체의 이름을 "일본기독교 조선장로교단"이라고 고쳐서 출발했지만 이 역시 일제에 협력한다는 명목으로 기독교 교리의 많은 부분을 변질시켰다.

여러 가지 모양으로 교파를 통폐합시켜 일본기독교에 예속시키려는 운동이 지속되던 중 1945년 7월 19, 20일 서울 정동감리교회에서는 한국의 모든 교파를 망라하여 '일본기독교조선교단'으로 통합되었다. 물론 일제의 강압에 의한 것이었다. 이때 각파 대표로 장로교 27명, 감리교 21명, 구세군 6명, 그리고 소교파 5곳에서 각 1명으로 5명의 대표가 참석했다. 감리교의 김인영 목사가 의장으로, 장로교의 조승제 목사가 부의장으로, 김종대 목사가 서기로 선임되었다. 이때 '총회장'이라는 말은 사라지고 '통리'(統理)라는 호칭으로 대치되었는데, 통리에는 김관식 목사가 피임되었고, 산하의 부산교구장에는 김길창(1892-1977) 목사가 선임되었다. 이들은 1945년 8월 1일 자로 업무를 개시하였으나 불과 2주일 후 해방을 맞아 어용 교회조직은 물거품이 되었다.

---

142. 김수진, 『한국장로교 총회창립 100년사 1912-2012』(서울: 홍성사, 2012), 237.

일본기독교 조선교단의 기독교의 말살 정책

일제는 조선의 기독교를 말살하기 위하여 처음에는 신사참배나 동방요배를 강요하고, 교회를 탄압하거나 분열운동을 전개했으나 이제는 기독교 교리 자체를 변질시켜 친일 조직화하고자 했다. 그들은 먼저 성경을 자신들에게 불리한 것은 제거하게 했다. 구약성경은 유대인의 역사라고 하여서 제거하려고 했다. 일제만이 천황이 세우고 다스리는 나라인데 유대인들이 자기 하나님만 유일신이라고 주장하고 자기들만 신이 다스리는 나라의 백성이라고 하는 것을 못마땅하게 여겼기 때문이다. 이 유대주의가 기독교의 모체가 되어서 민족적 우월감을 가지게 했고 기독교도 역시 민족적 우월감을 가지고 있다고 생각했다. 요한계시록도 성경에서 제거하도록 하였는데 계시록에서 이 세상의 모든 나라가 망하게 될 것이고 하나님께서 다스리는 하나님 나라가 세워질 것이라고 주장하고 있기 때문에 천하를 다스리려고 하는 일제 정책에 걸림돌이 되는 것이었기 때문이다. 그들은 기독교의 본질인 복음의 핵심을 변질시키려고 했다. 기독교도 다른 종교들처럼 착하게 살고 바르게 살고 세상에서 마음이나 평안하게 인도해주는 현세적 종교로 만들려고 했다. 성경에 기록된 말세나 심판, 그리스도의 재림은 실제가 아니라 상징적인 교훈으로 받아들여 재림이나 말세나 심판은 실제로는 없는 것으로 만들려고 했다.

그런데 한국교회는 일제의 종교 말살 정책에 대항하지 못하고 모든 교단이 혁신안에 동조하여 혁신안을 발표하기도 했다. 장로교회는 "대한예수교장로회 혁신요강"[143]을 만들어 총회장 곽진근의 담화와 함께 공포하였는데, 지도원리 등 9개 항목으로 된 혁신 요강을 보면 장로교도 더 이상 기독교가 아니었고 일제에 충성을 다하는 단체에 불과했다.

즉 1장의 지도원리와 2장의 강령에 의하면 교회가 일제의 국책에 순응하고 구미 의존의 교회에서 벗어나서 일본적 기독교의 순화 갱정에 노력한다고 했

---

143. 김승태 편역, 『신사참배 문제 자료집 2』(서울: 한국기독교역사연구소, 2014), 533.

다. 일본적이라고 하면 일본 천황을 하나님으로 섬기는 것을 말하기 때문에 하나님을 유일신으로 섬기는 기독교와는 동떨어진 것이다. 3장의 지도방책에는 교회와 교회가 운영하는 기독교계 학교는 반드시 신사참배를 실행할 것과 궁성 요배와 국가 봉창 황국신민서사의 제창할 것을 지시했다. 4장의 기구 개혁과 5장의 헌법 교리 교법 등 개정위원회의 설치에 의하면 기존의 기구를 개혁하고 민주주의적 색채를 배제하고 일본적 기독교가 되게 하며 찬미가나 기존 출판물도 국체에 위반되는 것을 제거하라고 했다. 6장의 시설상황에서도 교역자를 재교육하고 신사참배 시국 인식 국민총력운동 참가와 기타 일본 정신 함양에 노력할 것을 지시했다. 총회장 곽신근이 담화에 "요컨대 이 혁신책을 단순히 발표에 그치는 것이 아니라 이를 실행하는 점에 중요성을 두고 나아가려고 생각하는 것입니다."[144]라고 덧붙였다.

이상에서 살펴보았듯이 일제 말엽 한국교회가 일제의 끈질긴 요청에 협조함으로 여러 가지 면에서 기독교가 아닌 종교단체로 전락해버렸다. 일제는 교회 박멸의 계획을 세워 자신들에게 협력하지 않는 약 1만 명의 교회 지도자들을 1945년 8월 17일에 한꺼번에 참살하기 위하여 체포할 계획을 세웠다.[145] 그러나 하나님께서는 하나님의 교회를 위하여 이 계획이 실행되기 불과 이틀 전에 일본을 패망하게 하셨다.

144. 같은 책, 535.

145. 김인수, 『한국기독교회의 역사(하)』(서울: 쿰란출판사, 2012), 256.

70 Years History of
e Presbyterian Church
Korea(Kosin)

제3부

고신총회의 형성과 발전

1. 태평양전쟁과 광복, 교회재건 / 김중락

병참기지 조선의 눈물

1941년 12월 8일 일본은 타이, 영국령 말라야와 싱가포르, 홍콩을 침공하고 미군 기지인 진주만과 웨이크섬, 괌, 필리핀에 공격을 감행하였다. 이로써 일본은 미국을 중심으로 하는 연합군과의 전쟁, 즉 아시아태평양전쟁[1]에 돌입하였다. 유럽중심의 2차 대전에서 일본이 나치독일과 이탈리아와 함께 주축국의 일부로 참여하였고, 일본의 식민지였던 조선은 본의 아니게 전쟁에 휘말리게 된 것이다. 사실 그 이전부터 조선은 일본의 대륙침략을 위한 병참기지 역할을 하고 있었다. 일본은 1931년 만주사변을 일으켰고, 1937년에는 중일전쟁을 일으켜 중국과 전쟁을 하고 있던 중이었다. 일본 제국주의자들에게 조선은 대륙침략을 위한 병참기지로 최적의 장소였던 것이다. 오랫동안 일본의 침탈로 고난을 받은 식민지 조선인들은 전시총동원체제하에서 일본이 1945년 8월 15일 연합군에게 무조건 항복을 할 때까지 가장 고통스러운 시간을 보내야만 했다.

중일전쟁 발발 직후인 1938년 4월 일제는 국가총동원법(國家總動員法)을 제정하였는데 이는 전쟁을 위해 식민지 조선의 인적 물적 자원을 통제하고 운용하기 위한 것이었다. 이후 조선은 병기와 탄약, 의약품, 선박과 차량, 연료와 전력 등의 물자와 전투, 운수통신, 금융, 위생과 구호 등의 인적자원을 제공해야 하는 곳이 되었다. 총독부는 필요하면 국민을 징용할 수 있고, 필요한 물자를 징발할 수 있었다. 한마디로 이 법은 조선의 인적·물적 자원에 대한 처리를

1. 일본은 이를 '대동아전쟁'(大東亞戰爭)이라고 불렀으나, 이는 일본의 제국주의적 침략을 정당화하는 용어이다. 일본정부는 제2차 세계대전에 개입한 직후인 1941년 12월 10일 이 전쟁을 '대동아전쟁'으로 부르기로 결정하였으며, 같은 달 12일에는 전쟁 목적이 '대동아 신질서 건설'에 있다고 주장하였다. 즉 '대동아'는 일본의 침략을 정당화하는 용어로 사용된 것이다. 연합군은 승리 후 '대동아전쟁'이라는 용어의 사용을 금지시킨바 있다.

일황에게 위임한 독재적이고 제국주의적인 법률이었다. 이 법으로 조선은 일본의 전쟁을 위한 병참기지로 변한 것이다.

일본이 대륙침략에서 가장 필요한 것은 군수품과 전시 식량과 그리고 인력이었다. 먼저 일본은 조선에서 공업화 정책을 실시하였는데 이는 군수품 생산을 위한 것이었다. 일제는 군수품 공업을 위해 수력발전소가 많고 중국으로의 물자이동이 용이한 한반도 북부지역을 택하였다. 함경도 흥남을 중심으로 북부공업지대, 신의주와 진남포를 중심으로 한 서부공업지대가 그것이다. 이들 지역에서는 무기와 화약들이 생산되었다. 이를 위해 일본의 미쓰이, 미쓰비시 등의 회사들이 진출하였다. 조선인들은 강제로 이들 군수공장에서 일해야 했는데 약 100만 명에 달하는 조선인 청년들이 군수공장, 탄광, 그리고 철도 건설에 동원되었다. 그리고 일제는 무기 생산에 필요한 쇠붙이를 위해 가정의 놋그릇과 교회의 종까지도 공출하였다.

또한 일본은 전시 식량 확보를 위해 1934년에 중단되었던 산미증식계획을 재개하였다. 1940년 일본은 일본의 농업노동력 부족으로 쌀 생산량이 감소하자 이른바 제3차 산미증식계획을 실시한 것이다. 일본은 총 680만석의 증산계획을 수립하였고 이 쌀은 대륙에 파견된 군인들의 식량으로 사용될 것이었다. 그러나 이 계획은 노동력, 시비, 농기구 등의 부족으로 실패하였고 식량생산은 목표수치보다 크게 모자랐다. 이에 일제는 군량을 확보하기 위해 식량공출(供出) 정책을 실시하였는데 조선 농민들은 헐값에 식량을 정부에 넘겨야만 했다. 또한 일제는 조선인들의 식량소비를 최소화하기 위해 도시지역에 식량배급제를 실시하기도 하였다.

조선인의 고통은 여기서 끝나지 않았다. 일제는 전투 인력이 부족해지자 조선인들에 대한 징병을 실시하였다. 중일전쟁 발발 직후 1938년 일제는 지원병제도를 통해 병력을 동원하기 시작하였다. 약 1만 8천명의 지원병 가운데는 농촌의 피폐로 인해 내몰린 소작농이 다수였다. 그러나 아시아태평양전쟁이 발발하고, 전투지역이 확대되면서 모자란 전투병을 보충하기 위해 다급한 일제는 1943년의 징병제와 1944년 학도병제를 실시했는데 종전까지 약 20만 명이 강제로 전쟁터로 끌려갔다.

일제는 식민지 조선인들의 전쟁참여를 적극적으로 이끌어내기 위해 사상적 교화 작업도 마다하지 않았는데 바로 황국신민화 정책이다. 1936년 조선총독으로 부임한 미나미 지로는 일본과 조선이 일체라는 의미의 내선일체(內鮮一體)를 주장하며, 조선인도 일황의 신민이라고 주장하였다. 일제는 1937년 10월 '황국신민서사(皇國臣民誓詞)를 제정하여 조선인들에게 외우도록 하였는데 그 내용은 다음과 같다:

1. 우리는 황국 신민이다. 충성으로써 군국(君國)에 보답한다.
2. 우리 황국 신민은 서로 믿고 아끼고 협력하여 단결을 공고히 한다.
3. 우리 황국 신민은 괴로움을 참고 몸과 마음을 굳세게 하는 힘을 길러 황도(皇道)를 선양(宣揚)한다.

이러한 술수는 모두 일본의 제국주의 정책에 자발적이고 적극적인 참여를 이끌어내기 위한 것이었다. 일제가 아시아태평양전쟁을 통해 조선인들에게 행한 가장 큰 만행은 젊은 조선인 여성들을 일본군의 성노예로 배치한 것이다. 일본군은 군인들의 성욕해결과 성병통제를 위해 일본군 주둔지에 위안소를 운영하고, 여기에 상당한 조선인 여성들을 배치했는데 그들은 자발적인 여성들이 아니라 강압 또는 취업사기로 속아서 온 여성들이고, 자유가 없었다는 점에서 성노예라고 할 수 있다. 일본군 성노예로 동원된 조선인 여성들의 수는 정확한 통계가 없다. 학자들에 따라서는 적게는 1만 명, 많게는 3만 명으로 보고 있다. 조선인 여성들이 위안부로 동원되는데 일제의 하층관리들이 조직적으로 관여하였고, 그들이 다른 지역으로 이송되는 데 있어서 일제의 군수송수단이 이용되었다는 점에서 이는 제국주의자들의 정책이었다고 보아야 할 것이다. 위안부는 주로 중국과 만주지역에 배치되었으나 일본군 전선의 확대로 태평양 제도 곳곳에도 배치되었다. 일제의 위안부 강제동원은 인간성의 바닥이 무엇인지를 보여주는 사건이었고, 민족뿐 아니라 인류 양심의 아픔으로 남아 있다.

일본의 식민지 지배의 마지막 5년은 조선인들에게 참으로 가혹한 시간이었다. 조선인들은 징용과 징병으로 가족의 파괴를 경험하였고, 전시총동원체제로 조선인들의 경제적 기반이 무너졌다. 무엇보다도 조선인들에게 가혹한 것은 정체성 상실이었다. 창씨개명이 강요되었고, 정신의 기반이 되는 한글과 국어사용이 금지되었다. 조선인 여성들의 위안부 배치와 기독교인들에게 강요된 신사참배는 인간성 그 자체를 부인하도록 만든 것이었다. 나라 없이는 인간성도 부인될 수 있음을 보여준 경험이었다.

일제의 광기에 교회가 할 수 있는 일은 많지 않았다. 교회 역시 아시아태평양 전쟁기에 극심한 고통을 받고 있었다. 참다운 교회 지도자들은 대부분 신사참배로 투옥되었고, 남겨진 지도자들은 일제의 강압에 무릎을 꿇고 일본의 신사에 머리를 조아렸으며, 그들이 주도한 조선예수교를 일본기독교와 통합시켰다. 교회는 정신뿐 아니라 조직에 있어서도 일본에 종속된 것이었다. 이러한 교회기 고통하는 민족을 위로하고 바로 이끌어주는 것은 불가능하였다. 당시 기독교는 진정한 그리스도의 몸이 아니었고, 질식 직전의 상황이었다.

광복과 북한교회의 재건

일제에 의한 광기의 조선 지배는 1945년 8월 15일 일본이 연합군에 무조건 항복을 선언함으로써 끝이 났다. 시인 심훈의 노래처럼 "삼각산 일어나 더덩실 춤이라도 추고 한강물이 뒤집혀 용솟음칠 그 날"이 온 것이다. 조선인 모두가 거리로 뛰어나와 감격과 환희의 날을 맞이하였다. 신사참배를 거부하다 마지막까지 옥에 갇혀있던 26명의 기독교 지도자들이 옥문을 열고 나왔다. 8월 22일에는 전국의 모든 교회당이 다시 문을 열고 감격의 예배를 드렸다. 홍해를 건너고, 애굽의 군대가 수장되는 것을 본 모세가 부른 노래보다 더 감격적으로 그들은 주의 인자하심과 주의 구원을 노래하였으리라! 모세가 "주께서 백성을 인도하사 그들을 주의 기업의 산에 심으시리이다"라고 하면서 주께서 통치하는 새나라 건설의 꿈을 노래한 것처럼 민족의 지도자들과 교회의 지도자들은 새나라, 새 교회에 건설의 단꿈을 노래하였으리라.

그러나 어찌 알았으랴! 많은 이들이 독립을 위해 목숨을 바치고 준비해왔지만, 광복은 우리 스스로의 노력만으로 쟁취한 것은 아니었다. 여전히 조국의 운명은 또 다른 강대국의 손에 달려 있었다. 강대국들은 1945년 2월 얄타회담에서 조선을 남북으로 나누고 미소가 신탁통치하기로 결정한 것이다. 소련군은 해방과 함께 북한을 점령하기 시작하였고 8월 26일에는 38선 이북을 장악하였다. 같은 시기 미군은 38선 이남을 점령하고 군정을 실시하였다. 민족의 운명은 다시 한번 소련군과 미군에 넘어간 것이었다.

북한에서의 교회재건은 기본적으로 사회주의 국가인 소련과 그들에 의해 세워진 공산정부의 탄압아래 진행되었고, 일제시기 못지않은 수난을 받았다. 감리교회는 서부연회를 조직하여 38선 이북의 감리교회를 감독하였고, 장로교회는 평양임시노회를 중심으로 일제의 압제에 무릎 꿇은 것을 회개하고 부흥회를 열었다. 그들은 9월 20일 교회재건 5개 원칙을 발표하였는데 다음과 같다.

1. 교회의 지도자(목사와 장로)들은 모두 신사에 참배하였으니 권징의 길을 취하여 통회정화한 후 교역에 나아갈 것.
2. 권징은 자책 혹은 자숙의 방법으로 하되 목사는 최소한 2개월간 휴직하고 통회자복할 것.
3. 목사와 장로의 휴직 중에는 집사나 혹은 평신도가 예배를 인도할 것.
4. 교회재건의 기본원칙을 전한 각 노회 또는 지 교회에 전달하여 일제히 이것을 실행케 할 것.
5. 교역자 육성을 위한 신학교를 복구 재건할 것.

그리고 북한지역 장로교회는 이 원칙에 따라 평양의 신학교를 재개하였는데 1947년 4월 평양을 방문했던 블레어(William Blair) 선교사는 평양신학교가 다시 문을 열었고, 164명의 학생이 재학하고 있었다고 보고하였다.[2]

또한 북한지역의 기독교인들은 공산정권이 수립되기 전에 기독교정당을 만들어 공산당에 대항하는 민주정부를 세우고자 하였다. 신의주 제1교회의 윤하영과 신의주 제2교회의 한경직이 만든 사회민주당이 그것이다. 감리교회 역시 기독교자유당을 조직하였다. 그리고 조만식의 평남건국준비위원회, 이유필의 평북자치위원회 등도 기독교인에 의한 것이었다.

그러나 교회의 재건과 정치운동은 개선장군으로 포장한 김일성이 이끄는 공산당과의 대립을 야기하였다. 소련군의 지원을 받은 그들은 빠른 속도로 권력을 장악해가고 있었다. 해방 후 1년 만에 그들은 사회주의 정권수립을 완성하였다. 종교를 아편으로 보는 공산당의 입장에서는 기독교는 말살의 대상이었다. 그리고 공산당은 1946년 2월 토지개혁을 추진하였는데 일본인과 민족반역자의 토지, 5정보 이상의 개인과 교회의 토지를 몰수하였다. 교회가 이를 반대하자 교회를 말살하려는 태도를 분명히 하였다. 그들은 교회에 대한 헌금을 착취로 간주해 금지시켰고, 그들은 유물사관에 입각해 기독교를 비판하였고, 기독교 학교를 점차 폐쇄시켰다. 신학교도 예외는 아니었다.

이에 평양의 기독교인들은 공산당에 대한 항의의 표시로 1946년 3.1절 기념식을 장대현 교회에서 성대하게 치를 계획을 세우고 있었다. 김일성 정권은 교회단독의 행사를 금지하고 대신 평양역 집회에 참여할 것을 요구하였다. 당시 북한에는 각 지역의 자치기구인 인민위원회를 통합하여 '북조선임시인민위원회'를 조직하였는데 사실상 정부 역할을 하고 있었다. 물론 위원장은 김일성이었다. 그들은 3.1절 민중대회를 통해 인민위원회를 선전하고 신탁통치 찬성을 이끌어내려는 속셈이었다. 그러나 평양의 교회는 자체 행사를 강행하

2. Samuel H. Moffett, *The Christians of Korea* (New York: Friendship Press, 1962), 76.

였는데 김일성 정권의 단속에도 불구하고 무려 3,000명의 성도들이 모였다. 모인 성도들은 시가지 행진을 하며 신앙의 자유와 신탁통치 반대를 외쳤다. 물론 그날 밤에 주요 교회 지도자들과 수십 명의 성도들이 연행되었다.

교회와 김일성 정권의 대립은 이것으로 끝나지 않았다. 김일성 정권은 '북조선임시인민위원회'의 정권의 정당성을 확보하기 위해 주일인 1946년 11월 3일을 기해 선거를 실시하였다. 물론 교회는 주일선거를 반대하였고, 성도들에게 선거에 참여하지 말 것을 요구하였다. 주일 선거도 문제였지만 사실 기독교에 적대적인 김일성 정권에 정당성을 부여하기 싫었던 것이다. 그럼에도 불구하고 북한의 5도 연합노회는 주일 선거를 반대한다는 입장을 내면서 정부와 맞섰다. 물론 이 사건으로 대다수 교계지도자들은 정치보위부로 끌려가 고문을 받았다.

이러한 와중에 김일성 정권은 기독교를 완전히 정치도구화하기 위한 정책을 실시하였는데 그것은 '조선기독교도연맹'을 조직하고 정권에 순종적인 자를 내세워 모든 북한의 교회를 가입시킨다는 것이었다. 이일에 총대를 멘 자는 김일성의 외조부 강돈욱의 6촌 동생인 강양욱이었다. 기독교연맹은 김일성 정부에 대한 절대 지지를 선언하고 북한의 교회에도 가입할 것을 강요하였다. 물론 기독교연맹이 11월 3일 선거를 찬성했음은 말할 것도 없다. 연맹 가입을 위해 온갖 회유와 강압이 동원되었는데 신사참배 때와 마찬가지로 교회는 저항할 힘을 잃고 있었다. 총회장을 지낸 김익두 목사와 김응순 목사도 연맹에 가입하였고 1950년까지 극소수를 제외한 모든 기독교 지도자들이 가입하였다.

많은 이들이 공산당의 박해를 피해서 남한행을 택했다. 남은 자들은 살길을 찾아야만 했다. 이렇게 북한의 교회는 사라져갔다. 연맹가입은 공산주의자들의 이념을 따른다는 점에서 신사참배와 다르지 않은 배교였다. 그러나 우리는 그들에게 어떠한 다른 선택지가 있었고, 극복할 힘이 있었는지를 질문해보아야 한다. 일제의 40년 박해를 견뎌온 북한지역의 교회는 상처를 싸매기도

전에 다시 치명상을 입은 상태였다. 그들에게는 공산당의 박해를 저항할 힘도 인내할 힘도 남지 않았던 것이다. 북한의 교회 재건사는 너무 아픈 우리의 이야기이다.

광복과 남한교회의 재건

광복 이후 북한교회 재건사는 눈물의 이야기이지만 남한교회의 그것은 분노의 이야기이다. 남한지역에는 1945년 9월 7일 날짜로 미군정이 실시되었다. 조선인의 인권과 종교상의 권리를 보호한다는 선언이 있었다. 남한의 군정과 정부수립에는 많은 기독교인들이 참여하였고 북한과 같은 교회에 대한 박해는 없었다. 따라서 일본의 강점기간 동안 무너진 교회의 재건은 오로지 남한 교인들에게 주어진 숙제였다. 그러나 남한의 재건이야기는 회개도 없고, 감동도 없는 분노만 자아내는 이야기이다.

일제 말기에 만들어진 일본기독교조선교단의 지도부는 회개보다는 자신들이 가진 기득권 보호에 앞장섰다. 그들은 1945년 9월 8일 새문안교회에서 남한만의 총회라는 의미의 남부대회를 열었다. 이후 그들은 종교와 정치 교육 등에 대한 의견을 내었지만 주도적 인물들이 친일행적을 가진 자들이었고 정치적 야욕이 우선인 자들이어서 민족의 상처를 싸매고 교회를 재건할 수 있는 지도자들이 아니었다. 그들의 활동이 얼마 가지 않아 중지된 것은 너무나 당연한 결과였다. 이후 남한교회의 재건은 각 교파별로 진행되었다.

장로교회에서는 출옥성도들이 많았던 경남노회를 중심으로 한 재건운동이 있었는데 다른 지역의 교회재건에 모범이 되었다. 그럼에도 불구하고 1946년 6월 12일 서울 승동교회에서 열린 장로교회의 남부대회는 경남노회의 정신을 담지 못했다. 그들은 신사참배 결정을 철회했지만 회개에 대한 결의가 빠진 것이었다. 친일행각을 벌였던 지도자들은 여전히 남부대회와 조선신학교를 주도하고 있었다. 순수한 신앙을 지키려 투쟁해왔던 지도자들은 설 자리를 잃었다.

회개는 사라지고 교권싸움만 보인 남부대회였다. 이것이 이후 한국장로교회의 분열의 주요 배경이 되었다.

장로교회와는 달리 소수 교파는 분열의 모습은 보이지 않았다. 감리교회는 신사참배에 대해 대부분 참여했기 때문에 이 문제로 인한 큰 갈등은 장로교회에 비해 적었다. 그들은 감리교재건중앙회를 조직하고, 동부, 서부, 중부의 연회를 세우고 1946년 1월에는 감리교 신학교를 복구하였다. 한때 복흥파와 재건파로 분열되기도 하였으나 1949년 다시 하나가 되었다. 그래도 신사참배에 대한 철저한 회개의 모습을 보여주지 못한 것은 감리교회 재건의 흠이다. 성결교회는 1945년 11월에 재흥총회를 열고 '기독교대한성결교회'를 조직하고 교단 신학교도 재개하였다.

해방 후 한국교회의 재건은 눈물과 분노의 이야기이다. 북한의 교회는 재건을 시작하기도 전에 공산당의 공격을 받아 치명상을 입었고, 남한의 교회는, 그것도 남한교회의 대부분을 차지하는 장로교회는 배교에 대한 회개를 잊었다. 일제에 편승했던 이들은 교권을 장악하고 회개를 거부하였다. 이후 한국장로교회의 교권싸움과 분열은 회개의 결여가 빚어낸 당연한 이야기이다.

2. 경남지방에서의 교회 재건(쇄신)운동 / 이상규

앞에서 북한지역에서의 재건과 서울에서의 교회재건에 대해 소개했는데, 이 항에서는 경남지방에서의 교회 재건에 대해 소개하고자 한다. '교회 재건'이라는 용어가 해산된 치리회의 재 조직과 같은 기구적 재건으로 곡해될 수 있고, 경남지방에서의 재건운동은 사실상 친일청산과 회개, 자숙 등 영적 쇄신 운동의 성격이 짙었음으로 여기서는 교회쇄신운동이라는 용어도 병기하고자 한다. 한국에서 진정한 의미의 교회쇄신운동은 경남지역, 곧 경남노회를 중심으로 일어났다. 경남은 남한에서의 신사참배 반대운동의 중심지였고, 신사참배 반대에 앞장섰던 주기철, 주남선, 최상림, 한상동 목사 등이 경남노회 출신이었기 때문에 해방 후 교회재건운동에도 상당한 영향을 주었다. 이곳에서의 교회 쇄신운동은 주남선, 한상동 등 신사참배반대로 투옥되었던 인사들의 남하 이전에 시작되었으나, 실제로 이 운동을 주도한 이들은 1946년 9월 고려신학교를 설립했던 인사들과 그 협조자들이었다.

경남노회의 재건

일제하에서 한국교회 여러 기관들은 해산되거나 일본기독교회에 편입되었는데, 예컨대 조선기독교연합공의회는 1936년에, 조선기독교청년연합회(YMCA, YWCA)는 1938년에, 그리고 주일학교연합회는 1938년에 해체되었다. 또 성결교(1941) 성공회(1942) 안식교(1943) 침례교(1944) 등 군소교단들도 해산되거나 해체되었다. 장로교 총회는 1943년 5월 5일 해산되고 일본기독교 조선장로교단으로 개편되었다. 이렇게 되자 경남노회는 그해 5월 25일, "경남노회를 발전적으로 해소한다."고 선언하고 일본기독교 조선장로교단 경남교구회로 개편되었다. 김길창은 교구장으로, 김동선 목사는 부교구장으로, 박손혁 목사는 서기로 피임되었다.

이런 상황에서 해방을 맞았으므로 경남노회의 재건이 시급했다. 이런 상황에서 1945년 9월 2일 부산진교회당에서 최재화(崔載華), 권남선(權南善), 김길창(金吉昌), 노진현(盧震鉉), 심문태(沈文泰) 목사 등 20여 명이 '신앙부흥운동 준비위원회'를 조직하고 과거의 범죄를 회개 청산하고 정통신앙에 기초한 교회건설에 매진할 것을 결의하고 최재화, 심문태 두 사람의 이름으로 교회건설과 노회복구에 대한 선언서를 발표하였다.[3]

이 선언은 일견 일제하에서 범한 과오에 대해 회개하고 자숙하는 것처럼 보이지만 사실상 변화된 상황에서의 변신의 시도였다. 신앙부흥운동 준비위원회에는 중도적 인물만이 아니라 김길창과 같은 적극적 친일파와 혼재해 있는데, 이런 형식의 선언을 통해 과거의 행적을 정리하고 해방 후 상황에서 주도권을 장악하려는 시도로 보인다. 이런 점에서 김영재는 "저들은 영적갱신운동의 원수로 남아 있었고 이 사람들은 한국교회의 승리자들의 그늘 아래서 저들의 죄를 신속히 감추었다"고 평가했다.[4]

그해 9월 12일 수요일에는 이들을 중심으로 부산진교회당에서 경남 재건노회가 조직되었다. 1943년 5월 25일에 해산되었던 경남노회를 다시 조직하게

---

3. 선언문 전문은 다음과 같다. "선언, 과거 장구한 시일에 가혹한 위력 하에 교회는 그 정조를 잃고 복음은 악마의 유린을 당하고 신도는 가련한 곤경에 들어있었다. 이를 저항 구호하기 위하여 일선에 선 우리 하나님의 성군들은 순교의 재물이 되기도 하고, 혹은 옥중에서 최후까지 결사적 충의를 다하였던 것이다. 어시호 세계대전(於是乎 世界大戰)은 종국을 고하고 하나님의 성지가 우주에 나타나며, 암흑의 세력은 물러가고 정의의 은광이 오인을 맞이하자 어찌 이 기쁨을 다 말할 수 있으랴. 오늘날까지 노예의 속박 하에 끌려오던 모든 제도 일절은 자연 해소의 운명에 이르고 말았다. 우리는 과거의 모든 불손한 요소를 청산하고 순복음적 입장에서 교회의 근본 사명을 봉쇄하려는 의도에서 좌기에 의하여 조선예수교장로회 경남노회를 재건하려는 것이다. 백만 신도는 이에 순응하심을 바란다. 一. 우리는 종교개혁의 정통신앙을 사수한다. 二. 우리는 조선 예수교 장로회 헌법을 전적으로 채용한다. 1945년 9월 일, 신앙부흥운동 준비위원회 대표 최재화, 심문태." 이상규, 『다시 쓴 한국교회사』, 280-281.
4. Young-Jae Kim, *Der Protestantismus in Korea und die calvinistische Tradition* (Peter D. Lang, 1981), 139.

된 것이다. 회장에는 심문태 목사, 부회장 최재화 목사, 서기 강성갑 목사, 부서기 김상권 목사, 회계 구영기 장로, 부회개 김상세 목사가 선출되었다. 이때 일제하에서 범한 죄과에 대한 자숙안이 상정되었는데 그 내용은 다음과 같다.

1. 목사, 전도사, 장로는 일제히 자숙에 옮겨 일단 교회를 사직할 것.
2. 자숙기간이 종료되면 교회는 교직자에 대한 시무투표를 시행하여 그 진퇴를 결정할 것.

이 안은 최재화 목사를 중심으로 강주선, 김상순, 윤술용 목사 등에 의해 제안된 것이었다. 경남노회 자숙안은 이른바 출옥성도들과 무관하게 제안된 것이었고, 북한에서 제시된 자숙안보다 강경했다. 북한에서는 2개월간의 자숙을 요구했으나 경남노회에서는 교회 사직을 제안했기 때문이다. 특히 이 자숙안은 북한의 산정현교회에서 발표된 재건기본원칙보다 이틀 앞서 발표된 것이었다. 그럼에도 불구하고 자숙의 대상인 친일 전력의 교권주의자들이 노회의 영도권을 장악함으로 자숙안은 실행되지 못했다. 김길창을 비롯한 10여 명의 목사들은 "신사참배는 우리가 양심적으로 이미 해결한 것인데 해방이 되었다 하여 죄로 운운함은 비양심적이다."라며 자숙안에 반대하였다.[5]

교회쇄신을 위한 시도

1945년 12월 3일에는 마산 문창교회에서 경남노회 제47회 정기노회가 개최되었다. 이 노회에서 자숙안에 대해 논란이 일자 노회원은 재건노회 임원들의 총사퇴을 요구하고, 주남선 목사를 노회장에 천거하였다. 주남선 목사는 노회의 평화적인 재건은 법보다 은혜로 해야 한다며 손양원 전도사를 강사로 부흥집회를 개최한 후 노회를 개회하자고 제안하였다. 그러나 김길창, 배성권

5. 한상동, "현하 대한 교회에,"「파수군」2(1949. 4), 19.

(裵聖權) 목사 등은 자신들의 각성을 의도한 집회라 하여 참여치 않았다. 집회 후 주남선 목사는 노회적인 회개와 교직자들의 자숙 등 몇 가지 실행조건을 제시하였다. 이 점에 대해 찬반양론이 있었으나 결국 수용되었다.

1946년 7월 9일 진해읍교회당에서 경남 47회 임시노회가 개최되었다. 이 노회에서는 "출옥성도들의 신학교(고려신학교) 설립을 환영하고 학생의 추천과 교사 이동(二棟)의 대여를 약속" 했다.[6] 이런 상황에서도 일부의 교권주의자들은 자숙안을 반대하고, 12월의 정기노회를 앞두고 노회 주도권의 반전을 시도하였다. 1946년 12월 3일, 진주 봉래동교회에서 경남노회 제48회 정기노회가 개최되었는데, 이때 김길창 지지자들은 김길창 목사를 노회장으로 선출하고 노회주도권을 장악하였다. 이때 신사참배에 대하여는 더 이상 거론하지 못하도록 가결하자 신사참배 문제에 대한 회개와 교회쇄신에 관한 노회분위기는 급선회 하였다. 또 이 노회에서는 고려신학교의 인정 취소론을 제기하고 신학생 추천도 취소할 것을 결의했다. 이렇게 되자 한상동 목사는 "불손한 태도를 고침이 없이 그대로 나아가는 경남노회가 바로 설 때까지 탈퇴한다."고 선언하고 퇴장하였다. 그의 탈퇴선언은 교계에 큰 반향을 일으켰다. 1947년 1월 3일자로 부산의 초량교회, 부산진교회, 영도교회, 마산의 문창교회, 거창의 거창읍교회, 남해의 남해읍교회 등 6개 교회가 연합하여 노회 결정을 반박하는 성명서를 발표하였다. 또 부산노회 소속 67개 교회는 제48회 노회의 결의에 항거하고 한상동 목사를 지지하는 성명서를 발표하였다.[7] 부산의 초량교회에서는 신도대회(信徒大會)를 개최하고 주상수 장로를 회장으로 선출하고 회개운동을 전개하는 등 교회개혁을 요구하는 등 평신도들의 거센 항의가 계속되었다. 또 3월 24일에는 마산 문창교회 등 68개 교회 평신도 대표 200여 명이 모여 황철도 전도사를 회장으로 추대하고 경남노회의 부패성과 그 교권주의자들의 비양심적인 태도를 규탄하기에 이르렀다.

6. 김양선, 『한국기독교해방십년사』, 151.
7. 김양선, 『한국기독교해방십년사』, 152.

이런 상황에서 1947년 3월 25일 구포교회당에서 경남노회 임시노회가 개최되었다. 불리한 상황에 직면한 노회장 김길창 목사와 임원은 거센 항거에 마지못해 신사참배는 죄이며, 일본기독교 조선교단시대의 범죄사실에 대해 교리적으로 잘못된 점을 인정하고 총사퇴했다. 이것은 평신도들의 항거에 못 이긴 잠정적인 후퇴였다. 1947년 12월 9일에는 부산 광복교회에서 경남노회 제49회 정기노회가 소집되었다. 이 노회에서는 제47회 노회 때 결의한 자숙안에 대해 불복한 목사들에게 사과서를 받도록 결의하게 되자 한상동 목사는 47회 노회에서 시한부 탈퇴선언을 취소하였다. 이 노회에서는 다시 고려신학교를 인증하고 학생 추천도 허락하기로 했다. 이때 노회장은 이순필 목사였고, 부노회장은 김만일, 서기는 박손혁 목사였다.

김길창 목사의 사조(私租) 경남노회 조직

앞에서 지적한 바처럼 경남노회에서는 신사참배를 반대하고 싸웠던 이들, 곧 해방 후 교회쇄신을 주장했던 이들과 신사참배를 수용하고 일제에 협력했던 이들, 곧 교권을 장악하려 했던 이들 간에 첨예한 대립이 있었다. 문제의 핵심은 신사참배 행위에 대한 청산의 문제였다. 김길창 목사를 비롯한 교권주의자들은 경남노회에서 수적으로는 우위에 있었으나 대의명분이 없었고, 한상동 목사 중심의 교회쇄신론자들은 노회에서는 수적으로 소수였으나 평신도들의 지지를 얻고 있었다.

당시 경남노회에는 세 부류가 있었다. 첫째, 교회쇄신을 주장하는 고려신학교 인사들과 출옥 인사들을 지지자들, 둘째는 신사참배를 수용했던 김길창 목사를 중심으로 교회쇄신운동을 거부하는 이들, 그리고 양측에 직접적으로 관여하지 않았던 노진현 심문태 이수필 등 중도파였다. 그런데, 1948년 9월 21일에는 경남노회 제49회 임시노회가 김길창이 시무하는 항서교회당에서 개최되었다. 이때는 박형룡 박사가 고려신학교를 떠난 이후였다. 박형룡 박사는 1947년 10월 14일 고려신학교 교장으로 부임했으나 한상동과의 의견 차이로

1948년 5월 교장직을 사임하였고, 서울로 가 장로회신학교를 설립했다. 이렇게 되자 고려신학교 집단은 박형룡과 같은 보수주의 신학자도 수용하지 못하는 독선적 집단이라는 비난을 받게 되었다. 이때부터 신사참배 문제로 공격을 받던 이들의 반격이 심화되었다.

이런 배경에서 모인 회의가 1948년 9월 21일 개최된 경남노회 제49회 임시노회였다. 이 노회에서 김길창, 배성근 목사 등은 노진현 등 중도파를 끌어들여 44:21로 고려신학교 인정취소를 결의했다.[8] 두 번째 고려신학교 취소였다. 이때 송상석 목사와 장영실 장로는 지난 노회의 결의를 재론 동의 없이 결의한 것은 불법이라고 선언하고 소원장을 낼 것을 선언했다.

약 두 달 후인 1948년 12월 7일 마산문창교회 별관에서 경남노회 제50회 정기노회가 개최되었다. 논란의 와중에서 임원개선을 하지 못하고 3일을 보내고 결국 김길창에 이어 김만일 목사를 노회장으로 선임하였다.[9] 지난 노회의 결의에 따라 경남노회 신학부장이자 고려신학교 조사위원이었던 심문태 목사는 고려신학교에 대한 긍정적인 보고를 했으나 고려신학교 인정 취소를 재확인하였다. 신사참배를 수용했던 친일 인사들이 주도권을 장악한 상황이었다.

이런 상황에서 양심의 가책을 느낀 한대식 목사는 노회석상에서 일제시대에 범한 자신의 죄를 고백하고, 자신은 '미소기바라이'[10]를 한 사람이라며 자신의 죄를 고백했다. 회중은 숙연해졌다. 이때 노회원이었던 김길창 목사는 "미소기바라이가 무엇인가? 나는 들어보지도 못한 말"이라고 했다. 부산 송도 앞바다에서 일본신도의 세례의식인 미소기바라이를 주도했던 김길창의 거짓을 보고 한상동 목사는 김길창 목사 제명을 동의하였을 때 곧 제청이 뒤따랐

---

8. 김양선, 156. 이 당시 김길창을 지지했던 인사들로는 권남선, 김광수, 김만일, 김석진, 김영환, 박균현, 박창근, 배성근, 백운학, 진종학목사 등과 김상욱, 김찬서, 백시돈, 이의석 장로 등이었다.

9. 김석진, 『한세상 다하여』(광명출판사, 1972), 180. 이 당시 노회록은 소실되었는데, 『대한예수교장로회 부산노회 100회사(통합)』에서는 노회장을 노진현으로 잘못 기록하고 있다.

10. 한자로 계불(禊祓)인 신도의 정결예식인데, 정확한 발음은 '미소기하라이'이지만 통상 '미소기바라이'라고 말해왔다.

다. 사태가 불리해지자 김길창은 노회장을 이탈하였다. 휴회 후 속회했을 때, 노회장 김만일 목사는 본인이 현장에 없다는 이유를 들어 가부를 묻지 않고 다음 회기 시까지 유보한다고 선언했고 노회는 이를 받아드렸다.[11]

이런 상황에서 김길창 목사는 1949년 2월 19일 자 별도의 경남노회 조직을 위한 소집통지서를 발송하고, 3월 8일 그가 시무하는 항서교회에서 권남선 목사 등과 별도의 경남노회를 조직했다. 경남노회가 있음에도 불구하고 또 다른 별도의 경남노회를 조직한 것이다. 이 사조(私組)노회 조직은 경남지방에서 일어난 대수롭지 않는 사건으로 보일지 모르나 이것이 한국장로교회의 분열의 시작이었다. 기존의 경남노회는 3월 8일에는 예정대로 마산 문창교회에서 제 51회 정기노회가 개최했다. 이때 부산 항서교회에서 김길창 목사가 별도로 조직했던 노회가 불법 노회였다는 점을 알게 된 강주선, 김봉갑, 김석진, 김종세, 김재규, 이영환, 양이득, 진종학 등 8명은 김길창 목사의 사조 노회 참석에 대해 사과서를 제출했다.[12]

경남노회장 좌하

> 제 51회를 앞두고 같은 날 부산성경학원에서 뜻이 맞는 목사, 장로들이 다른 노회를 모이겠다는데 서명날인 했으나 그 후 그 일이 불법 인줄 알고 50회 결의대로 1949년 3월 8일 마산 문창교회에서 모이는 노회가 법통 인줄 알고 이 자리에 출석하여 사과하나이다.

정리하면, 경남노회 지역에서도 교회재건운동이 일어나고 교회쇄신을 시도했으나 김길창 등 친일 인사들의 저항과 그들의 노회 주도권 장악에 의해 교회쇄신은 효과적으로 수행되지 못했다. 도리어 교회쇄신운동 과정에서 김길창 목사를 비롯한 친일 전력의 인사들을 자기 보위의 수단으로 기존의 경남

11. 경남노회 제50회 정기노회록.
12. 이상규, 『다시 쓴 한국교회사』, 287-8.

노회를 떠나 별도의 노회를 구성함으로서 한국장로교회 분열의 시작이 되었다. 기존의 '경남노회'는 김길창의 '사조 경남노회'와 구별하기 위해 '경남법통노회'라고 부르게 된 것이다.

3. 진해 신학강좌와 고려신학교 설립 / 이성호

해방 직후 장로교회의 상황

해방 이후 각 노회의 재건과 더불어 신학교의 재건도 중요한 과제였다. 1938년 평양신학교가 문을 닫은 이후 김재준 박사를 중심으로 조선신학교가 서울에 설립되었지만 해방 직전에는 겨우 명목만 유지하고 있는 상태였다. 전쟁 말기에 신학생들은 공부는 고사하고 공장에서 무기를 제조하는데 동원되어야 했다. 또한 대부분의 총회의 지도자들은 평양신학교 출신으로 조선신학교에 대한 애정은 거의 없었다고 보아야 한다. 평양에 한국인 지도자들에 의해 다시 평양신학교가 개교했지만 분단이 점차 고착화되자 소련이 지배하고 있는 이북에서 신학교육이 계속될 수 없었다. 3.8선 이남의 남부총회는 새로운 신학교를 세우든지 아니면 기존의 조선신학교를 총회의 신학교를 받아들이든지 둘 중의 하나를 선택해야만 했는데 총회는 후자를 선택하였다. 하지만 태생부터 조선신학교는 정통성을 인정받기가 쉽지 않았다. 주한 장로교선교부 중 캐나다연합교회 외에는 조선신학교에 소극적이었다. 조선신학교를 세운 주체들은 자유주의 신학을 추구하였고, 신학의 자유라는 이름으로 자신들이 설립한 평양신학교의 계승보다는 단절을 추구하였기 때문이다. 이들은 이미 1930년 중반부터 총회에서 자유주의적인 신학적 입장을 제기하였는데 다수의 보수적인 총대들에 의해서 저지되었다. 하지만 평양신학교가 문을 닫은 이후 자유주의자들은 일제의 암묵적 지원에 힘입어 조선신학교를 통하여 점차 총회에서 주도권을 행사하기 시작하였다.

해방 이후 다수의 교회 지도자들이 조선신학교를 탐탁하게 여기지 않았음에도 불구하고 총회가 조선신학교를 인준한 것은 다수의 힘으로 얼마든지 조선신학교를 보수적인 신학교로 만들 수 있다고 확신하였기 때문이었다. 또한 만약 이것이 불가능하면 그때 가서 신학교를 따로 세우면 된다고 생각하였고, 실제로 이후의 역사는 그렇게 진행되었다. 하지만 이와 같은 생각이 총회의 분열까지 이어질 것이라고는 그 당시 아무도 생각하지 못하였을 것이다.

진해신학 강좌 (신학교 설립 준비)

고려신학교는 1946년 9월 20일에 개교하였다. 아무리 소규모이지만 해방이 된 지 겨우 1년이 지나서 신학교가 개교될 수 있었던 것은 새로운 신학교를 설립하려는 소망을 가진 지도자들이 있었기 때문이다. 주남선 목사와 함께 평양 형무소에서 수감되어 있었던 한상동 목사는 1944년 11월경 독일 패망의 소식을 듣자 일본의 패망도 바라보면서 교회 재건에 대한 구체적인 기도 제목을 가지고 기도하기 시작하였다. 그것은 바로 1) 수양원을 세워 타락한 목사들을 수양하는 것, 2) 신학교를 설립하여 목사를 양성하는 것, 3) 전도인을 세워 교회를 설립하는 것이었다.

1945년 8월 15일 해방이 되자 출옥 성도들은 주기철 목사가 시무했던 평양 산정현교회에 2개월 정도 함께 머물면서 교회 재건에 대한 여러 가지 의견을 나누었다. 이후에 한상동 목사와 주남선 목사는 남과 북에 잠시 떨어져 있어서 신학교 설립에 대한 뜻을 함께 펴지 못하였다. 주 목사는 남하하여 거창교회에 부임하여 12월 3일에 경남 노회의 노회장이 되었고, 한편 한 목사는 이북에 머물다 다음 해(1946년) 4월에 남하하였다. 남하한 후 한 목사는 유일한 신학교인 조선신학교가 일본식 기독교로 만들려고 했던 주동자들에 의해 장악되어 있음을 보게 되었고 새로운 신학교를 세워야 하겠다는 강한 확신을 하게 되었다.

해방된 조국에서 새로운 신학교를 시작한다는 것은 결코 쉬운 일이 아니었다. 학교를 세우기 위해서는 탁월한 교수가 있어야 하고, 헌신된 학생들이 있어야 하고, 그것을 지원하기 위한 건물과 재정이 있어야 했다. 초창기에는 그 어느 것도 보장된 것이 전혀 없었다. 무엇보다 총회의 지원 없이 신학교를 운영한다는 것은 거의 불가능에 가까운 일이었다. 하지만 설립자들은 성경을 정확무오한 하나님의 말씀을 부정하는 자들에게 신학교육을 맡기는 것은 도저히 허락할 수 없는 일이라고 생각하였다.

다행히 교수를 확보하는 것은 생각보다 쉽게 이루어졌다. 신학을 전공한 박사들이 즐비한 지금과 달리 그 당시 신학교에서 가르칠 수 있는 자격을 가진 사람은 극소수에 불과하였다. 평양신학교가 문을 닫은 이후에 대부분의 교수들은 이곳저곳으로 흩어졌고, 박형룡 박사와 같은 이들은 해방 이후에도 여전히 만주에 머물고 있었다. 그런데 웨스트민스터에서 석사학위를 마치고 귀국하여 평양신학교에서 성경 원어를 가르친 적이 있었던 박윤선 목사가 서울에 머물고 있는 사실이 알려지게 되었다.

박윤선 목사는 영어는 말할 것도 없고, 히브리어와 헬라어는 물론 독일어 화란어까지 쉽게 읽을 수 있었다. 그는 한국 역사상 화란어 신학 저서를 제대로 읽을 수 있는 최초의 신학자였다. 이와 같은 언어에 탁월한 재능이 있었기 때문에 그는 그 당시 최고 수준의 주석들을 읽을 수 있었으며 이것은 그가 저술한 주석 곳곳에 흔적으로 남아있다. 그 당시 제대로 된 주석이 거의 없었기 때문에 대부분의 목사들은 박윤선 목사의 주석을 읽거나 참고하여 설교를 할 수밖에 없었다. 오늘날 한국교회가 전반적으로 보수적인 교회가 될 수 있었던 결정적인 이유는 박윤선 목사의 영향 때문이라고 하지 않을 수 없다.

한상동 목사가 박윤선 목사에게 신학교 설립에 참여할 것을 요청하였을 때 박윤선 목사는 흔쾌히 동의하였다. 이에 힘을 얻은 한상동, 주남선 목사는 손양원 목사와 같은 동지들과 함께 진해에서 5월 20일에 신학교 설립 기성회를 조직하였다. 기성회가 조직된 후 다음 달 6월 11-14일에 승동교회에서 해방 이후 처음으로 남부총회라는 이름으로 총회가 개최되었다. 이 총회는 조선신학교를 총회 직영신학교로 운영하기로 결의하였다. 신학교에 대한 총회의 입장이 분명하게 드러나자 한상동 목사를 중심으로 한 지도자들은 회개운동과 진리운동을 주도할 수 있는 새로운 신학교를 설립에 더욱 박차를 가하게 되었다.

신학교 설립 기성회는 학교 설립을 구체적으로 준비하기 위해서 박윤선 목사를 강사로 초빙하여 진해에서 1946년 6월 23일부터 8월 10일까지 6주 동안 신학강좌를 개설하였다. 개설된 과목은 성서신학, 조직신학, 창세기, 시편, 로마서와 같은 신학적인 것들이었다. '강좌'라는 단어가 특강 정도의 의미를 전달하기 쉬운데, 실제로는 한 과목을 집중적으로 배우는 신학예비과정이었다. 장소는 예전에 해군 훈련소로 사용하던 건물이었다. 수강생은 총 63명이었으며 수료생 중 적지 않은 이들이 곧 설립된 고려신학교에 입학하였다. 그중에는 손명복, 이인재, 황철도, 최성봉, 이경석, 홍반식과 같이 고려파를 이끌고 갈 지도자들이 많이 있었다. 진해 신학강좌는 고려신학교 설립을 위한 모판과 같은 역할을 하였다.

진해 신학강좌(1946.8.10)

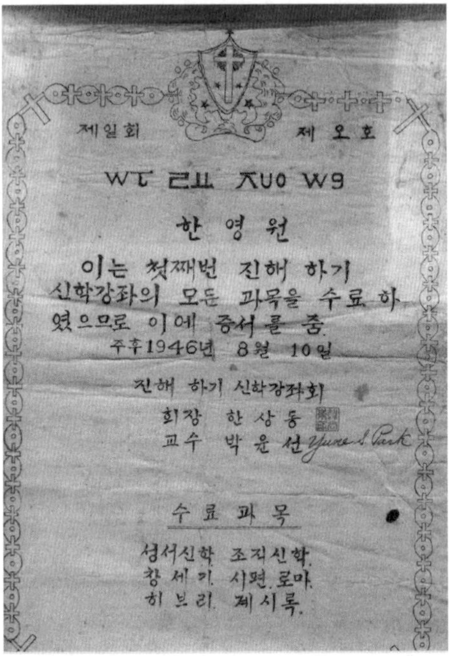

제일회 제오호

한 영 원

이는 첫째번 진해 하기 신학강좌의 모든 과목을 수료하였으므로 이에 증서를 줌.

주후1946년 8월 10일

진해 하기 신학강좌회
회장 한 상 동
교수 박 윤 선 Yune S. Park

수료과목

성서신학. 조직신학. 창세기. 시편. 로마. 히브리. 계시록.

진해 신학강좌 수료증서

진해 신학강좌가 시작된 지 약 2주 후에 7월 9일 진해읍 교회에서 제47회 경남노회 임시회가 열렸다. 이때 주남선 목사가 노회장으로 추대되었고 한상동 목사도 회원으로 참석하였다. 노회 분위기는 주남선, 한상동 목사가 주도하였기 때문에 신학교 설립을 인정하였을 뿐만 아니라 재정도 지원하고 학생도 추천하기로 결의하였다. 이와 같은 노회의 결정과 지원에 힘입어 고려신학교가 마침내 개교할 수 있었다. 이 신학교는 해방 이후 설립된 최초의 신학교이고 서울대학교 보다 약 한 달 일찍 개교하였다.

고려신학교 개교 (1946년 9월 20일)

고려신학교의 설립자들은 새로운 신학교의 교장으로 평양신학교에서 교수로 봉사하였던 박형룡 박사를 염두에 두고 있었다. 하지만 박 박사는 만주에 있어서고 귀국 여부가 불투명하였다. 그렇다고 해서 개교를 무기한 연기할 수도 없었다. 이에 따라 설립자들은 박윤선 목사를 교장 서리로 하고 일신여학교(금성중학교) 교실 하나를 빌려 9월 20일에 개교를 하였다. 평양신학교가 일제에 의해서 강제로 폐교당한 지 정확하게 8년 만의 일이었다.

이날 김치선 박사가 '신학과 신조'라는 제목으로 개교 설교를 하였다. 김치선 박사는 달라스 신학교에서 신학박사 학위(구약)를 받았고 남대문교회를 담임하면서 야간만으로 운영되는 대한신학교를 개교하였다(1948년). 김구 선생이 이 교회에 출석하였기 때문에 각별한 사이였고 이때문에 이승만 정권에 의해서 간섭과 탄압을 받기도 하였다. 1961년 대한예수교성경장로회를 설립하였고 이것이 오늘날 대한예수교장로회(대신)의 기초가 되었다. 한부선 선교사는 남대문교회를 자주 방문하고 고려신학교와의 협력을 시도했으나 교회를 새롭게 하는 일보다는 300만 구령운동에 더 많은 관심을 보였던 김치선 박사는 거절하였다.

고려신학교의 설립 목적은 '설립취지서'에 분명하게 나타나 있다. 이 취지서는 크게 3개의 항목으로 구성되어 있는데 요약하면 다음과 같다. 1. 한국교회는 양적으로는 엄청난 진보를 이루었으나 질적으로는 그에 상응하지 못한 상황이다. 따라서 교회의 품질을 높여야 하는데 이를 위해서 정통신학운동이 요청된다. 이 운동은 단순하게 신학지식을 많이 가르치는 것이 아니라 성경의 자증성에 근거한 개혁신학을 의미한다. 2. 현재 한국은 독립국가를 건설할 수 있는 절호의 기회를 맞이하고 있다. 각 나라들이 흥망성쇠를 하게 되는 이유가 무엇인가? 미국과 같이 오직 말씀 위에 세워진 국가만이 강대한 나라가 될 수 있다. 3. 신학운동이야말로 참된 문화운동이다. 유럽의 유수 대학들이 교회의 대학으로 출발되었다는 것을 기억해야 한다. 한국교회를 품질을 향상시키고, 말씀 위에 독립국을 세우고, 참된 신학에 근거한 문화 운동을 하기 위해서 고려신학교는 설립되었다.

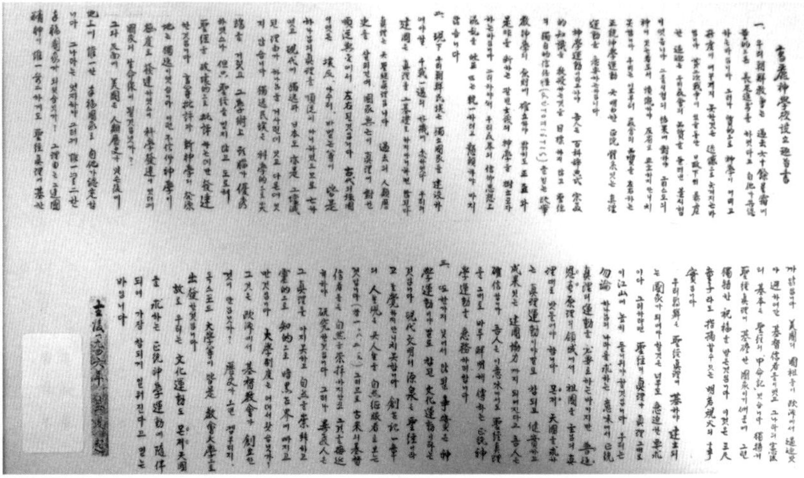

고려신학교 설립취지서

고려신학교의 학제는 평양신학교를 그대로 이어받아 본과 3년과 예과 2년으로 구성되어 있었다. 입학한 학생은 53명이었으며 대다수는 일제강점기에 신사참배를 반대하다가 옥고를 치렀던 교회 지도자들이었다. 성경과 교의학과 같은 과목들은 거의 대부분 박윤선 목사 혼자 가르쳤으며 한상동 목사는 목회학을 가르쳤고, 한명동, 이상근, 박손혁 목사가 강사로 봉사했다. 두 달 이후에는 한부선 선교사가 내한하여 교수진에 가담하면서 고려신학교는 큰 힘을 얻게 되었다. 한부선 선교사는 만주에서 박윤선 목사와 같은 노회원이었고 웨스트민스터 신학교에서도 함께 공부한 적이 있었기 때문에 서로 잘 아는 사이였다.

교수와 학생은 어느 정도 확보되었지만 교사(校舍)는 전혀 마련되어 있지 않았다. 일신여학교의 교실 하나를 빌렸지만 곧 나와야 하는 상황이 되었고, 이후에 한상동 목사가 시무하는 초량교회 별관 유치원으로 옮겼다가 마지막에는 광복동에 있는 적산가옥을 빌려서 사용하게 되었다. 그 당시 미군정 하에 있었기 때문에 한부선 선교사를 통하여 쉽게 적산가옥을 얻을 수 있었다.

이사를 자주 했기 때문에 고려신학교는 처음부터 '보따리 신학교'라는 별칭이 붙게 되었다.

고려신학교는 오직 한국교회를 말씀 위에 재건하기 순수한 열망으로 시작되었다. 하지만 외형적으로 보았을 때 고려신학교는 겉으로 보기에 초라하기 짝이 없었다. 특히 노회와 총회의 교권을 장악하고 있는 이들의 거센 도전을 극복해 가야 했다. 한 치 앞도 바라볼 수 없는 열악한 상황 속에서 신생 신학교가 가야 할 길은 험난한 길의 연속이었다.

4. 고려신학교와 박형룡 / 황권철

평양신학교라고 불리는 조선야소교장로회신학교는 1901년 마포삼열 사가에서 시작되었는데 1938년 1학기를 종료하고 2학기 개학을 하지 못하고 지연되던 중 폐교되고 말았다. 그로부터 8년 후 부산에서 고려신학교가 설립되었는데, 이 학교는 평양신학교의 전통을 계승하는 의미가 있었다. 이 고려신학교가 경남지방 교회 쇄신운동의 정신적 거점이었다. 이 항에서는 고려신학교의 설립과 박형룡 박사의 교장 취임에 대해 소개하고자 한다.

고려신학교 태동 배경

신사참배 거부로 투옥되어 있던 한상동 목사와 주남선 목사는 서로 다른 감방에 있었으나 성령님은 그들로 하여금 거룩한 소원을 가지게 하셨고 두 분이 같은 생각과 목표를 가지고 기도했다. 한상동 목사는 일제 패망을 확신하고 교회쇄신방안을 구상했는데, 세 가지로 요약할 수 있다. 첫째, 신학교 설립으로 진리를 위해 생명을 바칠 교역자를 양성한다. 둘째, 전도인을 길러서 교회를 설립한다. 셋째, 수양관을 설립하여 일제 치하에서 선한양심을 더럽힌 교직자들을 수양하여 새 출발하게 한다. 이와 같은 목적에서 시작된 학교가 고려신학교였다.[13]

한상동은 친일적 자유주의 노선의 조선신학교에 한국장로교를 맡길 수 없었다.[14] 한상동은 대한의 교회를 자유주의 신학에 맡길 수 없다는 일념에서 정

---

13. 이상규, 『한상동과 그 시대』 (서울: SFC 출판부, 2006), 26.
14. 남부총회에서는 조선신학교를 총회 직영 신학교로 인정하기로 결정했다. 그러나 일부에서는 이를 반대하였다. 그 이유는 조선신학교의 주동 인물 김재준 목사의 교리적인 입장이 전통적이 아니라는 것이다. 그래서 장로교 신학교를 신설해야 된다는 주장이 강하게 일어났으며 결국 고려신학교가 부산에 새로 설립되었다. 이상규. 최수경, 『한상동 목사, 그의 생애와 신앙』 (부산: 글마당 , 2000), 202ff.

통신학을 수립하여 그것을 교회의 지표로 삼고자 한 것이다. 1930년대 신사참배가 강요되었을 때 보수적인 선교사들과 교회 지도자들은 이에 저항하고 투쟁하였으나 진보적 입장의 선교사들과 한국인들은 신사참배를 국민 의례로 간주하고 이를 용인하거나 수용하였다.[15] 1930년대 대두된 자유주의는 일제가 신사참배를 강요했을 때 이에 대항할 힘을 상실하게 만든 요인이 되었다. 다시 말하면 자유주의 신학은 신앙의 수호나 양심의 자유를 위한 투쟁력을 제거하는 결과를 가져왔다. 이런 점에서 신사참배 강요에 대한 태도는 보수주의와 자유주의 신학을 구분해 주는 분명한 표식이기도 하다.[16]

고려신학교 설립은 진해 신학강좌에서 출발했다. 강좌는 1946년 6월 23일부터 8월 10일까지 만 6주 동안 진해에서 개최되었는데, 당시 진해의 유지인 주상수 장로의 협력이 있었기 때문에 가능했다. 그때 수강생은 63명이었는데 이들은 후일 고려교회의 주역이 되었다.

박형룡 박사의 고려신학교 교장 취임

앞에서 소개한 바처럼 고려신학교는 1946년 9월 20일 부산진의 일신여학교 교사에서 시작되었다. 박윤선 목사를 임시교장으로 한상동, 한부선 선교사는 초대 교수였다. 고려신학교 교수회와 이사회는 만주에 체류하던 박형룡 박사를 교장으로 추대하기로 하고 만주 봉천신학교에 있는 박형룡 박사를 모셔오기로 했다.

1946년 7월 9일 개최된 경남노회 제47회 임시노회에서 노회장 주남선 목사는 이를 허락했고, 남영환 목사가 박형룡 박사의 귀국을 주선하기로 했다. 당시 남영환 목사의 가족은 만주에 있으면서 박형룡 박사 휘하에 있었기에 누

15. 조선신학교의 설립 목적은 "충량유의 한 황국 일본의 기독교 교역자를 양성하는 것"이라고 밝히고 있다. 출발 때부터 일본인 교수와 이사를 포함시켰다. '조선신학일람' 대한예수교장로회 제29차 총회록(1940), 43.

16. Chang Yup Kim, Protestant Theological Education in Korea (STM Thesis, Biblical Seminary, NY: I960), 115.

구보다도 박형룡 박사를 잘 알고 있었다. 그러나 박형룡 박사를 모셔오지 못했고. 박형룡 박사의 귀국이 지체되었다. 이런 상황에서 송상석 목사는 자원하여 1947년 4월 사선을 넘어 만주로 향했다. 송상석 목사의 헌신적인 노력으로 박형룡 박사 가족은 1947년 9월 20일 무사히 귀국하였다. 박형룡 박사는 그해 10월 14일 고려신학교 교장직에 취임하였다. 이때 박 목사는 교장직을 수락하기 전에 한상동 목사와 더불어 신학교는 전국교회를 배경으로 한다는 합의를 보았던 것으로 보인다. 당시 고려신학교는 어떤 교권주의나 세속주의에 의하여 설립된 것이 아니라 개혁주의 신학 확립과 교회재건의 이상을 실현하기 위함임을 누구나 다 알고 있었다.

평안북도 벽동 출신인 박형룡(1897-1978)은 선천의 신성중학교를 졸업하고 소열도 선교사의 추천으로 숭실전문학교(현 숭실대학교)에 진학하였다. 숭실학교를 졸업한 후에는 중국 금릉대학에서 문학사 학위를 받고 미국 뉴저지의 프린스턴신학교에서 신학사와 신학석사 학위를 취득했다. 그 후에는 켄터키주 루이스빌에 있는 남침례교신학교에서 공부하고 귀국하였고, 후에 박사 학위롤 취득했다. 유학을 마치고 1927년에 귀국한 그는 평양 산정현교회에서 전도사로 사역을 시작하여 1929년에 목사 안수를 받았다. 1931년 4월 평양신학교 전임교수로 임용되면서 조직신학, 변증학, 현대신학, 기독교윤리 등을 강의했다. 이때 '자연과학으로부터의 반기독교적 유추들'이라는 논문을 제출하여 1933년 1월 철학박사 학위를 받았다. 이때부터 1938년까지 평양신학교 교수로 재직하면서 「신학지남」 등 간행물에 60여 편의 글을 기고했다.

1938년 대한예수교장로회 제27회 총회가 신사참배를 결의함으로 평양신학교가 폐교된 이후부 터 1942년까지 일본 동경에서 주석을 편찬했다. 1942년부터 1947년까지는 만주 봉천(심양)의 봉천신학원에서 조직신학 교수로 재직했다.

그 이후 고려신학교 교장으로 초빙을 받았으나 6개월도 채우지 못하고 고신을 떠나게 되었다. 고신을 떠난 후 1948년에 서울 남산에서 장로회신학교를 설립하고 교장으로 취임했다. 1951년 이후는 총회신학교에서 교장과 교수로 활동했고. 1960-1963년 승동측과 고신이 합동했을 때 3대 교장으로, 1969년 이후에는 총회신학교 7대 교장으로 활동했다. 1968년 총회신학교는 문교부로부터 4년제 정규대학인 총회신학대학교로 설립인가를 받았다. 1978년 10월 25일 소천할 때까지 저술활동에 매진하다가 하나님의 부름을 받았다. 박형룡 박사는 보수주의 최초의 조직신학자이자 최고의 신학자로서 한국교회의 신학을 주도했다는 점에서 한국교회에 끼친 영향력은 절대적이었다.

박형룡 박사의 고려신학교 이탈의 의미

박형룡 박사는 고려신학교 교수로 취임하였으나 불과 5개월 만에 교장직을 사임하게 된다. 그가 교장으로 취임한 이래 한상동 목사와의 신학교 운영에 관한 이견 때문이었다. 의견대립은 3가지로 정리될 수 있는데,[17] 첫째는 고려신학교의 총회 승인문제였다. 노회와 총회를 기반으로 하지 않는 교회 재건을 반대했던 박형룡 박사는 고려신학교를 한국교회를 배경으로 총회 직영의 총회 신학교로 승격시키는 것을 최종 목표로 하고 있었으나 한상동 목사는 이 점에 동의하면서도 그 시기(時期)에 대해서는 의견을 달리했다. 고려신학교는 일정 기간 치리회 밖에 두거나 사설 신학교로 남아 있어야 한다고 보았다.

둘째는 박형룡 박사는 고려신학교와 관계를 맺고 있는 정통장로교(OPC) 선교사 외에도 주한 4장로교 선교부와의 유대와 협력을 희망했다. 그러나 한상동 목사는 자유주의적 신학을 수용하는 다른 선교부와의 관계를 거절했다. 그것은 어렵게 시작된 보수주의적인 신학교운동이 자유주의 신학을 부분적으로라도 수용하는 선교부에 의해 훼손될 가능성이 있다고 본 것이다. 셋째로 박형룡은 고려신학교를 전국 교회를 배경으로 하고 총회적 인준을 얻기 위해서는 학교를 서울로 옮겨야 한다고 주장했다. 그러나 한상동은 과거에 평양신

17. 이 점에 대해서는 이상규, 『한상동과 그의 시대』, 120-123을 보라.

학교가 서울이 아닌 평양에 있었지만 장로회 신학교로 존속 되었던 경우를 예로 들면서 고려신학교의 서울 이전을 반대하였다. 결국 이런 의견 차이로 박형룡 박사는 고려신학교 교장직을 사임하고 서울로 떠났다.

그렇다면 박형룡 박사의 고려신학교 취임과 이탈이 가져온 영향이 무엇인가? 여기에 대하여는 긍정적인 요인과 부정적인 요인이 있겠지만 하나님의 섭리적인 관점에서 보고자 한다. 우선적으로 박형룡의 고려신학교 교장 취임은 평양신학교 전통을 계승했다는 점이다. 당시로서 한국의 전통적인 평양신학교를 복원하는 것이 최우선 과제이다. 당시로서는 평양신학교 교수사역을 감당한 자로서 비교적 신사참배와 자유로우면서 평양신학을 대변해 줄 만한 국내 인물로서는 박형룡을 따를 만한 인물이 없었다. 그러므로 박형룡을 모셔오는 길은 평양신학교 전통을 계승하는 대외적으로 공인받을 수 있는 명분을 가질 수 있다는 점이다.

반면, 박형룡 박사의 고려신학교 이탈은 자유주의 노선의 조선신학교의 신학을 견제하는 효과가 있었다. 출옥성도 들이 고려신학교를 세우게 된 동기도 친일파적 자유주의 신학으로부터 교회를 보호하기 위함이었다. 그러나 당시의 정황으로 볼 때 수도권은 조선신학교 김재준 박사에 의하여 자유주의 신학으로 오염되기 쉬운 영향권 아래 있었다. 하나님은 이를 보호하기 위해서 하나님의 선하신 경륜에 따라 박형룡 박사를 서울로 보내 장로교신학교를 통해 한국교회를 지키게 하기 위함이었다.

마지막으로 박형룡 박사의 빈자리에 박윤선 박사를 준비해 두었다. 박형룡 박사를 잃은 고려신학교는 엄청난 충격과 어려움에 처했다. 그러나 박형룡 박사의 제자이며 그와 동일한 신학훈련을 받은 주경신학자 박윤선은 박형룡 못지않게 한국교회를 개혁주의 신학의 토대 위에 세워 놓았다. 그래서 혹자가 말한 것처럼 하나님의 사람은 떠나가도 하나님의 역사는 계속된다고 했다. 박형룡의 떠난 둥지를 박윤선이 지킴으로 후일에 홍반식, 이근삼 , 오병세 같은 신학자를 배출하여 고려신학교는 개혁주의 신학의 보류가 되었다.

5. 경남노회의 분규과 대립 / 강종환

배경

해방 후 경남노회의 재건과정에서 상당한 대립이 있었다. 대립과 분열이 일어난 가장 중요한 원인은 친일교권주의자들이 신사참배에 대한 진정한 회개 없이 교권으로 이를 무마하려고 했기 때문이다. 1946년 6월 12일 서울 승동교회에서 개최된 '대한예수교장로회 남부총회'는 남한에서 재조직된 장로회총회였으나 일제하에서 변질되었던 교회의 정화를 위한 조직이라기 보다는 기구적인 회복을 위한 조직에 불과하였다. 이 남부총회는 배은희 목사를 회장으로 함태영 목사를 부회장으로 추대하였으며 아래와 같이 결의했다.[18]

1. 헌법은 남북이 통일될 때까지 개정하지 않고 그대로 사용한다.
2. 제27회 총회가 범과한 신사참배 결의는 취소한다.
3. 조선신학교를 남부총회 직영신학으로 한다.
4. 여자 장로직의 설정문제는 남북통일 총회시까지 보류한다.

비록 친일교권주의자들이 전면에 나서지는 않았지만 실상은 친일교권주의자들이 주도하고 있었다. 이 남부대회는 1938년 총회에서 결의했던 신사참배에 대하여 취소를 결정했으나 신사참배를 한 것에 대한 사과나 신사참배자의 처리문제에 대해서는 아무런 결정을 하지 않았다. 그리고 1947년 4월 대구 제일교회당에서 열린 제2회 남부총회 역시 같은 태도를 유지하므로 일제에 의하여 해산되었던 대한예수교장로회를 해방을 기회로 복원하는 그 이상의 의미는 없었다.

18. 김양선, 『한국기독교해방10년사』, (서울: 대한예수교장로회총회 종교교육부, 1956), 52.

한편 경남지방의 교회들은 1945년 9월 2일 부산진교회당(최재화 목사 시무)에서 최재화, 권남선, 김길창, 노진현, 심문태 목사 등 20여 명이 '신앙부흥운동 준비위원회'를 조직하였으며, 이어서 9월 18일 부산진교회당에서 경남노회의 재건 노회를 조직하였다. 이때 일제하에서 범한 죄과에 대한 자숙안이 상정되었는데,

> 첫째, 목사, 전도사, 장로는 일제히 자숙에 옮겨 일단 교회를 사직할 것,
> 둘째, 자숙기간이 종료되면 교회는 교직자에 대한 시무 투표를 시행하여 그 진퇴를 결정할 것

등이었다. 이 안은 출옥성도가 제안한 것이 아니라 최재화 목사를 중심으로 강주선, 김상순, 윤술룡 목사 등에 의하여 제안된 것이며, 아직 한상동, 주남선 목사 등 출옥 성도가 남하하기 전이었으므로 항간에서 말하던 출옥 성도들의 '교만과 독선'으로 시작된 것이 아니었다.[19]

그러나 경남재건노회 역시 남부총회와 다를 바 없어 신사참배에 대하여 진정한 회개와 책임을 모면하고자 하는 이들이 다수를 무기로 교권을 잡은 후이 자숙안을 폐기시켰다. 심지어 10여 명의 목사들은 "신사참배는 우리가 양심적으로 이미 해결한 것인데 해방이 되었다 하여 죄로 운운함은 비양심적이라"고까지 하였다.[20] 따라서 이들 친일 교권주의자들과 진정한 교회의 쇄신과 정화를 원하던 경남노회의 출옥 성도들 및 이를 지지하는 교회들, 즉 교회쇄신주의자들 사이에는 충돌이 있을 수밖에 없었다.

고려신학교의 설립 또한 논란의 중심에 있었다. 경남지역의 친일교권주의자들과 교회쇄신주의자들 양측이 충돌할 때마다 경남지역의 친일교권주의자

19. 이상규, "한국 장로교회 분열에 대한 재조명; 해방 후의 상황과 고신교회의 형성," 『장로교회와 신학』 8 (2011), 93.

20. 한상동, "현하 대한교회에," 「파수군」 2(1949. 4), 13.

들은 총회의 교권주의자들과 함께하며 교회쇄신을 주장하는 출옥 성도들이 세운 고려신학교를 계속하여 시비의 대상으로 삼았다. 고려신학교는 총회와 노회와 직접적으로 관련 없는 사설(私設)신학교로 출발하였기에 경남노회는 고려신학교의 인가와 인가 취소를 거듭하면서 한상동 목사를 비롯한 고려신학교 설립에 관여한 이들과 대립하였다.

김길창의 노회장 선임과 한상동 목사의 반발

이런 상황에서 1945년 12월 3일 마산 문창교회당에서 경남노회 제47회 정기노회가 개최되었다. 이 노회에서 자숙안에 대한 논란이 심화되자 노회원은 자숙안을 추진하지 못한 재건 노회 임원들의 총사퇴를 요구하고 주남선 목사를 노회장, 박손혁 목사를 서기로 선출했다. 그러나 주남선 목사는 노회장을 수락하지 않고 노회의 평화적 재건은 법보다 은혜로 하여야 함을 주장하고, 손양원 전도사를 강사로 부흥회를 하여 은혜를 받고 노회를 개최하고자 했다. 그러나 김길창, 배성근 목사 등 일부 친일 교권주의자들은, 하나님과 해결된 문제를 사람 앞에서 재논의할 하등의 이유가 없다고 하며 이 집회에 참여하지 않았다.[21]

1946년 7월 9일 진해읍교회당에서 경남노회 제47회 임시노회가 개최되었는데, 이때 평양에서 남하한 한상동 목사가 참여하였으며 주남선 목사는 노회장직을 수락하였다. 이 임시노회에서는 출옥 성도들의 고려신학교 설립을 크게 환영하며 인준하였다. 그러나 이때에도 친일 교권주의자들은 적극적인 교회 봉사가 교회 재건의 첩경이라고 주장하고 자숙을 반대하였고 출옥성도들을 독선적이라고 비난하였다. 그렇지만 고려신학교가 설립될 당시만 해도 재건된 경남노회에서 어느 정도 의미있는 교회쇄신이 이루어지는 듯하였으나, 친일 교권주의자들은 1946년 12월의 정기노회를 앞두고 교권을 확보하여 노

21. 송상석, 이대영, 이인식, 『총회창립50주년약사』, (부산: 칼빈문화사, 1962), 39, 이상규, 『교회쇄신운동과 고신교회의 형성』, (서울: 생명의 양식, 2016), 49.

회의 주도권을 잡으려고 암암리에 물밑작업을 벌여나갔다.[22]

1946년 12월 3일 진주 봉래동교회당(현 진주교회)에서 개최된 경남노회 제48회 정기노회에서 친일 교권주의자인 김길창 측은 교권 확보에 성공하였다. 앞서 노회의 결의를 불복하고 교역자 수양회에도 불참했던 김길창 목사가 노회장으로 선출되었기 때문이다. 그는 일제 교단 시대 경남교구장이었고 신사참배와 신도식 세례의식인 미소기바라이를 앞장서 행하였던 인물이었으므로 이는 당시 경남노회 대다수 노회원들의 영적인 상태를 가늠할 수 있는 증거가 되었다. 이렇게 되자 신사참배에 대한 회개와 교회쇄신에 관한 노회 분위기가 급선회하였다. 심지어 김길창은 노회 석상에서 신사참배가 죄인지 아닌지 묻는 노회원에게, 마음에서부터가 아닌 강제에 못 이겨 어쩔 수 없이 저지른 것은 죄가 아니라고 답했다.[23] 더 나아가 김길창이 이끄는 경남노회는 신학교 인정권은 총회 소관이라는 이유로, 지난해 7월 결의하였던 고려신학교 인가를 취소하고 신학생 추천도 취소할 것을 결의하였다.

이렇게 되자 한상동 목사는 "불손한 태도를 고침이 없이 그대로 나아가는 경남노회가 바로 설 때까지 탈퇴한다."고 선언하고 노회 장소를 떠났다. 한상동 목사를 지지하는 교회지도자들과 다수의 방청객까지 퇴장했다. 한상동 목사의 탈퇴 선언은 교계에 큰 반향을 불러일으켰다. 경남노회 산하 각 지역의 대표성이 있는 여러 교회들이 잘못 나아가고 있는 노회를 바로 세우기 위해 항거하기로 하고, 1947년 1월 3일 자로 부산의 초량교회와 부산진교회, 영도교회, 마산의 문창교회, 거창의 거창읍교회, 남해의 남해읍교회 등 6개 교회는 연합하여 성명서를 발표하였다.[24]

22. 이상규, 『교회쇄신운동과 고신교회의 형성』, 52.
23. 허순길, 『한국장로교회사』, 369.
24. 이상규, 『교회쇄신운동과 고신교회의 형성』, 54-56.

성명서

친애하는 경남교회 교역자, 교우 형제자매들에게!! 정통적 신학과 신앙을 사수하여 오던 조선야소교장로회와 우리 경남노회는 과거 십 여 년간 전시(戰時)라는 외형적 탄압과 황도주의(皇道主義) 일본정신 세력 하에 기독교의 일본 정신화라는 내면적 박해로 말미암아 성경은 임의로 소멸되었으며 신앙과 복음 진리는 여지없이 파괴되었으며 교회는 국책수행의 이용기관으로 신성한 강단은 국민정신 선양(宣揚)의 무대로 화하여 주의 영광과 하나님의 말씀은 조선 땅에서 찾아볼 수 없었고 들어볼 수 없었다. 조선의 40만 신도는 원치 않는 신사참배, 예배 전 황거요배(皇居遙拜), 무운장구기원(武運長久祈願) 등으로 60년 동안 지켜오던 순결한 신앙양심은 그 얼마나 오손(汚損)되었더냐. 마음은 원이로되 육신이 연약하였던 우리의 과거를 반성할 때 통념(痛念)하기 한이 없고 주를 향한 배신과 반역의 죄를 통회하지 않을 수 없다. 잃었던 주의 영광 회복하기 위하여 무너진 주의 제단 다시 쌓기 위하여 꺼졌던 제단향(祭壇香)을 다시 켜기 위하여 옮겼던 주의 촉태(燭台) 다시 찾기 위하여 주전(主前)에 굳게굳게 서약하고 미력(微力)을 받쳐 노력해 오던 차에 불행히도 금번 제48회 경남노회는 의연(依然)히 과거의 일본적 기독교 정신 그대로의 노회로 이루고 말았다. 왜정(倭政)은 물러갔고 일본의 신사와 천황은 지하로 매몰(埋沒)되고 일본적 기독교는 지나가는 그림자로 사라지고 말았으나 황도 정신, 신사참배 정신, 일본적 기독교 정신은 여전히 남아 있어 현 경남노회(제48회)를 지배하게 되었사오니 이 어찌 통탄 하지 않을 수 없으며 뜻있는 주의 성도로써 침묵할 수 있겠느냐! 우리는 주의 몸된 교회의 한 지체로서 다시금 회개의 눈물과 중심에서 타오르는 통분을 금치 못하여 성서적 교리와 장로교 신조에 배치되는 현 경남노회를 전적으로 부인하는 동시에 정통적 경남노회와 교회 재건을 절규하노라.

1. 성서적 기독교 교리를 확립하자!
2. 전통적 경남노회를 재건하자!

3. 복음적 정통교회 신앙을 재건하자!

장로교 정통신앙을 자랑해 오던 경남교회에 순교적 신앙열정에 불타오르는 경남교회 형제자매들이여 옛날의 빛나던 경남노회를 재건하여 진정한 이 국가의 양심이 되고 빛이 되는 교회로서 이 땅에 영원히 빛나게 하자.

1947년 1월 3일

초량교회, 마산교회, 부산진교회, 거창읍교회, 영도교회, 남해읍교회

또 경남노회 소속 67개 교회가 제48회 노회의 결의에 항의하고, 한상동 목사를 지지하는 성명서를 발표하며 경남노회의 태도를 비난했다. 이뿐 아니라 부산의 초량교회에서는 신도대회(信徒大會)를 열어 주상수 장로(후에 재건파 목사가 됨)를 회장으로 선출하고, 회개운동을 전개하는 등 교회의 쇄신과 개혁을 요구하는 평신도들 항의가 계속되었다.[25]

경남노회는 이러한 사태를 수습하기 위해 1947년 3월 10일 구포교회당에서 제48회 경남노회 임시노회를 소집하였다. 처음에는 신사참배를 죄로 규정하는 성명서를 발표했던 이들을 '처리'하려고 했으나, 대세가 불리하게 되자 노회장 김길창 목사 이하 전체 임원이 총사퇴하였다. 그리고 거센 항거에 마지못해 신사참배는 죄임을 다시 인정하였으며, 또 일본기독교 조선교단 시대의 범죄사실에 대해 교리적으로 잘못된 점도 인정하였다.[26]

이때 그들은 한상동 목사에게 탈퇴 성명을 취소하는 성명서를 내라고 종용하였으나, 한 목사는 탈퇴성명에 가담했던 지도자들과 협의한 결과 신사참배는 죄라고 표명한 것이 진정한 자숙이 아니라, 경남노회 대부분의 교회가 탈퇴 성명에 가담하게 되자 위기를 모면하기 위한 수단이라고 판단하고 저들의

25. 이상규, 『교회쇄신운동과 고신교회의 형성』, 57.

26. 경남노회 제48회 노회 1947. 3. 10. 구포임시노회 회록(허순길, 『한국장로교회사』, 371).

요구를 거절하였다.[27] 그리고 1947년 3월 24일 마산 문창교회 등 68개 교회 평신도 대표 200여 명이 모여 황철도 전도사를 회장으로 추대하고, 경남노회의 부패성과 그 교권주의자들의 비양심적인 태도를 규탄하기에 이르렀다.[28] 이와 같이 노회 산하 많은 교회와 평신도들의 거센 항거가 있었기 때문에 친일 교권주의자들이 끈질기게 반대했음에도 부산, 경남지방에서 전개된 교회쇄신운동이 어느 정도 효과를 가져올 수 있었다.

제34회 총회의 고려신학교 거부에 따른 경남노회의 분규

1947년 12월 9일 부산 광복교회에서 경남노회 제49회 정기노회(노회장 이순필 목사)가 소집되었다. 이 노회에서 앞서 고려신학교 설립자들과 적당한 때에 총회 인준을 받기로 합의한 고려신학교 교장 박형룡 박사는 노회에서, "신학교는 이사회와 후원회를 조직하여 전국교회의 원조를 얻는 동시에 적당한 시기에 총회에 청원하여 승인을 받기를 원한다"라고 보고하였다. 이렇게 함으로써 노회는 고려신학교를 다시 인정하였고 고려신학교와 노회와의 관계는 회복되었다. 또 이 노회에서는 제47회 노회(1945. 12. 3. 및 1946. 2. 19)에서 결의한 자숙안에 대해 불복한 목사들에게 사과서를 받기로 결의하자, 한상동 목사는 48회 노회에서의 탈퇴선언을 취소하고 노회에 복귀하였다.[29]

그 후 1948년 4월 20일 제34회 장로회총회가 서울 새문안교회당에서 개최되었는데 이 총회에서 고려신학교 문제가 총회 차원의 문제로 대두되었다. 고려신학교가 장로교 총회 차원에서 문제시된 것은 처음이었다. 이 총회에서 순천노회가 "고려신학교에 학생을 추천해도 되는가?"라고 질의했을 때, 총회 정치부장 김관식(金觀植) 목사는 "고려신학교는 우리 총회와는 아무 관계가 없으니 노회가 천서를 줄 필요가 없다"라고 대답했다. 총회 역시 김관식 목사의 의

27. 양낙홍, 275.
28. 이상규, "해방 후의 상황과 고신교회의 형성," 96.
29. 경남노회 제49회 정기노회록(1947. 12. 9.), 허순길, 『한국장로교회사』, 372.

견을 받아들여 고려신학교 입학지원자에게는 천서를 주지 않기로 결정했다.[30]

이런 분위기에서 1948년 7월 김길창 등 친일교권주의자들은 "고려파와 소위 신성파(神聖派)에 관하여"라는 성명서를 통하여 고려신학교와 그 관계자들을 비난하였다. 그리고 김길창, 김영환, 배성근, 진종학, 박창근, 김만일, 김광수, 박군현 목사와 이의석, 김상욱, 배기돈 장로는 1948년 9월 21일 경남노회 제49회 임시노회를 청원하였다. 이들은 자신들을 향하여 회개, 정화, 교회쇄신을 주장하는 이들을 분쇄하려는 의도에서 임시노회 소집을 요구한 것이다. 이때 김길창 일파가 제기한 임시노회의 안건 중에는 고려신학교에 관한 건, 경남노회 광정(김길창 일파에 대한 잘못된 결의를 고쳐 달라는 뜻)에 관한 건 등이 있었다. 이에 따라 1948년 9월 21일 경남노회 제49회 임시노회가 김길창 목사가 시무하는 항서교회당에서 개최되었다.

한편 1947년 10월 14일 고려신학교 교장으로 부임했던 박형룡 박사가 한상동 목사와 의견 차이로 1948년 5월 교장직을 사임한 후 상경하여 남산에 장로회신학교를 설립하여 고려신학교를 떠난 이후였으므로, 그들에게 교회쇄신을 주장하는 이들을 공격할 수 있는 또 하나의 명분이 주어졌다. 박형룡 박사가 고려신학교를 떠나므로 교권주의자들은, 고려신학교를 지지하는 일파가 박형룡과 같은 보수주의 신학자도 수용하지 못하는 독선적 집단이라고 비난하기 시작했다. 이때부터 고려신학교에 대한 공격은 더욱 심해졌고 이를 기회로 삼아 신사참배 문제로 명분을 잃었던 교권주의자들의 반격이 거세게 일어났다.[31]

교권주의자들의 반격 첫 수순은 고려신학교 인정 취소였다. 고려신학교가 총회의 승인을 청원하지 아니하였고, 박형룡 박사가 고신을 떠났으며, 또 타교파 선교사인 한부선을 교수로 채용하고 있다는 점에서 고려신학교를 인정할 수 없다는 것이었다. 노회장 이순필 목사의 사회로 진행된 이 노회에서 김길창, 배성근 측은 노진현 등 중도파를 끌어들여 44:21로 고려신학교 인정취소

30. 이상규, 『교회쇄신운동과 고신교회의 형성』, 59.
31. 이상규, 『한상동과 그의 시대』, (서울: SFC출판부, 2006), 125.

를 결의했다.[32] 이것은 반 쇄신주의자들에 의한 두 번째 고려신학교 취소였다. 이때 송상석 목사와 장영실 장로는 지난 노회의 결의를 임시노회에서 재론 동의 없이 결의한 것은 불법이라고 밝히고 총회에 소원장(訴願狀)을 낼 것을 선언했다. 송상석 목사의 주장이 받아들여져 우여곡절 끝에 이 임시노회에서 고려신학교 재조사 안이 통과되었다.[33]

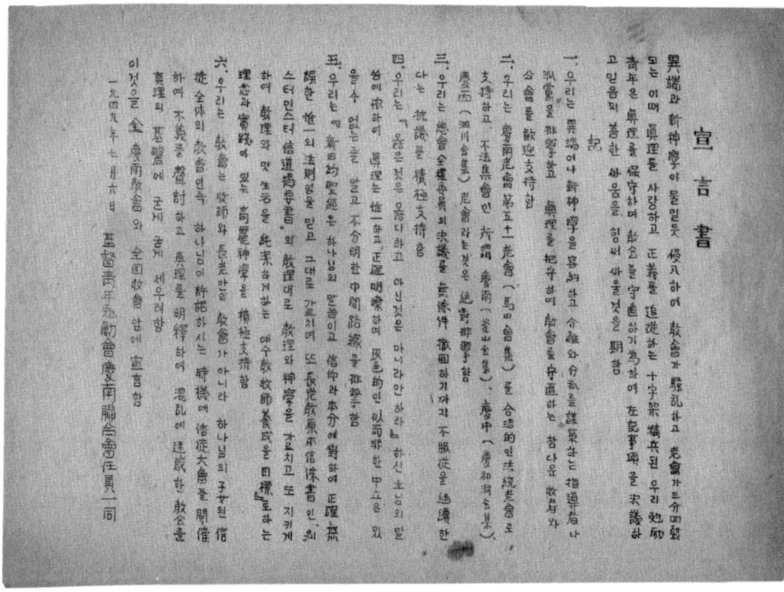
宣言書

異端과 新神學이 물밀듯 侵入하여 敎會가 騷亂하고 老會가 三分四裂되는 이때 眞理를 사랑하고 正義를 追從하는 十字架 精兵된 우리 勉勵青年은 眞理를 保守하며 敎會를 守直하기 為하여 左記事項을 決議하고 믿음의 善한 싸움을 힘써 싸울 것을 期함

記

一. 우리는 異端이나 新神學을 容納하고 合離와 分裂을 謀策하는 指導者나 派黨을 排擊하고 眞理를 把守하며 敎會를 守直하는 참다운 牧者와 公會를 歡迎支持함

二. 우리는 慶南老會第五十一老會(馬山會集)를 合法的인 法統老會로 支持하고 不法集會인 所謂 慶南(釜山會集), 慶中(慶和洞會集), 慶西(泗川會集) 老會라는 것은 絶對排擊함

三. 우리는 總會全權委員의 決議를 無條件 撤回하기까지 不服從을 繼續한다는 抗議를 積極支持함

四. 우리는 「옳은 것은 옳다 하고 아닌 것은 아니라 만 하라」 하신 主님의 말씀에 依하여 眞理는 唯一하고 正確明瞭하며 灰色的인 似而非한 中立은 있을 수 없는 줄 알고 不分明한 中間路線을 排擊함

五. 우리는 『新舊約聖經은 하나님의 말씀이고 信仰과 本分에 對하여 正確無誤한 唯一의 法則임을 믿고 그대로 가르치며 또 長老敎原本信條書인 웨스터민스터 信道揭要書의 敎理대로 敎理와 神學을 가르치고 또 지키게 하여 敎理와 및 生活을 純潔하게 하는 예수敎牧師養成을 目標』로 하는 理念과 實踐에 있는 高麗神學을 積極支持함

六. 우리는 敎會는 牧師와 長老만의 敎會가 아니라 하나님의 子女된 信徒全体의 敎會인즉 하나님이 許諾하시는 時機에 信徒大會를 開催하여 不義를 聲討하고 眞理를 明釋하여 混亂에 迷惑한 敎會를 眞理의 基盤에 굳게 굳게 세우려함

이것을 全慶南敎會와 全國敎會 압에 宣言함

一九四九年 七月 六日 基督青年勉勵會慶南聯合會任員一同

총회전권위원회의 노회 분할을 반대하는 경남청년면려회의 선언서(1949.7.6)

32. 허순길, 『한국장로교회사』, 375.

33. 경남노회 제49회 임시노회록, 양낙홍, 439.

6. 김길창 목사의 사조노회 조직과 경남노회의 분열 / 강종환

1948년 12월 7일 마산 문창교회당 별관에서 경남노회 제50회 정기노회가 개최되었지만, 고려신학교 지지자들 중심의 교회 쇄신주의자들과 친일 교권주의자인 고려신학교 반대자들 간의 대립이 심각한 상태가 되었다. 그러한 가운데 임원개선을 하지 못하고 3일을 보낸 후 김길창에 이어 김만일 목사를 노회장으로 선임하였다. 지난 노회의 결의에 따라 경남노회 신학부장이자 고려신학교 조사위원이었던 심문태 목사는 고려신학교에 대한 긍정적인 보고를 했고, 고려신학교 인정취소 결의를 불법으로 인정하고 이를 취소하였다. 다시 말하면 제49회 정기노회에서 고려신학교 인정을 가결했는데, 이를 49회 노회의 임시노회에서 재론 동의 없이 인정취소를 결정한 것은 불법이라는 송상석 목사의 주장이 받아들여져 고려신학교 인정결의가 복구된 것이다.[34]

김길창 목사의 사조노회 조직

그러나 노회는 신사참배를 수용했던 친일적 인사들이 주도권을 장악하였다. 그들은 노회 석상에서 신사참배에 대하여 양심 문제 운운하는 것은 신학박사라야 해결할 문제라는 말까지 하였다.[35] 그러던 중 양심의 가책을 느낀 한(韓) 모 목사에 의해 분위기가 반전되었다. 그는 일제 치하에서 범한 자신의 죄를 고백하고 회개했다. 그날이 1948년 12월 11일 저녁이었다. 자신은 '미소기바라이'를 한 사람이며 아마데라스 오미가미(天照大神) 외에는 다른 신을 섬기지 않을 것을 예식으로 행하는 이 의식을 행하는 죄를 지었다고 고백했

---

34. 이상규, 『교회쇄신운동과 고신교회의 형성』, 60.
35. 한상동, '현하 대한 교회에', 「파수군」 2(1959. 4), 13.

다. 이로 인하여 회중은 숙연해졌다.[36]

이때 좌석에 앉아 있던 김길창 목사가 "미소기바라이가 무엇인가? 나는 들어보지도 못한 말"이라고 했다. 그는 목사들을 인솔하여 부산 송도 앞바다에서 일본신도 제사장들의 세례 의식인 미소기바라이를 행했던 주도적인 인물이었다. 그럼에도 불구하고 '미소기바라이'라는 용어 자체도 모른다고 했을 때 그의 불의함을 보고 참지 못한 한상동 목사는, 신앙과 양심을 저버린 김길창을 제명해야 한다고 동의하였고 곧 재청이 뒤따랐다. 사태가 불리해지자 김길창 목사는 노회장을 이탈했고, 노회장 김만일 목사는 본인이 현장에 없다는 이유를 들어 가부를 묻지 않고 다음 회기 시까지 유보한다고 선언했다. 노회에서 제명 위기에 몰린 김길창과 그를 따르는 권남선 등 10여명은 자기들끼리의 새로운 노회를 조직하기로 합의했다. 그들은 현재의 경남노회는 '신앙과 신조'가 다르고 그 노회와 함께하는 것이 신앙양심에 구애가 된다는 것을 이유로, 별도 노회를 조직하기 위한 소집통지서를 1949년 2월 9일 자로 경남노회 산하 전 교회에 발송했다.[37]

1949년 3월 8일에 마산 문창교회당에서 경남노회 제51회 정기노회가 열렸음에도, 같은 날 김길창은 자신이 시무하는 항서교회에서 별도의 '경남노회'를 조직하고 이를 51회 노회로 명명했다. 노회 조직과 함께 4월에 있을 총회에 파송할 총대도 선출했다. 이들이 기존 노회를 이탈하여 불법적인 별도의 경남노회를 조직한 것은 친일 교권주의 인사들이 자신들을 지키기 위한 수단이었다. 기존의 경남노회를 이탈한 별도의 노회(私組老會) 조직은 경남지방에서 일어난 대수롭지 않은 사건같이 보이지만 이것이 경남노회의 분열이자 한국장로교회의 분열의 시작이었다.[38] 이때로부터 고려신학교를 지지하며 문창교회에 회집한 경남노회를 경남법통노회, 혹은 법통파라고도 불렀고, 김길창 일

---

36. 이상규, 『교회쇄신운동과 고신교회의 형성』, 61.
37. 허순길, 『한국장로교회사』, 377.
38. 이상규, 『교회쇄신운동과 고신교회의 형성』, 64.

파를 총회파라 불렀다.

제35회 총회 전권위원회의 결정

1949년 4월 19일부터 23일까지 서울 새문안교회당에서 제35회 대한예수교장로회총회(총회장 최재화)가 개최되었다. 기존의 경남노회는, 노진현, 박손혁, 송상석, 심문태, 이수필, 이약신 등 6인의 목사와 박준호, 백낙철, 엄주신, 이순필, 이태용, 장영실 등 6인의 장로를 총대로 파송했다. 김길창의 사조노회 또한 총대를 파송하였다. 그런데 이 총회는 불법적인 사조노회를 조직한 김길창에 대해서는 아무런 조치를 취하지 않는 채 경남노회 문제 처리를 위해 김현정, 김세열, 김재석, 서정태, 구연직 5인을 전권위원으로 선출했다.

이 전권위원회는 1949년 5월 27일 자로, 경남노회는 한부선 일파와 고려신학교와 관계하지 말도록 결정하고 이를 경남노회에 속한 각 교회에 통보하였다.[39] 이것은 고려신학교와 한부선 일파를 고립시키려는 총회의 의지를 반영한 것이었다. 이와 함께 제51회 경남노회 정기노회에서 선출한 임부원을 원천무효로 선언하고 제50회 임부원으로 대체하도록 했다. 그러나 지난 51회 노회 총대가 제35회 총회에서 총대권을 행사하였으므로 어떤 이유든지 무효화 할 수 없음에도, 제51회 노회 임부원 선출을 원천적으로 무효화 한 것은 경남노회의 해산을 요구한 것과 같은 위법한 결정이었다.[40]

당연히 이 결정은 제51회 노회에서 합법적으로 선출된 임부원의 강한 반발을 가져왔고, 고려신학교 측에 우호적이지 않던 이들도 총회 전권위원회에 대립하는 결과를 가져왔다. 이와 함께 총회전권위원회 또한 사조(私組) 노회의 중심인물 김길창 목사에 대해서는 어떤 조치도 취하지 않고, 경남노회를 경남노회(부산지방), 경중노회(마산, 통영지방), 경서노회(진주, 거창지방)로 3분 할 것을 결의하고 각 노회의 소집책으로 김길창과 가까운 김만일(광복교

39. 이상규, 『교회쇄신운동과 고신교회의 형성』, 67.

40. 허순길, 『한국장로교회사』, 383.

회), 심문태(신마산교회), 박창근(진주 성북교회) 목사를 임명했다.[41] 이렇게 되자 경남노회장 이약신 목사는 1949년 6월 14일 자로 총회와 총회전권위원회의 결정에 정면 반박하는 항의서를 발표하였다.[42] 이 항의서에서 전권위원들이 위헌적인 월권과 그 구성원들이 친 김길창계 인물들이란 점이 지적되었는데, 실제 권세열, 서정태 등은 대표적인 김길창 지지자들이었다.

이에 대하여 1949년 7월 고려신학교 설립자인 한상동, 주남선 목사 명의로 '대한예수교장로회 성도들 앞에 드림'이라는 성명서를 발표하고, 고려신학교와 한부선 선교사 등에 관하여 정당함을 밝히는 반면 제35회 총회의 결의와 전권위원회의 결의에 대하여 비판하였다.[43] 그뿐만 아니라 1949년 8월에는 경남노회장 이약신, 총회 총대 겸 노회원 이순필, 송상석 명의로 "경남노회사건 총회전권위원회의 경과사항 발표에 해답함"이라는 항의서를 발표하고, "경남노회의 싸움은 진리를 위한 싸움"이라고 강조하였다.[44] 이어서 1949년 9월 경남노회장 이약신 목사의 이름으로 대한예수교장로회 총회와 각 노회와 성도들 앞으로 '호소와 공약선언'을 발표하였는데, 그 내용 중에는 경남노회가 고려신학교를 중심으로 이교파(異教派)를 수립한다는 억설과 중상적 허위선전이 있으니 속지 말기를 호소하는 내용도 들어 있었다.[45]

또 전권위원회의 결의에 대하여 당시 경남노회의 170여 교회 중 111개 교회가 전권위원회의 노회 3분안을 거부하고 이의 철회를 주장하면서, 기존 경남노회의 존속과 계승을 선언했으나 노회 3분안을 지지하고 교회는 김길창 일파를 추종하는 50여 개 교회에 불과했다. 그리고 경남지방의 대표적인 교회들인 부산 초량교회, 제일영도교회, 진해읍교회, 마산 문창교회, 진주 봉래교

41. 이상규, 『교회쇄신운동과 고신교회의 형성』, 68.
42. 항의서 내용은 양낙홍, 451 등을 참고할 것.
43. 원문은 고려신학대학원 도서관, 『고신교회역사자료집1』, 1 참조. 양낙홍은 이 글은 박윤선의 글이라고 추정한다.
44. 항의서 전문은 고려신학대학원 도서관, 『고신교회역사자료집1』, 368 참조.
45. 양낙홍, 457.

회, 거창읍교회 등 111개 교회(8월 18일까지 서명한 교회)는 "총회전권위원회의 노회 3분안 결의는 불법임을 확인한다."라고 주장하고 기존 경남노회의 존속과 계승을 선언했다.[46] 또 1949년 8월 28일, 29일 양일간 마산 문창교회에서 '경남신도대회'를 개최하고 선서문을 발표하여 경남노회 문제에 대한 총회의 부당한 처사에 대해 항의하였다.[47] 같은 날 경남노회 기독청년면려회 경상대회원도 성명서를 발표하고 정회했다. 이처럼 교회쇄신운동 과정에서 평신도들의 항거는 대단한 것이었다.[48]

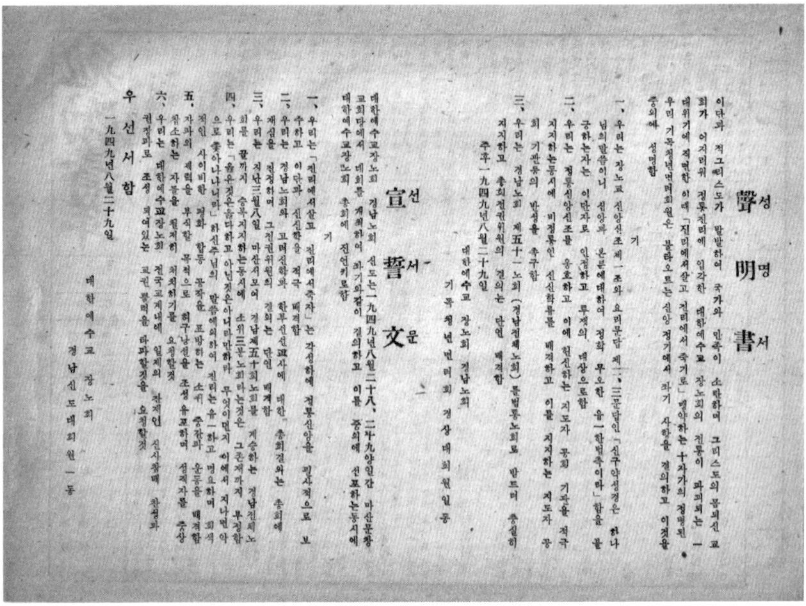

聲성明명書서

이단과 적그리스도가 발발하여 국가와 민족이 소란하며 그리스도의 몸되신 교회가 어지러워 정통진리에 입각한 대한예수교 장노회의 전통이 파괴되는 一대위기에 직면한 이때 「진리에서살고 진리에서 죽거로」 맹약하는 十자가의 정병된 우리 기독청년면려회원은 불타오르는 신앙 정기에서 좌기 사항을 결의하고 이것을 중외에 성명함

기

一、우리는 장노교 신앙신조 제一조와 요리문답 제二、三문답인 「신구약성경은 하나님의말씀이니 신앙과 본분에대하여 정확 무오한 유一한법측이라」 함을 불긍하는자는 이단자로 인정하고 투쟁의 대상으로함

二、우리는 정통신앙신조를 옹호하고 이에 헌신하는 지도자 공회 기관을 적극 지지하는동시에 비정통인 신신학류를 배격하고 이를 지지하는 지도자 공회 기관류의 박멸을 촉구함

三、우리는 경남노회 제五十一노회(경남정체노회)를법통노회로 받드러 충실히 지지하고 총회전권위원의 결의는 단연 배격함

주후一九四九년八월二十九일

대한예수교 장노회 경남노회
기독청년면려회 경상대회원일동

宣선誓서文문

대한예수교장노회 경남노회 신도는一九四九년八월二十八、二十九양일간 마산문창교회당에서 대회를 개최하여 좌기와같이 결의하고 이를 중외에 선포하는동시에 대한예수교장노회 총회에 진언키로함

기

一、우리는「진리에서살고 진리에서죽자」는 각성하에 정통신앙을 필사적으로 보수하고 이단과 신신학을 적극 배격함

二、우리는 경남노회와 고려신학교와 한부선선교사에 대한 총회결의는 총회에 재심을 진정하며 그전권위원의 결의는 단연 배격함

三、우리는 지난三월八일 마산서모여 경남제五十회노회를 계승하는 경남진체노회를 끝까지 승목지지하는동시에 소위三분노회라는것은 그존재까지 부정함

四、우리는「옳은것은옳다하고 아닌것은아니라만하라 무엇이던지 이에서 지나면 악으로좇아나나니라」하신주님의 말씀에의하여 진리는유一하고 명요하며 회색적인 사이비한 정화 합동 공작을 표방하는 소위 중간파 운동을 배격함

五、자파의 세력을 부식할 목적으로 허구낭설을 조성유포하며 성직자를 중상참소하는 자들을 철저히 처치하기를 요청할것

六、우리는 대한예수교장노회 전국교계내에 일제의 잔재인 신사참배 찬성과 권징파로 조성되여있는 교권 쌍벽을 타파할것을 요청할것

우 선서함

一九四九년八월二十九일

대한예수교 장노회
경남신도대회원一동

기독청년면려회가 발표한 성명서와 경남신도대회가 발표한 선서문

46. 이상규, 『교회쇄신운동과 고신교회의 형성』, 69.

47. 「면려청년」 2, (1949. 6. 1.), 이상규, 『교회쇄신운동과 고신교회의 형성』, 71에서 전재.

48. 「면려청년」 2, (1949. 6. 1.), 이상규, 『교회쇄신운동과 고신교회의 형성』, 72에서 전재.

한편 경남노회에는 기존의 경남노회측에 속하지도 않고, 경남노회 3분 안을 동조하는 김길창계도 아닌 제3의 그룹이 있었는데 이들이 '중간파'로 불리는 김성여(金聖呂), 노진현, 심문태, 이수필 등 친 박형룡계의 인사들이었다. 이들은 1949년 4월 27일 목사 장로 27명이 모여 제3의 중립적인 경남노회를 조직했다. 이렇게 되자 결국 경남노회는 삼분오열되었다. 이들은 삼분 노회를 반대하고 고려신학교도 배척하면서 총회 별위원회의 지도하에 노회를 조직한 것이다. 이들은 박형룡의 장로회신학교를 지지했다. 그 결과 경남에는 기존의 경남(법통)노회와 총회전권위원회가 임의로 3분한 3노회, 그리고 고려신학교 교장직을 사임한 박형룡과 뜻을 함께하는 중립파의 노회 등 5개 노회가 존립하게 되었고, 이 문제는 극도의 혼란을 불러일으켰다. 결국 경남노회 문제는 제36회 총회의 가장 중요한 쟁점이 되었다.[49]

제36회 총회의 경남노회특별위원회의 활동과 경남노회의 충돌

이런 상황에서 1950년 4월 21일 제36회 총회가 대구 제일교회당에서 개최되었다. 이 총회는 처음부터 두 가지 문제가 쟁점이 되었다. 하나는 경남노회가 경남법통노회, 전권위원들의 3분 노회, 중도파들의 노회 등 5개의 노회가 존재하게 되었으므로 당연히 총대권이 문제가 된 것이다. 결국 경남노회는 전체 5개 노회의 총대가 모두 거부당하였다. 다른 하나는 장로회신학교 측과 조선신학교 측 사이에 교권 확보를 위한 양측의 계획된 충돌이 발생한 것이다.[50] 총회는 시작하자마자 논란이 벌어져 욕설과 폭력이 난무했고 5일간 회무를 진행할 수 없게 되자 경찰이 동원되는 불상사가 일어났다. 김양선은 이때의 총회를 '한국교회 70년 사상 처음 보는 대치욕적인 사건'이라고 했다.[51] 의사진행이 불가능해지자 증경 총회장단과 임원회가 연석하여 문제해결을 도모했

49. 이상규, 『교회쇄신운동과 고신교회의 형성』, 73.

50. 허순길, 『한국장로교회사』, 387.

51. 김양선, 157.

으나 문제가 간단치가 않았다. 4월 22일 모인 총회에서 경남노회 문제에 대한 총회전권위원회(위원장 김세열)는 다음과 같이 보고했다.[52]

> 경남노회 문제에 대하야 총회 임원과 본 위원회가 연석회의 한 결과 총회의 화평을 위하여 좌기(左記)와 여(如)히 결의하였음을 통지함
>
> **기(記)**
>
> 1. 삼분노회 외 두 노회도 삼분노회와 같이 노회로 인정함
> 2. 두 노회의 명칭은 여좌(如左)
>   1) 구 경남노회는 마산노회라 함
>   2) 중간이란 노회는 부산노회라 함
> 3. 각 노회 총대는 매 노회에 목사, 장로 각 2인씩 함
> 4. 모든 노회 회원과 총회 총대는 제34, 35회 총회 결의에 의하야 고려신학과 관계없는 것을 성명한 자로 함
> 5. 이상 제 조항에 순종치 않는 노회는 자연 노회가 취소되는 것으로 인정함
>
> 1950년 4월 4일
>
> 경남노회 전권위원 김세열, 김재석, 김현정, 서정태, 송희갑

그런데 제35회 총회가 인준한 기존의 경남노회를 총회전권위원회가 후에 조직된 불법 노회와 함께 다섯 노회 중의 하나로 포함시킨 것은 불법이었다. 특히 고려신학교와의 절연을 요구한 것은 고려신학교와 그 관계자들, 곧 교회쇄신주의자들을 배척하자는 의도였다. 전권위원회의 보고는 상당한 논란을 불러왔다. 총회에서 조선신학교 측은 3분 노회를 받자고 주장했으나 장로교신학교 측은 경남의 3분 노회 측의 총대 자격 문제를 제기했다. 논란은 욕설과 폭력을 동반하였고 이때의 대립은 옳고 그름의 문제가 아니라 자파의 교권 확

52. 이상규, 『교회쇄신운동과 고신교회의 형성』, 75.

보를 위한 대결이었다. 경남법통노회의 파송을 받은 12명의 총대는 발언권이 없는 상태에서 침묵하고 있었다.

회의 넷째 날인 4월 24일 오전 총회에서는 총회전권위원회의 보고를 기각하고 별도의 별위원 7인[53]을 선정하여, 경남지역에서의 노회 문제 처리에 대한 전권을 위임하기로 하고 5개월 후인 9월 5일 오후 7시까지 정회하기로 결의하였다.[54] 그러자 방청석에 있던 경남지역 수백 명 교인들의 격렬한 항의를 하게 되었고 총회장은 비상정회를 하게 되었다.

그리고 그날 밤에는 조선신학교의 인가취소 문제로 조선신학교 학생들을 중심으로 난동이 벌어져 경찰이 출동하여 진압하는 사태가 일어나게 되었다.[55] 신사참배를 결의한 제27회 총회는 일제 경찰이 그 결의를 강제하기 위하여 총회장에 들어와 교회를 더럽혔으나, 제36회 총회는 교회지도자들의 폭력이 해방된 조국의 경찰을 총회장에 불러들인 것이다.[56]

제36회 총회가 파송한 7인의 특별위원들은 총회의 정회 후 경남으로 가서 모든 교회지도자들의 의견을 미리 듣고 의논하기로 하고, 경남노회에 속한 모든 교회에 통지서를 보내어 조직교회는 목사와 장로 각 1인, 미조직교회는 대표 1인이 그해 5월 12일 마산 문창교회로 모이도록 요청하였다. 특별위원회는 경남노회 전체가 모이기 전 경남노회의 세 그룹(법통, 중간, 3분)의 대표자를 각 3인씩 참가하는 자리에서 각 측의 입장을 듣기로 하였다.

이 자리에서 경남법통노회 측은 최선은 경남노회가 하나로 통일되어야 하므로 불법으로 조직된 노회들이 본 노회로 귀속하게 하는 방법, 차선은 총회 내의 신학사상이 통일될 때까지 당분간 갈라져 각 파가 자치토록 하는 방법, 세 번째 안은 3분파와 중간파가 법통 측의 잘못을 지적하는 책임 있는 서면을

53. 이대영, 이인식, 김광현, 조승제, 김상권, 박용희, 권세열(제36회 총회록 참조).

54. 허순길, 『한국장로교회사』, 388.

55. 김양선, 249.

56. 허순길, 『한국장로교회사』, 389.

제출하게 하고 이에 대하여 법통 측이 답신서를 제출하게 한 다음 그에 따라 처리하는 방법을 제시하였다. 반면 3분측은 총회 전권위원들이 최선의 방법을 택하였으므로 3분 노회 그대로 하기를 원하였으며, 중간 측은 경남노회의 통일을 원하지만 총회와 특별위원회가 지도하는 대로 순종하겠다고 하였다.[57]

소집을 통지한 5월 12일 문창교회에는 목사 45명, 장로 59명 등 총 155명의 경남노회 교회 대표들이 참석하여, 노회의 통일과 분립을 두고 투표하여 통일 62, 분립 38, 기권 55의 결과가 나왔다. 그날 밤 9시 특별위원회는 그날 투표 결과에 대하여는 아무런 결과를 내어놓지 않은 채 결정서를 통하여 법통 측이 청천벽력처럼 느낄 수 있는 세 가지 내용을 발표했다. 그 내용은,

1. 총회 결의에 불복한 고려신학교 관계자들은 자복서를 제출해야 하고 고려신학교가 총회와 관계를 맺기까지 그들의 회원권을 중지한다.
2. 1949년 3월 8일의 제51회 경남노회 이전으로 돌아가서 노회를 조직하라.
3. 제36회 대구 총회에서 전권위원회의 보고가 기각 되었을 때 경남법통노회도 포화(泡化)되었다는 것이다.[58]

특별위원회의 처리 방향은 35회 총회의 전권위원들과 큰 차이가 없었다. 위 3가지 내용을 볼 때 특별위원회의 의도는 기존의 합법적인 경남노회를 제거하려는 의도가 있었음을 보여준다. '고려신학교 관계자'란 바로 경남법통노회 인사들을 의미했기 때문이다. 경남노회의 근본문제는 김길창의 사조노회로부터 출발하는 것임에도 이에 대한 아무런 조치가 없는 것은 부당한 조치였으며, 정통성을 가진 경남노회가 엄연히 존재함에도 이를 배제하고 새로운 노회를 조직한다는 것은 불법한 처분이었다. 즉, 특별위원들은 법적 정통성을 가

57. 양낙홍, 462.

58. 양낙홍, 463. 양낙홍 교수는 포화(泡化)의 의미를 '수증기처럼 증발했다'라는 뜻으로 사용한 것 같다고 보고 있다.

진 기존의 경남(법통)노회를 제35회 총회가 파송했던 전권위원회가 조직했던 3분 노회 및 중간파 노회와 동일시했고, 전권위원회의 보고가 기각되자 경남(법통)노회도 함께 '포화'(泡和)되었다는 궤변으로 경남지역 노회의 '진공'(眞空)을 말하면서 새로운 노회 조직 운운한 것이다.

결과적으로 특별위원들의 결정은 경남지역 178개 교회 중 133개가 지지하는 경남법통노회를 부인하고 고려신학교를 인정하지 않겠다는 것이었다. 이러한 특별위원회의 공정하지 못한 처분에 대하여 전국신도대회는 다음과 같은 성명서를 발표했다.[59]

성명서

1950년 4월 21일부터 25일까지 대구에서 개최된 대한예수교장로회 제36회 총회를 방청한 신도들은 그 무질서하고 혼란한 상태에 놀랬으며 따라서 신앙과 신학에 암류(暗流)하던 2대 조류가 표면화하게 된 것으로 실감하게 되어 신도들의 신앙은 기로에서 울고 있게 되었다. 마침 대회의장소인 대구제일교회당의 강단을 모독하는 난투극까지 연출하게 됨을 본 우리 신도들은 참다못하여 이 사실을 교계관계자에게 반성을 요구코자 4월 26일 상오 8시 30분에 대구제일예배당에서 전국적으로 소집한 신도 약 5백명이 신도대회를 열고 좌기 사항을 결의하야 전국에 선포함.

결의사항

1950년 4월 24일 하오 10시 반경 대한예수교장로회 제36회 총회석상에서 신성한 강단을 폭행으로 모독한 주동자 이갑철(전북노회 총대), 주수겸(경기노회 총대) 등에 대하야 각 치리회로 하여금 적당한 치리 있기를 바래서 총회와 해당 당회에 진언하기로 함.

---

59. 정하태, 『해방 후 고신교회의 형성과 확산』 (고신대학교 대학원 박사학위 청구논문, 2018), 35.

1950년 4월 26일

대한예수교장로회 전국신도대회

뿐만 아니라 대구 경북을 중심으로 장로신앙동지회를 발족하여 장로교의 교리와 신조를 보수하며 복음의 진리를 사수한다는 선포문을 발표하였다.[60] 그리고 경남법통노회 120여 교회 대표들인 주상수 외 119명은 1950년 5월 13일자로 특별위원장에게 항의서를 제출하였다.[61]

항의서

별지 서명 날인한 주만수 외 249명은 귀 특별위원회에서 발송한 소집통지서에 의해 5월 12일 마산 집회에 참석해 경남지방 노회에 관한 처사가 불법임을 인정하고 좌기 각 항 이유로 항의하여 래 9월 총회에 진정키로 하고 경남에 별 노회 조직여부를 불문에 붙이고 우리는 경남법통노회 임시노회 소집을 청원하여 대책을 강구키로 하고 자에 항의하나이다.

1950년 5월 13일

경남노회 교회대표자 대회

기(記)

1. 5월 12일에 마산서 소집된 경남지방 교회대표자회를 소집한 특별위원회는 총회결의를 무시한 처사임.
2. 특별위원이 받은 권한 외에 월권적 간섭을 감행한 일(고려신학 관계자에게 자복서 제출을 요구)
3. 경남 제51회 노회(1948년 2월 전)로 환원시킴은 1948년 12월에 피선된 총회 총대들이 제35회 총회에 임부원으로 일한 것을 취소할 수 없음

60. 정하태, 35.

61. 허순길, 『한국장로교회사』, 391.

4. 특별위원회를 설치한 목적 중에 경남노회건을 기입한 것은 총회에서 결의된 것을 재론없이 파기하지 못함
5. 경남노회 분열원인이 신앙사조와 신앙양심 문제임을 여실이 입증하였음에도 불구하고 고려신학대학 관계와 총회불복종 이유로 귀결시킴은 경남노회 실정을 오인한 처사임
6. 경남법통노회가 어떠한 논단을 받을지라도 우리는 대한예수교장로회 신자로서 경남법통노회를 절대 지키기로 서약한 교인들임을 첨언함. 이상

대한예수교장로회 총회 특별위원장 귀하

이뿐만 아니라 1950년 5월 제53회 경남(법통)노회 임시노회는 노회장 이약신 목사, 교회대표 박손혁, 한상동, 권성문, 김을길, 송상석 목사의 이름으로, 총회장, 경남노회특별위원회 위원장, 그리고 제36회 총회총대 앞으로 '경남노회 통일조정은 왜 결렬되었나?'라는 제목의 진정서를 제출하였다. 이 진정서에서 경남법통노회 측이 재심청구 소송 중인데 왜 특별위원회가 간섭하는지 이의를 제기하고, 특별위원회에 주어진 권한은 노회의 합병, 조직, 해벌 세 가지인데 왜 시벌권을 행사하는지 질문하였다. 그리고 경남노회의 분열 원인은 고려신학교나 한부선 선교사에게 있는 것이 아니라 신앙신조와 신앙양심의 문제라고 주장했다.[62]

특별위원들에 의하여 1950년 6월 7일 부산진교회에서 노회가 소집되었으나, 법통노회 측이 아무도 참석하지 않아 정회한 상태에서 6.25 전쟁이 발발하여 특별위원회는 중지할 수밖에 없었다. 특별위원회는 그 이듬해인 1951년 5월에 개최될 총회를 앞두고 경남노회 문제를 해결하기 위하여, 지난해 정회하였던 노회의 속회를 1951년 3월 14일 부산 중앙동교회당에서 개최한다고 경남노회 모든 교회 앞으로 통지하였다.

---

62. 이 진정서의 원문은 고려신학대학원 도서관, 『고신교회역사자료집1』, 355.

그러나 경남법통노회 측은 속회된 노회에 참석하지 않았고, 그 외의 목사 23인, 장로 43인이 참석하여 특별위원회 주관으로 통일노회를 조직하여 제52회 노회가 되었고 노회장에 김석찬 목사, 부노회장에 양성봉 장로가 선출되었다. 그리고 특별위원회 서기 김상권 목사는 제51회 경남노회가 김길창을 비롯한 10명의 목사들에게 내렸던 벌을 해벌한다고 선언하고, 이들은 1951년 5월에 개최될 총회를 위한 대표단을 구성하였는데 그중에는 김길창과 권남선이 포함되어 있었다.[63]

이에 대하여 1951년 5월 25일 경남법통노회의 '경남노회 통일대책위원' 이약신, 한상동, 박윤선, 박손혁, 이순필, 전성도, 엄주신, 심상동, 송상석 목사 명의로 대한예수교장로회 총회장, 대한예수교장로회 경남노회 특별위원장, 대한예수교장로회 제36회 총회총대 앞으로 '경남노회 진상보고와 진정서'를 제출하였다.[64] 이 진정서에는 1945년 12월 제47회 노회부터 1949년 3월 8일 제51회 경남노회까지 노회의 경과와 경남노회의 문제의 주요 사항, 경남노회에 관한 총회 특별위원회의 실책과 총회의 불법 사항, 경남법통노회의 결론적 요구 사항 7가지를 주장하였다.

63. 1951년 제36회 총회록, 137(양낙홍, 467에서 전재)
64. 이 진정서에는 그간의 경남노회의 상황이 대부분이 담겨있는 방대한 분량으로 그 상세한 내용은 황대우, 『고신교회의 태동(원자료와 논문)』 (부산: 고신대학교 개혁주의학술원, 2020) 참조.

7. 제36회 총회 속회와 경남법통노회의 축출 / 강종환

마침내 1951년 5월 25일, 피난민으로 가득 찼던 부산 중앙교회당에서 제36회 총회가 속회되었다. 그런데 이 총회에서는 총회 개회 전 입장권을 각 노회의 총대 수대로 배포하였으므로 경남법통노회의 총대와 일반신자들의 총회 방청권이 허용되지 않았다. 경남노회는 특별위원들이 새로 조직한 불법 노회의 총대들이 입장권을 미리 받아 들어가게 되고, 경남법통노회 총대 12명은 입장권을 받지 못했으므로 입장을 거부당하였다. 경남법통노회나 고려신학교 관계자들을 제거하려는 사전 계략이었다. 총회는 특별위원들이 조직한 별도의 경남노회를 승인하고 그 총대를 받아들인 반면 경남법통노회는 총회 문밖으로 축출한 것이다.[65]

제36회 총회 첫날 경남노회특별위원회는 총회 앞에서 1년간의 경과를 보고하였는데 경남노회의 문제를, 1. 신사참배로 인한 교회의 덕행에 관한 문제, 2. 한부선 선교사 문제, 3. 고려신학교 문제 세 가지로 보았다. 그리고, 1에 대하여는 총회로 하여금 그것에 대한 기왕의 결정과 총회가 실행했던 사실을 증명하는 것이 좋겠고, 2에 대하여는 한부선 선교사가 신사참배 반대 문제로 노회에서 제명된 것을 해결하고, 3 고려신학교는 그 학교가 총회와 관계를 정상화한다는 조건으로 학생추천 문제를 선 처하도록 총회에 건의하기로 하였다. 그리고 마지막에는 경남노회의 장래를 위하여 고려신학교를 중심으로 한 마산노회 측에게 다시 돌아올 수 있는 길을 열어 두어 총회에서 떨어지지 않게 해달라는 청원으로 마무리하였다.[66]

특별위원회의 보고를 실천한다는 명목으로 경남노회 육성위원회를 선임하

---

65. 김양선, 158.

66. 양낙홍, 474.

고 이원영, 안두화, 김재석, 나덕환, 김광수 등 5인을 선임하였다. 이들은 총회 기간 중 고려신학교를 찾아가 한상동, 이약신 등 20여 인의 경남법통노회 관계자들을 만났다. 그때 법통파 측은 김길창 일파가 자유주의 신학사상의 소유자로 보이므로 사상적으로 노회를 나누어 달라고 하였으나, 한 총회 안에 있으면서 신학적 신념이 달라 한 노회 안에 있을 수 없다는 주장은 받아들일 수 없다고 하여 양자의 교섭은 끝나고 말았다. 결국 총회는 특별위원회가 조직한 노회를 승인하고 거기에서 파송한 총대 6인(김길창, 권남선, 김석진, 김몽수, 김운진, 김두선)을 인정한 후 법통노회의 총대는 부인했다.[67]

이러한 결과는 대한예수교장로회 총회가 합법적인 '경남법통노회'를 부인하고 불법 총대를 받아들이는 과오를 범한 것이다. 이 과정에서 친일 전력의 교권주의자들이 자기를 보위하기 위한 노회 분열을 정당화시켜 준 것이다. 한국교회가 해방 후 친일 청산에 실패한 것은 친일 교권주의자들의 방해로 인하여 교회의 쇄신과 정화를 불가능하게 만들었고 이것은 결국 한국장로교회의 분열의 주된 요인이 되었다.[68] 총회 문밖으로 추방당한 경남(법통)노회 총대들은 다음과 같이 성명서를 통해 입장을 밝혔다.[69]

성명서

1. 대한예수교장로회 제36회 총회가 장로회신조에 위반된 신학사상과 헌법을 어긴 3분파, 중간파는 용납하고 장로회신조에 합한 경남(법통)노회를 억압하는 처사는 크게 유감된 것입니다.
2. 총회는 대구 제36회 총회시에 결의한 대로 장로회신조 제1조 위반자들을 처리하지 않았고, 용공사상과 신신학사상을 장려하는 세계기독교연합회와 동아대회에 연락하고 있으니 그것은 하나님께 향하여 큰 죄요, 국가민족에

67. 『총회록』 11권, 109-113(양낙홍, 474에서 전재)
68. 이상규, 『교회쇄신운동과 고신교회의 형성』, 84
69. 『고신역사자료집1』, 86, 「면려청년」 17(1951. 6. 10), 2.

대한 반역행위입니다. 총회가 이 잘못은 고치지 않고 도리어 진정한 장로회의 정신대로 나가는 경남노회를 억압하는 일은 천만부당한 일입니다.

3. 우리는 총회가 대한예수교장로회의 근본정신(신조와 정치)에 속히 환원 확립되기를 바라는 의도로서 정통신학과 순수복음주의 신앙과 장로회헌법정치에 어그러진 처사에 항의를 지속할 것이며 대한예수교장로회 경남(법통)노회로 나아갈 것입니다.

1951년 5월

대한예수교장로회 총회 경남노회총대일동 동 통일대책위원 일동

일제 치하에서의 신사참배를 진정으로 회개하지 않고 책임을 모면하기 위하여, 교권을 장악한 친일전력의 교권주의자들과 기회주의자들이 신사참배에 대한 책임을 모면하고 자신들의 보위를 위하여 자유주의신학을 추구하는 조선신학교 측과 협력하여, 고려신학교와 이를 지지하는 교회지도자들과 교회를 총회에서 축출하는 돌이킬 수 없는 과오를 저지른 것이다.

그 결과 총회의 주도권을 가진 교권주의자들과 그 배후에서 암약하는 기회주의자들의 비성경적이고 불법적인 교권적 행동 때문에, 출옥성도를 중심한 고려신학교를 지지하는 경남노회의 대다수 교회와 교회지도자들은 총회 밖으로 쫓겨났지만, 그들은 분명 적법한 노회의 계승자였으므로 경남(법통)노회가 되었다. 경남법통노회는 1951년 6월 12일 마산 문창교회에서 제54회 임시노회를 개최하여, 총회의 경남(법통)노회에 대한 불법한 결의에 대하여 총회로 하여금 시정할 것을 요구하였으며, 제36회 총회 이후의 총회와의 관계에 대하여 다음 세 가지를 결의하였다.[70]

70. '경남노회 제54회 임시노회 촬요'(1951. 6. 12.), 『고신역사자료집1』, 205.

1. 우리 법통노회는 언제나 대한예수교장로회 경남법통노회로서 현 총회에 비(非)를 지적시정(指摘是正)키 위하야 항의를 지속함.
2. 우리 경남노회 경내에는 우리 경남법통노회 이외에 여하한 노회라도 우리는 인정하지 않고 거부한다.
3. 필요한 경우에는 우리 경남노회 경내에 각 교회는 공동의회를 열고 경남법통노회에 속한 것을 결정하고 태도를 간명할 것.

그러나 이에 대하여 돌아온 것은 교권을 통하여 경남(법통)노회에 속한 교회에 대한 예배당 접수와 총회에서의 축출이었다. 총회가 우선 예배당의 명도를 요구한 것은 고려신학교를 지지하는 대표적 목사와 지역의 대표성 있는 교회들이었다. 한상동 목사가 시무하는 부산 초량교회, 박손혁 목사가 시무하는 부산 영도교회, 송상석 목사가 시무하는 마산 문창교회, 주남선 목사가 시무하는 거창교회, 황철도 목사가 시무하는 진주교회가 시무하는 교회였다.

그리고 1952년 4월 29일 대구 서문교회당에서 열린 제37회 총회는 경남법통노회를 완전히 단절시키는 총회가 되었다. 경남법통노회에서는 총회와의 관계 정상화를 위해 총대를 파송하였으나 총회는 총대권을 인정하지 않았을 뿐만 아니라 "고려신학과 그 관계단체와 총회와는 아무런 관계가 없다."라고 선언하여 단절을 분명히 선언하였다. 이것은 한국 장로교회의 첫 분열이 되었다.

8. 대한예수교장로회 총로회의 조직 / 나삼진

앞에서 주남선, 한상동 목사의 고려신학교 설립과 경남노회의 분열과 대립에 대해 살펴보았는데, 이 항에서는 어떻게 경남(법통)노회가 어떻게 대한예수교장로회 총회에서 단절되고, 별도의 치리회를 구성하게 되었는가에 대해 소개하고자 한다.

장로교 총회에서의 단절

해방 후 경남노회가 기구적인 재건을 하였을 때, 출옥성도 주남선 목사가 노회장으로 선임된다. 주남선 목사는 손양원 목사를 강사로 부흥회를 개최하고 하고, 일제강점기에 있었던 부끄러운 일들을 회개하고 청산하려 했지만, 친일·부일 세력들은 이에 참여하지 않았다. 경남노회가 복구되면서 이후 경남노회에서는 교회쇄신운동을 전개하던 이들과 기득권 교권주의자들의 갈등이 계속되었다.

한상동, 주남선, 손양원 목사 등 출옥성도들은 박윤선 목사와 협력하여 1946년 9월 20일 고려신학교를 개교하였고, 고려신학교의 개혁주의 신학운동과 함께 일제 치하에서 한국교회를 더럽혀졌던 신앙양심을 회개하고, 교회쇄신운동을 추진하였다. 일부 사가들은 출옥성도들의 독선을 말하지만, 이들은 독선적인 입장을 견지하지 않고, 모든 교회와 지도자들이 함께 회개하여 해방된 조국에서 새로운 '대한교회'를 건설하고자 했다. 그러나 고려신학교와 경남노회를 통한 교회 쇄신운동은 친일세력들의 저항에 부딪치게 되었고, 고려신학교 천서 불가, 불가 재확인, 메이첸파 선교사와 교류 금지, 총회 전권위원 파송, 전권위원 보고 총회 거부, (특)별위원 파송 등으로 여러 해 동안의 논란이 계속되었다. 최종적으로 장로교 제46회 총회에서는 경남(법통)노회 총대의 입장을 거부함으로써 고신교회와 지도자들은 총회로부터 추방되었다. 이 점에 대해서는 앞의 항에서 자세하게 설명하였다.

총로회의 조직

경남법통노회는 제37회 총회에도 총대를 파송했지만, 이를 받아들이지 않았고, 총회에서 다시 거부당했다. 경남(법통)노회는 개전의 가능성이 없음을 확인하고, 새로운 길을 모색하지 않을 수 없었다. 1952년 9월 9일부터 11일까지 사흘간 진주 성남교회당에서 모인 제57회 경남(법통)노회에서는 대한예수교장로회 총노회를 조직하기로 가결하고, 마지막 날 밤 11시 20분에 목사 50명, 장로 37명의 총대가 참여한 가운데 임시의장 이약신 목사의 사회로 먼저 예배를 드렸다. 이약신 목사는 요한계시록 2:8-12을 봉독하고 '죽도록 충성하라'는 제목으로 설교했다.[71]

총로회의 발회 취지와 목적을 "현 대한예수교장로회 가설총회는 본 장로회 신조정신을 떠나서 이교파적으로 흐르므로 이를 바로 잡아 참된 예수교장로회 총회를 계승하기 위하여 총로회를 조직하며", 목적을 "전통적인 대한예수교장로회 정신을 지지하는 전국교회를 규합하여 통활하며, 개혁주의 신앙운동을 하여 (법통)총회를 장차 계승하기로 함"으로 정하였다.[72]

총노회에서는 규칙을 제출받고, 총로회는 매년 3월 첫 주일 후 목요일 저녁에 개회하도록 하였고, 임원 외에 임사부, 전도부, 신학부, 종교교육부, 학무부, 헌의부, 구제부, 면려부, 규칙부, 재정부를 설치하여 총로회 체계를 잡았다.[73] 규칙에 따라 임원 선거에 들어가 회장 이약신 목사, 부회장 한상동 목사, 서기 홍순탁 목사, 회록서기 오병세 목사, 부서기 윤봉기 목사, 회계 주영문 장로, 부회계 김인식 장로가 피선되었다. 이때는 주남선 목사는 독립운동과 신

71. 『대한예수교장로회 총로회 제1회 회록』, 3.
72. 「대한예수교장로회 총로회 규칙」 제1장 취지와 목적, 제1회 회록 7.
73. 대한예수교장로회 총로회 규칙, 회록 7-10.

사참배 반대운동으로 두 차례 옥고를 치루어 약한 건강으로 소천한 이후였고, 손양원 목사는 한국전쟁 기간에 순교한 후였다. 임원 선거에서 특기할 사항은 부회계로 선출된 김인식 장로가 사임하고 황성학 장로가 보선된 것이었다. 그는 서문교회에서 일본기독교 조선장로교단 시대에 안수를 받았던 관계로 자숙하는 마음으로 사임하여 다시 시취를 거쳐 장로 임직을 받았는데, 이는 당시의 회개운동이 얼마나 철저하였는가를 보여준다.[74]

총노회에서는 총노회 조직에 대한 선포문을 작성 발표하기로 하고, 회장과 부회장이 기초위원으로 송상석, 이학인, 장석인, 전성도, 황철도 목사를 지명하였고, 교수회원을 포함시켜 박윤선과 한부선이 위원으로 합류했다. 총노회의 총회의 행정구역은 경남노회가 중심이었고, 아직 노회가 조직되지 않았던 대구지방회, 경주지방회, 전라지방회를 두었으며, 지방회 운영은 노회 규칙에 준하여 시행하도록 했다.

총로회에서는 그동안 경남노회에서 오랫동안 논란이 되었던 신사참배를 죄를 자백하고 자숙하는 문제를 스스로 반성하고 회개하기 위해 자숙문제 연구위원 9인이 선정되어 선포문을 준비하였다. 이들은 고신교회 초기 대표적인 지도자들이었는데, 총회는 자숙문제연구위원회의 보고를 받아 다음과 같이 결의하였다.[75]

1. 대상: 목사, 장로, 남녀 전도사
2. 기간: 3주간(9월 22일-10월 12일)
3. 내용: 공인죄(신사참배, 신도연맹 가입, 마소기 바라이)와 자인죄
4. 방법: 공예배 인도와 성례 주례와 공중기도 인도 중지
5. 기타: 3주간 자숙한 후 10월 14일부터 16일까지 삼일간 부산고려신학교에서 부흥회를 개최하고 그 후 삼일교회에서 총로회 발회식을 거행하기로 함.

---

74. 나삼진, 『서문로교회 60년사』, (대구: 서문로교회, 2012), 108.
75. 대한예수교장로회 총로회 제1회 회록, 5.

총로회의 발회 선포

이러한 자숙기간을 마친 후에는 1952년 10월 14일부터 16일까지 3일간 고려신학교에서 부흥집회를 갖고, 총노회 발회식 선포문을 발표하기로 하였다. 총회에서는 기초위원장 송상석 목사가 중심이 되어 기초한 선포문 작성을 수정하여 채택하고, 10월 16일 총로회 발회식 때에 이를 낭독하였다. 1952년 10월 16일 오후 7시 30분 삼일교회에서 모여 회장 이약신 목사가 발회식을 갖고 선포문을 낭독하였다. 발회식 선포문은 다음과 같다.[76]

대한예수교장로회 총로회 발회식 선포문

인류를 통하여 이루어지는 하나님의 경륜을 벗어난 것이 하나도 없다는 것을 새삼스럽게 다시금 느끼게 됩니다. 주검에 처한 인생을 사망에서 생명의 세계로 옮기는 십자가의 도, 회개와 믿음으로 구원을 얻게 하는 하늘의 복된 소식, 감격에서 넘쳐흐르는 회개의 눈물은 우리들의 심령 골수를 녹여내고 있습니다. 성경에 신앙생활의 삼대요소를 1, 믿음과 2, 소망과 3, 사랑 이 세 가지는 항상 있을 것인데 그중에 제일은 사랑이라고 하셨습니다. 그러나 참 회개가 없는 자에게 참 믿음이 있을 수 없고, 참 믿음이 없는 자에게 소망이 있을 수도 없고, 하늘에 소망을 두지 아니한 자에게 아버지의 사랑이 있을 수 없을 것입니다. 그런 까닭에 우리들의 믿음은 십자가의 승리며, 우리들의 소망은 하늘에서 빛나고, 우리들의 사랑은 그리스도의 심장으로 불태우고 있습니다. 그러나 참 회개가 없는 자에게 십자가의 승리가 있을 수 없고, 참 회개가 없는 자에게 하늘의 소망이 있을 수 없고, 참 회개가 없는 자에게 아버지의 사랑이 있을 수가 없을 것입니다.

창세 이래로 범죄한 인생이 죄와 사망에 빠져 있는 것을 그대로 두시지 않고, 그리스도의 십자가의 붉은 피를 비롯하여 시대 시대에 순교성도들의 피로써 진리를 계승시켜 주신 그 크신 사랑의 경륜이 계승되고 있음을 우리

76. 대한예수교장로회 총로회 제1회 회록, 11-14.

는 잘 알고 있습니다. 하나님의 뜻하신 이 사랑의 큰 경륜을 이루시기 위한 하나님의 명령이 내릴 때마다 순종하지 아니한 자 한 사람도 없었던 것입니다. 모세가 그러하였고, 엘리야가 그러하였고, 요나가 그러하였고, 바울이 그러하였고, 칼빈이 그러하였은즉 오늘에 진리의 종들과 믿음의 사람들에게도 이 지상 명령이 내리고 있음도 틀림이 없는 사실일 것입니다.

중세기 암흑시대를 광명으로 변하게 하며 진리를 매몰하던 교권주의자들을 물리치고 부패하여 세속적으로 흘러내리고 있는 교회를 바로잡아 세우기 위하여 생명을 걸고 싸운 선지와 교부들이며 무수한 성도의 흘린 피가 오늘의 진리노선을 계승하여 주신 것입니다. 우리의 선배 칼빈 선생께서도 그 시대의 암흑면을 깨치고 진리를 바르게 세우기 위하여 개혁주의 (복음화)운동을 시작한 것이 곧 우리 장로교파의 창시였습니다. 우리 대한예수교 장로회는 칼빈 선생의 개혁주의로 이루어진 교파이니만큼 우리들은 이 개혁주의 진리노선을 떠나서는 장로파 교회가 있을수 없는 것이며, 우리들의 신앙에 만족을 얻을 수가 없을 것입니다. 왜정말기에 그 무서운 탄압과 휘날리는 총검의 위협이 많은 성도들의 가슴을 서늘하게 하여 신앙생명을 유린하고 있었으나 그래도 우리들 중에는 붉은 심장에서 뛰노는 생명의 피가 진리를 사수하기 위하여 혹은 옥중에서 죽어나고, 혹은 6,7개 성상의 옥중생활을 감수하였고, 혹은 산과 굴속에서 흙투성이의 생활 혹은 유린 당한 신앙지조를 회복하기 위하여 통회의 눈물바다에 잠긴 자 그 수가 적지 않습니다.

인생이 약한지라 범죄하였다는 것은 오늘의 우리뿐만이리요, 시조 아담 때부터 임을 우리는 잘 알고 있습니다. 그렇다고 해서 우리들의 범죄를 조상에게 전가시키고 무책임하게 뻔뻔한 뱃심 좋은 생활을 원하지 않습니다. 널리 세계교회를 말하기 전에, 한국의 기독교회 전체를 말하기 전에 대한예수교장로회는 어찌 되어 있는가? 전술한 신학사상과 궤변으로 인한 신앙노선의 곡로가 대한예수교장로회 헌법 정신을 떠나 이교파적으로 흘러가고 있음을 수수방관하고 있을 수 없었다는 것은 이것이 신앙생명을 붙들어주는 참된 사랑이며, 장로교 교인된 우리들의 연대책임감에서 나온 동정과 의분

심일 것입니다.

일정말기에 떨어뜨린 여호와의 영광, 유린당한 성도들의 신앙지조, 상처받은 심령에 자가변화와 자위적 논법으로 시대의 병적인 소위 진보주의라는 신신학 사상과 사이비한 복음주의, 허울 좋은 보수주의, 사랑을 요구하되 하나님의 미워하시는 것까지 사랑하여 달라는 화평론과 타협론은 속화되어 가는 교권주의자들로 하여금 교회를 현생활 처세의 도구로 삼기에는 편의가 될지는 모르나, 주님의 참된 교회를 믿음의 반석 위에 세우고, 생명의 등대로 세워 죄악으로 인하여 암흑에 빠져 있는 인생들에게 생명으로 인도하는 진리의 횃불 노릇하기에는 합당치 못할 것입니다. 그래서 우리들은 해방 직후부터 대한예수교장로회가 총회의 헌법정신으로 복귀하자는 운동을 시작하여 그 방법은 회개운동과 신학사상에 치중하였고, 따라서 한국 현실에 반영되는 사상 문제 등이었습니다. 이 부르짖음에 호응자도 적지 아니하였으나, 오히려 비난과 비로서 이 운동을 훼방하는 자가 적지 아니하였습니다. 우리 한국장로교회를 임시로 대표하고 있다는 장로회 현 가설총회를 향하여 혹은 충고, 혹은 경고, 혹은 진정, 혹은 항의와 이의 등으로 반성과 시정을 요구한 싸움은 결코 대한예수교장로회가 밉다든지 싫어서가 아니고 장중보옥 같이 사랑함으로써였습니다. 그러나 이 임시가설총회는 교권주의에 취한 까닭인지 모르나, 반성과 시정 요구에는 격분과 증오감으로 반답이 있을 뿐이며, 주종의 순서를 알지 못하고 옥석을 구분치 못하는 그들은 적반하장격으로 우리를 이교파적이라하여, 분리단안을 내렸다는 것은 일소에 붓치고 말 것입니다.

그래도 우리는 그리스도의 우주통일 원칙에 기준하여 한국의 정치적 통일을 기다리며, 한국장로회 종파 단일성과 한국장로회 임시행정기관 단일화를 위하여 최후까지 합동에 노력하여 보았으나 진리 안에서 하나이 되기에는 도저히 기대할 수 없게 되었습니다. 불법과 비진리와 불신앙적인 무리들은 일왈 불법이 법화되었다는 것과 이는 교권주의를 진리의 화신으로 여기며, 삼은 하나님의 공의를 무시한 신앙의 법칙으로 삼고 있어 그 척도에 맞지 않는다는 이유로 우리들에게 대한 압박과 비난은 멎을 줄을 모르고 날이 갈수록 기세를 뽐내고 있어 가인이 아벨을 대한 것과 에서가 야곱을 대한 것과, 하갈의 아들 이스마엘이 아브라함의 아들 이삭에 대한 듯한 감이 없지 않습니다. 그러나 우리는 앞날의 서광을 전망하고 은인자중하여 여호와의 지시를 대기 중 신학사상과 신앙노선에 따라 교회행정이 갈라지게 된 것은 불가피의 현상을 이루어 놓고야 만 것이었습니다. 그대로 미련이 있던 통일 기대는 접근될 여지조차 없음이 간파되므로 우리는 참다못하여 열매없는 무화과처럼 땅만 허비하며 곁가지로 뻗어나가는 소위 현 임시 가설총회를 아낌없이 베어버리고 대한예수교장로회 헌법대로의 전통적인 장로회 총회를 계승하는 법통총회를 준비하기 위하여 금일 본 장로회 총로회 발회식 예배를 거행하게 된 것입니다.

우리들의 구호는 진리투쟁은 최후일각까지며, 전진이 있을 것뿐이고 후퇴 없기를 바라면서, 오 할렐루야 아멘.

주후 1952년 10월 16일

대한예수교장로회 총로회 선포문 기초위원 일동

1952년 10월 16일 하오 9시 30분

본회를 대표하여 이를 중외에 선포함

대한예수교장로회 총로회장 이약신 목사

대한예수교장로회 총로회는 발회식 선포문을 1952년 10월 16일 총로회장 이약신 목사의 명의로 발표했다. 이 선포문은 대한예수교장로회 총노회가 출범하면서, 고신교회의 신앙적, 신학적 행정적 입장을 천명하고 있는데, 선포문의 주장을 몇 가지로 정리할 수 있다. 첫째, 우리 교회는 역사적으로 신앙생활의 삼대요소는 믿음과 소망과 사랑이지만, 참된 회개가 없는 자에게 믿음이 없으며 믿음이 없는 자에게 소망이, 소망이 없는 자에게 참된 사랑이 있을 수 없다고 함으로써 교회쇄신운동에서 회개의 중요성을 밝히고 있다. 둘째, 역사적으로 칼빈의 개혁주의 진리노선을 떠나서는 장로교회가 있을 수 없으며, 진리를 사수하기 위해 옥중생활을 감수하였으며, 유린당한 신앙의 지조를 회복하기 위해 통회의 눈물을 흘렸다고 했다. 셋째, 불법과 비진리와 불신앙적인 무리들이 불법이 법화 되었고, 교권주의를 진리의 화신으로 여기며, 하나님의 공의를 무시한 무조건적인 사랑을 신앙의 법칙으로 제시하고 있다. 넷째, 그동안 경남(법통)노회가 그동안 가설총회를 향한 충고, 경고, 진정, 항의와 의의 등으로 반성과 시정을 요구한 싸움은 교회를 분리하려는 의도가 아니라 대한예수교장로회가 '장중보옥(掌中寶玉)과 같이 사랑함으로' 된 일이라고 했다. 이것은 교회의 변질에 대해 그 교회의 전부를 부정하고, 교류를 거부하며 처음부터 독자적인 교단을 형성한 재건교회와는 다른 입장이었다. 마지막으로, 구호를 '진리투쟁은 최후일각까지'로 하고, 전진만 있고 후퇴가 없기를 바란다는 말로 선포문을 마치고 있다. 총회에서 단절되고 새로운 치리회를 발회하지만, 앞으로도 계속하여 교회쇄신운동을 전개할 것을 천명한 것이다.

대한예수교장로회 총노회는 발회식 선포문을 발표하면서 지금의 A3 크기의 세로쓰기 6단으로 편집, 인쇄해 전국교회에 배포하였다. 이는 총노회가 주장하는 바를 전국교회에 알리기 위한 목적이었는데, 특히 이 문서의 뒷면에 한국장로교회의 역사적인 흐름을 계보로 만들어 '대한예수교장로회(총회, 노회, 교회) 신학사상, 신앙노선, 헌법정치 파쟁에 의한 행정계통도해'를 제시했는데, 마지막에는 교회 이름을 적어 넣도록 했다.[77] 이는 독자나 전국교회로 하여금 고신총노회와 거기에 속한 교회의 역사적 위치가 어디에 있는가를 확인할 수 있게 하였다.

대한예수교장로회 총로회 발회는 이제 장로교 총회에서 떠나 별도의 교단으로 교회쇄신운동을 전개하게 된 것이다. 고신교회 역사의 기산은 1952년 9월 11일 대한예수교장로회 총노회를 발회한 것을 기준으로 한다.[78] 총노회의

---

77. 「대한예수교장로회총로회 발회식 선포문」(1952. 10. 16) 2면.

78. 1977년 8월 15일부터 5일간 교단설립 30주년 기념 대성회를 가졌고, 그해 열린 27회 총회에서 총회

발회로 고신교단이 설립된 것을 두고 한국전쟁기에 교단 분리의 책임성을 논하는 이들이 있지만, 교회쇄신운동 과정에서 6년 동안 계속된 총회측이 교권주의자들의 입장을 옹호하고 경남(법통)노회를 2년 동안이나 배제했던 것에 대한 불가피한 측면이 있었음을 부인할 수 없다. 홍치모 교수(총신대)는 이로써 교회쇄신운동이 고신교회에 안에서 제한되었다는 측면에서 '미완성의 교회개혁가'라 불렀다.[79]

大韓예수敎長老會 總老會發會式宣佈文

고신총회 발회선포문

설립 기산을 한상동 목사가 경남노회에 경고성 탈퇴를 선언한 날로 잡았으나, 이는 합리적이지 못하였고, 50주년을 앞두고 제40회 총회에서 연구위원회를 구성하여 총노회 발회를 기준으로 확정한 바 있고, 제50주년과 제70주년 기념은 이를 근거로 하고 있다.

79. 홍치모, "한국교회사에 있어서 한상동 목사의 위치", 「장로교회와 역사」 2(2009).

9. 고신교회의 지역적 확산 / 정하태

1952년 9월 11일 진주성남교회당에서 대한예수교장로회 총로회를 조직했을 때 총로회를 지지하는 교회는 355개 처 교회에 불과했다. 그러나 점차 총로회를 지지하고 가입하는 교회가 부산경남지역을 비롯하여 대구경북, 호남 및 서울경기지역으로 확산되어 고신교회에 속하게 된다(여기서 '고신교회'라 함은 고신교단 高神教團을 의미한다). 이 항에서는 이 점에 대해 소개하고자 한다.

부산 경남 지역

부산지방의 경우 총회측의 교회 명도 요구로 초량교회를 사임한 한상동 목사를 중심으로 1951년 설립된 삼일교회는 고신교회 확산의 시발점이 되었다.[80] 그 후 삼일교회가 개척 설립 후원한 영주동교회(현 모자이크교회), 수정동교회, 삼성교회(현 연산중앙교회)와 산봉교회 등[81]과 1896년에 설립된 제일영도교회와 제일영도교회에서 분립개척 설립된 제2영도교회, 제3영도교회, 제4영도교회 등과 하단교회, 금사동교회, 수영교회, 다대교회, 은혜교회(현 성북교회), 항도교회, 성산교회, 온천교회, 아미동교회, 대신동교회, 부민교회, 서부교회, 남교회, 서대신동교회, 완월동교회(현 부산충무교회), 송도교회, 서면교회, 범천교회, 자성대교회, 괴정제일교회, 동일교회, 동래읍교회(현 수안교회), 용호제일교회, 해운대온천교회(현 해운대제일교회), 신평교회, 성진교회(현 부산서문교회) 등 기 설립된 38개 처 교회가 총로회를 지지하고 총로회에 가담하였다. 뿐만 아니라 총로회 후 부평교회, 장림교회, 장항교회, 연지교회, 청학동교회(현 제5영도교회), 조도교회(현 제6영도교회), 성화원교회(현 구평

---

80. 이상규, 『교회 쇄신운동과 고신교회의 형성』 (서울: 생명의 양식, 2016), 87.
81. 정하태, "해방 후 고신교회의 형성과 확산(1945-1960)," 고신대학교 대학원 박사학위논문, 2018, 52-53.

제일교회), 거제교회, 동항교회, 칼빈교회(현 감천중앙교회), 대연중앙교회, 신감천교회(현 감천제일교회) 등 30개 처 교회가 설립되었고, 총로회에 속하게 된다.[82]

김해지방에서는 김해읍교회를 떠나 설립된 김해중앙교회를 중심으로 진영교회, 소덕교회, 명지교회, 가덕교회, 칠산교회, 가락교회, 대제제일교회, 상동교회 등 기 설립된 26개 처 교회들이 총로회를 지지하고 고신교회에 동참하였다. 뿐만 아니라 우계교회, 대중교회, 생철교회, 진목교회, 진례교회, 마사교회, 남포교회, 삼계교회, 신전교회, 동산교회, 장유부곡교회, 안하교회, 이울교회, 대동교회 등 18개 처 교회가 개척 설립되어 고신교회로 세워졌다.[83]

동래 울산 양산 지방에서는 구포제일교회(현 시온성교회)를 중심으로 금성교회(현 금성동교회), 화명교회, 사상교회, 엄궁교회, 기장교회, 송정교회, 월전교회(현 죽성교회), 칠암교회, 좌천교회(현 장안제일교회), 구칠교회(현 철마제일교회), 대항교회, 월내교회, 청양교회(현 덕하교회), 양산면교회(현 양산읍교회), 물금교회, 원동교회, 신평교회(현 새빛교회) 등 기 설립된 30개 처 교회들이 총로회를 지지하고 고신교회에 동참하였다. 또한 울산교회, 정관교회, 덕하교회, 평리교회, 서부교회(현 언양교회), 성혜교회, 내송교회, 방어진교회(현 방어진제일교회)등 19개 처 교회들이 개척 설립되어 고신교회로 세워졌다.[84]

마산 창원 진해지방의 경우, 총회측의 교회당 명도소송으로 제일문창교회가 설립되고 문창교회에서 개척 설립한 제2문창교회(현 마산교회)와 제3문창교회(현 창원중앙교회), 제4문창교회(현 서마산교회)[85]와 웅천교회, 평성교회, 경화동교회, 용원교회, 가음정교회, 마천교회, 용담교회(현 성암교회), 중리교회(현 대영교회), 신마산교회(현 신광교회), 진해교회(현 제일진해교회) 진해

82. 정하태, 49-92.

83. 정하태, 93-114.

84. 정하태, 114-131.

85. 교단50주년 화보편찬위원회, 『고신교단50주년기념 화보집』 (서울: 현대미디어, 2004), 정하태, 519.

동부교회, 진해남부교회, 진해중부교회, 제일신마산교회, 남면교회(현 창원세광교회), 본포교회 등의 기 설립된 36개 처 교회들이 총로회를 지지하고 고신교회에 동참하였다. 또한 오동동교회(현 마산동광교회), 마산성막교회, 합산교회, 수정교회, 남일교회, 진해북부교회 등 16개 처 교회들이 개척 설립되어 고신교회로 세워졌다.[86]

밀양 함안 창녕지방에서는 한상동 목사가 일시 시무했던 밀양마산교회를 중심으로 사촌교회, 유어교회, 오호교회, 백산교회, 윤외교회, 부봉교회, 군북교회, 창녕제일교회, 함안역전교회, 상봉교회, 수산교회, 삼문동교회, 예림중앙교회, 삼랑진중앙교회 등 기 설립된 50개 처 교회들이 총로회를 지지하고 고신교회에 동참하였다. 또한 영산중앙교회, 마수원교회, 무안동부교회, 밀양백산교회, 산서교회, 함안영생원교회(현 함성교회) 등 25개 처 교회들이 개척 설립되어 고신교회로 세워졌다.[87]

남해 하동 고성 통영 거제지방에서는 110년의 역사를 지닌 고전교회와 고전교회가 개척 설립한 양보교회, 금남교회, 선진교회와 연사교회, 장평교회, 동항리교회(현 욕지교회), 악양교회, 유천교회, 삼거리교회, 횡천교회, 지세포교회, 화개교회, 진교교회, 장승포읍교회(현 염광교회), 도남교회(현 통영시민교회), 고성중앙교회(현 고성제일교회), 하동중앙교회, 남산교회 등 기 설립된 60개 처 교회들이 총로회를 지지하고 고신교회에 동참하였다. 또한 성산교회(현 사곡교회), 연구교회, 양아교회, 금양교회, 광영교회, 성내교회 등 37개 처 교회들이 개척 설립되어 고신교회로 세워졌다.[88]

진주 사천 산청 의령지방의 경우, 진주교회와 진주교회에서 개척 설립한 한누리(신안)교회, 역전교회(현 칠암교회)[89]와 서암교회, 의령교회, 갑을교회,

86. 정하태, 138-171.
87. 정하태, 171-195.
88. 정하태, 195-219.
89. 진주교회 80년사 편찬위원회, 『진주교회80년사』 (부산: 신진사진인쇄공사, 1985), 11; 조헌국, 『진주에 뿌려진 복음』 (부산: 디자인모토, 2015), 199.

곤양교회, 삼천포교회, 승산교회(현 지수교회), 남산교회, 의령마산교회, 정동교회, 진주성남교회, 진부성북교회, 초전교회, 봉평교회(현 대곡교회) 등 기 설립된 55개 처 교회들이 총로회를 지지하고 고신교회에 동참하였다. 또한 남지제일교회, 성생원교회, 화덕교회, 성내교회, 덕실교회, 신애원교회, 벌리교회(현 삼한교회), 성당교회, 신안교회 등 33개 처 교회들이 개척 설립되어 고신교회로 세워졌다.

거창 함양 합천지방에서는 거창교회와 거창교회에서 분립된 남하교회, 그리고 진산교회(현 마리교회), 월천교회(현 전원교회), 무릉교회, 창남교회와 합천읍교회, 초계교회, 관기교회, 안의교회, 삼가교회, 위천교회, 성기교회, 소야교회, 개평교회, 사근교회(현 수동교회), 운곡교회 칠형정교회(현 서상교회), 휴천교회(현 목현교회), 신기교회(현 금호교회) 등 기 설립된 59개 처 교회가 총로회를 지지하고 고신교회에 동참하였다. 또 가야성산교회, 봉곡교회, 도북교회, 송평교회, 거창제일교회 등 21개 처 교회가 개척 설립되었다.[90]

대구, 경북지역

대구지방의 경우, 서문교회에서 제명 출교당한 6명의 성도가 중심이 되어 1951년 설립된 서문로교회와 서문로교회가 개척 설립한 조야제일교회, 복현교회[91]와 서산교회에서 제명당한 전칠홍 목사와 성도들이 중심이 되어 설립된 성밖교회(현 서교회)와 대구성산교회를 중심으로 불로교회, 성북교회, 대구성남교회, 미대교회, 달성교회 등 8개 처 기 설립된 교회가 총로회를 지지하고 고신교회에 동참하였다. 또한 태평로교회, 대구성서교회(현 열린교회), 대구대성교회(현 만민교회), 금광교회(현 검단제일교회), 동일교회, 삼승교회, 신매교회 등 12개 처 교회가 개척 설립되어 고신교회에 가담했다.[92]

---

90. 정하태, 262-283.
91. 서문로교회 40년사 편찬위원회, 『서문로교회40년사』 (대구: 서문로교회, 1991), 37-38.
92. 정하태, 190-311.

경산 청도 고령지방의 경우, 신풍교회에서 시무하던 박춘식 목사가 경북노회에서 제명되어 설립한 창동교회와 창동교회, 죽림교회, 반생교회 등 3개 처 기 설립된 교회가 총로회를 지지하고 고신교회에 동참하였다. 또한 노곡교회, 부야교회, 대조교회(현 사랑이꽃피는교회), 고령중앙교회, 현흥교회, 다문교회, 신상교회(현 진량교회), 풍각교회, 남하교회, 남성현교회, 신대교회(현 압량중앙교회), 하양서부교회(현 하양중앙교회) 등 23개 처 교회들이 개척 설립되었다.[93]

안동 영주 예천지방에서는 영주제일교회에 출석하던 김용원 집사 외 여러 성도들이 중심이 되어 설립된 영주읍교회(현 영주시민교회)와 과곡교회, 별곡교회, 만운교회, 운산교회, 학하중앙교회(현 학상교회), 도남삼일교회, 남문교회, 김천중앙교회, 월곡교회(현 정산교회), 점촌중앙교회 등 기 설립된 20개 처 교회들이 총로회를 지지하고 고신교회에 동참하였다. 또한 산양교회, 회상교회, 예천신산교회, 위중교회, 황성교회, 월포교회, 행현교회, 의성중앙교회, 신촌교회, 울집읍내교회(현 울진제일교회), 죽암교회(현 죽암제일교회), 성문교회(현 모동교회) 등 37개 처 교회가 개척 설립되어 고신교회에 속하게 되었다.[94]

경주 영천 포항지방에서는 경주중앙교회에서 제명당한 윤봉기 전도사 외 12명의 성도들이 중심이 되어 설립된 경주교회와 경주교회에서 개척 설립한 율동교회, 포항대흥교회, 구룡포성산교회, 용강교회, 옥천(옥산)교회, 석천(석계)교회, 금호중앙교회, 오길교회 등 기 설립된 10여 교회가 총로회를 지지하고 고신교회에 동참하였다.[95] 또한 총로회 이후 경주교회의 후원으로 개척 설립된 황남교회, 배반교회, 건천중앙교회, 암곡교회, 흥해남성교회, 내동교회, 감포남교회, 양북교회, 월산교회, 덕천교회, 영천중앙교회, 대창중앙교회, 관정

93. 정하태, 311-321.

94. 정하태, 322-337.

95. 경주교회 50년사 편집위원회, 『경주교회 사진으로 보는 50년사』 (경주: 경주교회, 1997), 정하태, 439.

교회, 효동교회, 자양교회 등 교회들과 경주대광교회, 암곡소망교회, 임고교회 등 19개 처 교회가 설립되어 고신교회에 속했다.[96]

호남지역

광주 전남지방의 경우, 누문교회와 누문교회에서 개척 설립한 죽림교회(현 동운교회)[97]와 여수충무동교회(현 신명교회)와 여수충무동교회에서 개척 설립한 미평중앙교회[98]와 신죽교회, 매곡교회(현 성산교회), 수량리교회, 복산교회, 안정교회 등 기 설립된 7개 처 교회들이 총로회를 지지하고 고신교회에 동참하였다. 또한 목포교회, 광산교회, 미평중앙교회(현 여수수정로교회), 광주성광교회, 궁암교회, 광양남부교회, 삼영교회(현 백록교회), 진원중앙교회, 여천대포교회(현 여수대동교회), 순천북문교회(현 팔복교회), 개도교회(현 개도중앙교회) 등 34개 처 교회들이 설립되어 고신교회에 가담했다.[99]

전북지방에서는 방인웅 전도사가 설립한 고창중앙교회와 구자제일교회와 왕궁중부교회 등 기 설립된 3개 처 교회가 고신교회에 동참하였다. 또한 평화교회, 군산교회, 진소교회, 삼광교회, 전주효성교회, 고신교회, 순창성산교회 등 11개 처 교회가 설립되어 고신교회에 속했다.[100]

서울경기 및 중부지역

서울 경기지방의 경우, 아현교회(현 서울성산교회), 서울성산교회(현 성광교회) 등 기 설립된 2개 처 교회가 고신교회에 동참하였다. 총로회 후 고신총

---

96. 정하태, 338-351.
97. 광주은광교회, 『광주은광교회사(40주년)』 (광주: 광주일보출판국, 1987), 39; 정하태, 365.
98. 여수충무동교회, 『여수충무동교회사(40주년)』 (여수: 여수충무동교회, 1991), 7; 정하태 366; 전라노회50년사 편집위원회, 『전라노회 50년사』 (광주: 맥스타, 2006),
99. 정하태, 364-376.
100. 정하태, 376-381.

회에서 파송한 명신익 목사가 설립한 홍천교회(현 서울성원교회)[101]와 김창인 목사가 설립한 서울 동일교회와 명륜교회, 동도교회, 영천교회, 압구정교회, 남산교회, 원성교회(현 용산중앙교회), 내수동교회, 안양신일교회, 서문교회, 동암교회, 신동교회(현 서초동교회) 등 26개 처 교회가 설립되어 고신교회에 속했다.[102]

충청 강원지방에서는 양정교회, 황간 옥포교회, 마차교회 등 기 설립된 3개 교회가 총로회를 지지하고 고신교회에 동참하였다. 또한 총로회 후 최해일 중위와 김차술 대위가 설립한 서촌교회와 대전은행동교회, 논산제일교회, 대전역전교회, 추풍령교회, 초강교회, 실로암교회, 제천장로교회, 영동중앙교회, 구자곡교회, 심천교회, 신광교회(현 양구중앙교회), 대흥교회, 구암교회(현 유성광명교회) 등 50개 처 교회가 개척되어 고신교회에 속했다.[103]

1952-1960년 고신교회 소속 교회들

이렇게 여러 지역에 고신교회가 세워지고 지역적으로 확산되어 1960년 12월 13일 승동측과 합동하기 이전 고신운동에 동참하였던 교회는 총 823개 처에 달했다. 이중 411개 처 교회는 총로회 이전에 설립된 교회였고, 412개 처 교회는 총로회 조직 이후에 설립된 교회였다. 이중 다수의 교회가 고신 총로회를 떠나므로 1960년 당시에는 590개 처 교회로 파악되고 있다. 김양선도 "1950년대에 고신운동에 동참했던 교회 수가 700개 처이었고, 목사수가 약 200명이었으며, 교인 수는 약 25,000명이었다."[104]고 하였다 승동측과 합동하기 전 고신에 동참한 교회 수는 각 지방별로 보면 아래 표와 같다.

---

101. 오윤표, "서울에 고신교회를 개척한 명신익 목사," 「월간고신」 375 (2012. 12), 100-103; 정하태, 389.
102. 정하태, 389-399.
103. 정하태, 399-408.
104. 김양선, 『한국기독교 해방십년사』 (서울: 대한예수교장로회 총회교육부, 1956), 163.

1952-1960년 고신교회 소속 교회 수

노회	지방	총로회 이전 설립	1953-1960 설립	계
부산	부산	38	30	68
	김해	26	18	44
	동래 울산 양산	30	19	49
경남	마산 창원 진해	36	16	52
	밀양 함안 창녕	50	25	75
	남해 하동 거제 통영	60	37	97
진주	진주 사천 산천 의령	56	34	90
	거창 함양 합천	59	21	80
경북	대구	8	13	21
	경산 청도 고령	3	23	26
	안동 영주 예천	20	37	57
	경주 영천 포항	10	19	29
전라	광주 전남	7	33	40
	전북	3	11	14
경기	서울 경기	2	26	28
	충청 강원	3	50	53
계		411	412	823

고신교단에 동참한 교회에는 다음과 같은 몇 가지 유형이 있었다.[105] 첫째, 총회측의 명도소송에 대하여 법적으로 대응하지 않고 교회당을 비워주고 새로운 교회를 설립한 경우. 부산삼일교회와 김해중앙교회 등이 이에 속한다. 둘째, 총회측의 명도소송에 법적으로 응소한 후 교회를 설립한 경우, 마산 문창교회와 제일진해교회 등이 이에 속한다. 셋째, 기 설립된 교회 중 총로회를 지지하고 고신교회에 동참한 경우, 제일영도교회, 하단교회, 기장교회, 엄궁교

105. 정하태, 432-433.

회, 진주교회, 진주성남교회, 거창읍교회, 진영교회, 칠산교회, 밀양마산교회, 고전교회, 광주누문교회(현 광주은광교회) 등이 이에 속한다. 넷째, 총회측 교회의 제명으로 축출된 이들 중심으로 설립된 경우가 있다. 무안동부교회, 경주교회, 대구서문로교회, 대구성박교회, 대구성산교회, 대구성남교회(현 대구성동교회), 달성교회, 창동교회(현 구지교회) 등이 이에 속한다. 다섯째, 고신교단에 동참한 교회들이 분립 개척한 경우인데, 제2영도교회, 제3영도교회, 제4영도교회, 부산남교회, 울산교회, 제2문창교회(현 마산교회), 제3문창교회(현 창원중앙교회), 제4문창교회(현 서마산교회), 대구동일교회, 황남교회, 배반교회 등이 이에 속한다. 여섯째, 고신운동을 지지한 성도들이 중심이 되어 교회를 설립한 경우인데, 구포제일교회, 거제교회, 대연중앙교회, 대저중앙교회, 우계교회, 진해동부교회, 예림중앙교회, 함양중앙교회, 고령중앙교회, 영주읍교회(현 영주시민교회), 구룡포성산교회, 포항대흥교회, 서촌교회 등이 이에 속한다. 일곱째, 고신총회에서 전도목사를 파송하여 교회를 설립한 경우. 목포교회, 광산교회, 서울 흥천교회, 전주 흥암교회(현 전주왕궁중부교회) 등이 이에 속한다.

10. 학생신앙운동(SFC)의 기원과 발전 / 나삼진

해방 후 고려신학교와 고신교회 울타리에서 조직된 학생신앙운동(SFC: Student For Christ)은 한국교회를 대표하는 학생신앙운동 조직이었다. 해방 후 출옥성도들이 신사참배로 더렵혀진 신앙양심을 정화하기 위해 회개운동과 교회쇄신운동을 전개하였는데, 순수하게 신앙만을 생각하였던 평신도들과 학생들은 이에 적극적으로 호응하여 교회쇄신운동의 큰 원군이 되었다. 특히 순수한 학생들의 '학생신앙운동'은 대한교회의 새로운 희망으로 자리 잡았다. 이들은 해마다 여름과 겨울방학을 맞아 수양회를 통해 신앙을 새롭게 하였고 그들의 변화된 삶이 교회와 학교에 영향을 미쳤다.

SFC의 세 갈래 원류

SFC가 형성에는 세 가지 원류가 있었다. 1947년부터 영도교회 한명동 목사 사택에서 모였던 학생신앙협조회라는 모닥불 기도회, 1948년 고려신학교가 다음세대를 위해 개최했던 청소년 수양회, 그리고 한부선 선교사가 부산지역에 주둔하던 미군과 청소년들을 대상으로 한 청년신앙운동(YFC)가 그것이었다.[106] 먼저, 영도교회 한명동 목사 사택에서 모인 학생신앙협조회는 기도의 모닥불이었고. 교회의 형편을 살펴 교회의 개혁방안을 찾는 것이 주된 목적이었다. 학생신앙협조회는 '진리갱생회'라는 이름으로 제1차 모임(1948. 6. 8)을 광복교회당에 정보건(광복), 박춘호(초량), 한동희(항서), 김상국(항서), 손영준(광복) 등이 처음 모여 기도하며 학생들을 모으기 시작했고, 제2회 모임(48. 8. 15)에 고려신학교에서 이인영, 이원홍, 신도관, 박성환, 한기범(영도), 배경재(광복)가 합류하였고, 매 주일 예배 전에 전도하는 일을 시작했다. 성경 바로

106. 이상규 외, 『하나님의 주권을 이 땅 위에: 학생신앙운동사』(서울: SFC, 2012), 33-56.

알기, 성경대로 기도하기, 진리대로 실행하기를 삼대 목적으로 세웠다.[107] 이들은 세계기독학생회 간사 토마스가 한국을 방문했을 때 이들과 함께 간담회를 갖기도 하였고, 제3차 모임(1948. 11. 3)을 고려신학교에서 갖고 위원장 손영준, 총무 한기범, 선전부 이원홍, 정보부 박성환으로 조직을 갖추었다.

이들은 '진리갱생회'라는 이름으로 첫 모임을 가진 이후 고려신학교에서 모여 기도하며 전도하다가, 1948년 11월 6일 네 번째 모임부터 영도교회에서 모여 '학생신앙협조회'라 했다. 박춘호(중앙), 손영준(광복), 배경재(항남), 이원홍(영도), 한기범(초량), 한동희(항서) 등이 교회 담당자, 박성환(경남중), 한기범(부산중), 정보근(경남상업), 이인영(부산상업) 등이 학교 대표로 선정되었다.[108]

둘째, 고려신학교가 주최한 청소년 수양회였다. 한명동 목사와 한부선 선교사가 중심이 되어주최한 첫 수양회가 1948년 8월 2일부터 7일까지 고려신학교에서 개최되었다. 고등학생 37명, 중학생 86명, 초등학생 10명, 기타 22명 모두 155명의 학생들이 한 주간 동안 모였던 수양회에는 박윤선, 한부선, 한명동, 최의손, 마두원, 송상석, 노진현, 이상근, 이인재 전도사가 강사로 봉사하였고, 이들은 참가한 학생들에게 강력한 영향을 미쳤다. 이 수양회에 고려신학교 신학예과를 졸업하고 본과 입학을 준비하던 홍반식, 이근삼, 오병세, 김영진 등 신학생들이 사무와 진행을 도왔다. 이후 전국학생신앙운동이 조직되기까지 5년 동안 모두 여섯 차례의 수양회는 학생들로 하여금 강력한 영적인 체험을 하게 했다. 초기의 핵심 멤버들은 자신들의 SFC시절을 수양회의 강사들의 영향과 수양회의 영적 분위기를 두고 "모세라는 지도자를 따라 홍해 바다를 건넌 애굽에서 탈출한 그때와 방불한 기적과 은총의 시대"라고 하였다.[109] 이

---

107. '진리갱생회 제2회 결의사항'(1948. 8. 15. 고려신학교).
108. 제4회 학생신앙협조회 기록(1948. 11. 6). 이름 뒤에 표기된 교회명은 해당 교회와의 연락 책임자를 의미한다.
109. 강복의, "모세의 추억", Church & Campus, 9(2011. 4), 30-31.

는 한상동, 박윤선, 한명동, 전영창 등 지도자들의 영향을 두고 말하는 것이다. 이들은 수양회에서 받은 은혜를 삶의 변화로 이끌어 학교와 지역사회 봉사에 적극적으로 참여했다.

셋째는 청년신앙운동(YFC)이었다. 미국교회의 기독교 학생운동의 역사에 시대마다 몇 차례의 큰 물결이 있었다. 1차 물결(1824-1875)은 주일학교 운동, YMCA, YWCA 등이, 2차 물결(1881-1925)에는 CE가, 3차 물결(1935-1987)에는 영 라이프(Young Life)와 YFC(Youth for Christ)가 중심을 이루었다.[110] 1940년대에 미국의 학생운동사에서 YFC가 큰 역할을 했는데, 한부선 선교사가 신사참배 반대운동으로 체포되었다가 미국으로 추방된 후 YFC의 활동을 보았고, 그 경험을 가진 미군들을 상대로 신앙운동을 시작했고, 한국 학생들도 함께했다. 명신홍 목사도 대구에서 같은 이름으로 청년신앙운동을 이끌었다. 유학생 이근삼은 보스톤의 YFC모임에 참가하고 참가기를 「파수군」에 보내 싣기도 했다.[111] 그러나 이 YFC는 한부선의 언급과 같이, 이 YFC는 단지 이름만 빌린 것이지 당시 미국YFC와 연대를 가진 것은 아니었다.

이 세 모임은 광복 직후 부산지역에서 새로운 시대를 맞이하는 중요한 모임이었다. 당시는 학생들의 활동이 많지 않았고, 학교 공부에 대한 압박이 크지 않았던 때라 이러한 모임들에 중복적으로 참여하는 학생들이 많았다. 특히 여름과 겨울방학 기간에 가진 한 주간 수양회는 학생들의 신앙에 강력한 영향을 미쳤다. 청소년 수양회는 고려신학교가 주최했지만, 네 차례 개최되던 가운데 학생들의 자발적인 모임으로 자리를 잡았다.

학생신앙운동의 초기 모습들

앞서 언급한 수양회와 기독학생협조회 모임, 청년신앙운동이 연결되어 학

110. Mark H. Senter III, "A Historical Framework for Doing Youth Ministry", *Reaching a Generation for Christ*, Chicago: Moody Press, 1997, 105-118.
111. 이근삼, "미국교회 소식", 「파수군」 1954년 5월호(영인본), 50-51.

생들은 이웃교회 그리스도인 학생들과도 친교가 있어 이러한 모임은 자연스럽게 하나의 학생운동으로 수렴되고 있었다. SFC 초기에 학생신앙운동으로 자리 잡으면서 몇 가지 주목할 만한 행사들이 나타났다. 먼저, 부산지역 대전도운동이었다. 한부선 선교사가 앞장선 대전도운동은 1949년과 1950년 두 차례 걸쳐 전개되었다. 그는 요한복음 쪽복음을 준비해 부산시내를 각 동별로 30개 지역으로 나누어 각 교회가 이를 담당하여 전도하게 했고, 각 교회 교역자가 책임을 지고 이를 이끌게 했다. 마지막 날에는 손양원 목사를 강사로 대청동 미 공보원과 남일국민학교에서 연합집회를 가졌다.[112] 대전도운동에 참가한 이들은 전도의 큰 열매를 얻을 뿐만 아니라 큰 은혜를 받았고, 학생들은 '사람 낚는 어부'의 재미를 보았다. SFC초기에 각 지역에서 전도운동이 다양하게, 그리고 강력하게 전개되었다.

둘째, SFC강령을 중심으로 한 운동이었다. 1948년 수양회 때부터 SFC가 본격적인 신앙운동으로 형성되었는데, 한명동 목사가 기초한 SFC강령은 운동의 성격과 방향을 제시해 주었다. 강령은 1949년에 다음과 같은 완성된 형태로 나타난다.[113]

학생신앙운동 강령

1. 우리는 전통적 웨스트민스터 신앙고백과 대소교리문답을 우리의 신조로 한다.

---

112. 석원태, 『학생신앙운동사』 (부산, 아주사, 1971), 19-22.

113. SFC강령의 제정에 대한 견해는 박윤선(허순길, 남영환, 유해무)과 한명동(이근삼, 이상규, 김용섭) 양인으로 나누어지는 경향이 있으나, 학생신앙협조회 창립을 주도하고 SFC정신과 방향에 대한 강의 주도 한 점, 한부선 선교사와 청소년 수양회를 개최한 점, 강령이 평소 한명동 목사의 신학적 관심과 일치한 점, 초기 학생신운동 참여자의 증언, 자신이 강령 기초에 대한 배경 설명을 분명하였고, 박윤선 목사는 자신이 기초하지 않았다고 응답한 다섯 가지 점을 고려할 때 한명동 목사로 보는 것이 옳다. 이에 대해서는 나삼진, "한명동 목사와 학생신앙운동", 나삼진 편, 『한명동 목사와 개혁주의 교회 건설』(서울: 생명의 양식, 2011), 163-175에 잘 정리되어 있다.

2. 우리는 개혁주의 신앙과 생활을 확립하여 세상의 빛과 소금이 됨을 우리의 목적으로 한다.
3. 우리의 사명은 다음과 같다.
   · 개혁주의 신앙의 대한교회 건설과 국가와 학원의 복음화.
   · 개혁주의 신앙의 세계교회 건설과 세계의 복음화.
4. 우리의 생활원리는 다음과 같다.
   · 하나님 중심
   · 성경 중심
   · 교회 중심

이러한 SFC강령은 고신교회의 신앙과 고백을 가장 잘 표현하는 공식 문서라 할 수 있다. 이후 고신교회에서 성장한 학생들은 SFC강령으로 일체감을 갖게 되었고, 개혁주의 신앙과 신학에 기반하여 국가복음화와 세계 복음화의 이상을 갖게 된 것이다.

셋째, 이들은 「학생신앙운동」이라는 신문을 발간하여 학생신앙운동과 교회쇄신운동의 전국교회에 소식을 전하였다. 전쟁 중이라 물자가 귀한 시절이었는데 활판인쇄 신문을 발행한 것이다. 그 외에도 국기경례 문제가 이슈가 되어 고신교회에서 전국적인 서명운동을 전개했는데, SFC에서도 적극 동참하였다.

전국대회를 태동한 제6회 수양회

1950년 6월에 일어난 한국전쟁은 해방 후 우리나라의 희망을 앗아갔고, 국토를 초토화시켰다. SFC수양회는 그동안 부산에서 개최되어 왔는데, 1950년 7월 처음으로 마산에서 개최하기로 공고되었지만, 한국전쟁이 발발하면서 수양회는 취소되었다. 한국전쟁이 두 해째가 되고, 전쟁도 소강기에 접어들면서 휴전협상이 개시되어 사회가 안정되면서 1951년 7월에 수양회는 1년 만에 재개되었다. 1952년 7월 21일부터 28일까지 제6회 기독학생하기수양회를 개최하였다. 제5회까지는 고려신학교에서 주최하였지만, 제6회 수양회는 전국기독학생 하기수양회라는 이름으로 부산지방 학생신앙운동이 주최하였다.

SFC가 전국 조직을 갖춘 것은 1952년 7월 21일부터 8일간 부산남교회당에서 '고난의 의의'를 주제로 한 제6회 수양회 기간이었다. 그때는 전쟁의 상처가 심각했고 부산은 30만 명이었던 인구가 피난민들로 가득 차 100만 명이 되었고, 전국 각지에서 몰려온 피난민들이 영도, 초량, 영주동, 대청동 등 산동네에 움막집에서 살던 때였다. 영화 '국제시장'에서 보는 깡통시장도 이 시기에 형성되었다.

이 수양회에서 첫날 개회식은 고려신학교 교장 박윤선 목사, 새벽기도회는 한명동 목사, 저녁집회는 한상동 목사가 맡았다. 성경공부 시간에는 박윤선 목사가 '그리스도와 인간고', 한명동 목사가 '예레미야서에 나타난 민족수난의 의의'를 주제로 7일 동안, 오후에는 이상근 목사가 '신의 본질과 심판'을 5일간 강의했고, 학생들이 스스로 신앙생활, 교회음악, 종교교육의 실제, 현대 기독교 사조, 학생신앙운동의 실제 등 다섯 분과에 참가하여 연구회를 가졌다. 매일 '신앙학도의 고백'이라는 연설 혹은 간증 시간도 있었다.

수양회 기간 동안 전쟁의 와중에서도 등사판으로 수양회지를 발행했는데, 한상동 목사의 '진리운동에 준비하자'는 설교 전문도 실려 있다.[114] 그는 이 설교에서 '진리는 예수'이며. '예수는 참'이라고 강조하고, "진리 앞에 담대하라. 진리를 찾아 나아가라. 진리에서 살고 진리에서 죽을 수 있는 자가 되라"고 52세의 중년 한상동 목사가 학생들을 대상으로 사자후를 토하였다. 당시 수양회의 강의 내용이나 빈틈없는 시간표는 마치 신학교 교실과 같은 분위기였지만, 중고등학생들이 잘 소화했고, 수양회에서는 열악한 환경과 교육학 이론을 뛰어넘어 강력한 성령의 은혜가 있었던 것이다. 이 수양회지 <고난의 의의>는

---

114. 한상동, "진리운동에 준비하자", 나삼진 편, 『SFC수양회지 영인본 1(제2회-제8회)』, (서울: SFC, 1997), 186-189.

신학 논문 수준의 강의안들과 참가자 235명의 명단을 부군(시와 군), 이름, 나이, 학교, 교회 순으로 구별하여 기록했고, 속칭 가르방 인쇄 100면으로 출판되었다. 특별히 '수양회의 역사: 추억을 더듬어서'는 SFC 초기 수양회의 역사를 잘 보여준다.[115]

제6회 전국기독학생하기수양회(1952.7.26)

다섯 차례 고려신학교 주최로 열린 청소년 수양회가 부산학생신앙운동이 주최한 전국기독학생하기수양회로 발전했고, 청소년 수양회는 이때부터 SFC 수양회로 편입되었다. 한국전쟁기에 학생들 스스로가 이런 집회를 준비하고, 학생들의 힘으로 한 주간 사이에 이런 책자를 남겼다는 것이 대견하다. 편집책임은 서울대 종교학과를 다니던 이원홍이 책임을 맡았고, 이후 언론계에 종

115. 이원홍, "수양회의 역사: 추억을 더듬어서", 나삼진 편, 『SFC수양회지 영인본 1(제2회-제8회)』, (서울: SFC, 1997), 190-195.

사하였다.

전국대회의 조직

학생들은 제6회 하기수양회를 준비하면서 3년 동안 축적된 역량으로 전국 단위의 학생운동의 조직에 대해 필요성을 공감해 준비위원회를 발족시켰다. 한국전쟁이 소강상태에 접어들면서 휴전회담이 지루하게 계속되고, 또 전선에서는 휴전 후 조금이라도 더 많은 땅을 차지하려는 국지전이 계속되고 있었다. 어떤 방식으로 회담이 끝날지는 모르지만, 언제까지 전쟁을 할 수도 없어 서울에서 피난 온 사람들은 돌아가기 시작하던 때였다. 당시는 휴전협상이 진행중이었고, 곧 전쟁이 끝이 나면 피난민들이 서울이나 고향으로 돌아가야 했던 것이다. 학생들도 곧 헤어질 것을 생각하고, 수양회를 기해 전국대회를 개최하기로 이심전심 마음이 모였다.

각 지방 대표들은 수양회 기간이던 7월 24일 밤 예배 후 수양회 사무실에서 모여 학생신앙운동의 전국적인 조직을 갖추기로 뜻을 모았고, 그 준비위원회를 7월 26일에 모이기로 했다. 준비위원회는 부산, 대구, 진주, 마산지방은 각 3명씩, 기타 지방은 각 1명씩을 위원으로 파송하기로 해, SFC 전국대회를 개최했다. 13개 지방 대부분 경남노회 관할 지역이었고, 대구지방과 경주지방을 포함하는 경북지역, 손양원 목사의 영향력으로 여수지방도 포함되었다. 역사적인 학생신앙운동 전국대회의 지방 대표와 준비위원들은 다음과 같다.[116]

부산지방: 이원홍 이영일 황창호
대구지방: 나종홍 권경운 이종은
진주지방: 황영조 김동길 김영희
마산지방: 최의찬 김종득 김영환

---

116. 「학생신앙운동 전국대회록」 1952. 전국대회의 조직은 『하나님의 주권을 이 땅 위에』, 85-92에 잘 기술되어 있다.

거창지방: 윤용조

여수지방: 이상백

통영지방: 옥치정

청도지방: 정선대

양산지방: 강규태

창원지방: 김규홍

하동지방: 정규찬

김해지방: 양승달

경주지방: 윤종하. 계 18명

준비위원장: 이원홍(부산)

서기: 김종득(마산)

실행부장: 이원홍(부산, 겸무)

실행부 위원: 김영희(진주), 이종은(대구), 이상백(여수), 정규찬(하동), 옥치정(통영)

연락부 부장: 최의찬(마산)

연락부 위원: 김동길(진주), 김영환(마산), 나종홍(대구), 김규홍(창원), 윤종하(경주), 윤용조(거창), 이영일(부산)

준비위원회는 전국대회의 회칙을 초안하였고 다음 날인 27일에 소집된 제2회 전국대회 준비위원회에서는 전국기독학생신앙동지회로 명칭을 정하고 이를 중심으로 회칙 초안을 채택하였다. 준비위원회는 1952년 7월 27일 고려신학교 강당에서 창립 전국대회를 개최하고, 임원을 선출하였다. 준비위원장 이원홍의 사회로 진행된 총회에서는 회칙 심의에서 초안으로 제출했던 전국기독학생신앙동지회를 중앙학생신앙운동으로 확정하고, 임원을 선출했는데, 위원장 조용석, 부위원장: 이영일(연세대), 이복임(고려신학교), 총무: 손영준, 서기: 황영조 부서기: 황창호, 회계: 황창호 부회계: 박성금 등이었다.

총회에서는 또한 지도위원을 선정했는데 지도위원장 한상동 목사, 부위원장 전영창 선생이 선출되었다.[117] 총회에서는 아울러 뱃지를 제정하기로 하고, 뱃지 제정은 임사회에 맡기기로 했다. 또한 창립대회에서는 "학생신앙운동 전국대회를 개최하게 된 동기"라는 창립선언문을 발표했는데, 그 내용은 다음과 같다.[118]

학생신앙운동 전국대회를 개최하게 된 동기

이 폐허로 화한 땅 덩어리 속에서도 새 생명은 움직인다. 조국과 교회의 현실을 보고 비판하고 물러설 자는 물러서라. 그러나 그 옛날 이스라엘 민족을 홍해 앞에서 살리신 전지전능하신 여호와 하나님은 지금도 살아있다. 이제 한 음성이 하늘로부터 들리리니 신앙동지여! 굳게 일어서라! 하늘로 귀를 기울이라! 참된 주의 음성을, 피로 짓밟힌 이 제단과 피로 물들여진 조국의 가슴 속에 전할 자 누구냐? 사랑하는 신앙동지여! 실로 내 자신이 아닐 수 없다. 우리는 과거 6년간 아무 소리 없이 이 생명 위한 운동을 주의 위대한 은혜로 이루어왔다. 모든 기독학생운동이 큰 환란과 싸움 속에 휩쓸려 허수아비 같이 사라졌을 때라도 우리는 주의 전능과 믿음과 열로 이 시련의 역사를 승리로 굴복시켰다.

동지여! 이제 우리는 전국대회의 필요를 필연적으로 확신한다. 학생신앙운동 전국대회란 이름이 필요해서가 아니라, 이 속에 전능과 능력과 섭리로 역사하시는 여호와의 뜻을 받들기 위함이다. 의인 열 사람, 이는 소돔과 고모라가 필요로 한 제물이었다. 그러나 이 슬픈 조국의 제단에는 한 사람의 제물도 찾아볼 수 없으니 아 실로 한심한 조국의 제단이 아니었던가! 동지여! 우리는 철석같이 믿음과 힘과 열로 단결하여야 한다. 그리하여 이 전국대회로 하여금 그리스도의 파수군, 그리스도의 전달자, 죄와 세속주의와 권

117. 전국학생신앙운동 전국대회 창립대회록(1952. 7. 26).

118. 전국학생신앙운동 창립대회록 서문(1952); 『하나님의 주권을 이 땅 위에: 학생신앙운동사 1947-2012』. 87-88.

력에 타협하지 않는, 아 실로 이 비참한 암흑천지 속에서 영원히 빛나는 진리의 등대가 되어야 한다. 동지여 굳세게 믿음으로 일어서라!

한국전쟁 와중에서 학생들이 스스로 기도하고 준비하여 수양회를 개최하고, '고난의 의의'를 집중적으로 생각하며 그 시련 가운데서도 하나님의 살아계심과 역사를 움직이는 하나님을 선포하고 있다. 이들은 지난 6년 동안 소리없이 생명운동을 통해 주의 위대한 일에 동참했음을 지적하고, 고난당하는 이 민족 가운데서 '하나님의 음성을 전할 선지자적인 사명'을 인식하고, 그 사명을 스스로 감당할 각오를 피력하고 있다. 이들은 전국대회의 이름보다는 '전능과 능력과 섭리로 역사하시는 여호와의 뜻'을 받들기 위함이라고 밝히고, '믿음과 힘과 열로 단결'할 것을 선언하고 있다. 이들은 전국대회가 '그리스도의 파수군, 그리스도의 전달자, 죄와 세속주의와 권력에 타협하지 않는, 이 비참한 암흑천지 속에서 영원히 빛나는 진리의 등대'가 될 것을 다짐하고 있다. 출범 선언문은 전쟁으로 폐허가 된 한국 사회에서 그리스도인 학생들의 마음을 움직이고 하나로 엮어내었다.

학생신앙운동 출범 선언문은 짧지만 오늘날에도 학생들의 마음을 움직이는 명문이다. 해방 후 일본제국주의에 부끄럽게 친일·부일하였던 한국교회를 안타까이 여기고 교회쇄신운동을 전개하였던 출옥성도들의 신앙을 따르고자 하는 학생들이 스스로 기도회와 수양회를 모이고 한국교회를 새롭게 하려는 의지를 불태웠다.

SFC의 창립대회에서는 전국대회 조직을 '중앙학생신앙운동'으로 이름을 확정했지만, 6개월 후 1953년 1월 11-12일에 전국 11개 지방에서 모인 총대 52명이 모인 임시대회에서 '전국학생신앙운동'으로 개칭하였다. 그리고 학생신앙운동을 우리의 선배들이 닦아둔 대한예수교장로회 총로회 산하에 둘 것을 결의하고, "본회는 대한예수교장로회 헌법을 준수하고 그 산하에 속한다"고

규칙을 개정하였다.[119] 교회쇄신운동 지도자들의 신앙적인 영향을 받아 시작되었던 SFC는 초기부터 지도자들의 신앙적인 지도는 물론 행정적인 지도를 자원하였다.

학생신앙운동은 초기에 12개 지방으로 나누어 인근지역에 있던 교회 학생들이 연합하였다.[120] 성도의 교제가 이루어졌고, 기도와 말씀으로 성령의 역사를 나누었다. 1960년대에 접어들면서 노회 던위로 지방 SFC, 시찰회 단위로 지구 SFC, 교회 단위로는 SFC로 자리잡았다. 그리고 각자의 학교에 나가 학교SFC를 조직하여 전도와 봉사를 하였다. 초기에는 부산사범학교에서 '성광회'라는 이름으로 강력한 기독학생운동으로로 봉사활동을 펼쳤다.[121]

학생신앙운동(SFC)는 형성 초기에 총회파로부터 억압받았던 교회쇄신운동의 아들로, 새벽이슬과 같은 청초한 모습으로 고신교회의 희망이 되었다. 교회나 세상에서나 시대마다 이런 이들이 필요하다. SFC는 이렇게 고신교회의 신앙과 정신을 담아내어 이후 한국교회 인재 양성의 산실이 되었다. 고신교회가 크지 않은 교단이면서도 한국교회를 대표할 수 있는 많은 인물들을 배출해 낸 것은 SFC수양회의 열매라 할 수 있다. 이들은 열악한 환경에서도 한 주 동안 기도와 말씀으로 무장된 학생들이 학교로 사회로 나아가 변화의 불씨가 되었다.

---

119. 전국학생신앙운동 제2회 임시회의록(1953. 1. 11-12, 부산남교회), 8.
120. 전국학생신앙운동 제14회 동기수양회지, 나삼진 편, 『SFC수양회지 영인본 II』, 199.
121. 「학생신앙운동」 신문, 1953. 6. 22; 『하나님의 주권을 이 땅 위에』, 111-116.

11. 고려고등성경학교의 설립 / 배정훈

고려고등성경학교(高麗高等聖經學校)는 고려신학교와 함께 고신교단의 교역자 양성기관이었다. 이 학교 졸업생들이 고려신학교에 진학함으로 고려고등성경학교는 신학교육을 위한 예비과정 성격이 있었다. 고려고등성경학교 설립에는 오종덕(吳宗德) 목사의 역할이 컸다. 그는 신학자는 아니었지만 성경에 해박했고 본문을 독특하게 조직, 해석하는 은사를 가졌다. 그는 성경을 많이 읽어 성경으로 성경을 해석하려고 하였다. 그의 서재에는 주석과 다른 책이 별로 없었다고 한다. 그는 또한 경제관에 있어서 "많이 벌어 적게 쓰고," 아낀 돈으로 주의 교회를 위해 아낌없이 사용한다는 정신을 가지고 있었다. 그 결과 교회 개척과 신학교 설립에 열심을 다했다.

해방 후 전국적으로 많은 성경학교가 재건되었는데 대구 고등성경학교도 이때 설립되었다. 본래 이 학교는 1913년 3월 아담 스미스 목사가 설립했는데 일제의 탄압으로 1940년 5월에 폐교했다. 해방 이듬해인 1946년 4월 고등성경학교가 다시 문을 열었고 이때 오종덕 목사는 선교사들과 함께 같은 해 1월 대구 제일교회당에서 고려고등성경학교를 시작했다. 선교사들의 후원으로 후에 남산동으로 옮겨 학교로서의 모습을 갖추었다. 하지만 오종덕 목사의 성경해석 문제로 인한 경북노회와의 마찰과 고려신학교 설립자들과 같은 신앙 노선으로 인해 1948년 7월 30일 그는 대구 고등성경학교 교장직을 사면하고 부산으로 내려갔다.[122]

오종덕 목사는 부산의 고려신학교를 대구로 옮기는 것이 고려신학교의 영향력을 높일 수 있다고 생각하여 부산에 내려와 한상동 목사를 만났다. 하지

---

122. 정하태, "대구 경북지방에서의 '고신'교회의 형성과 발전" (신학석사논문, 고신대학교, 2012), 35-36, 75.

만 오히려 한상동에 설득되어 1948년 11월 27월에 고려신학교 부속 고려고등성경학교를 설립하고 초대교장으로 취임했다. 최의손, 마두원(Dwight R. Malsbary, 1899-1977) 선교사의 주선으로 부민동의 주한미군 숙소 7동을 빌렸다. 오 목사는 다른 원조를 받지 않고 대지를 다듬고 철판, 판자 등으로 학교를 지어 학생들을 모집했다. 1949년 6월 29일에 1회 졸업생을 배출했다. 당시 거창, 진주 등 지방 성경학교를 졸업한 학생들이 이 학교로 많이 입학했고 졸업 후 고려신학교 예과로 진학했다. 따라서 당시 고려신학교 예과생의 대부분이 고려고등성경학교 출신이었다.[123] 설립된 지 얼마 되지 않은 고려신학교의 학생 수급에 고려고등성경학교가 큰 역할을 한 것이다. 학교는 초등영어와 음악 과목을 제외하고는 성경을 가르쳤다.

부산에 이어 대구에도 고려고등성경학교가 설립되었다. 1951년 7월에 열린 제 48회 경북노회는 고려신학교와 관계를 유지하는 사람들을 치리하기로 결의했다. 이에 따라 대구서문교회는 8월 19일 김주오 장로, 박복달 집사, 신정순 선생, 김계초 선생, 서옥련 선생, 성경애 선생 등을 제명했다. 이들이 8월 26일 대구 서문로 교회를 설립했다. 9월 12일 이곳의 초대 교역자로 오병세 목사가 부임했고 고려고등성경학교 분교로 대구 고려고등성경학교가 1951년 10월에 개교하였다. 개교 당시 초대 교장에 오종덕 목사, 교무에 오병세 목사가 취임했고 노회 산하의 목사들이 가르쳤다. 당시 학생 수는 85명이었다. 1955년 3월 제1회 졸업생으로 류윤욱, 최진교, 최성순 3명을 배출했다.[124]

1960년 10월 20일 제9회 고신총회의 결의에 따라 부산 고려고등성경학교와 대구 고려고등성경학교는 병합되었다.[125] 고려고등성경학교는 1966년 3월에 부산 부민동에서 대구 산격동으로 이전했다. 학교로 사용할 20평 2층 건물을 건축했다. 오종덕 목사가 1967년 12월 고려신학교 서울 분교장으로 부임

123. 허순길, 『한국장로교회사』, 445; 정하태, "대구 경북지방에서의 '고신'교회의 형성과 발전", 75.

124. 정하태, "대구 경북지방에서의 '고신'교회의 형성과 발전", 75.

125. 허순길, 『한국장로교회사』, 445; 정하태, "대구 경북지방에서의 '고신'교회의 형성과 발전", 75-76.

함에 따라 고려고등성경학교는 임시 휴교하였다. 1968년 3월 제30회 경북노회는 경북 고등성경 학교를 설립하여 고려고등성경학교를 계승하도록 했다. 1972년 3월 8일 고려고등성경학교와 경북고등성경학교는 병합되었다. 이후 고려고등성경학교는 차츰 자취를 감추었다.

고려고등성경학교 제1회 졸업식 기념

12. 고려신학교의 초기 신학자들 / 이상규

고려신학교가 설립된 이후 박윤선, 한상동, 한부선 등이 교수로 일했고 곧 김진홍, 이상근, 박손혁 등이 교수가 가담하게 되는데 이 항에서는 고신신학의 형성에 기여한 이들의 생애와 사역, 신학교육에 대해 소개하고자 한다.

박윤선

고려신학교로 출발하여, 고려신학대학, 고신대학 그리고 고려신학대학원으로 발전해 온 지난 60여 년의 역사에서 고신을 대표하는 신학자는 박윤선(朴允善, 1905-1988) 박사였다. 그느 한국에서 개혁주의 신학의 석명자였고, 고신신학의 대변자였다. 고신의 신학은 사실상 박윤선의 신학이었다. 그는 고려신학교 설립에서부터 1960년까지 14년간 교수로 일하면서 초기 고신의 신학을 정립했기 때문이다.

박윤선은 1905년 평북 철산군 백량면의 해변 마을에서 출생했다. 17세가 되던 해 고향마을에서 6km 떨어진 동문교회에 출석하면서 기독교 신자가 되었고, 선천의 신성중학교 재학 중 복음에 대한 확신을 갖게 된 그는 목회자의 꿈을 안고 숭실전문학교를 거쳐 1931년에는 평양신학교에 입학했다. 1934년 졸업 후 두 차례 웨스트민스터신학교에 유학하였다(1934-36, 1938-1939). 1차 유학 중 메이첸(J. Gresham Machen, 1881-1937)의 문하에서 헬라어와 신학을 연구하였고, 2차 유학 시에는 반틸(Conelius van Til)의 문하에서 변증학을 공부했다. 반틸의 영향으로 신학이란 어떤 자연론적인 유추나 철학적 사변에서 출발하지 않고 삼위일체 하나님을 전제한 성경계시에서 출발하는 전제주의(presuppositionalism)에 기초해야 한다는 사실을 배우게 된다. 또 이때 박윤선은 반틸 신학이 기초하고 있는 바빙크의 교의학(Gereformeerde

Dogmatiek)을 접하게 되는데, 이것은 바르트의 변증법적 신학을 극복하는데 도움을 주게 된다. 귀국한 박윤선의 첫 신학논문이 "빨트의 성경관에 대한 비평"이었고, 두 번째 신학논문이 "빨트의 계시관 비평"이었는데, 이것은 반틸의 영향이었다. 박윤선의 철저한 계시의존 사색도 이런 교육을 통해 얻는 것이었다.

1차 유학에서 돌아온 박윤선은 평양신학교에서 원어학을 가르치기 시작하였는데, 이것이 신학교육 활동의 시작이었다. 2차 유학 중 제2차 대전이 발발하여 일시 일본에 체류하다가 만주 봉천으로 가 1940년 3월 그곳에서 목사안수를 받았다. 또 봉천에 소재한 한인교회 교역자 양성기관인 만주신학원에서 박형룡과 함께 교수로 봉사했다. 해방과 함께 귀국한 박윤선은 1946년부터 1960년까지 14년간 고려신학교 교수 혹은 교장으로 봉사했다. 이 기간 동안 그는 신약과 구약, 조직신학, 교회사, 실천신학 등 신학의 거의 모든 분야를 가르쳤다. 그가 48세가 되던 1953년 10월, 박사학위 취득을 위해 화란 자유대학으로 유학을 떠났으나 아내의 갑작스런 사망으로 6개월 만에 귀국했다. 그러나 이 기간 동안 화란의 개혁신학을 접하게 되고, 이 신학을 한국에 소개하는 계기가 된다.

박윤선 목사가 박형룡(朴亨龍, 1897-1979)과 다른 한 가지는 박형룡은 미국의 구 프린스톤 신학(Old Princeton Theology)을 한국장로교회의 전통으로 확립하고 이를 보수하려는 입장이었으나, 박윤선은 화란에서 발전된 개혁주의 신학을 적극적으로 수용하였다는 점이다. 즉 그는 구 프린스톤신학에서 웨스트민스터신학교로 이어지는 미국 장로교 전통의 개혁주의 신학과, 특히 19세기 화란에서 발전된 개혁주의 신학, 이 두 흐름을 적절히 종합하였고, 이를 한국교회에 전파했다는 점이다. 박형룡은 정통주의, 보수주의 혹은 근본주의라는 용어를 선호하거나 이를 혼용하였으나, 박윤선은 개혁주의 혹은 개혁파라는 용어를 선호하였다.

주일성수 문제, 불신법정 소송문제로 의견을 달리했던 그는 1960년 고려신학교를 떠나 일시 부산 동래에 체류했으나 곧 상경하여 1960년부터 1963년까지는 서울 서대문구 충정로에서 동산교회를 설립하고 목회자로 활동했다. 1963년 총회신학교(현 총신대학교) 교수로 초빙 받은 그는 이때부터 1980년까지 가르쳤다. 1979년에는 설립 50주년을 맞는 미국 웨스트민스터신학교로부터 명예신학박사 학위를 받았다. 1980년 10월 말에는 총신대학 대학원장직을 사임하고 김명혁, 신복윤, 윤영탁 등과 합동신학교를 설립하여 원장 혹은 교수로 봉사하였고, 명예원장으로 계시다가 1988년 6월 30일 세상을 떠났다.

박윤선은 일생동안 개혁주의 신학의 확립을 위해 노력했는데, 성경주석 집필은 일생의 과제였다. 주석집필은 1938년부터 시작되었는데 40년간의 노고 끝에 1979년 신구약 66권의 주석을 완간했다. 그의 첫 주석은 1949년 3월에 출판된 『요한계시록 주석』이었고, 마지막 주석은 1979년에 출판된 『에스라. 느헤미아. 에스더주석』이었다. 그의 주석은, 구약 총 7,347쪽, 신약 총 4,255쪽, 총 11,602쪽에 달한다. 그는 주석 외에도 『영생의 원천』(1970), 『응답되는 기도』(1974), 『주님을 따르자』(1975) 등의 설교집과, 『성경신학』(1971), 『헌법주석』(1983), 유고집『웨스트민스터신앙고백서』(1989) 등을 남겼다.

김진홍

김진홍(金鎭鴻, 1906-1988) 목사는 고려신학교가 설립되고 3년이 지난 1949년부터 1961년 3월까지 구약 및 히브리어 강사 혹은 교수로 봉사한 분이지만 그에 대해서는 별로 알려진 것이 없다. 평북 철산에서 출생하신 김진홍은 선천의 신성중학교, 평양 숭실전문학교를 거쳐 평양신학교서 공부하였다. 그는 동향인이자 일평생 신앙의 동료였던 박윤선, 방지일과 동일한 수학의 과정을 걸어갔다. 단지 박윤선이 평양신학교를 29회(1934)로 졸업한 반면 김진홍과 방지일은 32회(1937)로 졸업하여 한상동과 동기가 되었다. 널리 알려져 있지만 동향 출신인 김진홍, 박윤선, 방지일은 주님을 위해 자신을 바치자며 교회를 위한 동역자의 길을 걸어간 이들인데, 이들이 숭실전문학교에 재학하고 있던 1931년, 방지일이 주동이 되어 김진홍, 그리고 얼마 후에 박윤선이 동참하여 숭실전문학교 기숙사에서 등사판으로 「게자씨」를 발간하기 시작하였는데, 이 잡지는 당시의 한국교회 상황을 헤아리는데 중요한 문서가 되고 있다. 세 사람의 「게자씨」 동인 중 김진홍과 박윤선은 미국으로 유학의 길에 오르게 되지만, 방지일은 1937년 선친에 이어 중국선교사로 일생을 헌신하게 된다.

김진홍은 1937년 3월 평양신학교를 졸업하고 그해 9월 웨스트민스터신학교로 유학하여 1940년 5월까지 공부하고 칼빈신학교 연구과(1940.9-1941.5)를 거쳐 다시 페이스신학교로 옮겨가(1941.9-1944.5) 신학석사 학위를 받았다. 유학을 마친 그는 미국 정부 전술협조처, 외국경제행정처에서 근무하고, 해방이 되자 내한하여 미 육군 문관으로 근무했다. 그러다가 1949년부터 주한 북장로교 선교부 주석부(註釋部)에서 근무하면서 고려신학교 강사로 참여하기 시작한다. 서울장로교신학교 교수(1949.9-1950.6)로 일한바 있는 그는 6.25전쟁이 발발하자 다시 주한미군에서 근무하게 된다. 종전이 되자 그는 잠시 서울의 한국성서신학교에서 근무하였고, 1955년 8월부터 1957년 7월까지는 한명동 목사가 교장으로 있던 칼빈학원 교수로, 1957년 9월부터 1961년 3월까지는 고려신학교 구약교수로 다시 고려신학교와 관련을 맺게 된다. 1949년부터 1955년 이전에는 간헐적으로 강사로 참여했지만 그가 전임으로 칼빈학원과 고려신학교 교수로 일한 기간은 1955년 이후 5년 정도이다. 박윤선이 고려신학교에서 철수하자 그도 곧 학교를 떠나 서울의 개혁신학교 교수 겸 서울 홍재동의 송죽교회 목사로 활동하게 된다.

그가 고려신학교에서 구약만 가르친 것은 아니다. 당시 전임교수가 없던 때에는 조직신학 분야도 가르친 일도 있다. 그러나 그의 주된 봉사는 구약 분야였다. 영어에 능통했던 김진홍은 1958년 로레인 뵈트너의 『신학의 연구』 중 제1장 '성경의 영감'을 번역하여 『성경의 권위』라는 이름으로 출판하였고, 1959년에는 헨리 미터의 『칼빈주의』를 박윤선과 공역 출간하였다. 1963년에는 고든 클락의 『장로교인이 믿는 신조』를 역간하기도 했지만 고신에서 교수하는 동안 전공분야인 구약관련 문서를 편역하거나 등사판 강의안을 출간했다. 교제로 사용한 구약총론은 프린스톤신학교 교수인 찰스 어드만의 『구약총론』(*General Introduction to OT*)을 역간한 것이었다. 그는 1988년 10월 21일, 82세의 나이로 하나님의 부름을 받았다.

이상근

이상근 교수(李相根, 1911-2011)는 1948년부터 10여 년간 고려신학교 교수로 일하게 되지만 그에 대해서도 별로 알려진 바가 없다. 그는 1911년 7월 5일 부산시 동구(좌천정) 범일동에서 출생하였고, 부산진교회에서 신앙생활을 시작했다. 선비가 되고자 했던 그는 우선 배워야 한다는 심정으로 일본유학을 결심했고, 도일한 그는 아오야마가꾸인(青山學院) 대학부 영문과에 입학했다. 1935년 3월 이 학교를 졸업하고 그해 7월에는 문부성이 수여하는 중등학교 영어과 교원자격증을 얻었다. 귀국한 그는 1936년 4월 부산진일신여학교 교사로 부임했으나 겨우 일 년간 일 하고 1937년 3월 학교를 사임하고 4월에는 평양의 장로교신학교에 입학했다. 그러나 신사참배가 요구되는 등 국내의 정세가 불안하여 다시 일본으로 가 1938년 10월 고베중앙신학교에 편입했다. 이때 같이 입학한 이가 경북 안동 지방 교계지도자였던 김광현(金光鉉) 목사였다.[126] 이상근은 이곳에서 약 3년 가까이 공부하고 귀국했다.

1946년에는 해운대교회 전도사로 부임하여 일하던 중 박윤선 목사를 초청하여 부흥집회를 개최했고, 이런 연유로 이상근은 2년 후에는 해운대교회를 사임하고 1948년부터 고려신학교 조직신학 전임교수로 부임하게 된다. 영어도 가르쳤지만, 기독교윤리학, 조직신학 등을 가르쳤다. 해운대교회를 사임한 이상근은 동래 금정산 식물원 근처로 이거하였는데, 이곳 자택, 곧 동래구 장전동 558번지에서 1948년 4월 25일 가족들과 몇몇 성도들이 모여 예배드리기

126. 김광현, 『이 풍랑 인연하여서』(성서교재사, 1993), 35.

시작했다. 이것이 지금의 온천교회의 시작이 된다.

고려신학교 교수로 일하던 이상근은 1949년 1월에는 한부선 선교사의 추천으로 웨스트민스터신학교로 유학을 떠났다. 2년 6개월간 유학하고 1951년 귀국한 그는 그해 9월 4일 마산 문창교회당에서 개최된 제55회 경남노회에서 목사 안수를 받았다. 목사 안수와 함께 고려신학교 교수로 취임하여 조직신학 분야를 가르쳤다. 교회쟁탈전과 불신소송건으로 박윤선이 고려신학교교장직을 사임하고 1957년 2월 고신을 떠났을 때 이상근 교수도 박윤선과 행동을 같이 했다. 이상근은 박윤선을 형님처럼 대하고 그를 지지했다. 고신을 떠난 박윤선은 개혁신학교를 설립했는데, 이상근은 이곳에서 가르쳤다. 그러다가 약 8개월 후 고려신학교(한상동)와 개혁신학교(박윤선)의 합동이라는 이름으로 박윤선이 고려신학교로 복귀할 때 이상근도 같이 복귀했다. 이때부터 이상근은 1960년까지 교수로 일했다.

이상근 목사는 고려신학교 교수로 일하는 한편 1958년 5월 4일부터 1961년 10월 29일까지 3년 6개월간은 부산 연산동의 서문교회에서 목회하기도 했다. 1960년 고신이 승동측과 합동한 후 이상근은 서울 총회신학교에서 교수하였으나 1963년 환원에는 동참하지 않았다. 이것도 따지고 보면 박윤선을 따른 것이다. 그는 환원해야 할 명분이 없다고 보아 부산에 남아 총회신학교 부산 분교에서 가르쳤으나 후에는 서울 총회신학교로 가 1976년까지 가르쳤다. 그는 온화한 성품의 학자로 사변적이지 않았다. 1977년 교수직에서 은퇴한 후에는 미국으로 이민하였고, 2011년 5월 8일 하나님의 부르심을 받았다. 1959년에는 반틸의 『칼 바르트는 정통신학자가 되었는가?』(*Has Karl Barth Become Orthodox?*)를 역간했다.

박손혁

박손혁(朴遜赫, 1901-1968) 목사는 1901년 7월 13일 경남 밀양군 상남면 외산리 351번지에서 박수민(朴秀敏), 김선이(金善伊) 가정의 10남매(셋은 유아기에 사망하였으므로 사실은 7남매) 중 장남으로 출생하였다. 그 가정은 부농이었으나 예수를 믿게 된 후 모든 것을 잃고, 고간의 길을 걸어갔다. 이런 사정을 헤아리게 된 호주선교부는 경제적인 도움을 주었고, 박손혁의 신학 공부를 재정적으로 후원하기도 했다. 밀양에서 어린 시절을 보내며 소학교과정을 마친 박손혁은 5년 과정의 배재고등보통학교에서 수학한 후 1929년 4월부터 1934년 3월 말까지 5년간 마산 창신(昌信)학교 교사로 봉직했다. 그 후에는 평양신학교에 입학하였고, 1938년 3월 16일 제33회로 졸업하였다. 그해 5월 16일 경남노회에서 목사안수를 받고, 창원의 본포교회, 갈전교회, 함안 역전교회, 밀양의 밀양읍교회를 거쳐 1949년에는 부산의 제일영도교회로 부임하여 1968년까지 19년간 봉사하였다. 그가 제일영도교회에서 일하던 때인 1954년부터 13년간은 고려신학교 교수로 봉사했다. 처음에는 고려신학교 이사로(1951-1959) 출발하여, 교수로(1954. 4. 1-1967) 봉사했고, 탐하지도 않았으나 교장순번제에 의해 교장으로 일하기도 했다(1961. 12. 18-1962. 11). 그는 박형룡, 박윤선, 한부선 등의 설립당시의 교수들에 이어 제2기 교수로 일하게 된 것이다. 그는 주로 신약언어와 성경, 신약석의(新約釋義) 등의 과목을 교수하였다.

승동측과 합동이 이루어진 후인 1961년 9월에는 총회신학교 이사 및 부산신학교(고려신학교) 교장으로 선임되기도 했다. 그러나 곧 합동을 떠나 환원하게 된다. 즉 한상동 목사가 복교를 선언하게 되자 박손혁은 이근삼과 함께 즉각 복교에 가담했고, 뒤이어 오병세 교수가 가담하였고, 홍반식 교수는 복교를 반대하다가 후에 복교에 동참하게 된다. 이런 상황에서 박손혁은 1962년 10월 복교된 고려신학교 교수 겸 교장으로 선임되었다. 대내적으로는 교수회장으로 불렸다. 이때에도 그는 헬라어와 신학석의를 가르쳤다.

그가 남긴 저작은 없으나 「파수군」에 여러 잡문이나 성경강해, 교리해설에 대한 글을 썼고, 역서를 남겼다. 즉 챨스 어드만(Charles R. Erdman)의 『마태복음 주석』(*An Exposition of the Gospel of Matthew*)을 번역했다. 그의 신학이 어떻했는가를 말할 수 있는 단서는 파수군에 6차례 연제한 "성령론,"(47-52호)인데, 그는 특별한 자신의 이론을 제창한 것은 아니지만 범보수적인 신학을 보여주고 있을 뿐이다. 박손혁 목사는 성격이 온화하면서도 자상하고 평화로운 인물이었다. 그는 한상동 목사와 같은 해 같은 달에 출생했으나 언제나 한상동 목사를 앞세우며 그를 충심으로 후원했다. 목회자로서, 교수로, 그리고 교단의 임원으로 봉사한 박손혁은 신장염 및 고혈압으로 투병하던 중 1968년 9월 8일 67세를 일기로 하나님의 부름을 받았다. 고려신학교 교수로서의 봉사는 그리 길지 못했으나 그는 이상적인 신학교수상을 심어주었다.

고신 초기 교수들

좌측부터, 장석인, 이상근, 한상동, 최의손, 오종덕, 한부선, 박손혁, 박윤선, 마두원, 함일돈 교수

13. 6.25 전쟁과 교회, 복음병원의 설립 / 이상규

해방된 지 불과 5년만인 1950년 6월 25일 발발하여 1953년 7월 27일 정전 협정으로 휴전하게 되기까지 3년 1개월 동안 계속된 전쟁은 우리 민족의 수난이었다. 6.25동란, 6.25전쟁, 혹은 한국전쟁 등으로 불리는 이 민족상쟁의 사변(事變)은 그 이후 남북한 간의 불신과 대립, 갈등과 대결을 초래했고, 민족 분단을 고착화하였고 이산(離散), 파괴, 상실, 가족의 해체, 그리고 죽음 등 전쟁의 아픔은 오늘까지 계속되고 있다.[127] 이 전쟁기에 마지막 피난지 부산에서 기도회 회개운동이 일어나고, 군목(軍牧)제도가 시작되었고, 외원(外援) 기관의 구호와 사회복지운동이 일어났고 특히 부산에서 복음병원이라는 구호병원이 시작되었다.

6.25 전쟁

물론 전쟁은 갑자기 일어난 것은 아니었다. 1945년 이후 계속된 냉전체제와 미국과 중국, 소련 간의 대립과 패권주의의 영향, 특히 1949년을 경과하면서 한반도를 둘러싼 동북아시아 지역에서 중대한 변화가 국내외적으로 연속적으로 발생하였다. 해방 후 좌우익 간의 대립이 심화되었고, 1948년 4월 3일에는 제주도 4.3 사건이 발생하였다. 그해 10월 20일에는 여순(반란)사건이 일어났다. 이때부터 1950년 한국전쟁이 발발할 때까지 게릴라전을 포함한 정치적 대립으로 약 10만 명이 희생자가 생겨났을 만큼 사회적으로 혼란했다. 특히 1950년 5월 30일에는 제헌국회의 임기가 끝나고 제2대 총선이 실시되었는데, 선거결과 전체 의석 210석 중에서 이승만의 집권세력은 겨우 30여석을 얻는데 그쳤고, 무소속으로 출마한 126명이 당선되었다. 이는 이승만 정권의

127. 이하는 이상규, 『다시 쓴 한국교회사』, 325이하에서 전재하였음.

정치적 불안정을 여실히 보여주는 것이었다.

국외적으로 볼 때, 1949년 8월 소련은 핵무기 실험에 성공함으로서 미국과 군사력에서 대항할 수 있게 되어 1947년 이후 계속된 미국의 봉쇄정책을 상당할 정도로 후퇴시킬 수 있었다.[128] 또 그해 10월에는 중국에서 공산당이 주도하는 중화인민공화국(中共)이 수립되었다. 그 동안 중국을 지배하던 장개석의 국민당 정부는 대만으로 쫓겨 감으로써 그 영향력은 극도로 약화되고 말았다. 이러한 변화는 동북아시아 정치적 상황의 커다란 변화였고 미국의 동아시아 정책에도 커다란 변화를 재촉하였다. 중공의 등장으로 인하여 중국대륙을 발판으로 소련을 견제하고자 했던 미국의 꿈은 일거에 무산되고 말았다. 반면 중국의 공산화는 김일성 정권에 정신적 힘을 부여하였고, 한반도에서 패권을 노리는 미국과 소련의 대결은 깊어만 갔다.

이러한 상황에서 미국의 국무장관 애치슨(Dean G. Acheson)은 1950년 1월 12일 미국출판협회에서 행한 연설에서 한국과 대만을 미국의 방어선에서 제외한다는 이른바 애치슨 라인(Acheson line)을 발표하였다. 애치슨의 발언은 미국이 소련과 중국을 겨냥한 것이었지만, 애치슨 라인이 북한으로 하여금 미국이 개입하지 않을 것이라는 판단 하에 남침을 감행하도록 북한의 오판을 유도했다고 주장하기도 한다. 애치슨의 발언 진의가 무엇이었던가에 대해서는 많은 의문이 제기되었다. 어떻든 이러한 일련의 변화 속에서 긴장은 고조되었고, 1950년 6월 25일 새벽 북한의 남침으로 전쟁이 개시되었다. 이날은 한반도 전역에서 소낙비가 내리고 있었는데 이것은 우리 민족의 장래에 대한 불길한 징조였다. 인민군은 6월 26일 임진강 일대와 의정부 및 춘천을 돌파했다. 개전 3일 만인 6월 28일에는 서울을 점령하고, 30일에는 한강 도하를 시작했다. 이승만 정부는 서울을 포기하고 남쪽으로 후퇴하였다. 곧 미군이 개입하였고 거의 90%가 미국 군인이었지만 16개국의 군인으로 구성된 유엔연합

---

128. 박세길, 『다시 쓰는 한국현대사 1』 (서울: 돌배게, 1988), 176.

군이 창설되었다.

7월 6일 인민군은 오산 부근에서 미국 제24사단과 첫 교전을 벌였는데, 이 전투에서 미24사단에 치명타를 가했다. 7월 19일부터는 대전 공략에 들어갔고, 7월 24일 대전을 장악했다. 그 후 북한군은 파죽지세로 남하하면서 7월 말에는 목포와 진주를 점령하고 8월 초에는 김천과 포항을 점령했다. 이런 상황에서 유엔군은 8월 3일 낙동강 철교를 폭파하고, 마산-왜관-영덕을 잇는 워커라인이라 불리는 방어선을 구축했다. 8월 말 북한군 주력부대는 낙동강까지 진출하면서, 낙동강을 사이에 두고 전선은 교착상태로 들어갔다. 말하자면 북한군은 전쟁을 시작한 지 한 달 남짓한 기간에 낙동강 남서부 일부 지역을 제외한 남한지역의 90% 이상, 인구로는 92% 이상을 수중에 넣었다.

이런 절박한 상황에서 유엔군은 인천상륙작전을 기획하였고, 그해 9월 15일 맥아더 장군이 지휘하는 유엔군이 인천상륙작전에 성공하였다. 9월 28일에는 서울을 탈환했다. 9월 30일에는 38선을 돌파하였고 북진을 계속하여 10월 19일에는 평양을 함락시켰다. 10월 26일에는 원산에 상륙하였다. 동해안으로는 청진(淸津)까지, 중부전선에서는 혜산진(惠山鎭)의 압록강까지 진격하였다. 서부에서는 선천(宣川)까지 북진하였다. 그러나 중공군이 개입하므로 전황은 달라졌다. 중공군의 공격은 1950년 10월 25일 본격적으로 개시되었다. 이제 전쟁은 새로운 국면으로 접어들었고 동족 간의 살육은 외세에 의해 더욱 심화되었다.

국군과 유엔군은 다시 후퇴하지 않으면 안 되었고 서울은 다시 공산군의 수중에 들어갔다. 그러나 1951년 봄 전세는 다시 역전되었다. 국군과 유엔군은 3월 18일 다시 서울을 탈환하였고, 3월 22일에는 38선 이남을 모두 탈환하였다. 그러나 38선을 사이에 두고 남과 북은 치열한 전투를 벌였고 밀고 당기는 장기적인 소모전에 몰입하였다. 전쟁이 교착상태에 빠지자 내외로부터 휴전에 대한 요구가 대두되었다. 마침내 유엔군과 공산군은 1953년 7월 27일 휴전협정에 조인함으로서 3년 1개월간 계속되던 전쟁은 종식되었다.

교회가 입은 피해

전쟁은 1953년 7월까지 계속되었고 이 3년간 남한의 150만 명이 목숨을 잃었고, 4만 명의 어린아이들이 부모를 잃었다. 또 이루 헤아릴 수 없는 재산상의 피해를 입었다. 남북한 합하여는 240만 명의 사상자가 발생하였다. 낙동강을 중심으로 한 영남동부 지역을 제외한 전 지역이 공산당의 점령 하에 있었고 수많은 이산가족과 피난민이 발생하여 사회적 혼란은 가중되었다.

이 전쟁으로 교회가 입은 피해는 엄청났다. 장로교회의 경우 467개 교회가 파괴되었고 완전 소실된 교회는 152개 처에 달했다. 감리교의 경우 155개 교회가 파괴되었고 84개 처 교회가 완전히 소실되었다. 성결교회는 79개 처 교회가 파손되었고 27개 교회는 완전히 소실된 것으로 보고되고 있으나[129] 실제로 그 피해는 더 컸다.

이 동란 중에 장로교 지도자 177명, 감리교 44명, 성결교 11명 등 교회지도자들이 납치되어 그들의 생사에 대해서는 지금까지도 알려져 있지 않다. 그중 장로교 인사들로는 남궁혁(南宮爀, 1881-?), 송창근(宋昌根, 1898-1951), 유재헌(劉載獻, 1905-1951?) 목사 등이다. 감리교의 김유순, 양주삼 목사 등도 이때 납북되었다. 특히 손양원(孫良源, 1902-1950) 목사의 순교는 감동적인 기록으로 남아 있다. 일생동안 나환자를 위해 목자의 길을 갔던 손양원은 일제하에서는 신사참배강요에 맞서 싸우다 투옥되어 옥고를 치렀고, 해방 후에는 여수, 순천 반란사건 때는 두 아들 동인과 동신을 잃었다. 손 목사는 두 아들을 살해한 원수를 아들로 삼아 그리스도의 사랑으로 용서하여 '사랑의 원자탄'으로 불리기도 했다. 그는 6.25 동란 중에는 "양떼를 두고 혼자 피난 갈 수 없다"며 피난을 거부하고 교인들을 위해 일하다가 공산당에게 체포되어 1950년 9월 28일 거룩한 순교자의 길을 갔다. 한국전쟁 중 공산당에 의해 순교한 그리스도인의 수는 다 헤아리기 어려울 정도다. 전북의 옥구(沃溝)의 원당(元堂) 교

129. 민경배, 『대한 예수교장로회 백년사』(대한예수교장로회 총회, 1984), 544.

회에서는 78명의 교인 중에서 75명이 학살당하기도 했고, 전남 영광(靈光) 야월교회에서는 김방호 목사 가족 8명 중 7인이 학살당했다.[130] 경남 거창지역에서는 박기천(朴基千) 전도사, 배추달 집사 등이 기독교 신자라는 이유로 무참히 피살되었다.

이 전란 중에서 북한에서는 교회지도자들을 투옥하거나 처형시켰고 교회를 탄압하였다. 김익두(金益斗) 목사가 처형되었고, 조희염(曺喜炎), 정일선(丁一善) 목사 등 20여 명도 원산에서 학살당했다. 1919년 3월 당시 민족대표 중 한 사람이었던 신석구(申錫九) 목사를 비롯하여 10여 명의 목사들도 피살되었다. 그 외에도 김윤실 목사, 김예진 목사, 박경구 목사, 유계준 장로, 백인숙 전도사 등이 순교자의 길을 갔다. 살아남아 있던 기독교 신자들은 1.4 후퇴 때 남하하였기 때문에, 결국 한국전쟁을 거쳐 가면서 북한에서 기독교는 완전히 자취를 감추게 되었고 오늘까지 지하 교회로 남아 있다.

부산에서의 기도운동

한국전쟁 기간 중 한 가지 특기할 사항은 피난지 부산에서 거 교회적 기도운동 그리고 회개운동이 일어났다는 점이다. 수도 서울을 적에게 빼앗긴 후 후퇴를 거듭하여, 대전을 거쳐 부산이 임시 수도가 되었다. 대구와 경상남도의 일부지역을 제외한 전 국토가 공산당의 수중에 들어가자 부산에는 각처로부터의 피난민이 몰려들어 피난민들의 도시로 변해 버렸다. 부산은 피난민들의 도피처였고 신자들에게는 소위 '의의 피난처'였다. 당시 부산이 포함된 경상남도 도지사가 부산 초량교회 양성봉(梁聖奉) 장로였으므로 초량교회에는 많은 신자들이 모여들었고 이곳을 중심으로 나라를 위해 기도하는 운동이 일어났다. 박윤선 목사가 일제하에서의 신사참배 강요와 이에 대한 저항의 과정을 설명하자 신사참배에 대한 회개와 해방 후의 교회 분열과 대립, 그리고 신자

130. 민경배, 『한국기독교회사』(연세대학교 출판부, 1993), 526.

답게 살지 못한 일에 대한 회개와 통회 운동이 일어났다. 초량교회 한상동 목사는 기도운동을 눈물로 호소하였고, 교회는 유치원을 일시 폐쇄하고 교회마당에 천막을 치고 피난민을 수용하였다. 이런 일은 초량교회 외에도 당시 부산의 유수한 교회였던 부산중앙교회에서도 일어났고, 부산진교회, 광복교회 등에 피난 온 신자들도 금식하며 민족의 장래를 위해 기도하는 운동이 전개되었다. 특별한 조직은 없었으나 이 기도운동은 꾸준히 이어졌다. 9월 15일 시작된 인천상륙작전이 성공하고, 28일에는 서울을 탈환하였는데 이것은 이 기도운동의 결과로 인식하는 이들이 적지 않았다.

전시 중 부산에서 모인 대한예수교 각 교파연합 신도대회는 "기독교 연합 전시대책 위원회"(위원장 황성택 목사)를 결성하고, 1950년 12월 27일 유엔 사무총장, 미국의 트루먼 대통령, 그리고 맥아더 사령관에게 메시지를 전달하고 "한국전쟁은 자유, 민주국가와 공산독재국가 간의 최후 결전의 전초전이므로 유엔군이 승리할 때까지 전진 무퇴할 것"을 요청하였고 이를 위해 기도하겠다고 내외에 천명하였다. 1.4 후퇴 이후에도 부산에서는 기도운동이 일어났는데, 초량교회에서의 나라를 위한 기도회는 수일간 계속되었고, 1951년 4월 마지막 주일 이승만 대통령이 예배에 참석하여 위기에 처한 나라를 위해 기독교인이 기도해 줄 것을 부탁했다. 또 1951년 7월 12일 부산에서 모인 신도대회, 1952년 1월 9일 부산중앙교회에서 모인 전시비상대책위원회에서도 나라를 위해 기도하였고, 1953년 6월 14일 서울에서 약 2천명의 기독교인들이 참석한 가운데 개최된 '북진통일기원대회'(대회장 전필순 목사), 1953년 6월 15일 NCC주최로 열린 '전국 기독교신도 구국대회'에서는 휴전을 반대하고 북진통일을 기원했다.

6.25 전쟁기 기도운동과 더불어 군(軍)에서의 목회 혹은 정훈활동의 필요성을 인식한 교회 지도자들에 의해 군목제도가 발기되었고, 미국을 중심한 외국기독교 단체의 구호활동이 발의되어 기독교 세계봉사회, 국제선교협의회, 기독교국제 연합위원회 등의 기관을 통해 한국에 대한 원조를 개시하였다. 또

전쟁 전후 불안한 사회 환경에서 여러 이단이 출현했는데, 대표적인 경우가 박태선(朴泰善, 1917-1990)의 '전도관'과 문선명(文鮮明, 1920-2012)의 '통일교'였다. 특히 주목할 것은 피난지 부산에서 구호병원이 시작되었다는 점이다.

복음병원의 설립

1951년 1월 15일 복음진료소라는 이름으로 시작된 복음병원은 처음에는 고신교회와 무관하게 전영창 선생 개인에 의해 부산시 영도의 전차종점 인근의 제2영도교회 창고에서 시작되었다. 당시 주소는 경상남도 부산시 남항동 2가 46번지였다. 1957년 5월 28일에는 현재 위치인 부산시 서구 암남동 34번지로 이전하였고, 1965년 9월 6일에는 재단법인 대한예수교장로회 고신총회 유지재단이 병원을 인수하여 복음병원은 대한예수교장로회 고신총회로 편입되었다. 1970년에는 학교법인 고려학원의 수익기관으로 편입되었고, 1977년에는 종합병원으로 인가를 받았다. 1980년 고신대학교 의과대학이 설치되면서 대학병원이 되었고, 2002년에는 고신대학교복음병원으로 개칭되어 오늘에 이르고 있다. 그렇다면 이 병원은 어떻게 시작되었을까?

복음병원은 전쟁이 발발한 지 6개월가량 지난 1951년 1월 15일 '복음진료소'라는 이름으로 시작되어 그해 말 곧 12월 23일 '복음의원'으로 개칭되었고. 꼭 1년 후인 1961년 8월 7일부터 '복음병원'으로 불리게 된다.

이 병원은 1951년 1월 15일 조직된 전영창 선생의 '경남구제회'로부터 시작된다. 전라북도 무주 출신인 전영창(全永昌, 1916-1976)은 미국남장로교의 보이어(Elmer Boyer, 保伊烈, 1893-1976) 선교사의 도움으로 전주 신흥학교에서 수학하고 그 학교 교장이던 윌리엄 린튼(William Linton, 1891-1960)의 주선으로 일본 고베신학교에서 공부하게 된다. 해방 후 주한미국 군종실에서 근무하던 중 미 군목의 도움으로 1947년 미국 필라델피아의 웨스트민스터신학교로 유학을 떠났다. 이 학교에서 1년간 수학 한 다음 미시간 홀란드에 위치한 웨스턴신학교로 옮겨가서 신학을 공부했다.[131] 이 학교는 미국개혁교회(RCA: Reformed Church in America)가 운영하는 학교였다. 졸업을 불과 두 달 앞두고 있을 때 조국의 전쟁 발발 소식을 듣게 된 그는 졸업을 포기하고 귀국을 결심하게 된다. 당시 웨스턴신학교는 졸업한 후 귀국토록 종용하였으나 전영창은 전화(戰禍)의 고통 속에 있는 조국을 외면할 수 없다며 자기 뜻을 굽히지 않았다. 이는 마치 라인홀드 니버 집에 체류하며 공부하던 중 전운이 감도는 독일로 돌아갔던 본헤퍼의 경우와 같다. 전영창의 애국심을 보고 큰 감명을 받은 웨스턴신학교는 그의 졸업을 인정해 주고 필요한 곳이 사용하라며 5,000불을 모금해 주었다. 전영창은 주변을 정리하고 미국을 떠나 1951년 1월 9일 미군 수송기를 타고 부산 수영비행장으로 귀국했다. 귀국한 그는 1월 15일 '경남구제회'를 조직하고 부산시 영도구 남항동 제3영도교회에서 구호활동을 시작했다. 그런데 그가 부둣가에서 병든 아이에게 젖을 먹이는 가난한 피난민을 목격하고 병원설립을 결심했다. 이때 전영창은 노르웨이의료지원단장인 넬슨 의사(Dr. Nelson)를 만나게 되는데, 그의 충고가 병원설립에 대한 확신을 심어주었다. 넬슨 의사는 5,000불로 항생제를 사서 피난민들에게 나누어 주면 얼마 못가서 재정이 바닥이 나고 더 이상 일할 수 없으니 그 기금으로 병원을 설립하라는 충고였다. 그렇게 할 경우 매일 50인분의 약을 원조해 주겠다고 제안했다. 그리고 그는 또 대형 군용 천막 3개를 지원해 주었다. 그래서 전영창은 1월 15일 부산시 남항동 2가 46, 제3영도교회 구내에 작은 진료소를 세웠는데 이것이 복음병원의 시작이었다. 이때 의사로 초빙된 이가 초량교회 출석하던 여의사 차봉덕(車鳳德, 1921-?) 여사였다. 사실상 그가 첫 원장인 샘이다.

131. 필자가 1988년 멜버른의 장로교신학대학(PTC)에서 유학할 당시 초빙교수로 왔던 웨스턴신학교 은퇴교수 유진 오스터하벤(Eugene Osterhaven) 교수는 필자가 한국인이라는 점을 알게 되자 그의 첫 질문이 "영창 전을 아느냐?"였다. 전영창은 자신의 학생이었다고 하기에 그가 "어떤 학생이었느냐"고 물었더니 "특히 스피치를 잘 했다"고 대답했다. 37년이 지났지만 그는 한국인 제자 전영창을 기억하고 있었고 전영창은 웨스턴신학교 재학시에도 지도력을 인정받고 있었음을 알게 되었다.

개원 초기의 복음병원

평남 평원군 출신인 차봉덕은 평양 정의여학교를 거쳐 1948년 경성의전(서울여자의과대학)을 졸업하고 이화여대 부속병원에서 수련의로 훈련을 받았다. 1948년에는 부산교통병원 산부인과 과장으로 일한 바 있다. 그러다가 1950년 초에 부산 동구 초량동에서 '차산부인과 의원'을 개원하여 운영하던 중 전쟁이 발발하였고 다음 해 1월이 1.4후퇴로 엄청난 피난민들이 부산으로 밀어닥치게 되자 전영창의 간곡한 요청을 받고 복음진료소에 가담하게 된다. 전영창은 뛰어난 영어실력으로 유엔군과 미군을 찾아다니며 의약품과 각종 의료용품들을 조달하였고, 또 옥수수와 밀가루, 분유 등 구호품을 얻어 와서 텐트 밖에 솥을 걸고 끓여서 전재민들을 구제했다. 차봉덕 여사는 후에 역시 의사인 황영갑(黃泳甲)을 만나 혼인하고 진주로 이거하여 의료 활동을 계속했다. 황영갑은 진주교회 장로가 되어 활동하던 중 부인과 함께 미국으로 이민하였다. 황영갑은 '작은 불꽃'이라는 자신의 회고기에서 부산 차봉덕이 전영창과 더불어 복음진료소에서 일한 첫 의사였음을 밝히고 있다.[132] 전영창은 경

132. 황영갑, 『작은 불꽃』 (류신각, 1`982), 357. 울산의 고명길 목사는 이런 여러 자료를 근거로 복음병원의 설립역사를 재검토하여 잊혀진 사실을 바르게 정리한 바 있다. 고명길, "복음병원 설립자 전

남구제회 활동과 더불어 복음병원 설립자로 중요한 기여를 하였으나 고신교회의 지도적 인사와의 모종의 불화로 1953년 여름 복음의원을 떠나 거창으로 갔고 거창고등학교를 인수하여 교장으로 일하며 사회적 신망을 얻는 명문학교로 육성하였다.

전영창 차봉덕 이후 장기려 박사가 병원장으로 일하게 된다. 그는 6.25 동란 중 차남 기용과 함께 월남하여 1950년 12월 18일 부산에 도착했고, 12월 21일에는 제3육군병원 의사로 취직했다. 12월 성탄 전날인 24일 삼일사(三一社)라는 정보기관에 잡혀가 1주일간 구금 중 조사받고 한부선 선교사의 보증으로 12월 31일 풀려난 일도 있다. 그가 복음진료소에서 일하기 시작한 때는 1951년 6월 20일이었다. 그는 이렇게 말한다.

> 제3육군병원에서 근무한지 반년쯤이 지난 1951년 6월20일 한상동 목사와 전영창씨가 새 일거리를 가지고 나를 찾아왔다. … 한목사와 함께 그런 의원을 해 줄 수 있느냐고 의논하러 온 것이었다. 불우한 사람들을 치료해 준다는 것은 내가 의사가 되려고 결심했을 때 하나님께서 서약한 일이다. 나는 6월말로 제3육군병원을 그만 두었다. 영도에 있는 제3교회 창고가 복음병원이 되었다. 처음에는 의사라고는 나 하나밖에 없었는데, 두 달 후에는 전시피란 서울의대교수로 부산에 와 있던 전종휘 박사가 도와주었다. … 직원은 총무인 전영창씨, 서무, 경리,약국을 맡아 본 오재길씨, 간호원 김재명씨, 김순리씨, 이금숙씨, 운전사 김정일씨 등 11명이었다.[133]

이상의 장기려의 기록에서는 1951년 6월 20일을 복음진료소에서 의료 활동 시작을 말하고 있으나 그 이전의 차봉덕 의사나 팽숙희 간호사에 대하여서

영창," 『고신사회복지역사 포럼 및 세미나』 (고신총회사회복지위원회, 2015), 52-68.

133. 장기려, 『생명과 사랑』 (서울: 규장, 1980), 120. 장기려, 『장기려 회고록』(서울: 규장문화사, 1985), 52-53.

는 전혀 언급이 없다. 문제는, 1951년 6월 이전의 차봉덕 의사로 시작된 진료소와 1951년 6월 20일 장기려 의사로 시작된 후일의 복음병원 간의 관계인데, 후자가 전자의 계승이라고 볼 수 있을 것이다. 이 작은 진료소가 지금의 고신대학교 병원으로 발전한 것이다.

장기려 박사(1911-1995)

흔히 장기려 박사를 복음병원의 설립자라고 말하지만, 실제적으로는 전영창 선생이 1951년 이전과 이후 두 가지 경우의 주도적인 인물이었고 실제적인 설립자라고 말할 수 있을 것이다. 그는 1951년 6월 21일부터 진료에 가담하였고, 7월 2일에는 복음의원 원장으로 추대되었다. 전영창과 장기려 외의 한상동 목사도 설립의 동료였고, 김상도 목사는 첫 원목으로 활동했다. 병원의 설립 이후 오늘에 이르기까지 장기려 박사는 병원 발전에 크게 기여한 점은 부인할 수 없을 것이다. 병원 초기 병원의 제반 업무와 병동 건축 등에 기여한 이가 위에서 언급한 전영창 외에도 박손혁 목사의 헌신이 적지 않았다. 경남구제회 회장을 역임한 그는 미군부대와 접촉하면서 필요한 물자를 공급했고, 필요한 비품을 조달하기 위해 노력했다.

14. 6.25 전쟁기 고신교회의 순교자들 / 이상규

전쟁기 인적인 피해

앞에서 6.25 전쟁기 한국교회가 입은 피해에 대해 소개했는데, 물적 피해보다 더 심각한 피해가 인적인 피해였다. 물적인 피해는 그 양이나 범위를 산정할 수 있지만 정신적 피해는 측량할 수 없고 그 피해의 범위는 한 세대만으로 한정할 수도 없기 때문이다. 전쟁으로 남한의 군인 및 민간인 160만 명과 북한의 군인 및 민간인 240만 명이 목숨을 잃었다. 북으로 납치된 자가 84,532명 정도인데 이중 기독교 신자는 7천5백 명에 달한다.[134] 납치된 기독교 인사 중에는 장로교 지도자 177명, 감리교 44명, 성결교 11명, 성공회 6명, 구세군 2명 등 240여 명의 교회지도자들이 포함되어 있으나 그들의 생사에 대해서는 지금까지도 알려져 있지 않다.[135] 행방불명된 자는 298,175명, 적의 치하에서 인민군 혹은 빨치산 등에 의해 학살당한 이는 12만8천 936명에 달한다.[136]명에 달했다.

전쟁기 순교한 이들도 적지 않았다. 김익두(金益斗) 목사는 처형되었고, 손양원 목사는 퇴각하던 인민군에 의해 여수에서 학살되었고, 조희염(曺喜炎), 정일선(丁一善) 목사 등 20여 명은 원산에서 학살되었다. 만세운동 당시 민족대표였던 신석구(申錫九) 목사를 비롯하여 10여 명의 목사들도 피살되었다. 그 외에도 김윤실, 김예진, 박경구 목사와, 유계준 장로, 백인숙 전도사 등 총 50여 지도자들이 순교자의 길을 갔다.

---

134. 이하는 이상규, "6.25 전쟁과 한국교회" 「장로교 역사와 신앙」 3(2020), 12-53에 근거하였음.

135. 교회 지도자들의 순난 피랍 등 수난에 대한 보다 자세한 논의는, 장병욱, 『6.25 공산침략과 교회』 (서울: 한국교육공사, 1983), 230-267을 참고할 것.

136. 국방부 군사편찬연구소, 6.25전쟁 전후 북한군 등 적대세력에 의한 민간인 희생사건 조사연구보고서』에 근거함. 공보처 통계국, 『6.25사변 피살자 명부』 (1952. 3. 31)에서는 122,799명으로 기록하고 있다.

<납치된 주요인사들>

교파	납치된 주요 교역자 (목사 및 사관)
장로교	김두석 김경종 김동철 김연 김영주 김태주 남궁혁 박상건 송태용 송창근 안길선 오택관 이제향 유재헌 장덕노 정치호 주재명 주채원 최상은 허은 현석진
감리교	김성식 김유순 김원규 김히운 박만춘 박선제 방훈 백학신 서태원 심명섭 양주삼 전진규 전효배 정달웅 조상문 조춘일 차경창 최종묵 황덕주
성결교	김유연 박형규 박현명 서두성 유세근 이건 임수열 조한주 최석모
구세군	김삼석 김진하

* 주요납치 교역자 명단 (김양선, 88-9. 전택부, 312).

전쟁 중 수많은 이들이 기독교신자라는 이유에서 학살당했다. 널리 알려진 경우로는, 서울에서 약 60여 명의 교역자가 검속되었는데, 전인선 김윤실 등은 옥사했고, 김예진 목사, 김응락 장로 등은 총살되었고, 나머지 40여 명은 북으로 납치되었다.[137] 전라북도의 옥구(沃溝)의 원당(元堂)교회에서는 78명의 교인 중에서 75명이, 전남 영광군(靈光郡)의 염산교회에서는 77명이 바다에 수장되었고, 야월교회에서는 전 교인 65명이 모두 수장 당했다. 전라남도 영암군(靈岩郡)의 9개 교회 87명이 순교했다. 충남 논산시 성동면의 병촌성결교회의 66명의 성도는 후퇴하던 인민군에 의해 죽임을 당했다. 성결교인 전남 신안군 진리교회에서 48명, 전북 정읍시 두암교회에서 23명이 기독교 신자라는 이유에서 학살당했다. 여성 전도자 문준경도 이때 죽임을 당했다.

북한에서의 경우, 장로교 교역자 240명, 감리교 46명 등 합 286명이 행방불명되었는데,[138] 이중 70여명의 교회 지도자들이 죽임을 당했다.[139] 황해도 봉산(鳳山)의 계동교회의 경우 180여명의 교인 중 175명이 목재교회당 안에 갇

137. 김양선, 77-8.

138. 한국기독교연합회 편, 『기독교연감 1957』 (서울: 대한기독교서회, 1957), 37-42.

139. 구체적인 명단은 전택부, 『한국교회발전사』 (서울: 대한기독교출판사, 1987), 309-310을 보라.

혀 불타 죽었다.[140] 원산에서는 500여 명의 신자들이 산채로 방공호에 매장되었다는 증언이 있다. 평북 철산의 풍천교회에서 목회하던 박영근 목사는 1950년 8월 예배드리던 중 교회를 탄약 창고로 징발하러온 내무서원들에게 이를 거절하자 아들과 함께 체포되어 죽임을 당했다. 북한에서의 수난에 대해서는 알려지지 않는 사건이 많았음으로 상당한 피해가 있었을 것이다.

이상에서 6.25 전쟁 중 기독교신앙 때문에 죽임을 당한 순교자 일부에 대해 소개했지만, 전쟁기 얼마나 많은 그리스도인들이 죽임을 당했는가에 대해서는 정확하게 알 수 없다. 기독교 신앙이라는 이유 때문에 죽임을 당한 경우가 적어도 1천 명에서 최대 1만 명에 이를 것으로 추산되고 있다.

고신교회의 순교자들

그렇다면 고신교회의 상황은 어떠했을까? 알려진 경우로는, 울산 월평교회 집사와 성도 6명(우두봉 우제만 우성만 조말복 조재년 정두란)이 가독교인이라는 이유로 좌익 공비들에 의해 피살되었고, 함안군 사촌교회 조용석 장로는 배교를 거부하여 9월 17일 총살당했다. 경남 거창의 가천교회 박기천(朴基千) 전도사가 27세의 나이로, 경남 합천군 묘산면 관기리 하양교회의 배추달 집사는 24세의 나이로 기독교 신자라는 이유에서 인민군에 의해 무참히 살해되어 고신교회의 순교자가 되었다. 이와 관련하여 고신교회의 수난과 순교자들에 대해 살펴보자.

월평교회의 순교자들: 울산광역시 울주군 두동면 월평리 635-2에 소재한 월평교회는 1910년 호주선교사 왕길지(Gelson Engel) 목사에 의해 설립된 교회인데, 이 교회는 6.25 전후 6명의 신자들이 남로당 좌익분자들에 의해 죽임을 당했다. 이 교회 첫 순교자는 우두봉 집사인데, 그는 예수를 믿는다는 이유

140. W. N. Blair, 144, 민경배, 『대한예수교장로회 백년사』, 545.

로 1948년 4월 13일 남로당 좌익분자에 의해 월평리 마을회관 앞에서 총살되었다. 월평교회는 치술령산 아래 벽지에 위치하고 있었기 때문에 공비들의 표적이 되었다. 해방공간에서 좌우익이 대립하고 있을 때 울주군 두동면 일대로 숨어 들어온 남로당 좌익분자 일당이 기독교회를 표적으로 하여 신자들을 처형한 것이다. 최재선 권사의 남편인 우재만 성도 역시 1950년 2월 25일 월평교회 앞에서 남로당 좌익에 의해 학살되어 두 번째 순교자가 되었다. 우재만 집사는 이 마을에서 명망이 높았던 인물인데, 공비들의 출몰을 염려하여 콩밭에서 잠을 자곤 했으나 이날은 허리가 아파 집에서 자던 중 공비에게 끌려가 교회 앞 저수지에서 학살당한 것이다. 당시 공비들은 낮에는 활동하지 못했으나 야간을 틈타 마을로 내려와 만행을 저질렀다.

6.25 동란이 발발한지 5일이 지난 1950년 6월 30일에는 월평교회 정두란, 조재년, 조말복 3성도는 남로당 좌익에 의해 학살당했다. 기독교 신자라는 이유에서였다. 이날 공비들은 교회로 침입해 왔고, 교회 사택에 있던 정두란과 조재년을 위협했다. 유동 댁으로 불리는 20대의 만삭의 부인이었던 정두란은 "젊은이들 예수 믿고 회개하고 용서받고 집에 가서 부모님 만나 자유롭게 살다가 천당 가자"고 설득했으나 공비들은 "이 년이 돌았나? 무슨 소리냐며 예수 믿으면 죽인다."고 협박했을 때, "괴로운 세상 사느니 천당 가는 것이 훨씬 복이다"고 말하고 "내주를 가까이 하게 함은 십자가 짐 같은 고생이나… "를 노래했다. 이때 근처에 있던 월평교회 동료 신자인 조말복이 끌려왔다. 남로당 일당은 이들 3사람을 일렬로 세워 놓고 총을 난사하여 학살했다. 그리고는 교회를 방화했다. 우재만 집사의 동생 우성만은 월평교회가 공비들의 표적이 되고 있어 경주에 피신해 있던 중 추석이 되어 귀가하였다. 이때 그도 남로당 공비들에 의해 1951년 8월 14일 총살당하여 순교자의 길을 갔다.

사촌교회 조용석 장로: 경남 함안군 군북면 사촌리 683번지에 소재한 사촌교회는 호주선교사 손안로(孫安路, Andrew Adamson) 선교사의 전도로 1897

년 설립된 교회인데, 손안로의 전도로 예수를 믿게 된 조동규, 조용관 형제는 논 600평을 헌납하고 교회를 세운 설립 신자였다. 조동규의 장남 조용석 장로 또한 6.25 동란 중 인민군에 의해 죽임을 당했다.

조용석은 고향에서 보통학교 과정을 이수하고 상경하여 경신(儆新)중학교에서 수학했다. 그 후 도일하여 와세다대학 정경과에서 수학했다. 일본에 체재하는 동안인 1919년 2.8독립선언서 작성에 가담하여 국내 만세운동을 지원하기도 했다. 이 일로 체포된 그는 서대문형무소에서 미결수로 10여 개월 동안 복역하고, 집행유예 3년형을 선고받고 풀려났다.

그 이후 고향으로 돌아와 교회를 위해 봉사하던 중 사촌교회 장로로 장립을 받고 교회를 위해 헌신했다. 이런 중 6.25동란이 발발하였고, 북한 인민군이 함안까지 잠입했다. 85세의 노모를 모시기 위해 피난 가지 않고 고향에 남아 있던 조용석 장로는 기독교 신자이자 장로라는 이유에서 인민군에게 잡혀갔다. 그날이 1950년 9월 17일이었다. 인민군에게 협조할 것과 기독교 신앙을 버릴 것을 강요당했으나 이를 거절하자 사촌리 소재 오곡금광(烏谷金鑛)으로 끌려갔고, 구타와 고문을 당했다. 계속적인 압력과 위협에도 기독교 신앙을 포기하지 않자 인민군은 그를 백곡리 남강변으로 끌고 가 총검으로 학살했다. 그는 신앙을 지키기 위해 목숨을 버린 것이다. 이때가 1950년 9월 18일, 46세 때였다. 그의 아들이 조태제 장로이다.

북상, 가천교회 박기천 전도사

경남 거창군 북상면 갈계리 1154번지에 위치한 북상교회는 1934년 곽남순, 김동준에 의해 개척된 교회인데, 이 교회 박기천 전도사는 6.25 전쟁기 순교자의 길을 갔다.[141] 박기천(朴基千) 전도사는 1920년 4월 2일 경북 금릉군 대덕면 내감리 910번지에서 박정하 이순분의 5남 1녀 중 막내로 출생했다. 6살 때인

141. 박기천 전도사의 생애와 순교에 대해서는 박시영, 『아버지의 길』 (서울: 총회출판국, 2017)을 참고할 것.

1926년 4월 4일 아버지를 여의고 홀어머니 밑에서 성장했다. 그러나 신앙생활을 통해 건실하게 성장하였다. 1933년 3월부터 경북 금릉군 내감리에 소재한 감주교회에 출석하였고, 1936년 3월 10일 순회 당회장이었던 김충환 목사에게 학습을 받았다. 1937년 3월 13일에는 미국북장로교 부해리(Rev. Henry N. Bruen) 선교사에게 세례를 받았다.

박기천은 감주마을의 간이학당에서 수학하고 대덕보통학교에 편입하여 1년 후 졸업하였다. 1941년 4월에는 김해군 대저리에 소재한 복음농업학교에 입학하여 수학하고 1942년 3월 10일 졸업하였다. 그 후 이춘화 장로의 소개로 충청북도 영동의 집회에서 충북 영동군 양산면 하곡리의 이창주, 박문옥씨의 4남매 중 외동딸 이진표 양을 만나 1944년 2월 5일 혼인하였다. 그 후 만주에 건너가 지내다가 해방과 함께 귀국했다. 1945년 11월에는 경남 거창으로 이주하여 위천면 임시서기로 취직하여 일하면서 위천교회에 출석하며 교사로 또는 제직회 서기로 섬겼다. 1947년 1월부터는 거창읍 사무소 서기로 근무하게 되었는데, 공직에서 일하면서 뇌물을 받거나 술좌석에 동석해야 하는 문제 등 신앙적 갈등을 경험했다. 이 무렵 그는 백영희 전도사 집회에서 큰 은혜를 받고 면서기 직을 사임하였다.

그 후 주남선 목사의 추천으로 1948년 1월에는 거창군 북상면의 북상교회 전도사로 부임하였다. 당시 당회장은 주남선 목사였고, 서환성(徐煥成) 전도사의 후임이었다. 해방 후 좌우익으로 나누어 대치하던 때에 북상에서 멀지 않은 월성에 빨치산의 아지트가 있었다. 북상지역은 좌익세가 우세하여 저녁에는 빨치산들이 내려와 우익청년들이나 교역자를 잡아가기도 했다. 박 전도사가 기도하러 입산 한 사이에 빨치산들이 교회로 와 교회를 지키고 있던 박 전도사 부인에게 총을 겨누며 전도사가 어디 있는지 찾아내라고 위협하는 등의 잦은 위협으로 젊은 부인은 심장병에 걸렸고, 몸은 쇠약해져 갔다.

북상교회에서 일 년간 사역하고 1949년 2월 10일에는 가천교회로 이동 하였다. 가천교회는 1985년 합천 댐 건설로 인해 수몰지역이 되어 현재는 거창읍에 소재한 동부교회와 합쳐 동부가천교회가 되었다. 박 전도사가 가천교회에 부임할 당시 교인은 20여명에 불과했으나 박기천 전도사는 이 교회를 위해 크게 헌신하여 교회는 양적으로나 질적으로 부흥하였다.

이런 상황에서 6.25 동란이 발발하였고 지리산에 숨어 있던 빨치산은 거창지역에 출몰하여 기독교인들을 학살하는 일이 빈번하였다. 이런 여러 위협 가운데서 박 전도사의 부인은 1950년 7월 16일 오전7시 심장병으로 세상을 떠났고, 7월 말 주일에는 박기천 전도사도 인민군에 의해 잡혀 인민군 내무서로 사용되던 거창의 명덕학교로 끌려갔다. 이곳에서 40여 일간 구금되어 있던 중, 음력 추석이 가까워지고 있을 때 인천상륙작전으로 불리한 전황이 전개되자 인민군들은 양민을 학살했다. 기독교 신앙을 포기하도록 강요하기도 했고, 특히 주일성수를 방해하여 주일에 의도적으로 일을 시키기도 했다. 이를 거부하며 믿음을 지켰던 박기천 전도사도 인민군에게 끌려가 총을 맞고 죽임을 당했다. 박기천 전도사는 오른쪽 어깨에 총을 맞고 피를 흘리면서 나무 아래서 기도하던 자세로 세상을 떠났다. 그 날이 1950년 9월 26일이었다.

인민군들은 떠났으나 시신을 찾을 수 없었는데 후에 나무꾼에 의해 발견되었다. 나무 밑에서 기도하다가 넘어져 사망한 모습이었다. 이때가 1951년 1월이었다. 박기천 전도사는 30세의 나이로 순교의 길을 간 것이다. 장례식은 거창시찰장으로 주남선 목사의 주례로 치러졌다. 박기천 전도사의 아들이 부산성도교회 원로 목사인 박내영 목사이다.

관기교회와 배추달 집사

경남 합천군 묘산면 관기리 600번지에 위치한 관기교회의 배추달 집사는 1950년 8월 7일 묘산초등학교 뒷산에서 인민군에 의해 학살되어 24세의 나이로 순교자가 되었다.

배추달 집사는 1926년 7월 7일(음) 경남 합천군 묘산면 화양리 526번지에서 배한도의 4남중 3남으로 출생했다. 몸이 허약했던 배한도씨는 일찍 세상을 떠났고, 홀어머니 이지순씨 밑에서 성장했다. 남편을 잃은 이지순 씨는 세상에 소망이 없다고 보고 낙망하고 있을 때 조카 며느리 하선이 씨로부터 전도를 받고 기독교 신앙을 받아드려 예수를 믿게 되었다. 따라서 배추달은 어려서부터 신앙생활을 하게 되었다. 그러나 가정 형편이 어려워 정상적인 학교 교육을 받지 못했다. 경제적으로 어려워 남의 집의 머슴으로 지내던 중 해방을 맞게 되었는데, 그의 나이 18세 때였다. 이때 그는 전국적으로 일어난 문맹퇴치 운동의 영향으로 인근 초등학교에서 한글을 터득했고, 거창교회 주남선 목사가 설립한 거창고등성경학교에 입학하여 낮에는 일하고 밤에는 공부하게 되었다. 이때 주무(主務) 교사는 남영환 전도사였다.

이 야간학교에 재학하면서 배추달 집사는 주남선 목사를 존경하게 되었고, 그를 본받고자 했다. 그러나 고등성경학교를 시작한 지 한 학기도 되기 전에 전쟁이 발발했다. 조기방학을 하고 고향에 돌아온 후 인민군의 내습이 예상되어 경찰로부터 피난을 권고 받고 배추달 집사도 어머님을 모시고 피난길에 올랐다. 그러나 인민군에 의해 적포 철교가 끊어져 할 수 없이 다시 집으로 돌아갔다. 이때가 1950년 6월 30일이었다.

고향 화양리로 돌아온 배추달 집사는 교인들과 함께 당시 묘산초등학교 교사였던 정운택 집사의 인도로 구역예배를 마쳤을 때 인민군이 마을 가까이 왔으니 남자들은 피해야 한다는 급한 전갈을 받았다. 그래서 그는 정운택 집사와 함께 뒷산에 들어가 20일을 지낸 후 7월 중순 마을로 내려왔다. 이날이 마침 주일날이었다. 예배를 마쳤을 때, 인민군과 치안대원들은 인부가 필요하다며 정운택 선생과 배추달 집사를 데리고 가려고 했다. 남자라고는 이 두 사람뿐이었다. 이때 배추달 집사는 주일에는 일을 할 수 없다며 거부하자 그를 내무소로 데리고 가 미루나무에 매 놓은 돼지를 강 쪽으로 몰고 가도록 일을 시켰다. 그러나 배 집사는 주일에는 일을 할 수 없다며 거부하자 비를 주고 마당을 쓸라고 했다. 배 집사는 이를 거부했다. 인민군은 주일성수를 고수하던 배추달 집사를 유치장에 가두었다가 며칠 후인 1950년 8월 7일 묘산국민학교 뒷산으로 끌고 가서 총살했다. 이때 그의 나이 24세였다. 주일에 일을 시킨 것은 학살하기 위한 의도였다.

그가 순교한 뒤 감동스러운 일이 있었다. 그가 머슴살이를 하면서 얻은 수입을 얼마씩 주인에게 맡겨 두었는데, 벼 한 섬과 돈 15만 원이었다. 주인이 이를 가지고 와서 배 집사가 자기 고향 화양에 교회를 건축하기 위해 맡겨 둔 것이라고 했다. 이 돈이 부산 남교회 한명동 목사에게 전해져, 건축에 부족한 금액은 남교회 성도들이 헌금하여 이 돈으로 합천군 묘산면 화양리에 12평의 아담한 교회당을 건축할 수 있었다. 그 후 화양교회는 묘산장터로 옮겨져 묘산중앙교회로 개명했다. 배추달은 자신이 믿는 확신에 따라 주일을 성수하였고, 종래 순교자가 된 것이다.

15. 1950년대 경남노회 상황과 고려신학교 / 이성호

개교 직후의 시련

1946년 9월 20일 설립된 고려신학교는 비록 미세하지만 조금씩 자리를 잡아가는 가운데 김길창 목사를 중심으로 한 고려신학교 반대파들은 고려신학교를 무너뜨릴 준비를 하고 있었다. 고려신학교가 존재하는 한 그들의 입지는 줄어들 수밖에 없었다. 대부분의 노회원들은 신사참배에 타의든 자의든 가담했기 때문에 공적 권징을 통한 정화 운동에는 부담을 가질 수밖에 없었다. 1946년 12월 3일 진주 봉래동 교회에서 노회가 열리자 일제 말 일본기독교조선교단의 경남교구장을 맡았던 김길창은 정치적 수완을 발휘하여 노회장으로 당선되었다. 교권을 장악한 김길창은 이전의 노회 결정들을 무효화시키는 작업을 진행하였다. 어쩔 수 없이 했던 신사참배는 죄가 아니라고 결정되었다. 불과 3개월 전에 결정했던 고려신학교 인가도 취소하였고 신학생을 추천하기로 한 결정도 취소하였다. 이것은 경남 노회의 노회원들 중 상당수가 상황에 따라 움직였다는 것을 보여준다.

노회에서 김길창의 전횡은 심한 역풍을 초래하였다. 한상동 목사는 경남 노회가 바로 설 때까지 탈퇴한다고 선언하면서 퇴장하였다. 이 소식은 경남노회에 소속된 각 교회에 전달되었으며 주요 교회들과 면려청년회가 규탄 성명을 내기 시작하였다. 교권주의자들이 경남노회는 장악하였을지 모르지만 그들의 영향력이 개체교회에까지 미치지는 못했다. 김길창 목사는 이들을 징계하기 위해서 47년 3월 10일에 구포교회에서 임시회의를 소집하였다. 하지만 이때는 역풍이 너무나 거센 상황이어서 김길창을 비롯한 모든 임원들이 사퇴하였다.

노회원들은 임원진 전원이 사퇴하자 한상동 목사에게도 탈퇴를 철회하도록 권유하였다. 한 목사는 그들이 일시적으로 후퇴한 것이지 진정으로 회개한 것이 아니라고 잘 알고 있었다. 이때문에 그를 따랐던 일부 동역자들은 이번 기회에 새로운 노회를 세우자고 주장하기도 하였다. 한 목사와 같이 하는 것을 거부했던 그룹은 이후에 최덕지 전도사를 중심으로 별도로 재건교회를 세우게 되었다. 하지만 한 목사는 탈퇴를 취소하고 노회에 복귀하였다. 재건파는 한 목사가 결국 교권자들에게 축출당하는 것이라 예상했는데 불행하게도 그들의 예상은 적중하였다.

박형룡 박사의 취임과 사임

고려신학교가 노회에 의해 크게 흔들리게 되자 신학교를 빨리 안정시켜야 할 필요성이 대두되었다. 가장 확실한 방법은 만주에 있었던 박형룡 박사를 교장으로 청빙하는 것이었다. 개교 때부터 평양신학교의 전통을 잇는 신학교로 발전하기 위해서 박형룡 박사를 교장으로 청빙하려고 하였다. 박윤선 목사를 교장서리로 임명한 것은 박 박사를 염두에 둔 것이었다. 하지만 시간이 지날수록 분단이 고착화됨에 따라 청빙 여건이 악화되었다. 이때 결정적 역할을 한 사람이 송상석 목사였다. 그는 목숨을 걸고 만주에 있는 박 박사와 그의 가족을 한국으로 데려오는 데 성공하였다. 귀국한 후 박 박사는 서울에 머물면서 고려신학교에 합류하기를 주저하였으나 최종적으로 고려신학교의 교장직을 수락하고 부산으로 내려왔다.

1947년 10월 14일, 부산중앙교회당에서 박형룡 박사의 교장 취임식이 있었고, "사도적 신학소론"이라는 제목의 취임강연을 통하여 고려신학교가 나아갈 방향이 사도적 신학이라는 것을 분명히 하였다. 이때 조선신학교에서 공부하던 학생 34명이 박 박사의 교장 취임 소식을 듣고 고려신학교에 편입하였다. 이것은 막 출발하던 고려신학교에는 큰 힘이 되었다. 교수진과 학생 수만 고려했을 때 조선신학교와 비교해서 결코 뒤처지지 않는 신학교로 변했다.

아쉽게도 박형룡 박사와 한상동 목사의 관계는 시간이 갈수록 벌어졌다. 큰 틀과 방향에 있어서는 두 사람이 일치했지만 세부적인 사항에서는 의견 차이가 좁혀지지 않았다. 회개운동과 진리운동에 있어서 한 목사는 전자에 강조점을 두었지만 박 박사는 진리 운동에 더 많은 관심이 있었다. 해방이 된 상황에서 가장 중요한 것은 일제의 잔재를 청산하는 것보다 조선신학교에 맞서 보수주의 신학을 사수하는 것이었다. 이를 위해서 신학교는 하루빨리 총회의 인준을 받아야 하며 신학교도 장소를 서울로 옮겨야 한다고 생각하였다. 한 목사 역시 이 생각에 기본적으로 동의를 하였지만 친일파들이 여전히 교권을 장악하고 있는 상황에서 너무 서두르면 안 된다고 생각하였다. 이외에도 주한 장로교선교부와의 관계에 대해서도 두 사람의 시각은 큰 차이가 있었다. 고려신학교는 미국정통장로교회와 친분이 있었지만 박 박사는 기존의 4개 선교부와도 관계를 맺어야 한다고 생각하였다.

박형룡 박사는 자신의 의견이 관철될 수 없다는 것을 확인하는 데는 시간이 얼마 걸리지 않았다. 해가 바뀌자 조선신학교 문제가 더욱 큰 문제가 되었다. 4월 총회를 앞두고 3월 15일에 대전제일교회에서 신학교 문제를 협의하기 위해서 전국적인 회의가 소집되었다. 이들은 조선신학교 개혁안을 제출하고 부결되면 새로운 신학교를 설립한다는 계획을 세웠다. 박 박사는 이들과 교류하면서 총회의 결과를 주시하였다. 4월 20일에 새문안교회에서 열린 1948년 총회는 신학교 개혁안을 부결시키고 새로운 신학교를 설립하기로 결정하였다. 또한 총회는 고려신학교 문제도 다루었는데 "노회는 고려신학교에 학생을 추천할 필요가 없다"고 결정하였다. 총회가 끝나자 박 박사는 부산으로 내려와 사임서를 제출하고 5월 27일 고려신학교를 영구적으로 떠났다.

서울에 도착한 박형룡 박사는 자신을 따라온 학생들을 중심으로 남산에 장로회 신학교를 개교하였다. 이 학교는 1949년 4월에 개최된 총회는 새 신학교를 인준하고 적절한 과정을 거쳐서 병합하기로 결정하였다. 이 결정은 조선신학교 측의 반발을 불러일으켰으며 이로 인해 총회 안에서는 조선신학교를 중심으로 양측이 격렬하게 대립하였다. 결국 1951년 5월에 속회된 제36회 총회는 양 신학교를 폐교하고 새로운 신학교를 설립하기로 결정하였다. 이에 따라

1951년 9월 대구에서 총회신학교가 설립되었고 박 박사는 이 학교의 교장으로 취임하였다.

수세에 몰린 고려파

박형룡 박사가 서울을 떠나게 되자 고려파 운동은 큰 타격을 받게 되었다. 평양신학교 교수로서 박형룡 박사는 대단한 권위를 인정받고 있었다. 120명 학생들 중 거의 절반이 그를 따라 신학교에 편입하기 위해 서울로 떠날 정도였다. 이와 같은 상황 속에서 박윤선 목사가 박형룡 박사와 함께 하지 않은 것은 고려신학교에는 그나마 큰 위안이었다. 박형룡 박사는 평양신학교에서 박윤선 목사를 가르쳤을 뿐만 아니라 웨스트민스터로 유학을 떠날 때 추천서까지 써 주었다. 그럼에도 불구하고 박윤선 목사가 스승과 함께 하지 않은 것은 그가 고려신학교를 어떻게 생각했는지를 잘 보여준다. 만약 박윤선 목사마저 박형룡 박사를 따라갔다면 고려신학교는 오늘날 존재하지 않았을지 모른다.

"총회는 고려신학교와 하등의 관계가 없다"는 48년 총회의 결정에 따라 경남노회에서도 김길창을 중심으로 반고려파 세력이 득세하게 되었다. 그들은 노회가 개최하기 전 7월에 '고려신학교와 소위 신성파'라는 성명서를 발표하면서 고려파 지도자들을 자신들만 거룩하다고 여기는 '신성파'라고 규정하였다. 더 나아가 메이첸파는 미국 장로교 주류에서 추방당한 교파인데 그들을 맹종하는 것은 공산주의나 다를 바가 없다고 정죄하였다. 이와 같은 성명서로 인하여 여러 노회원들은 동요할 수밖에 없었다.

메이첸 파에 대해서는 간단한 설명이 필요하다. 한부선 선교사는 원래 만주에서 신사참배 반대 운동을 활발하다가 일제에 의해 추방되었다. 이 당시 미국 북장로교회는 신학논쟁으로 보수와 진보가 극심하게 대립하였고, 보수파가 메이첸(John Gresham Machen, 1881-1937)을 중심으로 정통장로교회(the Orthodox Presbyterian Church)를 1936년에 설립하였다. 한부선 선교사는 정통장로교회를 선택하였고 해방 이후에 이 교회 소속으로 귀국하였다. 한부선 선교사의 영향으로 자연스럽게 고려신학교 지도자들은 교분을 맺게 되었고 정통장로교회 선교사들도 이들과 협력하게 되었다. 실제로 고려신학교는 이들의 도움을 상당히 받았다. 하지만 고려신학교에 반대하는 이들은 메이첸파를 분리주의자라고 매도하면서 그들과 단교할 것을 끊임없이 요구하였다.

박형룡 박사가 고려신학교를 떠난 이후 신사참배를 반대한 이들이 공산주의자로 매도되는 어처구니없는 일이 벌어졌다. 이제는 신사참배보다 오히려 고려신학교가 논쟁의 중심에 서게 되었다. 신사참배 문제에 있어서 고려파 지도자들은 유리한 입장에 있었지만 고려신학교 문제에 있어서는 오히려 불리한 입장에 설 수밖에 없었다. 반대파들은 이와 같은 이점을 잘 이용하면서 고려파 지도자들을 곤궁으로 몰아 부쳤다. 이와 같은 분위기 속에서 1948년 9월 21일 항서교회에서 열린 임시노회에서 고려신학교의 인가는 44대 21로 다시 한 번 취소되었다. 개교한 지 2년 만에 고려신학교는 다시 존립이 위태하게 되었다. 그해 12월 7일에 문창교회에서 제50회 정기회의가 열리게 되었을 때 누가 보아도 대세는 김길창 파로 기울었다. 모든 개혁운동을 좌절시키고 고려신학교 문제도 확실히 정리되는 듯했다. 하지만 이때 한대식 목사가 노회 석상에서 예전에 미소가바라이를 했던 죄를 고백하는 일이 벌어졌다. 미소기바라이는 기독교의 침례와 같은 것으로 '아마데라스오미가미'라는 일본 신 외에는 다른 신을 섬기지 않을 것을 맹세하면서 나체로 겨울 바닷물에 7번 잠기는 예식이었다. 노회원들이 이 고백을 듣자 노회 분위기가 갑자기 엄숙해졌고 회중들이 통회하기 시작하였다. 여전히 1907년 평양 대부흥의 영향으로 이와 같은 회개운동이 가끔 있었는데, 노회에서 갑자기 이와 유사한 일이 벌어졌다.

이와 같은 엄숙한 분위기 속에서 한상동 목사 뒤에 앉아 있었던 김길창 목사는 "미소기바라이가 무엇고? 나는 들어보지도 못한 말일세!"라고 말했다. 김 목사는 그 당시 경남 교구장으로 본인이 미소기바라기에 대한 책임을 지고 주도했던 인물이었다. 노회원들이라면 모두가 다 알고 있는 사실이었다. 이 말을 듣고 도저히 참을 수 없었던 한 목사는 김 목사에 대한 제명을 동의하였다.

이에 따른 제청도 있었다. 이때 김길창은 회의장을 빠져나갔고 경건했던 회의장은 다시 어수선하게 되었다. 노회장은 김 목사를 지지했기 본인이 현장에 없다는 것을 이유로 한 목사의 제명 동의를 다음 노회까지 유보하기로 결정하였다. 예상 밖의 상황으로 노회가 고려신학교 측으로 기울자 김길창 목사를 따르던 무리는 자기들끼리 노회를 설립하기로 하고 정기 노회를 앞두고 노회원들에게 소집통지서를 발송했다. 이로 인해 같은 날 (1949년 3월 9일) 항서교회와 문창교회에서 따로 경남노회가 열리게 되었다. 이제 갑자기 공식적으로 2개의 경남노회가 형성되었고 이것이야말로 최초의 장로교 분열이라고 할 수 있다. 이 분열은 앞으로 있게 될 모든 분열의 전초전이나 마찬가지였다.

노회의 분열은 곧 총회로 확산되었다. 1949년 4월 23일 새문안 교회에서 개최된 총회에 두 경남노회는 각각 총대를 파송하였다. 총회는 기존 경남노회 총대를 받아들이기로 했기 때문에 김길창 측의 사조 노회는 정당성을 상실하였다. 하지만 법통노회의 총대들에게도 언권 정지를 결정했기 때문에 자신들의 입장을 총회에 제대로 전달 할 수 없었다. 또한 총회는 이것을 구실 삼아서 전권위원회를 구성하여 노회분규과 직접적으로 관계없는 모든 문제들도 함께 취급하기 시작하였으며 전권위원회의 조치들은 상황을 더욱 악화시킬 뿐이었다. 총회의 전권위원들은 노회를 화해시키기보다는 고려파를 제거하는 쪽으로 일을 추진하였고 이 과정에서 고려파는 최종적으로 총회와 분리하게 되었다.

16. 고신총회 조직과 해외선교의 시작 / 황권철

고신총회는 1952년 '총로회'라는 이름으로 시작되었는데, 총로회가 조직될 당시에는 임사부, 전도부, 신학부, 종교교육부, 학무부, 헌의부, 구제부, 면려부, 규칙부, 그리고 재정부 10개 부서를 두었다. 선교와 관련된 부서는 없었다. 그러다가 1955년 4월 19일 부산 남교회당에서 소집된 제4회 총로회에서 해외선교를 관장할 상비부의 필요성을 절감하고 선교부를 조직하기로 가결하고 부원을 12명으로 정했다. 박손혁 목사를 부장으로 윤봉기(서기), 박봉화(회계), 송상석, 이인재, 현호택, 황철도 등 7인의 실행위원을 포함하여 한상동, 주태화, 명신익, 오종덕, 오병세 등 12명의 선교부원이 공천되었다. 이것이 고신교회가 선교를 중요한 사명으로 인식하는 계기가 되었다.

제6회 고신총회(부산남교회당, 1956. 9. 22)

1952년 총노회를 조직한 후 교세가 확장되어 1956년에는 여섯 개 노회가 조직되어 9월 20일 대한예수교장로회 고신총회를 조직했다. 이때 총회는 전도부와 선교부의 임무 규정을 제정했는데 전도부와 선교부의 업무 한계를 분명하게 규정하였다. 전도부는 내외 지에 있는 동포들에게 전도하는 일을 관장하고, 선교부는 외국인에게 선교하는 일을 관장하는 것으로 정리했다. 총회의 조직과 더불어 몇 가지 중요한 결정을 했는데, 그 한 가지가 대만에 선교사를 파송하고 해외선교를 한다는 것이었다. 이 결의에 의해 1958년 5월 김영진 목사를 대만에 선교사로 파송했는데, 그가 고신교회의 첫 선교사가 되었다.[142] 김영진 선교사는 5월 13일 부인 임옥회 사모와 6살 된 난나를 데리고 1만톤 급 미국 상선 존 비워터맨(John B. Waterman)호를 타고 부산을 떠나 대만으로 향했다. 이때 「부산일보」는 이렇게 보도했다.

> "우리나라에서 최초로 미국선교사들의 초청에 의해 멀리 대만으로 복음을 전하려 가는 선교사 부부가 있다. 이들은 시내 영도구 신선동 소제 제2영도교회에서 목사로 있던 김영진(39)과 그의 부인 임옥희씨(39) 부부인데, 이들 선교사 부부는 13일 오전 에베레트기선회사 소속 존 B. 워터맨(John B. Waterman)호로 떠나리라 한다. 김씨 부처는 앞으로 6년간 얼굴도 말도 다른 대만의 벽지인 신죽이라는 지방에서 복음을 전하게 될 것이다. 김씨는 자기들 부부가 남들보다 먼저 이러한 선교사업을 하게 되었음을 기쁘게 생각한다고 전제하면서 상대가 미개한 원주민이고 신죽시가 개척지라는 것에서 오는 고난을 각오한다고 말하였다. 언제나 남의 신세만 받고 있는 우리나라도 이런 복음으로서 다른 나라에 봉사할 수 있음을 기뻐한다고 그들의 대만 선교 소망을 말하였다."[143]

142. 이상규, 『교회쇄신운동과 고신교회의 형성』 (서울: 생명의양식, 2016), 235.
143. 『부산일보』 1958. 5. 12일자.

그해 9월 23일 부산시 동광동 남교회당에서 대한예수교장로회 총회 제8회가 회집되었는데, 이때 대만선교사 김영진 목사로부터 온 서신을 서기가 낭독하매 동 선교사 위하여 일동이 통성으로 기도하고 총회 명의로 격려 편지를 보내기로 가결했다.[144] 또 이때 선교부장 이인재 목사는 해외선교를 원활히 추진하기 위해 1956년 10월부터 각 교회에서 월 1회 선교비로 염출하도록 청원했다. 구체적인 안은 다음과 같다. 첫째, 선교지는 대만으로 한다. 둘째, 선교사는 적임자를 선정하여 자격이 구비될 때까지 본 선교부에서 양성할 수 있도록 한다. 셋째, 선교비는 특지가의 헌금을 수리한다. 이 같은 제안과 함께 김영진 목사를 1년간 어학 준비 후에 파송하도록 교섭 중이라는 사실을 공개했다. 이 같은 일은 당시 한국교회가 세계선교사를 파송한 전례가 없어 선한 모범이 되었다.[145] 이 같은 결정의 배후에는 한부선 선교사의 많은 조언이 있었다.

대만으로 파송된 김영진 선교사 가족은 3일 후인 5월 16일 기륭(基隆) 항에 도착하였고, 이때부터 그는 신죽(新竹) 지방을 중심으로 주로 객가인(客家人)들을 위해 사역하기 시작하였다. 객가인이란 전대만 인구의 약 14%에 해당하는 인구비로서 대륙의 보다 북쪽에서 이주해 온 사람들로서 대만 북서부, 중북부지역에 살고 있는데, 신죽은 이들의 중심지였다.[146] 후일 그는 객가인만이 아니라 대만인(臺灣人)과 산지인(山地人)들에게 선교하였는데, 대만인은 대만인구의 약 74%에 해당하는 다수 종족이었다. 반면 산지인은 9개 부족으로 이루어진 대만 원주민으로 전 인구의 2%미만이었다. 그들 모두가 선교의 대상이었다. 결과적으로 객가인들로 구성된 죽동(竹東)교회, 대만인들로 구성된 신죽(新竹)교회, 그리고 산지인들을 위한 화원(花園)교회 등을 설립하였다. 김영진 선교사는 이곳에서 1990년 은퇴하기까지 신죽교회, 죽동교회 등 12개의

144. 고신총회, 『대한예수교장로회 총회록 제1-10회 합본』 162.

145. 이상규, 『고신선교60주년: 고신선교백서』 (서울: 총회출판국, 2014), 19.

146. 김영수, "한국교회의 대만선교에 관한 연구" (미간행 목회학석사학위청구논문, 고신대학 신학대학원, 1983), 12.

교회를 설립하였고, 진정홍(陳正弘) 목사 등 현지인 목사 18명을 배출하였다.

특히 그는 1971년 3월 1일 개혁주의 장로교신앙을 견지하는 4개 선교부와 협력하여 "대만기독교개혁종장로회"(基督教改革宗長老會)를 조직하여 고신총회가 지향하는 개혁주의 신학과 교회의 외연을 이루었다. 1987년부터는 선교부 총무직을 겸하여 한국과 대만을 왕래하며 사역하였다. 그는 32년간 한국과 대만에서 개혁주의 세계교회 건설을 위해 실로 값진 봉사를 감당하였다. 그를 파송했던 총회와 산하교회는 첫 선교사인 김영진 목사를 위해 기도하고 선교사의 신변보장 선교사의 주택을 위한 선교후원 등으로 계속적인 관심과 애정을 보냈다.[147]

총회선교부는 해외 원주민 선교를 시작하였으나 교포선교회에는 별 관심을 두지 못했다. 1966년 11월에 정길수 목사가 남미 교포선교사로 파송을 받았다. 정길수 목사는 1960년 7월 20일 이래로 부산 제2영도교회에서 목회하던 중 브라질 이민을 가기 위해 1966년 8월 16일자로 제2영도교회를 사임했다. 당시 브라질에는 다수의 교민이 살고 있었다. 한국인의 브라질 이민은 1962년부터 시작되었고, 1963년에 30가구, 1964년에 68가구 350명이, 1967년에 50가구 250명이 단체로 이주하였다.[148] 그러나 이러한 교포 사회에 고신교회 선교사들이 없었으므로 고신총회 선교부가 선교사를 파송하는 것이 좋겠다는 의견을 따라 임명한 것이다. 이는 본인의 의사를 총회 선교부가 수용한 것이다. 정길수 선교사는 브라질 쌍파울로에서 쌍파울장로교회를 설립하여 교민목회를 하다가 1982년에 브라질에서 세상을 떠났다.[149] 정길수 선교사에 이어 1972년 6월 29일에 조병철 목사를 일본 제일교포 선교사로 파송하였다. 조병철 선교사는 일본 동경에서 강동 교회 신교교회를 설립하여 교민 선

147. 이상규, "고신교단 선교 60년 역사" 『고신선교60주년 고신선교백서』 (대전: 고신총회세계선교회, 2014), 21.

148. 배성학, 남미선교전략 「해외선교」 42(1990, 3/4), 5.

149. 이상규, 『고신선교60주년: 고신선교백서』, 22.

교에 힘쓰는 한편 우에노 공원에서 걸인들에게 선교하였다. 그 해 12월에 박상순 목사를 캐나다에서 파송하였다. 그는 토론토에서 한인교회를 설립하여 목회하였다. 1974년도에는 이종철 목사를 아르헨티나에 교민 선교사로 파송하였다. 강상위 목사를 브라질 교민선교사로 그해 11월에 김용출 목사를 캐나다 선교사로 파송하였다. 또 부산남교회가 후원하는 제일교포 목사는 일본 오끼나와에서 사역하였다.[150]

150. 위의 책, 23

17. 고신교회와 해외 교회 및 국제관계 / 이상규

고신교회는 1952년 총로회라는 이름으로 출범한 이래로 여러 개혁주의 혹은 복음주의적인 해외교회와 접촉하며 교류를 시도했다. 그러나 한국에서 선교사역을 시작한 미국남,북장로교회나 호주장로교회, 그리고 캐나다 장로교회(혹은 캐나다연합교회)와는 교류하지 않았다. 이들 교회는 세계교회협의회(WCC) 회원 교회였기 때문이다. 고신교회는 처음부터 WCC에 대해서 비판적이었고, 한국에서 WCC를 비판한 첫 인물도 고려신학교의 박윤선 교장이었다. 또 개혁교회연맹(WARC: World Alliance of Reformed Churches)과 같은 단체에도 가담하지 않았다. 개혁교회연맹이 신정통주의를 지향하고 WCC와 교류하고 있기 때문이다. 또 세계복음주의 연맹(WEA: World Evangelical Alliance, WEF라는 이름으로 창립되었으나 2001년 WEA로 개칭되었다)과도 교류하지 않았다. WCC에 대해 호의적이고 부분적으로 동일한 노선을 지향하고 있기 때문이다. 그 대신 고신교회는 WCC에 가담하지 않는 개혁주의 혹은 보수주의 교단인 미국정통장로교회(OPC), 성경장로교회(BPC), 국제기독교연합회(ICCC), 그리고 미북미개혁교회(CRC) 등과 교류했다.

정통장로교회, 성경장로교회, 미국장로교회와 고려신학교

해외교회 중 미국정통장로교회는 고려신학교 설립 초기부터 교류하며 협력했고 고신교단과는 가장 오랜 선린관계를 유지해 왔다. 한부선 선교사는 신사참배를 반대하고 싸웠고 신사참배 거부자들과 교류하여 고신의 지도자들과 인적 유대가 있었고, 해방 이후 1946년 10월 28일 부산으로 돌아온 이후 11월 13일부터 고려신학교 교수로 봉사하며 고신교회의 든든한 후원자로 활동했기 때문이다. 1947년 10월 14일에는 박형룡 교장의 취임과 동시에 교수로 취임했다. 이때부터 1976년까지 20년간 교수로 협력했다. 또 1955년 제4회 총로회에서는 고신교회의 정회원이 되었고, 총회의 여러 부처들, 곧 시취부원 혹은 구제부원으로 활동했다.[151] 그 이후 내한한 정통장로교의 하도례(河道禮, Theodore Hard), 서아도(徐雅道, Arthur Boyce Spooner), 양길수(梁吉洙, Ralph English), 손영준(孫英俊) 등 선교사들도 고려신학교 혹은 고려신학대학 교수로 봉사하며 고신교회와 협력했다. 그 결과 미국정통장로교회는 고신교회의 형성에 기여하였고 고신교회의 신학 형성에도 도움을 주었다. 또 해외선교운동이나 해외교회와의 교류와 협력에도 상당한 영향을 끼쳤다.[152]

성경장로교의 함일돈(Floyd Hamilton) 선교사 또한 1948년 5월 18일 내한한 이후부터 고려신학교 정교수로 협력했고, 같은 선교부의 마두원(C. Malsbary), 최의손(C.H. Chisholm) 선교사도 고려신학교 강사로 활동했다.[153] 개혁장로교복음주의 총회(The Reformed Presbyterian Church- Evangelical Synod, 후에 PCA교단에 합류하였다)의 파송을 받은 신내리(A. R. Sneller), 현요한(John Hunt) 등도 고려신학교와 고려신학대학에서 강사로 협력하였다. 이런 인적 교류를 통해 선교사들이 속한 해외교회와 교류하게 된 것이다.

그런데 1960년 고신측이 승통측과 합동하여 합동교회(教團)가 되었을 때 고려신학교와 협력했던 이들 선교사들도 자연스럽게 합동교단에 가담하였다. 그런데 1962년 이래로 고신측은 이들 선교사들과 아무런 의논 없이 환원운동을 시작하여 1963년 환원총회를 구성하였다. 이렇게 되었을 때 합동교단에 합류했던 선교사들은 난처하게 되었다. 그들이 볼 때 고신측이 환원해야 할 아

151. 『대한예수교장로회총회 회록, 1-10회』, 38, 48, 56, 60.

152. 이신목, "고신교회와 정통장로교선교부," *KPM R&D* 1(2020), 245-29. 정통장로교회의 한국선교, 특히 고신교회와의 관계에 대해서는 이신목, 「정통장로교회의 한국선교에 관한 연구」 (신학석사학위청구논문, 고신대학교, 2018)을 참고하 것.

153. 이들 선교사들의 고려신학교에서의 교수와 협력에 대해서는, 이상규, 『한상동과 그의 시대』, 183-186을 보라.

무런 정당한 이유가 없었기 때문에 합동측에 그대로 남아 있었다.[154] 예컨대 한부선 선교사는 고려신학교 교수직은 유지했으나 교회 소속은 고신이 아니라 합동교단이었다. 그래서 1964년 고신 제14회 총회가 열렸을 때 한부선은 회원이 아니라 미국정통장로교 친선사절 자격으로 참석하여 인사하면서, "우호관계를 더욱 굳게 하자"고 인사했던 것이다. 이전에 고려신학교에서 협력했던 정통장로교 선교사들이 전원 합동측에 속하게 되었기 때문에 1964년의 제14회 총회는 "미국정통장로교회에 본 교단에 선교사를 파송해 주도록 요청"하기에 이른 것이다.[155]

부산에서 일한 정통장로교 선교사들, 시계방향으로 한부선, 하도례, 서아도, 양길수 선교사 가족

154. 허순길, 『한국장로교회사』, 484.

155. 『대한예수교장로회총회 회록, 11-20회』, 52.

미국장로교(PCA) 선교회는 신학교 강의를 통해 고려신학교를 후원했을 뿐만 아니라 대전의 선교본부 모든 재산을 고신교회에 기부하였고 1980년대 말 한국에서의 사역을 종료하고 철수했다. 이상에서 알 수 있듯이 미국정통장로교회는 고신과 가장 먼저, 그리고 가장 오랫동안 교류하며 협력했던 해외교회였다고 할 수 있다. 그러나 교단 간 자매관계를 맺은 것은 아니었다.

국제기독교연합회(ICCC)와 고신교회[156]

고신교회와 성경장로교(BPC) ICCC와의 첫 교류는 앞에서 지적한 바처럼 고려신학교에서 활동한 성경장로교 선교사들로부터 시작되지만, ICCC는 1952년 출범한 고신교회가 지향하는 신학과 신앙자세에 깊은 관심을 가지고 있었다. 그래서 1954년 8월 3일부터 미국 필라델피아에서 개최되는 제3차 대회에 고신의 대표자 파송을 요청하였다. 이에 고신총회는 고려신학교를 대표하여 한상동과 박윤선, 그리고 영어에 능한 박손혁과 이약신 등 4 목사를 ICCC 대회에 파송했다. 이때 ICCC대회장 매킨타이어 목사는 훼이스신학교를 통해 박윤선과 한상동 목사에게 명예신학박사 학위를 수여하였다. 고신교회와의 우호관계를 기대했기 때문이다.

1956년 8월 매킨타이어는 처음으로 한국을 방문했는데, 이때 그는 고신교회에 ICCC 가입을 권유했으나 고신교회는 가입을 주저하였다. ICCC가 근본주의적이거나 분리주의적이라는 이유가 아니라 고신이 이미 정통장로교(OPC)와 교류하고 있는데, 정통장로교회로부터 분리한 성경장로교회와 교류하기는 현실적으로 어려웠기 때문이다. 매킨타이어 박사는 1956년 8월과 11월 다시 한국을 방문했는데, 이때 매킨타이어 박사는 대학생이었던 김상복(金相福, 1939-)의 통역으로 한명동 목사가 담임하고 있던 부산남교회를 비롯한 여러 고신교회를 방문하고 교회 지도자들과 교류하며 우호관계를 유지했다.

---

156. 이 주제에 대한 더 자세한 논의는, 이상규, "고신교회와 국제기독교연합회(ICCC)" *KPM R&D* 1(2022), 6-31을 보라.

ICCC대회 참가후 귀국한 한상동, 박윤선, 박손혁 교수 환영

그러다가 고신교회는 1960년 승동측과 합동하여 '합동'교회(教團)를 구성했는데, 합동 이듬해인 1961년 9월 21일 부산 남교회당에서 개최된 제46회 총회에서는 ICCC와의 우호관계 단절을 결의했다. 이때 총회장이 한상동 목사였다. 그러다가 고신이 합동측으로부터 환원한 이후 외국교회와의 관계 계선이나 정립에 대한 즉각적인 결의는 없었다. ICCC는 다시 고신교회와 교류를 희망했으나 고신교회는 이에 대한 구체적인 사항을 결정하지는 않았다. 그러다가 1966년 9월 20일 부산 남교회당에서 개최된 총회는 성경장로회의 마두원 목사의 인사가 있었고 그를 언권 회원으로 받아드렸다.[157] 이 총회에서 진주노회장 박장실 목사는 ICCC와의 제휴 관계를 청원했으나 이듬해 총회에서 경기노회장 민영완 목사와 경북노회장 오병세 목사가 ICCC 가입을 반대하여 ICCC 가입건은 보류하고 우호관계만 맺기로 가결했다.[158] 고신교회는 합동측

157. 『대한예수교장로회(고신) 총회록, 제11회-20회』 (대한예수교장로회 총회 출판부, 1971), 133.
158. 『대한예수교장로회(고신) 총회록, 제11회-20회』, 190.

으로부터의 환원 이후 ICCC와의 우호관계를 회복한 것이다. 정리하면, 고신 총회는 1966년 이후 ICCC와의 우호관계를 회복했으나 매킨타이어 박사의 간절한 희망에도 불구하고 ICCC에 가입하지는 않았다.

그 이후에도 송상석 목사와 김경래, 김상철 장로 등이 ICCC 대회에 참석하는 등 교류했으나 1971년 9월 23일부터 서울 성원교회당에서 개최된 제 21회 총회는 ICCC와의 우호관계 마저도 단절하기로 결의했다.[159] 이로서 1948년 이후 성경장로교 혹은 ICCC와의 23년간의 교류 혹은 우호관계는 종식되고 만다. 교류 단절의 직접적인 이유는 ICCC계의 라보도 목사가 RES에 가담하고 있는 고신총회를 비판한데 대한 불편한 반응이었다.[160]

북미주개혁교회(CRC)와 고신교회[161]

고신교회는 한부선 선교사의 충고로 북미주개혁교회(CRC: The Christian Reformed Church in North America)와의 교류를 시작했다. 1960년 승동측과의 합동 이전까지는 비교적 활발하게 교류했으나 승동측과의 합동과 환원 이후 CRC와의 관계는 소원해졌고, 공식적인 선교협약을 체결하거나 선교적 협력관계로 발전하지도 못했다.

CRC는 6.25 동란 중에는 전화의 고통 속에 있는 피난민들을 위해 구호물자를 보내는 등 한국을 지원한 바 있다. 1952년 9월, '대한예수교장로회 총로회'가 조직되자 CRC는 고신교회와의 교류를 시도하여 1954년 9월에는 일본에 주재하던 CRC 선교사를 제3회 총로회에 사절단으로 파송하였고 이런 교

159. 『대한예수교장로회(고신) 총회록, 제21회』, 21.

160. 이때의 총회 결의안은 다음과 같다. "제20회 총회 사무실에서 건의한 ICCC와의 우호 관계 단절건과 본 교단이 가입되어 있는 RES 탈퇴에 대한 사무부 건의는 정당한 줄 아오며, 부산노회장 김희도 목사의 불법 안수에 대한 처사 보고건은 정당한 처사인줄 아오며, 그 일에 주동역할을 한 라보도 씨는 ICCC와 관련하여 처사토록 하고…" 『대한예수교장로회(고신) 총회록, 제21회』, 21.

161. 이 주제에 대한 더 자세한 논의는, 이상규, "고신교회와 북미주개혁교회(CRC)" *KMP R&D* 6(2022), 34-53.

류는 1960년대까지 계속되었다. CRC가 해외선교부를 설치한 때는 1888년이었고, 중국(1920년)을 비롯한 나이제리아(1940), 스리랑카(1949), 인도(1950), 일본(1951), 대만(1953), 쿠바(1958), 괌(1962), 멕시코(1962) 등지에는 선교사를 파송한 바 있으나[162] 한국에는 선교사를 파송하지 않았다. 그러나 1951년 3월 25일 헨리 브르니끼 목사와 에드워드 밴 바크(Edward van Baak) 목사 가정을 일본에 파송하여 일본선교를 시작했다.[163] CRC 총회는 이들을 고신 총로회에 친선사절로 파송했는데, 이것이 고신과 CRC와의 접촉의 시작이었다. CRC와의 교류는 이때부터 승동측과의 합동 이전까지 총회에 상호 축하 사절을 파송하는 등 선린관계를 유지했다.

고신교회는 CRC에 선교사 파송을 요청하기도 했다. 이 요청에 부응하여 CRC 선교부는 현지 조사차 1957년 10월 21일 선교부장 디 그룻 박사(Dr de Groot)와 선교부 총무 이븐하우스 목사(Rev H. J. Evenhouse)를 한국으로 보냈다. 이들은 고신 교회와 복음병원, 고려신학교를 방문했다. 이런 교류의 결과로 CRC는 복음병원과 고려신학교를 재정적으로 지원했다. 1957년부터 1961년까지 고려신학교를 위해 21,750불을 지원했고, 고려신학교 교사 건축비로 1956년 3월에 2,500불, 7월에는 7,500불, 도합 1만 불을 후원하였다. 또 복음병원 건축을 위해서도 후원했다. 1958년 6월 초에는 칼빈신학교의 헨리 스톱 박사(Dr Henry Stob)를, 1959년 2월에는 서울 용산에 주둔하고 있던 CRC소속 미 군목 하비 스미스 목사(Rev Harvey Smith)를 고려신학교로 파송하여 고려신학교를 지원했다.

162. Stephen J. Van Zanen, ed., *Generations Faithful to His Call: The Christian Reformed Church in Global Missions* (Grand Rapids: Christian Reformed World Missions, 2013). 122-3.

163. Stephen J. Van Zanen, ed., *Generations Faithful to His Call: The Christian Reformed Church in Global Missions*, 123.

고려신학교를 방문한 CRC 대표와 고려신학교 교수 일동(1957.10.23).
뒷줄- 이상근, 김진홍, 오종덕, 안용준, 서아도.
앞줄- 한상동, 디 그룻, 박윤선, 이븐하우스, 박손혁.

고신교회는 1954년 9월 제4회 총로회 이후 CRC에 선교사 파송을 요청했으나 CRC는 한국선교사에 대해 미온적이었다. 그러다가 고신과 승동(합동)측의 합동 이후 계속적인 요청으로 CRC 교회는 1961년 두 의사 랄프 텐 하베(Dr Ralph Ten Have, Jr:1930-2019)와 피터 불렌스(Dr Peter Boelens, Jr: 1934-2017)를 파송했는데,[164] 이들은 서울 서대문구 사직동에 거주하면서 빈민층을 대상으로 결핵예방, 위생 및 환경개선활동, 가족 건강증진을 위해 활동했다.

이처럼 고신교회는 1954년 이후 CRC와 교류해 왔으나 고신이 환원 후 CRC와의 관계는 점차 소원해졌고, CRC와의 교단적 교류는 사실상 중단되고

---

164. Stephen J. Van Zanen, ed., *Generations Faithful to His Call: The Christian Reformed Church in Global Mission*, 123.

만다. CRC는 도리어 합동측과 깊이 교류하게 된다. 고신교회는 환원 이후 국제관계에서 점차 소외되기 시작했고, 화란자유개혁교회에 의존하기 시작한다.

화란자유개혁교회

고신교회와 CRC와의 관계가 소원해 지자 고신교회는 CRC의 본국 교회인 화란개혁교회 총회측(Gereformeerde Kerken, Synodaal)으로부터 분리된 '31조파'와 교류하게 된다. 이런 점이 CRC와의 관계를 소원하게 만든 요인이기도 했다. 31조파란 '화란자유개혁교회'(De Geferomeerde Kerken in Nederland, Vrijgemaakt, Art. 31)의 별칭인데, 1892년 형성된 '화란개혁교회'(Gereformeerde Kerken in Nederland)에서 헌법 31조의 해석문제와 관련하여 분리한 소규모 교회였다. 본래의 교회(교단)를 화란개혁교회 총회측(Gereformeerde Kerken, Synodaal)이라고 부르고, 갈라진 31조파 그룹을 '화란자유개혁교회'(Gereformeerde Kerken, Vrijgemaakt)라고 부른다. 이렇게 형성된 31조파를 간단히 프레이허마크트(Vrijgemaakt)교회라고 부르기도 한다. 본래의 화란개혁교회 총회측의 신학교가 캄펜에 있었는데, 이 교회로부터 분리된 화란자유개혁교회(31조파) 또한 캄펜에 신학교를 설립하여 이 두 교단의 신학교가 같은 캄펜에 존재하게 된 것이다. 총회측에 속한 신학교를 Kampen Oudestraat라고 부르고, 갈라진 화란자유개혁교회(31조파) 신학교를 Kampen Broederweg이라고 부르고 있다.

고신교회가 1965년 제15회 총회에서 이 교회와 우호친선 관계를 갖기로 결의하고, 1966년의 제16회 총회에서 섭외위원장 박손혁 목사의 보고로 이를 재확인했다.[165] 화란 31조파는 1967년 11월 총회에서 고신교회와의 자매관계를 공식 결의했다. 이로서 고신교회는 화란 31조파와 최초로 자매관계를 공식적으로 결의했다. 당시 화란31조파 교회의 캄펜신학교에 양승달, 차영배, 허순길

165. 『대한예수교장로회(고신) 총회록, 제11회-20회』, 152.

목사가 유학 중이어서 양 교단과의 교류에 영향을 끼쳤음을 알 수 있다.[166] 이 31조파 교회는 1973년 당시 송도 고려신학대학 교사 신축시 재정적으로 지원하였는데, 후원금 접수 문제가 학교법인 고려학원 이사장 임기문제와 결부되어 교단이 분열되는 아픔을 겪었다. 화란개혁교회는 1980년에는 두 학자 고재수(N. H. Gootjes)와 박도호(John M. Batteau)를 교수 선교사로 파송하여 10여년 간 고려신학대학 신학대학원에서 교수하게 했다. 이들은 고신교회에서의 개혁주의 신학과 실천에 대한 소중한 가르침을 주었다.

그런데 이 31조파 교회는 자매교회인 고신총회와는 아무런 사전 협의 없이 2016년 6월 16일 총회에서 목사, 장로, 집사에 대한 여성 안수를 결정했다. 화란 31조파 교회를 개혁교회의 모델로 여겼던 고신교회에 충격을 주었다. 고신교회는 지난 55년간 유지해 온 31조파와의 자매관계를 유지하거나 단절해야 하는 기로에 서 있다.

개혁주의교회세계대회(RES, REC)

고신교회는 개혁주의교회세계대회(RES)와도 접촉을 시도했다. 1946년 8월 14일 미국 미시간주 그랜드 래피즈에서 RES(Reformed Ecumenical Synod)라는 이름으로 창립되었는데 첫 회원은 25개국 39개 교회 대표들로 구성되었다. 칼빈주의를 지향하는 이 국제기구 창립에 참여한 중심교회가 화란개혁교회 총회측과 북미의 CRC였다. 1953년 에딘버러에서 모인 대회에서는 회원교회들에게 WCC에 가담하지 말 것을 권고했으나, 회원교회의 3분지 2 정도 교회는 WARC(World Alliance of Reformed Churches)에 가담하고 있었다.

그런데 고신교회는 RES에 가입했다. 1965년 9월 부산남교회당에서 모인 제15회 고신총회에서 섭외부장 오병세 목사는 화란자유개혁교회와의 친선관

166. 허순길, 『한국장로교회사』, 486.

계는 허락했으나 RES에 대한 가입청원은 일 년간 보류하기로 했다고 보고했다.[167] 처음에는 신중한 입장을 취했으나 이듬해 곧 1966년 9월에 모인 제16회 총회에서는 RES가입을 전격 결의한 것이다. 총회록의 기록은 다음과 같다. "섭외위원장 박손혁 목사의 연구 보고한 개혁파교회세계대회 가담건은 해 단체 총무로부터 공식요청이 있으므로 본 교단으로서는 가담하는 방향으로 추진해 달라는 건은 허락하심이 좋을 줄 아오며."[168] 즉 고신교회는 RES에 정식으로 가입한 것이다.

고신교회의 RES가입에 대해 자매관계를 맺은 화란자유개혁교회(31조파)는 우려를 표명했다. 31조파가 탈퇴한 화란개혁교회총회측과 북미의 CRC가 RES의 중심 교회였기 때문이다. 그래서 고신교회는 1968년 암스테르담에서 모이는 RES대회에 대표를 파송하지 않았고, 1971년 9월 모인 제21회 총회에서는 RES를 탈퇴했다.[169] 첨언하면, RES는 1992년 REC(Reformed Ecumenical Council)로 개칭되었고, 2006년 2월 1일에는 REC와 WARC가 WRC(World Reformed Communion)라는 이름으로 통합되었다. 2010년에는 WRC가 WCRC(World Communion of Reformed Churches)라는 이름으로 개칭되어 오늘에 이르고 있다.

기타 개혁교회들과의 교류

이상에서 소개한 교회나 국제기구 외에도, 1976년에는 호주자유개혁교회(The Free Reformed Churches of Australia)와 자매관계를 결의하였고, 고려신학대학원의 허순길 교수(1933-2017)는 1978년부터 10년간 이 교단에 속한 호주 퍼스지역의 아마데일 교회(The Free Reformed Church of Armadale)의 담임목사로 사역한 바 있다. 이 교회는 불과 3개처 지역교회로

167. 『대한예수교장로회(고신) 총회록, 제11회-20회』, 99.
168. 『대한예수교장로회(고신) 총회록, 제11회-20회』, 152.
169. 『대한예수교장로회(고신) 21회 회록』, 21.

출범한 소규모 교단이었다. 1977년 제27회 총회에서는 남아공개혁교회(The Reformed Churches of South Africa)와 교류하여 고신의 신학도들이 포체스트롬 대학교(Potchefstroom University)에서 유학하게 된다. 또 1992년에는 화란기독교회(The Christian Reformed Churches in the Netherlands)와 1999년에는 캐나다개혁교회(The Canadian & American Reformed Churches)와 자매관계를 맺고 교류하게 된다.

정리하면, 고신교회는 31조파라고 불리는 화란의 '화란자유개혁교회'를 비롯한 개혁파 계열의 교회와 자매관계를 유지하고 있고, 국제기구로는 1981년 결성된 ICRC(International Conference of Reformed Churches) 의 회원교회로 남아 있다.

18. 예배당 확보와 관련한 법정 소송문제 / 신재철

1946년 고려신학교의 설립, 1952년 고신 총노회 조직, 1956년의 고신총회 조직과 더불어 제기된 중요한 사건은 교회재산권의 유지, 혹은 확보의 문제였고 이 건과 관련하여 대두된 법정 소송문제는 우리 교회 역사에서 중요한 사안이었다. 대한예수교장로회 총회에서 고신 측의 분리는 교회 재산권 문제를 제기하였다. 고신 교회가 공식적으로 별도의 치리회를 조직하기 전인 1951년 5월, 경남노회 유지재단 이사장 김길창 목사는 부산 초량교회(한상동 시무)와 마산 문창교회(송상석 시무), 영도교회(현 제일영도교회), 진주교회, 거창교회 등 5개 교회에 대해 예배당과 대지 등을 총회의 명의로 명도(明渡)하라는 소송을 제기했다.[170]

명도를 요구한 위의 5개 교회는 경남노회 유지재단에 편입되어 있기에 경남노회와 무관한 교회는 예배당 건물을 양도하라는 요구였다. 총회 측에서는 총회가 인정하지 않는 고려신학교와 관계하고 있는, 이른바 고신 측 목회자는 재산을 포기하고 나가라는 요구였다. 총회측은 의도적으로 다섯 교회를 선별하여 소송을 제기한 것은 교권의 행사였다. 이때 선별 소송을 제기한 것은 모든 교회를 대상으로 소송하려면 절차상 어려움이 있으므로 대표적인 몇 교회를 지정하여 소송하여 승소하면 나머지 교회들은 알아서 교회 재산을 포기하거나 고신 측을 떠나 돌아오리라고 판단한 것이다. 신앙적인 명분보다는, 소송이라는 극약 처방을 통해 재산상의 불이익을 주지시킴으로써 고신 측에 합류한 교회들을 자극하여 총회 측으로 돌아오게 하려는 의도였다. 반대로 고신 측에 합류한 출옥 성도들이 재산을 포기하지 않고 맞소송을 한다면, 원고보다는 피고가 어려움을 겪는 것이 통례이고, 동시에 고신 측에 합류한 구성원들

170. 남영환, 『한국 기독교 교단사』 (서울: 도서출판영문, 1995), 380.

이 재산에 대해 탐욕을 가진 자로 각인시키려는 의도가 있었다. 그런 시도를 통해 총회 측은 고신교단에 합류한 교회들이 소송을 당함으로써 이들이 패소할 때 교회 재산을 포기해야 한다는 심리적인 압박감을 주어, 이미 분열 의사를 가진 교회와 인사들에게 분리 행동을 포기케 하려는 의도가 있었다.

이 당시만 해도 총회는 예배당 명도소송에 직접 개입하지는 않았다. 그러나 경남노회 분열의 당사자이며 총회 측 인물이자 노회장이었던 김길창(金吉昌) 목사가 유지재단 이사장 자격으로 예배당 명도소송을 제기하면서 본격화되었다. 10월에는 권연호(權連鎬) 총회장 명의로 '소유권에 대한 명시 송달서'를 경남(법통)노회 소속 교회에 보냄으로써 명실공히 총회의 묵인 하에 예배당 명도소송이 시작되었다.[171] 이때 고신 측의 주요 지도자인 한상동, 송상석, 박윤선의 대처 방안은 서로 달랐으나 따지고 보면 두 가지 입장으로 볼 수 있다. 이 점에 대해 정리하면 아래와 같다.

한상동 목사가 담임한 초량교회의 여섯 장로들은 경남도지사였던 양성봉 장로를 중심으로 단합되어 있었다. 신사참배를 반대하고 옥고를 치른 한상동 목사가 다수 교인들의 지지를 받았다 하더라도 당회원들은 고신 측에 합류할 의사가 없었다. 이때 주영문 장로는 질병으로 두 주일이나 교회 출석을 하지 못하고 있었다. 이를 알고 한상동 목사와 같이 신사참배를 반대하고 투옥된 바 있는 강월남 집사는 한상동 목사에게 주영문 장로를 심방하도록 요청하였기에 한 목사는 그를 찾아갔다. 이때 주영문 장로의 아내 권사가 감명을 받고 한상동 목사가 새롭게 시작할 교회를 자신의 집 뒤 터에서 시작할 것을 허락했다. 그 결과 1951년 10월 14일 주영문 장로의 집 뜰에서 삼일교회가 시작되었다. 한상동 목사가 초량교회의 모든 재산을 포기하고 반 손으로 나온 일로 소송 문제에 있어 건덕의 자세를 취한 것으로 인식되었다. 하지만 한상동 목사의 이런 입장은 소송 문제에 대한 일관된 견해는 아니었다.

171. 송상석, 『법정소송과 종교재판』 (마산: 경남법통노회, 1976), 44.

송상석 목사는 교회 재산권이 가지는 교회의 위상도 무시할 수 없다고 보았다. 그는 교회 구성원 총유의 재산을 그저 내어준다면 불공정하며 이럴 경우 교단의 전망이 불투명하다는 위기의식도 갖고 있었다. 그래서 그는 문창교회에 대하여 명도소송을 제기했을 때 소송에 대항하여 응소하였다. 송상석 목사는 "응소하여 교회 재산을 보호하는 것은 성경적으로나 교리적으로 그리고 역사적으로 정당하다"는 점을 시종일관 강변하였다. 한상동 목사 자신은 예배당을 내어주었지만, 송상석 목사의 처신이 오히려 교단의 재산을 지켜줄 수 있다는 기대감 속에서 송상석 목사의 견해를 거부하지 않았다.

반면, 박윤선 목사는 당시 거론되던 소송건에 대해 분명하게 반대했다. 그는, "송상석 목사의 교회 소송 문제 재검토에 대한 박윤선 목사의 답"을 비롯하여 여러 편의 글을 「파수군」에 발표하였다. 그는 이 글을 통해 성도 간의 불신법정 소송은 성경적 지지를 받지 못한다고 단언하고 소송 불가론을 주장하였다. 박윤선 목사의 소송불가론은 불신법정 소송문제에 대한 성경 신학적인 견해를 밝혔다는 점에서 의의가 있다. 박윤선 목사는 처음부터 교회당 문제로 타 교파나 교단의 신자들을 걸어 소송하는 것을 반대했다. 그는 비록 총회 측에서 불신법정 소송을 제기하더라도 이에 맞대응하는 것은 하나님의 말씀인 성경을 위배하는 것으로 보았다. 즉 모든 재산을 양도하더라도 말씀을 지켜야 하는 것이 신자의 도리라고 이해한 것이다. 그러나 신자가 신자를 걸어 불신법정에서 소송할 수 없다고 하여, 부득이한 경우에 신자가 불신자를 상대로 소송할 수 있다는 점을 막는 것은 아니라고 했다.[172]

만약 신자끼리의 쟁의에서 불신법정에 가서 판단을 구한다면 그것은, 신자들(교회)의 위신을 세상 사람들 앞에서 떨어뜨리는 것이며, 교회에 사랑이 없다는 것을 불신자들 앞에 폭로하여 전도의 문을 막는 것이라고 하였다. 박윤선 목사의 견해는 고신교단의 신학과 신앙 정신을 계승하고 보존 유지하는 데

172. 박윤선, "송상석 목사의 교회 소송 문제 재검토, 「파수군」 63, 64호에 대한 박윤선 목사의 답」, 31.

유효한 영향을 끼쳤다. 그러나 그는 불신법정 소송문제가 일어났을 때 소송불가 입장을 견지함으로써, 교단 내에서 영향력을 행사하던 한상동, 송상석 사이에서 자신의 신앙적, 신학적, 학자적 양심을 지키기 위해 고투하지 않으면 안 되었고, 여타의 이유와 맞물려 결국 교단을 떠나게 되는 원인이 되었다.

총회 측에서 예배당 명도소송을 제기한 후, 송상석 목사는 응소하여 적극적으로 대응하였고, 소송 문제에 대한 송상석, 박윤선 간의 논쟁이 진행되는 과정에서 교단 내부로부터 소송중단을 요구하는 문제가 제기되었다. 즉 경기노회가 1957년의 제8회 총회에 소송중단을 요구하는 헌의서를 제출했다. 1957년 10월 7일에 경기노회는 임시노회로 모여 제7회 총회에 참석했던 총대의 보고를 받고, 고신교단이 예배당 소송 문제를 중단할 때까지 총회와의 행정 관계를 보류한다고 결의했다.

총회는 수습위원들을 구성하여 경기노회 사안을 해결토록 조치했다. 1957년 10월 15일 서울 홍천교회당에서 임시노회가 모임에도 불구하고 10월 7일 경기노회가 '총회 총대 보고와 이에 대한 대책'이란 제목으로 임시 노회를 소집했다. 총회는 이 보고를 받고, 경기노회에 한상동, 황철도, 박손혁, 이인재, 한명동, 전성도, 윤봉기를 수습위원으로 파송하였다. 경기노회의 이런 움직임은 교단의 분열 조짐을 암시하고 있었기 때문에 고신교단에서는 중대한 사건으로 받아들이지 않을 수 없었다. 수습위원에 한상동 목사가 포함될 정도로 민감하게 대응했다. 경기노회에서 굴복 내지는 타협해 올 것으로 판단했다. 그러나 수습위원들이 성경적으로 반 고소가 옳다는 확신이 없었기에 경기노회의 요구를 수용하지 못했다. 한상동 목사가 개입되었음에도 해결하지 못한 것은 그가 당시까지도 신자 간의 불신법정 소송에 대하여 명확한 결론을 내리지 못하고 있었기 때문이다.

정리하면, 총회 측에서 먼저 예배당 명도소송을 제기한 것은 분명히 잘못된 일이다. 그렇다고 신사참배 반대운동을 통해 그 연장선상에서 신앙과 생활의 순교를 부르짖고 배태한 고신교단이 성경적 가르침에 근거하여 행동하지 않은 점 또한 문제였다. 더욱이 박윤선 목사나 경기노회 보류 측을 중심으로 이 문제를 제기했을 때, 교단 지도부는 이를 수용했어야 옳았다. 그러나 박윤선 목사와 결별을 감행하면서 교권과 특별히 예배당 소송을 통한 이권에 연연했던 것은 새로운 문제를 초래했다. 교단의 암묵적인 지원을 통해 송상석 목사는 교파나 교단이 다른 총회와의 송사를 통해 이권을 도모하는 분위기를 파급시켰고, 교단 내부에서도 언제든지 자신의 이익을 위해서는 불신법정에 소송할 수 있다는 여지를 남겼다. 이 소송 문제는 그 이후에도 고신교회의 커다란 논쟁점이 되었고, 논란의 중심이 되었다.

19. 주일성수 문제와 박윤선의 고신 철수 /신재철

고신총회의 역사를 논할 때 초기 지도자 세 사람을 언급한다. 한상동, 박윤선, 그리고 송상석 목사가 그들이다. 이 세 사람은 고신교회의 신앙과 신학 그리고 행정의 정초를 놓은 지도자로 평가한다. 박윤선 목사는 1946년에 고려신학교에 관여하면서 1952년의 고신교단의 설립, 1956년의 고신총회 결성을 지켜보았지만 주로 고려신학교 교수와 교장의 사역을 감당하면서 고신 신학의 정초를 놓았다. 이런 그가 1960년 고려신학교 교장과 교수직을 사임했다. 이어 서울 서대문구 충정로에서 1960년에 동산교회를 설립하고 1963년까지 목회자로 활동했다. 1963년부터 1980년까지는 총신대학교 교수로 봉사했다. 1980년 10월 말에는 총신대학 대학원장직을 사임하고 합동신학교를 설립하여 원장 혹은 교수로 봉사하였고, 명예 원장으로 섬기다가 1988년 6월 30일 주님의 부름을 받았다. 일반적으로 박 목사가 주일성수 문제로 고신교단을 떠난 것으로 알려져 왔지만, 이에 대해서는 보다 사실적인 확인 작업이 필요하다.

박윤선 목사의 고신 철수의 보다 우선하는 이유는 성도 간의 불신법정 소송문제였다. 그는 총회 행정의 불법성을 지적하고 항의하였다. 그는 확고하게 성도 간의 불신법정 소송을 반대하였고, 그의 주장은 송상석 목사와의 소송건에 대한 논쟁에서도 확연하게 드러났다. 박윤선 목사의 사상은 경기노회의 목사들에게 자극제가 되어 마침내 경기노회는 총회의 불법 처사에 대해 행정보류라는 극한 선택까지 이르게 되었다. 경기노회가 이런 결론에 도달하자, 박윤선 목사도 합세하여 항의서를 내는 등 총회 행정의 불법성을 강력하게 항의했다. 남영환 목사도 불신법정 소송문제와 같은 일들이 박윤선이 고려신학교를 떠나게 한 요인이 되었다고 평가했다.[173]

---

173. 남영환, 『한국 기독교 교단사』 (서울: 도서출판영문, 1995), 399.

교권주의자들은 성도 간의 불신법정 소송문제에 있어 박윤선 목사의 주장을 신중히 검토하지 않았을 뿐 아니라 냉담한 반응을 보였다. 반 고소에 대한 그의 확고한 신념과 가르침은 강의실과 강의실 밖에서 계속되었으나, 별로 호응을 얻지 못했다. 그 이유는 박윤선 목사를 지지해야 할 한상동 목사가 오히려 송상석 목사의 편에 선 것 같은 자세를 취하였기 때문이었다.

한상동 목사가 반 고소 정신이 뚜렷했다면, 경기노회 보류측이 '성도 간 불신법정 소송 반대'를 주장하여 행정보류를 했을 때, 자신도 명확하게 반 고소의 입장을 천명했을 것이다. 그의 함구는 오히려 전반적으로 고소를 지지하는 것 같은 총회 분위기에 편승해 있었다고 볼 수 있다. 박윤선 목사는 고신교단이 한국교회 전체에 개혁주의 교회의 표상으로서 신앙과 생활의 모범을 보여주어야 한다고 주장하였다. 만일 고신교단이 다른 교단과의 분쟁에 휘말리면 고신교단 본래의 권위를 상실하게 될 것이라고 하였다.

한상동 목사가 이미 박형룡 박사와의 결별을 통해 적지 않은 손실을 감수해야 했음에도 소송건에 있어서 반고소 입장을 드러내지 못했기 때문에 박윤선 목사는 고신을 떠나게 된 것이다. 후에 소송 문제로 하찬권 목사와 송상석 목사 그리고 석원태 목사와도 결별하게 된다. 이런 분리에도 불구하고 기존 총회와 단절하고 분리하여 고려신학교와 고신교단을 설립한 것은, 필요한 분리이기도 했다.

박윤선 목사의 고신 철수는, 박윤선 목사가 배출한 목회자들이 많아지게 되면서 교단의 중심인물인 한상동 목사의 입지가 시간이 지나면서 좁아졌던 것도 하나의 요인이었다고 볼 수 있다. 박윤선 목사 중심으로 새로운 지도력이 형성되고 있다고 보았기에 박윤선 목사에 대한 심리적 격리가 박윤선의 고신철수에 영향을 준 것으로 보인다.[174] 결국 박윤선 목사는 1960년 9월 고신

174. '박윤선 박사는 고려파 신학 사상을 대표하던 상징'이었으며, 실제적으로 '고려신학교 신학의 모태'였다. 고려(반고소)역사편찬위원회, 『고려 25년사: 반고소』 (서울: 경향문화사, 2002), 64-65; 하찬권과의 대화(2004. 10. 20).

교단과 결별하였는데, 그가 고신을 떠난 것이 외견상으로 볼 때, 주일성수 건과 같은 문제와 관련하여 고신 내부로부터의 비난도 일조한 것이 사실이지만, 불신법정 소송 건이 중요한 요인이자 고신교단과의 결별 원인이 된다. 박윤선 목사는 교단에 경고를 전하기 위해 고신교단 탈퇴를 몇 번 표명한 바 있다. 그리고 제6회 총회 전 부흥회 시, 고신교단이 타파 교회에 대해 교회 건물 쟁탈전에 가담하고 있는 사실에 대해 그 과오를 지적하였다. 하지만 총회가 이런 회개 문제를 중요시하지 않고 진행되는 것을 매우 유감스럽게 생각하여 '총회에서 탈퇴한다.'는 선언을 했다.[175]

박윤선 목사는 한상동 목사를 비롯한 교단 지도자들이 자신의 반고소 의견에 대해 냉담한 태도를 보이자, 습관처럼 "죽고 싶다"는 말을 할 정도로 낙심에 빠져 있었다.[176] 고려신학대학원 원장이었던 허순길 교수는 "박윤선 목사는 그(송상석)의 법정 싸움을 여러 해 반대하다가 이때문에 고려신학교를 떠나기까지 했다"[177]고 평가했다. 남영환 목사는 소송 문제가 박윤선 목사를 떠나게 한 직접적인 원인은 아니라 해도 간접적인 원인은 되었다고 지적했다.[178]

박윤선 목사는 소송 문제로 인해 자신이 교권에 희생되었다고 하찬권 목사에게 고백하였다.[179] 고신 제45대 총회장을 지낸 이금조 목사는, 초기에 박윤선이 없이는 고려신학교가 존립할 수 없었고 따라서 박윤선은 14년 동안 고려신학교와 고신교단을 위하여 희생하였지만, 결국 배신을 당했다고 평가했다. 박윤선의 성경적 반 고소 사상이 받아들여지지 않은 것이 고신교단과의 결별 원인이었음이 분명하다.[180] 여러 표면상 이유에도 불구하고 박형룡 박사와 마찬가지로 한상동 목사가 확고하게 반 고소를 표명하지 않고 송상석 목사를 지

---

175. 박윤선, "나의 걸어갈 길", 「파수군」 61(1957.3), 15.

176. 서영일, 『박윤선의 개혁 신학 연구』 (서울: 한국기독교역사연구소, 2000), 276.

177. 허순길, 『고려신학대학원 50년사』 (서울: 영문출판사. 1996), 213.

178. 남영환, 386.

179. 남영환, 417; 하찬권과의 대화(2004.10.5.).

180. 이금조와의 대화(2005. 6. 11); 남영환, 472-73.

지하는 듯한 처신으로 일관하자, 자신의 의견이 성경적이라 하더라도 관철될 수 없다는 한계를 절감하고 고신교단을 떠난 것이다.

박윤선 목사의 고신 철수는 주일성수 문제 건을 빌미로 이루어졌다. 박윤선 목사는 고신교단 설립 초기에 당했던 불신법정 소송 문제에 있어 시종이 여일하게 소송 불가를 주장했다. 그러던 중 선교사 스푸너(A. B. Spooner) 사건[181]에 휘말려 일방적인 비난을 받았다. 이 사건에 대해 그는 노회에서 자신의 견해를 피력하였고, 1960년 해당 노회에서는 책벌할 만한 이유가 없다고 결정하였다. 박윤선 목사는 「파수군」 지에서 스푸너 선교사와 관련하여 자신의 견해를 다음과 같이 말했다.

> "내가 이렇게 한 동기는 외국에 여러 차례 유학한 중 나 자신이 외국서 고독의 쓰라림을 많이 체험한 고로, 고독한 외국인 선교사를 동정 혹은 위로함이 필요한 줄 알았기 때문이다. 사실상 그를 위로함이 일종의 자비가 아니라고 할 수 없다. 주일에는 사세 부득이한 일이나 자비를 베푸는 일 혹은 선한 일을 할 수 있다는 것이 성경의 교훈이고(마 12:11-12, 7), 우리 장로교 교리이다(요리문답 제60). 어쨌든 내가 거기 가서 한 것이 무슨 영업이나 노동이 아니고 예배드린 일밖에 없다. 선교사 전송은 성경에도 가한 일(선한 일이란 뜻)이라고 했으니(요삼 1:5-7) 주일날도 부득이하여 행할 수 있다(마 12:12)."[182]

박윤선 목사의 이런 주장은 총회의 결정이 자기 문제와는 관계가 없다는 것이다. 왜냐하면 노회에서 문제시하지 않기로 결정했기 때문이다. 하지만 이 일이 총회로 상정되었고 총회에서는 "주일성수에 관하여 본인 양심에 거리낌

181. 1960년 7월 어느 주일에 출항하는 스푸너 선교사를 박윤선 박사가 배웅하고 선상에서 예배를 드린 것이 '주일성수를 범한 건'으로 노회와 총회에 회부 된 사건.

182. 박윤선, "주일 지키는 법", 「파수군」 104(1960.11), 14-15.

이 없이 건덕상 문제가 될 때는 도의적 책임을 지도록 가결"하였다.[183]

총회가 폐회되던 날 고려신학교 이사회가 소집되었고, 이 회의에서도 박윤선 목사에게 도의적인 책임을 지라고 요구함과 동시에 그 책임을 다할 때까지 교장직과 교수직에서 해임함을 통보하였다. 당시 상황으로 볼 때, 이 통보는 사실상 박윤선 목사를 교단으로부터 추방한 처사였다. 당시 성경의 가르침에 기초하여 반 고소 사상에 확고했던 박윤선 목사를 교단과 신학교에서 단절시킨 것은 이미 제8회 총회에서 확고한 결론을 내리지 못하고 경기노회의 분립에도 성경적 입장을 결론 내지 못한 고신교단 자체의 문제였다. 박윤선 목사는 고려신학교의 이런 처사에 대하여 자신의 정당함을 「파수군」 제104호에서 "주일 지키는 법"에 대하여 글을 통해 알리고 있다. 그의 제자이며, 합동신학원 교수로 강의했던 송파제일교회 원로목사인 박병식 목사의 증언에 의하면, 박윤선 목사는 후에 이 주일성수 문제로 빌미를 준 것을 두고 두고 후회했다고 한다.[184] 이 일에 대해서는 송상석 목사를 비롯한 고소를 주장하던 이들이 박윤선 목사를 제거할 목적으로 스푸너 사건을 구실로 고려파에서 축출했다는 주장이 제기될 정도였다.[185] 이를 기술한 남영환 목사는 송상석과 박윤선 목사를 지지하지 않았던 인물로 알려져 있다. 남영환 목사는 박윤선 목사의 고신 철수가 주일성수 문제였다는 것이 구실에 불과했다고 평한 것은 신빙성을 더해주고 있다.

박윤선 목사의 고신 철수는 그의 뒤를 이을 세 학자가 준비된 것과 무관하지 않았다. 고신총회가 박윤선 목사에게 주일성수 문제를 들어 도의적인 책임을 지라고 요구함과 동시에 그 책임을 다할 때까지 교장직과 교수직에서 해임함을 통보하였다는 것은, 고려신학교를 떠나라는 요구였다. 이는 자연스럽게

183. 대한예수교장로회 총회(고신), 「제10회 총회록」, 촬요 4의 7항.

184. 박윤선은 소천하기 전 제자인 박병식이 병실을 방문했을 때, 자신의 주석 욥기서의 한 부분을 수정하여서 재출판을 해달라고 당부했고, 주일성수 문제에 대해 상기와 같이 언급하였다.

185. 남영환, 472.

고신교단에서도 떠나라는 의미가 담긴 것이었다. 박윤선 목사는 당시 고신교단이 보유한 개혁주의 성경신학자였다. 다른 교단에는 비견할만한 학자가 없는 때였다. 이런 박윤선 목사가 14년간 고려신학교에서 봉사하면서 개혁주의 신학을 공고하게 다졌다. 소송 문제에 있어 이견이 있었고 주일성수 문제에 있어 고신교단이 수용하기 어려운 일이 발생했다손 치더라도 어떤 경우든 박윤선 목사를 내친다는 것은 고신교단에서는 중대한 모험이 되었다. 박윤선 목사가 없는 신학교를 심장에 고장이 생긴 교단이라고 평한 것처럼, 실제로 박윤선 목사가 없는 고려신학교는 상상하기 어려운 시기였다.

고려신학교를 떠난 박윤선 교장

이 당시에 한상동 목사는 고려신학교뿐만 아니라 고신교단에서 막강한 지도력을 과시했다. 교단의 존속은 신학교에서 계속하여 목회자를 배출할 때 가능하다. 고신교단의 역사가 계속되면서 한상동 목사의 정신이었다고 하면서도 내용적인 면에서 박윤선 목사의 제자가 양성되고 있었다. 고신 36대 총회장을 역임한 류윤욱 목사와 41대 총회장을 역임한 정판술 목사는 한상동 목사는 헌법 과목 정도만 강의했고, 신학 과목은 거의 박윤선 목사가 감당했기에 고신 신학은 박윤선 목사의 신학과 신앙으로 조형되고 있었다고 했다.[186] 한상동 목사와 그의 아우인 한명동 목사를 포함한 측근들은 이를 보면서 고신교단의 장래가 박윤선 중심으로 구성된다고 내다보았다.

이런 중에 한상동 목사는 박윤선 목사가 떠난다고 하더라도 대안이 준비되어 있다고 판단했다. 즉 홍반식(1918-1993), 이근삼(1923-2007), 그리고 오병세(1926-2016) 등 세 박사학위 소지자가 준비되어 있다고 본 것이다. 이들 중 홍반식 박사와 오병세 박사는 1961년부터 신학교에서 강의했다. 오병세 박사는 1961년 9월부터 1996년 8월까지, 홍 박사도 1961년 9월부터 1988년까지 강의했다. 이근삼 박사는 1963년부터 1994년까지 고려신학교에서 강의했다. 홍반식, 오병세 박사는 미국 유학을 마친 후 1961년에 총회신학교 교수로 강의하다가 1963년에 복교된 고려신학교 교수진에 합류했고, 이근삼 박사는 1962년에 칼빈학원 교수로 잠시 있다가 역시 복교된 고려신학교 교수진에 합류했다. 한상동 목사가 1960년에 승동 측과 합동한 것을 박윤선 목사가 떠난 것도 한 이유로 보는 이가 있으나 전기한 이유로 볼 때 세 학자가 준비된 시점이어서 박윤선 목사에게 크게 연연할 필요가 없다고 판단한 것으로 해석될 수 있다. 박윤선 목사가 고신에서 철수한 후 젊은 세 학자를 통해 고려신학교의 신학적 명맥은 이어 갔으나 박윤선 목사의 공백을 채우거나 메꾸기에는 한계가 따랐다.

박윤선은 고려신학교가 태동하는 데 결정적인 역할을 했을 뿐 아니라 많은 정력과 애정을 쏟아 학교를 육성하였다. 그리고 많은 신실한 목사 후보생들이 모여들어 그의 강의와 인격적인 신앙지도를 사모하고 있었으므로 박윤선은 학교를 쉽게 저버릴 수 없었다.[187] 그러나 고신교단의 교권 세력은 이제 박윤선 목사가 없어도 감당할 정도가 되었다고 여겼기에 주일성수 건과 관련하여 고려신학교 이사회는 교장직 자체를 폐기한 것이다.

186. 류윤욱, 정판술과의 대화(2021. 7. 22).

187. 김영재, 95-96.

20. 승동측과의 합동 / 나삼진

1959년 장로교 총회가 연동측과 승동측으로 분열되면서, 선교부의 이탈과 신학교의 분열은 물론, 선교부가 오랫동안 조성한 한국장로교회의 모든 재산과 총회 산하 교육기관들이 연동측으로 넘어감으로써 승동측은 큰 위기를 만났다. 이에 승동측은 고신측과 합동을 모색하게 된다. 반면 고신측에서는 박윤선 교장의 이탈로 어려움에 처하게 되자 승동측과의 합동을 추진하게 된다. 두 교단은 서로의 필요에 의해 합동을 추진하게 된 것이다.

한국장로교회 제3차 분열과 승동측이 처한 난국

제33회 총회(1947)에서는 1948년 암스테르담에서 WCC가 창립총회에 김관식 목사를 대표로 파송하기로 결의하였고, 총회에 참여한 김관식 목사는 WCC에 가입할 것을 요청하여 가입을 결의했다. 1954년 미국 에반스톤에서 모인 WCC 제3차 대회에 대표로 파송되었던 인사들이 귀국하여 보고하는 가운데 대표단은 자신들의 신학적인 입장에 따라 보고를 달리하게 되었다. 그 시기에 총회신학교 이전을 준비하면서 교장 박형룡 박사는 '남산의 신학교 대지 불하 건을 이사회의 승인 없이 교비 3,000만 환을 지출하여 사기를 당했고,[188] 또 선교부와 외국교회에서 보내온 외환을 불법 환전상에게서 환전하여 신학교장으로서 도의적 책임을 져야 하는 문제가 발생하였다. 이로써 박형룡 교장에 대해 비판적인 입장을 갖고 있던 총회 일각에서는 그의 책임론을 제기하여 교장직에서 물러났다.

당시 총회 안의 두 흐름은 한경직을 중심으로 한 WCC를 지지하며 박형룡 박사를 반대하는 진보진영과 박형룡 박사를 지지하며 WCC를 반대하는 보수

188. 『총신대학교 100년사 제1권』 (서울: 총신대 출판부, 2003), 580-587.

진영으로 양분되어 있었다. 양측은 경기노회의 총대권과도 관련하여 갈등이 심화되었다. 1959년 제44회 총회에 두 가지 다른 경기노회 총대 명단이 제출되었고, 갈등이 복합적으로 작용해 총회에서는 회무가 진행되지 못하였다. 이에 증경총회장단의 조언에 따라 11월 24일까지 정회하기로 하였으나 연동측은 총회장의 불신임을 선포하고 서울로 올라가 다음날인 29일 연동교회에서 총회를 속회하여 임원을 구성하였고, 승동측은 약속한 날짜에 승동교회에서 속회 임원을 구성함으로 장로교회는 다시두 교단으로 분열되었다. 이것이 한국 장로교회 제3차 분열이었다.

분열 과정에서 미국 남북장로교, 호주장로교 등 각 선교부가 연동측을 지지하였고, 선교사들이 주로 설립하였던 대부분의 기독교 학교 역시 연동측 소유가 되면서 승동측과 박형룡 박사는 큰 난국에 빠졌다. 그가 고려신학교 교장직을 사임하고 선교부의 지지와 협조를 얻으며 신학교육을 하기 위해 떠났지만, 그의 실험은 11년 만에 실패로 끝맺은 것이었다.

고신측의 난국

1952년 9월 조직된 대한예수교장로회 총로회는 1956년 대한예수교장로회 총회로 승격되었다. 그때는 고려신학교설립으로 진리운동을 전개한 지 10년이 되던 시기였다. 이때를 맞이하여 고려신학교 교장 박윤선 목사는 진리운동 10년을 맞이하여 총회적으로 해결해야 할 과제를 제시하였는데, 예배당 쟁탈 문제, 교회 질서에 대한 문제, 기독교보에 대한 문제, 신학교에 대한 재정 문제 등이었다.[189] 박윤선 교장의 논설은 아직도 계속되던 소송 문제를 조기에 종식해야 한다는 것이었다. 한국교회를 개혁한다고 하면서 예배당 문제로 믿지 않는 이 앞에서 형제들이 소송을 계속한다는 것은 온당치 않다는 것이었다.

이에 진리운동의 확산과 고신교회의 미래를 생각하는 신학교 교장으로서

189. 『대한예수교장로회 총회록(제1회-제10회)』 (부산: 대한예수교장로회 총회, 1961), 90.

제시할 수 있는 문제였지만, 조선예수교장로회신학교 동기였고 경남(법통)노회 지도자였던 송상석 목사를 크게 불편하게 하는 것이었다. 1957년 2월 이래 1년 동안 박윤선 교장이 3회, 송상석 목사가 4회 소송 문제에 대한 논쟁으로 이어졌고, 두 사람 관계가 돌이킬 수 없는 지경이 되었다.

총회 후 1957년 2월에 박윤선 교수가 교장직을 사면하여 고신교회에 큰 충격을 주었다.[190] 그와 함께 「파수군」 61호)1957. 3)에는 '우리의 걸어갈 길'과 '나의 걸어가는 길'을 발표하며, 송상석 목사와의 법정 소송 논쟁이 촉발되었다. 오랫동안 힘들게 소송문제를 끌고 왔던 송상석 목사는 교회당의 명도를 요구받고 응소해 교회 재산을 보호하는 것은 성경적, 교리적, 역사적으로 잘못이 없다는 장문의 글을 「파수군」에 게재하였고, 이후 두 사람은 이후 네 차례나 공방을 주고받았다.[191] 그해 4월 박윤선 교장은 서울로 올라가 개혁신학원을 설립하였는데, 그가 없는 고려신학교는 마치 텅 빈 집과 같게 되었다. 이듬해 총회를 앞두고 이사회는 박윤선 목사와 협상을 통해 "소송을 하지 않기로 하는 교육이념을 따라 교육한다."는 요지의 '결의서'를 내고 양교가 합동에 대한 성명서를 발표하였다. 이러한 두 신학교의 합동과 결의서에 따라 박윤선 교장과 함께 떠났던 이상근 교수가 다시 고려신학교에 합류하였다. 그러나 이후 소송문제나 신학교 운영방식에 관한 문제가 크게 달라진 것은 없었다.[192]

이 논쟁에 대해 한상동 목사는 침묵으로 일관하였다. 한상동은 초량교회를 시무할 때 총회에서 교회의 명도를 요청할 때 건덕을 위해 교회당을 두고 삼일교회를 개척하였던 분으로, 사실상 박윤선의 입장을 지지하였음에도 불구하고, 그를 지지하지 못한 것은 마산과 진주를 중심으로 한 송상석 목사가 지도자로 있는 경남(법통)노회 교회가 상당하였기 때문에 침묵으로 일관했고, 결과적으로 이는 한상동 목사가 박윤선을 포기하고 송상석의 편을 든 격이 되

190. 허순길, 『한국 장로교회사』, 457.

191. 나삼진, "박윤선 교장과 송상석 목사의 법정소송 논쟁", 「기독교보」 2022. 6. 4.

192. 나삼진, "박윤선의 '전국교회에 드리는 말씀'과 '결의서'(1957)", 「기독교보」 2012. 4. 21.

고 말았다.[193]

이로써 고려신학교는 14년 동안 교수와 교장을 지냈던 박윤선을 잃는 결과를 가져왔고, 신학교로서나 교단으로서도 큰 위기였다. 한상동 목사는 박윤선 교장을 붙잡기 위해 마지막까지 노력했지만, 박윤선 교장과 송상석 목사와의 갈등은 덮기가 어려웠다.[194] 이로써 박윤선이 빠진 고려신학교는 신학교육에 어려움을 겪었고, 유학 중인 홍반식, 이근삼, 오병세 3인에게 연락을 했지만, 박사 학위 논문 막바지라 귀국이 어려웠다. 이러한 배경은 고신측이 승동측과의 합동 요청에 쉽게 응한 요인이었다.

다른 하나는 경기노회의 행정보류 사건이다. 한국전쟁기에 부산으로 피난을 왔던 이기선 목사를 따르던 이들이 고려신학교에서 공부하고 목사가 된 이들이 다수 있었다. 당시 경기노회에는 이학인, 이병규, 전칠홍, 김창인, 최훈 등 이북 출신 목회자들이 중심을 이루었는데, 이들은 박윤선의 입장을 지지하고 있었다. 경기노회는 제7회 총회에 '예배당 쟁탈전은 비성경적이므로 중지시켜 달라'는 헌의를 하였으나,[195] 총회가 이에 대한 분명한 태도를 보이지 않음으로써 행정보류를 선언하였다. 경기노회 총대들은 조퇴 형식으로 항의를 표시하였고, 제8회 총회에 총대를 파송하지 않았다. 총회는 이를 해결하기 지방위원을 파송하였으나 그들 교회와 지도자들을 설득하기보다는 그들을 제외하고 경기노회를 새로 구성하였으며, 박윤선 목사는 총회석상에서 이를 항의하였다. 이 과정에서 경기노회 53교회 가운데 32교회가 이탈하였다.[196] 이들을 경기노회 보류파라고 부른다.

---

193. 홍치모, "한국교회사에 있어서 한상동 목사의 위치", 「장로교회와 역사」 2(2009), 32.
194. 남영환의 글 인용. 송상석 목사는 이에 대한 한상동 목사 책임론을 주장하고 있지만, 그의 책 『법정소송과 종교재판』 은 그가 고신에서 면직된 직후 이를 호소하는 입장에서 기술, 편집되었기 적어도 한상동과의 관계에서는 순수한 객관적인 서술이라고 보기 어렵다.
195. 『대한예수교장로회 총회록(제1회-10회)』(부산: 대한예수교장로회 총회 출판부).
196. 『경북노회사』, 14.

고신측과 승동측의 합동

앞서 언급한 바와 같이 연동측과 분리되면서 같은 신학을 고리로 하여 승동측은 초기부터 WCC에 비판적이었던 고신측과의 합동을 모색하게 되었다. 1960년 8월 총회(승동 45회, 고신 10회)를 불과 한 달 앞둔 시점에 고신측 지도자들이 서울에서 회의를 한다는 소식을 듣고, 박형룡 박사가 승동측의 지도자들이 한상동과 8명의 고신교회 지도자들에게 과거를 회상하며 눈물로 호소하였고, 한상동 목사와 고신교회 지도자들이 이에 동의하여 합동을 추진하게 되었다. 두 교단은 합동에 뜻을 같이 하고, 합동을 전제로 다가오는 총회에서 합동 추진위원을 선출하여 구체적인 내용을 협의하게 했다.

두 총회는 사전 교감에 따라 고신측 제10회 총회와 승동측 제45회 총회는 1960년 9월 총회에서 임원을 선출하고 합동 추진을 위해 각각 정회를 하고 합동추진연구위원회를 구성하여 실무를 논의하였다.[197]

합동추진위원회는 10월 25일 대전중앙교회에서 회집하여, "고신측 합동위원장 황철도 목사가 합동위원회가 모이기까지 경위를 간단히 설명한 후, 한상동, 노진현, 고성모 목사와 양성봉 장로로부터 과거는 일소하고 백지로 환원하여 합동을 하도록 하자는 감격한 인사의 말씀이 각각 유하다"고 하였다.[198] 두 교단의 합동은 교리적인 차이가 없다 하여도 신앙적, 신학적, 행정적 차원에서 상당한 논의를 필요로 하였지만, 합동은 과속으로 달려 세 달 만에 전격적으로 추진되었고, 각 교단에서 5인씩 헌법 수정위원을 내어 1960년 12월 13일 합동총회를 개최하였다.

고신총회는 합동을 추진하면서 각 노회에서 이를 수의하고,[199] 속회 총회가 모이는 날 흥천교회에서 노회 수의 결과를 받았지만, 승동측은 그런 절차를

---

197. 승동측의 위원은 위원장 양화석, 서기 정규오, 위원으로 고성모, 노진현, 이환수, 심천, 정일영, 배태준, 양성태, 박찬목이었고, 고신측 위원은 위원장 황철도, 서기 윤봉기, 위원은 한상동,박손혁, 송상석, 추국원, 남영환, 조수환 등이었다.

198. "합동추진위원회 회의록", 「파수군」 (1960. 11), 79.

199. 경북노회 제16회 제2차 임시노회 결의, 『경북노회 70회사』, 209.

갖지 않았다. 이러한 정치적인 절차가 총대들이 충분히 합동 정신을 이해하지 못하였던 계기가 되었다.

고신의 승동측과 합동총회 기념(1960.12.13. 승동교회)

두 교단의 합동 총회인 제45회 속회 총회는 1960년 12월 13일 오후 5시 30분 승동교회에서 개회되었다. 합동총회 예배 예배는 고신측 총회장 송상석 목사의 사회로 사랑하는 주님 앞에 찬송을 부르고 황철도 목사가 성경을 봉독하고 박형룡 박사가 에베소서 4:1-15를 본문으로 "믿는 일과 아는 일에 하나가 되어" 주제로 설교하고 송상석 목사의 축도로 예배를 마쳤다. 오후 6시 45분 고승모 총회장의 사회로 고신측 131명, 합동측 233명이 회집해 합동총회 개회를 선언하고, 합동추진위원회 서기 정규오 목사가 합동원칙이 보고로 만장일치로 채택되고, 전성도 목사가 취지 및 선서문을 낭독하여 수정해 채택되고, 증경총회장 이대영, 이인식, 한상동 목사가 기도했다.[200] 이튿날 9시에 속회하여 선출된 임원은 회장 한상동, 부회장 김윤찬, 서기 박찬목, 부서기: 전성도,

200. 「파수군」(1961. 1), 51-51.

회록서기: 정규오, 회록부서기: 서완선, 회계: 곽현보. 부회계: 주영문을 선출하였는데, 회장 외에 모든 정임원은 승동측, 부임원은 고신측을 배정한 기계적인 일치였다. 오후에는 미국정통장로교 선교부 한부선 선교사, 성경장로교 세계선교부 현요한 목사의 축사가 있었다. 국일관에서 총대 환영 만찬을 가졌다. 합동총회에서 채택되고 발표된 취지와 선언문은 다음과 같이 발표하였다.[201]

취지 및 선언문

진리는 영원히 살아 있어 필요가 있을 때마다 생명의 새 역사를 창조하신다. 이와 같은 창조의 역사는 근원 되시는 여호와 하나님의 예정의 테두리 안에 들어 있는 한 토막의 변혁을 위한 성령의 역사는 점쳐 놓은 사실을 말한 것이다. 하나님의 창세사와 예수 그리스도의 부활사를 비롯한 성령의 역사는 역대의 기독교회가 이를 밝히 증명해주고 있다. 백 년이 채 못되는 한국기독교 특히 장로교회의 역사 페이지는 기독교 본연적인 순색으로 수록된 면이 없는 바 아니다. 그러나 혹은 검게 혹은 붉게 물들인 비장된 사실도 적지 않다. 더럽혀 놓은 교회사 페이지를 그 누구의 힘으로나 현재 과학적 기술로는 씻어낼 자 없다. 다만 기도의 제단 밑에 성스럽게 엎디어 흐느껴 우는 성도들의 심령골수에서 녹아내리는 통회의 눈물만이 가능할 것이다.

우리는 얼마나 울어 보았는가. 에스라는 수염을 뜯어가며 울었고, 예레미야는 눈물로 밥을 삼았지만 우리는 얼마나 울었는가. 요엘의 말씀대로 우리는 옷을 찢지 말고, 마음을 찢고 통회해야 할 것이다. 진리가 모독을 당할 때, 불신앙의 무리가 교회를 퇴속화시킬 때, 불법의 무리에게 교회 질서가 교란을 당할 때, 교권주의자들에게 순진한 양 떼들이 당한 유린은 너무도 참혹하였다. 사이비한 진리의 간판을 내걸고 회색적인 복음주의자 혹은 자칭 보수라는 미명하에 위선자가 횡행하고 있는 난세에 처한 성도들의 심령은 여지없이 더럽혀졌고 어두워져서 심령의 마비 상태는 아무리 매를 맞아도 아픈

201. 『대한예수교장로회 총회록(제11회-20회)』 (부산: 대한예수교장로회 총회 출판부), 17-20.

줄도 모를 만큼 되었다. 한국교계에 저질러 놓은 책임소재를 찾아보자.

한국교회는 알아야 하겠다. 너 나 할 것 없이 책임을 남에게 전가하지 말자. 이 심정을 여실히 나타낸 것이 오늘 우리의 합동이다. 그러나 웃음으로 합했다가 울음으로 헤어지는 것보다, 감격의 눈물로 합하여 웃음의 열매를 맺어야 할 것이다. 좁고도 험한 골짝 길에서 고독에서 애태운 그 설움도 적지 않았다. 우리는 과거를 회상한다. 배고파 창자를 움켜쥐고도 물질의 유혹을 받지 않고, 신앙을 팔지 아니하였고, 헐벗고 떨면서도 고맙게 주는 미국 형제의 옷을 탐하지 아니한 것이 우리의 실정이었다. 때가 되매 친구는 찾아온다. 신앙의 동지 보수사상의 뜻 깊은 일꾼들 우리는 큰 힘을 얻었고, 큰 기쁨과 큰 위로의 선물을 듬뿍받게 되었다. 질이 같으면 서로 합하고, 성이 같으면 서로 응하는 것이 물리학의 원리하면 신앙이 같고 신학체계가 같은 교리를 주장하는 똑 같은 두 총회가 함께 뭉치지 못할 하등의 이유는 없다.

보수주의 수호자와 진리투쟁에 불타는 동지들의 규합으로 보수 보루와 진리전선의 진지가 강화되는 것이다. 자유주의 대 보수주의의 대결이다. 이제는 전진이 있을 뿐이고 후퇴는 없을 것이다. 이 싸움을 위한 희생의 대가를 더 많이 지불해야 할 것을 우리는 각오한 바 있어, 제3자의 구구한 억척도 비난도 공격도 다 불문에 부치고 우리는 비장한 결심을 하였다. '여룹바알'이라는 '기드온'의 병기와 전법을 생각하였다. 항아리는 깨어졌다 할지라도, 승리의 횃불은 높이 들어 올렸다. 그래서 우리는 진리라는 최후 깃발을 높이 달고 그 아래로 모였다. 이 일은 하나님의 최종적인 우주 통일 원칙하에 사는 그리스도인의 단체생활의 참답고 향기로운 전형일 것이다. 그래서 우리는 우리 겨레 앞에서도 솔선 시범코자 주 안에서 진리로 하나 되는 두 총회 합동 운동을 시작한 것이다. 우리는 세간 여론에 구애를 받지 않고, 만난을 배제하고, 통일 총회의 막을 올리고 거보를 내디디며, 앞날의 목적을 달성키 위하여 다음 조항의 선서를 중외에 선포한다.

1. 전통 계승

1) 대한예수교장로회 제45회 총회는 1912년 1월 평양에서 제1회 총회로 창

립한 총회로부터 일본 교단과 신사 참배를 제외한 동일성을 유지하고, 전통을 계승한 유일한 대한예수교장로회 법통 총회임을 선언한다.

2) 고신측 총회의 10회 총회 기간사는 대한예수교장로회 2원적인 사실로 수록한다.

3) 고신총회는 1949년 이래 경건생활에 치중하여 정통신학교육에 힘쓴 것과 예장측 총회가 자유주의 신학과 세속주의를 배격하기 위하여 WCC를 탈퇴하고, WCC노선의 에큐메니칼 운동을 반대한 결의를 재확인한다.

4) 1951년 5월 25일 제36회 총회에서 경남법통노회 제51회 노회에 대한 결의와 총회장의 포고문은 이를 취소한다.

5) 단일 총회의 헌법을 1934년 개정판인 대한예수교장로회 헌법을 총회 합동에 구애되는 점만을 수정하여 잠정적으로 사용한다.

2. 합동원칙

1) 신조: 웨스트민스터 신도게요에 의하여 대한예수교장로회 헌접에 명시한 12신조와

2) 신학: 칼빈주의 신학에 의하여 합동을 원칙으로 하며,

3) 신학교: 신학교는 청회 직영의 신학교로 일원화하고 양보다 질에 중점을 두며, 이사회의 이사신임제청제를 폐하지 않기로 한다.

4) 규칙에 대한 특수 규정: 장로회 규칙에 특수 규정을 첨가하여 이를 잠정적으로 통용한다.

가. 일반 교회 행정을 과반수로 가결하고,

나. 재정 특히 부동산 처리에 대한 공동의회 정족수는 3분지 2 이상으로 가결하고,

다. 교리, 신학, 신앙 문제는 전원의 3분지 1의 거부권 행사를 실시키로 한다.

3. 지도원리

1) 교리: 칼빈 선생의 가르친 장로회의 교리를 그대로 고수할 것이며, 비성경

적인 단일교회 운동을 반대한다.

2) 정치: 성경에 기초한 대한예수교장로회 헌법(신조, 정치, 권징조례, 예배모범)과 규칙에 의하여 교회를 치리하며, 총회와 노회의 기구는 간소함을 원칙으로 한다.

3) 권징: 성경과 헌법과 예배 모범과 권징조례를 엄수하며 목사로서 교리와 정치와 생활면에 비위는 물론이요, 개별적으로 순복음주의 교회와 기독자의 생활 행동원 리에 위반되는 행위와 사상은 엄중 처리한다.

4. 생활원리

(성경과 신도게요서에 준하여)

1) 하나님께 영광을 돌리는 생활

2) 교회를 봉사하는 생활

3) 사회생활에 모본을 보임으로써 그리스도인 된 본문을 다하도록 한다.

5. 우리의 진로

1) 신앙 노선: 자유주의적이며 용공적이며 비성경적인 WCC노선의 에큐메니칼 운동을 반대하며, 그러한 사상적인 단체와의 제휴를 하지 않는다.

2) 경제 자립: 성경원리에 의거하여 교회 경제적 자립 체제를 확립하기 위하여 십일조를 권장한다.

3) 복음 전파: 복음 전파는 교인의 의무이므로 갸이넌도와 국내 전도에 힘스며 외국 선교사업을 계속한다.

6. 대외관계

1) 국내교파와의 관계: 신앙 사상이 같은 보수주의와 국내 교단과의 친선을 도모하며 성도의 교제와 협조를 아끼지 않는다.

2) 선교사와의 관계: 과거 복음을 전해준 초대 선교사들의 수교와 노력을 높이 칭송하고 감사하며, 지금도 우리와 신앙노선이 같은 선교회들이나 선교사들이 우리 대한예수교장로회에 사랑과 봉사의 협조를 제시, 공여할

때에 우리의 주권과 신앙에 침해가 없는 한 이를 가납한다.

7. 우리의 결의와 권고

1) 우리는 대한예수교장로회 제45회 총회에서 선포하는 선서문에 의하여 교회의 화평과 발전을 도모하며, 70여 년의 보수 신앙을 순교정신으로 고수할 것을 굳게 결의한다.
2) 우리는 복음 진리에 비치되며 70여 년의 전통적 질서를 문란케 하면서 본 총회에서 이탈 혹은 중립상태에 있는 교회 및 노회에 대하여 조속히 본 총회에 귀의할 것을 권고한다.
3) 우리 총회 관하에서 봉직하는 교직자들은 혼미 중에 있는 교회와 교우들을 사랑과 성실로 권면하여 지교회와 노회, 총회의 단결을 공고히 함에 힘써 기도하며, 우리 초대교회와 같이 성경공부와 복음 전파에 전력을 기울이며 경건생활에 힘씀으로써 민족과 세계교회에 영원한 구원에 기여함이 있기를 바란다.

주후 1960년 12월 13일
대한예수교장로회 총회(예장측) 총회장 고승모
총회원 일동
대한예수교장로회 총회(예장측) 총회장 송상석
총회원 일동

두 교단의 합동은 교리적 표준, 행정 체계, 신앙과 정서의 일치를 추구하여 합하는 서구의 교회들과는 달리 속전속결로 이루어졌다. 이는 승동측이 총회의 모든 재산과 선교부와 인적 자원을 잃었고, 신학교가 둘로 분열되었으며, 고신측도 박윤선이 없는 신학교육의 어려움에 봉착했다고 하더라도 너무 성급한 것이었다. 고신교회가 그동안 추구해왔던 교회쇄신운동에 대한 정당성에 대한 분명한 선언을 하지 못했고, 교단 합동이 한국장로교회에서 처음 있는 일이었기 때문에 서로가 미숙하였다. 승동측은 규모가 상대적으로 작은 고신측을 배려하지 못했고, 총회 결의와 노회 수의 등 행정적 절차에 대해 둔감하였으며, 고신측도 인내를 가지고 승동측을 설득하지 못해 아쉽기는 마찬가지였다.

이를 두고 허순길 교수는 두 교단의 합동을 두고 '단번에 이루어진 밀월의 약속, 과속으로 치달은 합동, 영속성을 결여한 합동'으로 규정하고,[202] "견고한 기반과 밑의 안정적인 발전을 위한 제도적인 준비도 갖추지 않고 조급하게 이룬 것이었기 때문에 일 년이 못 가서 그 터가 흔들리기 시작했다"고 평가한 바 있다.[203]

---

202. 허순길, 『고려신학대학원 50년사』, 144-150.

203. 허순길, 『한국 장로교회사』, 492.

21. 고려신학교 복교와 고신측의 환원 / 나삼진

고신교회가 1960년 12월 승동측과 합동하였지만, 추진과정에서 충분한 준비와 신앙적, 정서적 일치를 갖지 못한 졸속한 합동으로 1년 만에 균열이 시작되었고, 채 3년을 넘기지 못하고 고신은 승동측과 재분리 되었다. 이를 고신교회에서는 '환원'이라고 말해 왔다. 여기서는 고신교회가 승동측과 합동한 이후 환원하기까지의 과정에 대해 정리해 두고자 한다.

고려신학교의 복교 전후

1960년 9월 고신측 제11회 총회에서는 승동측과 합동을 결의하였고, 한상동 목사는 두 회기 동안 회장으로 봉사하고 총회를 마쳤다. 그는 총회의 분위기에 따라 부서의 제안사항을 결의하는데 일조했지만, 제47회 총회 내내 마음에 큰 부담을 가졌다. 장로교 총회의 행정원리와 달리 호남지방 총대 70명의 청원을 받아들여 '신학교를 연내 단일화하기로' 결정하였고, 이에 경남(법통)노회는 이에 대한 항의로 퇴장하였다. 제46회 총회에서 합동원칙에 포함되었던 고려신학교의 일원화 원칙이 단일화로 바뀌었고, 이사 동수(同數) 제도 폐기되고 말았다.[204] 이런 과정에서 고려신학교의 총회신학교 병합이 결의되었고, 학생들의 항의가 따랐다. 고려신학교가 총회신학교 부산분교가 되어 폐쇄되는 상황을 맞이한 것이다.

경남(법통)노회는 제46회 총회 후 1961년 10월 10일 임시노회로 모여 합동총회의 행정 비위를 지적하고, 시정을 촉구하는 「대한예수교장로회 합동총회에 대한 경남(법통)노회 대책 결의안」을 발표하고, 고신폐합은 합동원칙에 위

---

204. 제46회 총회 촬요, 「파수군」(1961. 11), 77.

반되는 사항임을 지적하고, 이것은 불법 결의를 취소할 것을 주장했다.[205] 총회에서 결의된 내용이 집행되면 그가 옥중기도의 열매였던 고려신학교는 이제 없어질 상황이 되었다.

한상동 목사는 총회 후 한달 만에 1962년 10월 17일 총회신학교 부산분교(고려신학교) 경건회를 인도한 후 고려신학교 복교를 선언하였다. 고려신학교 재학생들의 지속적인 요구의 결과이기도 했다. 그의 고려신학교 복교 선언은 합동총회로서는 폭탄선언과 같은 것이어서 큰 논란이 되었다. 한상동 목사가 고려신학교 복교를 선언하였지만 학교가 정상적으로 복교되고 수업이 시행되기는 상당한 시간이 지나서야 가능하였다.

한상동 목사는 복교 선언을 위해 구 고려신학교 이사들이나 고신 출신 교수들과 논의하지 않았고, 이에 대한 변명도 하지 않았다. 교회와 신학교의 미래를 위해 그가 개인적인 결단에 의해 복교 선언을 한 것이었다. 이것은 통합 이전까지 고려신학교가 그를 이사장으로 하는 사립으로 존재했기 때문에 가능성을 생각했을지도 모른다. 이는 고신측 교회나 고려신학교에서 다행으로 여긴 이들도 있었지만, 쉽게 이해하지 못하는 이들도 있었다. 구 승동측과 고신측 가운데 복교에 찬동하지 않는 목회자들 간의 긴장이 조성되었고, 찬반의 논란이 이어졌다.

그의 복교 선언 후 박손혁, 이근삼 교수가 고려신학교에 합류했지만, 오병세 교수는 학기가 마쳐서 부산으로 돌아왔고, 홍반식 교수는 복교의 절차상의 문제를 들어 동참하지 않았다. 이를 위해 송상석 목사가 가덕도 소양보육원에서 사흘을 함께 하며 설득해 마음을 돌려 합류하게 되었다.[206] 고려신학교 제5회 졸업생으로서 같이 공부하고 같이 교수가 된 이근삼과 오병세 등과 통일된 방안을 갖기로 했고, 1963년 2월 25일 성명서를 발표하고 함께 고려신학교에

---

205. 「대한예수교장로회 합동총회에 대한 경남(법통)노회 대책결의안」(1961. 10. 20).

206. 이상규, 『교회쇄신운동과 고신교회의 형성』, 205.

합류해 3월 새학기부터 정상화되었다.[207] 이들은 성명서에서 자신들이 고려신학교에서 양성을 받은 동지임을 확인하고, 1. 동지 규합하여 한 방향에서 행동하기로 결정하였으며, 2. 고려신학교 복교가 방법은 가하지 않았다고 하겠으나 그 동기는 순수하고 그 정신이 한국교회를 사랑하는 데 있는 것으로 인정하고, 3. 신학교를 운영하는 이사회와 학교의 교육과 행정을 담당하는 교수회의 책임 한계를 엄격히 할 것을 확보하고 재단을 구성하여 구태를 벗어난 새로운 운영방침 수립"을 요구하였다.

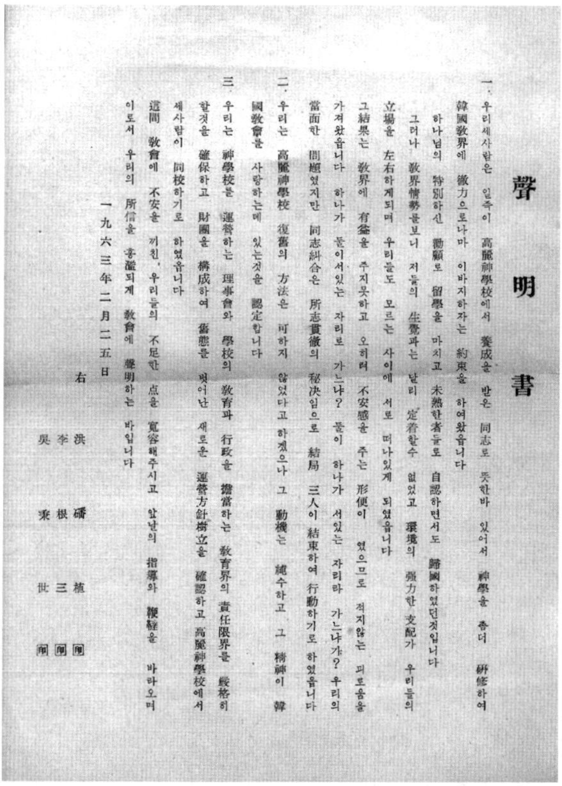

聲明書

一. 우리세사람은 일즉이 高麗神學校에서 養成을 받은 同志로 뜻한바 있어서 神學을 좀더 研修하여 韓國教界에 徵力으로나마 이바지하자는 約束을 하여왔읍니다

하나님의 特別하신 勸顧로 留學을 마치고 未熟한者들로 自認하면서도 歸國하였던것입니다

그러나 教界情勢를보니 저들의 生覺과는 달리 定着할수 없었고 環境의 强力한 支配가 우리들의 立場을 左右하게되며 우리들도 모르는 사이에 서로 떠나있게 되였읍니다

그結果는 教界에 有益을 주지못하고 오히려 不安感을 주는 形便이 였으므로 적지않는 피로움을 가져왔읍니다 하나가 둘이서있는 자리로 가느냐? 둘이 하나가 서있는 자리라 가느냐가? 우리의 當面한 問題였지만 同志糾合은 所志貫徹의 秘決임으로 結局 三人이 結束하여 行動하기로 하였읍니다

二. 우리는 高麗神學校 復舊의 方法은 可하지 않었다고 하겠으나 그 動機는 純수하고 그 精神이 韓國教會를 사랑하는데 있는것을 認定합니다

三. 우리는 神學校를 運營하는 理事會와 學校의 教育과 行政을 擔當하는 教育界의 責任限界를 嚴格히 할것을 確保하고 財團을 構成하여 舊態를 벗어난 새로운 運營方針樹立을 確認하고 高麗神學校에서 세사람이 同校하기로 하였읍니다

這間 教會에 不安을 끼친, 우리들의 不足한 点을 寬容해주시고 앞날의 指導와 鞭撻을 바라오며 이로서 우리의 所信을 홍謐되게 教會에 聲明하는 바입니다

一九六三年二月二五日

右 洪磻植 印

李根三 印

吳秉世 印

고신 환원에 동참하기로 한 홍반식, 이근삼, 오병세 교수의 공동성명서

207. 홍반식, 이근삼, 오병세의 '성명서', 1963. 2. 25.

'동방박사 세 사람'으로 불리던 세 교수는 이후 고려신학교-고려신학대학-고신대학-고신대학교로 발전하는 동안 연구와 교수와 봉사로 협력하고, 때로 긴장과 경쟁으로 생애를 보내었다. 이들은 이후 고려신학교의 중심을 이루었고, 고신교회가 존립하고 성장하는 데 중요한 역할을 하였다.

환원과 환원총회

목회자를 양성하는 신학교의 설립은 교단과 깊은 연관을 가질 수밖에 없다. 복교 이후 봄학기가 정상적으로 진행되면서 고려신학교가 인정을 찾았다. 고려신학교의 복교는 고신교단의 환원을 의미하는 신호탄과 같은 것으로 인식되어서 향후 고신교회가 어떻게 될 것인가 교계의 이목이 집중되었다.

1962년 10월 한상동 목사의 고려신학교 복교 선언 후 총회 안에서는 복잡한 양상으로 나타나게 되었다. 고신측 교회였지만 고려신학교 복교의 정당성에 의문을 갖고 고려신학교 복교에 반대하는 목회자들이 있었다. 고려신학교는 1963년 3월 개학과 함께 정상화되었지만, 교회는 여전히 혼돈기를 거쳐야 했다. 총회신학교를 지지하는 신학생들은 영도에 교사를 마련해 나갔고, 송도교사는 고려신학교 교사로 회복되었다. 그때까지 등기가 되어 있지 않았던 송도교사가 등기가 마쳐졌다.

그런데 그해 봄 4월에 열린 합동측 경남노회(부산노회)에서는 아직 노회가 분리되기 전이었음에도 불구하고 한상동 목사를 총대에서 탈락시켜 부총대로 선출되었다. 6월에 실시한 총회 강도사 고시에서 고려신학교 복교 선언 후 부산으로 내려와 12월 18일 제17회 졸업식에 참여하였던 남영희, 이지영, 진학일, 최만술, 최진교 등 다섯 명의 강도사 고시 응시 자격이 박탈되었다.

이러한 제반 상황은 고려신학교 복교에 이어 노회의 환원과 총회의 복구로 나타났다. 이러한 분위기가 총회 때가 다가옴에 따라 고신총회의 복구를 논의하게 되었다. 안용준 교수가 책임을 지고 있던 「파수군」도 제47회 총회를 앞두고 '제48회 총회 전망'이라는 제목으로 고려신학교 복교 반대와 환원을 반대하는 여론을 형성하는 등 비판적인 입장을 취했다.[208] 총회를 한 달 앞두고 각 노회의 환원도 이루어져 부산노회(8. 8), 경남노회(8. 26), 전라노회(8. 12), 경북노회(9. 3), 경기노회(9. 4), 경동노회(9. 12)가 차례로 환원하였다.[209] 이 과정에서 경남노회와 부산노회 등에서 환원취지문을 발표했는데, 신학교 일원화를 단일화, 이사회 구성의 쌍방 동수제(同數制) 폐지와 신학교 운영의 문제를 지적하였고, 합동 전의 총회장에서 환원총회 소집, 환원 선언, 재조직을 요청하였다.[210]

1963년 9월 17일부터 사흘간 부산남교회당에서 환원총회가 회집되었다. 목사 총대 36명, 장로 총대 36명 모두 72명의 총대가 참여하였고, 회장 송상석 목사, 부회장 황철도 목사 등 임원을 선출하였다. 환원총회에서는 "총회 합동으로 피차간 상처를 받게 한 도의적 책임으로 총회 산하 목사와 장로는 일주일간(9월 22-29일) 자숙하기로" 하였다.[211] 경동노회를 조직하는 결의도 하였다. 고신교회는 합동과 환원으로 많은 145교회를 잃었고 이를 잘못 지도한 책임을 지고 한상동, 송상석 목사가 사과하였다. 지도자들이 당장의 위기를 극복하기 위해 성급한 결정을 한 것은 이후 한국교회에 합동이 어렵다는 것을 보여주어 연합이 쉽지 않다는 것을 보여주는 사례가 되고 말았다.

합동과 환원에서 고신교회가 입은 손실

고신교회가 승동측과의 합동과 환원으로 심대한 내상을 입었다. 합동과 환원에 대해 절차적 문제성에 대해 강조할 뿐 이에 대한 객관적인 평가가 적고,

---

208. 「파수군」 1963년 9월호, 33-43.

209. 경북노회의 경우 1963년 8월 1일에 경북지방 교직자들로 구성된 고려신학교 후원회가 서문로교회당에서 모여 교단 환원을 논의하였고, 이 자리에서 경북노회가 환원할 것을 무기명 투표로 결정하였는데, 29:1로 가결되었다. 이어 고신후원회가 발기 준비위원이 되어 동 12일 상오 10시 서문로교회에서 발기대회를 소집하고, 김주오 장로가 준비위원장으로서 이를 이끌었다. 나삼진, 『서문로교회 60년사』(대구: 서문로교회, 2012), 183.

210. 허순길, 『한국장로교회사』, 508-509.

211. 『대한예수교 장로회 총회록(제1-10회)』, 제13회 총회 촬요 제3항.

고신교회가 얼마나 심각한 어려움이 따랐는가에 대한 언급은 없는 편이다. 합동과 환원 과정에서 고신교회가 입은 손실은 다음과 같다.

첫째, 승동측과의 합동은 교회쇄신운동 과정에서 주창하던 회개가 중단되었고, 신사참배 반대운동의 영적인 지분을 합동측과 나누는 결과를 가져왔다. 두 총회의 합동시에 행정적인 면을 강조하고, 고신교회의 역사를 이원적 사실로 기록한다고 하였을 뿐, 동안 고신교회가 일관성있게 주창하였던 신사참배 결의의 부당성이나 이에 따른 공적인 회개, 나아가서 고신측의 단절에 대한 유감표명도 없었다. 두 교단의 합동은 신사참배 범과에 대한 회개운동이 중단되었다.[212] 아울러 고신교회가 가진 교회쇄신 운동의 전통이 합동측과 나누어지게 되었고, 한국교회 안에서 고신측의 선명성도 예전과 같지 않게 되었다.

둘째, 고신교회는 환원 과정에서 많은 교회와 지도자들을 잃었다. 1960년 합동 당시 고신교회는 모두 590교회였는데, 445교회만 환원에 동참하였고, 경기노회 보류측을 합하면 모두 177교회이다. 이는 당시의 교세 30%를 상실하는 것을 의미하였다. 고신교회가 환원할 때 합동측에 남은 김창인, 박희천, 정문호, 최훈, 이학인 등 이북출신의 중견 지도자들이었고, 이상근, 이용규, 정봉조, 최기채, 채은수, 황보연준 등이 그 뒤를 이었다. 합동측은 위기상황에서 상당한 지도자들을 수혈을 하였고, 합동측의 성장과 발전의 밑거름이 되었다.[213] 고신측은 인력 유출만 아니라 이북출신 목회자들의 대거 이탈로 영남중

---

212. 이에 대해 홍치모 교수는 "…한국교회가 과거에 저질렀던 신사참배에 대한 죄는 완전히 회개했다고 보기에는 너무 미숙하다. 한국교회는 이 문제를 마치 구렁이 담 넘어 가듯이 넘겨 버렸다. 고신교단은 합동측과 합침으로 회개운동은 중단된 셈이다. (고신교회의) 선지자적 정신도 상실해 버리고 말았다"고 했고, "합동하고 손해는 그동안 잘 믿는다고 하면서 합동하기 전 교회를 향하여 신앙생활 잘못한다고 외치며, 또 성도들에게 가르쳤는데, 합동을 하고보니 고려파의 신앙이란 것이 없어지고, 저들과 같이 되고 보니 고려파라는 인식이 없어졌으며", 서문로교회는 초기에 800여 명의 교회로 부흥이 되었지만 합동 후 고신측이나 승동측이 같은 교회가 되어 구분이 애매해졌고, 많은 성도들이 가까운 교회로 돌아가 버렸다. 합동과 환원 이후 고신측과 합동측의 구분이 애매해졌고, 승동측은 신사참배의 범과에 대한 철저한 회개 없이 사실상 면죄부를 받은 격이 된 것이었다. 나삼진, 『서문로교회 60년사』, 183-187.

213. 박용규, "예장승동측과 고려파와의 합동과 환원, 그 역사적 평가", 『고신교회, 어디서 왔다가 어디

심 교단으로 고착화되고 말았다.

셋째, 고신교회는 그 과정에서 고신신학의 바탕이었고 신학적으로 원숙기에 접어들었던 박윤선을 잃었고, 또 함께 일했던 김진홍, 이상근, 안용준 여러 교수들도 함께 잃었다. 그나마 고려신학교 출신의 홍반식, 오병세, 이근삼 교수가 함께 고려신학교에 남아 신학교의 새로운 기초를 놓은 것은 다행한 일이었다.

넷째, 당시 고신교회가 유일하게 고신교회와의 관계를 갖고 있던 미국 정통장로교회(OPC) 선교부가 환원의 절차상 문제점이 있다고 보았고, 미국정통장로교회 선교사들은 합동측에 남아 있었다. 고신교회와는 자매관계를 유지하였다.

다섯째, 고려신학교와 고신교회 기관지였던 「파수군」을 잃었다. 「파수군」은 1948년 창간된 고려신학교의 신학지로, 고신교회의 대중전달의 수단이었다. 「파수군」은 고신교회의 쇄신운동의 나팔수였는데, 합동 당시 편집인으로 있었던 안용준 목사가 합동측에 잔류하면서 잡지도 합동측에 남았다.[214]

여섯째, 새 찬송가 판권이 합동측에 넘어갔다. 고신교회는 당시까지 신편찬송가를 사용하고 있었고, 고신총회는 제8회(1958) 총회의 결의로 새로운 찬송가를 편찬하기로 해 편집이 거의 마무리된 상태에서 양 교단의 합동기념으로 새찬송가를 발행하였다. 그러나 고신교단은 환원할 때는 그 모든 판권을 합동측에 그대로 두고 나와야 했다. 이후 고신교단은 생명의 말씀사를 통해 여러 차례 새찬송가 지분을 요청하였으나, 합동측의 반대로 번번이 거부되었다.[215]

로 가는가? I』(용인: 미래교회 포럼, 2014), 287.

214. 편집인 안용준 교수는 「파수군」에 손양원 목사 전기와 옥중서한 등을 연재하여 전기 『사랑의 원자탄』을 펴내었고, 행정적인 예지와 경험으로 합동측 총무, 신학교 교수, 출판부장 등을 맡아 한 사람에게 집중된 직무로 불의의 탄핵을 받아 모든 공직에서 물러나야 했고, 미국으로 이주했다. 합동측에서는 「파수군」을 한때 10일마다 발행하는 순간(旬刊)으로 발행하다가 이것이 「기독신보」로 발전되었다.

215. 고신측은 1980년대 중반 한국교회 찬송가 통일 작업 때에도 정작 주도적으로 개발했던 새 찬송가 위원회 위원 교단이 아니라, 고신측의 위상을 배려한 찬송가 위원회 소속으로 참여하였는데, 아이

환원, 그 후

고신교회는 졸속한 합동과 환원으로 교세의 30%를 잃었다. 그럼에도 불구하고 환원 이후 1960년대 중반 이후 민족복음화운동으로 다른 교단이 성장의 물결을 타는 동안 고신교회는 순교정신을 이은 교단의 '빛나는 전통'과 '강한 자부심'에 함몰된 경향이 많았다. 1970년대에 더 이상 회개운동이 교회의 핵심적인 이슈가 될 수 없었지만, 지도자들이 시대의 흐름을 바로 읽고 교회가 나아가야 할 방향을 제시해 주지 못했다. 그 결과 합동과 환원의 위기에서 회복되기가 무섭게 다시 송상석 이사장과 교수진, 부산노회와 경남노회의 내분에 휩싸이게 된 것이었다.

고신측이 환원한 것은 불가피한 측면이 있었지만, 한 지도자의 결단에 의해 이루어졌다는 점에서 절차상 문제가 없는 것은 아니었다. 그 때문에 오늘날까지 환원의 정당성이 비판을 받기도 한다. 애당초 장로교회의 원리에 따라 합동하였기보다는 두 교단이 각각 처한 위기를 극복하기 위한 방편이었다. 그 결과 성급한 합동은 지속적인 하나됨으로 연결되지 못했고, 결국 환원으로 귀결되고 말았다.

고신교회가 합동한 후 3년 만에 환원하면서 고신교회는 심각한 손실을 가져왔지만, 이후의 한국교회 상황을 돌이켜보면 환원을 비난할 수만 없는 일이라 하겠다. 1950년대 초 교회쇄신운동기에 중도파의 입장이었던 노진현 목사가 합동측의 교권주의를 견디다 못해 박윤선 교수와 함께 1980년 합동신학교를 설립해 분립해 나간 것은 합동측의 일원으로 잔류했을 고신측 교회의 미래를 예상케 하는 것이라 할 수 있기 때문이다. 고신교회는 이후 합동 당시의 590교회를 회복하는 데 17년이나 걸렸다.[216] 고신교회는 이러한 일로 한국사

러니한 일이었다.

216. 교단 창립 30주년 기념 대성회(1977) 자료집에는 당시 교단 현황을 교회 수 592, 목사 295, 강도사 32, 목사후보생 61, 남전도사 188, 여전도사 91, 세례교인 30,820, 유아세례 7,479. 학습 10,008, 원입 15,081, 장로 507, 장립집사 326, 서리집사 7,038, 권찰 1,646, 주교생 39,472로 집계하고 있다. 『순교정신 계승하자』(부산: 대한예수교장로회 총회교육부, 1977), 110.

회의 고도의 경제성장기에 산업화와 도시화에 힘입어 고도의 교회 성장을 이루었는데, 고신교회는 환원의 후유증을 극복하는데 힘을 쏟아야 했고, 이후 신학교 분규와 부산노회와 경남노회의 분규가 이어져 고신교회의 에너지를 소모하고 말았다. 참으로 안타까운 일이었다.

22. 고신교회의 초기 지도자들 / 황권철

이번 항에서는 고신교회 초기 교회 지도자들에 대해 소개하고자 한다. 교회는 하나님이 세우신 제도이지만 사람을 통해 일하시기 때문에 고신교회를 위해 헌신하신 초기 지도자들의 삶의 여정과 신앙, 그리고 헌신과 봉사는 고신교회 형성에 크게 기여하였을 것이다. 본 항에서는 초기 고신 교회의 여러 인물 중에서 주남선, 한상동, 송상석, 이약신 목사 등 네 지도자들에 대해 소개하고자 한다.

주남선 목사

주남선(朱南善, 1888-1951)의 본명은 주남고(朱南皐)였다. 1888년 9월 14일 경상남도 거창군 읍내면 동동 28번지에서 태어난 그는 농업에 종사하면서 한학을 수학하였고 1908년 친구인 오형선(吳亨善) 조재룡(曺在龍)과 함께 호주 선교사에 의해 복음을 받고 기독교인이 되었다. 1909년 10월 10일에는 그의 동료들과 더불어 거창읍교회(현 거창교회)를 설립하였다.

매사에 적극적인 성품을 가졌던 그는 신앙생활도 열심이었다. 1911년 12월, 맹호은 선교사에게서 학습을 받고, 다음해 1912년 6월에 세례를 받았다. 1914년에는 황보기, 최봉성, 이평균과 함께 거창읍교회 집사가 되었다. 그해 4월 16일, 죽전 맹호은 선교사 댁에서 제1회 제직회를 가졌다. 이듬해 2월 28일, 장로로 장립을 받고 3·1운동이 발발했을 때 거창교회 중심인물인 오형선 장로, 고운서 등과 같은 해 3월 20일에 독립운동 시위를 주도했다. 그리고 그해 12월, 거창읍교회 장로가 되었고, 경남노회의 추천으로 1920년 평양장로회신학교에 입학하였다. 그러나 1921년 1월, 거창지방의 독립운동 사실이 발각되어 이덕생, 김태연 등 13명과 함께 1921년 1월 검거되어 옥고를 치르는 까닭에 즉시 신학교에 진학하지 못하고 1930년 3월에야 졸업을 하게 되었다. 졸업 후 경남노회에서 목사 안수를 받아 거창읍교회 목사로 부임하여 이후 평생을 거창읍교회에서 목회하였다. 1938년 신사참배문제가 발생하자 이를 반대하고, 거창을 중심으로 경남교회의 신사불참배 운동을 전개했고 1940년 7월 검속을 당하였다. 그가 옥중에서 종래의 남고라는 이름을 남선(南善)으로 바꾸었다. 그가 평양형무소에 있을 때 어느 날 꿈에 윤산온 박사(尹山溫, George, S. Mccune)가 나타나 그의 이름을 부르고는 그에게 앞으로 '주남고'라고 부르지 말고 '주남선'이라고 하시오 하고 사라졌다고 한다.

1945년 8월 17일 석방된 그는 이기선, 한상동 목사 등과 함께 평양 산정현교회에서 1개월가량 부흥집회를 개최하면서 한국교회의 회개를 촉구하였다. 같은 해 9월 거창으로 돌아와 11월 제47회 경남 노회장에 피선된 후 옥중에서 한상동 목사와 논의한 바 있었던 한국교회 재건 방침의 하나인 신학교 설립을 구체화하여 1946년 9월 고려신학교가 정식 설립되기에 이르렀다. 같은 해 12월 경남노회에서 일제시대 경남교구장이었던 김길창(金吉昌) 목사가 노회장이 되고 주남선, 한상동 목사를 중심으로 교회재건운동에 제동이 걸리면서 고려신학교 인정 취소라는 사태까지 이르게 되었다. 이에 고려신학교 측은 노회를 탈퇴하여 경남(법통)노회를 조직함으로써 고려파 총회 설립이 이루어졌다. 주남선은 신실한 목회자이자 설교자였고 존경 받는 인물이었다. 6·25 전쟁 기간에도 피난을 거부하고 교회와 신자들을 보살폈던 주남선은 간암으로 투병하다 1951년 3월 23일 63세를 일기로 세상을 떠났다. 그는 1977년 건국포장, 1990년에 건국훈장 애국장을 받았다.

주남선 목사는 거창이 낳은 위대한 인물이다. 앞에서 말했듯이 그는 거창에서 태어나 1909년에 설립된 거창교회 초기 신자가 되어 한 교회에서 주일학교 교사로, 집사로, 장로로, 전도사로, 또 두 번에 걸친 담임목사로 시무한 한국 기독교계 거목이었다. 또한 그는 나라 잃은 시절 독립운동에 앞장서고 일제가 신사참배를 강요할 때 끝까지 굴복하지 않고 감옥에 갇혀 있다가 광복을 맞이한 나라를 사랑하고 신앙의 지조를 지켜온 애국자이다. 그뿐 아니라 1946년 9월에 한상동 목사와 함께 고려신학교를 설립하여 초대 이사장이 되어 고려신학교에 크게 이바지했다. 그 후, 거창교회와 그의 장남 주경중 장로가 1953년에 거창고등학교를 설립하였고 또 고려고등성경학교와 거창성경학원을 설립하여 교육에 지대한 공헌을 한 교역자이다.

고신교회의 초기 지도자들. 시계방향으로 주남선, 한상동, 이약신, 송상석 목사

한상동 목사

한상동(韓尙東, 1901-1976)은 1901년 7월 30일 경남 김해군 명지(鳴旨)에서 한재훈(韓在勳)과 배봉애(裵奉愛) 사이에서 4남 4녀 중 넷째로 태어났다. 다섯 살 때인 1906년, 5촌 당숙인 한금출의 양자로 입적하였다. 유년기에는 서당에서 한문을 수학하였고, 1910년에는 다대포에 위치한 실용학교(實用學校)에서 수학하였고, 교사였던 김성권으로부터 독립과 애국정신을 배웠다.

1916년에 이 학교를 졸업한 그는 동래고등보통학교에 입학하였으나 수학하지 못하였고, 1918년에 실용학교 임시 교사로 부임하였다. 1921년 5월 31일 그의 나이 만 20세가 되던 해에 동래군 기장면의 김두천 씨의 장녀인 김차숙(金次淑)과 결혼하였다. 그해 9월에 인생문제에 고민하다가 1924년 4월경에 박창근 전도사의 전도를 받고 다대포교회 출석하였다. 그 이듬해 3월에 세례받고 이전과 완전히 다른 삶을 살았다. 신자가 된 그가 유교적 제사를 인정하지 않았기에 핍박을 받았다. 가족들의 권면을 거부하고 신앙생활을 계속했기에 교회 출석을 시작한 지 2년 후인 1926년 한 씨 문중에서 파양선고(罷養宣告)를 받았다. 이 같은 결단이후일 신사참배 강요를 반대하는 신앙투쟁을 가능하게 한 것으로 보인다.

호주 선교부가 설립한 진주 광림학교 교사로 일하던 한상동은 평양신학교에 입학하여 수학하고 1937년 3월 제32회로 졸업했다. 그후 초량교회, 마산문창교회에서 시무하던 중 신사참배 거부로 교회를 사임하고 밀양마산교회에서 두 달간 피신하며 목회하였다. 1938년 9월 10일 장로교 제27회 총회가 평양 서문밖교회당에 회집하여 신사참배를 가결하자 한상동 목사는 신사참배를 가결하자 조직적으로 반대운동을 시작했다. 특히 1939년 여름 부산 근처인 수영해수욕장에서 몇 사람의 동지가 수양하면서 기도한 일이 신사참배 반대운동의 시작이 되었다.

한상동 목사는 신사참배 반대운동을 조직화하려 했으나 주기철 목사는 이 일에 동의하지 않았다. 주기철 목사는 일본제국주의와 투쟁하는 일에 모든 면에서 한상동과 뜻을 같이 했으나 신사참배 반대하는 교회들만의 치리회 구성하는 것에는 한상동과 이견을 보였다. 그래서 한상동은 최상림, 손명복, 이인재 조수옥, 최덕지 등과 함께 이 지역에서 신사참배 반대자들을 규합하여 교회와 성도들이 신사참배 하는 행위에 대항해 적극적으로 나섰고, 이때부터 일제는 교회 지도자들을 검속하기 시작했다. 이로 인해 약 2천 명이 투옥되고 50여 명이 옥중에서 순교했으나 실제 확인된 사람은 약 30여 명 정도 된다.

후일에 하나님의 은총으로 해방을 맞이하게 되었고 한국교회 그루터기로 출옥한 성도들은 평양신학교 복원을 위해 고려신학교를 설립하게 되었다.

송상석 목사

송상석(宋相錫, 1897-1978)은 1897년 12월 20일 마산에서 미곡상을 하던 송국필(宋國弼)과 손일남(孫一南)의 아들로 출생하였으나 7살 때 아버지를 여의고 편모슬하에서 자랐다. 한문을 공부하던 그는 1910년 마산공립보통학교(현 성호초등학교)를 졸업하고 마산간이농업학교에 진학하여 1916년 졸업하였다. 서울로 유학한 그는 현재 고려대학교가 된 보성학교 법과에 진학했으나 가정 형편상 2학년 때 학업을 중단하고 귀향하였다. 그 후 양산 통도사 입산하여 불교에 빠지기도 했고, 한때 경찰에 투신하여 1919년 3.1운동 당시 통영경찰서 순사로 욕지도에 주재하였다. 23세가 되던 1920년 순사직을 사임했다. 그가 경찰로 근무한 기간은 2년 정도에 불과하고 경남 통영지방에서 근무한 것으로 알려져 있다. 그 후 통영군 원량면 욕지도의 사립 원량학교 교원으로 부임하여 일하던 중 학교 옆 욕지교회 영수인 강사영(姜仕榮)과 교역자였던 강상은의 전도를 받고 기독교 신자가 되었다. 신자가 된 그는 즉각 술과 담배를 끊고 절제운동을 실천하였다.

그 후 통영의 호주선교부가 운영하던 진명여학교로 옮겨 일하던 중 동료교사였던 김난출(金蘭出)과 1924년 결혼했다. 김난출은 1921년 3월 부산진 일신여학교를 9회로 졸업한 여성이었다. 송상석은 교사로 일하던 한편 경남지방 YMCA 운동에 투신하여 부산의 양성봉, 마산의 이영한 등과 교분을 나누며 청년운동에 참여하였다. 그 후 한동안 애국주의자들과 손을 잡고 절제운동을 해 오다가 1931년에 평양신학교에 입학하여 1934년 제29회로 졸업한 박윤선과 동기 동창이었다.

이상규 교수는 초기 고신교회를 세우는데 중요한 세 사람을 소개하면 한상동 목사(1901-1976), 박윤선 목사(1905-1988), 그리고 송상석 목사(1897-1978)

라고 했다.[217] 이들은 일정한 역할을 분담하면서 교회건설에 동참하였고, 동사하면서 대립하였고, 대립하면서 동역하며 고신교회 역사를 엮어 갔다. 오병세 교수는 신학적인 면에서는 박윤선 박사가, 신앙(영적) 영역에서는 한상동 목사가, 그리고 교회 행정과 정치에서는 송상석 목사가 교단을 위해 기여한 것으로 평가했다.[218] 한상동과 박윤선에 비하여 송상석 목사는 비교적 많은 조명을 받지 못했으며 최근에 송상석 목사의 저술이 나온 것은 다행한 일이라고 생각한다.

송상석 목사는 1948년 12월 27일 이약신, 황철도 목사 뒤를 이어 마산문창교회 위임목사가 되었다. 한상동 목사가 6개월 시무한 바 있는 마산문창교회는 역사가 오래된 마산의 중심교회였다. 그는 은퇴할 때까지 경남노회 혹은 경남법통노회 목사로 사역하면서 경남노회를 대표하는 고신총회 중심에 서게 되었다. 송목사가 마산문창교회 부임하여 3년이 지날 무렵 1951년부터 1970년까지 교회 재산권 문제로 소송에 휘말리게 되었다. 송상석은 1970년 9월 상남동에 제일문창교회를 설립함으로 지리한 싸움은 막을 내리게 된다. 송상석은 일제하에서 추진했던 절제운동을 해방 이후에도 계속했다. 그러나 그의 이 같은 운동을 고신의 전통으로 계승하지 못했다. 송상석은 역사에 관심이 많았다. 그는 영수증 하나라도 버리지 않고 수집해 두었는데 그의 방대한 교회사 자료가 한국기독교박물관으로 넘어가 버렸다. 1974년 총회 산하 경남노회와 부산노회의 대립으로 송상석 목사는 총회특별재판국에 의해 1974년 12월 4일 면직처분을 받았다. 송상석 목사는 1980년 12월 20일에 하나님의 부르심을 받았다. 경남노회에서 분리된 마산노회는 2007년 10월 15일 개최된 정기노회에서 곽삼찬 목사 주도로 고 송상석 목사 복권을 제58회 총회(2008)에 청원하여 이 청원에 따라 2008년 2월 14일 회집된 총회 운영위원회는 임원회 보고

217. 이상규, 『교회쇄신운동과 고신교회의 영성』 (서울: 생명의양식, 2016), 355.

218. 송상석, 『법정소송과 종교재판』 71. 오병세 박사와 대화(2006. 7. 31. 천안고려신학대학원 회의실). 이상규, 『교회쇄신운동과 고신교회의 영성』 355.

를 받고 제32회 총회(1982) 영입정신에 의거하여 고 송상석 목사를 해벌키로 만장일치로 결의했다.[219]

이약신 목사

이약신(李約信, 1898-1957) 목사는 1898년 4월 25일 이병승(李炳昇)과 어머니 박은승(朴恩昇) 의 여섯째 막내아들로 태어났다. 집안은 소농으로 가난하여 아들 셋이 어려서 사망하고 딸 둘만 살아 있는 가운데 막내로 태어났다. 당시 큰 누님은 출가한 후였으며, 여덟 살 위의 작은 누님만 남아 집안 식구는 비교적 단출한 편이었다. 정주군은 선천지역과 함께 시대적 물결과 교육을 받아들이는데 앞선 지역이다. 일찍 중국 만주에서 개신교 신앙을 받아들인 기독교인들은 압록강을 건너와 신의주에서 교회를 세우기 시작했다. 언더우드 박사를 비롯한 미국 장로교와 감리교 선교사들은 전도사업, 교육 및 의료사업에 주력했다. 이는 선천 평양 및 황해도 지역에서 새로운 삶과 새로운 국가건설을 갈망하는 한국민들의 호응으로 급속하게 발전해 갈 수 있었다. 정주군 곽산면 지역은 안창호 선생과 함께 신민회를 조직하고 개화운동과 독립운동 등에 앞장선 양기탁의 고향으로 일찍부터 개화의 영향을 받았다.

이약신 목사가 두 살 되던 해 그 부모는 기독교로 입교했다. 부모님은 한글을 열심히 공부하여 부자간에 열심히 성경공부에 몰두하고 성경에서 깊은 위안을 얻었다. 그들은 허약한 막내아들에 대한 걱정으로 열심히 하나님께 매달려 기도했다. 살아남은 부자들만이라도 무사히 성장하여 하나님을 위한 훌륭한 일꾼이 되게 해 달라고 간구했다. 기독교로 개종한 부모님의 독실한 신앙은 딸과 아들의 이름에 잘 나타나 있다. 딸은 애시(愛施), 아들은 약신(約信) 으로 지었다. 애시는 사랑 애(愛)자와 베풀 시(施)로 사랑을 베푸는 사람이 되라는 뜻이었고, 약신은 언약 약(約)자와 믿을 신(信)자로 이 아들은 하나님을 믿

219. 기독교보 2008. 2. 23. 총회운영위원회 결정은 2008년 9월 22일 천안신학대학원 강당에서 개최된 제58회 총회보고되었다(제58회 총회의록).

는 언약으로 훌륭한 일꾼이 되게 바친 것이다. 애시와 약신에 대한 부모의 희망은 신교육을 시키려는 열망으로 나타났다. 애시는 13세 때 당나귀를 태워 평양까지 보내 선교사들이 세운 정의여학교에 입학했다. 그러나 15세 때 아버지가 돌아가자 애시는 고향으로 돌아와서 가계를 꾸리며 동생을 돌보았다. 이때 남강 이승훈(南岡 李昇薰) 선생이 구시대 교육기관인 서당을 개조하여 신학문을 가르친 강화의숙(講和義塾)에서 소학 과정을 가르치기 시작했다.

남강 이승훈은 1907년 12월 오산학교를 개설했다. 민족 지도자 양성을 목표로 한 신교육기관으로 소학교 과정에서 점차 중학교 과정까지 가르치는 정규학교로 발전했다. 이때 경남지방에서도 학생들이 유학을 갔다. 경남 웅천에서 주기철과 그의 사촌 주기용이 오산중학교에 왔다. 이약신과 주기철의 만남은 이로써 시작되었다. 민경배가 저술한 『순교자 주기철 목사』 전기에 의하면 주기철은 1913년 봄에 입학했다. 유영모 선생이 처음 오산에 재직한 기간은 1910-1914년이다. 유영모는 신앙생활로 학생들에게 깊은 영향을 주었다. 문리와 천문학을 가르치면서 기독교적 세계관을 전수하고 인격적 감화를 끼쳤다. 그는 오산중학의 정신과 기독 신앙적 교육의 토대를 내리는 것에 기여했다. 함석헌도 이때 학생으로 그의 영향을 깊이 받았다. 이약신은 주기철과 그의 사촌 주기용과 함께 오산학교 1916년에 7회로 졸업하여 주기철을 따라 경남 진해로 내려와 웅천 개통보통학교 교사가 되었다. 그 후 이약신은 고향 정주로 돌아가지 않고 마산으로 장가든 다음 평양신학교를 졸업하고 경남을 제2의 고향으로 삼아 평생 목회자의 삶을 살았다.

이약신은 평양신학교를 1929년 3월에 졸업하고 진주 옥봉장로교회(현 진주교회)의 초빙을 받아 목사로서 교회를 섬기는 목회생활을 시작했다. 진주교회는 당시 호주 선교사 권임함 목사(Rev. Cunningham)가 당회장으로 있었고, 이약신 목사를 동사목사로 위임했다. 진주교회는 선교회의 관여와 통치에서 자립하지 못한 상태로 신학교를 갓 졸업한 젊은 목사를 동사목사로 삼았다. 이약신 목사는 이곳에서 2년 남짓 시무한 후 부산 초량교회에 청빙을 받아갔다. 초량교회 부임은 주기철 목사가 마산으로 떠나면서 주기철 목사의 추천으로 가게 되었다. 호주선교 100주년 기념대회 때는 한국교회 대표로 초청을 받아 호주를 방문하였고, 이후 신사참배 거부로 초량교회를 사임하고 평양으로 이거하여 평양 신광교회를 시무하게 되었다. 이때 송상석 목사와 동사하게 된다. 그러다가 8·15해방을 맞아 마산으로 돌아와 마산문창교회에서 시무한 후 진해지역으로 옮겨 가 목회하다 마지막으로 진해남부교회를 개척하고 진해에서 목회활동을 마치게 되었다. 이약신 목사는 주기철과 한평생 함께 한 복음의 동지였고, 송상석 목사와도 근친한 관계였고 그가 송상석 목사를 고신교회로 인도했다.

23. 고신교회와 협력했던 선교사들 / 정하태

본 항에서는 고려신학교 개교와 대한예수교장로회 총로회의 조직, 그리고 신학교와 교단이 성장해 가는 과정에서 고려신학교와 고신교회를 도우며 협력했던 외국인 선교사들의 면면에 대해 소개하고자 한다. 특히 여기서는 한부선, 함일돈, 마두원, 하도례 등 네 선교사에 대해 소개하고자 한다.

한부선 목사

미국 정통장로교(OPC) 선교사였던 한부선(韓富善, Bruce F. Hunt, 1903-1992) 목사는 주한 북장로교 선교사 한위렴(韓衛廉, William B. Hunt, 1869-1953) 목사의 아들로 평양에서 태어났다. 아버지의 임지인 제령에서 성장하며 평양외국인학교에서 수학하고 1919년에는 미국으로 건너가 휘튼대학(Wheaton College)과 라트거스(Rutgers) 대학에서 수학한 후 1924년 가을에는 프린스톤신학교에 입학하여 1928년 졸업했다. 그해 4월 25일 미국 북장로교회의 뉴 부른스윅 노회에서 안수를 받고, 한국선교사로 임명되었다. 1928년 9월 내한한 그는 청주지부에 배속되었다. 1932년 9월 27일에는 케더린 블레어(Katharine Blair)와 결혼했는데, 케더린은 북장로교의 선교사 윌리엄 블레어(邦偉良, William N. Blair)의 둘째 딸이었다.

한부선은 1935년 첫 안식년을 맞아 웨스트민스터신학교 대학원에서 공부하던 중 1936년 미국북장로교회를 탈퇴하고 정통장로교 창립회원으로 참여하였다. 정통장로교는 메이첸에 의해 1936년 미국장로교회(The Presbyterian Church of America)라는 새로운 교단으로 출범했는데, 1939년 2월 정통장로교회로 개칭되었다.[220]

---

220. 이상규, 『교회 쇄신운동과 고신교회의 형성』, 308.

1936년 7월 메이첸의 독립선교부 선교사로 다시 내한한 그는 만주 하르빈을 중심으로 활동하였다. 그는 만주에서 사역하는 동안 신사참배를 반대하고, 신사불참배운동을 주도하였다. 1938년 장로교 제27차 총회가 신사참배를 가결했을 때 한부선은 이의 부당성을 항의한 일은 널리 알려져 있다. 그는 배의남 의사와 함께 1941년 10월 22일 체포되어 약 7개월 동안 투옥되었다가.[221] 1942년 6월 추방형식으로 미국으로 돌아갔다.[222]

해방과 함께 1946년 10월 28일 단신으로 부산으로 돌아온 그는 1946년 11월 13일부터 고려신학교 교수로서 강의하기 시작하여 1947년 10월 14일 박형룡 박사가 고려신학교 교장으로 취임할 때 박윤선과 함께 교수로 정식 취임하였다. 그는 출애굽기, 교회사 그리고 교회행정을 시작으로 성경, 실천신학과 교회사, 교회정치 등을 강의했다.

한부선은 고려신학교만이 아니라 칼빈학원, 그리고 고려고등성경학교에서도 가르쳤다. 영문학을 전공한 부인 한가태도 고려신학교와 칼빈대학에서 영문학과 영어를 가르쳤다. 그는 1976년 은퇴하기까지 고려신학교 교수로 봉사했고 지역교회를 위해서도 크게 헌신했다. 한부선은 철저한 개혁주의자였고 네비우스 선교정책의 신봉자였다. 그는 진정으로 한국과 한국교회 한국인을 사랑했고, 자신을 '절반의 한국인'이라고 불렀다. 그가 남긴 대표적인 기록이 『증거가 되리라 *For a Testimony*』 (The Banner of Truth Trust, 1966년)인데, 1977년 그리고 2000년에 재출간되었다.

함일돈 목사

1890년 4월 3일 뉴욕 버팔로 인근의 바타비아(Batavia)에서 출생한 함일돈(咸日敦, Rev. Floyd E. Hamilton, 1890-1969)은 코넬대학교(1908-9)를 거쳐

221. 안용준, "고독한 진리 파수자 한부선 선교사2," 「파수군」 62(1957. 4), 12-18.

222. 안용준, "고독한 진리 파수자 한부선 선교사3," 파수군 63 (1957. 1), 15-23; 이상규, 『교회 쇄신운동과 고신교회의 형성』, 308.

알라바마주의 워세터대학(Woceter College)을 졸업하고, 프린스톤신학교에 진학하여 1919년 신학사(BD) 과정을 마치고 졸업하였다. 그해 5월 12일 북장로교 워세터(Woceter)노회에서 목사안수를 받고, 6월 2일 본브레이크(Ruth Hendren Bonebrake)와 결혼했다. 그해 12월에 미국을 떠나 1920년 1월 4일 내한했다.[223] 이때부터 1936년까지 평양에서 북장로교 선교사로 일했다. 한국선교사로 일하고 있던 기간 중 안식년을 이용하여 프린스톤에서 공부하고 1926년에는 신학석사(ThM) 학위를 받았다.

1920년 내한한 그는 평양지부에 배속되어 농촌지역 전도사역에 열중하였으나 곧 평양신학교 교수로 초빙되어 변증학을 강의했고, 1926년 5월 7일부터 1936년 12월 17일까지 약 10년 간 평양 숭실전문학교 교수로 봉직했다. 1936년 10월 13일에는 북장로교를 떠나 정통장로교 필라델피아노회로 이적했다. 그래서 이제는 독립선교부(후일 정통장로교 선교부) 선교사가 되었다. 함일돈은 한부선과 더불어 신사참배를 반대한 인물인데 마두원(Dwight R. Malsbury, 馬斗元)와 함께 한국인 신사불참배자들을 지원했다. 그러나 1940년 체포되었고 가택연금 상태에 있다가 추방되어 태구 마루(Taegu Maru)호로 미국으로 돌아갔다.[224]

해방과 함께 선교사의 입국이 가능해지자 1948년 5월 18일 함일돈은 다시 한국으로 돌아왔다. 이때는 미국 성경장로교(Bible Presbyterian Church) 선교사로 내한하였고, 마두원, 최의손(崔義遜, Dr William H. Chisholm) 등과 함께 사역하였다. 그는 변증학 분야의 유능한 학자였으므로 내한 즉시 고려신학교 교수로 초빙되었고, 고려고등성경학교에서는 강사로 봉사했다. 고려신학교에서 창세기를 비롯한 모세 5경, 주경신학, 그리고 변증학 분야를 강의하였다. 그의 해박한 지식은 개교한 지 2년 남짓 된 고려신학교에 새로운 활력을

223. 이상규, "함일돈의 생애와 선교사역," 『고신의 인물과 신학사상』 (서울: 도서출판 영문, 1996), 106.

224. 이상규, 『교회 쇄신운동과 고신교회의 형성』, 311.

붙어넣었다. 6.25동란 중에 한국을 떠나 있었던 기간을 고려하더라도 고려신학교에서의 교수 기간은 길지 못했다. 1950년 한국동란이 발발하자 부산에 체류할 수 없어 일본으로 떠났다.

그는 교수로 일하는 한편 1946년 5월 12일 은혜교회를 설립하고 박병호 전도사를 교역자로 청빙하여 함께 봉사하였고, 1948년에는 충무동에 성경교회를, 1949년 초 가을에는 서대신동에 복음교회를 마두원 선교사들과 함께 설립했다.[225] 은혜교회는 후일에 성북교회로, 성경교회는 지금은 충일교회로, 복음교회는 신일교회로 개칭되었고 다시 서대신교회와 신평로교회로 개칭되었다.

함일돈 교수가 남긴 대표적인 저술은 『기독교변증론』인데, 1927년에는 *The Basis of Christian Faith*라는 제목으로 뉴욕의 하퍼출판사에서 출판되었다. 그 외에도 『진화론의 기초』(*The Basis of Evolutionary Faith: A Critique of Theory of Evolution*, London, 1931), 『천년왕국신앙의 기초』(*The Basis of Millennial Faith*, Eerdmans, 1941), 『현대사회에서의 개혁신앙』(*The Reformed Faith in the Modern World*, OPC, 1950) 등을 출판했다.[226] 그의 저작들은 "근본적으로 칼빈주의 신학을 해설하거나 해명함으로써 1920년대 이후에 나타나기 시작한 근대주의 신학적 도전을 대항하여 역사적 기독교 신앙을 변호하려는 변증적 동기에서 나온 작품들"[227]이었다. 한국을 떠난 그는 뉴 햄프셔의 트로이(Troy)에서 목회하던 중 1969년 9월 2일 79세를 일기로 교통사고로 세상을 떠났다. 그의 아내 룻은 1979년 7월 24일 세상을 떠났다. 한국에서 출생한 그의 5남매는 로버트(Robert), 메리(Mary), 리차드(Rechard), 데이비드(David), 룻(Ruth)는 한국에서 자랐고, 네 자녀가 선교사 혹은 목사가 되었다.

---

225. 「면려청년」 6 (1950. 1. 1).
226. 이상규, "함일돈의 생애와 선교사역," 111.
227. 이상규, 『교회 쇄신운동과 고신교회의 형성』, 312.

고신교회와 협력했던 선교사들. 시계방향으로 한부선, 함일돈, 하도례, 마두원 선교사 부부.

마두원 목사

마두원(馬斗元, Dwight R. Malsbury, 1899-1977) 선교사는 1899년 5월 22일 미국 캘리포니아주 스톡톤(Stocton)에서 알버트 말스베리(Albert Malsbary)의 9남매 중 일곱 번째로 태어났다. 어려서부터 음악을 좋아했고 음악적인 가정의 분위기 속에서 성장한 그는 1920년 캘리포니아주 프레스노(Fresno) 초급대학을 마치고 시카고 셔우드음악대학(Sherwood Conservatory in Chicago)에서 수학했다. 재학 중인 1922년 1월 9일 함께 기도하며 음악을 통한 동양 선교의 꿈을 키워온 폴린(Pauline)과 결혼하였다. 1926년 셔우드 음악대학을 졸업한 그는 1927년에 대학원에 진학하여 1929년까지 음악을 더 공부하였고, 셔우드 음대 오케스트라나 다른 오케스트라의 프리랜서 연주가로, 그리고 미국 음악학회지의 자문위원 등으로 활동했다.

1929년 초 마두원 부부는 셔우드음악대학 총장 류얼린(Llewelyn) 박사의 집무실에서 곽안련(郭安蓮, Charles Allen Clark, 1878~1961) 선교사로부터 평양 숭실대학교가 보낸 전보를 통해 음악선교사로 초청을 받았고, 동년 음악 선교사로 내한하였다. 숭실학교에서 가르치면서 숭실학교 음악 밴드를 조직하였고, 평양숭실전문학교와 평양외국인학교에서도 제자들을 가르치며 한국에 서양음악을 소개했다. 김동진, 박태준, 김홍전, 채리숙, 한동일, 백건우, 안익태 등이 그의 제자였다.[228] 1936년 일본이 신사참배를 강요하자 마두원은 평양숭실전문학교를 사임하고 학생들과 자신의 집에서 기도회를 열었다. 이곳에서 함께 기도했던 학생들이 방지일, 박윤선 목사 등이었다. 1940년 12월에는 한국을 떠나 고향 프레즈로로 돌아갔다. 1941년부터 1942년까지는 시카고 무디신학교(Moody Bible Institute)에서 성경과 신학을 공부하고 목사 안수를 받았다. 후에는 캐나다 알바타 주 스리힐즈에 있는 프레어리 신학대학교(The Prairie Bible Institute)에서 1942년부터 1947년까지 5년 동안 음악교수로 사역하였다. 마두원은 1947년에서 1948년에 필라델피아 페이스신학교에서 박사학위 디플로마 과정을 마쳤으며, 1965년 5월 25일 명예신학박사 학위를 수여받았다.

1948년 3월 10일 마두원 선교사는 미국 성경장로교 소속 선교사로 1948년 3월 30일 인천 에 도착했다. 1948년 4월 15일에는 최의손(崔義遜, Dr. William H. Chisholm) 선교사와 부산으로 내려와 부산 초량동에 있는 적산가옥(敵産家屋)을 매입하여 숙소로 사용하였고, 경찰서 내의 구치소 같은 낡은 건물을 매입하여 선교본부로 사용하였다. 후에 이 건물이 고려고등성경학교 건물로 사용되었다. 부산을 거점으로 활동하되 서울과 부산을 오가며 중앙방송국(현 KBS)의 '가스펠 아워(Gospel Hour)'라는 방송을 진행하였고, 고려신학교에서는 성경과 음악을 가르쳤다. 특히 그는 『음악코스 연습』 이라는 책

228. 김광섭, 전민수, 『마두원 선교사』, 401-402.

을 출판했다.

마두원 선교사는 부산에서 서울과 강원도 일대를 왕래하면서 일했으나 1960년경에 강원도로 이동하여 홍천군 일대에 26개 교회를 개척 설립하였는데, 타 지역 개척교회의 수까지 합하면 약 43개 처가 된다.[229] 또 홍천에 제이드(Jade)병원을 설립하여 강원도에 의료선교의 기반을 마련하였다. 1977년 7월 28일 강원도 홍천에서 교통사고로 하나님의 부르심을 받았다.[230]

주요 저서들로는 『구약개론』(1953), 『레위기강해』(1978), 『고린도전서 강해, 히브리서 강해』(1970), 『천년왕국시대 논문』(1971), 『다니엘서』(1968). 『요한1서』(1972), 『요한계시록』(1973), 『연합장로교인들에게 보내는 호소문』(1967), 『두길』(1966) 등이 있다.

하도례 목사

하도례(河道禮, Theodore Hard, 1925-2009) 선교사는 1925년 9월 11일 미국 코네티컷주 토링톤(Torrington)에서 10남매 중 장남으로 출생했다. 목장을 운영하는 아버지와 함께 농촌에서 성장한 그는 고향에서 초중등학교를 마치고 예일대학교에 입학하였다. 그러나 한 학기를 마치고, 만체스터에 있는 성 안셈(St. Anselm)대학에서 비행기 조종사 교육을 받고 공군 항법사로 임명되었다. 미공군 비행대대의 일원으로 대동아전쟁 말기에는 일본에 대한 원폭투하에도 참여했다. 전쟁이 끝난 후 휘튼대학(Wheaton College)에 편입하여 공부하던 중 휘튼대학 동료였던 그레이스 보겔(Grace Vogel)을 만나 1947년 6월 26일 결혼했다. 1949년에는 휘튼대학을 졸업하고 웨스트민스터신학교에서 수학한 후 1952년 졸업하였다. 후에는 이 학교 대학원에 진학하여 변증학을 전공하여 석사학위를 취득했다. 목사가 된 그는 1953년 한국선교를 자원하였고, 1954년 1월 미국정통장로교(OPC) 소속 선교사로 내한하여 1988년까지

229. 김광섭, 전민수, 『마두원 선교사』, 840-858.

230. 김광섭, 전민수, 『마두원 선교사』, 862-863.

34년간 봉사했다. 이 기간 동안 교회설립과 개척, 신학교 교수 사역, 사회봉사, 저술 활동을 전개했다. 한국에서 은퇴한 그는 다시 필리핀으로 가서 3년간 더 일하고, 1991년 은퇴하였다.[231]

하도례 선교사는 내한 후 한국어를 익히고 한국의 여러 기관과 교회를 위해 봉사했다. 지역 교회 개척과 후원을 비롯하여 고려신학교 혹은 고려신학대학, 고신대학의 교수로 가르치며 저술활동을 통해서 봉사하는 한편 양서 보급에도 힘썼다. 그가 1960년부터 1980년까지 고신대학교의 도서관장으로 일하면서 국내에서 수급하기 어려운 신학교육에 필요한 양서를 공급하였을 뿐만 아니라, 대구의 경북신학교, 합동교회가 운영하던 부산 영도의 부산노회신학교 도서관 설립에도 기여하였다. 특히 그는 한국과 인도, 필리핀 등 아시아 여러 나라 신학교육 기관에 도서를 공급하고 도서관 장서 확보를 위해서도 헌신적인 노력을 기울였다.[232] 무엇보다도 하도례 선교사는 고신대학교 교수로서 값진 봉사를 했다. 내한하여 처음에는 강사로 일했으나, 1965년부터는 전임교수로 활동했고, 신학의 여러 분야를 교수했다. 한 때는 성경언어를 가르치기도 했으나 주로 선교학과 문화 관련 과목을 교수하셨는데, 선교학, 엘렝틱스, 험증학, 문화인류학 등이었다.

하도례 선교사는 1963년 영광신학교를 설립하고 1970년까지 교장으로 봉사하면서 사회적으로 소외된 이들을 위해 헌신하였다. 1955년에는 부산 광복동 구 남교회 지하 공간을 이용하여 기독교도서관(Christian Reading Room)을 설치하여 일반인도 기독교 교양서적을 접할 수 있게 배려하였다. 1957년에는 국제적인 기독교 조직인 '개혁주의신행협회' 한국지부 창립회원으로 일한 점이나, 1960년 이후 복음주의 도서관 협회 설립 회원으로 일한 점 또한 그가 남긴 업적이다.[233]

---

231. 이상규, 『교회 쇄신운동과 고신교회의 형성』, 313-314.
232. 이상규, 『교회 쇄신운동과 고신교회의 형성』, 314.
233. 이상규, 『교회 쇄신운동과 고신교회의 형성』, 315.

교수와 함께 필요한 교재를 제작하기도 했는데, 1968년 편역한 『신학원어 참고서』, 『기독교 고전』, 『종교와 사회』, 『문화와 확신』, 『웨스트민스터 개요서 해설』 등이 그것이다. 『신학사전』의 편찬 또한 그가 남긴 학문적 기여라고 할 수 있다.

한국에서 34년간 일하면서 고려신학대학을 위해 크게 기여하였고, 한국과 아시아에서 교회와 신학교육, 사회발전을 위해 봉사한 공적을 기념하여 고신대학교는 2000년 2월, 그에게 명예신학박사학위를 수여한 바 있다. 은퇴한 그는 펜실베니아주 마운트 모리스(Mount Morris)에서 부인과 함께 노후를 보내던 중 2009년 3월 15일 84세의 나이로 하나님의 부름을 받았다.[234] 은퇴 후 그는 자신의 삶의 여정을 *Hopefully Faithful and Useful*이란 제목으로 편집해 두었는데, 2010년 6월 고신대학교 출판부에 의해 『나의 달려갈 길을 마치고』라는 제목으로 역간 되었다.[235]

---

234. 이상규, 『교회 쇄신운동과 고신교회의 형성』, 315.
235. 하도례, 『나의 달려갈 길을 마치고』 (부산: 고신대학교 출판부, 2010) ; 이상규, 『교회 쇄신운동과 고신교회의 형성』, 315.

24. 고신교회의 여성지도자들 / 이상규

고신교회에는 초기부터 전도사로, 권사로 혹은 부흥운동가로 교회의 형성과 발전에 기여한 여성 지도자들이 있었다. 이들의 봉사와 헌신, 특히 부흥집회를 인도하면서 회개와 자숙을 강조하였고, 고신교회의 정신을 고취하고 그리스도인 다음 삶을 가르쳤다. 이 항에서는 초기 고신 교회의 위대한 여성지도자들인 명향식 전도사, 조수옥 권사, 박인숙 전도사, 우태숙 선생, 그리고 박복달 권사에 대해 소개하고자 한다.

명향식 전도사

명향식(明香植, 1910-1979) 전도사는 고신교회 형성기의 여성지도자였을 뿐만 아니라 한국교회 성령운동의 선구자였고 부흥운동가였다. 무척산기도원 원장이기도 했던 그는 고신교회의 신앙형성에도 큰 영향을 끼쳤다.

그는 1910년 11월 5일 평양에서 불신가정에서 출생한 그는 어릴 때부터 영특하고 총명했다. 부모를 따라 만주 하얼빈으로 이주하여 그것에서 살던 중 20가 되던 해에 송봉현(宋奉鉉)이라는 청년과 혼인했고, 슬하에 현호와 은파 남매를 두었는데, 남편은 1943년 심장마비로 사망했다. 해방과 함께 귀국한 명향식은 두 가지 사상적 전환을 겪게 된다. 첫째는 공산주의를 접하게 된다. 한국에서 공산주의 운동은 3.1운동 이후 나타나는데, 하얼빈에 살던 한인들도 공산주의를 독립운동의 방편으로 받아드렸다. 이 무렵 명향식은 공산주의를 접하게 된 것이다. 하얼빈에서 살면서 또 한 가지 사상적 전환은 기독교 신앙을 접하게 된 일이다. 만주에서 유명한 부흥사 이성봉(李聖鳳, 1900-1965) 목사의 집회에 참석하여 은혜를 받고 신앙을 갖게 된 것이다. 당시 이성봉 목사는 만주의 제일성결교회를 담임하고 계셨다. 이때의 예배 참석은 명향식의 삶의 여정의 중요한 전기가 되었다. 신자가 된 명향식은 교회 집사가 되었지만 아직 신앙적으로 성숙하지 못했다. 이런 가운데 해방을 맞게 되었고, 어린 남매를 데리고 하얼빈을 떠난 그는 회령을 거쳐 평양으로 돌아갔다. 이때 소련군의 만행과 친구가 친구를, 형제가 형제를 비판하고, 심지어는 자식이 부모를 비판하고 인민재판에 회부하여 때려죽이는 만행을 경험하고 공산주의 사상을 버리게 된다. 공산주의는 무산대중을 위한 정치가 아니라는 사실을 확인한 그는 월남을 결심하게 되었고, 철원을 거쳐 서울로 와 정착하게 된다.

새로운 환경에서 살아가기 위해 동대문시장에서 장사를 시작했다. 평소 영리하고 근면했던 그는 장사에도 능력이 있어 재산을 모았다. 월남한 이들이 그를 찾아오면 도움을 주고 학생들에게는 공부 할 수 있도록 장학지원을 하기도 했다. 당시 빈궁한 걸인들은 대게가 이북에서 월남한 청년들이었다. 그들에게 호의를 베풀고 공부하도록 배려주는 등 가족처럼 대해 주었다고 한다. 그러나 다시 북한에서 알던 이로부터 사기를 다해 어려움을 겪게 된다. 창신동에 꺼주하던 명향식은 창신동교회 출석했으나 신앙이 깊지 못했다. 그때 인왕산(仁王山) 정상으로 가서 기도하던 중 깊은 영적 체험을 하게 되었고, 다시 삼각산(三角山)으로 가서 40일 간 기도했는데, 이것이 그의 첫 번째 40일 금식기도였다. 이때 그는 큰 영적인 깨달음을 얻었고, 이때의 경험이 전도자로 부름 받았다는 소명과 함께 부흥운동가로써의 삶을 시작하게 되는 동기가 되었다고 한다. 말씀 증거에 대한 확신과 능력을 발견하게 되었고, 신유의 역사를 체험했기 때문이다. 이때 그는 병 고치는 것이 내 일이 아니라는 생각을 하게 되어, "신유은사는 가져가시고 말씀은사를 주십시오."라고 기도했다고 한다.

부흥강사로 알려진 명향식 전도사는 1953년 한상동 목사의 초청을 받고 부산 삼일교회에서 한 주간 집회를 인도하게 되었는데, 이 집회를 통해 고신교회를 알게 된 명향식은 고신교단에 적을 두게 되었고, 이 후 고신의 여성 지도자로 활동하게 된다. 그 후에는 자성대교회를 비롯하여 부산 지방은 물론 서울과 대구 광주 등 전국적으로 부흥집회를 인도하며 성령의 역사를 경험하게 했다. 특히 그는 오지, 섬마을 등 다른 이가 가기를 꺼려하는 곳을 우선적으로 가서 집회를 인도했다.

명향식 전도사는 기도하던 중 기도원 설립의 뜻을 가지게 되었다. 이때 그는 경남 김해군 생림면 생철리 산 211번지(마사로 36-186) 무척산(無隻山)에 버려진 절간을 보수하여 1953년 20평 규모의 예배당을 건축한 것이 무척산기도원의 시작이었다. 1954년에는 명향식 전도사가 초대원장이 되었고, 오늘의 기도원으로 발전하게 된 것이다.

명향식 전도사는 이곳을 거점으로 전국을 순회하며 부흥사로 활동했고 고신교회 초기부터 교회 성장에 크게 기여하였다. 그는 위대한 영적 지도자였다. 일생 동안 40일 간 금식기도한 일이 꼭 30번이었다고 한다. 그는 교회역사상 장기간 금식기도를 가장 많이 한 인물일 것이다. 그는 이것을 자랑으로 여기지 않았고, 그만큼 죄가 많았다고 겸손하게 말한다. 명향식 전도사는 박윤선 목사와도 교분이 깊었고, 신학적으로 그릇되지 않기 위하여 박윤선 목사의 충고를 달게 받고 도움을 청했다고 한다. 명향식 원장은 1979년 3월 23일 소천하기까지 25년간 원장으로 있으면서 기도원을 발전시켰다. 이 기도원은 명성을 얻었고, 1980년대 초까지는 이곳을 왕래한 이는 연평균 3천~3천5백여 명에 달했다. 명향식 전도사는 만 69세가 되던 1979년 3월 23일 하나님의 부름을 받았다.

위 좌-우 명향식, 조수옥, 박인순 / 아래 좌-우 우태숙, 박복달

조수옥 권사

조수옥(趙壽玉, 1914-2002) 전도사/권사는 일제 치하에서는 신사참배를 거부하여 5년 간 투옥되었던 신사참배 거부자였고, 해장 후에는 인애원(仁愛院)이라는 고아원을 설립했던 사회복지운동가로 여생을 헌신했다. 뿐만 아니라 고신교회 전국여전도회 회장을 역임하는 등 고신교회의 여러 분야에서 활동했다.

조수옥 권사는 1914년 12월 1일 경남 하동군 하동읍 읍내동 1088번지에서 조원희, 김태진 부부의 1남1여 중 장녀로 출생했다. 4살 때인 1918년 하동읍교회 유치원을 다녔고, 8살 때인 1922년 3월에는 하동보통학교에 입학하여 5년 간 수학하고 1927년 2월 졸업했다. 그 후 가사를 도우면서 지내던 중 19살 때인 1934년 결혼했으나 곧 파혼하게 된다. 비록 혼인은 했었으나 곧 파혼했으므로 사실상 처녀로 일생을 산 것이다. 그러나 이런 아픈 경험 때문에 새로운 삶을 꾸려가야 했고, 결국 기독교로 귀의하게 된다. 그가 간호사가 되기 위해 1935년 통영으로 갔는데, 이곳에서는 통영교회에 출석하게 되었다. 이 교회에서 진종학(陳宗學) 목사가 세례를 받았고, 이 교회에서 최덕지(1901-1956) 여사를 만나게 된다.

1936년 1월에는 마산으로 이거하여 문창교회에 출석하면서 주기철 목사를 알게 된다. 주기철 목사는 1931년 7월부터 1936년 7월까지 문창교회에서 시무했으므로 조수옥이 주기철 목사를 대한 것은 6개월 정도에 불과했다. 그러나 이 기간 동안 "십자가를 지고 주님을 따라야 한다."는 설교를 자주 들었다고 회상했다. 조수옥은 1937년 4월 진주의 경남여자성경학교에 입학하였는데, 교장은 호주 장로교의 서오성(S. M. Scott) 선교사였다. 이 학교에서 2년간 수학하면서 최덕지와 박인순과 교류하였고, 졸업 후 1938년 6월에는 24세의 나이로 경남 사천군 삼천포읍의 삼천포교회로부터 전도사로 부임하게 된다. 당시 담임목사는 김상세(金相世) 목사였다.

삼천포교회 전도사(1938. 6-10월)로 시무하는 동안 신사참배 문제가 제기되었고, 조수옥 전도사는 어떤 이는 민족을 위해서도 죽는데, 하나님을 위해 살아야 한다는 생각이 들어 신사참배를 하지 않겠다고 다짐했다고 한다. 이 일로 삼천포 경찰서의 호출을 받았고 경찰은 "관할 구역에서 떠나라."고 했다. 조수옥은 그 다음날 바로 삼천포를 떠나 부산으로 갔고, 부산 초량교회 전도사(1938. 11-1939. 12)로 시무하게 된다. 부산에서도 신사참배를 거부했던 조수옥은 1939년 4월 체포되어 심문을 받은 일이 있고, 피첩사건이 일어난 지 4개월이 지난 1939년 8월에는 부산 수영 백사장에서 신사참배 반대에 대해 뜻을 같이 하는 이들의 밀회도 있었다.

조수옥 전도사는 초량교회에서 시무 1년 2개월 후인 1940년 1월에는 교회를 사면하고 호주장로교 선교부 소속 부산지방 순회 전도부인으로 활동하던 중 1940년 9월 20일 새벽 4시 초읍동 자택에서 검거되어 4년 11개월간 수감되어 있던 중 해방과 함께 출옥했다.

출옥 후 부산으로 돌아온 조수옥은 교회재건운동에 관여하였고, 마산으로 가 이약신 목사를 도와 희망원에서 일하던 중 1946년 초에는 마산시 장군동 4가 25번지에서 '인애원'이라는 새로운 고아원을 설립했다. 인애원은 1946년 10월 30일 미군정청 후생시설로 인가를 받아 지원을 받게 되었고, 1951년 4월에는 기독교아동복리회(CCF)에 가입하고 지원을 받게 되었다. 1955년 5월에는 경상남도 후생시설로 인가를 받았고, 보건사회부로터 재단 설립인가를 받았을 때는 1957년 9월이었다.

조수옥 권사는 인애원에서 고아들과 불우청소년을 양육하였고, 1962년에는 인애원 병설 탁아소를 설립했다. 1973년에는 경남사회복지교육원을 설립하여 원장으로 일하는 등 이 분야에서도 선두적인 활동을 했다. 1986년에는 인애복지 재단으로 명칭을 변경하였고, 1987년 3월에는 현재의 마산시 구암 2동 31번지로 이전하여 720평의 생활관을 건축하였다. 1992년에는 재가(在家)복지사업을 실시하여 지역 주민을 위해 봉사하는 등 신앙의 어머니로 활동했다.

조수옥은 해방 전에는 전도사로 활동했으나 해방 후에는 평신도로 교회를 섬기며 봉사했다. 마산에서 현재의 마산문창교회에 출석했으나 1945년 12월 신마산교회설립에 동참하였고, 1949년에는 신마산교회 나와 제일신마산교회 설립에 동참했다. 이교회에서 일하던 중 주경순과 함께 교회를 나와 제2문창교회(현 마산교회) 설립에 참여하고 이 교회에서 봉사했다. 1976년 2월 22일에는 그와 80여명이 마산교회를 나와 마산중부교회를 설립했다. 당시 고신에서 고소 반고소로 대립하고 있을 때 경남(법통)노회의 송상석 목사를 지지하던 마산교회를 나와 새로운 교회를 설립하게 된 것이다. 그는 중부교회서 권사가 되었다. 그러던 중 1989년 말에는 마산중부교회를 나와 인애원에서 별도로 예배를 드렸는데, 이 교회가 마산동부교회로 불렸으나 마산동교회로 개칭되어 오늘에 이르고 있다.

그는 개 교회에서만이 아니라 연합기관에서도 지도적 위치에서 봉사했다. 1962년 9월 경남여전도회 창립 때부터 1982년 9월까지 20년간 경남여전도회 회장으로 봉사했다. 또 1971년 전국여전도회가 창립될 때 창립위원으로 부회장에 피선되었고, 그 후에는 총무, 협동총무로 봉사했고 1982년 10월에는 회장으로 피선되어 1984년 10월까지 2년간 일했다. 그 후에는 고문으로 봉사했다. 1992년 10월에 개최된 전국여전도회 제22회 정기총회에서는 은퇴교역자 생활관 및 회관건립 추진 위원장에 피선되어 1996년 완공될 때까지 대지 확보 기금 모금 등을 위해서도 혼신의 정열을 쏟았다. 이런 교회 관계 기관에서의 활동 외에도 그는 마산시나 국가기관 및 각종 단체의 위원 또는 위원장으로 활동하기도 했다.

박인순 전도사

박인순(朴仁順, 1915-1999) 전도사는 1915년 7월 15일 부산 기장군의 불신 가정에서 출생했다. 그의 오빠는 독립운동과 연루되어 투옥되어 고초를 당하고 결국 옥사했다. 17세가 되던 때 마산의 이찬수 전도사의 영향으로 기독교로 개종하고 수영교회에 출석했다. 이때 수영교회를 순회하던 예원배(Rev. Albert C. Wright) 선교사에게 학습을 받았다. 수영교회에서 신앙생활을 하던 중 성경을 더 깊이 알아야겠다는 생각에서 경남여자성경학교에 입학했는데, 최덕지(崔德智, 1901-1956) 여사의 영향을 받았다. 그의 가르침을 따라 박인순도 신사참배를 강하게 거부하게 된 것이다. 그리고 일생동안 독신으로 살았다. 1937년 성경학교를 졸업한 박인순은 수영교회 전도사로 일하게 된다. 당시 당회장 김만일 목사와는 신사참배 문제에 의견을 달리하여 당회장이 순례를 오면 마음이 편치 못했다고 한다.

박인순은 1947년 4월까지 수영교회 전도사로 일했는데, 신사참배를 거부한 일로 1939년 8월 체포되어 동래경찰서에 두 달간 구속 되어 있었다. 그 후에는 경남도청의 도(道) 감방으로 이감 되는 등 3개월 10여일 동안 수감되어 있던 그는 병보석으로 석방되었다.

해방 후에 다시 수영교회에서 일했으나 1947년 4월 사임하고, 6월 10일에는 제일영도교회 전도사로 일했다. 이 해에 고려신학교에 입학하여 3년 과정을 이수하고 1949년 6월 30일, 제3회로 졸업했다. 손명복, 유봉춘, 윤봉기, 최성봉 등이 동료였다. 제일영도교회에서는 1964년 10월까지 17년간 봉사하고 1965년 5월 19일부터는 삼일교회로 전도사로 일하면서 한상동 목사 휘하에서 일했다. 이때부터 1974년 7월 14일까지 약 9년간 활동했다.

박인순은 교회 전도사로 일하는 한편 1960년대와 1970년대 여성부흥사로 여러 교회 집회를 인도했다. 1974년 7월에는 다시 제일영도교회로 옮겨가 1976년 2월까지 봉사했다. 1971년 고신교회 전국여전도회 연합회가 창립되었는데, 이때 초대 회장으로 선임되어 여전도회연합회의 기초를 놓았고, 그 후 1975년까지 부회장으로 도왔다. 1976년 2월 제일영도교회에서 은퇴하였으나 건강이 좋지 못해 동생 박경순의 초청으로 미국으로 이주하였다. 동생은 이인재 목사의 동생인 이명재 목사의 부인이었다. 미국에서 체류하던 중 그는 귀국하여 1999년 11월 3일 86세의 나이로 하나님의 부르심을 받았고, 장례식은 11월 5일 제일영도교회에서 엄칠문 목사의 집 엄숙하게 치러졌다. 마산공원묘지에 묻혔다.

우태숙 선생

고신 교회초기 위대한 부흥사였던 우태숙(禹泰淑, 1915-1989) 선생은 1915년 1월 15일 대구시 원대동 2구에서 출생하였다. 그가 대구 불로교회의 우수만 장로의 동생이었다. 그의 생애 여정에 대한 기록이 거의 없으나 전언에 의하면, 박희인(朴熙仁)과 혼인한 이후에는 대구 서남교회에 출석하였고, 그의 남편은 대구 남산동 144번지에서 신행이발관을 경영다고 한다. 우태숙은 본래 평범한 가정 주부에 불과했다. 대구 범어동에서 양재업을 하면서 살았는데, 신사참배를 거부하며 투쟁했던 최일출(崔日出) 목사를 통해 큰 은혜를 받았고,

이후 기도의 사람으로 변화되었다. 그 때부터 일생 동안 복음을 위해 살았는데, 여러 지역 교회에서 부흥사경회 인도를 인도하는 부흥사로 활동했다. 그에게는 사람의 심령을 헤아려 보는 영적 통찰력이 있었고 철저한 회개를 강조하고 말씀 중심의 삶을 가르치고 본을 보였다고 한다.

그는 명도(明道)학원이라는 대구 남산교회가 운영하던 초등학교에서 공부하고 대구성경학교에서 수학 한 것이 학력의 전부였으나 철저한 신앙인으로, 평생을 하나님 제일주의로 살았던 인물이었다. 그가 부흥집회를 인도할 때마다 회개의 역사가 일어나고 회중은 눈물바다가 되는 등 영적 변화를 체험하는 역사가 일어났다고 한다.

그의 남편은 60년대 후반에 갑자기 눈이 어두워졌는데, 이때부터 남편 박희인 집사는 이발관을 그만 두고 오로지 부인의 부흥집회를 위해 전적으로 기도하는 기도후원자가 되었다. 우태숙 또한 지극한 정성으로 불편한 남편을 보살폈다고 한다. 우태숙 선생은 가정생활이 어려웠으나 복음과 교회를 위해서 물질을 사용하는 데는 주저하지 않았다. 가정 살림이 항상 어렵고 부족했지만 교회 우선 생활을 하면서 전적으로 바치는 생활에 우 선생님은 그저 감사하며 감격할 뿐이었다. 우태숙 선생의 양아들 박성도 장로는 이렇게 말한다.

> "어머님은 집회하고 받는 강사 사례비를 절대로 집에서 생활비로 사용하지 않고 교회에 전부 바쳤습니다. 그리고 개척 교회를 세우거나 어려운 교회의 교역자들을 돕는데 모두 사용했습니다. 어머님은 집에 두 개의 서랍을 마련해 두셨는데, 한 쪽 서랍은 교회를 위해서 쓸 돈을 넣어 두는 곳이고, 다른 쪽 서랍은 가정에서 우리를 위해 쓸 돈을 넣어두는 곳이었습니다. 그런데, 교회 쪽 서랍은 항상 돈이 많이 들어 있었지만, 우리 쪽 서랍은 항상 비어 있었습니다."

우태숙 선생은 대구시를 비롯한 지역교회에서 집회를 인도하는 한편, 자신의 집에서 동거하며 기도하고 영적인 교류를 하는 이른바 선지학교를 열었다. 사무엘의 선지생도들에 대한 언급(삼상10:5-13)처럼 우태숙 선생도 주변의 젊은이들을 모아 숙식을 함께 하며 철저한 생활훈련과 신앙훈련을 하게 했는데, 이원주 전도사, 조정자 사모(고 한학수 목사의 부인), 그리고 최성순 전도사 등이 우태숙 선생의 선지학교 출신이다. 또 많은 이들이 우태숙 선생의 감화를 받고 목회자 혹은 교회 지도자가 되었는데, 김종만 목사, 박현진 목사, 류윤욱 목사, 조신재 목사, 최진교 목사, 한학수 목사, 손만윤 장로, 이을종 장로, 조규태 장로, 이을종 장로 등이다. 우태숙 선생은 전국을 무대로 300여회의 부흥집회를 인도하였는데, 특히 경상남북 지방을 중심으로 큰 역사를 일으켰다. 대구경북지방의 경우, 금단교회, 대조교회, 경산교회, 진량교회, 안동 남문교회, 김천 중앙교회, 밀양교회, 물금교회, 삼일교회, 초량교회 등에서 집회를 인도하였고 가는 곳 마다 회개의 역사가 일어났다고 한다.

박복달 권사

고신교회의 또 한사람의 영적 지도자는 박복달(朴福達, 1917-1993) 권사였다. 1917년 12월 21일 대구에서 한의사였던 박상준과 김길문 권사의 4녀 중 2녀로 태어났다. 전라도 광주 출신인 부친은 하와이를 다녀왔을 정도로 개화된 인물이었다. 모친 김길문 권사는 독실한 신앙인이었는데, 4 자매 중 박봉희, 박복달, 박봉현은 평생 독신으로 주님을 섬기며 살았다.

박복달은 서문교회에서 성장하여 1931년는 학습을, 1933년에는 세례를 받았고, 1978년 12월에는 대구 서문로교회(西門路敎會) 권사가 되었다. 박복달은 대구의 영적 인물로서 신사참배 거부자였던 최일출(崔日出) 목사로부터 큰 감화를 받고, 완전히 새사람이 되었고, 진해 신학강좌에 참여하게 되면서 고신교회 운동에 가담하게 되었다. 1936년 3월 경북고녀(경북여고)를 졸업하고 대구 남산교회가 운영하던 명도학원(3년제 초등학교 과정)에서 교사로 일했다. 후에 진해 성경강좌에 참석하고, 이어 고려신학교에 입학하여 1955년 졸업하였다. 이때 함께 신학교를 졸업한 인물들은 박원섭, 서영수, 심상동, 이기진, 전재린, 최훈, 추국원 등이었다.

처음에는 대구 서문교회에서 봉사했으나 고신운동에 가담한다는 이유로 김주오 장로, 신경순 선생, 서옥련 선생, 김계초 선생, 서경애 선생 등과같이 1951년 8월 19일 주일 제명되어 1951년 8월 26일 위의 동료들과 같이 서문로교회(西門路教會)를 설립하고 이 교회에서 봉사했다.

즉 박복달은 1951년부터 1987년 은퇴할 때까지 36년간 서문로교회에서 여전도회장을 역임하였고, 1964년부터 23년간 경북 여전도회연합회장을 역임하였다. 그리고 1972년부터 1981년까지 10년간 전국여전도회연합회장을 역임하였다.

그는 고신교회의 여성지도자였을 뿐만 아니라 우태숙 선생과 더불어 부흥강사 활동했다. 까 집회를 인도할 때마다 뜨거운 회개의 역사가 일어났고, 은혜 받은 성도들을 중심으로 교회가 설립되었다. 그는 서문로교회, 부산의 서부교회, 삼일교회, 부민교회, 서울의 홍천교회(현 성원교회), 밀양 삼문동교회(지금 밀양삼문교회), 조야교회, 감포남교회, 제주서광교회 등 많은 곳에서 집회를 인도했다.

권사, 전도사, 혹은 부흥사로 활동했던 박복달 선생은 '참된 회개'를 강조했는데, 단순히 자신의 죄를 회개할 뿐 아니라 하나님의 영광을 위해 살지 못한 점을 애통히 여기는 자성의 역사가 나타났고, 하나님 말씀 중심, 성경중심, 교회중심, 기도중심을 강조했다. 박복달 권사는 1993년 9월 27일 하나님의 부름을 받았다.

25. 고려신학교, 칼빈학원, 고신대학으로의 발전 / 배정훈

고려신학교

고려신학교는 1946년 9월 20일 설립되었다. 이 학교의 설립목적과 이념을 이해하기 위해서는 당시의 배경을 살펴볼 필요가 있다. 먼저는 신사참배이다. 일제가 1910년 강압에 의해 한일합방을 하면서 한국교회 수난의 역사는 시작되었고 특히 신사참배를 기점으로 일제의 기독교 탄압은 최절정을 맞이하였다.[236] 신사참배 강요는 1935년 평양에서 시작되었다. 일제는 처음에는 기독교학교(숭실 중학교, 숭의여중, 순앙 의명중학교 등)에서 시작하여 1936년 교회와 기독교 기관에도 신사참배를 강요하였다. 이러한 신사참배 강요에 1938년 9월 평양 서문 밖 교회에서 모인 제27회 총회에서 신사참배를 애국적 행위로 간주하고 가결하는 큰 수치를 범하였다.[237] 이로써 한국 장로교회는 씻을 수 없는 배교의 길을 걸어갔다. 총회가 신사참배를 가결하자 이를 반대하는 '신사 불참배운동'이 전국적으로 일어났다. 주기철, 고흥봉, 이기선, 한상동, 주남선, 최덕지 등이 주요한 인물이다. 신사참배 반대로 수많은 교회가 파괴되었고 큰 수난을 감수해야 했다.[238]

신사참배 반대로 감옥에 투옥되었던 주남선(1888-1951), 한상동(1901-1976) 목사 등은 한국의 해방이 가까이 왔음을 깨닫고 옥중에서 한국교회 재건방안을 세 가지로 구상했다. 첫째, 수도원을 설립하여 일제의 탄압 아래서 신앙 양심을 더럽힌 교직자들을 수양시켜 새 출발을 하게 한다. 둘째, 신학교

236. 이상규, 『한국교회 역사와 신학』 (서울: 생명의 양식, 2007), 25.

237. 이상규, 『한국교회 역사와 신학』, 26-27. 한국 장로교 27회 총회에 발표된 성명서는 다음과 같다: "아등은 신사는 종교가 아니요, 기독교 교리에 위반하지 않는 본의를 이해하고, 신사참배가 애국적 국가의식임을 자각하며, 이에 신사참배를 솔선 여행하고 추이 국민정신 총동원에 참가하여 비상시국 하에서 총후 황국신민으로 적성을 다하기로 기함."

238. 이상규, 『한국교회 역사와 신학』, 27-28.

를 설립하여 진리를 위해 생명을 바칠 수 있는 참된 교역자를 양성한다. 셋째, 전도인을 양성하여 교회를 설립한다.[239] 이러한 방안 중 새로운 신학교 건설은 매우 중요했다. 교회 재건은 참된 신학교육을 통해 이루어지기 때문이다. 그 당시 신학교는 1940년 설립된 조선신학교뿐이었다. 1938년 평양신학교가 폐교된 후 조선신학교가 서울에 설립되었다. 그러나 조선신학교 설립자들은 다분히 친일적인 성격을 가지고 있었다. 평양신학교가 폐교되는 마당에 새로운 신학교를 설립할 수 있었다는 사실은 그 중심 인사들이 일제의 정책에 순응적이었기 때문이다. 이 조선신학교는 보수주의 신학의 폐허더미 위에서 자유주의 신학의 기반을 다져 나갔다.[240]

해방 후 1946년 남부총회에는 조선신학교 측의 요청을 받아 이 학교를 총회 직영 신학 교육기관으로 승인하였다. 일제 기독교단 하에서의 지도자들과 조선신학교 인사들이 당시 총회의 권력을 쥐고 있었기 때문에 승인은 쉽게 이루어졌다.[241] 한국교회에 신학교가 단 하나밖에 없었는데 그 신학교는 자유주의를 표방하는 학교였다. 조선신학교의 총회 직영화는 보수신학교 설립의 필요성을 느낀 교계지도자들의 행보를 촉진시켰다. 당시의 상황을 한상동 목사는 다음과 같이 말한다:

> "출옥 이후 이북에서 교회를 섬기다가 남한에 와서 보니 신학교가 있기는 하였지만 모두가 일본시대 일본식 기독교를 만들려 했던 사람들이 주동이 되어 학교를 하고 있었습니다. 그리고 가장 중요한 일은 성경이 하나님의 말씀임을 부정하는 사람들이 신학교의 주인이 되어 신학교육을 담당하고 있었습니다. 이 얼마나 원통하고 억울한 일이겠습니까? 아무리 생각해도 한국

239. 양낙홍, 『한국장로교회사: 형성과 분열과정, 화해와 일치의 모색』 (서울: 생명의 말씀사, 2008), 209.

240. 이상규, 『한국교회 역사와 신학』, 163-65.

241. 양낙홍, 『한국장로교회사』, 222.

교회를 저들의 손에 맡길 수 없다는 결론뿐이었습니다."[242]

한상동과 주남선 목사는 신학교 설립에 대해 합의하고 1946년 4월 서울에서 전 만주 동북신학교 교수였던 박윤선 목사를 만나 신학교 설립에 대한 협조를 구했다. 한상동, 주남선, 손양원 목사 등은 5월 20일 진해에서 신학교 건립을 위한 신학교 설립 기성회를 조직했다. 그리고 6월부터 3개월 동안(6월 23일부터 8월 23일까지) 박윤선 목사를 강사로 진해 일본 하사관 수양관에서 하기 신학강좌를 개최했다. 이 강좌의 수강생은 총 63명이었다. 남부대회 개최 약 한 달 후인 1946년 7월 9일 주남선과 한상동 목사는 진해읍교회에서 열린 경남노회 47회 임시노회(노회장: 주남선 목사)에서 신학교설립 허가를 받았다. 노회는 신학교의 설립을 환영하면서 학생들을 추천해 줄 것과 교사 2동을 대여해주기로 약속했다. 고려신학교는 박윤선 목사를 교장으로 1946년 9월 20일 부산 일신여학교에서 개교하였다. 설립자는 주남선, 한상동 목사였다. 임시로 빌려 쓴 교실 하나가 전부인 초라한 학교였지만 한국교회의 미래를 타협적인 교권주의자들의 손에 맡길 수 없다는 결연한 의지의 발현이었다. 학교 설립자들은 원래 학교를 평양신학교를 잇는 명실상부한 장로교 대표 신학교로 만들기 위해 만주 봉천에 체류 중인 박형룡 박사를 교장으로 추대하려고 했지만 실현되지 못했다.[243]

개교한 고려신학교의 이념은 다음과 같다: "신사참배 거부로 폐쇄된 평양신학교를 복구 재건하여 정통신앙을 파수하며 생활의 순결을 지켜 진리를 위하여 생명을 바칠 수 있는 참된 교역자를 양성한다." 고려신학교는 평양신학교의 정신을 계승하고 자유주의 신학에 반대하여 개혁주의 신학의 확립을 가장 중요한 목표로 삼았다. 정통신학과 순결한 신앙을 모토로 교회재건을 위한 목회자 양성에 초점을 두었다. 고려신학교의 설립에서 눈여겨 볼 점은 이 학

242. 이상규, 『한국교회 역사와 신학』, 165.

243. 이상규, "고신대학 40년(1946-1986) 약사," 「고신대학교 논문집」 14 (1986): 5-6.

교가 총회가 아닌 한 노회의 승인에 의해 건립되었다는 것이다. 한상동 목사는 신사참배 전력을 가진 목사들이 총회를 점령하고 있는 것을 보고 새로운 신학교를 그들의 지배하에 둘 수 없다고 판단했던 것으로 보인다. 당시의 교회 상황을 염두에 두면 이러한 판단을 이해할 수 있지만 총회의 인가를 받지 않은 채 경남노회만의 지지를 받는 학교를 운영하기에는 현실적인 제약과 한계가 있었다. 교회 정치상 상위 기관인 총회의 결정으로 인해 신학교 인가가 취소될 수도 있었고 경남노회 내에도 출옥성도들을 적대시하는 세력들이 상당히 많이 있었다. 그 대표적인 인물이 신사참배 가결 시 부총회장이었던 김길창 목사였다.[244]

1955년 당시의 고려신학교 부지

244. 양낙홍, 『한국장로교회사』, 253-58.

고려신학교 개교 첫해의 교수진은 박윤선, 한상동 목사밖에 없었고 박윤선만이 전임교수였다. 박윤선은 교장 서리직을 맡으면서 주경신학, 성경신학, 조직신학, 성경언어 등 대부분의 과목을 가르쳤다. 한상동 목사는 목회학을 담당했다. 그 후 한부선, 박형룡, 이상근, 함일돈, 김진홍, 박손혁, 안용준 등이 교수로 합류했다. 첫해 53명이 입학했고 1947년 6월 27일 이인재, 조수완, 황철도 등 3명의 첫 졸업생을 배출하게 되었다. 개교 당시 학제는 본과 3년, 예과 2년, 별과 3년, 여 교역자 양성과 3년이었다. 고려신학교는 처음에 부산진 일신여학교에서 시작되었다가 1947년 3월 5일에는 초량교회 유치원으로, 4월 19일에는 광복동 1가 7번지 적산 건물로 이전했다. 1956년 4월에는 미군 AFAK의 지원을 받아 부산시 서구 암남동 34번지에 교정을 만들었다. 이곳은 현 송도캠퍼스가 있는 자리이다. 고려신학교는 자주 이전한 탓으로 '보따리 신학교'라는 별명이 붙었다. 1947년 10월 14일에 박형룡 목사가 고려신학교 교장으로 취임했다. 이날 박윤선, 한부선 두 교수 취임식도 있었다.[245]

칼빈학원 (칼빈대학)

고려신학교는 개교 때부터 예과 2년을 두어 어학, 철학 중심의 인문학 교양교육을 실시했다. 그러나 예과 2년으로 부족하다는 판단하에 4년 대학 과정으로의 개편을 추진했다. 이는 인문교육을 통한 보다 수준 높은 신학교육을 위한 조치였을 뿐 아니라 개혁주의적인 기독교 종합대학을 설립하려는 위대한 포부가 담겨 있는 것이었다. 4년제 대학 설립의 임무를 받은 한명동 목사는 1955년 9월 부산 김천 해변 근처의 영국군 부대가 쓰던 건물을 인수하여 '칼빈학원'이라는 이름으로 개교했다. 칼빈대학으로 불린 학교는 칼빈이 1559년에 설립된 제네바 아카데미를 모델로 삼았다. 한명동이 원장(1955. 9.1.-1963.

---

245. 고신대학교 70년사 편찬위원회, 『고신대학교 70년사』 (부산: 고신대학교, 2017), 139-41; 허순길, 『고려신학대학원 50년사: 1946-1996』 (부산: 고려신학대학원 출판부, 1996), 40-46; 이상규, "고신대학 40년(1946-1986) 약사," 7.

2.28)으로, 장석인과 김진홍이 전임교수로 활동했고 이듬해부터 한부선 선교사 부부를 위시하여 여러 선교사가 강사로 섬겼다. 이근삼 교수가 1962년 귀국한 후 교수와 원장(1963. 3. 2-1964. 2. 28)으로 봉사했다. 칼빈학원에는 신학과, 종교학과, 영문학과, 철학과가 있었다. 당시 교육은 주로 어학(영어, 독어, 불어, 히브리어, 헬라어, 라틴어), 문학(국문학, 영문학), 철학에 집중되었다. 이 학교는 안타깝게도 여러 사정으로 인해 1964년 다시 고려신학교 예과로 흡수되었다. 칼빈학원은 제도적으로 고신대학교의 전신이며 기독교 종합대학 설립을 위한 첫걸음이었다고 평가될 수 있다. 4년의 인문교육과 목회자 교양교육, 3년의 신학 과정으로 7년제 목회자 양성과정을 만들려고 했던 초기 고신 지도자들의 비전이 담겨 있었다.[246]

부산시 서구 감천동에 있었던 칼빈학원 교정에서의 교회대항 배구대회

246. 고신대학교 70년사 편찬위원회, 『고신대학교 70년사』, 143; 이상규, "고신대학 40년(1946-1986) 약사," 10-11.

1960년 이전까지 고려신학교는 여러 위기를 겪었다. 우선 교장으로 취임한 박형룡 박사가 6개월 만에 떠나는 사태가 벌어졌다. 박형룡(1897-1978) 박사는 1897년 평안북도 벽동읍에서 출생하여 평북 선천의 신성중학교(1916), 평양 숭실전문학교(1920)를 거쳐 중국 남경의 금능대학(1923)에서 수학한 후 미국 프린스턴 신학교에서 신학사와 신학석사 학위를 받고 1926년에 졸업했다. 여기서 그는 찰스 하지(Charles Hodge), 워필드(B. B. Warfield), 윌슨(Robert D. Wilson) 등의 지도와 영향을 받지만 특히 메이첸(G. Machen)으로부터 지대한 영향을 받았다. 석사학위를 받은 후 루이빌에 있는 남침례교신학교에서 9개월 수학하다가 1927년에 귀국했고 1933년 박사학위를 취득했다. 미국에서 귀국 후 박형룡은 평양 산정현교회 전도사로 사역하면서 숭실전문학교와 평양신학교에서 가르쳤다. 이후 1931년 4월부터 평양신학교 변증학 전임교수가 되었다. 신사참배 문제로 평양신학교가 1938년 1학기로 폐교되자 그는 만주로 망명해 1942년까지 만주 동북신학교 교수 및 교장으로 활동했다.[247] 박사학위 소지자가 극히 적은 시기에 박형룡 박사는 잘 준비된 인재였고 고려신학교의 교육과 신학을 한 단계 더 발전시킬 수 있는 인물이었다.

하지만 박형룡은 1948년 봄 학기부터 한상동과 신학교 운영과 관련해 인식의 차이를 드러낸다. 표면적인 이유는 두 가지이다. 첫째, 장로교 총회의 승인과 외국 선교부와의 관계이다. 박형룡은 고려신학교를 총회 직영신학교가 되어야 한다고 주장했고 한상동은 이에 동의하면서도 아직은 시기상조라고 생각했다. 박형룡은 또한 고려신학교가 메첸파 선교사 이외에도 4개 장로교 선교부(미 남·북 장로교, 호주 장로교, 캐나다 장로교)와 관계를 맺음으로 외연을 확장해야 한다고 생각했지만 한상동은 이를 거절했다. 둘째, 박형룡은 고려신학교가 명실상부 평양신학교를 잇는 대표적인 신학교가 되기 위해서는 서울로 옮겨야 한다고 보았지만 한상동은 반대했다. 이 둘은 현실에 대한 인식

247. 이상규, 『해방 전후 한국장로교회의 역사와 신학』 (서울: 한국기독교역사연구소, 2015), 428-29; 이상규, 『다시 쓴 한국교회사』 (서울: 개혁주의, 2016), 254-55.

과 관점이 달랐고 한상동이 엄격한 입장이라면 박형룡은 약간의 타협을 지향하고 있었다. 결국 이들은 인식의 차이를 좁히지 못하자 박형룡 교장은 1948년 4월 고려신학교 교장직을 사임하고 서울로 올라갔다. 이 사건으로 고신 교회는 당시 대표적인 보수 신학자로 인정받던 박형룡조차도 품지 못하는 독선적인 집단으로 오인되었다.[248]

그 후 박윤선 박사가 1948년 5월부터 1960년 10월까지 교장으로 활동하며 교단의 신학자로, 학교의 행정가로 봉사했다. 박윤선 박사(1905-1988)는 1905년 평북 철산군에서 출생하여 선천의 신성중학교를 거쳐 숭실전문학교를 졸업했다. 1931년 평양신학교에 입학, 1934년 졸업 후 두 차례 미국 웨스터민스터신학교에서 공부했다(1934-1936, 1938-1939). 박윤선은 메이첸으로부터 헬라어와 신학을 배웠고 반틸(Conelius van Til)의 문하에서 계시의존적인 사색을 습득했다. 1936년 석사학위를 취득하고 평양신학교에서 원어학을 잠시 가르쳤다. 1940년 3월 만주 봉천에서 목사안수를 받고 박형룡과 함께 만주 신학원에서 교수 생활을 했다. 고려신학교 부임 후 1953년 10월 48세의 나이로 화란 자유대학으로 유학을 떠났지만 아내의 갑작스러운 교통사고로 6개월 만에 돌아왔다. 비록 짧은 기간이었지만 이 시기에 그는 화란 개혁주의를 접하고 이를 한국에 소개했다. 1954년 9월 박윤선은 한상동과 함께 미국 훼이스신학교(Faith Theological Seminary)에서 명예신학박사를 받았다.[249] 아쉽게도 그는 박사학위는 마치지는 못했다.

박윤선 박사는 고신의 1세대 신학자로 사실상 고려신학교의 신학을 대표했다. 이상규 교수는 고려신학교의 신학은 곧 박윤선의 신학이라고 해도 과언이 아니라고 주장한다. 그는 고려신학교에 미국 구 프린스턴 정통 보수주의 신학과 더불어 화란 개혁주의 신학을 종합하여 소개하고 뿌리내리게 했다. 메이첸,

248. 이상규, “고신대학 40년(1946-1986) 약사,” 7-9.

249. 이상규, 『한상동과 그의 시대: 교회쇄신운동과 고려신학교에 대한 인물중심의 역사』 (서울: SFC 출판부, 2006), 129-31.

반틸, 워필드, 카이퍼(A. Kuyper), 바빙크(H. Bavink), 스킬더(K. Schilder), 흐레이다누스(G. Grijdanus)의 저술들을 소개하고 가르쳤다. 그는 특히 바빙크의 『개혁교의학』(Gereformeerde Dogmatiek)을 애독했다. 박윤선 박사는 고려신학교에서 14년 동안 봉직하면서 『파수군』에 총 218편의 글을 남기며 왕성한 연구 활동을 보이면서도 기도에 힘쓰며 영성과 복음에 대한 열정으로 잃어버리지 않도록 노력했다. 하지만 그 역시 교회 소송 문제와 특히 주일성수 문제로 결국 고신을 떠나게 된다. 1960년 7월 주일을 범했다는 이유로 고려신학교장에서 해임되었고 10월 고려신학교에서 나왔다.[250] 이로써 고려신학교는 한국 1세대 보수신학을 대표하는 두 신학자 모두를 잃고 말았다. 박윤선의 이탈은 박형룡보다 고려신학교에 훨씬 큰 타격을 주었다.

이후 고려신학교는 고신과 승동 측과의 연합과 환원으로 다시 한번 위기를 겪게 된다. 고신과 승동 측의 현실적인 필요가 맞자 연합을 위한 움직임은 급물살을 탔다. 고신은 1960년 9월 20일에서 23일까지 부산 남교회당에서 열린 제10회 총회에서 승동 측과의 합동을 추진하기로 결의하고 합동 추진위원회 9인을 선정했다. 승동측 또한 고신측과의 합동을 만장일치로 가결하고 합동 추진위원회 10인을 선정했다. 양측 대표들은 10월 25일, 26일 양 일간 모여 합동에 필요한 제반사항을 결정했다. 신조는 웨스터민스터 신앙고백과 12신조로 하며 신학은 칼빈주의 신학을, 신학교는 총회직영 단일 신학교로 하되, 양측 동수의 이사를 선출하여 경영하도록 했다. 그리하여 회의 3개월 만인 1960년 12월 13일 서울 승동교회에서 합동총회가 개최되었다. 고신측의 한상동 목사를 총회장으로, 승동측의 김윤찬 목사를 부총회장으로 선출하여 연합을 위해 양측의 인사를 적절히 분배했다.[251]

하지만 이러한 극적인 연합은 오래가지 못하고 곧 갈등이 초래되었다. 고신측 인사들은 다수 그룹인 승동 측 인사들이 모든 일을 일방적으로 처리한다

---

250. 이상규, “고신대학 40년(1946-1986) 약사,” 9; 이상규, 『한상동과 그의 시대』, 137.

251. 이상규, 『해방 전후 한국장로교회』, 241-42.

고 불만을 품었고 특히 신학교 운영방식에 대한 이견이 생겼다. 1961년 12월 28일 고려신학교는 합의안에 따라 서울 장로회 총회 신학교와 병합하기로 결정되었다. 고려신학교는 총회 신학교 부산분교가 되었고 차츰 폐교하려고 했다. 하지만 이러한 일원화에 대한 양측의 해석이 달랐다. 고신은 승동 측의 총회신학교와 고려신학교가 별도로 운영되면서 행정적인 연계성을 가진 일원화된 체제로 이해했으나 승동 측은 양 신학교의 통합을 의도했다. 또한 홍반식, 오병세 박사는 1961년 귀국하여 총회 신학교 교수로 일하고 있었지만 1962년에 귀국한 이근삼 박사는 상황이 여의치 않아 부산의 칼빈학원의 원장으로 취임하였다. 고려신학교 폐쇄의 위기 앞에서 1962년 10월 17일 한상동 목사는 단독적으로 고려신학교 복교를 선언했다. 이는 곧 고신교단의 환원을 의미했다. 이상규 교수는 이러한 고신과 승동 측의 합동을 '무턱대로 한 결혼'이라고 평가했다. 교단의 통합이라는 커다란 과제가 충분한 논의와 공감대 없이 일부 지도적인 인사들에 의해 급하게 추진되었기에 합동을 이끌어 갈 수 있는 토대가 약했다. 교단 통합으로 야기될 문제를 미리 예견하고 준비하지 못했던 것이다.[252]

환원으로 인한 어수선한 분위기에서 고려신학교는 '세 동방박사'로 불리는 고려신학교 5회 동기생인 홍반식(1918-1993), 이근삼(1923-2007), 오병세(1926-2016) 박사의 활동으로 재도약을 시작했다. 이 세 사람은 한상동과 박윤선을 잇는 고려신학교 2세대 지도자들이다. 홍반식, 이근삼, 오병세 교수는 각각 미국 드랍시 대학교, 화란 자유 대학교, 미국 컨콜디아 신학교에서 박사학위를 받았고 이후 30여 년 동안 교수와 행정가로 교단과 학교를 위해 봉사했다. 홍반식, 오병세 교수는 구약, 이근삼 박사는 조직신학(교의학) 전공이다. 고려신학교는 1964년 9월 고신 제14회 총회에서 총회 직영신학교가 되었다.[253]

---

252. 이상규, 『해방 전후 한국장로교회』, 242-44, 278; 이상규, "고신대학 40년(1946-1986) 약사," 12-13.

253. 송영목, "세 동방박사의 대화," 「고신신학」 18 (2016): 8-30.

1970년 12월 30일 고려신학교는 문교부로부터 정식인가를 받아 고려신학대학으로 개칭되었다. 이때 한상동 목사가 초대 학장으로 취임했다. 한상동 목사는 고려신학교 설립자로 1974년 1월 정년퇴임 때까지 교수와 행정책임자로 봉사하였다. 40명의 신학과로 시작하여 1977년 기독교교육과(30명), 이듬해에 종교음악과(30명)가 신설되었다. 1978년에는 대학원 신학과와 기독교교육학과가 신설되었고 1980년 11월에는 신학대학원이 특수대학원으로 인가받았다. 화란 개혁파 교회(31조파)의 지원과 국내 교회의 헌금으로 1975년 8월 15일 지상 3층, 연건평 1,700평의 신축 교사를 준공했다.[254]

고신대학

1980년 10월 2일 학교명이 고려신학대학에서 고신대학으로 변경되었다. 이 시기부터 고신대학은 신학대만으로 구성된 단과대학이 아닌 기독교 종합대학으로 발전하게 되었다. 개혁주의 목회자 양성에서 개혁주의 문화건설을 위한 기독교 종합대학으로의 확장이었다. 교명 변경과 학교의 정체성 변화를 두고 적지 않은 논란이 있었다. 신학부가 확장되어 신학과 60명, 기독교교육과 40명, 종교음악과 40명, 총 140명이 되었다. 교명의 변경과 함께 처음으로 개설된 학과는 의예(학)과(80명)였다. 이미 고신총회가 운영하고 있던 장기려 박사로 대표되는 복음병원은 의예과의 설립으로 최상급 종합병원인 대학병원으로의 발전을 꾀했다. 또한 고려학원이 운영하던 복음 간호전문대학과 고신대학이 1988년 10월 29일 통합되어 고신대학 의학부 간호학과로 승격되었다. 이렇게 신학대, 의예과, 간호학과로 이루어진 고신대학은 80년대 중반 이후로 보건의료, 자연과학 계열의 여러 학과가 신설되었다. 보건학과, 생물학과, 식품영양학과, 화학과, 수학과, 아동학과, 가정관리학과 등이 이 시기에 만들어졌다. 1980년 10월에는 지하 2층, 지상 5층의 연건평 1,937평의 송도캠퍼스 제

---

254. 고신대학교 70년사 편찬위원회, 『고신대학교 70년사』, 143; 이상규, "고신대학 40년(1946-1986) 약사," 13-15.

2교사가 착공되어 대학 시설 면에서 진전을 이뤘다.[255]

학부 대학뿐만 아니라 대학원의 설립도 이어졌다. 신학교육에서 예과가 1970년에 고려신학대학으로 정식인가가 났지만 본과는 신학교육의 중심이면서도 오랫동안 인가받지 못했다. 그러다가 1980년 11월 3일 신학대학원이 특수대학원으로 인가(80명)되어 정식과정이 되었다. 일반대학원도 계속 발전이 이루어져 신학과, 기독교교육과에 석사과정이 시작되었고 의학과의 경우 석박사과정을 개설했다. 이처럼 고신대학은 종합대학으로서의 면모를 조금씩 갖추어 갔다.[256]

개교 초기의 고려신학교 교수들. 한상동, 박윤선, 한부선, 박형룡.

255. 고신대학교 70년사 편찬위원회, 『고신대학교 70년사』, 151-52; 이상규, "고신대학 40년(1946-1986) 약사," 15.

256. 고신대학교 70년사 편찬위원회, 『고신대학교 70년사』, 152; 이상규, "고신대학 40년(1946-1986) 약사," 17.

이 시기에 가장 큰 외형적인 변화 중 하나는 영도 캠퍼스로의 이전이다. 고려신학대학 시절 송도캠퍼스는 이미 포화상태여서 불만이 컸다. 1980년 7월 18일 고신대학 장기발전계획의 일환으로 부산시 영도구에 약 7만 평의 땅을 매입했다. 1982년 4월 22일 지하 1층, 지상 3층의 3동(행정동, 강의동, 교수동)의 연건평 2,356평의 신축 교사를 착공하여 2년 후인 1984년 2월 7일 준공했다. 이듬해 1학기부터 의학부와 신학대학원을 제외한 대학 본부와 학부의 모든 학과가 영도로 이전했다. 학교 이전 문제를 둘러싼 불미스러운 일로 오병세 학장이 임기를 채우지 못하고 사임하게 되었다. 경건회와 종교음악과를 위한 음악동은 1986년 6월 16일에, 자연과학동은 1989년 1월 15일에 준공됨으로 영도 캠퍼스는 행정동, 강의동, 교수동, 음악당을 갖추어 종합교육을 위한 기본적인 여건을 갖추었다.[257]

고신대학의 갑작스러운 확장은 여러 문제를 초래했다. 무엇보다도 기독교대학으로서의 정체성 유지에 어려움을 겪었다. 의예와 자연 계열에 많은 불신자가 입학하여 대학의 신앙적 분위기가 손상되었고 음주와 흡연 등의 문제도 발생했다. 또한 여러 교수도 개혁신앙, 기독교 학문과 기독교 교육에 대한 전문성을 갖출 기회가 없어 신학대 교수들과 갈등이 생겼다. 대학의 재정적인 여건이 좋지 못해 교육시설 확충이 제대로 이루어지지 못해 학생들의 불만이 커졌다. 무엇보다도 이 시기에 예상치 못한 큰일이 벌어졌는데 고신대 학생들이 일으킨 1982년 3월 18일의 부산 미 문화원 방화사건이다. 이는 기독교 정신에 배치되는 정치적이며 폭력적인 사태일 뿐 아니라 정부와의 관계에서 대학에 큰 위기를 초래했다. 이에 대학과 총회는 대사회 사과문을 발표하고 이근삼 학장이 사임하게 되어 어느 정도 일단락되었다. 이에 신학대학 교수들과 총회는 이러한 혼란을 기독교대학의 정체성 상실에 그 원인을 두고 정체성 확립에 큰 노력을 기울였다. 대학의 교육이념을 명확하게 하고 1988년부터 기독

---

257. 고신대학교 70년사 편찬위원회, 『고신대학교 70년사』, 152; 이상규, "고신대학 40년(1946-1986) 약사," 17.

교 학문과 대학에 대해 교수교육을 했으며 해외의 여러 유수의 개혁주의 기독교대학과 활발하게 교류하였다. 또한 1991년부터 신입생 지원 자격에 최소한의 신급, 즉 학습 교인 이상을 요구하여 대학 공동체의 신앙화에 힘썼다.[258]

258. 고신대학교 70년사 편찬위원회, 『고신대학교 70년사』, 154; 이상규, "고신대학 40년(1946-1986) 약사," 16-17.

26. '사조 이사회 사건'과 고신 대학부 교수들의 음주 사건 / 강종환

1963년 고신측의 승동측으로부터의 환원 이후 발생했던 사조 이사회 사건과 고려신학교 대학부 교수들의 음주사건은 고신교회의 신앙적 정신적 일탈을 보여주는 사건인 동시에 한상동 목사와 송상석 목사 간의 불신과 대립을 초래한 중요한 사건이었다. 이런 불신이 후일 학교법인 고려학원의 이사장을 둘러싼 내분의 원인(遠因)과 근인(根因)이 된다는 점에서 고신 역사에서 간과할 수 없는 사건이었다.

고려학원의 출발과 사조이사회 사건

박윤선 목사가 고신을 떠난 일로 인하여 어려움을 겪게 되자 고신측은 승동측과의 합동으로 그 어려움을 극복하고자 하였다. 그러나 이를 앞장서 추진한 한상동 목사가 2년 만인 1962년 10월 부산 고려신학교의 복교를 선언하고 이어서 합동 이전의 고신교회로의 환원을 선언하여 1963년 9월 17일 남교회당에서 제13회 환원총회를 개최하였다.

환원총회 후 칼빈학원 교수들과 고려신학교 교수들은 고려신학교가 칼빈학원을 흡수하여 대학을 설립할 것을 총회에 건의하기로 합의하여, 고려신학교의 예과과정 역할을 하던 칼빈학원은 1964년 1월 고려신학교 4년제 예과 대학부 과정으로 편입되었다. 1964년 제14회 총회에서 경기노회(노회장 윤봉기 목사)와 경남노회(노회장 이성옥 목사) 및 고려학원 이사장 황철도 목사는 고려신학교 및 고려고등성경학교와 복음병원 운영을 총회가 맡아 달라고 청원하였고 총회는 이들 기관의 재산 일체에 대하여 총회에 기부하는 각서를 받기로 하고 허락했다. 이에 따라 1965년 9월 6일 고려학원 이사회가 조직되어 한상동 목사가 이사장으로 선임되었고, 이때부터 고려신학교는 이사회를 통하여 총회의 지도와 감독을 받게 되었다.

그러나 예과 4년 과정에 재학 중인 재학생들의 병역문제를 해결하기 위해 문교부의 대학인

가를 받는 것이 시급한 과제였다. 그러나 한상동 목사와 한부선 선교사는 대학 인가를 받으면 국가로부터 여러 가지 간섭을 받는다는 이유로 이를 반대하였다. 그러나 학생들의 학력인가에 대한 요구가 계속되어 고려신학교(대학부)는 대학령에 의한 학력인가를 받기 위해 제16회 총회에 총회유지재단을 학교재단으로 변경하도록 청원하였고 총회는 이 청원을 실행이사에 맡겨 처리하도록 가결했다. 그리고 제16회 총회에서 송상석 목사가 유지재단 이사장으로 선출되었다. 고려신학교 총무처장 도군삼은 서류만 구비하면 4년제 정규대학 인가를 받을 수 있다고 이사회에 건의하였으나 송상석 이사장이 유지재단을 학교재단으로 변경하는데 소극적이어서 법인설립 추진이 진행되지 못하였다. 고려신학교의 대학인가를 초기에는 한상동 목사가, 이번에는 이사장 송상석 목사가 반대한 것이다.

그러나 대학인가의 필요성을 깊이 느낀 고려신학교(교장 한상동 목사)는 중앙 인맥을 통해 학교법인의 설립인가가 가능함을 알고 총무처장 도군삼을 내세워 현재의 이사장과 이사회와는 아무런 협의를 하지 않고 가이사회(假理事會)를 만들어 허위 이사록을 작성한 후 유지재단을 학교법인으로 변경하여 대학인가청원서를 만들었다. 그리고 도군삼을 통하여 당시 경제담당무임소장관실 기획관리실장이었던 주경효 장로에게 허위 이사록을 포함한 학교법인 신청서 등을 갖추어 인가를 추진하였다. 허위 이사록에는 이사장 한상동 목사, 이사로 홍반식, 도군삼, 주경효, 김진경, 감사에는 오병세, 이근삼으로 이사회를 구성한 것으로 하였다. 이런 경위로 1967년 5월 1일 '학교법인 고려학원'의 인가되었는데 이것이 소위 '사조(私租) 이사회' 사건이다.

이 사실을 알게 된 송상석 목사는 긴급이사회를 소집하고 거짓되이 '사조

이사회'를 조직하여 학교법인 설립인가를 추진한 것에 대한 책임을 묻게 되었다. 이 일에 대하여 여러 가지 변명이 있었지만 긴급하고 불가피한 이유가 있었다면 16회 총회에서 정당하게 구성된 이사회를 통해 인가를 받았으면 '선의'로 볼 수 있는 여지가 있지만 16회 총회가 선정한 이사가 한 사람도 포함되지 않은 것은 변명의 여지가 없는 불의한 일이었다. 이에 대해 송상석 목사는 긴급하면 마산에 있는 이사장에게 전화로 충분히 협의할 수 있었으나 전체 과정이 50일 이상 소요되었음에도 총회 및 이사장에게 알리지 않은 것에 대하여 부정적인 의도로 보았다. 또 이 사건의 진상을 '한상동 목사를 중심한 당시 고려신학교 교직원들이 총회소속 기관(고려신학교, 복음병원, 복음간호학교) 등의 운영권 및 총회소유재산을 사유화하기 위한 것이라고 보아 이 사실을 전국 교회에 밝혔다.

이처럼 문제가 되자 '사조 이사회' 이사 전원을 사임시키고 1967년 7월 9일 새로운 이사로 취임등기가 이루어졌다. 이때 송상석 목사가 사조 이사회를 구성한 것은 사설학교 설립을 위한 것이라고 비난한 결과 한상동 목사와 송상석 목사 사이에는 심각한 대립 관계가 만들어지게 되었다. 1967년 9월 제17회 총회는 사조 이사회를 조직한 일에 관여한 이들 전원에게 서면 사과서를 제출하게 하였으며, 징계위원을 선정하였고 징계 결과는 송상석 목사를 통해 문교부에 제출되었다. 문교부는 김진경과 도군삼을 징계함으로 이 일을 마무리하였다. 그러나 사조이사회 사건은 이를 전국교회에 알린 송상석 목사에게도 비난의 화살이 돌아가게 되어 한상동 목사는 이사직을, 송상석 목사는 이사장직을 사임함으로 사조이사회 사건은 외형적으로는 종결되었다. 그러나 이 사건은 이후 한상동과 송상석 목사 간의 불신을 초래하였다.

고려신학교 교수들의 음주사건 및 교수 총사퇴

1967년 고려신학교 대학부 모 교수가 유럽여행을 앞두고 동료 교수들과 회식을 하는 자리에서 일부 교수가 맥주를 마신 일이 발생하였다. 경남노회가 그 진상을 조사하여 이 사건의 책임자로 도군삼 처장을 지목하였으며, 이에 대한 책임을 물어 도군삼을 해임하도록 이사회(이사장 송상석 목사)에 건의했고 이사회는 홍반식 교장에게 해임을 지시하였다. 이때 교수회는 이사회 지시대로 해임해야 한다는 편과 반대하는 편으로 의견이 나누어졌다. 학생들의 의견도 양분되었다. 오병세 교수는 교수회가 이사회의 결의에 따르지 않고 결정을 머뭇거리자 강의를 거부하여 1968년 첫 학기 말의 수업이 한 주간 먼저 종강하는 불상사가 발생했다. 이 사건 배경에도 송상석 목사가 중심인 경남노회 측과 한상동 목사를 중심으로 하는 신학교 측 사이에 대립과 불신이 자리 잡고 있었다.[259]

이때 고려신학교 대학부 교수들은 송상석 목사가 학교법인의 정관을 변경할 때 '고등교육'을 삭제하여 학교법인 설립목적인 대학교육을 실시할 수 없게 만들었다는 등의 이유로 송상석 목사를 공격하면서 1968년 12월 19일 이사회에 이사장 퇴임을 서면으로 요구하였다. 또 다음날인 12월 20일 신학교 졸업식장에서 고려신학교 대학부 교수단 명의로 '우리는 왜 송상석 목사를 불신임해야 하는가?'라는 유인물을 제작하여 배포하였다. 1969년 1월 7일 대학부 학우회 이름으로 '이사장 불신임 결의문'을 만들어 전국 교회에 보내는 등 사건은 확대되었다.

경남노회는 1969년 1월 13일 임시노회를 개최하여 신학교 졸업식 때 뿌려진 유인물 '부당한 정관변경'에 대한 내용을 7인의 특별조사위원회를 선정하여 이를 조사하였다. 그 결과 '고등교육'이란 문구의 삭제는 윤봉기 목사가 정관초안위원장으로 있을 때 홍반식, 오병세 두 교수의 참여하에 작성되었고, 그 또한 1967년 9월 제17회 총회에서 심의하여 원안대로 통과된 것임이 밝혀졌다. 윤봉기 목사는 자신이 책임자로서 처리한 이 정관변경을 송상석 목사가 임의로 변경했다고 거짓 발언을 한 것으로 밝혀져 신문에 사과문을 발표하였

259. 허순길, 『고려신학대학원 50년사』 (서울: 고려신학대학원 출판부, 1996), 183.

고, 1970년 1월 21일 이사직을 사임하였다. 또 1970년 1월 22일 고려신학교 대학부 교수들도 송상석 목사의 명예를 훼손한 일에 대하여 전국 교회 앞에 사과 성명을 발표했다.

그런데 1969년 2월 14일 새 학기를 앞두고 송상석 목사에 대한 명예훼손으로 전국 교회 앞에 사과까지 했던 고려신학교 교수들 중 오병세 박사를 제외한 교수들이 아무런 이유 없이 송상석 이사장 퇴임을 주장하며 총사퇴를 하고, 문교부장관 앞으로 송상석 목사의 이사장 퇴임요구서와 탄원서를 보내고 부산에서 발간되던 「국제신보」에 총 사퇴결의문을 발표하였다.

이렇게 되자 그 원인을 한상동 목사와 송상석 목사의 대립으로 인한 것임을 알고 두 사람과 친분이 있는 사람들이 부산과 마산을 오가며 화해를 주선하였으며 이들은 분열을 막기 위하여 한상동 목사를 교장으로 세우도록 송상석 목사를 설득하였고 마침내 송상석 목사가 승낙하였다.

한상동 목사의 교장 취임 승락 후 송상석 이사장과 오병세 홍반식 이근삼 교수 (1969. 3. 27)

1969년 3월 12일 이사회는 홍반식의 교장 사임서는 받되 홍반식, 이근삼의 교수직 사퇴는 반려하였고, 대학부 교수 김진경 등 5인의 사퇴서는 수리하였다. 그리고 한상동 목사를 교장으로 추대하기 위하여 윤봉기 목사, 전성도 목사, 지득룡 장로, 양진환 장로 4인이 교섭위원이 되어 한상동 목사를 만나 뜻을 전했으나 교장직을 수락하지 않았다. 다시 1969년 3월 26일 고려신학교 동창회 대표들이 한 목사를 설득하여 응답을 받고 한상동 목사는 1969년 3월 27일 고려신학교 교장으로 취임하였다.

사조 이사회조직 사건으로부터 시작하여 고려신학교 대학부 교수들의 음주사건, 고려신학교 정관변경시비 사건, 이사장 사퇴요구, 교수총사퇴 사건 등은 모두 인과관계를 가진 사건이었으며 근본 원인은 '하나님 앞에서'(Coram Deo)의 개혁주의 신앙이 공사 생활에 뿌리내리지 못한데 있었다.[260]

260. 허순길, 『고려신학대학원 50년사』, 191.

27. 학교법인 고려학원 이사장을 둘러싼 내분 / 강종환

제22회 총회의 학교법인 이사장선출에 따른 분란

1972년 9월 22일 제22회 총회에서 고려신학대학 학교법인 이사회가 개편이 되어 1968년부터 이사로 선임되어 4년의 임기를 마친 송상석 목사를 퇴임시키고, 15명의 새로운 이사가 선임되어 총회에 보고되었다. 한명동 목사가 이사장, 김은도 장로가 회계로 선임되었고, 이사에는 김희도, 김주오, 주영문(부산), 이기진, 권성문, 현기택(경남), 최만술, 조규태(경북), 최영구, 김경래(경기), 박헌찬(경동), 박찬규, 서영태(진주)가 선출되었고, 전라노회는 선정 후 통보하기로 하였다.

그러나 그 결과에 대해 송상석 목사는 1972년 문교부에서 소관 각 학교법인에 보낸 '법인운영지침'의 내용 중 이사회 운영, 임원선임의 제한, 이사회의 공공성 유지를 위한 이사회 구성상의 제한 등을 설명하면서 이의를 제기하였고,[261] 류윤욱 목사는 총회 석상에서 신상 발언을 신청하여 한명동 목사의 이사장 선임과정에 속임수가 있었음을 폭로했다. 이에 대하여 총회가 장시간 논의한 후 석원태 목사가 이사 15인 전원을 사퇴시키도록 동의하였고 이어 재청이 나와 전격적으로 이사 총사퇴가 가결되었다.

이에 따라 총회는 이사진을 다시 선출하여 이사회를 조직하였는데 이사장 김희도, 서기 권성문, 회계 주영문, 4년 조 이사에 최만술, 현기택, 권성문, 최영구, 서영태, 김경래, 박헌찬, 김희도, 2년조 이사에 이기진, 김주오, 주영문, 박찬규, 조규태, 전라노회 목사, 장로(미정)로 하여 한명동 목사와 김은도 장로 외의 나머지 이사는 다시 선출되었다.

---

261. 송상석, 『법정소송과 종교재판』 (마산: 경남법통노회, 1976), 290-291.

송상석 목사의 법적이사장 주장

그런데 총회가 끝나고 1972년 9월 27일 김희도 목사가 새 이사장에 취임은 하였으나 주무부서인 문교부에 새 이사장 및 이사의 취임을 보고할 수 없었다. 송상석 목사가 문교부가 인정한 정관에 따라 1971년 9월 30일 이사 승인을 받은 결과 그의 임기가 1971년 9월 30일부터 1975년 9월 29일까지이므로, 이사장의 임기가 아직 3년이나 남아 있다고 주장하며 총회가 자신을 이사장직에서 해임한 것에 대하여 총회에 재심을 청구한 것이다.

이를 살펴보면 1968년 제18회 총회 결과 이사회 조직은 이사장 송상석 목사, 부이사장 한상동 목사, 서기 류윤욱 목사, 회계 지득용 장로, 4년조 이사에 송상석, 손명복, 김은도, 김영식, 박갑수, 양진환, 2년조 이사에 한상동, 한명동, 류윤욱, 지득용, 윤봉기, 박찬규, 전성도, 박은팔, 이귀술 등 15인이며, 이중 법정이사는 이사장 송상석, 이사 윤봉기, 박손혁, 남영환, 김은도 등 5인으로 이들의 학교법인 이사 등기는 1968년 11월 12일 이루어졌다. 그리고 1970년 9월 24일 제20회 총회에서 새로운 2년조 이사가 선출되어 1970년 9월 총회부터의 이사는 이사장 송상석, 손명복, 남영환, 한명동, 전성도, 류윤욱, 박은팔, 민영환 목사, 김은도, 김영식, 박갑수, 양진환, 정채립, 이귀술, 지득용 장로 15인이 되었다.

그런데 고려신학교는 1970년 12월 30일 문교부로부터 '고려신학대학으로 설립인가'를 받았다. 그에 따라 1971년 제21회 총회에서 그에 따른 정관을 변경하여 학교명을 '고려신학교'에서 '고려신학대학'으로 변경하여 인준을 받았으므로, 앞서 있던 '고려신학교'의 법인과 문교부에서 '고려신학대학'으로 설립 인가된 학교법인은 법적인 성격이 완전히 달라졌다. 그리고 제21회 총회에서 송상석 목사가 학교법인의 이사장과 헌법수정위원장을 사면하였으나 총회는 그 사면을 받지 않기로 결의하였고, 총회는 새로이 이사진을 선정하지 않았으므로 학교법인 고려신학대학의 이사진은 교체함이 없이 1970년 9월의 제20회 총회 결과에 따른 이사진 15인은 그대로 유지되었다.

이에 따라 21회 총회를 마친 후 종전 고려신학교의 정관에 의한 학교법인의 이사장 및 이사들은 퇴임하고, 정규대학인가에 따른 학교법인의 정관에 의하여 문교부의 승인을 받아 법정 이사인 이사 겸 이사장 송상석, 이사 류윤욱, 지득용, 김은도의 취임 등기가 1971년 10월 14일 이루어졌다. 따라서 15인 이사의 신분은 총회법에 따라 임기 4년의 이사이지만 그중 학교법인의 이사로 등기된 법정이사 4인의 임기는 그와 동시에 사립학교법이 인정하는 학교법인의 이사라는 2중 신분이 되면서 임기가 달라지게 된 것이다.

즉, 송상석 목사는 '고려신학대학'으로 출발하기 전 총회의 규정에 정한 이사 임기로는 1972년 9월 총회로서 마치는 것이 맞지만, '고려신학대학'으로 출발하면서 사립학교법에 의하여 문교부로부터 인가받은 정관에 따른 이사의 임기는 1971년 9월 30일부터 시작되었다. 이 정관은 고려신학대학으로 인준을 받을 때 주무 장관의 인가를 받은 것이므로 이 정관에 위배하는 것은 위법한 행위가 된다. 송상석 목사는 총회에서 이러한 점을 설명하였으나 무슨 이유인지 송상석 목사의 이러한 설명을 외면하고 이사장 개편을 강행한 것이다.[262]

이사장을 두고 송상석 목사와 새로 선임된 이사가 양립되자 1972년 10월 17일 신임이사장 김희도 목사, 이기진 목사, 주영문 장로, 현기택 장로, 권성문 목사가 참석한 가운데 제46회 실행이사회가 소집되었다. 이 자리에는 전 이사장 송상석 목사, 전 서기 류윤욱 목사가 합석하였고 이사회는 송상석 전 이사장의 '임기전 해임'에 관하여 주무당국인 문교부장관에게 질의키로 결의하였다.

고려학원의 이 질의에 대하여 1972년 11월 3일 문교부가 고려학원 이사장에게 보낸 회신은 "귀 법인 이사장의 임기를 71. 9. 30. - 75. 9. 29.까지로 결정하고 취임을 승인한바 있으므로 동 이사장의 임기에 대한 의문이 있을 수 없으며"라고 회신해 주었다.[263] 문교부로부터 받은 "이사장 임기에 관한 질의"에

262. 송상석, 290.

263. 문교부장관, '이사장 임기에 관한 질의,'(송상석, 109에서 전재).

대한 회신으로 송상석 목사의 이사장직은 유효하다는 점이 확인되었고, 송상석 목사의 학교법인 이사장의 임기는 총회 결의와는 다르다는 점이 확인된 것이다.

1972년 11월 3일 문교부에서 이사의 임기에 관한 공식 답변이 회신 되었음에도 이사장으로 선임되었던 김희도 목사는 새로이 개편된 이사와 임원들에 대하여 1972년 12월 6일 문교부에 임원취임 승인신청을 하였다. 그런데 김희도 목사는 그에 대한 답신이 오기 전 1972년 12월 20일 무슨 이유인지 손명복 총회장에게 이사장 사임서를 제출했다. 이렇게 되자 1972년 12월 26일 총회장 손명복 목사는 자신과 법적이사장 신분인 송상석 목사, 개편이사장 김희도 목사 3인의 명의로 제39회 이사회를 비상이사회로 소집하였다.

이 비상이사회에는 송상석, 김희도, 박헌찬, 권성문, 김주호, 최만술, 이기진 목사, 주영문, 현기택, 서영태, 정남수 장로 계 11명이 모였으며 감사인 조인태 장로가 방청하였다. 그때 이사회 회의록에 기재된 제39회 이사회가 결정한 9가지 중에 2항과 3항의 내용은 김희도 목사가 이사장을 사임한 경위이므로 그대로 전재하면 다음과 같다.[264]

> "2. 개편 이사장 김희도(金熙道) 목사의 이사장 사면서를 제출한 실정설명과 총회장 손명복(孫明復) 목사가 김희도 목사의 이사장직 사면서를 받아 접수하게 된 경위를 설명하고 법적 이사장 송상석(宋相錫) 목사가 자신의 신상문제에 관한(이사장 해임건) 소원 및 재심청원에 대한 실정을 호소함을 청취하다.
>
> 3. 거(去) 제22회 총회시에 개편된 이사장 김희도 목사의 별지 이사장 직위 사면서를 제출한 이유에 대하여 거 총회시에 이사장 개편이 합법적으로 되지 못한 것이 사실이니 김희도 이사장 직위 사면서는 받는 것이 가한 줄 알고 수리하기로 회중이 가결하다. 이에 따라 송상석 목사의 법적 이사

264. 제39회 이사회 회의록 (송상석, 112에서 전재).

장 직위는 자동적으로 존속된 것을 사회자가 선언하다."

제39회 이사회는 김희도 목사의 이사장 선임이 합법적으로 되지 못하였음을 인정하고 김희도 목사의 사임을 받기로 하였으나 어떤 점이 합법적이지 못하였는지에 대하여는 제39회 이사회록에도 언급이 없다. 다만 김희도 목사가 이사장 사임서를 제출하게 된 '실정설명'과 총회장 손명복 목사가 이사장 사면서를 받을 수밖에 없는 '경위'에 '합법적으로 되지 못한 사실'이 설명되었을 것으로 추측되고, 이때 비로소 종전 학교법인의 이사와 새로이 정규대학이 인가된 이후의 학교법인 이사가 법적인 차이가 있음과 이사장 및 이사의 선출이 잘못된 것임을 깨닫게 된 것 같다.

사립학교법의 보장을 받는 정관의 규정은 효력규정이므로 규정에 따라야 하므로 총회의 규정에 따른 이사장 등의 임기가 있다 하더라도, 정관에 의해 문교부가 승인한 이사장 등의 임기와 맞지 않으면 정관에 경과규정을 두던지 총회의 규정을 고쳐 문교부 승인을 받은 정관과 임기를 일치시켜 맞추어야 했지만 이를 알지 못하고 지나친 것이 문제의 발단이었다. 그렇다면 이는 종전 '고려신학교 시절의 학교법인'과 '고려신학대학의 학교법인'의 이사가 법적으로 차이가 있음을 알지 못하고 단순히 종전대로 총회법에 의하여 선출한 총회의 잘못이었다.

결과적으로 제39회 이사회 결의처럼 김희도 목사는 합법적으로 선출되지 않았기 때문에 이사장직을 자진 사면했고, 이사회는 송상석 목사의 법정이사장직이 존속됨을 확인한 것이다. 그리고 송상석 목사는 제39회 이사회 결의를 근거로 1973년 1월 2일 법인 산하기관에 "송상석 목사의 (법적)이사장직이 계속되니 사무 처리에 참고하라"는 공문을 보냈다.

그럼에도 불구하고 이사장직에 대한 양측의 분란은 계속되어 이사장직을 누가 갖느냐에 대하여 총회가 인준한 김희도 목사와 뜻을 같이하는 한상동 목사 측과 문교부와 이사회가 인준한 송상석 목사 측의 대립은 계속되었다.

이러한 중에 김희도 목사가 이사장에 취임할 수 없는 결정적인 문제가 발생하였다. 제39회 비상이사회가 개최되기 전인 1972년 12월 6일 김희도 목사는 신임 임원에 대하여 문교부에 임원취임 승인신청을 하였는데 이에 대하여 1973년 1월 25일 신임 임원인 법정이사에 대하여 사립학교법 제21조 3항 "이사 중 적어도 1/3 이상은 교육에 경험이 있는 자라야 한다."에 저촉되었음을 이유로 신임이사 전체가 사립학교법 규정을 위반하게 되어 자격 미달로 이사 취임이 거부된 것이다.[265]

이사장직을 둘러싼 대립의 배경

그렇다면 양측이 왜 이렇게까지 학교법인의 이사장직을 두고 치열하게 대립하게 되었는지 배경을 살펴보아야 한다. 직접적으로는 2가지에서 찾을 수 있다. 첫째, 고려신학대학을 위한 화란교회의 원조금 문제이며, 둘째, 화란교회 원조금과 결부된 고려신학대학의 서울 이전 문제이다. 이에 대하여 순차적으로 살펴보고자 한다.

고려신학대학 교사신축과 화란교회의 후원: 경남법통노회는 1952년 4월 29일 대구 서문교회당에서 열린 제37회 총회에서 완전히 단절되었으며, 이에 따라 1952년 9월 11일 진주 성남교회당에서 320개 교회의 대표자들이 모여 대한예수교장로회 총노회를 조직하였다는 점은 앞에서 여러 차례 기록한 바이다. 당시 총노회는 고려파의 미래를 바라보고 고려신학교와 복음병원 부지를 구하기 위해 애쓰던 중 1954년 5월 부산시 서구 암남동 34번지의 대지 15,000평을 매입하였고 이듬해 594평의 교사(校舍)를 착공하였다.[266] 이 건축공사는 건축기성회 회원들과 전국 교회의 헌신, 주한미군군사원조단(AFAK)과 북미개혁교회(CRC) 등이 도움을 주어 1956년 3월 완공되었다.

고려신학교는 새 교사로 이전하였으나 10년이 지나자 학교 규모가 커져

265. 문교부차관, '임원취임승인', (송상석, 113에서 전재).

266. 이상규, 『한상동과 그의 시대』 (서울: SFC 출판부, 2066), 212.

처음 건축 때와는 달리 낡고 좁은 시설물이 되었으며, 1964년 3월 칼빈학원이 고려신학교 대학부로 흡수되면서 교사의 사정은 더 악화되었다. 그러던 중 1969년 고려신학교 대학부가 대학 동등 학력인가가 나자 1970년 제20회 총회는 대학인가를 목표로 요건에 맞는 시설을 갖추기 위하여 총 3천만 원의 예산이 드는 3층 교사 610평을 신축하기로 결정하고 이를 위하여 전국 교회가 헌금하기로 하였다. 그러나 당시 고신총회에 속한 교회는 어려운 교회가 대부분이었으므로 교회의 지원에는 한계가 있을 수밖에 없었으므로 고려신학교 교수회는 외국교회의 도움을 받을 수 있는 길을 찾기 시작했다.

고신총회는 1966년부터 흔히 31조파라고 부르는 화란개혁(해방)교회(Reformed Church in the Netherland)와 친선관계를 나누어 오던 중 1969년 정식 자매교회 관계를 맺게 되었고, 화란개혁교회는 고려신학교를 위해 매월 미화 500불의 원조를 제공하였다. 1971년 6월 화란개혁교회를 대표하여 두커스 교수(Dr. L. Doekes)와 반 구르프(P. van Gurp) 목사가 친선사절로 방한하여 고려신학대학을 방문하게 되었을 때 고려신학대학 교수회는 이들에게 교수 1인 파송, 월 미화 500불의 보조금을 월 1,500불로 증액, 고려신학대학 본관 신축을 위해 전체 3,000만 원 중 2,000만 원의 원조를 요청하였다.

그러던 중 1971년 말 캄펀신학교 교수회는 상호교류 협력을 위해 고려신학대학장 한상동 목사를 초청하였다. 이 초청은 당시 캄펀신학교에서 연구하고 있던 허순길 목사와 박성복 전도사의 요청에 의한 것이었다. 캄펀신학대교 교수회의 요청을 받아들여 한상동 목사는 1972년 3월 화란개혁교회를 방문하면서 이 기회에 고려신학대학 증축을 위해 도움을 요청하기로 하였다. 당시 캄펀신학교 교수회와 화란개혁교회는 고려신학대학과 고신교회에 호감을 갖고 있었다. 왜냐하면 고신교회가 진리운동을 하다가 1951년 총회에서 축출된 것과 같이 화란개혁교회 역시 자유주의적 노선을 지향하는 총회 속에서 진리운동을 하다가 1944년 총회로부터 축출되어 세워진 교회였기 때문이다. 또 화란개혁교회가 역사와 문화적 배경이 다른 외국교회를 자매교회로 받아들인 것은 고신교회가 처음이었다.

고려신학대학에서는 화란개혁교회의 이러한 분위기를 알고 학교건물을 제대로 건축하기 위하여 지난번 친선사절에게 요청한 건축비의 6배가 되는 1억 2천만 원(당시 미화 약 25만 불)을 청원하였고, 학교의 현황과 미래의 전망을 이해한 캄펀신학교 교수회가 전적으로 뒷받침을 하였다. 그리고 화란개혁교회총회가 이 청원을 듣기 위하여 모였을 때 캄펀신학교 교수 중 몇 사람이 참석하여 이 청원을 지원하여 고려신학대학의 요청을 받아들였고 고려신학대학을 위한 '건축실행위원회'를 구성하여 고려신학대학 건축을 적극 돕기로 결론을 내었다.

한상동 목사는 5월 19일 화란개혁교회 총회에 참석하여 한국교회와 고려신학대학 현황에 대해 설명하였다. 이후 한상동 목사는 거의 2개월간(1972. 3. 20- 5. 26) 화란에 머물면서 거의 매주 전국 여러 교회의 초청을 받아 설교하기도 하였다. 이러한 노력으로 화란개혁교회는 고려신학대학 신축헌금 외에 신학대학 운영비, 도서비, 잡지출판 등 운영비를 위하여 미화 21,600불을 매년 돕기로 하고 고신교회를 돕기 위하여 전교인이 1인당 매년 1길다(당시 한화 약 500원)의 헌금을 하도록 하였다.

화란개혁교회에서 예상치 못한 성과를 이룬 한상동 목사는 귀국한 후 1972년 6월 14일 고려신학대학 교수회를 소집하여 그 결과를 보고하였고, 교수회는 교사신축위원회를 구성하여 홍반식, 오병세, 이근삼, 김성린 교수를 위원으로 세웠다. 그리고 1972년 제22회 총회는 화란개혁교회가 학교신축을 지원해주기로 했다는 한상동 목사의 보고와 화란개혁교회총회가 보내온 고려신학대학 신축지원에 대한 공식서한을 받았다. 고신총회는 화란개혁교회의 후원에 발맞추어 신학대학 부지조성비 1,500만 원을 전국 교회에 모금하기로 결의하였으며 모금방법은 학교법인 재단이사회에 일임하였다. 이사회는 고려신학교 건축위원으로 한상동, 김희도, 권성문 목사, 주영문, 현기택 장로 5인을 세웠다.

건축공사를 시작한 지 1년 만에 지하 1층, 지상 3층 연건평 1,700여 평의 신학교 교사를 완공하여, 1975년 8월 15일 새 교사로 들어가게 되었다. 또 건축이 완공되어 감에 따라 기숙사의 신축계획을 준비하던 중 마침 1975년 3월 내한하였던 화란 캄펀신학대학원의 캄파이스 교수의 주선으로 화란개혁교회 총회에서 기숙사 건축비 6,500만 원을 더 지원받아 기숙사를 건축할 수 있었다.

국내 모금과 화란교회 후원으로 완공된 고려신학대학 교사 준공식(1975. 8. 15)

문제는 애초 화란개혁교회의 원조금을 힘들게 확보한 것은 한상동 학장이었으나 그 원조금을 수령하여 신학대학을 건축하는 일은 대외적으로는 이사장인 송상석 목사의 권한이었다. 화란교회도 후원금을 어느 개인에게로가 아니라 공식적인 학교법인 고려학원 이사회를 통해 후원하기를 원했다. 한상동 목사는 이 원조금을 받기 위해 21회 총회 때까지만 해도 송상석 목사의 이사장직에 아무런 이의가 없었으나 22회 총회에 와서 갑자기 송상석 목사의 이사장직을 바꾸려 한 것이다.

그러자 그때까지 있었던 이사회와 신학교의 여러 분쟁이 화란교회 원조금의 주도권 때문인 것을 알게 된 고려신학교 재학생 일동의 이름으로 1973년 6월 13일 '화란 31조파 교인들의 헌금을 욕되게 할 수 없다'라는 제목으로 취지문을 발표하였다. 신학생들의 취지문이 알려지자 송상석 목사를 반대했던 인사들이 명분이 서지 않자 학생회 간부들에게 해명서를 내게 했으나, 여론이 돌아서지 않자 학교 당국은 수업을 중단하고 여름방학을 앞으로 당겨 실시하였다.

고려신학교의 서울 이전 문제: 화란교회 원조금과 관련된 또 하나의 문제는 고려신학대학의 서울 이전 문제이다. 1967년 제17회 총회 때 경기노회장 민영완 목사가 고려신학대학 서울분교의 설립안건을 제출하였고, 총회는 이를 학교법인 이사회에 일임하였다. 이사회에서는 서울신학교 분교연구위원회를 구성하여 장시간 동안 논의하다가 무기명 투표로 고려신학대학의 서울분교설립을 허락하여 고려신학대학 서울분교가 개설되었다. 그리고 1969년 제19회 총회에서 경기노회장 최영구 목사가 고려신학대학의 서울 이전을 건의하여 안건이 이사회에 회부 되었으나 이사회는 고려신학대학의 서울 이전에 관한 결정을 보류하였다.

이듬해인 1970년 12월 16일 고려신학대학 서울분교를 반대하던 한상동 목사로부터 재단이사회에 서울분교에 대해 교수들 출장 강의의 무리와 문교 당국의 허가 없음에 따른 불법이므로 폐쇄해야 한다는 건의가 있었으나 1971년 제21회 총회시까지 보류하였다. 그런데 1971년 21회 총회에서 경기노회에서는 서울분교에 대해 교직원 20여 명, 학생 27명으로 잘 운영되고 있음을 보고하면서 오히려 부산의 고려신학대학을 서울로 이전해야 한다고 건의하였다.

또 1972년 22회 총회 때도 경기노회장 홍반식 목사는 고려신학대학을 서울로 이전하자는 안건을 총회에 제출하였다. 이 안건에 대해 경기노회 최영구 목사가 총회 앞에서 당위성을 설명하자 한상동 목사는 고려신학대학의 서울 이전에 대한 반대의견을 밝혔다. 그러나 고려신학대학의 서울 이전에 대해 이를 수긍하고 동조하는 총대들이 많아져 신학교 이전에 대하여 동의와 재청까지 나와 온 상태에서 한상동 목사는 다시 발언권을 얻어 고려신학대학의 수도권 이전의 당연성에 동의한다고 하면서 그러나 자신은 부산을 떠나지 않을 것이라고 밝혔다.

그러자 한명동 목사가 교단발전연구위원회를 구성하여 연구한 결과를 보고 결정하기로 하여 위 안건은 1년간 보류하고 교단발전연구위원회를 구성하였는데 그 위원장에 송상석 목사가 피선되었다. 그리고 교단발전연구위원회는 고려신학교의 서울 이전 문제를 긍정적으로 토의하고 결론을 마련하고 있었으나, 이를 보고할 제23회 총회에서 불신법정의 소송문제로 총회가 분란에 빠져버려 보고하지 못한 상태에서 1974년 8월 12일 부산에서 고려신학대학 신축기공식을 거행하여 사실상 흐지부지되고 말았다.

당시 교단발전 종합연구위원회의 회의록을 살펴보면 고려신학대학을 서울로 이전하는 부분에 대하여는 의견의 일치를 보고 구체적인 계획을 세우고 있었으나 일방적으로 고려신학대학을 신축하기로 함으로서 교단발전 종합연구위원회의 모든 논의 결과는 무산되었다. 1974년 8월 9일 진주 중부교회당에서 개최된 최종회의 결과 4항은 이렇게 기록하고 있다. "총회에서 고려신학대학 이전 관계 제반 문제는 본 연구위원회에 일임했음에도 본 연구위원회가 총회에 보고하여 총회가 어떤 결의를 한 후에 고려신학대학을 신축하는 것이 절차였으나 총회 전에 고려신학대학 신축기공식을 한다기에 교단발전연구위원회에서 연구한 결과를 총회장에게 제출하고 사본을 고려신학대학 이사장과 학장 및 각 노회장에게 보내기로 하다."[267]

상식대로라면 총회에서 고려신학대학을 서울로 이전하는 문제를 긍정적인 상태에서 유보하고 이에 대하여 교단발전연구위원회에 위임하였으므로, 그 결과를 보고받은 후 고려신학대학이 그대로 부산에 잔류하던 서울로 이전하

267. 송상석, 101-104, '교단발전종합연구위원회 회의록.'

던 총회의 결의 후 화란원조금으로 고려신학대학을 신축해야 하지만 이 절차를 무시하고 제24회 총회 직전인 1974년 8월 12일 고려신학대학의 신축기공식을 거행한 것이다.

결과적으로 한상동 목사는 화란원조금으로 고려신학교 교사를 부산 송도에 건축하겠다는 강한 의지를 갖고 있었고, 반면 송상석 목사는 화란원조금으로 서울 근교에 건축하여 고려신학대학을 옮기려고 한 것이다. 특히 송상석 목사는 안양에 부지를 물색해 놓고 있었으나 수포로 돌아가고 말았다.[268] 이런 일련의 사건은 송상석 목사와 한상동 목사 간의 불신을 심화시켰고 다음 시기 불행한 대립이 기다리고 있었다.

268 류윤욱, 『역사는 잠들지 않는다』 (서울: 쿰란출판사, 2011), 188.

28. 송상석 목사에 대한 고소 사건 / 강종환

이사회록 위조사건의 배경

한상동 목사로 대표되는 부산노회 측은 송상석 목사에게 이사장직 사임을 강력하게 요구하고 김희도 이사장을 지지했다. 그러나 1972년 12월 20일 김희도 목사는 이사장을 사임하였으며 이에 따라 개최된 제39회 이사회는 김희도 목사의 이사장 선출이 합법적이 아님을 인정했다. 그리고 송상석 목사의 법적 이사장직이 자동적으로 존속됨을 확인하였다. 이런 상황에서 송상석 목사는 1973년 1월 2일 재단법인 산하기관에 자신의 이사장직이 계속되니 사무처리에 참고하라는 공문을 발송하였다는 점은 앞에서 지적한 바 있다.

그러자 부산노회측에서 송상석 목사에 대해 조직적인 반발이 시작되었다. 먼저 고려신학대학이 송상석 목사의 이사장직 수행에 반발하여 학교 업무는 마비 상태에 들어가게 되었고, 다른 하나는 1973년 2월 19일 사립학교법 위반을 이유로 문교부로부터 이사회 구성에 관한 반려 통지(1973. 1. 25.자)가 있었음에도 불구하고 일부 목사와 장로들이 모여 '이사간담회 합의사항'[269]을 만들고 22회 총회에서 선출된 김희도 이사장 체제를 인정하려 한 것이다.

이런 상황에서 이사장 송상석 목사의 명의로 만든 이사회록을 문제 삼았다. 이사장 송상석 목사가 문화공보부에 제출하는 유지재단의 '이사 취, 해임 승인신청서'에 첨부하는 이사회 회의록에 이사회에 참석하지 않은 이사들을 참석한 것으로 작성하였다는 것이다. 즉 이사회에 참석한 사람은 송상석 목사와 이기진 목사 두 사람이었지만, 참석하지도 않은 유윤욱 목사와 김희도 목사, 주영문 장로를 이사회에 참석한 것처럼 이사회록을 작성하였는데, 그 이사회에서 지득룡 장로의 사임을 수리하고 최영구 목사와 김해룡 장로를 추가 선

269. 송상석, 115.

임하여, 최영구 목사는 공석인 이사를 대신하고 김해룡 장로는 사임한 이사를 대신하는 이사로 선출한 것으로 이사회록을 작성하여 당국에 '이사 취, 해임 승인 신청서'를 제출하였다는 것이다.

송상석 목사에 대한 불신법정 고소의 경과

송상석 목사에 의하여 이사회록이 위조되었다는 소식이 퍼져나가자 지금까지 송상석 목사의 이사장직에 불만을 가진 쪽에서는 송상석 목사를 불신법정에 사문서위조로 고소하기로 하였다. 그러나 교회가 세운 신학대학 이사회가 교회 내부의 문제를 해결하기 위하여 불신법정에 고소한다는 것이 성경의 가르침과 개혁주의 교리에 저촉되지 않는지 생각하지 않을 수 없었다. 이사회는 고려신학대학 교수회에 이에 대한 자문을 요청하였다. 당시 고려신학대학 교수회로서는 학교가 외국의 자매교회로부터 거액의 원조를 받았고, 또 고신총회에 속한 교회들의 도움을 받아 교사 등을 신축해야 하는 입장 등을 심각하게 생각할 수밖에 없었을 것이다. 또 화란개혁교회의 원조금을 누가 수령하고 집행하는 것이 학교에 유익이 되는지, 1년간 결론을 유보한 채로 논의되고 있는 고려신학교의 서울 이전 문제 등 여러 가지를 고려했을 것이다.[270]

마침내 고려신학교 교수회는 성경이나 웨스트민스터신조에서 볼 때 불신법정 소송이 가하다는 주장을 담은 "신학적으로 본 법의 적용 문제"라는 논문이 이사회에 전달되었다.[271] 이 논문에는 로마서 13장과 고린도전서 6장, 장로교회와 개혁교회 전통의 신앙고백을 근거로 교회가 해결할 수 없는 사건의 문제해결을 위해서는 불신법정인 국가사법권에 호소할 수 있다고 하였다. 또 성경과 전통 신앙고백서를 근거로 바울은 오직 광적인 소송을 금지했을 뿐이고,

270. 허순길, 『고려신학대학원 50년사』, 208

271. 고려신학대학 오병세 교수에 의해 작성된 이 논문은 이상규 교수의 증언에 의하면 이사회에 전달할 즈음 고려신학대학 경건회 시간에 낭독되었다고 한다. 당시 이상규 교수는 신학과 3학년이었다고 한다. 이상규, "고신교회의 법정소송문제," 미래교회포럼 편, 『고신교회2, 어디로 가는가』 (서울: 미포, 2014), 242.

공의를 세우기 위하여 법의 보호를 받는 일은 거절할 이유가 없다고 했다. 특별히 하나님은 국가위정자를 통해 사회의 범죄자를 징벌하는 일과 정당방위의 전쟁은 합당하다고 주장하였다.

이 논문은 교회당 재산을 지키기 위하여 총회 교권주의자들과 치열하게 불신법정 소송이 진행되고 있을 때 박윤선 박사가 고린도전서 6장에 근거하여 법정 소송을 반대한 것과 정반대의 결론을 제시한 것이다. 또 앞서 법정 소송 문제 등으로 고려신학교를 떠난 박윤선 박사를 되돌리기 위하여 1957년 9월 13일 고려신학교 이사회와 교수회가 공동명의로 예배당 쟁탈을 위한 세상 법정에서의 소송은 하나님께 영광이 되지 않으므로, 고려신학교는 이런 소송을 하지 않기로 하는 교육이념을 세우고 교육한다는 '법정소송 불가'의 선언과도 반대로 되어 교회법의 판단을 받지 아니하고도 불신법정에 소송할 수 있다고 결론을 내린 것이다. 이러한 결론은 불신법정 소송은 성경적이 아니며 신앙인의 도리가 아니라고 가르치며 지켜왔던 고신 신앙의 정체성을 허무는 일이 되었고, 더 나아가 교회와 성도들이 불신법정에 소송하는 일을 신앙양심에 가책받지 않고 할 수 있는 길을 터놓게 되었다.

그리고 이 논문은 그 해 1973년 총회 전 총대 전원에게 발송되었다. 이 논문이 고려신학대학 교수회의 결론이라고 함으로써 송상석 목사에 대한 고소의 정당성을 신학적으로 확인받으려는 의도였고, 각 총대들에게 이를 발송한 것은 그해 총회에서 고소불가론을 제기하지 못하도록 위함이었을 것이다.[272]

1973년 6월 9일, 김희도 목사와 윤용조 장로는 송상석 목사에 대해 사문서 위조 혐의로 검찰청에 고소 및 고발장을, 같은 해 7월에는 진정서를 제출하였다. 그런데 형사고소장과 뒤이은 진정서 모두 송상석 목사만 대상으로 하였으나 부산지방법원의 형사판결문에는 송상석 목사와 사무간사 이현준이 함께 유죄판결을 받은 것으로 나타나 있다. 이는 수사과정에서 이현준의 혐의가 인

272. 이상규, "고신교회의 법정소송문제," 242.

정되어 함께 기소된 것이다.

이현준은 1973년 7월 6일 이사회의록의 위조 문제를 다루는 이사회에 전말서를 제출하고, 문교부에는 이사장 송상석 목사가 지시한 대로 (학교법인 이사) 회의록을 작성 제출하였으나 문공부에 제출하는 '재단법인 임원 취, 해임 신청서'에 첨부하는 이사회의록은 이사장의 지시를 따르지 않고 자신의 부주의와 불찰로 이사장에게 보고 없이 김희도 목사와 주영문 장로의 인장을 사용하였다고 자백하고 분명히 자신의 잘못임을 밝혔다.[273] 즉, 문교부에 제출한 이사회록은 아무 문제가 없고 문화공보부에 제출하는 이사회록을 자신이 임의로 작성했다는 것이다. 그리고 1973년 8월 9일 부산지방검찰청에서 조사받을 때도 같은 취지로 진술하면서 마지막에 "종교재단의 내분으로 실무자가 희생된다는 것은 매우 억울합니다."라고 진술하였다.[274] 그리고 이현준은 사문서위조 등 혐의로 구속되었다.

그런데 얼마 후 이현준은 갑자기 태도를 180도 바꾸어 1973년 8월 14일 수사검사에게 제출한 탄원서에서 자신이 김희도 목사와 주영문 장로의 인장을 찍은 것은 이사장 송상석 목사의 지시에 따른 것이라고 번복하면서, 오히려 본인이 이를 만류하였음에도 송상석 목사가 관계없다고 하면서 날인을 지시하였으므로 모든 책임이 송상석 목사에게 있다고 주장하였다. 그리고 종전 자신이 사실과 다르게 진술한 것은 자신의 책임이라고 하면 모든 것이 간단히 해결될 것이라고 믿었기 때문이라고 하였다.[275]

1심 재판의 결과 송상석 목사는 징역 10월 및 집행유예 2년, 이현준은 징역 8월 및 집행유예 2년형을 선고받았는데 두 사람 모두 항소를 하지 않아 1심 판결이 확정되었다.

---

273. 송상석, 124, 이현준의 '전말서'

274. 류윤욱, 138-140.

275. 송상석, 128, 이현준의 '탄원서'(종전 전말서와 검찰의 진술을 번복한 탄원서이다).

사문서위조사건 고소장 및 진정서의 의문점과 실상

그런데 이 사건 사문서위조를 자세히 들여다보면 이해가 되지 않는 의문점을 몇 가지 발견할 수 있다. 김희도 목사와 윤용조 장로의 이름으로 부산지방검찰청에 제출된 '고소 및 고발장'을 살펴보면 1973년 3월 1일 개최된 이사회의 유지재단 이사회록과 학교법인 이사회록 2개 모두를 위조한 것으로 고소하였다. 이 2개의 고소 사실 중 위조 부분에 대한 고소 내용을 살펴보면, 이날 이사로 선임된 최영구 목사와 김해룡 장로가 허위로 선임되었다는 것이 아니라 다만 출석하지 않은 이사를 출석한 것으로 작성하였으므로 그 부분이 위조라는 것이다. 그런데 1973년 7월 역시 윤용조 장로와 김희도 목사의 명의로 제출된 진정서에는 앞서 제출한 고소 및 고발장과는 달리 1973년 3월 1일 이사회가 개최되지 않았다고 하면서 두 법인의 이사회록 모두를 완전한 허위문서인 것처럼 주장하며 엄중한 처벌을 요청하였다.

그러나 이 사건의 수사 결과 학교법인의 이사회록 위조 사실에 대하여는 검사의 공소제기가 없었다. 이는 이현준이 처음 이사회에 제출한 전말서의 내용처럼 정상적으로 작성되어 검찰 등 수사기관에서 혐의가 없는 것으로 결론을 내렸기 때문이며, 유지재단 이사회록의 위조 부분만 기소되어 유죄로 인정되었는데 판결문에서 인정한 해당 부분의 범죄 사실은 다음과 같다.

"피고인 송상석은 대한예수교장로회(고려파)총회 유지재단 이사장으로 동 이현준은 동 재단 간사로 각 종사하여 오던 자인바, 1973. 3. 1. 14:00경부터 동일 17:00경까지 부산 서구 암남동 34번지 소재 위 재단 사무실에서 동 재단이사회를 소집하였는바, 동 재단 이사 7명 중 실제 참석한 이사는 피고인 송상석, 이기진, 류윤욱(불참하였으나 의결권을 송상석에게 위임함) 뿐이었고 따라서 과반수 미달로 합법적인 이사회를 개최할 수 없음에도 불구하고 행사할 목적으로 불참한 이사 주영문, 동 김희도가 참석한 양 회의록을 작성키로 상

호 공모하여"라고 밝히고 있다.[276]

즉, 판결문 역시 유지재단 이사회록에서 이사로 선임된 최영구 목사와 김해룡 장로에 대하여 정당하지 않은 이사라고 하지 않고 다만 이사회에 출석하지 않은 김희도 목사와 주영문 장로가 출석한 것으로 허위 작성하였다고 한 것이다.

당시에는 학교법인과 유지재단의 법정이사가 양 법인의 법정이사를 겸하고 있었으므로 이사회는 같은 시간, 같은 장소에서 양 법인의 이사회를 함께 개최하였다. 따라서 양 법인에 해당하는 이사회록을 각기 작성하여 하나는 학교법인의 이사회록으로, 다른 하나는 유지재단의 이사회록으로 작성하여 사용하는 것이다. 그런데 학교법인 이사회록은 정당하여 무혐의가 되고 유지재단 이사회록만 사문서위조가 인정된 셈이다. 이는 문교부에 보고되는 학교법인 이사회록과 문화공보부에 보고되는 유지재단 이사회록의 참석자를 달리하여 문제가 된 것인데, 문교부에 보고되는 학교법인 이사회록은 출석한 이사가 맞게 기재되어 이상이 없었으나, 문화공보부에 보고되는 유지재단 이사회록의 출석한 이사가 학교법인 이사회록과 달라졌기 때문에 문제가 된 것이다.

상식적으로라도 두 이사회를 함께 개최하였음에도 이사장 송상석 목사가 학교법인 이사회와 유지재단 이사회의 출석 이사를 달리할 이유가 없다고 보아야 한다. 이는 사건 발생 후 이현준이 작성한 전말서와 검찰에서 조사받은 최초 피의자신문조서의 내용처럼 이사 2인이 정당하게 선임되었으므로 유지재단의 이사회록에 출석한 이사를 교체하여야 할 어떤 (개인적인) 사유가 있어 이사회록의 형식을 갖추기 위하여 출석한 이사를 변경하여 발생한 것으로 보인다. 특히 출석한 이사로 표기된 주영문 장로는 삼일교회의 장로였고, 김희도 목사는 이사장으로 선임된 관계로 송상석 목사와는 반대 입장에 있었음을 고려하면 송상석 목사의 지시로 보기에는 더욱 사리에 맞지 않다고 보아야 한다.

---

276. 부산지방법원 73고단 7276호 판결문(송상석, 277에서 전재).

송상석 목사가 어떤 사심이 있어서 선임된 유지재단의 이사를 임의로 변경했다면 잘못이 분명하나, 당시 최영구 목사와 김해룡 장로의 유지재단 이사선임은 정당하게 이루어져 이에 대하여는 아무도 잘못된 것이라고 이의를 제기한 적이 없고, 최영구 목사는 3년간, 김해룡 장로는 4년 7개월간 이사로 재임했다. 만약 최영구 목사와 김해룡 장로의 유지재단 이사선임이 잘못된 것이라면 이렇게 오랫동안 이사로 재임하게 할 수 없었을 것이다. 결과적으로 이 건은 유지재단 이사의 선임이 정당하게 되었으나, (누구의 의도로 되었는지는 불문하고) 유지재단 이사회에 출석하지 않은 이사를 출석한 것으로 이사회록을 작성하였을 뿐이다.

따라서 설사 사문서 위조가 인정된다고 하더라도 위조된 내용은 유지재단 이사회에 출석하지 않았음에도 출석한 것으로 기재된 김희도 목사와 주영문 장로가 출석하였다고 기재된 부분만이 사문서위조에 해당할 뿐이다. 만약 출석한 이사를 허위로 기재하였으므로 유지재단 이사회록을 인정할 수 없다면 그에 따른 후속 절차가 있었을 것이다.

이 사건의 경우 유지재단 이사회록의 작성자는 이사장 송상석, 이사 류윤욱, 이기진, 주영문, 김희도 등 5인이나, 이 중 김희도와 주영문이 출석하였다고 하는 부분은 (누구에 의해서 이루어졌든지) 문서위조가 인정될 수 있다. 그러나 이사회록에는 적법하게 선출한 최영구 목사와 김해룡 장로가 이사가 되었음이 기재되어 있으므로 이는 사실상 처벌할 가치가 없는 사건이라고 보아야 한다.[277]

결과적으로 이사회록 위조사건은 지금까지 고신총회뿐만 아니라 많은 교회 관계자에게 송상석 목사가 법적이사장이라고 주장하면서 총회에서 선임한 이사장과 법적 이사장이 대립하게 되었고, 이에 송상석 목사가 주도권을 잡기

277. 대법원 1984. 4. 24. 선고, 83도2645 판결, "피고인들이 작성한 회의록에다 참석한 바 없는 소외인이 참석하여 사회까지 한 것으로 기재한 부분은 사문서의 무형위조에 해당할 뿐이어서 사문서의 유형위조만을 처벌하는 현행 형법 하에서는 죄가 되지 아니한다."

위해 학교법인 이사의 수를 확보하려고 학교법인의 이사회록을 불법으로 위조하여 선임되지 않은 이사를 선임한 것처럼 알려졌다.[278] 그러나 분명한 것은 학교법인의 이사회록에 대하여는 '사문서위조'의 형사고소를 당했으나 수사기관에서 혐의를 인정하지 않아 아예 기소조차 되지 않았다. 다만 유지재단 이사회록의 출석이사 중 2인 김희도 목사, 주영문 장로에 대하여만 허위출석으로 인정되어 사문서위조가 인정되었을 뿐이다.

즉, 이 사건 유지재단 이사회록은 적법하게 선출된 이사의 변경등기를 위하여 작성된 것으로, 유지재단 이사회록에 선임되지 않은 이사를 선임한 것처럼 허위의 이사회록을 만든 것이 아니라 이사회록에는 적법하게 선임된 이사를 표기하였으나 다만 그 이사회에 출석하지 않은 이사를 출석한 것처럼 이사회록을 만든 것이다. 그러나 학교법인의 이사회록이 정상적으로 만들어졌음에 비추어 본다면 여러 상황과 의문점에 비추어 볼 때 과연 유지재단 이사회록에 출석하지 않은 두 이사의 허위출석 기재가 이사장인 송상석 목사의 지시에 의하여 이루어졌는지 깊은 의문이 든다. 그러나 당시 고신총회는 이를 세밀하게 살피지 아니한 채 국가법정에서 유죄판결이 확정되었다는 것을 주요 이유로 삼아 총회재판국은 송상석 목사에 대하여 목사면직을 선고하게 된다.

278. 천헌옥, '고소인가? 반고소인가?', 「코람데오닷컴」, 2008. 9. 17.

29. 법정소송에 대한 제23회 총회 결의와 제24회 총회의 번복 / 신재철

고신교회는 설립 초기 총회 측으로부터 예배당 명도소송 문제를 겪으면서 과연 교파가 다를 경우 소송이 가능한가 혹은 불가한가에 대해 논쟁을 거듭해 왔다. 그런 와중에 소송 불가 입장을 견지했던 박윤선 목사는 고신을 떠나기까지 했지만, 이 문제가 불씨가 되어 고신교단 내부에서 연속적인 소송으로 파급되었다. 대표적인 경우가 한상동 목사 중심의 부산노회가 경남법통노회의 송상석 목사를 세상 법정에 고소한 사건이었다. 이 사건과 관련하여 고신교회는 소송건에 대해 어떻게 결정했을까? 이 점에 대해 정리해 두고자 한다.

송상석 목사의 복음병원 재산 등기

우선 송상석 목사에 의해 고려신학교와 송도 복음병원 부지를 등기하여 교단의 재산이 되게 한 사건을 정리해 두고자 한다. 박윤선 박사가 불신법정 소송문제를 반대하다가 고신을 떠난 이후에도, 신학적 입장을 분명히 정립하지 못한 채 심각한 교단 내홍을 겪게 되었다. 1960년대 고신은 승동 측과 합동하는 등 교단 내외에는 여러 사건이 있었다. 앞에서 소개한 바처럼 1960년 12월 13일 제10회 총회는 승동 측과 합동했다. 그러나 한상동 목사는 1962년 10월 독자적으로 고려신학교의 복교를 선언했는데, 이것은 이전의 고신으로의 환원의 시작이 되었다. 1963년 8월에는 합동 측과의 합동이 잘못된 점에 대해 당시 합동위원 대표였던 송상석, 황철도, 한상동 등 세 목사가 총회에서 사과하였고, 깊이 회개하는 마음으로 1963년 9월 23일부터 29일까지 자숙하였다.[279] 제41대 총회장을 지낸 정판술과 제45대 총회장을 역임한 이금조의 증

279. 대한예수교장로회 총회(고신), 「제13회 총회록(1963)」, 3.

언에 의하면, 당시 송상석은 합동하면 반드시 고신교단에 손실이 있을 거라며 합동을 반대하였고,[280] 2년 후 합동을 파기하고 환원할 때는 이미 합동했으니 비록 손해가 있다 하더라도 합동 정신에 따라 분리해서는 안 된다고 함으로써 한상동과는 견해를 달리했다고 한다.[281] 그러나 송상석은 한상동이 고려신학교를 복교하자 적극적으로 한상동 목사를 변호하기도 했다.[282] 송상석 목사는 고신 설립 초기부터 한상동과 협력하며 행정적인 뒷받침을 했다. 특히 고려신학교와 송도 복음병원 부지는 개인 부지와 적산(敵産)이었다. 고신 측은 적산을 연부(年賦)로 매입하여 등기를 완료하지 않은 채 임시 교사를 짓고 사용하다가 승동 측과 합동했다. 그 후 고신 환원 후에도 등기를 미루다가 송상석이 합동 측에서 자 교단의 재산으로 등기할 가능성을 제기하며 최일영 등에게 등기할 것을 요청하였다. 등기하고 난 후 합동 측에서 실제로 등기하려고 시도했으나 사실을 알게 되어 포기했다.[283] 이때 원소유주 가운데 자신들이 매매하지 않았다고 주장하는 이들과 연부도 자신이 부담했다고 허위 주장하는 등 논란이 있었으나, 법리에 밝은 송상석 목사가 사법적인 수단까지 동원하여 해결하여 교단 재산 보호에 공헌했다.[284] 송상석 목사는 고신교회의 재산을 지켜주는 등의 일에 결정적인 역할을 한 것이다.

합동과 환원 등 아직 교단의 분위기가 어수선하여 쇄신되지 못하고 있을 때, 고려신학교와 이사, 그리고 교수단 내에 자중지란이 일어났다. 1967년의 사조 이사회 사건과 고려신학교 교수들의 음주 사건이 그것이었다.[285] 이 문제로 경남노회에서는 조사단을 선정하여 조사하는 등 문제가 학교 밖으로까

---

280. 송상석, 『법정 소송과 종교 재판』 (마산: 경남법통노회, 1976), 237-248, 284.

281. 송상석, 71; 대한예수교장로회(고신) 역사편찬위원회, 492; 허순길, 『고려신학대학원 50년사』 (서울: 영문출판사, 1996), 212-13; 정판술과의 대화(2005. 4. 25); 이금조와의 대화(2005. 4. 26).

282. 송상석, 72-73.

283. 대한예수교장로회 총회(합동), 「제47회 총회록(1962)」, 64.

284. 남영환, 『한국 기독교 교단사: 고신교단사를 중심으로』, 510; 유윤욱과의 대화(2005. 5. 23); 이금조와의 대화(2005. 4. 26); 한동석과의 대화(2005. 6. 9).

285. "정관 변경 음주 사건 등 高神 분규 深刻", 「크리스챤신문」 403(1969. 1. 25).

지 번지게 되었다. 이 일은 당사자들이 이사회에 사과문을 제출하고 총회에서 낭독함으로 일단락되었다. 1968년 12월에 발생한 정관변경 사건(고등교육이라는 문구가 삭제됨)과 같은 일들도 향후 전개될 사건들에 직간접적인 영향을 주었다. 이 시기에 한상동 목사 측이 사조 이사회를 조직한 일은 고신교단의 불신법정 소송의 불씨가 되었다. 이 사건에 대해 남영환과 허순길은 학교를 위해 불가피한 선택을 할 수밖에 없었던 것으로 기록하고 있으나,[286] 이 문제는 신사참배를 반대하고 성경 절대 신앙으로 설립된 고신교단의 정체성을 흔들기에 충분한 사건이었다. 이런 사건과 더불어 1970년대까지 계속된 소송 문제에 대하여 고신 교회는 어떤 입장을 취했을까?

법정소송에 대한 제23회 총회 결의와 제24회 총회의 번복

1973년의 제23회 총회가 소송 문제를 두고 논란에 휩싸였다. 23회 총회는 1973년 9월 20일 송상석 목사가 시무하던 마산 제일문창교회당에서 개회되었다. 다음날인 9월 21일 절차를 보고하는 중, 교단 내의 문제를 가지고 형제가 형제를 상대로 형사 소송을 제기한 건과 여기에 관련된 모든 사건을 먼저 해결하고 나머지 회무를 진행하자는 안건과 해 문제를 회무 처리 시간에 가서 처리하자는 안이 대두되어 장시간 논란이 계속되어 장내가 어지러워지자, 회장이 비상 정회를 선언하였다. 그 후 속회했으나 9월 22일 다시 정회한 총회는 1973년 12월 17일 오후 7시 동 장소에서 속회되어, 12월 18일 오전 11시 본회를 재판회로 변경하여 진행하였다. 이때 불신법정에 소송을 제기했던 윤은조가 교단 문제로 형사 소송을 제기한 데 대해 총회 앞에서 사과했고,[287] 총회는 이 소송 문제에 대해 해결점을 찾기 위해 위원 김경래, 박은팔, 유윤욱, 이경석, 손명복 등 5인을 선정하였고, 위원회의 결의문을 수용하였다.[288]

286. 남영환, 526. 허순길, 182-83.

287. 대한예수교장로회 총회(고신), 「제23회 총회록(1973)」, 29.

288. 대한예수교장로회 총회(고신), 「제23회 총회록(1973)」, 30-31.

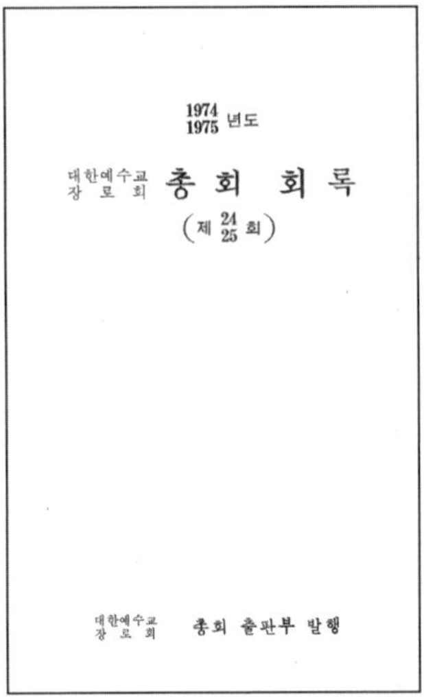

1974
1975 년도

대한예수교 장로회 총 회 회 록

(제 24/25 회)

대한예수교 장로회 총회 출판부 발행

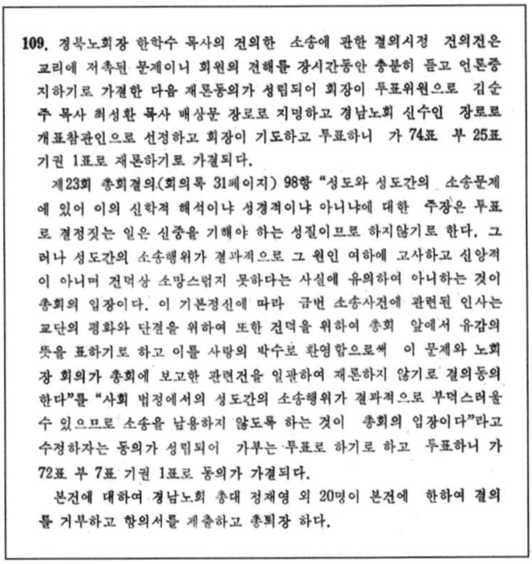

109. 경북노회장 한학수 목사의 건의한 소송에 관한 결의시정 건의건은 교리에 저촉된 문제이니 회원의 견해를 장시간동안 충분히 듣고 언론중지하기로 가결한 다음 재론동의가 성립되어 회장이 투표위원으로 김순주 목사 최성환 목사 배상문 장로로 지명하고 경남노회 신수인 장로로 개표참관인으로 선정하고 회장이 기도하고 투표하니 가 74표 부 25표 기권 1표로 재론하기로 가결되다.

제23회 총회결의(회의록 31페이지) 98항 "성도와 성도간의 소송문제에 있어 이의 신학적 해석이나 성경적이냐 아니냐에 대한 주장은 투표로 결정짓는 일은 신중을 기해야 하는 성질이므로 하지않기로 한다. 그러나 성도간의 소송행위가 결과적으로 그 원인 여하에 고사하고 신앙적이 아니며 전덕상 소망스럽지 못하다는 사실에 유의하여 아니하는 것이 총회의 입장이다. 이 기본정신에 따라 금번 소송사건에 관련된 인사는 교단의 평화와 단결을 위하여 또한 전덕을 위하여 총회 앞에서 유감의 뜻을 표하기로 하고 이를 사랑의 박수로 환영함으로써 이 문제와 노회장 회의가 총회에 보고한 관련건을 일괄하여 재론하지 않기로 결의동의한다"를 "사회 법정에서의 성도간의 소송행위가 결과적으로 부덕스러울 수 있으므로 소송을 남용하지 않도록 하는 것이 총회의 입장이다"라고 수정하자는 동의가 성립되어 가부는 투표로 하기로 하고 투표하니 가 72표 부 7표 기권 1표로 동의가 가결되다.

본건에 대하여 경남노회 총대 정재영 외 20명이 본건에 한하여 결의를 거부하고 항의서를 제출하고 총퇴장 하다.

법정소송에 대한 23회 총회 결의와 24회 총회에서의 번복을 보여주는 총회록(24회, 23쪽).

총회가 이렇게 결정할 수밖에 없었던 배경은 경남노회가 소송금지 건을 상정하였고, 경기노회가 형사고소가 성경적인가를 질문했으며, 경동노회가 소송의 정당성 여부에 대한 해답을 요구하는 등 당시 전국 8개 노회 중 3개 노회가 이 문제에 적극적으로 대응하고 있었기 때문이다. 비록 3개 노회였지만 이 노회들이 성경에 근거한 대응을 했기에 한상동 측에서는 이 문제로 교단이 분열될 수 있어 이를 원치 않았으므로 대응할 수 있는 시간이 필요했다. 총회가 불신법정 송사문제로 재23회 총회에서 투표를 강행했다면 소송 불가가 다수였을 것이 분명했기 때문이다. 이런 결과가 예견되었기에 한상동 측에서는 투표를 하지 않기로 하고, 사과하도록 조치하여 위기를 넘기고 시간을 벌었던 것으로 사료된다. 그리하여 교단발전연구위원회가 고소 건에 따르는 교단 분열 위기 완화에 대한 긴급 건의를 하게 되자 고소 측은 위축되었고, 교단 분열을 방지하기 위해 소송 지지자들도 일단 후퇴할 수밖에 없었다.[289] 이에 따

---

289. 대한예수교장로회 총회(고신), 「제23회 총회록(1973)」, 17.

라 김희도 목사가 교단 문제로서 형사 소송을 제기한 데 대해서 교단의 평화와 단결과 건덕을 위해 이사와 신학교 교수를 대표하여 모든 책임을 지고 총회 앞에 사과하였다.[290] 이 사과는 당시 총대들의 정서와 총회 장소가 송상석이 시무하던 마산 문창교회였다는 것과도 무관하지 않았다.

총회는 '신자 간의 불신법정에서의 소송'은 바람직하지 않고, 다시 재론하지 않기로 결론지었다. 당시 고신교단에서 총회적으로 다룰 수밖에 없었던 불신법정 송사문제는 성경적, 신학적, 역사적 관점에서 정확한 연구와 논의를 통해 결론을 낼 필요가 있었다. 하지만 고신총회는 성경적 결론이 분명했기 때문에 쉽게 접근하려 하지 않았다. 이 문제와 관련하여 이해관계에 있던 인사들은 당시 어떤 경우든 불신법정 송사가 불가하다는 결론을 성경적으로 혹은 신학적으로 내리기를 원치 않았다. 제23회 총회의 결의문에도 "성도와 성도 간의 소송 문제에 있어 신학적 해석이냐 성경적이냐의 문제를 투표로 결정짓는 일은 신중을 기해야 하므로 하지 않기로 했다"고 했다.[291] 다만 직접 관계된 당사자 이외의 인사들이 불신법정 송사가 불가하다는 의식을 가지고 있었고, 그것이 현실적인 분위기로 나타나자 이를 봉합하기 위해 소송 행위가 원인 여하에 관계없이 신앙적이 아니며 건덕상 소망스럽지 못하다는 것이 총회의 입장이라고 밝혔을 뿐이다.

그런데 1974년 9월 19일부터 25일까지 부산남교회당에서 진행된 제24회 총회에서는 제23회 총회 결의를 번복하여 성도 간에도 불신법정에 고소할 수 있다고 수정하였다. 이런 번복이 바로 반 고소운동의 직접적인 원인이 되었다. 교단 제23회 총회의 '소송 불가 원칙'을 "소송 남용 금지 차원으로 수정하자"는 동의가 성립되어 당시 목사 총대 64명, 장로 총대 64명, 도합 128명 중 투표에 응한 총대 표 중 가 72표, 부 7표, 기권 1표로 동의가 가결되었다.[292] 불과

290. 대한예수교장로회 총회(고신), 「제23회 총회록(1973)」, 31.
291. 대한예수교장로회 총회(고신), 「제23회 총회록(1973)」, 30-31.
292.14) 대한예수교장로회 총회(고신), 「제24회 총회록(1974)」, 23.

1년 만에 이 문제를 투표에 부쳐 경남노회 32명의 총대 중 퇴장한 20명의 총대와 경기노회 10명과 경동노회 6명의 총대를 제외하더라도, 절대다수가 소송 불가가 아닌 소송이 가능하다는 주장을 지지하는 결과로 나타났다.

이는 한 회기 내에 상당한 변화가 있었음을 보여준다. 당시 총대들이 소송이 가능하다는 입장을 지지하도록 정치한 것으로 보인다. 총대들 대부분의 정서는 불신법정 송사 불가가 성경적이라는 데 공감했지만, 결과적으로는 소송이 가능하다는 쪽으로 투표한 것은 교단 정치가 개입되었음을 부인할 수 없다. 당시 총대들이 한상동이냐 송상석이냐의 갈림길에서 교단을 살리는 길은 출옥 인사인 한상동을 택할 수밖에 없는 입장이 반영되었다. 분명한 것은 한상동 목사 측이 1년 동안 이런 결과를 얻기 위해 배후에서 상당한 영향력을 행사한 것으로 보인다. 이렇게 된 배경은 송상석 측과 고려신학대학 교수진과의 불화와 고려신학대학 교수회 이름으로 발표된 논문을 철회할 수 없는 입장 때문이었다.[293]

비록 제24회 총회는 소송 가능으로 결론지었지만, 총대들 가운데는 소송이 불가능하다는 것이 성경적이라고 생각한 인사들이 적지 않았다. 그럼에도 불신법정 송사가 가능하다는 쪽으로 선택한 것은 교단을 성경 원리보다는 현실을 추구한 것으로 해석될 수 있다. 이 결의는 소송이 가능한 한계가 무엇인지에 대해 명시하고 있지 않아 본래 취지와는 반대로 소송이 남용되기 쉬운 결과를 낳았다.

송상석 목사에 대한 치리

제24회 총회의 결정은 송상석 목사를 세상 법으로 처리할 수 있다는 것을 합법화한 것이었다. 이런 견지에서 교회법으로 송상석을 치리하여 정치적 타격을 주고자 했다. 송상석을 포함한 마산 측 총대 10명(송상석, 이기진, 권성

293. 고려(반고소)역사편찬위원회, 89; 조긍천과의 대화(2005. 5. 4); 김경래와의 대화(2005. 6. 26); 이금조와의 대화.

문, 박장실, 김해룡, 송명규, 정판술, 서봉덕, 현기택, 박기창)을 3년간(1974. 9. 23-1977. 9. 22) 총회 총대 피선거권(총회 산하 각 노회 포함)을 박탈하고, 노회(총회 산하 각 노회 포함) 임원 피선거권을 정지하였다.[294] 아울러 송상석은 경북노회의 건의와[295] 총회 특별재판국의 재판으로[296] 1974년 12월 4일 '목사 면직'이라는 중징계를 당하게 되었다. 경북노회가 발의한 송상석의 징계 건은 원고가 대한예수교장로회 총회였고, 기소위원 전성도와 한학수 이름으로 기소되었다. 피고는 경남노회를 소속 치리회로 둔 송상석이었다. 이 건은 '송상석 목사의 비행 처리 건'이라는 제목으로 상정되었고,[297] 특별재판국장은 민영환, 서기는 신현국, 국원은 강호준, 심군식, 박은팔, 김수복, 변종수, 손기홍, 조인태였다. 그 죄목은 '총회 결정에 불복종(법적 이사장 문제)', '문서위조', '거짓 증거', '공금 유용' 등이었고 죄증 설명서가 첨부되었다.[298]

당시의 총회는 송상석과 그의 측근만 제거하면 논란 중이었던 송사문제가 수면 아래로 가라앉고, 교단도 일사불란하게 전진해 갈 수 있으리라고 판단했던 것 같다. 경남노회는 송상석 목사의 면직에 대한 총회재판국 지시에 대한 결의를 통고받고 1974년 12월 16일에 임시 노회를 열어 그 통고서를 거부, 반려하였다.[299] 이에 대해 총회는 1975년 5월에 총회 지시를 순종하는 노회원을 중심으로 경남노회를 계승하는 별도의 경남노회를 조직하였다. 총회는 기존의 경남노회원들이 제25회 총회에 참석하고자 했으나 호명하지 않았고, 별도로 조직한 이른바 '계승노회'의 총대만 받아들였다.[300] 그리하여 기존의 경남노회 총대들은 9월 26일 '총회가 정상화하기까지' 행정보류를 선언하게 되었

294. 대한예수교장로회 총회(고신), 「제24회 총회록 부록(1974)」, 24.
295. 대한예수교장로회 총회(고신), 「제24회 총회록 부록(1974)」, 14.
296. 송상석, 158-174.
297. 오병세, 『경북노회 30년의 회고와 전망』(1983), 15.
298. 허순길, 209; 대한예수교장로회 총회(고신), 제25회 총회록 부록(1975), 67.
299. 송상석, 175.
300. 대한예수교장로회(고신) 역사편찬위원회, 497-98.

다.[301] 총회는 이 행정보류를 '본 교단을 이탈한 행동'으로 규정하였다.[302] 이로 인해 송상석과 측근들은 고신교단을 떠나 표류하게 되었고, 이들은 세칭 '송파'로 분류되었다.[303]

총회가 제23회 총회에서 송사 건에 관해 추후 재론하지 않기로 결의해 놓고 불과 1년 만에 재론하였을 뿐 아니라, 당시는 피송사자의 신분이었던 송상석 등을 중징계한 것은 한상동 중심의 '한파'의 교단 내 위상을 짐작하게 해준다. 이제 총회와 경남노회는 극단적으로 대립하게 되어 분열의 위기로 치닫게 되었다. 경남노회 측에서 총회 재판국 결의에 대해 거부 의사를 표명했을 때, 총회가 별도의 논의나 대화 없이 별개의 노회를 조직했다는 것 자체가 분열의 시작이었고, 경남노회의 의사와는 관계없이 분열을 야기한 것이다. 그럼에도 남영환은 송상석이 교단을 다시 만든 것으로 기록하여 마치 분열의 책임이 송상석 측에 있는 것처럼 부당하게 기술하고 있다.[304] 경남노회의 총회 재판국 결의 거부는 총회의 부당한 결정을 거부한다는 의미였지 교단을 탈퇴하거나 분열하려는 의도로까지 확대 해석될 사안은 아니었다.

고신교단은 소송 문제로 교단이 분열되고 교단의 정체성까지 크게 훼손당하게 되었다. 24회 총회가 23회 총회 결정을 번복한 것은 성도 간의 불신법정 소송을 가능하게 하는 불행한 결과를 남기게 되었다.

301. 송상석, 183.

302. 대한예수교장로회 총회(고신), 제25회 총회록 부록(1975), 23.

303. 고려(반고소)역사편찬위원회, 140; 하찬권과의 대화(2004. 10. 20).

304. 남영환, 549.

30. 경남(법통)노회와 경기노회, 경동노회의 행정보류 / 신재철

총회 전권위원회가 송상석 목사를 불신법정에 고소한 사건은 상당한 반발을 불러왔다. 송상석 목사를 고소해야 할 이유가 있는가 없는가의 문제가 아니라 같은 교단에 속한 동료 목사를 불신법정에 고소할 수 있는가에 대한 문제였다. 결국 이 문제로 경남(법통)노회는 행정보류를 단행했고, 경기노회도 반발했다. 경남(법통)노회와 달리 하찬권 개인에 의해 시작된 반고소 운동이 결국 경기노회가 교단을 떠나는 결과를 가져왔다. 경동노회는 성도 간의 불신법정 소송은 가하다는 24회 총회 결정을 반대하고 소송불가를 결정했던 제23회 총회로 돌아갈 것을 요구하면서 행정보류를 결의했는데 여기서는 이런 점에 대해 정리해 두고자 한다.

경동노회의 반고소 투쟁과 행정보류

송상석 목사를 고소한 사건에 대하여 경동노회는 민감하게 반응했다. 그럼에도 불구하고 이 건에 대하여 기존의 역사 기록에서 주목하지 않았다. 특히 허순길 교수의 『고려신학대학원 50년사』에서는 경동노회의 행정보류에 대해서 침묵하고 있다.[305] 그것은 교단을 분리해 나간 경남노회나 경기노회와 달리, 교단 내부에서 반고소가 성경적임을 주창했던 경동노회 사건을 축소하거나 언급하지 않음으로 교단의 실수를 숨기려는 의도가 깔려 있다고 볼 수 있다.

경동노회에 속한 경주교회 당회(당회장 유윤욱 목사)에서 성도 간의 불신법정 송사가 성경적인가 비성경적인가를 총회에 문의하기로 결정하고 경동노

305. 허순길, 『고려신학대학원 50년사』, 181-215.

회에 헌의하였다.[306] 그 안건이 1973년 9월 4일 건천중앙교회당에서 열린 제21회 경동노회에 상정되었다. 경동노회는 제23회 총회 시 형사 및 민사 소송의 정당성 여부에 대한 해답을 요구했으나,[307] 동년 9월 20일 마산 문창교회당에서 가진 제23회 총회는 불신법정 송사 불가를 결정하여 경주노회 당회의 질의는 그 이상 문제 되지 않았다. 그러나 제24회 총회가 소송이 가하다는 입장으로 선회하자, 경주교회는 이에 대해 경동노회가 태도를 밝혀 주기를 요구하였다.[308] 유윤욱의 반고소 사상은 경동노회원들의 동의를 얻게 되었고, 경동노회에서 노회장을 여러 차례 역임한 박헌찬이 적극성을 보임으로써 노회 전체가 반고소 사상으로 일치단결하게 되었다. 박헌찬은 고려신학교 제8회(1954) 졸업생이었다.

경동노회는 제24회 총회의 소송문제 결의 번복에 항의했다. 경동노회의 제24회 총대는 유윤욱, 강호준, 박헌찬 목사와 장갑상, 박재현, 현상유 장로였다. 당시 경동노회 부노회장이었던 유윤욱이 노회를 대표하여 총회 석상에서 총회의 불법성을 지적하고 경동노회 총대 전원이 퇴장하였다. 총회록에는 경남노회의 퇴장만 기록되어 있고, 경동노회의 퇴장은 기록조차 찾아볼 수 없다.

경남노회는 송상석의 면직에 대한 항의로 당시 20명의 총대가 퇴장했지만,[309] 경동노회는 직접적인 관련이 없는 노회였으나 집단 퇴장함으로써 총회의 불법성에 항의했다. 한명동 목사는 박헌찬 목사를 찾아와 경동노회가 행정보류를 하지 않고 퇴장만 한 것은 잘한 일이었다고 감사의 인사를 전했는데,[310] 이는 교단 분리 등 강력한 항의를 하지 않도록 사전에 차단하는 의미였다. 경동노회는 제24회 총회의 불법 결정을 제23회 총회 결의대로 환원하여 줄 것과 송상석의 목사직 파면은 권징조례 제4장 19조에 위배 된 판결이므로

306. 대한예수교장로회 총회(고신) 경동노회, 「제21회 정기 노회 촬요」, 제4항 9번.
307. 대한예수교장로회 총회(고신), 「제23회 총회록(1973)」, 17.
308. 대한예수교장로회(고신) 경동노회, 「제23회 정기노회 촬요」, 제5항 4번.
309. 대한예수교장로회 총회(고신), 「제24회 총회록(1973)」, 23.
310. 대한예수교장로회 총회(고신), 「제24회 총회록(1973)」, 23; 박헌찬과의 대화(2005.5.25).

취소해 줄 것을 제24회 정기 노회에서 결의하고[311] 총회에 헌의하였다. 또한 1975년 9월 16일에 금호중앙교회에서 가진 제24회 경동노회 1차 임시노회에서는, 총회 사무부가 경남계승노회를 조직한 것은 헌법(교회 정치 제13장 제65조 제2항)에 위배되므로 계승노회를 해체하도록 총회에 건의하기로 결의하였다.[312]

경동노회는 행정보류를 통해 총회의 불법성을 지속적으로 제기했다. 1975년 9월 제25회 총회에서 제24회 총회 결의 변경 건과 특별재판부 판결 취소에 관한 건, 그리고 경남계승노회 불법성 지적 건을 상정했다.[313] 그러나 이 안건들은 총회 폐회 직전 기각되었다.[314] 이렇게 되자 경동노회는 행정보류를 선언했다. 그 후 1975년 10월 7일부터 포항 대흥교회당에서 가진 제25회 경동노회에서는 총회 총대들의 보고를 그대로 받기로 가결하였다. 즉 총대들이 총회가 정상화될 때까지 행정보류한 것을 경동노회가 그대로 받은 것이다. 이때의 총대는 유윤욱, 박헌찬, 강호준, 권오석, 김준형, 김만출이었다.[315] 제24회 총회는 불신법정 소송의 가능성을 열고 자신들의 결정에 불복하는 송상석 목사가 노회원으로 있는 경남노회만 정리하면 된다는 생각을 했으나, 1년 뒤 제25회 총회 시 예기치 못한 경동노회의 행정보류에는 당황할 수밖에 없었다.

총회에서는 전권위원들의 보고를 받고 경남노회의 행정보류는 교단 이탈이므로 그대로 받기로 했으나,[316] 경동노회는 존속시키기로 결의하는 상반된 결의를 했다.[317] 총회는 경동노회의 유윤욱과 박헌찬의 의지만 약화시킬 수 있다면, 문제를 무난하게 해결할 수 있다고 판단했다. 그리하여 유윤욱에게 그의

311. 대한예수교장로회(고신) 경동노회, 「제24회 정기 노회 촬요」, 제4항 16번.
312. 대한예수교장로회(고신) 경동노회, 「제24회 1차 임시 노회 촬요」, 제4항 4번.
313. 대한예수교장로회 총회(고신), 「제25회 총회록(1975)」, 11.
314. 대한예수교장로회 총회(고신), 「제25회 총회록(1975)」, 30.
315. 대한예수교장로회(고신) 경동노회, 「제25회 정기 노회 촬요」, 제4항 7번.
316. 대한예수교장로회 총회(고신), 「제25회 총회록(1975)」, 22-23.
317. 대한예수교장로회 총회(고신), 「제25회 총회록(1975)」, 26.

동료 목사들과 신학교 교수들을 보내어 회유하고자 했다. 총회 전권위원회 측에서는 박두욱을 조장으로 하여 김종만, 박현진, 최해일, 전은상, 신현국 등으로 경동노회 방문반을 구성하여 수십 회에 걸쳐 경동 지역을 방문하여 설득하였다.[318] 그러나 유윤욱 목사의 지지를 얻지 못하자 총회는 전권위원장 민영완을 비롯한 총회 전권위원들과 한명동 목사를 파송하였다.

이에 경동노회도 총회전권위원과 타결할 노회 전권위원 5인, 강호준, 박헌찬, 유윤욱, 박순대, 윤성병 장로를 선임하였다.[319] 유윤욱 목사는 한명동 목사에게 경동노회의 행정보류는 교단을 이탈할 의사가 아니며, 불신법정 고소가 가하다고 결정이 잘못되었다는 것을 건의할 수 있는 길만 열어주면 행정보류를 취소하겠다고 했다.[320] 1976년 4월 6일부터 경주교회당에서 가진 제26회 경동노회에서는, 노회 전권위원들의 결의는 받고 총회에 대한 대책은 총회 총대에게 전권을 맡기기로 가결하였다. 그리고 성도 간의 소송 문제는 경동노회가 제25회 총회 때 건의했다가 기각한 것을 그 문안대로 다시 건의키로 했다.[321] 총회 측에서는 경남노회에 대해서는 송상석 문제로 인해 의도적으로 분리시킬 것을 전제하고 대응했지만, 경동노회의 행정보류는 교단 내에 급속도로 파급될 소지가 있어 적극적인 수습에 나섰던 것으로 보인다.[322]

이후 유윤욱 목사는 경북노회로 이명하였고, 경동노회는 그 이후에도 반고소 운동을 계속 전개하였다. 1976년 10월 5일부터 영천교회당에서 가진 제27회 정기노회에서, 성도 간의 사회 법정 소송 문제에 대해 제27회 총회에 다시 건의키로 하고 건의문 작성 특별위원을 선정했다. 선정된 특별위원 5인은 박

---

318. 대한예수교장로회 총회(고신), 「제26회 총회록(1976)」, 80.
319. 대한예수교장로회(고신) 경동노회, 「제25회 정기 노회 촬요」, 제4항 11번.
320. 대한예수교장로회 총회(고신), 「제26회 총회록(1976)」, 94.
321. 대한예수교장로회(고신) 경동노회, 「제26회 정기 노회 촬요」, 제5항 1, 2번; 대한예수교장로회 총회(고신), 「제26회 총회록(1976)」, 80, 141.
322. 대한예수교장로회 총회(고신), 「제26회 총회록(1976)」, 80-82.

헌찬, 성장철, 임갑인 목사와 권오석, 박재현 장로였다.[323]

이런 와중에 경주 영광교회는 경동노회가 총회에 대해 행정보류를 철회하고, 이 문제에 대해 미온적으로 대처한다고 여겨 경동노회에 행정보류를 선언한 일이 있었다.[324] 이에 경동노회가 사태 해결을 위해 수습위원을 선정하기도 했다. 이후 경동노회는 1978년 3월 7일부터 포항 대흥교회당에서 가진 제30회 정기 노회에서, 총회가 결의한 "사회 법정에서의 성도 간의 소송은 부득이한 경우와 교회법에 불복하는 경우 외에는 하지 않는 것이 총회의 입장이다"는[325] 문구 중에서 '부득이한 경우와'를 삭제해 주기를 다시 건의하기로 하고, 이를 총회에 상정하였다.[326] 경동노회는 1979년 3월 6일부터 경주교회당에서 가진 제32회 정기 노회에서도 동일한 건의를 결정하여 총회에 건의하였다.[327] 경동노회는 1979년 9월 4일부터 가진 제33회 정기노회에서는, 총회 건의문 중 소송 문제 건은 총회 총대에 맡겨 새로운 내용문을 작성하여 상정시키기로 결의하였다.[328]

경동노회는 1982년 5월 10일 제38회 제2차 임시 노회에서, 1977년에 경동노회를 이탈한 경주 영광교회가 다시 고신교단 경동노회로 환원하기 원하여 가입 청원한 건은 받기로 가결하였다.[329] 강력한 반고소를 주장하고 교단까지 이탈했던 경주 영광교회가 교단 환원을 요청한 것은 이 시기에 송사 문제가 어느 정도 수면 아래로 가라앉았다는 것을 의미한다. 또한 경주 영광교회가 경동노회로 환원한 것은 경남노회가 고신총회로 환원했던 것과 시기적으로

323. 대한예수교장로회(고신) 경동노회, 「제27회 정기 노회 촬요」, 제10항 8번.

324. 대한예수교장로회 총회(고신), 「제26회 총회록(1976)」, 92.

325. 대한예수교장로회 총회(고신), 「제26회 총회록(1976)」, 82.

326. 대한예수교장로회 총회(고신), 「제28회 총회록(1978)」, 20, 101.

327. 대한예수교장로회 총회(고신), 「제29회 총회록(1979)」, 20.

328. 대한예수교장로회(고신) 경동노회, 「제33회 정기 노회 촬요」, 제5항 1번; 대한예수교장로회 총회(고신), 「제29회 총회록(1979)」, 41.

329. 대한예수교장로회(고신) 경동노회, 「제38회 제2차 임시 노회 촬요」, 제4항 1번; 대한예수교장로회 총회(고신), 「제28회 총회록(1978)」, 47.

무관하지 않다. 그 후 경동노회는 1985년 10월 8일부터 금호중앙교회당에서 가진 제45회 정기 노회에서, 영덕제일교회를 상대로 예장 합동 측 경안노회가 법원에 제소한 재판 건에 대해 논의하였다. 이때 경동노회는 재판장 앞으로 진정서를 제출하기로 결정하여 실제적으로 당한 불신법정 송사에 응소가 아닌 진정서로 대응하는 등 송사 문제에 대해 일관된 입장을 견지하였다.[330]

경기노회의 대응(행정보류)과 교단 분열

1950년대에 불신법정 송사문제가 제기되었을 때 경기노회(노회장 전칠홍)가 이 문제에 깊숙이 관여하였다.[331] 경기노회가 불신법정 소송을 반대하자, 총회는 경기정화노회를 조직함으로 노회가 양분되었다. 이때 소송을 반대하는 경기노회는 총회에서 이탈하였다. 그 후 총회에서 만든 정화노회가 경기노회를 계승하여 고신교단 내의 경기노회로 존속해 왔지만, 1970년대에 소송문제가 쟁점이 되면서 또 다시 전면에 부상하였다.

우선, 성도 간의 불신법정 송사문제에 대한 논란이 경기노회에서 본격적으로 논의되기 시작했다.[332] 그간 분쟁에서 관망하던 경기노회가 이 문제로 내분에 휩싸였다. 제41회 경기노회에서 서울제일교회의 하찬권 목사는 성도 간의 불신법정 소송문제에 대한 고신교회의 결정에 이의를 제기한 첫 인물이었다.[333] 1975년 3월 5일 서울 성원교회당에서 제41회 경기노회가 시작되었고, 당시는 소송 사건으로 인해 교단이 혼란스러울 때였다. '불신법정 송사가 가능하다'는 고려신학대학 교수회의 논문에 대해 어느 누구도 반론하지 못했고, 불신법정에 소송을 제기한 사실에 대해서도 동일한 반응을 보였다. 그러나 이때 하찬권 목사는, 이사회에서 (불신법정 소송문제가) 발생하고 이로 인해 교

330. 대한예수교장로회(고신) 경동노회, 「제45회 정기 노회 촬요」, 제6항 7번.
331. 대한예수교장로회 총회, 「제8회 총회록」, 166.
332. 대한예수교장로회(고신), 「제25회 총회록(1975)」, 11, 14, 29, 49.
333. 『크리스챤신문』(제727호), (1975.10.25.), 1.

단이 분열 위기에 처했는데도, 이사회의 보고에는 이에 대해 한마디 언급이 없었을 뿐 아니라 회원들의 질의도 없다며 항의했다."[334] 하찬권 목사의 문제 제기로 노회는 정회되기도 했다. 총회 재단 이사장인 김희도 목사가 노회 사회를 맡았는데, 하찬권 목사는 "무엇에 의거하여 교회 법을 거치지 않고 민사 및 형사고소를 하였는가?"라고 질의하자, 그때 오병세 박사는 자신이 쓴 논문 「신학적으로 본 법의 적용 문제」를 그대로 읽는 것으로 대답했다. 이때 하찬권 목사는 웨스트민스터신앙고백서 원문을 인용하면서 시류에 따른 소송 정당론이라며 반박했다.[335] 다음날 노회장인 민영완 목사의 사회로 노회가 속회되었으나, 하찬권 목사에게는 발언권을 주지 않았다.

당시 총회에서는 허순길 목사를 보내 하찬권에게 모처에서 만나자고 했으나, 하찬권이 거절하했다고 한다.[336] 하찬권 목사는 발언권을 얻지 못하자, 제25회 총회 전에 『기독신자 간의 불신법정 소송문제 연구』라는 소책자를 전국 교회에 보냈다. 그러자 경기노회는 하찬권을 위원장으로 하여 '소송문제연구 위원회'를 구성토록 하여 박성호, 석원태, 김만우, 정승벽 목사를 위원으로 선정했다. 이 위원회에서는 반고소를 지지하는 의외의 결과가 도출되었다.

위의 위원 중 석원태 목사는 소송문제에 대한 명확한 입장을 표명할 필요가 있을 때에는 중립적이거나 제3자의 입장을 견지했으나 후에 반고소 고려측에 가담하면서 자신이 반고소 운동의 주역인 것처럼 주장했다.[337] 강력한 반고소론자였던 하찬권 목사는 경기노회에서 축출되었다. 하찬권 목사가 제명될 때까지 별다른 움직임을 보이지 않았던 최영구, 김주락, 오주영, 김주오, 박성호 등은 반고소를 주장하면서 행정보류를 하고 뒤늦게 노회를 탈퇴하였

334. 하찬권, 「과연 석원태 목사가 반고소 사건의 동참자였던가?」(2001), 1.

335. 하찬권, 「기독 신자 간의 불신법정 소송 문제 연구」(1975.3.17), 39-50.

336. 하찬권, 1-14.

337. 대한예수교장로회 총회(고신), 「제25회 총회록(1975)」, 4; 석원태, 「고려신학교-회고와 전망」, 『석원태 목사 설교 전집 제24권』 (서울: 경향문화사, 1997), 253.

다.[338] 김주락 목사는 반고소 사상을 투철하게 가졌지만 교단까지 분리하는 것은 원치 아니하여 주저했다고 한다.[339] 최영구 목사는 경기노회가 파송한 이사였으나 송상석 목사의 의견에 동조함으로 경기노회에서 사임 요청을 받았다. 후에 그는 노회를 탈퇴하였다. 석원태 목사는 동역자 음해 사건으로 제소되어 제명 위기에서 경기노회를 탈퇴했다.[340] 이들을 중심으로 1975년 10월 27일에 후일 대한예수교장로회 고려파 경기노회라고 부르는 '반고소 경기노회'가 조직되었고, 경기노회(반고소 측) 계승 취지문을 발표하였다.[341]

경남(법통)노회의 행정보류와 교단(교회)분열

경남(법통)노회는 송상석 목사를 중심으로 소송을 반대했다. 그러나 이 문제로 교단이 분열되는 것도 원하지 않았다. 경남(법통)노회는 제99회 2차 임시노회(1973년 11월 26일 월요일 오전 11시 35분, 제일문창교회당, 목사 37명, 장로 29명 합 68명)와 제100회 2차 임시노회(1974년 9월 24일 화요일 오전 11시, 제일문창교회당, 목사 25명, 장로26명 합 53명)에서 각각 선서문을 발표하여 총회의 분열을 막으려고 시도했지만, 뜻대로 되지 않았다.[342]

그런데 총회는 경남법통노회를 거부하고 경남정화노회를 조직하도록 하였고, 경남정화노회 총대를 총회 총대원으로 받음으로 경남(법통)노회는 총회와 분리되어 별도의 노회를 조직할 수밖에 없는 처지가 되었다.

제24회 총회 이후 총회는 경남(법통)노회가 고신총회를 이탈한 것으로 간주하고, 경남계승노회 제102회 비상노회에 이른바 '수습 전권위원회'를 조직

---

338. 대한예수교장로회 총회(고신), 「제26회 총회록(1976)」, 별지, 102.
339. 대한예수교장로회 총회(고신), 「제27회 총회록(1977)」, 68.
340. 고려(반고소)역사편찬위원회, 92; 정승벽과의 대화(2005.6.26).
341. 김태윤, 「고려파 운동과 반고소」, 『고려신학교 복교 20주년 기념 논문집』 (서울: 경향문화사, 1996), 523-24.
342. 경남(법통)노회 100년사 편찬위원회, 『경남(법통)노회 100년사』 (창원: 경남(법통)노회, 2016), 288.

하게 하였는데, 이들이 두 가지 문제를 처리하였다.

첫째는 목사 제명이었다. "정재영, 김선규, 김태윤, 최상수, 손명복, 박장실, 권성문, 정판술, 서봉덕, 이기진, 송명규, 이백수 이상 12인은 권징조례 제45조 및 제42조 정치문답 조례 제131조와 총회 사무부가 시달한 비상소집 통지서 경남(법통)노회 계승권 인정서 등에 의하여 볼 때 본교단을 이탈한 것이 분명하다고 판단하여 수차례 서면으로 권고하였으나 역행"한다는 이유로 이들을 제명하였다.

둘째, 노회 산하에 속한 각 교회와 목사. 전도사. 장로들은 7월 말까지 본 노회가 주장하는 총회 산하로 귀의할 기회를 주되 기간 내에 귀의하지 못한 이들은 조치하도록 결정했다.

총회는 1974년 계승노회를 조직하고 이 노회를 총회가 인정하는 '법통노회'로 선포하고 경남(법통)노회의 목사 20명 중 12명을 제명한 것이다. 당시 경남(법통)노회의 교회 수는 62개(조직 29개, 미조직 24개, 개척 8개, 기도소 1개, 목사 20명, 강도사 7명, 목사후보생 5명, 남녀전도사 19명, 계 51명이었고, 장로 62명, 교인 수 9,037명)였다. 이에 항의하여 1975년 6월 9일 월요일, 경남(법통)노회 평신도 일동이 경남(법통)노회장 앞으로 건의서를 보내기도 했다.[343] 1975년 고신 제25회 총회는 경남정화노회를 정통 노회로 인준하고, 송상석 목사 중심의 경남(법통)노회를 배제함으로 경남(법통)노회 총대들은 총회 회원으로 참석지 못하게 되었다. 이에 경남(법통)노회 총대들은 총회에 행정보류할 것을 결의하고 1975년 9월 26일에 결의문을 선언했다.[344]

경남(법통)노회의 분리에 이어 앞에서 기술한대로 경기노회가 분리되어 경남(법통)노회와 연합하였고, 1976년 4월 회집한 경남(법통)노회는 제104회 노회는 반고소 경기노회와 함께 반고소 운동을 전개하기로 결의하였다.[345] 그러

343. 경남(법통)노회 100년사 편찬위원회, 291.
344. 대한예수교장로회(고신) 경남(법통)노회, 「제104회 촬요」, 특별 결의 사항 9항.
345. 대한예수교장로회(고신) 경남(법통)노회, 「제104회 촬요」, 특별 결의 사항 9항.

나 경남(법통)노회와 경기노회의 제휴는 신학적 이유가 아니라 정치적 동기에서 시작되었고 결국 오래 지속되지 못했다.

31. 김해여고 국기 경례거부 사건 / 양재한

배경

1973년 9월 18일 김해여자고등학교에서 일어난 국기에 대한 경례거부 사건은 일제하에서 신앙을 지키기 위해 싸웠던 신사참배 거부운동과 같이 신앙의 순결을 지키려는 몸부림에서 비롯되었다. 출옥성도들의 신앙적 영향을 받은 고신교회는 1970년대에도 제1, 2계명을 지키는데 목숨을 걸 만큼 열심이었다. 고신교회의 국기경례 거부 운동은 김해여고 사건 이전인 1948년 정부가 수립된 후 학도호국단을 창설하고 제식훈련 등 각종 행사시 국기를 게양하고 국기배례(拜禮)[346]를 할 때부터 있었다. 학생신앙운동(SFC) 창립 초창기 SFC 활동을 하던 학생들 가운데 국기에 대한 배례는 우상숭배라 하여 거부한 사례가 『하나님의 주권을 이 땅위에: 학생신앙운동(SFC)史』에 소개되어 있다.[347]

부산사범학교에서는 국기배례 반대운동으로 성광회 소속 기독학생들이 어려움을 겪는다. 그중 황창호가 주동자로 지목되어 퇴학을 당한다. 그 뒤 경남중학(5년제)에 편입했고 후에 서울법대에 진학했다고 한다. 진해중학교(6년제)에서도 120여 명의 학생이 동참하는 국기배례 반대운동이 일어난다. 계속 거부한 학생에게는 정학처분이, 주동자인 주성규(농림부 차관 역임)에게는 퇴학처분이 내려진다. 이 사건은 이승만 대통령에게 보고되어 거수경례나 배례 대신 왼쪽 가슴에 오른손을 얹는 주목(注目)으로 바뀌게 된다.[348] 그러나 학교 일선에서는 잘 지켜지지 않아 청년신앙운동과 학생신앙운동은 1953년 6월 9

---

346. 국기에 대한 경의 표시 구호는 배례, 주목, 경례 순으로 사용되었다. 여기서 배례는 경의를 표하는 단계를 넘어 숭배의 의미를 내포하고 있다.
347. 학생신앙운동사 편찬위원회, 『하나님의 주권을 이 땅위에: 학생신앙운동사』 (SFC 출판부, 2013), 70-71.
348. 학생신앙운동사 편찬위원회, 『하나님의 주권을 이 땅위에: 학생신앙운동사』, 70-71.

일 부산남교회당에서 국기경례 문제 등 당면 과제를 두고 좌담회를 개최한다. 당시 총로회는 국기경례는 우상숭배라는 문서를 4만부 인쇄하여 전국에 배부하였고, 또 대통령에게 올리는 진정서를 작성하였다. 총로회의 이러한 활동에 SFC는 적극 협조하여 반대운동을 맹렬히 전개할 것을 결의하였다.[349]

시대적 상황

1971년 대통령 선거에서 박정희 대통령은 김대중 후보와의 경쟁에서 70만 표 차이로 경합을 이루자 더 이상 직접선거를 통한 집권은 어렵다고 판단한다. 이에 1972년 10월 17일 장기집권을 목적으로 '10월 유신'이 단행되고, 통일시대 대비를 명분으로 유신헌법을 제정하게 된다. 유신헌법은 국회의 권한을 정지시키고 통일주체국민회의를 설치하고, 통일주체국민회의는 간접선거를 통해 대통령을 선출할 수 있는 권한을 지니고 체육관 선거를 시행하게 된다.

그 이후 국가주의는 더욱 강화되었고, 이에 저항하는 대학가의 데모는 끊이지 않았다. 그런데도 정부는 국민의례에서 "나는 자랑스런 태극기 앞에 조국과 민족의 무궁한 영광을 위하여 몸과 마음을 바쳐 충성을 다할 것을 굳게 다짐합니다."라는 국기에 대한 맹세문을 낭송하게 했고, 오후 일몰시각에는 국기하강식도 하였다. 애국가가 연주되면 모든 일을 멈추고 국기를 향해 부동자세로 서서 왼쪽 가슴에 손을 얹고 예의를 표해야만 했다. 그리고 영화관에서 영화를 관람하기 전에 애국가가 연주되고 모든 관람객들은 일제히 일어나 애국가가 끝날 때까지 부동자세를 취하는 등 애국심이 일방적으로 강요되었다. 동시에 전국의 남녀 고등학교 학생들은 일주일에 3-4시간 교련수업을 받으며 교련검열 또한 철저하였다. 각 학교에서도 시·도 단위별로 교련검열대회가 있었는데 그날이 다가오면 수업을 전폐하고 준비에 몰두하던 시절이었다.

349. 학생신앙운동사 편찬위원회, 『하나님의 주권을 이 땅위에: 학생신앙운동사』, 104-106. 이승만 대통령에게 올린 진정서가 105-106쪽에 수록되어 있다.

사건의 발단과 전개과정[350]

1973년 9월 18일 김해여고 1학년 5반 영어수업(담당 송인호) 시작 전 통상 반장의 구령에 따라 교사에게 인사 후 수업을 시작하던 것과는 달리 그날 영어 교사는 국기에 대한 경례를 시켰다.[351] 그때 이영애(활천중앙교회 SFC 운동원) 학생이 국기에 대한 경례를 거부하였다. 이 소문은 학내에 신속히 퍼졌다. 곧이어 교련검열대회를 앞두고 제식훈련 예행연습이 있었는데, 35명의 학생이 거수경례를 거부했다.[352] 이들은 조회대로 불려나가 경례동작을 반복하도록 강요받았으나 아무도 응하지 않았다. 이 광경을 지켜본 윤대화 교장은 "내 목이 달아나나 너희들이 쫓겨나나 보자"면서 노발대발하였고, 미술 교사 한분은 "하늘에서 하나님이 너희를 구해 주는지 보겠다"는 등 기독교를 조롱하는 언사를 서슴치 않았다. 이 얘기를 전해들은 전은상 목사(대저제일교회 담임)는 사건 발생 다음날인 9월 19일 학교를 방문해 문제를 해결하고자 노력하던 중 감정이 격해져 "교장 모가지가 얼마나 두꺼운지 보자"라며 격하게 반응했다. 이 과정에서 김해지역 교회와 학교 간의 감정의 골이 더욱 깊어졌다.

적발된 학생들은 교사들의 회유와 급박, 가정방문, 학부모 호출, 수업 제외를 통한 학내 격리 등을 당하게 된다. 이러한 상황을 견디지 못해 거부 학생은 22명으로 줄어들었다. 이들에 대해 학교당국은 "제적공고"란 제목으로 거부학생 명단을 게시한 다음, 학생들이 마음을 바꿀 때마다 1명씩 이름을 지워나간다.

---

350. 김해여고 국기경례 거부사건에 대한 좌담회가 코람데오 닷컴팀(정주채 목사, 이성구 목사, 김대진 목사 참석)과 경남(법통)노회 100년사팀(허창수 목사, 김종문 목사, 변성규 목사, 양재한 장로, 강종환 장로 참석)이 함께 모여 2022년 3월 4일(금) 김해중앙교회에서 있었다. "사건의 발단과 전개과정", "교회와 총회의 대응"과 관련된 내용은 이 사건의 증언자로 참석한 유영화(고신대학교 입학 후 정주채 목사 사모), 박명순(검정고시 후 브니엘 고등학교 교사, 현 러시아 선교사), 이화영(대저제일교회 권사) 3인의 증언을 바탕으로 작성하였다.

351. 1972년 10월 17일 박정희 정권의 '10월 유신' 발표 후 각급학교 교실에는 액자형 태극기가 교실 앞 벽면에 부착되었으며, 국가에 대한 충성심 고취란 명분으로 국기에 대한 경의를 표한 후 수업을 시작하는 경우가 있었다.

352. 이들은 모두 김해지구 학생신앙운동원(SFC) 이었다. 당시 김해지구 학생신앙운동은 부산지방 학생신앙운동에 속해 있었다.

최종 7명이 남았을 때 학교당국은 타 학교로 전학을 제안한다. 그중 박복숙(김해중앙교회)은 김해중앙교회로부터 전학에 필요한 재정지원을 받아 브니엘고등학교로 전학한다. 나머지 6명은 사건발생 13일 만인 1973년 10월 1일 학생생활규정 제31조 제1항 소위 "본교 교육방침에 위배되는 행위"를 하였다 하여 제적당한다. 이들이 전학을 하지 않고 제적을 선택한 이유는 당시 김해여고 외에도 국기경례 거부문제로 어려움을 겪는 SFC운동원들이 있었다. 이 문제를 교회 차원에서 법적으로 대응해 해결하자는 교회 지도자들의 말씀에도 영향을 받은 것으로 보인다. 제적된 학생들은, 유영화(3년, 가락교회), 백순옥(2년, 대저제일교회), 이화영(1년, 대저제일교회), 문은미(1년, 대저제일교회), 김영혜(1년, 활천중앙교회), 박명순(1년, 조눌교회) 등이었다.

교회와 총회의 대응

제적당한 학생들 문제해결을 위한 다양한 형태의 노력이 진행된다. 제적일인 10월 1일, 그 다음날 한 학부모가 학교를 방문해 재고해 줄 것을 학교장에게 건의했고, 3일 뒤 김해지역 기독교 지도자들도 선처를 요청했지만 학교당국은 되돌릴 수 없다며 거절하였다. 이에 학생들이 속한 부산노회 김해시찰과 부산노회, 고신총회는 총회차원에서 해결하고자 노력한다.

먼저 각계각층에 호소하였다. 경상남도 교육감과 문교부 장관에게 면담을 신청했지만 거절되고, 최해일 목사가 영부인 육영수 여사를 만나 호소했지만 "… 학교장은 교사의 지도에 불응하는 학생들을 퇴학시킬 권한이 있지 않은가"라는 답변만 들었다고 한다.[353] 동시에 고신총회 차원의 '국기경례대책위원회'를 결성하여, 국기에 대한 경례가 제2계명에 위배되는 지에 대한 문제와 제적학생들 학업문제를 어떻게 할 것인지에 대한 논의를 시작했다.

1974년의 고신 제23회 총회에서는 신학연구부의 보고를 받았는데, 그 내

353. 이 답변을 한 5일 뒤인 1973년 8월 15일 육영수 여사는 문세광에게 저격당해 목숨을 잃는다.

용은 "국기에 대한 경례를 주목으로 구호 변경하는 건에 대한 신학적인 문제는 별지와 같이 연구 발표하였으며, 순국선열에 대한 묵념과 국기에 대한 맹세 문제는 아래 3인(총회장, 남영환, 김경래 이상 3인)에게 맡겨 더 연구 발표함이 가한 줄 아나이다." 제24회(1975년) 총회에서는 "국기경례 문제에 관한 건은 신학교육부에 맡기되 신학교수들을 포함시켜 분명한 입장을 밝히게 하도록 가결" 했다. 제25회(1976년) 총회에서는 "국기경례대책위원 5인을 선정하기로 가결하다. 대책위원 5인은 한국기독교지도자협의회 회원(민영환, 한학수, 윤봉기)에게 맡기기로 가결하다. 한국기독교지도자협의회 위원에서 선정한 국기경례문제 대책위원 받기로 하니 아래와 같다. (남영환, 전은상, 윤은조, 변종수, 명돈의) 국기경례문제 대책위원 조직보고를 받기로 가결하니 아래와 같다. (위원장 남영환, 서기 전은상, 회계 명동의, 위원 변종수, 윤은조). 별지에 국기경례대책위원회의 국기경례 대책처리 결과보고를 하고 있다. 그 내용은 다음과 같다.

1. 김해여고생들의 국기경례 문제로 제적당한 학생들을 구제하기 위하여 대구고등법원에 소송을 제기하였던바 원고에게 이유 없음을 기각하였으므로 다시 대법원에 상소하였던바 교장이 교칙에 따라 제적한 것이 잘못됨이 없다고 원고의 상소를 기각하였습니다.
2. 국기경례문제대책위원들의 활동상황은 아래와 같습니다.
   가. 부산지방교회는 초교파적으로 7개 노회장의 이름으로 법원장 앞으로 진정서를 낸 일
   나. 제적된 학생들로 하여금 탄원서를 작성하여 대통령, 영부인, 국무총리, 총무처 장관, 문교부장관, 검찰총장, 경상남도 교육감, 대법원장 앞으로 제출한 일,
   다. 각 교단총회장(합동, 침례회, 감리회, 고신)들과, 경기노회장, 평북노회장, 기독신보 주필의 이름으로 진정서를 작성하여 국무총리에게 제출한 일,

라. 기독교협의회 19개 교단총회장들의 이름으로 진정서를 작성하여 국무총리에게 제출한 일들입니다. 진정서에 대한 회신내용으로는 1950년 1월 16일 국무원고시 제8호 10항에 명시된 대로 구령은 변경할 수 없고 구령은 경례를 하되 행동은 주목방법으로 하라고 회신이 왔습니다.

제26회(1977년) 총회에서는 "국기에 대한 구령문제는 제22회 총회 결의대로 관철되도록 관계 당국에 계속 교섭하되 신학적인 해석 문제는 신중을 기해야하므로 총회 임원회가 선정하는 7인(신학대학 정교수 2명 포함)에게 맡겨 차기 총회에 연구보고토록 하고 실제 당면문제는 당회장이 재량껏 지도하도록 가결하다. (위원: 전성도, 오병세, 이근삼, 민영완, 남영환, 최해일, 방해주). 동상과 국기에 대하여 절하게 하는 문제 대책도 상기 위원에게 맡기도록 가결하다." 제27회(1978년) 총회에서는 "국기경례문제대책위원회 보고는 받고 동 위원회는 해체하고 국기경례 대체문제는 임원회에 맡기기로 가결하다." 그 후 총회차원의 국기경례문제 대책활동은 중단되었다.

기독교 사립학교인 브니엘고등학교(교장 박성기)에서는 제적당한 학생들의 소식을 전해 듣고 이들에게 배울 기회를 박탈해서는 안 된다는 생각으로 제적당한 3개월 후인 12월 중순 입학관련 서류 없이 학교장의 허락으로 등교하게 된다. 한편, 학생들이 소속된 김해시찰과 부산노회, 고신총회는 이들의 학적회복과 제적처분의 부당함을 판단받기 위한 행정소송을 대구고등법원에 제기하였다(담당변호사 김광일). 문제해결 과정에서 감정의 골이 남아있던 김해여고 학교장(윤대화)은 전학서류도 갖추지 않은 학적 없는 학생을 받아서 공부시키는 것은 불법이라며 브니엘고등학교를 상대로 이의를 제기한다. 고등법원에서는 퇴교명령이 내려졌고 한 학기를 다니다 브니엘고등학교 마저도 퇴교를 당하게 된다. 이때가 1974년 7월경이었다.

사건 발생 2년 뒤인 1975년 11월 6일 고신총회 차원에서 제기한 행정소송은 대구고등법원에서 기각으로 판결이 났으며, 이어 1976년 4월 27일 대법원에서도 상고가 기각된다. 이들은 아직까지 학적회복이 되지 않은 채 지금에 이르고 있다.

향후 과제

여호와증인의 경우, 국방의무와 양심에 따른 병역거부와 같이 헌법적 가치가 서로 충돌될 때 형벌권 발동은 불가피한 측면이 있지만 최근 인권 차원에서 대체복무제를 채택하고 있다. 그러나 김해여고와 같이 국기에 대한 경례거부 문제는 우상숭배 거부라는 헌법상 보장된 종교와 양심의 자유와 학교에서 정한 학칙이 충돌할 때 하위법인 학칙이 승리한 대법원 판결로, 법학자 김두식 교수는 그의 저서에서 이 판결은 모순이라고 지적하고 있다.[354]

국기경례 거부문제는 국가와 교회와 관계, 사회와 교회와의 관계, 개인과 국가와의 관계를 역사적 신학적으로 깊이 있는 연구를 진행할 필요가 있어 보인다. 전원호 목사(광주 은광교회 담임)는 코람데오 닷컴과의 최근 인터뷰에서 "교회의 지도자들은 결정만 했고, 실제 전투는 어린 학생이 치러야 했다. 학생들이 겪은 어려움의 깊이에 비해서 어른들의 결정과 집행은 너무 얕지 않았나 하는 생각이 든다. 교단이 결정했으니 어떤 방식으로든 교단이 마무리 지어야 한다."[355]라고 말한다.

국기에 대한 경례거부 사건은 김해여고만의 문제가 아니었다. 당시 SFC운동원과 한국교회 모두의 문제였다. 이 문제로 어려움을 겪은 학생들은 신사참배에 저항한 신앙선배들의 모범과 교회지도자의 가르침을 따랐을 뿐인데 그들에게 닥친 희생은 가혹했다. 이들의 명예회복 차원에서라도 다음의 과제는 해결되어야 한다.

첫째, 국기에 대한 경례가 과연 우상숭배인가. 고신총회는 제26회(1977년)

354. 김두식, 『헌법의 풍경: 잃어버린 헌법을 위한 변론』(교양인, 2011), 247-248.
355. 전원호, '김해여고 국기배례 거부좌담회 취재파일(3); 전원호 목사 인터뷰', 「코람데오 닷컴」(2022. 3. 25), 5쪽.

총회에서 "국기에 대한 구령문제는 … 신학적인 해석 문제는 신중을 기해야 하므로 … 실제 당면문제는 당회장이 재량껏 지도하도록 가결하다." 제27회(1978년) 총회에서 "국기경례문제특별위원회는 해체하고 …", 그 이후 고신총회 차원의 활동은 중단되었다. 그러나 제적당한 학생은 50년이 지난 지금까지 학적회복을 못한 채 그대로 남아있다. 우선 고신총회 차원에서 국기 경례문제에 대한 신학적인 연구가 이루어져야 한다.

둘째, 국기에 대한 경례를 우상숭배로 보는 사람에 대해서 국가는 어떤 태도를 가져야 하는가의 문제도 검토되어야 한다. 만약 김해여고 사건이 지금 다시 일어난다면 고등법원이든 대법원이든 학생들의 종교의 자유를 옹호하는 판결이 나왔을 것이다.

셋째, 고신교회가 가진 소중한 전통을 자랑거리로 만드는 일이다. 신사참배에 저항한 선배들의 모범을 따른 국기경례 거부사건은 김해여고 외에도 다수의 기록과 증언이 남아 있다. 이에 대한 조사가 이루어져야 한다.

32. 반고소고려(고려 측)의 형성과 발전 / 신재철

고신교단은 성도 간의 불신법정 소송 문제로 내홍을 겪다가 1975년에는 내분으로 분열을 맞게 된다. 이때 고신 본류로부터 분열된 교회(교단)이 '반 고소고려'인데 후에 '고려'로 개칭되었다. 이들과 반고소측 경기노회는 노회 계승과 함께 고려신학교 복교 선언이라는 이름으로 반고소파 '고려신학교'를 설립하였다.

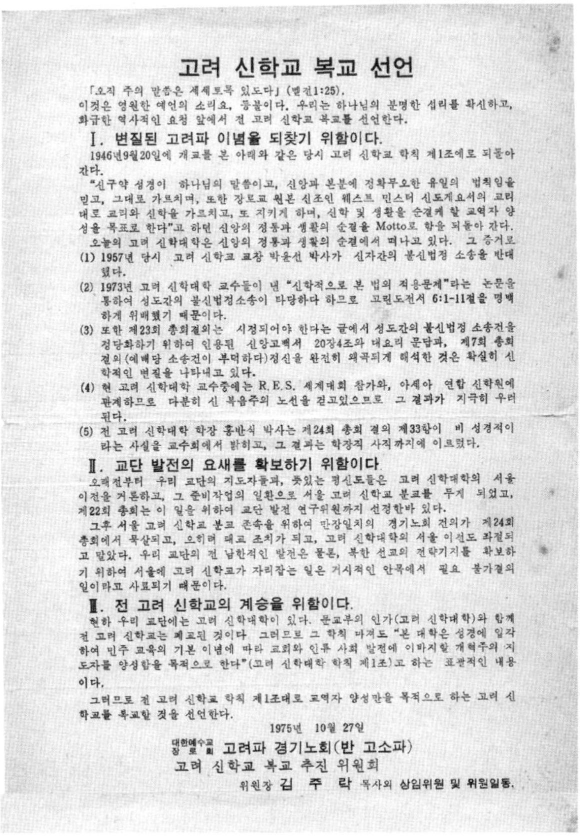

고려 신학교 복교 선언

「오직 주의 말씀은 세세토록 있도다」(벧전1:25).
이것은 영원한 예언의 소리요, 등불이다. 우리는 하나님의 분명한 섭리를 확신하고, 화급한 역사적인 요청 앞에서 전 고려 신학교 복교를 선언한다.

Ⅰ. 변질된 고려파 이념을 되찾기 위함이다.

1946년9월20일에 개교를 본 아래와 같은 당시 고려 신학교 학칙 제1조에로 되돌아간다.

"신구약 성경이 하나님의 말씀이고, 신앙과 본분에 정확무오한 유일의 법칙임을 믿고, 그대로 가르치며, 또한 장로교 원본 신조인 웨스트 민스터 신도게요서의 교리대로 교리와 신학을 가르치고, 또 지키게 하며, 신학 및 생활을 순결케 할 교역자 양성을 목표로 한다"고 하던 신앙의 정통과 생활의 순결을 Motto로 함을 되돌아 간다.

오늘의 고려 신학대학은 신앙의 정통과 생활의 순결에서 떠나고 있다. 그 증거로

(1) 1957년 당시 고려 신학교 교장 박윤선 박사가 신자간의 불신법정 소송을 반대했다.

(2) 1973년 고려 신학대학 교수들이 낸 "신학적으로 본 법의 적용문제"라는 논문을 통하여 성도간의 불신법정소송이 타당하다 하므로 고린도전서 6:1-11절을 명백하게 위배했기 때문이다.

(3) 또한 제23회 총회결의는 시정되어야 한다는 글에서 성도간의 불신법정 소송건을 정당화하기 위하여 인용된 신앙고백서 20장4조와 대요리 문답과, 제7회 총회 결의(예배당 소송건이 부덕하다)정신을 완전히 왜곡되게 해석한 것은 확실히 신학적인 변질을 나타내고 있다.

(4) 현 고려 신학대학 교수중에는 R.E.S. 세계대회 참가와, 아세아 연합 신학원에 관계하므로 다분히 신 복음주의 노선을 걷고있으므로 그 결과가 지극히 우려된다.

(5) 전 고려 신학대학 학장 홍반식 박사는 제24회 총회 결의 제33항이 비 성경적이라는 사실을 교수회에서 밝히고, 그 결과는 학장직 사직까지에 이르렀다.

Ⅱ. 교단 발전의 요새를 확보하기 위함이다

오래전부터 우리 교단의 지도자들과, 뜻있는 평신도들은 고려 신학대학의 서울 이전을 거론하고, 그 준비작업의 일환으로 서울 고려 신학교 분교를 두게 되었고, 제22회 총회는 이 일을 위하여 교단 발전 연구위원까지 선정한바 있다.

그후 서울 고려 신학교 분교 존속을 위하여 만장일치의 경기노회 건의가 제24회 총회에서 묵살되고, 오히려 폐교 조치가 되고, 고려 신학대학의 서울 이전도 좌절되고 말았다. 우리 교단의 전 남한적인 발전은 물론, 북한 선교의 전략기지를 확보하기 위하여 서울에 고려 신학교가 자리잡는 일은 거시적인 안목에서 필요 불가결의 일이라고 사료되기 때문이다.

Ⅲ. 전 고려 신학교의 계승을 위함이다.

현하 우리 교단에는 고려 신학대학이 있다. 문교부의 인가(고려 신학대학)와 함께 전 고려 신학교는 폐교된 것이다 그러므로 그 학칙 마저도 "본 대학은 성경에 입각하여 민주 교육의 기본 이념에 따라 교회와 인류 사회 발전에 이바지할 개혁주의 지도자를 양성함을 목적으로 한다"(고려 신학대학 학칙 제1조)고 하는 포괄적인 내용이다.

그러므로 전 고려 신학교 학칙 제1조대로 교역자 양성만을 목적으로 하는 고려 신학교를 복교할 것을 선언한다.

1975년 10월 27일

대한예수교 장로회 고려파 경기노회(반 고소파)
고려 신학교 복교 추진 위원회
위원장 김 주 락 목사외 상임위원 및 위원일동.

반고소측이 발표한 고려신학교복교선언(1975. 10. 27)

반고소 경기노회 조직과 고려신학교 설립과 때를 같이하여 경남(법통)노회에서는 송상석 목사를 따르는 법통노회 측과 총회와 고신대학 교수회의 주장을 따르는 목사들로 양분되었다. 총회와 행정을 보류한 경남(법통)노회가 반고소 운동을 제창하고 나오면서 경기노회(반고소측)와 행정적 통합을 제안하였다. 이때 경기노회에서는 30년간이나 불신법정 투쟁을 해온 경남(법통)노회와 제휴를 거절하였으나, 결과적으로 경남(법통)노회가 과거의 잘못을 회개하고 반고소를 주장함으로 그 제안을 받아들였다. 그리하여 1976년 10월 5일자로 대한예수교장로회(고신) 반고소측 제26회 총회 소집 공고를 위원장 이기진 목사, 서기 석원태 목사 명의로 발송하였다. 1976년 10월 19일(화요일) 19시에 서울특별시 종로구 평창동 111번지 소재 서울 고려신학교 강당에서 목사총대 37명, 장로총대 41명이 참석한 가운데 총회를 개회하였는데, 이로써 대한예수교 장로회(고신) 반고소측 총회가 출범하게 된 것이다.

경남(법통)노회측 지도자들은 경기노회 반고소 목사들과 '반고소 운동'이라는 이름으로 연합하여 총회를 조직하였으나, 이듬해인 1977년 수적으로 우세했던 경남(법통)노회(마산측) 측 지도자들은 고려신학교와 총회의 주도권을 장악하고 석원태 목사를 신학교에서 물러나게 하였다. 석원태 목사가 신학교에서 쫓겨 나가자 재학생 중 일부가 "고려신학교 수호대책위원회"를 결성하여 석원태 목사를 복귀시킴으로 결국 반고소 고려 측은 내홍을 겪게 되었고, 석원태 목사를 비롯한 경기노회측과 마산 중심의 경남(법통)노회측으로 다시 분열되었다.

반고소고려측(석원태 측)은 마산 측과 결별한 이후 교세확장을 모색하게 되었고, 고려신학교 강당에서 가진 제28회 총회(1978. 9. 26~27)에서는 타 교단 목사 가입 문호를 개방하기로 하고 성장을 모색했다.

1976년 9월 반고소고려 총회가 구성될 당시 노회는 기존의 고신교단에서 행정보류를 선언하고 탈퇴한 경기노회와 경남(법통)노회, 그리고 부산노회 등 3개 노회로 구성되었다. 그러나 1977년에 경기노회와 경남(법통)노회가 결별하게 되자, 고려총회(석원태 측)는 조직을 정비하여 경기노회, 수도노회, 영남노회를 조직하게 되었다. 그러나 당시 나름대로 체계를 제대로 갖춘 노회는 경기노회 뿐이었고 여타 노회는 노회 골격만 유지하는 정도였다.

그 후 1986년에는 서울남노회, 서울북노회, 경인노회, 호남노회, 경북노회에 경남노회가 설립되므로 6개 노회로 확장되었다. 이렇게 하여 고려교단은 총회산하에 6개 노회 체제로 12년을 유지해 오다가 1998년 제48회 교단총회에서는 기존의 6개 노회(서울남, 서울북, 경인, 호남, 경북, 경남)에서 9개 노회(서울남, 중부, 서울북, 서울서, 인천, 경기, 호남, 경남, 경북)로 확장되었다.

확장될 당시 서울남노회는 34개 교회,[356] 중부노회는 44개 교회,[357] 서울북노회는 29개 교회,[358] 서울 서노회는 23개 교회,[359] 인천노회는 24개 교회,[360] 경기노회는 26개 교회였다.[361] 그 외 기존의 호남노회는 20개 교회,[362] 경남

356. 교회명단은 다음과 같다; 가나, 갈보리, 경향, 광성, 동문, 늘푸른, 서울찬양, 알곡, 은혜, 천지, 충신, 평강, 효성, 동산, 동부제일, 목양, 삼일, 새생명, 선민, 수서제일, 언약, 영광, 예신, 은광, 주향, 참빛, 초장, 대광, 서울시민, 한양, 한마음, 번성, 세현, 청목 교회(34개).

357. 교회명단은 다음과 같다; 동해성문, 로뎀, 만나, 목은, 석천, 선양, 성광, 천곡성문, 천곡제일, 충훈, 한마음, 경문, 낙원, 산성중앙, 성진, 성남만민, 시민, 약속, 영문, 왕남, 임마누엘, 주제일, 늘사랑, 대전동광, 대전한빛, 돌범, 등대, 벧엘, 사랑의, 성림, 성일, 세광, 수향, 수원사명, 신정, 안녕, 예광, 천안성신, 천안소망, 한은, 한마음, 경문, 성남소망, 청원 교회(44개).

358. 교회명단은 다음과 같다; 남산, 일심, 산성, 대동, 승광, 반석, 선진, 전곡대영, 천성, 동천, 전곡소망, 동두천시민, 동두천 예일, 열린, 에덴성서, 신광, 서울서광, 목원, 부름, 광진, 충인, 신도, 미문, 회현, 한강, 은총, 청송, 대서울, 대창 교회(29개).

359. 교회명단은 다음과 같다; 가좌동광, 경서, 영광, 동서, 대암, 성은, 예일, 성광제일, 광탄제일, 명성, 은평, 예수사랑, 대한, 화평, 동명, 은혜와 평강, 일광, 행신제일, 언약과 빛, 창대, 엘림, 안디옥, 성산선교 교회(23개).

360. 교회명단은 다음과 같다; 선두, 예일, 운서, 초원, 인천성문, 성등, 주영, 창성, 광성, 관교제일, 새마음, 산곡, 반석, 한빛, 선일, 산곡예광, 영천, 왕성, 헤브론, 계산성문, 선구제일, 주사랑, 주손길, 경성교회(24개).

361. 교회명단은 다음과 같다; 서머나, 서문, 광천, 광명제일, 양민, 성민, 천성, 성안, 서림, 새소망, 시화제일, 대은, 성문, 의성, 계수제일, 천광, 온누리, 신광, 새힘, 충만, 생수, 천산, 은성, 새생명, 영풍, 동현 교회(26개).

362. 교회명단은 다음과 같다; 군산서머나, 군산대양, 금상중앙, 남문, 넙도, 담양애령, 대양, 목포가든, 목포건양, 방축, 광성, 서신제일, 선목, 섬김의, 송천성은, 양무리, 전북예일, 전주동산, 전주성도, 하

노회는 15개 교회,[363] 경북노회는 15개 교회[364]로 당시 총회 산하 교회는 도합 230개 교회였다.[365]

이처럼 고려교단은 총회 산하에 노회가 분할 확장되며 성도 수에 있어서도 꾸준한 증가세를 보여 왔으나, 지난 2001년 4월에 있었던 교단 분열로 교회 수가 60개 이상 감소하고 성도 수에 있어서도 1만 3천명 이상 격감되었다.[366] 2013년에는 국내 44,313명 해외 23,718명으로 합 68,031명으로 2000년도보다 크게 감소한 것으로 나타나고 있다. 이는 2001년 분열 이후 교세회복에 어려움을 보인 것을 의미한다.

고려교단이 형성된 1970년대를 설립기라고 한다면, 1980년대는 정착기라고 할 수 있고, 1990년대는 성장기라고 평가할 수 있다. 그러나 2000년대는 분열 및 재정비기로 2010년대는 쇠퇴 및 고신교단으로 합동기라고 정리할 수 있다.

1975년 대한예수교 장로회 고려교단이 형성될 무렵 교단 내외적으로 질서가 잡히기까지 어려움이 적지 않았지만 1976년 제26회 총회에서 석원태 목사가 총회장이 된 이후 교단 내에서 실질적인 영향력을 행사하는 인물로 부상했다. 그는 1975년 경기노회를 조직하여 '반고소'를 지향하는 고려교단이 출범한 이래 오늘에 이르기까지 때로는 부총회장, 혹은 총회장으로 영향력을 행사하였고, 어떤 때는 총회 임원이 아니면서도 실제적으로는 총회뿐만 아니라 노회와 지 교회에 이르기까지 지도력을 행사해 왔다. 이런 상황에서 특정인 중

림 교회(20개).

363. 교회명단은 다음과 같다; 봉림, 부산성광, 부은, 새영광, 양산신동, 옥산, 은평, 정양, 창원만민, 창원시민, 창원염광, 평화, 한사랑, 화삼, 갈사제일 교회(15개).

364. 교회명단은 다음과 같다; 광명, 구미형곡, 금강, 늘빛, 대구성문, 덕산, 동성, 영지, 은향, 창대, 초대, 한마음, 효신, 화목, 도원(15개)

365. 「월간개혁고려」(1998.10), 32.

366. 2001년 제51회 「총회보고서」 59쪽에 의하면 국내외 전체 교인 수 총계를 58,383명이라고 밝힘으로 2000년도 제50회 「총회보고서」 40쪽의 국내외 전체 교인 수 72,108명 보다 13,725명이 감소된 것으로 보고되고 있다.

심의 교단의 행정체계는 건실하고도 합리적인 교회발전을 기할 수 없다는 반성과 함께 개혁의 요구가 높아졌다. 심지어 석원태 목사의 2선 후퇴론이 제기되기도 했다. 이런 과정에서 석원태 목사를 중심으로 한 교권주의자들은 표면적으로는 석원태 목사의 2선 후퇴를 포함한 교단 개혁안을 수용한다고 천명하면서도, 내면적으로는 개혁가담자를 교단 전복 세력으로 규정하는 등 교단이 한 개인의 의지에 따라 좌지우지되는 일인 중심의 교단으로 심화되었다. 이 점은 고려교단의 특징이자 한계였다.[367]

1975년 10월 27일 경기노회(고신교단 제24회 총회 결의 제33항인 "성도간의 불신법정 소송 결의"가 번복될 때까지 총회와의 행정보류를 선언한 반고소측 노회) 제42회에서 고려신학교 복교를 결정하고, 복교 추진위원으로 김주락, 하찬권, 최영구, 석원태(이상 목사), 서환옥, 정채림, 신양우(이상 장로) 등을 선정하고, 1975년 11월 25일 복교 추진위원회(상임)가 모여 위원장에 김주락 목사, 서기에 석원태 목사, 회계에 정채림 장로로 결정하였다.

그러나 1년 만에 경남(법통)노회측과 분리되면서 복교된 고려신학교가 그들의 운영 하에 들어가게 되자 석원태 목사는 크게 실망감을 느꼈고 새롭게 강유중 박사를 교장으로 추대하여 고려신학교를 재정비하였지만 이도 얼마 가지 못하여 고려신학교 운영권 문제로 강유중 박사 측과 석원태 목사 측으로 양분되었다. 결국 석원태 목사는 자신이 고려신학교 교장에 취임하여 직접 학제를 관장하고 자신이 섬기는 교회의 장로가 재정을 관장하는 것만이 고려신학교를 정상적으로 운영할 수 있는 방법이라고 생각하게 되었다.

1976년 1월 임시교사를 서울 서대문구 현저동 100번지에 소재한 영천교회당으로 결정하고 수업을 시작한 고려신학교는 1976년 3월 9일에는 서울 종로구 평창동 11번지에 소재한 삼각산 제일기도원 별관을 임차하여 수업을 진행

367. 2001년 9월 고려교단 제51회 총회를 다녀온 조원구 목사(동부제일교회 시무)는 석원태 목사가 60여 교회가 이탈하여 고신교단으로 가입하였음에도 아쉬움이나 반성은 없고 오히려 이들을 반란세력으로 규정하고 있다며 안타깝다고 했다(2001. 10. 18).

하였다. 그 후 1979년 4월 9일에 서울 청량리에 소재한 동도교회 교육관을 임차하여[368] 교사로 사용하였고, 1981년 3월 2일에는 서울 강남구 신사동 376-2번지에 소재한 상아탑 학원 2층 일부와 3층을 임차하여 학사를 진행하였다. 그러다가 1983년 2월 서울 영등포구 여의도동 53번지에 소재한 경향교회당 교육관을 임시로 임차하여 신림동에 새로운 교사가 완공되기까지 임시 수업하였다. 이때까지는 자체 건물을 소유하지 못하여 세칭 '보따리 신학교'로 불리다가 마침내 1983년 9월 6일 학교 교사를 서울시 관악구 신림동 244-144번지로 신축 이전하였다.

고려신학교는 칼빈의 제네바 아카데미(Geneva Academy)를 꿈꾸며 경기도 파주군 파평면 늘노리 산2번지에 6만 평의 대지를 매입하여 마침내 1990년 9월 13일 전교생이 제2학기 개강예배를 드리고 입소하여 수업을 시작하였고 1991년 6월 20일 아카데미 캠퍼스 준공감사예배를 드렸다. 이 아카데미 캠퍼스는 고려신학교 캠퍼스와 경향수양관이 공동으로 사용하고 있으며 총회 측에서 보면 고려신학교 교사이고, 경향교회 측에서 보면 경향수양관인데 건립기금의 상당 부분은 경향교회 성도들의 헌금으로 이루어졌다. 석원태 목사는 자신이 죽기 전에 분명하게 선을 긋겠다고 공적인 모임에서 자주 공언한 바 있으나 사실상 사유화했다.

대한예수교장로회 고려교단이 1976년에 '반고소 고려'라는 이름으로 한국교회 역사에 출현한 것은 하나님의 뜻이었지만, 1950년대에 반고소 논쟁과 1970년대에 고신교단 내에서의 대립과 반고소 논쟁이 구체화되면서 결국 고신교단에서 분리한 고려 교단의 형성을 가져왔다고 볼 수 있다.

그 후 고려 교단은 반고소의 기치 아래 개혁주의 신앙 운동을 전개했다. 교단의 미래자원인 신학생들을 전원 전액장학금으로 양육하는 긍정적인 면을 보였다. 졸업생들은 개척교회설립을 우선하도록 하는 교단 정책을 시행했다.

368. 당시 동도교회 담임목사였던 최훈 목사는 동도교회당을 건축하고 입당을 하지 못한 상태였지만 고려신학교장 석원태 목사의 요청으로 교육관을 고려신학교 교사로 사용하도록 승낙해주었다.

무엇보다 선교 의식 고취와 선교사 파송을 통한 교회 건설이 돋보인다.

이런 긍정적인 기여에도 불구하고 고려교단의 형성과 발전과정에서 야기된 몇 가지 문제점도 있다. 첫째는 불신법정 소송을 반대하는 '반고소'입장이 별도의 교단 설립을 필요로 했는가 하는 점이다. 둘째는 지나치게 분리주의적 입장을 견지했다는 점이다. 고려교단은 신학적으로 개혁주의 신학을 주창하고 개혁주의 교회건설을 말하면서도 고신교단과 통합은 물론 연합을 상당기간 거부했다는 점이다. 신학적 차이가 없음에도 불구하고 연합을 추구하지 않는 것은 분리주의적 성격이다. 셋째로 타 교단에 대한 지나친 배타성이다. 석원태 목사는 고려교단을 형성한 후 교단 발전을 위하여 전략적으로 고려교단이 고신교단 보다는 분명한 신학과 신앙노선을 가지고 있는 교단이며, 더욱이 여타의 다른 교단보다는 여러 가지 면에서 탁월하다고 하는 독특성을 강조해왔다. 넷째로 교단행정이 한사람의 지도력에 지나치게 의존하여 합리적인 발전을 이루지 못했다는 점이다. 이 점은 고려교단이 여전히 군소교단의 범주에 속한다는 사실을 보여준다. 고려교단의 그간의 역사에서 석원태 목사는 교단장과 같은 역할을 해왔다. 그의 기여가 컸던 것도 사실이지만, 그의 독주와 독단의 폐해도 적지 않았다. 교단의 제반 행정체계가 민주적 절차에 따라 이루어지지 않고 1인 지도자의 주관적 판단으로 처리됨으로써 때로는 초법적인 독점적 치리기관으로 화하는 경우가 없지 않았다. 이것은 건실한 교회행정이라 볼 수 없고 개혁주의 정치원리에도 맞지 않는다.

고신교단이 설립 당시 한상동 목사의 신사참배 반대정신으로 뿌리를 내렸다면, 고려교단은 사실은 하찬권 목사의 성도간의 불신법정소송 반대정신을 근간으로 했다. 이를 석원태 목사가 적절히 활용하여 고려교단이 진리에 기초한 교단으로 성장하는 동력이 되었다. 그러나 석원태 목사는 고신교단에서 배운 개혁주의 신학을 근간으로 진리를 전하기는 했지만, 자신의 행위는 이에 미치지 못했다. 2001년과 2015년의 분열에서 제자들은 석원태 목사의 독선적인 지도력과 신앙과 행위의 불일치를 지적하고 회개를 촉구할 정도였다. 결국

이 문제로 2001년에 분열을 통해 석원태 목사 입장에서는 상당수의 전력손실을 입었음에도 2015년까지 자신의 과오를 돌이키지 못했다. 이는 아무리 진리가 전파된다고 할지라도 생활의 경건함이 뒷받침되지 못하면 하나님께 외면을 당한다는 진리에 봉착하게 된다.

결국 석원태 목사가 성장시킨 고려교단은 고신교단의 과오를 되돌리게 하는 막대기로 사용되었음이 드러났다. 2015년 고신 65회 총회에서 제24회 총회의 성도간의 소송가능을 불가로 결정함으로 고려교단과 통합이 이루어졌다. 고신측이 부산에 지역적 기반을 두고 복음운동을 전개했다면, 고려측은 서울을 중심한 수도권에서 복음운동을 전개해왔다. 고신측은 고려측 보다는 긴 역사 속에 교회의 전국적인 분포를 보여주고 있지만 고려측은 상대적으로 짧은 역사 속에 전국적인 교회분포를 보이고 있다고는 할 수 없지만, 특별히 수도권지역에 강세를 보인 것은 사실이다. 이런 의미에서 볼 때 고려교단의 형성과 발전은 결코 과소평가할 수 없다.

따라서 양 교단은 2015년 9월 합동이 된 이상 지나간 과오나 아픔을 들추는 것보다는 변화하는 미래의 세계를 전망하면서 하나님 앞에 믿음으로 맡겨진 하나님의 큰 사명들을 잘 감당하는 교단으로 거듭나 하나님 영광을 드러내어야 할 것이다. 아울러 양 교단의 통합은 우후죽순처럼 분리되어있는 교단의 통합에 모델로 제시되기에 충분한 가치가 있다 할 것이다.

33. 고신의 문서 운동 / 최정기

한국교회에서 고신의 독특성 중의 하나는 '교단의 규모나 구성원들의 인적 구성에 비해 기독교 서적이나 신앙 문서와 같은 출판물이 비교적 초기부터 두각을 나타내었고, 이후에도 지속적으로 활성화 되고 있다'는 평가를 받아 왔다는 점이다. 박윤선 박사의 개혁주의 신학 색채와 교단 설립 초기 「파수군」지의 호응에 따른 영향으로 짐작된다. 이 같은 고신의 문서운동의 활성화 경향은 고신교회설립 이후 지속적으로 이어지고 있는 자랑스러운 분야라고 할 수 있다. 고신교회는 비교적 초기부터 잡지나 신문, 그리고 총회 안의 다양한 기관으로부터 여러 출판물들을 선보였다. 일찍이 1948년 12월, 고신의 정체성을 나타내는 신학과 신앙을 담은 잡지 형태의 「파수군」지가 창간되었다. 그 전통을 이어받아 '개혁주의' '개혁신앙'이 이어졌고, 드디어 1981년에는 본격적으로 월간잡지인 '월간고신'이 발행되기 시작했다. 그리고 1956년 6월에는 한국교회 안에서도 초기 언론 기능을 담은 주간신문 「기독교보」가 창간되었다.

고려신학교 교지 형식으로 발간된 「파수군」은 사실상 박윤선 교장이 주도하였으나 정홍석 목사 등이 편집을 도왔다. 총회 설립 당시 대표적이면서 독보적이었던 「파수군」지는 고신의 정체성과 신학을 뚜렷하게 주장하는 가장 주목 받는 언론이면서 동시에 언로(言路) 역할을 겸하였다. 그러면서 「파수군」은 고신총회에 소속된 교회들에게 신앙의 정체성을 형성하고 확산시킨 큰 영향력을 가진 매체로 자리매김했다.

「파수군」지가 가지는 또 다른 중요한 의미는 당시 회개하지 않는 한국교회를 향한 교회쇄신 운동의 나팔수와 같았다는 점이다. 이 「파수군」지에는 설교와 강해, 그리고 신학칼럼, 교회의 소식 등 다양한 분야의 글이 실렸다. 당시 어려운 경제적 여건이었기에 파수군은 매월 발행한 1천부도 잘 소화하기 힘든 여건으로 운영에 어려움이 있었고, 일반성도들에게도 보급하기 위해 장년공과와 유년공과까지 연재하는 노력을 보이기도 했다. 「파수군」의 발행은 고려신학생들 뿐 아니라 고신교단의 교역자들, 심지어는 타교단의 교역자들에게까지 좋은 반응을 받았다. 그것은 「파수군」의 독특성에 기인하고 있지만, 한편으로는 당시 달리 읽을 월간지나 책들이 희소했기 때문이었다. 그만큼 「파수군」의 시작은 한국교회사에서도 문서운동에 있어 빼놓을 수 없는 의미를 가지는 일이었다.

고려신학교가 교지 형식으로 발간한 파수군

창간호가 나온 후 5개월 뒤인 1949년 4월에 제2호가 발간되었을 만큼 초기에는 어려움이 있었으나 이후 꾸준히 발간되던 이 잡지는 승동측과의 합동 후 합동교단 기관지로 활용되었다. 「파수군」지가 환원 이후 편집인 안용준 목사의 합동측 잔류로 인해 합동교단의 매체로 남게 된 것은 고신으로서는 두고두고 애석하고 안타까운 일이었다. 합동교단에서는 이 「파수군」지를 기반으로 「기독신보」(현 「기독신문」)를 창간했고, 이후 「파수군」지는 특별한 이목을 끌지 못하고 역사 속으로 사라졌다.

「개혁주의」라는 잡지도 고신의 문서운동에 중요한 징검다리 역할을 했다.

1963년 12월, 제일영도교회에서 '고려'라는 프린트물로 시작된 「개혁주의」는 1964년 15페이지 분량의 규모가 커졌으나 1968년 28호로 일단은 중단되었다. 이후 「개혁주의」는 다시 명맥이 이어졌으나 1969년 12월, 결국 재정적인 어려움으로 중단된 이후 더 이상 빛을 보지 못했다. 1974년 「고려신학대학보」의 발행은 어느 정도 교단지 성격을 가진 문서운동으로 평가를 받고 있다. 이 「고려신학대학보」는 1977년 12월호를 계기로 제호를 「개혁신앙」으로 바꾸면서 좀 더 발전적인 형태로 변화를 추구했다. 그러나 이 「개혁신앙」 또한 1980년 8월 정부의 언론통폐합 정책에 의해 중단되고 말았다.

그로부터 1년 후, 「개혁신앙」의 전통을 이어받은 「월간고신」이 태어났다. 1981년 7월호를 창간호로 발행된 월간고신 발간 초기에는 최수경 선생의 수고가 적지 않았다. 그 후 서창수 목사의 운영과 편집으로 교단 안에 뿌리를 내리기 시작했다. 「월간고신」은 지금의 「기독교보」가 다시 복간되기 전까지 월간잡지로서 대표적인 교단지 역할을 톡톡히 했다. 특집이나 기고와 같은 다소 길이가 있는 원고뿐 아니라, 전국 각 교회의 소소한 소식까지 전해주는 「월간고신」은 국내외 고신인들의 적지 않은 사랑을 받으며 꾸준히 성장했다. 부산 송도의 옛 교사에서 시작된 「월간고신」은 서울에 총회회관이 건립되면서 사무실을 서울로 이전하게 되었고, 1996년 「기독교보」와의 운영일원화 정책으로 '고신언론사'라는 우산 아래 양 매체가 합쳐져 지금까지 계속 발행되고 있다. 「월간고신」은 「월간고신 생명나무」라는 이름으로 고신의 신학과 신앙을 바탕으로 한 기독교종합잡지를 지향하며 지속적으로 발전하고 있다. 지금은 「월간목회」, 「신앙계」, 「현대종교」 등과 함께 한국의 대표적인 기독교 잡지로 발돋움하고 있다.

「파수군」지가 발행될 당시 고신의 문서운동의 또 하나의 맥을 형성한 것은 1956년에 창간된 「기독교보」였다. 고신교회는 한국 교단 중에서도 비교적 이른 시기인 1954년 10월, 주간신문으로 교단지를 발행하기로 했다. 당시 '기독교보 창간준비위원회'가 발족되었고, 위원장은 송상석 목사가 맡았다. 이후 약

8개월간의 준비기간을 거쳐 1955년 6월 8일, 한국 기독교 교단으로서는 최초로 주간신문 기독교보 창간호를 발행했다. 타블로이드 배판 크기에 2면으로 발행된 창간호는 발행인 및 편집인에 송상석 목사, 고문에 한상동 목사, 주필은 박윤선 목사가 맡은 것으로 보듯이 당시 고신총회의 지도자들이 관심을 기울여 창간했고, 고신의 역량이 모여진 신문이었다. 그러나 이때 발간을 한 초기 「기독교보」는 1956년 11월 17일 극심한 경제사정으로 인해 제34호를 발간하고 더 이상 명맥을 유지하지 못한 채 중단되고 말았다. 초기 「기독교보」의 창간은 당시 고신총회로서는 교세나 경제적 상황이 원활하지 않았음에도 불구하고 문서운동을 강조해 온 한부선 선교사의 영향과 사회적 및 시대적인 상황에 밝았던 송상석 목사의 열정에 의해 이루어진 것이라는 평가도 있어 한국교회 안에서는 큰 의미를 갖는 고신의 문서운동이었다.

1989년 6월 12일, 고신총회 유지재단 이사회는 39년 전에 발간되었던 주간신문 「기독교보」를 복간하기로 결의하고 교단신문 발행을 추진했다. 약 3개월간의 준비기간을 거친 뒤 1989년 9월 16일, 고신총회 제39회 총회를 기해서 「기독교보는」 복간 1호를 발행해 오늘날까지 지속적으로 발전하고 있다.

이와 함께 총회교육의 연구와 개발을 담당하고 있는 총회교육원에서도 일찍이 문서와 출판의 중요성을 깨닫고 '생명의 양식'이라는 이름의 공과와 교재개발, 성경 묵상집 '복있는 사람'은 고신교회에 영향을 미친 또하나의 문서운동이었다. 학생신앙운동(SFC)에서도 일찌감치 '출판국'을 설치에 양질의 신앙 서적과 출판물을 제작하는 한편 학생들을 대상으로 하는 성경 묵상집 '날마다 주님께'를 매월 출간하고 있어 고신의 문서운동의 저변을 확대하는데 이바지 하고 있는 것으로 평가를 받고 있다.

34. 고신교회의 해외선교 / 최정기

1955년 4월 19일, 부산 남노회당에서 소집된 제4회 총노회는 해외선교를 관장할 상비부의 필요성을 절감하여 12명으로 구성된 선교부를 조직했는데, 부원은 박손혁(부장), 윤봉기(서기), 박봉화(회계), 송상석, 이인재, 현호택, 황철도, 한상동, 주태화, 명신익, 오종덕, 오병세 등이었다. 이듬해인 1956년 9월, 부산 남교회당에서 대한예수교장로회 고신총회가 구성되면서 해외사역을 위한 선교부를 국내사역의 전도부와 구별하였고, 총회조직을 기념하여 해외선교사 파송을 제안하였는데, 고신의 첫 선교지는 미국정통장로교 소속 한부선(Bruce F. Hunt)선교사의 조언에 따라 대만으로 결정했고, 1957년 9월 20일 제7회 총회가 열린 부산 남교회당에서 첫 선교사로 당시 제2영도교회를 담임하고 있던 김영진/임옥희 목사 부부를 대만으로 파송하는 예배를 드렸다는 점은 앞의 항에서 기술한 바 있다. 김영진 선교사 부부는 딸 난나(6세)와 함께 1958년 5월 16일 대만에 도착한 후 신죽교회, 죽동교회 등 12개의 교회를 개척하였고, 미정통장로교 선교부와 함께 '개혁종 신학교'를 설립하여 많은 사역자들을 배출했다. 이 신학교는 '대만 기독교 개혁종 장로회를 조직하는데 크게 기여했다. 이 항에서는 그 이후의 선교활동에 대해 소개하고자 한다.

김영진 선교사는 1987년 2월부터 은퇴할 때까지 선교사로써 총회 선교부 첫 전담 총무직을 수행하였고, 고신선교훈련원(KMTI, 1988)을 설립하여 선교사 후보들을 훈련하는데 힘을 쏟았다. 1990년 9월 제40회 총회 시에 32년간의 공식사역을 마무리하고 은퇴함으로써 고신의 첫 '원로선교사'가 되었다.

고신총회 선교부(KPM, 이하 KPM)은 제1호 선교사 파송 이후 16년이라는 긴 세월이 지나서야 제2호 선교사를 대만에 파송하기로 결정(1972. 9, 제22회 총회)하고 1974년에 유환준/윤춘재 목사 부부를 대만으로 파송했다. 그로부터 또 10여 년이 지난 1985년 이병길/이연이 목사 부부를 대만 선교사로 파송했다. 1950~70년대는 한국교회가 일반적으로 그러했듯 고신총회도 선교에는 눈을 떴으나 본격적으로 힘을 쏟기에는 역량이 부족한 시기였다. 현재 대만에는 황병순/배은희 목사 부부(1998~현재)가 활동을 하고 있다.

1980년대는 고신총회에서 선교활성화에 시동이 걸린 시기였다. 이때 인도네시아와 일본, 필리핀, 그리고 남미와 남유럽으로까지 선교사역을 확대하였고, 선교사 숫자는 21명으로 늘어났다. 또한 전담 총무제의 시행과 고신선교훈련원(KMTI, 1988)의 개원으로 교단선교운동이 새로운 전기를 이루었다. 1980년 9월 총회는 선교부 산하에 '선교국'을 설치하여 사무실을 부산 중구 동광동 2가 11번지 남교회당 내에 두었다. 1982년에는 '선교개발연구원'(원장 전호진 박사)을 설립해 교단선교 홍보지를 발행하기 시작, '선교회보'(1983), '해외선교회보'(1984), '해외선교'(1988)로 그 명칭이 변경되어 오늘에 이르고 있다.

1990년대는 KPM는 세계로 도약하는 기간이었다. 평신도 선교사들의 참여가 시작되었고, 선교행정을 보다 효율적이고 합리적으로 개선하는 기간이었다. 선교사 수의 증가와 함께 선교지역도 크게 확대되어, 러시아, 중앙아시아, 서남아시아, 아프리카, 남미, 대양주, 미주 등 전 세계로 확산되어 약 40개국에 선교사를 파송하게 됨으로써 선교지역의 다변화가 이루어졌다. 또한 기존의 선교지에도 후속적으로 선교사들이 파송되어 현지선교부들이 구성되었다.

1993년 4월 12일 미국장로교(PCA) 한국선교부(대표 James Arely Kobb, 고주영)로부터 대전시 대덕구 홍도로 99번길 16에 소재한 대지 5,916㎡(약 1,800평)과 건물 4동(건평 613.1㎡)을 "선교목적으로 사용한다"는 조건 하에 무상으로 기증받았다. 이로써 총회선교부는 선교본부, 선교훈련원, 그리고 선교사 안식관의 확보에 큰 도움을 받았다. 총회 선교본부는 1994년 5월 14일에 대전으로 이전하였고, PCA로부터 이양받은 1800평 땅에 행정동, 연구훈련원, 예배실, 안식관을 포함한 새로운 선교센터를 완공하고 2010년 6월 21일 준공

예배를 드렸다.

1996년 9월에 모인 제46회 총회에서는 교포선교사 제도를 폐지하기로 결정했다. 따라서 KPM은 순수 타문화권 선교사만 파송하게 되었다. 하지만 21세기에 들어오면서 디아스포라 선교가 부각되어 타문화 선교사에 의한 한인 디아스포라 교회 개척이 지역에 따라 전략적으로 조심스럽게 시행되기 시작하였다

21세기에 들어선 KPM은 선교의 새로운 변화들을 시도했다. 2000년 9월, 제49회 총회에서 선임된 이헌철 선교사는 타문화 선교경험을 가진 풀타임 훈련원장을 선임하여 '상설선교훈련원' 체제를 갖추었고(2003), '선교정책포럼'(2004, 2008)을 개최하였으며, 총회 선교 50주년을 기념하는 '세계선교대회'(2005)를 개최했다. 2006년에는 '비전 2015'를 발표하여 정책과 전략이 있는 선교를 시도하였으며, 또한 '선교정책위원회'를 설치했다. 고신세계선교사회 주관으로 '권역별선교사대회'를 가져 전략적 모색을 시도하였으며, 총무 호칭이 '본부장'(2007)으로 변경되면서 여러 분과별 총무제도가 도입되었다.

2009년 제59회 총회에서 본부장으로 선임된 김한중 선교사는 '비전 2020'을 발표하고, 3대 전략방향으로 연구훈련의 극대화로 글로벌 선교인재 양성, 지역선교부 조직을 통한 팀사역 강화, 지상명령에 집중하는 교회중심 선교활성화에 매진하였다.

훈련원을 '연구훈련원'으로 확대 개편하여 네 단계 (BMTC - KMTC - OTC - LTC) 훈련시스템을 구축하고, 연구개발(R&D) 부서를 신설하는 한편, 2010년에 '참여와 도약'이라는 주제로 제6차 '고신세계선교대회'를 개최했다.

2012년에는 KPM 필드를 5가정 기준으로 묶어 26개 '지역선교부'로 재조직하여 행정이양을 실시함으로써 팀사역 체제로의 큰 방향 전환을 이루었으며, '선교역사박물관'을 개관하였다. 2015년 제7차 고신세계선교대회를 개최하여 '감사와 헌신'이라는 주제로 선교운동을 활성화했다.

고신세계선교회(KPM)의 역대 총무와 본부장은 다음과 같다.

△초대총무 (1982-1986): 김사엽 장로 △제2대 (1987-1990): 김영진 선교사(첫 선교사 총무) △제3대 (1990-1994): 곽삼찬 목사(목회자 겸임총무) △제4대 (1994-1999): 이병길 목사 (선교사 출신 총무) △제5대 (2000-2009): 이헌철 선교사

2007년에는 '본부장'으로 명칭 변경되었고, △제6대 (2009-2012): 김한중 선교사 △제7대 (2012-2015): 이정건 선교사 △제8대 (2015-2018): 김종국 선교사 △제9대 (2018-2021): 박영기 선교사 △제10대 (2021- 현재): 홍영화 선교사가 봉사하고 있다.

35. 고신대학교와 신학대학원의 발전 / 배정훈

고신대학교

1946년 9월에 설립된 고려신학교는 1970년 12월에는 고려신학대학으로 발전하였고, 1980년 예과가 설치되자 교명이 고신대학으로 변경되었다. 그러다가 대학명칭 자율화조치에 따라 은 1993년 3월 1일 자로 고신대학교로 교명이 변경되었다. 이제 고신대학교는 한국교회와 사회를 위한 기독 인재를 배출하는 중규모 이상의 기독교 종합대학교를 지향하였다. 8대 학장으로 있던 이근삼 박사는 이러한 개편에 따라 제1대 총장으로 취임했다. 이근삼 총장은 기독교대학으로서의 정체성 강화에 주목했고 그 목적으로 입학자격을 '기독교 신자'에서 '학습교인 이상'으로 전환하려고 하였다. 본래 신학과는 세례신자 이상이 입학 조건이었지만 다른 학과의 경우 기독교 신자로 하였다. 그러나 이러한 자격 기준이 모호하여 다수의 불신자가 대학교에 들어왔다. 따라서 1991부터 신학부 전 학과, 1993년에는 자연과학부 전 학과의 입학 조건을 학습 이상으로 제한하였다. 의예과의 경우 법정 소송까지 가는 많은 우여곡절이 있었으나 1994년 이후에 동일하게 되었다. 기독교 세계관에 기초한 학문 공동체를 위해 1988년부터 신임 교수 오리엔테이션, 교수 연수회, 기독교 학문에 대한 여러 강좌들이 개최되었다.[369]

이 시기의 고신대학교는 복수의 학과를 포함하는 여러 단과대학(신학대학, 인문사회과학대학, 자연과학대학, 예술대학)으로 발전하였다. 우선 신학대학에 1993년 9월 4일 선교언어학과가 개설되었다. 세계화 시대에 평신도 선교사를 배출하기 위한 이 학과는 후에 국제문화선교학과로 변경되었다. 2007

369. 이상규, "고신대학교 50년(1946-1996) 약사," 『기독교대학과 학문에 관한 성경적 조명: 고신대학교 설립 50주년 및 한석 오병세 박사 은퇴기념 논문집』 (부산: 고신대학교, 1996), 31-33.

년 7월에는 특수선교학부가 신설되어 이후에 태권도 선교학과로 특화되었다. 종합대학이 되면서 인문 사회과학 계열의 학과들이 지속적으로 신설되었다. 1993년 9월 4일 영어영문학, 2002년 10월 1일 중국학과가 설치되었다. 양과는 2012년 5월 2일 국제어학부로 통합되었다. 보건학과에서는 2000년 3월 의료경영학과가 독립하였다. 이는 국내에서 최초의 시도였고 이 학과는 동남권의 주도적인 학과가 되었다. 자연과학부의 가정관리학과는 가정복지학과로 개편되었고 그 기반 위에서 2004년 6월 1일 사회복지학부가 신설되었다. 가정복지 전공은 2012년 5월 폐 전공 되었다. 아동학과에서 2004년 10월 유아교육과가 신설되었고 기존의 아동학과는 아동복지학과로 변경되었다. 2006년 10월에는 재활복지학과가 신설되었다. 광고홍보학과가 1998년 10월, 2006년 5월에는 인터넷 비즈니스 학과가 개설되었다.[370]

자연과학대학은 교육시설 부족과 학생 수의 감소, 이공계 지원자들의 감소 등으로 여러 조정과정을 거쳤다. 수학과는 여러 번의 개편을 거쳐 결국 폐 전공 되었고 인터넷 미디어 전공이 인터넷 비즈니스 학과로 개편되었다. 가정관리학과가 가정복지학과로 변경됨으로 자연과학에서 사회과학으로 옮겨졌다. 화학과는 두 번에 걸쳐 개편되어 결국 2003년 10월 화학 신소재학과가 되었고 생물학과는 1998년 3월 생명과학과로 명칭이 변경되었다. 두 학과는 2012년 5월 하나의 학부로 통합되어 생명과학 화학부로 개칭되어 각각 전공을 운영했다. 보건학과에서 2000년 3월 의료경영학과와 환경보건 학과가 독립했고 환경보건학과는 후에 보건 환경학부로 개칭, 확장되었다. 식품영양학과는 그 명칭을 그대로 유지했다. 2002년 예술대학이 신설되었고 종교음악과가 2000년 3월 교회음악과로 변경되어 예술대학의 모체가 되었다. 이후 교회음악과는 음악과가 되었다. 1998년 10월에 신설된 산업디자인학과는 2012년에 폐 전공 되었고 1999년 11월에 신설된 미술학과는 2008년 2월 폐과되었다.[371]

370. 고신대학교 70년사 편찬위원회, 『고신대학교 70년사』 (부산: 고신대학교, 2017), 155-56.

371. 고신대학교 70년사 편찬위원회, 『고신대학교 70년사』, 157-58.

이 시기의 고신대학교는 신학, 의료, 복지 영역은 확장되었지만 자연과학계열과 예술은 점차 감소, 폐과되는 경향이었다. 한국 사회가 전반적으로 이공계와 순수 음악과 미술 분야가 크게 약해지면서 그 여파가 학교에도 미쳤다.

대학원과 특수대학원도 확장, 조정되었다. 신학, 기독교 교육학, 의학 석사과정은 계속 증원되었고 이 외에도 여러 학과에서 석사과정이 신설되었다. 화학과, 종교음악과, 간호학과, 생명과학과, 보건과학과, 유아교육학과에 석사과정이 개설되었다. 이후 화학과와 생명과학과의 과정은 폐과되었다. 박사과정의 경우 의학과 외에도 신학과, 기독교교육학과, 보건과학과, 간호학과, 유아교육학과에 개설되어 대학교수나 전문 연구원을 배출했다. 특수대학원의 경우 기존의 신학대학원과 더불어 보건대학원, 선교대학원, 교육대학원, 생활 정보대학원, 기독교 상담복지대학원, 교회음악대학원이 신설되었다. 후에 선교대학원은 선교 목회대학원으로 개칭되었고 생활 정보대학원은 폐원되었다.[372]

영도캠퍼스는 학과의 증설과 늘어난 학생들의 수요에 맞추어 효과적인 교육을 위한 강의동과 실습실 등의 시설을 지속해서 확충했다. 1994년 3월 중앙도서관과 생활관이 준공되었다. 중앙도서관은 이후 고려신학교 시기의 하도례 선교사의 헌신적인 사역을 기념하여 하도례 기념 문헌 정보관으로 개칭되었다. 1995년 12월에는 학생회관도 준공되었다. 2005년 1월에는 제3, 4강의동이 준공되어 학교 교육여건이 크게 향상되었다. 인문 사회과학 계열의 많은 학과들이 이곳으로 이전했다. 2006년 10월에는 두 번째 생활관인 글로벌 비전하우스(샬롬관)를, 2017년에는 세 번째 생활관인 행복기숙사를 준공했다. 2012년 12월에는 김선조 장로의 기부로 월드미션센터가 준공되어 대학원 및 외국인 목회자 양성을 위해 사용되었다. 송도캠퍼스의 경우 1995년 12월 의과대학 강의동이 준공되고 신학대학원이 천안으로 이전함에 따라 시설에 여유가 생기는 것 같았지만 간호대학의 학생 수가 증가함으로 여전히 시설 부족

372. 고신대학교 70년사 편찬위원회, 『고신대학교 70년사』, 158-59.

문제를 안고 있었다.[373]

이 시기의 가장 큰 위기는 관선이사 파송이다. 고려학원 이사회의 갈등, 복음병원 부도 등으로 2003년 4월 1일 교육인적자원부는 기존 이사 전원을 해임하고 임시이사를 보냈다. 기업이 학교를 인수하고 신학과와 신학대학원은 폐교될 것이라는 흉흉한 소문이 나돌았다. 총회는 임시이사 선임 사유를 해소하여 고신대와 복음병원이 정상화되도록 노력했다. 인천신학교 부지 판매와 총회 산하 교회의 모금으로 2백억 원을 마련했고 의대 교수협의회도 정상화를 위해 체불임금 받는 것을 미루었다. 이러한 노력의 결과 4년 만에 정이사 체제로 전환되었다.[374]

신학대학원

1946년 개교 당시 고려신학교는 크게 예과와 본과로 구성된 신학교로 출발했다. 이후 예과는 고려신학대학과 고신대학, 고신대학교를 거쳐 기독교종합대학으로 발전하게 되었다. 신학교육의 중심에 있는 본과는 1980년 11월에 고신대학 특수대학원으로 인가받아 초창기의 예과, 본과 모두 문교부 인가학교가 되었다. 고려신학교가 기독교종합대학이 됨에 따라 송도 캠퍼스에는 의예, 간호, 신학대학원을 제외한 나머지 학부는 영도캠퍼스에 자리 잡았다. 고신대학교가 넓은 의미에서 기독교 인재 양성을 추구한다면 신학대학원은 교회를 위한 목회자 양성에 초점을 두었다.[375]

제한된 공간을 사용하고 있던 송도캠퍼스의 의과대학, 간호대학, 신학대학원은 서로 불편함을 느꼈다. 특히 신학대학원은 목회자를 양성하는 기관이었기 때문에 신학수업과 더불어 경건 훈련과 신앙적 분위기가 매우 중요했다.

373. 고신대학교 70년사 편찬위원회, 『고신대학교 70년사』, 158-59.

374. "금주의 고신 역사 - 그때 그 시절(20): 2003년 4월 1일 고신대 관선이사 파견," 「기독교보」 2022. 3. 30.

375. 신학대학원의 이전 역사에 대한 상세한 기록은, 허순길, 『고려신학대학원 50년사: 1946-1996』를 보라.

하지만 의과대학과 간호대학에 신학대학원과 동등한 신앙적 헌신과 분위기를 기대하기는 힘들었다. 또한 교육시설도 미비해서 각 측의 갈등이 심화되었다. 신학대학원은 특히 경건 훈련에 적합한 교육여건을 가지지 못했다는 불만을, 의학부는 교육 및 실습 불만족에서 오는 불만이 컸다. 따라서 고신총회는 신학대학원의 교육과 경건 훈련, 다가올 통일시대의 대비 및 전국적인 교세 확장을 목표로 신학대학원의 수도권 이전을 추진했다. 사실상 신학대학원의 수도권 이전은 1960년대부터 있었지만 여러 차례 결렬되었고 1974년 송도에 있는 것으로 결정되었다. 하지만 더 이상 공간 부족의 문제를 방치할 수 없어 수도권으로 이전을 계획했고 정부의 수도권 인구 억제정책으로 인해 수도권지역으로는 이전할 수 없어 차선책으로 수도권에서 가장 가까운 천안을 선택하게 되었다. 1998년 8월 25일 천안 캠퍼스가 준공되었고 9월 학기부터 신학대학원은 천안으로 이전하여 독립적으로 운영되었다. 또한 신학대학원은 고려신학교의 전통을 잇는다는 의미로 고려신학대학원이라는 명칭을 사용하였다. 이로써 신학대학원의 공적 명칭은 고신대학교 신학대학원(고려신학대학원)이 되었다.[376] 사실상 신학대학원의 재정, 학사, 행정, 인사 등에서의 독립과 교명으로서의 고려신학대학원의 사용은 1988년부터 이루어졌다.[377]

376. 고신대학교 70년사 편찬위원회, 『고신대학교 70년사』, 155, 159; 허순길, 『고려신학대학원 50년사』, 254-58.

377. 허순길, 『고려신학대학원 50년사』, 232-32.

36. 1960년대 이후의 신학자들 / 정하태

1960년대 이후 누가 고신교회의 신학을 이끌어 왔을까? 어떤 이들이 고신의 신학자로 활동해 왔을까? 이 항에서는 고려신학교 박윤선 교장, 한부선 선교사, 그리고 김진홍 박손혁 이상근 이후의 신학자들에 대해 소개하고자 한다. 우선 '동방박사 세 사람'으로 불렸던 제2세대 신학자들인 홍반식, 이근삼, 오병세 목사와 허순길, 전호진, 이보민 교수의 생애와 학문에 대해 소개하고자 한다.

홍반식 교수

홍반식(洪潘植, 1918-1992) 교수는 경남 진해시 경화동 268번지에서 홍승태 장로와 배순이 집사의 2남 2녀 중 장남으로 1918년 8월 19일 출생했다. 경화동교회 출석하던 부모를 따라 교회에 출석하게 되는데, 1920년 4월 4일에는 다른 네 아동과 함께 김기원 목사에게 유아세례를 받았는데, 경화교회 기록상 첫 유아세례였다.[378] 만 22세가 되던 1940년 5월 30일에는 주상수 장로(후에 목사)의 2남5녀 중 장녀인 주순애(1921-2010)[379]와 결혼하고 53년간 함께 살았다.[380] 1921년 4월생인 주순애 사모는 여수재건교회와 진해교회에서 전도사로 일한 바 있고, 1975년 도미했다. 2010년 7월 3일 90세로 사망하여 캘리포니아 Forest Lawn에 묻혔다.

홍반식은 1946년 6월 진해에서 신학강좌가 개최되었을 때 수강생으로 참여하였고, 이어 고려신학교가 개교했을 때 예과생으로 입학했다. 고려신학교

378. 경화교회100년사 편찬위원회, 『경화교회 100년사』 (경화교회, 2005), 43.
379. 1921년 4월에 출생한 주순애 사모는 여수재건교회와 진해교회에서 전도사로 사역한 바 있고, 1975년 도미했다. 2010년 7월 3일 새벽 향년 90세로 사망하여 캘리포니아 Forest Lawn에 묻혔다.
380. 이상규, 『교회 쇄신운동과 고신교회의 형성』 (서울: 생명의 양식, 2016), 321.

에서 5년간 수학하고 1951년 6월 27일 제5회로 졸업하고 9월 7일에는 목사 안수를 받았다. 1954년 미국으로 유학을 떠난 그는 1956년 칼빈신학교에서 신학석사 학위를 받았고, 후에는 유대인학교인 드랍시대학(Dropsie College)으로 가 구약을 전공하고 1961년 철학박사(PhD) 학위를 받았다. 학위를 마치고 귀국한 그는 1961년 9월부터 고려신학교에서 교수하기 시작했다. 이때는 승동측과 합동한 시기였으므로 총회신학교에서 가르치다가, 환원 후 고려신학교로 돌아와 교수했다. 비록 환원에 동참했으나 처음에는 환원을 지지하지 않았다. 1973년 3월에는 고려신학대학 학장, 1982년 3월에 고신대학교 신학대학원장으로 봉사하고 1988년 9월 1일 은퇴하고 명예교수가 되었다. 미국으로 이주한 그는 1992년 2월 1일 오전 7시 40분(현지시간) 샌프란시스코에서 하나님의 부름을 받았다.

그의 저술로는, "성경의 천국 개념"(ThM 논문), "히브리 성경의 저주 형식과 고대 셈족 문학"(PhD 학위 논문) 등의 논문과 『구약 히브리어 교본』(성음사, 1973), 『성경의 핵심교훈』(교교회교육연구원, 1984), 『개혁신앙의 원리와 실제』(엠마오, 1987), 『개혁주의 신앙과 현실』(교회교육위원회, 1898), 『구약성경과 신학』(교회교육위원회, 1990) 등이 있다.

칼빈주의적인 구약학자였던 그는 교회사에 대한 관심도 깊어 고려신학교에서 교회사를 가르친 일도 있다. 그는 장로교 전통 혹은 개혁교회 전통을 파수하는 일에 깊은 관심을 지닌 인물이었고, 세속주의와 로마교, 그리고 공산주의는 우리들의 신앙을 위협하는 세력이라는 강한 확신이 있었다.[381]

이근삼 교수

이근삼(李根三, 1923-2007) 교수는 1923년 10월 28일 부산 동구 좌천동 179번지에서 불신가정인 이영식, 한귀연 씨의 3남 2녀 중 3남으로 출생했다.

---

381. 이상규, 『교회 쇄신운동과 고신교회의 형성』, 322-323.

그의 어머니는 한상동 목사의 누님이었다. 부산 부민보통학교를 거쳐 부산 제2상업학교(현 부산상고)에 재학 중 친구의 전도를 받고 김길창 목사가 담임으로 있던 항서교회에 출석하기 시작했다. 부산 제2상업학교를 졸업한 그는 거제도 옥포보통학교에서 교사로 일하던 중 해방을 맞았다. 1946년 3월에는 갓 개교한 남조선대학(현 동아대학교)에 입학했으나 곧 그만두고 그해 9월 개교한 고려신학교에 입학했다. 이때 홍반식, 오병세 교수와 만났고 5년간 함께 수학했다. 1951년 6월 27일 고려신학교를 제5회로 졸업하고 9월부터 초량교회 전도사로 사역하다가, 한상동 목사가 초량교회를 나와 삼일교회를 설립했을 때(1951. 10. 14) 그를 따라 나와 삼일교회 전도사로 동사했다. 이때 삼일교회에서 만난 조영진 여사와 1952년 1월 22일 박윤선 목사의 주례로 혼인했다. 그러던 중 1953년 12월 16일 미국상선을 타고 미국 유학길에 올랐다. 보스톤의 고돈대학에 편입하여 공부한 그는 커버난트신학교에서 석사학위(BD, ThM)를 이수한 후 웨스트민스터신학교에서 1년간 수학하고, 다시 화란으로 갔다. 화란 자유대학교에서 바빙크(J. H. Bavink) 교수의 지도하에 '신도국가주의와 기독교의 대결'이라는 논문으로 1962년 7월 13일 신학박사 학위를 받았다. 그는 자유대학교에서 박사학위를 수득한 첫 한국인이었다. 9년간에 걸친 유학생활을 마친 그는 그해 9월 2일 주일 오후 부산으로 돌아왔다.[382]

귀국한 그는 칼빈학원 교수로 취임한 이래 고려신학교, 혹은 고려신학대학, 고신대학교의 교수로, 학장 혹은 총장으로 31년 6개월간 봉사하고 1994년 2월 말 70세로 은퇴했다. 은퇴 후 도미하여 재미 고려신학교에서 1년간 봉사하다가 1995년 7월 17일에는 복음대학교를 설립하여 총장으로 일하던 중 2007년 1월 14일 캘리포니아 헌팅톤비치 자택에서 83세를 일기로 하나님의 부름을 받았다.

그는 학문과 삶이 일치하는 칼빈주의자였고, 기독교대학의 이상을 가진 분

382. 이상규, 『교회 쇄신운동과 고신교회의 형성』, 323-324.

으로 고신대학교를 기독교대학으로 육성하려는 이상을 갖고 있었다. 그는 총회가 신학교육 기관 외의 일반 대학교육도 시행할 수 있다고 보았다.[383] 그는 『칼빈, 칼빈주의』(1972)를 시작으로, 『개혁주의 신학과 교회』(1985) 『개혁주의 신앙과 문화』(1991) 등을 출판했고, 『현대성경관 비판』(L. Doekes, 1971), 『칼빈주의 문화관』(Henry van Til, 1977) 등을 역간했다. 2007년 이근삼 전집 편찬위원회에서는 그의 모든 저작물을 집대성하여 전 10권의 『이근삼 전집』 (생명의 양식, 2008)을 출간하였다.[384] 이근삼 교수는 고신신학이 개혁주의 신앙의 정통과 신앙의 순수와 생활의 순결을 견지할 뿐만 아니라 현실의 삶 속에서 그리스도 복음 증거의 삶으로 나타나야 함을 강조하였다.[385]

오병세 교수

오병세(吳秉世, 1926-2016) 교수는 1926년 경북 봉화군 봉화읍 석평리 381에서 출생하였고 초등학교 3학년 때 부모를 따라 대구로 이주하여 대구 서문교회에 출석하기 시작했다. 명신홍 목사의 추천으로 1946년 9월 고려신학교에 입학하여 5년간 수학 한 후 1951년 6월 27일 고려신학교를 제5회로 졸업했다. 창원 일동교회 전도사로 일하던 그는 그해 9월 7일, 25세의 나이로 목사 안수를 받고 갓 설립된 서문로교회 담임목사가 되었다. 1954년 10월 9일에는 해리스(Robert L. Harris) 박사의 배려로 미국으로 유학을 떠난 그는 훼이스신학교를 거쳐 신설된 커버넌트신학교에서 수학하고 1957년 5월 졸업했다. 그 후 센트 루이스의 컨콜디아신학교로 가 1959년에는 6월에는 신학석사(ThM) 학위를, 1961년 5월에는 신학박사(ThD) 학위를 취득하고 1961년 8월 31일 귀국하였다.[386]

383. 이근삼, "고신대학의 나아갈 길," 「월간고신」 81(1988. 6), 10-11.
384. 이상규, 『교회 쇄신운동과 고신교회의 형성』, 324-326.
385. 이근삼, "역사적 회고와 전망," 「개혁주의」 15(1966. 9.
386. 이상규, 『교회 쇄신운동과 고신교회의 형성』, 326-327.

그때는 승동측과 합동한 이후였는데 1962년 3월부터는 서울의 총회신학교 교수로 일했다. 그러나 그해 10월 한상동 목사의 고려신학교 복교선언으로 그해 12월 14일 경다시 부산으로 와 12월 17일 박손혁 이근삼 교수와 함께 고려신학교 교수로 취임했다. 환원을 부당하게 여겼던 홍반식 교수는 고려신학교 복귀를 주저했으나 송상석 목사의 간곡한 권면을 받아드려 1963년 2월 고려신학교 복귀를 결정하고, 2월 25일에는 오병세 이근삼 홍반식 3교수가 공동성명을 발표하고 고려신학교에서 동역하게 된다. 그는 고려신학대학 3대 학장(1975. 4-1979. 3)으로 봉사하고 물러났으나, 미문화원 방화사건으로 이근삼 학장이 물러나게 되자 다시 학장으로 선출되어 1985년 4월까지 일했다. 1994년 2월에는 이근삼 총장에 이어 고신대학교 제2대 총장으로 선임되어 1996년 8월 말까지 봉사했다. 오병세 교수는 귀국 후부터 1996년 8월 70세로 은퇴하기까지 35년간 고려신학교 혹은 고신대학교 교수, 혹은 행정책임자로 봉사했으며, 2016년 6월 8일 하나님의 부르심을 받기까지 그는 고신신학이 개혁주의 신학으로 정립되기까지 헌신하였다.[387] 그는 구약을 전공했지만 주로 신약을 가르쳤다. 그는 대한성서공회의 성경번역 혹은 감수 위원으로 활동하는 등 고신교회를 대표하여 연합사업에 참여하였고, 한국개혁주의신행협회 회장(1963. 9-1964. 9)으로 봉사했다.

성경신학자로서 오병세 교수는 『소리지르는 돌들』(1972)을 출간한 이후 『사해문서연구』(1989), 『교회 교육 신학』(1989), 설교집, 『그러므로의 생애』(1980), 『경북노회 30년 회고와 전망』(1983) 등을 출간했다. 특히 그가 『웨스트민스터신앙고백서』를 역간하고, 개혁주의 입장의 『신학사전』(개혁주의신행협회, 1978)을 편찬한 일은 교회를 위한 값진 봉사였다.[388] 오병세 교수는 개혁주의 신앙의 정통과 생활의 순결을 겸비하여 바른 생활로 이어가는 것이 고신

387. 이상규, 『교회 쇄신운동과 고신교회의 형성』, 327.

388. 이상규, 『교회 쇄신운동과 고신교회의 형성』, 327-328.

신학의 특징이라고 강조하였다.[389]

허순길 교수

허순길(許淳吉, 1933-2017) 교수는 1933년 12월 15일 경남 함양군 지곡면 덕암마을에서 허현(許鉉)과 성소심(成小心)의 3남 2녀 중 막내로 출생했다. 1947년 봄 초등학교를 졸업하였고 1948년 봄 함양공립중학교를 입학하여 1951년에 졸업하고, 1954년 2월에는 함양농업고등학교를 졸업하였다. 고등학교 재학 중 함양중앙교회에 출석하기 시작한 그는 1947년 여름에 모친을 따라 개평교회 출석하다가 고등학교 때 박태수 목사의 영향을 받고 목사가 되기로 결심했다. 1954년 9월 고려신학교에 입학하여 1961년 졸업한 후 계명대학교 교육과에 편입하여 1963년 문학사 학위를 받았다. 1958년 고려신학교 재학 중에 박윤선 교수의 개인 비서로 일하면서 박 교수의 주석 간행 작업에도 협력하였다. 이때 그는 개혁주의 신학을 배웠다고 회고하였다. 1959년 3월에는 황철도 목사의 딸 황영희와 결혼하였다. 동년 3월부터 고려신학교 강사로 일했고, 1962년에는 강도사 인허를, 1964년 2월 10일에는 서문로교회 부목사로 일했다.[390] 1966년 6월 네덜란드 개혁신학대학원(캄펜신학교)으로 유학을 떠나 캄파이어스(J. Kamphuis) 교수의 지도로, 1969년 5월 "찰스 핫지와 쏘넬의 장로직 논쟁" 논문으로 신학석사(doctorandus)를, 1972년 5월 "장로의 완전한 권한(*Prebyter en Volle Rechten*)"이라는 논문으로 신학박사학위를 취득하고 귀국하였다.

허순길 목사는 1972년 6월부터 고려신학대학 교수로 6년간 봉사하였으며, 1978년 1월 호주자유개혁교회(Free Reformed Churches of Australia)의 목사로 1987년 8월까지 10년간 목회하였다. 1988년 3월부터 다시 학교로 돌아와 고려신학대학원 교수와 원장으로 재임하며 교회사를 가르쳤고, 1999년 2

389. 오병세, "고려파 신학이란 과연 무엇인가?," 「월간고신」 24(1983, 8), 16-19.
390. 허순길, 『은혜로만 걸어온 길』 (광주 : 셈포르 레포르만다, 2014).

월에 퇴임하였다. 퇴임 후 저술과 강연을 계속하다가 2017년 1월 10일 하나님을 부르심을 받았다.[391]

그의 저술로는 『봉사신학』(양문출판사, 1990), 『개혁해가는 교회』(총회출판국, 1991), 『봉사신학 개론』(도서출판 영문, 1992), 『개혁교회의 목회와 생활』(총회출판국, 1994), 『고려신학대학원 50년사』(도서출판 영문, 1996), 『개혁주의 설교: 원리와 시행』(기독교문서선교회, 1996), 『교회 절기 설교』(기독교문서선교회, 1996), 『한국장로교회사: 장로교회(고신)』(총회출판국, 2002), 『구속자적 신약 설교』(SFC, 2005), 『큰 사건, 큰 인물을 따라 교회사 산책』(총회출판국, 2009), 『개혁주의의 진리와 생활: 사도신경, 십계명, 주기도 해설 설교집』(영문, 2009), 『교리문답 해설 설교: 하이델베르크 교리문답』(사랑과 언약, 2010), 『은혜로만 걸어온 길』(셈포르 레포르만다, 2014), 『어둠 후에 빛: 세계교회 역사 이야기』(셈포르 레포르만다, 2014), 『벨기에 신앙고백 해설』(셈페르 레포르만다, 2016), 『개혁주의 교회의 신조』(고려신학대학원, 미출판본, 복사본) 등이 있다 또 *Prebyter en Volle Rechten*(박사학위논문, Kampen 1972), *The Church Preserved Through Fires : a history of Korean Church in Korea*(Inheritance Publications, Cananda, 2006), *Pilgrimage by Grace Alone*(W. Huizinga, 2015) 등이 있으며, 역서로는 『종말론과 정경: J. Kamphuis』(도서출판 영문, 1992) 등이 있다.[392]

허순길 교수는 네덜란드에서의 수학과 목회 경험을 바탕으로 고려신학교와 신학대학원에서 교회사와 봉사신학을 가르치며 세계교회사 속에서의 한국교회, 그리고 개혁주의 교회에서의 고신교회의 역사적 위치를 정립하고자 했고, 개혁주의 교회 건설과 개혁주의 봉사신학의 기틀을 마련하였다.

391. 변종길, "허순길 박사 생애," 276-277.

392. 변종길, "허순길 박사 생애," 276-277.

1960년대 이후의 고신의 신학자들.
홍반식, 이근삼, 오병세,
허순길, 전호진, 이보민,
김병원, 안영복, 박종칠.

전호진 교수

전호진(全浩鎭, 1940-) 교수는 1940년 12월 29일에 오사카에서 태어났다. 해방과 함께 귀국한 그는 1962년 고신대학교 전신인 칼빈대학 영문과에서 수학하고 1969년 2월에 졸업했다. 이어 고려신학교 본과에 입학하여 1968년 12월 졸업하였다. 1970년 4월 목사 안수를 받고 1970년 8월 10일에 고신교단 파송 첫 군목으로 임관하여 군선교에 헌신하였고 1974년 8월 31일에 전역하였다. 전역한 후 1974년 12월부터 1976년 5월까지 이리평화교회 목사로 일했다. 1976년 9월 미국 웨스트민스터 신학교로 유학하여 1977년 5월 졸업하고 신학석사(ThM)를 수여받았으며, 동년 풀러신학교 선교대학원에서 수학하고 1979년 선교학 박사(D Miss) 학위를 취득하였다. 1996년에는 영국 웨일즈대학교(University of Wales, Lampeter)에 신학박사 과정(PhD)에 입학하여 2000년 6월 신학박사(Ph. D)를 수여받았다.

전호진 박사는 1978년 9월 이후 고려신학대학 교수를 일했고, 1981년 3월부터 1995년 5월까지 아시아연합신학대학교 교수로, 1985년 5월 이후에는 피어선신학교 학장(현 평택대학교)을 역임하였다. 1988년 3월부터 1992년까지 다시 고신대학 교수 및 학장을 역임하며 고신교회의 개혁주의 선교신학을 정립하였다. 1992년 3월 이후에는 1997년 아세아연합신학대학교 교수로, 1997년부터 2000년 12월까지는 횃불트리니티 신학대학원 교수로 봉사했다. 2000년 9월부터 2004년 9월까지 4년간 대한예수교장로회(고신) 총무를 역임하며 고신교회 발전을 위해 헌신하였다. 전호진 교수는 1980년대 고신교단 선교부와 선교연구소를 위해서도 크게 헌신하였고, 1991년 3월부터 1996년까지 한국세계선교협의회 초대 총무(무급 총무)로 봉사하였고, 1985년 한국복음주의선교학회를 조직하였고. 1987부터 1992년까지는 한국복음주의 신학회 총무 및 회장으로 봉사하였다.

이후 그는 선교사역에 헌신하여 2006년까지 2년간 일본복음선교회 이사장을 역임했다. 2008년 8월부터 2014년 6월13일까지 캄보디아장로교신학교 학장으로, 2014년 6월 이후 2018년 6월까지 미얀마개혁장로교신학교 학장으로 봉사했다. 2018년 9월부터 치앙마이에서 인도차이나연구소를 개설하고 선교사 및 현지인 훈련사역을 전개하고 있다. 전호진 교수는 임옥도 여사와 결혼하여 슬하에 2남 1녀를 두었으며, 임옥도 사모는 2017년 11월 30일에 하나님의 부르심을 받았다. 전호진 박사는 현재 한반도국제대학원 석좌교수, 투 아이즈 네트워크 회장으로 인도차이나 선교를 통한 세계선교를 위해서 사역하고 있다.

주요 역저서로는 바빙크, 『선교학 개론』, 『한국교회와 선교, 1. 2집』, 『교회와 이데올로기』(편저), 『선교학』(개혁주의신행협회, 1985년, 2004), 『CIS를 바로 알자』(편저), 『한국교회선교: 과거와 현재와 미래』(1992년), 『종교 다원주의와 기독교 선교전략』(1992년), 『아시아 기독교와 선교전략』(1995년), 『이슬람: 종교인가? 이데올로기인가?』(2003년), 『문명충돌시대의 선교』(2003년), *Religious Pluralism and Fundamentalism in Asia*(2002: International Academic Pub. In America, 2006년 KUIS에서 재출판), 『전환점에서 선 중동과 이슬람』(2005), 『기독교 박해시대 한국선교의 방향』 등이 있다.

전호진 교수는 한국교회에 복음주의적인 선교신학을 정립하였고 세계선교를 통한 개혁주의 하나님 나라 건설을 위하여 헌신하였다.

이보민 교수

이보민(李保民, 1943-) 교수는 1943년 5월 16일 이봉은(李奉恩, 1916-2005) 장로와 이효주(李效主, 1922-2008) 권사 사이에서 7남매 중 장남으로 부산에서 출생했다. 아버지 이봉은 장로는 세브란스 의전을 졸업한 내과의사였으며 호주에서 유학한 첫 한국인 의사였다.[393] 어머니 이효주 권사는 초기 고신교회 지도자였던 이약신 목사의 장녀였다.

이보민은 아버지를 따라 만주와 칭다오(청도)를 순회하며 성장하였고, 1946년 귀국하여 경남 진해에서 어린 시절을 보내며 초등학교를 다녔다. 그 후 부산 대신중학교, 서울사대 부족 고등학교를 거쳐 1961년 3월 서울대학교 문리과대학 물리학과에 입학하여 1965년 2월 이학사(BS) 학위를 받고 졸업했다. 이후 부모의 설득으로 1967년 고려신학교에 입학하여 1970년 2월 졸업한

393. 이상규, "최초의 호주 유학생은 누구였을까?," 「부경교회사연구」 34(2011. 10) 43-44.

후 5월 29일 한동현 양과 결혼하고 슬하에 1남 2녀를 두었다. 1971년 하도례 선교사의 추천으로 미국 필라델피아의 웨스트민스터신학교로 유학하여 신학석사과정(ThM) 과정에서 코넬리우스 반틸(Cornelius van Till) 지도 아래 변증학을 공부하고 틸리히(Paul Tillich)의 초윤리 사상에 대한 연구로 신학석사 학위를 받았다. 또 허순길 교수의 추천으로 화란 캄펜 신학교에 유학하여 다우마(Dauma) 교수 아래서 개혁주의 윤리학을 연구하였고, 선의의 거짓말에 대한 연구인 'Mendacium Officiosum'이라는 논문으로 1979년 신학박사 학위를 취득하였다.

귀국한 이보민은 1979년 8월 1일 고려신학대학 교수로 변증학, 기독교 윤리, 신학윤리학, 사회 윤리학, 조직신학, 현대신학 등을 13년간 가르쳤다. 1992년 8월, 고신대학 신학대학원을 떠난 그는 미국으로 가 목회자로 활동하며 복음대학교에서 교수로 활동했다. 이보민 교수는 고신대학교에서 변증학과 윤리학을 가르친 첫 학자였고, 칼빈이 성경에서 발견한 일반은총론에 근거하여 개혁주의적 사회 이론을 확립한 칼빈주의 기독교 윤리 신학자였다.[394]

주요 저서로는『기독교 윤리학의 제문제』(기독교문서선교회, 1985),『현대기독교 사상 비판』(개혁주의신행협회, 1987),『기독교 사회 윤리학』(개혁주의신행협회, 1989) 등이 있고, 고신대학교「논문집」8호(1980)에는 "Paul Tillich's 'Transmoral' System,"을 9호(1981)에는 "어거스틴의 거짓말에 대한 견해," 10호(1982)에는 "사회 윤리학에서의 윤리적 실제성에 대한 기독교 신학적 접근,"을 11호(1983)에는 "신학과 철학에 있어서의 진리의 개념에 대한 비교 연구,"를, 12호(1984)에는 "역사의 내재성과 초월성,"을 발표하는 등 왕성한 연구물을 발표했다.

394. 이상규, "이보민 박사의 생애와 신학," 580.

김병원 교수

김병원(金炳元, 1935-) 교수는 1935년 3월 30일 경남 함양군 지곡면 개평리에서 부친 김성수와 모친 유수남의 아들로 태어났다. 함양중학교와 함양고등학교를 졸업하고 1955년 상경하여 한국성서신학교에 입학하여 1년간 수학하고 부산 칼빈대학(고신대학교의 전신)으로 전학하였다. 세 학기를 마친 후 군에 입대해 카튜사(KATUSA)에로 근무하였다. 1959년 1월 8일에는 초등학교 교사였던 주효진과 혼인하였다. 1961년 총회신학교에 입학하였다가 1962년 10월 고려신학교가 복교되자 고려신학교로 돌아와 1963년 12월에 제18회로 졸업하였다. 1965년 10월 16일 부산노회에서 목사 안수를 받고 복음교회(현 송도제일교회)를 담임하며 복음병원 원목으로 일했다. 1966년 6월 27일에 미국 유학을 떠나 커버넌트신학교에서 신학석사(ThM) 학위를 수여받은(1969) 후에 오클라호마 주의 연합감리교회(Hugo United Methodist Church)에서 종교교육 및 청소년 목사로 사역하였다. 1971년에는 미시간주에 있는 Sturges Memorial Congregational Church의 담임목사로 부임해 10여 년간 목회하였다. 그는 목회를 시작한 3년 후 밥존스대학교에서 Marshall Neal, Wallace Lont, Walter Fremont 박사로부터 가르침을 받고, 1979년에는 James Bellis 박사의 지도 아래 *A Study of Relationship and Responsibility of Local Church to the Older Person*이라는 논문으로 철학박사 학위를 받았다. 학위를 마친 후 Midwestern Baptist College 교수로, 그리고 교무처장으로 봉사했다.

1981년 8월에는 미국 유학과 목회 생활을 마감하고 귀국하여 고신대학교 교수로 실천신학 분야를 가르쳤다. 귀국한 지 4년 후에는 고신대학장으로 선임되었고 학장 임기 후에는 미국 열린문장로교회(1988-1989)와 부산 대신동교회(1990-1994)에서 목회하였다. 1994년 3월에는 고려신학대학원장으로 선임되어 일하던 중 천안캠퍼스가 완공되어 1998년에 완전히 이전하였고, 1997년 2월 3일에는 고신대학교 총장에 취임하였다. 2001년 1월 19일 총장 퇴임을 끝으로 고신대학교에서 은퇴한 후 뉴 헤이븐에 있는 코너티컷한인교회의 청빙을 받아 두 해 반 동안 담임목사로 사역했다. 2004년부터는 열린문장로교회 협동목사로 시니어들을 가르치고 돌보고 있다.

김병원 교수는 대학과 교회만이 아니라 노회와 총회에서도 활동했다. 부산노회장, 총회 교육부장, 사회부장, 전도부장, 섭외위원장 등으로 봉사하였다. 특히 총회교육위원장으로 6년 동안 직무상 교사통신대학과 성경통신대학 학장을 맡아 봉사하였다.[395] 그는 13년 8개월 동안 교수로 있으면서 학장 3년, 신대원장 3년, 총장 4년 등 10년을 대학과 신학대학원의 행정 책임자로 봉사했으며 국민훈장 모란장을 수상했다.

주요 저서로는 『목회학』(개혁주의신행협회, 1985), 『목회상담학』(한국성서대학교출판부, 2003), 『기독교 지도자론』(영문, 2004), 『소아시아 일곱교회』(영문, 2004), 『목회서신』(CLC, 2004), 『구약에 예표된 예수 그리스도』(CLC, 2005), 『말뚝을 견고히 하라』(CLC, 2005) 등이 있다. 주요 논문으로는 "예배에 관한 성경적 고찰과 실제," 「고신대 논문집」 12 (1984), "실천신학의 반성과 전망," 「고려신학보」 6(1984), "목회자의 연구생활," 『이근삼 박사 화갑기념 논문집』(1984), "목회상담의 의의와 종류에 관한 고찰," 「고려신학보」 9(1984) 등이 있다.

김병원 교수는 실천신학자로서 한국과 미국에서의 목회와 개혁주의 신학에 근거하여 목회학과 목회상담학을 가르쳤다.[396] 그는 『구약에 예표된 예수 그리스도』에서 "설교란 예수 그리스도를 통해서 인간을 화목시키는 것"이라고 규정하고, "설교자는 예수 그리스도를 통한 구원을 선포해야 한다"고 강조한다.[397] 김병원 교수는 성경신학이나 조직신학을 중시하던 시기에 미국의 근

395. 나삼진 외, 『대한예수교장로회(고신) 교회교육의 역사』(서울: 생명의 양식, 2014).

396. 김병원, 『목회학』(서울: 개혁주의신행협회, 1985); 김병원, "서문," 『목회상담학』(서울: 한국성서대학교 출판부, 2003).

397. 김병원, "서문," 『구약에 예표된 예수 그리스도』(서울: CLC, 2005).

본주의 신학교육기관에서 수학했으나 개혁주의 신학의 입장을 견지하면서 개혁주의 실천신학을 정립하였다.

안영복 교수

안영복(安永福, 1937-) 교수는 1937년 5월 21일 경북 경주시 외동읍 녹동리에서 태어났다. 해방 전에는 입실국민학교에서 해방 후에는 석계국민학교에서 수학하고, 가정 형편상 진학하지 못하고 부산 당감동에 사는 외삼촌 집으로 와 낮에는 미군 부대에서 일하고 밤에는 서면에 있던 북부산중학교 야간과정에서 수학했다. 중학교 2학년 12월 어느 날 당감교회당에서 울리는 새벽 종소리를 듣고 그 해 성탄절부터 교회에 출석하다가 당감교회의 분열될 때 분립된 산서교회(현 당감제일교회)에서 신앙생활을 계속하였다.[398] 북부산중학교에서 동성중학교에 전학하여 졸업한 후 동성고등학교에 진학하였다. 매일 새벽 4시에 일어나 700m 떨어진 천막교회로 가서 새벽종을 치며 하루를 뒷산에 올라가 기도하던 중 놀라운 "성령 부어주심"을 체험하고 목회자가 되기로 결심했다. 1963년 9월 29일에는 같은 교회 정태순 양과 결혼하여, 고려신학대학원을 졸업하고 목사가 된 안성찬과 안현찬, 그리고 고신대학교 영문학과를 졸업한 안은찬을 얻었다.[399]

1958년도에는 복음 전도자가 될 목적으로 부산시 광복동 소재 합동측의 고등성경학교에서 공부한 바 있으나 1959년 칼빈학원 영문학과에 입학하여 2년 과정을 마치고, 1961년 군에 입대하여 제대한 후, 1964년 칼빈학원 후신인 고려신학교 예과 3학년에 복학했다. 이 때 안영복은 교수회의 추천으로 부산 광안리에 소재한 힐사이드(Hillside) 고아원에서 고아들을 후원하는 외국인 후원자들의 영문 편지 번역과 답장 쓰는 일을 했다. 1966년 고려신학교를 졸업한 후, 힐사이드 고아원의 후원자들 중 한 사람인 캐나다의 베렛 여사(Mrs. G.E.

398. 안영복, 『성령론 정립을 위해 걸어온 길』 (부산: 디자인모토, 2017(2016)), 10-19.

399. 안영복, 『성령론 정립을 위해 걸어온 길』, 17-19, 144-148.

Bar-rett)를 기도응답으로 알게 되어 3년 간의 학비 후원 약속을 받고, 고려신학교 본과(신학대학원)에 입학하였다. 1970년 고려신학대학원을 졸업하고, 1972년 12월 12일 동부산노회에서 목사안수를 받고 범천교회를 담임하였다.

안영복 교수는 1971년부터 1976년까지 고신대학과 고려신학대학원에서 구약개론, 고등영문법, 영문신학강독, 헬라어와 히브리어를 강의했다. 1976년 3월 교수회의 추천으로 고신총회와 자매 교회인 화란 캄펜신학교로 유학하여 2년 간(1976-77) 레팅가(JanPieter Lettinga, 1921-2021) 교수 지도 아래서 구약원어를 공부했다. 문법 공부를 시작하기 전에 교수의 화란어 문법책을 우리말로 번역해 놓고 교수 요원이 되기 위해 철저히 공부했으며 귀국전에 강의할 자신감을 가졌다고한다. 원장 오병세 교수의 간곡한 강의 요청을 받고 1977년 말 귀국하여 1978년도 봄 학기부터 신학대학원에서 구약학 교수로 학생들을 가르치기 시작하여 1992년 8월 31일 신학대학원을 떠나기까지 14년간 히브리어 문법과 히브리어 강독을 맡아 강의했다. 원문을 활용할 수 있는 목회자들을 양육하겠다는 각오로, 처음으로 1학년 문법과정을 마치는 학기말 고사는 '구술시험'을 도입하여 매 학생 당 약 40분 간 식, 한 과목의 시험을 일주일 간 치루는 일을 14년간 시행함으로, 교육 목적을 달성했다고 한다.[400]

안영복은 1975년 3월부터 1992년 8월까지 17년 5개월 간 고려신학대학원에서 교수로 봉사하는 한편, 『구약 요람』(성광문화사, 1980), 『전선지서 연구』(성광문화사, 1980), 『구약역사』(성광문화사, 1982), 『소선지서 연구』(양문출판사, 1983), 『성령론의 바른 이해』(기독교문서선교회, 1987), 『임마누엘 성령론』(그리심, 2007) 등을 저술했고, 『성경 아람어 문법』(기독교문서선교회,1984), 『낙원의 구속사: 성경적통치신학』(그리심, 2006) 등을 편찬했다.

안영복 교수는 개혁주의 구약신학자로서 신학도들에게 성경원어 교육을 강조했고, 그것은 성경에서 보화를 캐내는 도구가 된다고 강조하였다. 특히 그

400. 안영복, 『성령론 정립을 위해 걸어온 길』, 32-40, 140.

는 성경에 비추어 그 누구라도 잘못된 것이 있으면 수정하는 것이 참된 개혁주의 신학과 신앙관이라고 생각했다. 이러한 신학과 신앙관에 따라서, 그는 화란 개혁주의 신학사상 곧 19세기 아브라함 카이퍼(Abraham Kuyper, 1837-1920)가 오순절에 신약교회에 쏟아 부어진 성령이 마치 저수지에 폭우가 쏟아진 것과 같이 쏟아졌다가 그곳에서 사마리아나 고넬료 가정이나 에배소에 유출되었다고 보는 소위 '아브라함 카이퍼의 유출설'은 비성경적이라고 보았다.[401] 그리고 그는 20세기 개혁신학자 벤자민 워필드(Benjamin Warfield, 1851-1921)와 같은 신학자의 성령론을 받아드려 은사중단론과 중생과 성령세례를 동일시하는 견해에 대해서도, 성경적 근거가 어디 있는가라고 이의를 제기하였다. 안영복은 중생은 성령의 일방적인 주권적 사역으로 보았고, 성령세례는 성령충만과 같은 것이라고 주장했다. 교회가 권능 있게 복음을 전파하려면, 부활하신 예수님이 승천하시기 전 유언으로 명하신 성령세례(행1:4-5,8), 곧 성령충만(행2:1-4)을 받아야한다고 주장했다.[402]

안영복 교수는, "성령세례와 성령충만은 시초와 결과의 관계요 본질적으로 같은 것입니다. 이런 의미에서 성령세례를 달라고 기도하는 것이나 성령충만을 달라고 기도하는 것이나 사실은 별 차이가 없습니다. 물론 여기서 말하는 '성령충만'은 로이드 존스가 말하는 '성령의 능력충만'을 의미합니다. 즉 임무수행 곧 복음 증거의 능력을 입게 되는 성령충만을 의미합니다(행1:8)"라고 주장하였다[403] 안영복은 교수들과 협의하여 고신교단의 성령론을 정립하지 못하고 신학교를 나오게 된 것을 아쉬워하고 있다. 이런 그의 성령론 때문에 그

401. 안영복, 『성령론 정립을 위해 걸어온 길, 55, 185.

402. 안영복, 『성령론 정립을 위해 걸어온 길』, 81, 90; 안영복은 "성령세례와 성령충만은, 시초와 결과의 관계요 본질적으로 같은 것입니다. 이런 의미에서, 성령세례를 달라고 기도하는 것이나 성령충만을 달라고 기도하는 것이나 사실은 별 차이가 없습니다. 물론 여기서 말하는 '성령충만'은 로이드 존스가 말하는 '성령의 능력충만'을 의미합니다. 즉 임무수행 곧 복음 증거의 능력을 입게 되는 성령충만을 말하는 것입니다(행1:8)"라고 주장한다. 안영복, 『성령론 정립을 위해 걸어온 길』, 228.

403. 안영복, 『성령론 정립을 위해 걸어온 길』, 228.

는 고려신학대학 교수직을 떠났다.

박종칠 교수

박종칠(朴淙七, 1941-) 교수는 1941년 5월 29일 일본 나고야에서 출생했다. 해방되던 해 가족을 따라 귀국하여 경남 함안군 여항리 옥방 부락 112번지에 정착하여 약 14년간 살았다. 함안의 여항초등학교를 졸업한 그는 진주시 봉곡동으로 이사하여, 진주중학교와 진주고등학교를 졸업하였다. 진주고등학교 재학시에는 1500명을 대표하는 총학생회에 회장으로 선임되기도 했다. 그는 고등학생 1학년 때 구세군 교회에 다니는 친구의 전도를 받았지만 고신교회에 출석하였고, 황철도 목사(진주 봉래동교회)가 전하는 메시지에 감화를 받았고, 종한 전도사로부터 깊은 신비적 감화와 훈련을 받았다, 김 전도사는 그에게 어거스틴의 '참회록', 안용준의 '사랑의 원자탄,' '썽다싱의 전기' 그리고 박윤선의 로마서 주석을 읽게하였다. 고등학생 3학년 때 대구에서 개최된 제16회 전국 SFC 동기수양회에서 은혜를 받고, 한상동 목사가 인도하는 진주 봉래동교회 부흥회에서 그리스도를 발견하는 큰 은혜를 경험했다. 주를 위하여 헌신하기로 결심하고 1959년 3월 칼빈대학(고신대한 전신)에 입학하여 1963년 12월 졸업하였다. 신학 재학 중 부산 범천교회와 경남 거제시 장승포교회에서 교육전도사로 일했다. 1967년 고려신학교 졸업과 동시에 고려신학교 도서관 사서와 강사로 봉사하였고 신학교 최초로 영어와 헬라어 강사로 1972년 8월까지 가르쳤다. 대학과 신학교 재학 5년 동안 미정통장로교 소속하에 "기독교 독서실"(Christian Reading Room)을 맡아 봉사하는 가운데 하도례, 한부선 선교사로부터 개혁주의 정신과 실천적 행동에 대한 근간을 배웠다. 1969년 2월 18일에는 한상동 목사의 주례로 김은선 양과 결혼하였다. 장애자(5살 때에 교통사고로 오른 팔을 잃음)가 목사가 될 수 있는가 하는 문제로 어려움이 있으나, 1981년 10월 12일에 부산노회 제48회 정기노회에서 목사 장립을 받았으며, 이후로 고신교회 안에 장애자도 목사 안수를 받는 길이 법적으

로 열렸다.[404]

고려신학교에서 강사로 일하던 박종칠은 1972년 8월 23일에 미국으로 유학을 떠나 1979년 10월까지 커버넌트 신학교(Covenant Theology Seminary)에서 해리스(L. Harris) 박사의 지도 아래 "Messianic Terminology in Qumran"라는 논문으로 신학석사 학위를 취득하였다. 이후 컨콜디아신학교(Concordia Theological Seminary) 박사과정의 마지막 코스인 종합시험에서 구약과 여타 과목들은 잘 통과하였지만 신약에서 난관에 부딪쳐(마21, 막13, 묵21장 예언 해석 문제) 스스로 논문 작성을 포기하고 귀국하였다. 유학 기간 중 싸우스 웨스턴 침례신학교(Southwestern Baptist Seminary)에서 교회사 특히 재침례파(The Anabaptists)에 대해서도 연구하였다.[405]

유학에서 돌아온 그는 1980년 1월부터 1992년 10월 14일까지 고려신학교 도서관장과 교수로 봉사하였는데, 헬라어와 교회사, 구약학을 가르쳤다. 유학 전 봉사한 기관과 합하여 17년 6개월을 신학교에서 봉사하였다. 고려신학대학 교수직을 사임한 그는 1992년 12월 해운대 달맞이 언덕 지역에 남부산노회 산하 삼일교회를 개척하여 교회당을 짓고11년간 봉사하였으며 남부산노회장도 역임하였다. 2003년 12월 22일에는 삼일교회를 송정제일교회(현 기장세계로교회)와 합병시킨 후 재미 선교사로 파송 받았다. 2003년에 미국에 이민하여 시에라 비스타(Sierra Vista)에 5년 거주한 후 투산(Tucson)을 거쳐 2012년 10월에 현재 LA 라미라다에 옮겨 살면서 미주 총회 중부노회 소속 선교사로 활동하며 성경 연구와 전도에 여생을 보내고 있다.[406]

주요 저서로는『신앙과 현실』(신일사, 1969),『구속사적 성경해석』(기독교문서선교회, 1986), 『구속사적 구약성경해석』(개혁주의신행협회, 1988),

404. 박종칠 교수 기념문집 편찬위원회, 18-20; 대한예수교장로회(고신) 부산노회,『부산노회일백회사』(부산: 육일문화사, 2008), 219.
405. 박종칠 교수 기념문집 편찬위원회, 19.
406. 박종칠 교수 기념문집 편찬위원회, 20-21.

『시편의 구속사적 이해』(영문, 1991), 『시가서(시편 강의)』(고려신학대학원, 1991), 『문답식 구속사적 성경연구: 창세기 1-25장』(로고스출판사, 1996), 『구원의 길이 시작되다: 창세기 1~5장 주해』(생명의 말씀사, 2013) 등이 있다. 번역서로는 『구원의 계획』(벤자민 워필드, 새시대문학사, 1972), 『과학의 세속화 』(도에베르트, 1972), 『성경의 영감과 정경: 역사적, 해석학적 연구』(L. 헤리스, 한국개혁주의신행협회, 1975), 『신약에 나타난 복음의 변증』(F. F. 브루스, 생명의말씀사, 1982), 『20세기의 교회』(프랑스마, 고신출판사, 1985) 등이 있다.

박종칠 교수는 고신의 표어인 "Coram Deo"를 대학 총학생회 회장 자격으로 교수회에 건의하여 채용되게 하였고, 교학처장으로 봉사할 때 신학부(대학과 신대원) 교수 채용 시 학위 논문을 검증하지는 안을 제기하여 교무회의에서 채용되게 했다. 또 신대원 안에 여자신학원을 설치하자고 제안하여 교수회와 부산노회 승인을 얻어 개원하는 데 기여하였다. 박종칠 교수는 개혁주의 구약신학자로서 교회사를 가르쳤고, 독학으로 익힌 화란어로 화란 개혁주의 신학과 교회에 관해서도 연구하였다. 네덜란드의 구약학자 스킬더(H. J. Schilder) 박사의 영향을 받아 그의 문하생임을 자처하며 구속사적 방법으로 성경을 해석해야 함을 강조하였다. 화란 개혁 교회의 구속사적 성경 해석을 한국 교회에 최초로 소개하여 성경해석과 설교 적용에 지대한 영향을 미쳤다. 은퇴한 후에도 철학적 실존주의 한계 상항 프레임에 빠진 현대인들에게 구원의 안위를 전하고 있다. 특히 그는 고신교회 초기 문헌들을 기초로 "고려파의 정신사"라는 논문을 발표하였고, 이런 연구 자세는 후학들에게 큰 모범을 주었다. 고신정신의 특징은 개혁주의 신학을 통한 평신도 교회갱신운동이라고 주장한다.[407]

---

407. 박종칠 교수 기념문집 편찬위원회, 96, 102-103; 박종칠, "고려파 정신사," 이근삼 박사 회갑 기념 논문집 편찬위원회, 『이근삼 박사 회갑기념논문집』(부산: 고신대학출판부, 1984), 129-176.

37. 반고소 경남측의 복귀와 영입(1982) / 신재철

1952년에 설립된 고신교단은 초기부터 성도 간의 불신법정 소송으로 내홍을 겪었고, 1970년 대 고신총회는 경남(법통)노회의 송상석 목사와 부산노회의 한상동 목사 간에 불신이 깊어져 불화하게 되었고, 김희도 목사와 윤은조 장로는 송상석 목사를 사문서위조 혐의로 세상법정에 고소하였다. 그리고 송상석 목사는 총회 특별재판국에 의해 면직 판결을 받게 된다. 이를 부당하다고 여긴 송상석 목사 중심의 경남노회는 고신총회를 떠나 경남(법통)노회로 존속하며 불신법정 소송을 반대하는 경기노회 측 인사와 연합하여 1975년 '반고소 고려' 교단을 조직하였다. 그러나 불과 1년이 못 되어 내분이 일어나 경남(법통)노회는 석원태 목사 중심의 경기노회로부터 분리되어 독자적으로 노회를 운영했다. 그러다가 1980년 12월 송상석 목사가 소천 한 후 1982년에 고신교단으로 복귀했다. 이는 고신교단에서 분열한 세력 중 첫 복귀여서 남은 형제들의 복귀 혹은 통합에 선례가 되었다.

경남(법통)노회가 경기노회와 결별한 후 고신총회는 이들과의 합동을 위해 상당한 노력을 기울였다. 부산노회의 한상동 목사가 1976년 1월 6일 소천한 일도 무관하지 않았다. 1977년의 제27회 총회와 1978년의 제28회 총회를 거치면서 고신총회는 경남(법통)노회와 하나가 되고자 하는 노력이 시작되었다. 당시 경남(법통)노회는 송상석 목사 사후 이기진, 손명복, 권성문 목사 등이 지도자로 활동했으나 교단과 저들의 고려신학교를 이끌어가기에는 역부족이었다. 이때 반고소 경기노회 측 인사로서 이들과 함께한 김주락 목사는 일정 기간 교단 운영의 중심에서 활동했다. 경남(법통)노회는 반고소라는 명분으로 고신총회와 분리되었지만 사실상 반고소 사상으로 결합된 것은 아니었고, 지도력의 부재로 1982년 고신총회로 복귀하게 된다.

여기서 간과할 수 없는 점은, 고신총회도 성도 간의 불신법정 소송문제와 관계없이 경남(법통)노회를 무조건 영입했다는 점이다. 불신법정 소송문제로 분열을 경험한 고신총회는 이탈한 이들을 영입함으로써 교단의 이미지를 쇄신할 필요가 있었다. 그래서 고신총회는 경남(법통)노회가 석원태 목사 측과 결별하자 경남(법통)노회와의 합동을 논의하기 시작한 것이다.

반고소측 영입 기념(1982)

경남(법통)노회 측이 고신총회로부터 분열되기 전인 1974년 노회에 소속한 교회는 155개 처였다.[408] 고신총회는 경남법통노회와 의견을 달리하는 경남지방에 교회를 규합하여 1976년 이른바 '경남노회(계승)'를 조직했는데 이 노회에 속한 교회는 90여 개처였다.[409] 1979년도에는 105개 교회였다.[410] 이는 경

408. 대한예수교장로회 총회, 『제24회 총회록』, 58.
409. 대한예수교장로회 총회 『제26회 총회록』, 79-81.
410. 대한예수교장로회 총회, 『제29회 총회록』, 51.

남(법통)노회가 소속 교회가 서서히 고신총회로 복귀했다는 것을 의미한다.

1977년 제27회 고신총회가 개최되었을 때 진주노회는 분열된 마산 측 교회(경남법통노회)와 교역자를 받아들이기 위한 대책위원 선정 건을 헌의했는데, 이 안은 원안대로 가 66표, 부 27표로 가결되었다.[411] 당시 송상석 목사와 현호택 장로가 이금조 목사를 찾아와 합동을 요청했다고 한다. 결국 진주노회는 노회의 안건으로 결의하여 총회에 헌의했으나 합동까지는 시간이 필요했다. 1978년 제28회 고신총회에서는 진주노회장과 경북노회장이 건의한, "이탈한 형제 영입 건에 관해서는 각 노회의 재량으로 하되 개인 자격으로 받도록" 했고, 이탈한 목사가 본 교단으로 복귀를 원할 때는 무조건 받아들이기로 결의했다.[412] 1979년 고신 제29회 총회에서는 분리된 반고소 경남(법통)노회를 영입하기 위해 '영입 교섭위원'을 선정하기로 하고, 위원장 박창환, 서기 심군식, 회계 조규태, 위원으로는 이금조, 백종우, 박헌찬, 박치덕, 서상동, 정주성, 박은팔 목사를 선정했다.[413] 이때 고신총회는 각 노회에서 1인씩 위원을 선정하여 경남(법통)노회 측과의 합동을 총회 차원에서 추진한다는 의지를 보여주었다.

총회 영입위원들은 경남(법통)노회 측을 영입하기 위해 여러 차례 접촉하고 대화를 가졌다. 1차 접촉은 1979년 11월 19일 오후 2시 부산 서면교회당에서 총회 영입위원들이 모여서 회의한 뒤 이탈측 위원들과 만났다. 그러나 영입위원들은 아무런 성과를 얻지 못했고, 소위원을 내어 접촉점을 모색하여 2차 모임을 약속했다. 2차 접촉은 1980년 3월 13일 오후 2시 서면교회당에서 총회 영입위원회가 먼저 모인 후에 동일 오후 4시에 이탈측 위원들과 합석함으로 이루어졌다. 이탈측이란 경남법통노회를 의미했다. 3차 접촉은 1980년 7월 10일 12시, 부산북교회당에서 총회 영입위원회가 모여 경남(법통)노회 측에서 동의한 '하나 되는 작업을 위해 양측에서 제30회 총회에 전권위원을 선

---

411. 대한예수교장로회 총회, 『제27회 총회록』, 14.
412. 대한예수교장로회 총회, 『제28회 총회록』, 31.
413. 대한예수교장로회 총회, 『제29회 총회록』, 116.

정하도록 건의한다'는 안을 놓고 의견 교환을 했다. 총회 영입위원회는 단독으로 결정짓기 어려운 문제라고 판단하고 동일 오후 4시 동 장소에서 운영위원과 동석하여 이 안을 제시했다. 이때 운영위원들이 총회 영입위원회 재량에 맡김으로써 다시 총회 영입위원회가 모여 그 안을 경남(법통)노회 측 위원회에 그대로 통보하였다. 결의안은 제28회 총회 결의를 재확인하고, 이탈한 형제들을 영입하는 총회의 분명한 입장을 전국 교회에 홍보하기로 하고 그 일을 총회 임원회에 일임했다. 또 고신총회는 영입을 위한 총회의 통일된 입장을 지속시키기 위해 새로 영입위원을 두기로 했다.[414]

고신교단에서는 경남(법통)노회와의 합동을 위해 영입위원을 교체하면서까지 합동 의지를 보인 것이다. 고신총회의 새로운 영입위원으로는, 위원장에 박유생, 서기에 윤지환, 회계에 김도준, 위원에 신현국, 정재영, 전복식, 이삼열, 조재태, 정양수, 강성검 등을 선정하였다.[415] 이때 노회별로 위원을 선정하여 노회별 영입 작업이 쉽게 되도록 배려하였다. 고신교단 제31회 총회에서는 영입위원회 보고를 받았다. 1981년 8월 대구 서문로교회 당회실에서 영입위원회가 모여 총회 정신에 따라 받아들이자는 의견에 합의를 보고, 이탈한 형제들과 접촉하는 것을 위원장과 서기에게 위임하였다. 위임받은 영입위원장 박유생은 경남(법통)노회에서 선정한 송명규 전권위원장 등과 대화를 통해 쉽게 합동을 성사시켰다고 했다.[416]

이는 기존의 영입위원들이 지속적인 만남과 대화를 통해 어느 정도 화합 분위기를 조성한 결과였다. 박유생은, 이탈한 형제들과 만나 의사를 교환해본 바에 의하면 돌아오기를 원하는 형제들이 많으니 각 노회가 과거를 불문하고 사랑으로 영입해 주기를 원한다고 자신의 입장을 피력하였다.[417] 마침내 제32

414. 대한예수교장로회 총회, 『제30회 총회록』, 111-112.

415. 대한예수교장로회 총회, 『제30회 총회록』, 153.

416. 대한예수교장로회 역사편찬위원회, 503-505; 박유생과의 대화(2005. 6. 9).

417. 대한예수교장로회 총회, 『제31회 총회록(1981)』, 89.

회 총회에서는 양측이 뜻을 같이하였고 흩어진 형제가 하나가 되기로 하였다.

이때 경남(법통)노회(반고소 고려측) 합동전권위원회가 제32회 총회에 양 총회가 진행할 합동 안과 합동 절차를 다음과 같이 보고했다.[418]

합동안

聖스러운 殉敎者들의 信仰으로 이룩된 우리 敎團(대한예수교장로회 고려측)이 兄弟間의 訴訟으로 因하여 分裂된 것은 하나님과 敎會앞에 甚히 罪悚스러운 일로 알고 이 責任을 痛感하면서 聖靈의 하나 되게 하신 道理와 國家와 民族의 大爲的 見地에서 兩側 現狀態대로 하나 되기로 한다. 以上.

합동절차

1. 합동안을 먼저 결의한 측에서 상대측에 통보한다.
2. 합동을 추진하기 위하여 양측에서 대표전권위원 7인을 선출하여 합동을 추진한다.
3. 양측에서 합동안이 결의되면 합동추진위원(14인)회에서 합동식 순서를 작성하여 합동식을 거행하되 선언문 2통을 작성하여 동시 낭독하고 상호 수교한다.
4. 분열 후 차위가 생긴 모든 법규는 양측 합동추진위원회에서 협의하여 수정한다.
5. 이상의 안이 작성완료 가결되면 합의한 시간 장소에서 합석하여 합동식을 거행한다.

1976년 10월 19일 화요일 오후 7시에서 21일 목요일 오후 10시 30분까지 서울시 종로구 평창동 111번지 고려신학교 강당에서 반고소 고려측 제26회 총회가 개최되어, 1982년 9월 21일 화요일에서 24일 금요일까지 마산시 완월동

418. 대한예수교장로회 총회, 『제32회 총회록(1982)』, 9-10, 별지 32.

282번지 마산교회당에서 제32회 총회를 개회하여 마지막 회무를 진행하면서 고신총회가 합동안을 결의하여 통보해주기를 기다리며 24일 금요일 오후 2시 15분 정회를 했다.

마침내 합동 결의를 통보받은 반고소 고려측 합동위원들은 마산 동광교회당에서 개회된 고신 제32회 총회에 참석하여 제5일인 1982년 9월 27일 월요일 오후 4시 합동 절차를 따라 합동했다. 비록 의견의 차이로 잠시나마 분열이라는 아픔을 겪었으나, 그때를 지나 다시 합동할 때가 온 것이다. 그때의 분위기를 다음 글에서 어렵지 않게 느낄 수 있다.[419]

> 온 회중이 박수로 환영하고 처처에서 감격의 흐느낌이 진동하다. 나누어졌던 형제들이 총회 앞에 나와 도열하고 총회장이 하단하여 송명규 목사와 악수하고 인사하니 전 총회원 감격적인 박수가 계속되고, 한명동 목사의 인도로 기도할 때 감격적이고 은혜로운 분위기는 필설로 표현키 어려웠고, 손명복 목사가 다시 기도하고 나온 형제들 모두 회원석에 착석하다. 형제들을 환영하는 환영사를 총회를 대표하여 한명동 목사가, 경남노회를 대표하여 곽삼찬 목사가 각각 대신하니 회중이 뜨거운 박수로 환영하다.

반고소 고려측 합동위원들이 1982년 11월 11일 목요일 속회 된 총회에서 고신총회와 합동한 결과를 아래와 같이 보고했다.[420]

아래

1. 1982년 9월 23일. 제32회 총회에서 결의한 본 교단 합동안을 상대측 총회에 제출한바 그 총회에서는 본 교단의 합동 안을 기조로 작성한 합동 건의안을 만장일치로 가결 채택한 일이오며,

---

419. 대한예수교장로회 총회, 『제32회 총회록(1982)』, 234.
420. 대한예수교장로회 총회(반고소 고려), 『제32회 총회록(1982)』, 21, 별지 57.

2. 상대측 총회에서 결의 통과한 합동 건의문은 "우리가 소송 문제를 가지고 나누어진 것은 하나님 앞에 피차 죄송스러운 것이므로 하나 되기를 원하여 무조건 하나 되어지기를 가결해 주실 것을 원합니다"로 되어 있어 우리의 합동 건의문이 반영된 것으로 본 위원회에서는 인정하고 합동절차를 위하여 1982년 11월 1일 대구 서문로교회당에서 양측 합동위원 연속회를 개최한 일이오며

3. 이 연속회에서 결의된 절차는,

(1) 각 노회는 제33회 총회 시까지 현 상태대로 운영하며 총회 총대는 피차 나누어지기 전헌법에 의거하여 파송하고 제33회 총회의 지시에 따라 노회의 방향을 가름한다.

(2) 본 교단 직영 고려신학교는 82학년도 졸업식까지 존속하며, 재학생은 학적에 따라 부산 고신대학 신학부. 서울 고려신학교, 대구 고려신학교에 편입토록 한다.

(3) 교직자는 현상대로 하나 되며, 신학 수학 년조 미달자는 연수의 기회를 얻도록 한다.

(4) 나누어진 어간의 교단 역사는 2원적으로 수록한다.

(5) 본 교단이 합동을 결의한 후 양총회 합동 축하예배를 1982년 11월 16일 화요일 오전 11시 부산고신대학교에서 거행한다로 합의된 일이오며,

4. 이상의 경과를 분석 검토하건데 본 교단의 합동정신과 절차가 충분히 반영된 것이므로 본 총회에서 합동을 결의하여 주심이 좋은 줄 아나이다. 이상.

대한예수교장로회(반고소 고려측)총회

교단합동위원회 위원장 송명규

서기 지득룡

총회는 교단합동위원의의 보고를 받음으로, 제26회 총회로부터 제32회 총회까지 7번의 총회를 마지막으로 반고소 고려측 총회는 막을 내렸고, 1983년 제33회 총회의 지시를 따라 120개 교회는 본래 하나였으므로 별다른 절차 없이 총회 산하 각 노회로 편입하여 하나가 되었다.[421]

그러나 모두가 사랑으로 영입하고, 용서하고, 해벌하고, 화합하였지만 막상 송상석 목사의 면직에 대해서는 아무런 조치가 없었다. 그러다가 이로부터 26년이 지난 2008년 2월 14일 고신대 비전관에서 제57회 총회 운영위원회를 열고 마산노회에서 상정한 고 송상석 목사 해벌에 대한 총회 임원회의 보고를 받고 제32회 총회의 영입 정신에 따라 송상석 목사에 대하여 '사면'하기로 결의했다.[422] 이 제32회 총회에서 이탈한 교회를 조건 없이 영입하게 되었는데, 이때 복귀한 교회는 60개 정도였다.[423] 이런 과정으로 드디어 1982년 9월 23-28일 제32회 총회 시 경남(법통)노회 측과 고신교단은 다시 합동하게 되었다.[424]

고신총회는 영입위원회를 계속 존속시켜 남은 형제를 영입하는 일을 계속하기로 했다.[425] 고신총회가 반고소 인사로 분류된 박창환을 위원장으로 시작한 경남(법통)노회 영입 작업은, 역시 반고소 사상을 가진 박유생이 위원장직을 이어받으므로 더욱 수월하게 이루어졌다고 판단된다. 고신총회와 경남(법통)노회의 합동 후 2년이 지나 경남(법통)노회 측 인사인 김주락 목사가 경기노회장이 된 것은 합동의 후유증이 없었음을 보여주는 일례이다.

고신총회는 경남(법통)노회 측과의 합동이 이루어지자, 석원태 측과도 합

---

421. 경남(법통)노회 100년사 편찬위원회, 312-13. 문화공보부 장관에게 보고한 교세현황 자료, 3쪽(서울 30, 부산 9 경기 12 강원 2 경북 5 경남 62 합 120).

422. 「기독교보」 828 (2008. 2. 23.), 1면.

423. 대한예수교장로회 총회, 『제32회 총회록(1982)』, 234.

424. 남영환은 『한국 기독교 교단사』에서 1983년 제33회 총회에서 합동했다고 밝히고 있으나, 1982년 제32회 총회록에 의하면 제33회가 아니라 제32회 총회이다.

425. 대한예수교장로회 총회(고신), 「제32회 총회록(1982)」, 234.

동하도록 영입위원들에게 일임하였다. 그리하여 박유생 위원장은 서울 여의도에 소재한 경향교회당에서 석원태 목사를 만나 합동을 제의하였다. 이때 석원태 목사는 앞으로 자신의 교단 교회가 300개가 되면 일대일 합동하겠다고 말했다. 그때가 언제냐고 묻자 3년 후라고 대답했다.[426] 그러나 그 후 고신총회가 2001년에 다시 합동추진위원회를 구성하기까지 합동을 위한 구체적인 대화가 없었고, 존속시키기로 했던 영입위원회는 자동 해체되고 말았다. 고신총회는 경남(법통)노회와의 합동에 있어 어느 정도 성과가 있었고 남은 형제를 영입한다는 계획도 세웠다. 이는 경남(법통)노회의 잔여 세력과 석원태 측의 고려 교단도 염두에 둔 것이었다.

426. 대한예수교장로회(고신) 역사편찬위원회, 538-540; 고려(반고소) 역사편찬위원회, 146-147; 박유생과의 대화(2005.6.9.)

38. 복음병원의 발전, 의예과(의과대학) 신설과 학내문제 / 나삼진

고신교회의 발전과정에 있어서 중심 기구는 고려신학교와 복음병원이었다. 1946년 9월 20일 설립된 고려신학교는 본과와 신학예과로 구분되었는데, 신학예과는 칼빈학원을 거쳐 고려신학교 대학부로 편입되었고, 이후 고신대학교와 고려신학대학원으로 발전했다. 이 학교와 함께 1951년 설립된 복음병원은 의과대학, 간호대학과 유기적인 관계를 가지고 의학교육과 지역사회 보건 서비스를 하고 있다. 이 항에서는 고신대학의 중요한 전환기가 된 의예과(의과대학) 신설과 동일한 캠퍼스 사용에 따른 학내문제와 관련된 문제들을 다루고자 한다.

복음병원의 설립과 발전

앞에서 기술한 바처럼 복음병원은 1951년 전영창 선생, 한상동 목사, 장기려 박사가 힘을 합쳐 설립하였다.[427] 1947년 4월 해방 후 최초의 유학생으로 미국으로 갔던 전영창 선생은 서둘러 귀국하게 되는데, 그때 미국개혁교회가 구호금으로 5천 달러를 제공하였고, 매월 500달러를 지원을 약속받았다. 이를 기금으로 대한기독교 경남구제회를 조직하였는데, 1947년 6월 21일 복음진료소라는 이름으로 출발한 복음병원에 많은 도움을 주었다. 원장이었던 장

---

427. 복음병원 설립자 논쟁이 있으나, 병원의 설립이 자본과 의술과 운영이 함께 어우러져야 하는 문제이므로, 신앙적인 측면에서 한상동 목사, 의료 차원에서 장기려 박사, 자본의 지원에 전영창 선생이 기여했으므로, 삼인이 함께 협력하여 설립했다고 보는 것이 옳다. 정기상은 어떤 일을 하려면 '생각과 사람과 자본' 등 세 가지 요소가 구비되어야 하는데, '한상동의 생각, 장기려의 인술, 전영창의 자본'이 있었기에 복음병원이 탄생할 수 있었다고 증언한다. 정기상, "복음병원의 설립과 경남구제위원회", 「장로교회와 역사」 3(2009), 90. 『고신의료원 50년사』, (부산: 고신의료원, 2001), 62-68.

기려 박사는 많은 사람들에게 존경받는 의사였지만, 병원을 효율적으로 경영하고 미래를 위해 준비하는 것은 또 다른 문제였다. 병원경영은 늘 어려운 실정이라 1970년에 들어서는 그 역사에 비해 병원이 지역사회에서의 위상이 많이 뒤처진 면이 없지 않았다. 이 점에 깊은 관심을 가진 이가 송상석 목사였다.[428]

장기려 박사의 은퇴가 가까워지면서 장기려 박사 이후의 주도권 문제로 복음병원 의료진들 사이에 갈등이 제기되었는데,[429] 부산지역 의료계의 지원을 받는 부산의대 출신 의사들과 또 장기려 원장이 아들처럼 여기던 박영훈 과장을 정점으로 하는 경북의대 출신 의사들의 갈등이 나타났다. 1973년경 시작된 의료진 갈등으로 박영훈 과장은 잠시 침례병원으로 옮긴 일이 있지만, 정년을 앞두고 박영훈 과장이 진료부장에 임명되면서, 갈등이 심화되었고 부산의대 출신 의사들이 폭력을 행사한 일로 사법처리를 받으면서 비극적으로 끝이 났다.[430]

장기려 박사는 25년간 원장으로 봉사하고 1976년 6월 25일 정년 은퇴를 하였고, 박영훈 진료부장이 제2대 원장으로 취임하였다. 박영훈 부장은 영도교회에서 한명동 목사의 지도를 받으며 성장하였고, 교단 정신에 충실하였을 뿐 아니라 교단에 적극적인 협력자였기 때문에, 교단 지도자들의 신임과 적극적인 지지를 받고 있었다. 이사회에서는 병원의 경영이 어려워지면서 침례병원에 있던 그를 종신직을 보장하면서 다시 원장으로 초빙하였다. 그는 우수한 외과의로 수술에 능하였을 뿐 아니라 경영 수완도 있어서 취임 이후 병상 규모를 더해갔고, 시설 개선과 효율적인 경영에 힘을 쏟은 결과 AID차관을 받아 병원 시설을 새롭게 하였고, 병원의 재정적인 여건도 많이 개선되었다. 박영훈 원장은 병원경영 쇄신을 당면 과제로 보고 암센타를 계획하여, 1976년에 암병

428. 『고신의료원 50년사』, 86.
429. 『고신의료원 50년사』, 87.
430. 『고신의료원 50년사』, 87.

동이 완공되었고, 미국에서 핵의학을 전공한 염하용 박사 등을 영입하므로 암 전문 병원의 위상을 갖추게 되었다. 얼마 지나지 않아 입원 환자 가운데 80%가 암환자였다고 한다.[431]

복음병원은 1978년 암센터가 설립되고 최신 설비를 갖춤에 따라 부산·경남은 물론, 당시 불편했던 대중교통 상황에서 대구·경북에서도 서울보다 부산을 찾을 정도로 복음병원의 명성을 얻었다. 박영훈 원장은 교단 정신에 충실하였고, 병원의 발전을 위해 헌신적으로 일함으로써 병원의 위상이 나날이 달라졌고,[432] 복음병원은 1977년 3월 22일에 보건사회부로부터 종합병원 인가를 받게 된다.[433]

의예과 신설을 위한 준비

고려신학교는 한국 사회에서 대학이 본격적으로 설립되기 전이던 1946년에 설립되었지만, 정부의 간섭을 받지 않는 독립적인 신학교육을 지향함에 따라 정부의 인가에 관심을 갖지 않았다. 한국전쟁 후 대학 인가를 받을 기회가 있었으나 이에 관심을 갖지 않았다. 그런데 졸업생들의 국내외 대학원 진학이나 외국 유학을 고려할 때 정부 인가가 필요하였고, 1970년 12월에야 고려신학대학 인가를 받았고, 본격적인 대학교육이 가능하였다. 이후 신학과 외에도 1977년 기독교교육학과, 1978년 종교음악과 인가가 이루어졌다. 당시 교단 지도부였던 한명동 목사는 칼빈대학이 중심이 되었던 기독교 대학에 대한 비전을 가지고 있었고, 이러한 생각은 고신대학 학장 이근삼 박사와 복음병원장 박영훈도 같은 생각이어서 구체적으로 발전했다.[434] 이는 고려신학대학을 기독교 대학으로 발전시키는 일이었고, 다른 한편으로는 복음병원에서 의료선

431. 『고신의료원 50년사』, 91-92.

432. 당시 전국 어느 병원보다 암 환자가 몰려, “20년이 지난 지금도 보건복지부 암 통계는 복음병원의 통계자료를 이용하고 있다”고 기록한다. 『고신의료원 50년사』, 92.

433. 『고신의료원 50년사』, 90.

434. 허순길, 『고려신학대학원 50년사』, 216.

교사 양성을 명분으로 의예과 신설을 추진하였다. 이는 복음병원이 암병동 완공과 1977년 3월 22일 보건사회부로부터 종합병원의 승격이 이루어짐에 따라 의예과 설치에 더욱 관심을 갖고 집중하게 되었다.

제29회 총회(1979)는 학교법인 고려학원 이사회 보고로 의과대학 설립에 대한 건의가 있었는데, 복음병원 박영훈 원장의 건의에 의한 것이었다. 총회는 박영훈 원장의 설명을 듣고, "의과대학 설립 추진 건은 현 고려신학대학을 개편하지 않을 것을 전제로 하고, 현 이사회와 각 노회에서 대표 1인씩을 파송하여 함께 협력연구 추진키로 결의했다.[435] 총회에서 각 노회는 대표를 선출하여 보고 했다.[436] 이에 1980년 10월에 신학대학원 인가와 함께 정원 80명의 의예과가 신설되었다. 의예과 신설과정에 여러 차례 우여곡절이 있었고, 의예과 인가 이후는 더욱 그러했다. 당시 고신대학 안에서 의예과 신설에 대한 의견의 통일된 의견을 갖지 못하였는데, 미국과 유럽의 대학교육을 받았던 이근삼 박사는 개혁주의 문화관의 입장에서 각 분야의 지도자를 양성하여야 한다는 입장이었고, 미국에서 루터란 계통의 컨콜디아신학교에서만 공부하였던 오병세 교수나 화란 개혁교회 전통에 익숙한 허순길 교수는 신학교육 만을 교회의 책임이라고 생각했다.

이듬해 이사회는 고려신학대학(본과)와 고신대학으로 분리를 가결하고 제28회 총회에 제출하였으나 총회의 동의를 받지 못하고 부결되었다.[437] 당국자들의 계획으로 문교부에 의예과를 증원 신청이 이루어졌고, 서울에 의과대학이 8개교가 있었고, 의과대학 수요가 필요한데다가 부산보다 작은 대구와 광주에 2개 대학이 있어, 인구 350만 명의 제2 도시임에도 불구하고 부산대에만 의과대학이 있어 부산지역에 의과대학이 추가로 필요했고, 복음병원은 가장 유력한 후보군에 속했으므로, 복음병원과 고려신학대학에 인가하려고 하였

435. 제29회(1979) 총회 촬요, 3.; 허순길, 『고려신학대학원 50년사』, 218.

436. 『대한예수교장로회 제29회 총회록』, 72, 73, 94.

437. 『고신의료원 50년사』, 94.

다. 이는 한국일보 편집국장을 지낸 당시 청와대 민원수석(현 민정수석) 비서관을 지내고 이후 5년간 한국방송공사 사장으로 일한 이원홍, 이규호 교육부 장관 등 고신교회 출신 인사들의 협력도 적지 않았던 것으로 알려져 있다.

의예과 신설과 교명 변경

그러나 고려신학대학에 의예과를 신설하는 것은 당시 문교부의 입장에서 보면 합리적인 것이 아니어서 교명의 변경은 필수적인 것이었다. 문교부는 의예과 설치인가를 내정한 후, 최종 인가 전에 학교법인에 "고려신학대학이라는 이름으로는 의예과 인가가 부적당하므로 교명을 변경하는 것이 좋겠다."는 연락이 왔고, 당시 이사장 박창환 목사가 외국에 출타중이어서 이사회 소집이 불가능하다고 응답하였다. 문교부로서는 이사회 결의를 대신하여 '학장 의견서' 제출을 요구하여, 학장 이근삼 박사는 의견서를 제출하였고, 문교부에서는 의예과 설치를 인가했다.[438]

그러나 제30회 총회에서는 총회의 결의와 달리 교명이 변경된 것은 책임자가 사과하고 목회신학대학원 인가를 추진하기로 하였다. 교명을 '고신대학'으로 변경한 후 의예과와 신학대학원 인가가 함께 이루어졌는데, 총회에서는 학장이 즉석에서 사과하고 박수로 이를 받았다.[439] 이에 대해 고신역사 60주년을 정리하는 세미나를 개최하고, 발표된 논문을 엮어 출간하면서 의예과 신설을 "학장 도장 도용"사건으로 규정하고 있으나,[440] 이는 사실과 다르다. 사실

---

438. 이근삼 학장은 생전에 필자에게 제공한 '고려신학대학이 고신대학으로 교명이 변경된 경위 설명'이라는 문서에서 이에 대해 밝힌 바는 다음과 같다. "… '우리가 신청한 의예과, 영어영문학과, 국어국문학과 등이 다 허락이 된다면 그것은 신학의 영역을 벗어나므로 교명을 고신대학이라 해도 무방하다고 생각합니다'라는 의견서를 제출하였고, "10월 초 학교 학생정원 발표시에 고려신학대학에 의예과 80명으로 하고, 교명은 고신대학으로 문교부 공포가 났던 것입니다. 여기에는 고신대학이 신학만 아니고 다른 일반학과들도 포함시킨다는 뜻이 있을 뿐, 고신대학의 설립이념과 교육목표에 따른 기독교대학을 하는 데는 아무런 변경이 없었던 것입니다. 1995년 1월 10일 이근삼"
439. 제30회 총회록, 48. 허순길, 『고려신학대학원 50년사』, 219.
440. 미래포럼 편집, 『고신교회 어디서 와서 어디로 가는가? II』, (용인: 미래교회포럼, 2014), 20.

의예과 신청은 학장 이근삼 박사와 박영훈 원장의 협의 하에 이사회 차원에서 이루어졌고, 이 과정에서 교수회에서 공식적인 논의 절차는 없었다. 교수회에서는 1981학년도 3월에 의예과 신설이 이루어지고, "1981학년도 입학 합격자는 별지와 같이 신학과 52명, 기독교교육학과 52명, 종교음악과 42명, 의예과 104명으로 결정하다."는 결의를 하게 된다.[441] 의예과가 설치되면서 복음병원을 고신대학 부속병원으로 하고 부속병원, 의예(학)과, 간호대학을 유기적으로 통솔하기 위해 1981년 3월 1일 고신의료원 제도를 도입하였고, 초대 의료원장에 박영훈 의학부장이 취임하였다. 의예과 설치와 함께 300병상을 허가받았으며, 1983년에는 다시 350병상을 늘렸다.[442]

신학대학원의 불만

대학에 의예과가 신설되고 의학부가 생긴 후 의학부는 매년 104명씩 몇 해 만에 포화상태에 이르게 되었고, 새로운 교육시설들이 필요하였다. 학생들의 자치활동도 이전과는 다른 형태로 나타나기 시작했다. 의과대학 축전에서는 고사를 지내는 등 이전에 경험하지 못했던 비기독교적인 문제들이 나타났고, 이러한 문제는 전국교회와 신학교 동문들에게 매우 민감하게 비추어졌다. 이러한 일련의 사건은 한국 대학의 민주화 과정에 일어난 일이기도 했지만, 준비되지 못한 가운데 의과대학이 설치되었고, 기독교 대학을 설립 운영함에 대한 충분한 논의가 없어 이에 대해 원칙을 가지고 대처하지 못한 점도 있었다. 신학대학원으로서는 40년 동안 신학교 중심의 시설과 대학 운영의 분위기가 위축되면서 날로 열악해지는 학교 환경이 반갑지만은 않았다. 송도캠퍼스의 장소의 협소함을 느끼면서 교단 일각에서 오랫동안 제기되어 왔던 수도권 이전과 연결되어 잠시 인천캠퍼스에서 수업을 시작하였으나 문교부 인가를 받지 못해 계속할 수 없었다.

---

441. 허순길, 『고려신학대학원 50년사』, 220.

442. 『고신의료원 50년사』, 96.

영도캠퍼스 조성과 신학대학원의 천안 이전

의예과가 설치된 후 의과대학이 안정되기까지 오랜 시간이 필요했다. 개교 당시부터 송도캠퍼스에서 대학과 신학대학원, 의예과와 간호학과가 모두 공존하기는 협소한 환경이었다. 이에 1980년 7월에 영도에 7만여 평의 대지를 구입하고 제2캠퍼스 조성에 나서, 1982년 4월에 새 교사 신축에 나서 1984년 2월에 3동 2,356평 건물의 준공을 보았다. 그러나 대학 구성원 일부의 반대로 대학의 이전은 지연되었고, 영도캠퍼스를 조성한 후 1년이 지난 1985년 2월 학기가 되어서야 영도캠퍼스로 이전하여 강의하도록 결의하고, 3월부터 전면 이전하여 사용하게 되었다.[443]

한편 제34회 총회(1984)는 신학대학원의 서울 이전의 건의를 받고, 교사 배치는 운영회와 이사회에 일임하기로 결의하였고, 제36회 총회에서는 고신대학 신학대학원은 수도권으로 이전하기로 하고 구체적인 사항은 이사회에 맡기기로 결의하였다. 제37회(1987) 총회에서도 이를 이사회에 맡겨 적극 추진하도록 결의하였고, 1989년부터 본격적인 활동을 하였다. 그러나 수도권으로의 이전은 정부의 수도권 인구의 억제정책으로 전혀 불가능한 사실임을 확인하고, 차선의 지역으로 장기적으로 수도권으로 확대될 가능성을 보고 천안시 삼용동에 32,000여 평의 부지를 확보하고, 교육부에 신학대학원 위치변경 계획 승인신청을 받고, 1996년 4월 26일에 기공하여 2년 만에 천안 캠퍼스를 준공, 1998년 신학기에 이전하였다.[444] 이러한 과정을 거쳐 고신대학교는 영도캠퍼스를 대학본부로 해 고신대학교가 위치하고, 천안캠퍼스에 신학대학원, 송도캠퍼스에는 의과대학, 간호대학, 부속 복음병원이 위치하여 오늘에 이르게 되었다.

---

443. 허순길, 『고려신학대학원 50년사』, 224-225.

444. 『고신의료원 50년사』, 107.

39. 1980년대 의학부와와 미 문화원 방화사건 / 나삼진

고신대학에 의예과가 신설된 후 송도캠퍼스는 여러 사건이 계속되면서 이전에 경험하지 못했던 어려움들이 연달아 생겨났다. 이러한 일은 의예과 학생들에게도 쉬운 일이 아니었고, 학교법인 이사회와 교단 지도자들에게도 쉬운 일이 아니었다. 그 시절에 있었던 의예과를 포함한 여러 사정들을 1982년 발생한 미국문화원 방화사건과 의과대학의 학내문제가 그러하였다.

의예(의학)과와의 갈등

고신대학에 의예과(의학)과 신설 후 학내 갈등이 적지 않았는데, 의예(의학)과 학생들의 불만이었다. 의과대학의 설치는 상당한 재정이 투자되어야 하는 일이라 튼실한 재단에서 오랜 기간 충분한 준비를 하는 것이었지만, 복음병원은 오랜 기간 장기려 박사의 명성이 있었고, 근래 암전문병원으로 명성을 얻었지만, 의과대학을 신설하여 의학교육을 하기에는 시설과 교수, 재정과 전문성이 많이 부족한 상태였다. 시설이 열악한 것은 물론, 교수진도 여의치 않았고, 여러 과의 신설도 요청되었다. 의예과에 입학한 학생들은 여전히 남아 있는 신학교적 분위기와 수업 여건의 미비가 학생들에게 큰 불만 요인이 되었고, 갈등이 계속되었다. 이러한 상황에서 단기간에 의과대학을 준비하는 중에 1986년과 1989년에 부정입학사건이 터졌다. 그 사이에 의학부 실습기자재 구입과 신대원의 인천 이전을 위한 부지를 마련하면서 12명의 보결학생 입학 부정입학사건이 터진 것이다. 1988년부터 1991년까지 '제2 수난기'라 이름하였던 사건이 일어났는데, 대학 민주화운동의 기운에 따라 학생들의 요구가 분출되었다. 박영훈 원장 사태와 교수협의회, 수련의, 총동창회와 의예과 학생들의 요구가 일시에 분출하는 사건이 발생되었다. 『고신의료원 50년사』는 이 시기를 '제2 수난기'로 명명하였다.[445] 운영과 관련하여 소송 문제가 나타났고, 핵심적인 이들이 구속되어 이사회와 학생들 간에 큰 충돌이 있었다. 학생들의 시위가 격화되었고, 1991년 연일 메스컴에 등장하면서 결국 수업일정을 다 채우지 못한 의학부 학생들의 전원 유급되는 초유의 사건이 발생했다. 병원 집행부와 이사회의 편의적인 학사행정 운영은 학생들로 하여금 극단적인 투쟁을 불러오게 했고, 이사회와 의대 집행부가 부산지검에 고발당하였고, 여러 사람이 투옥되는 부끄러운 일이 발생했다. 이로써 대학은 큰 위기에 빠졌고, 이사회와 전국의 고신교회 및 신학대학원 동창들을 큰 심리적 혼란에 빠지게 했다. 이러한 어려움은 2년간 계속되었다. 1993년 고신대학교로 개편된 후 박영훈 의료원장이 의무부총장으로 취임했다.

미문화원 방화사건

그 시기의 고신대학생이 관여된 문제는 1982년 3월 18일에 발생한 미문화원 방화사건이었다. 이는 학내문제일 뿐만 아니라 한국사회 전체에 충격을 준 주목할만한 사건이었다. 부산 미문화원 방화사건은 최초의 공개적인 반미운동으로서 한국에서의 학생운동사에서 매우 중요한 사건이었다. 부산 중구 대창동에 위치한 미문화원을 방화한 사건에 고신대학 학생들, 곧 신학과 4학년 문부식, 기독교교육학과 3학년 김은숙, 의예과 2학년 유승렬, 박원식, 이미옥, 최충언 등 고신대 학생 6명이 연루되었다.[446] 이 방화사건의 본질은 광주민주화운동(1981)에 200명 이상이 희생되었는데, 전두환 군부의 개입과 민간인 학살을 알고 있으면서도 이를 묵인한 미국의 책임이 있음을 지적하고, 이에 항의하는 차원이었다.[447] 이 사건은 한국학생운동사에서 반미운동의 발화점과

445. 『고신의료원 50년사』, 101-102.

446. 이상규, "고신대학교 50년(1946-1996) 약사", 『기독교대학과 학문에 대한 성경적 조망』, (부산: 고신대 출판부, 1996), 27이하.

447. 심층취재 "부산 미문화원 사건의 진상을 밝힌다", 「고신대학보」, 117(1987. 4. 13.)

갈았다. 화재는 2시간 만에 진화되었지만 뜻하지 않게 희생자가 발생했다. 도서관에서 공부하던 동아대학교 학생 1명이 죽고, 동아대 학생 3명이 화상으로 중경상을 입게 되었다. 더구나 이는 전두환 정권의 정통성과 관련된 문제였고, 그 정권이 무소불위의 권력을 행사하는 시절이라, 정권의 의도에 연일 언론들이 앞 다투어 보도하면서 두 달 동안 전국적인 이슈가 되었다. 아이러니컬하게도 이 일로 고신대학이 전국적으로 이름을 얻게 되었다.

대낮 釜山美國文化院에 불

책보던 東亞大生 燒死·셋重火傷

1層全燒

職員등 대피소동…火因조사중

미문화원 방화사건(동아일보, 1982. 3. 19).

이들 학생 중 주모자였던 문부식과 김은숙은 두 주간의 도피 끝에 원주 가톨릭 원주교육원에서 체포되었고, 당시 이 사건은 정부 차원에서 비공식적으로 대학 폐쇄까지 언급되는 등 급박하게 돌아갔고, 대학당국으로서는 누가 책임을 져야 할 것이었기 때문에 결국 이근삼 학장과 교수 일동은 아래와 같은 사과문을 발표했다.

> 금번 미국문화원 방화사건에 본 대학에 적을 둔 몇몇 학생들이 관련된 것에 대해 국민 여러분과 교계에 깊이 사과를 드립니다. 특히 이번 사건으로 희생된 학생의 가족에게 애도를 표하며 화상을 입은 여러분의 조속한 쾌유를 빕니다. 이번에 직접적인 피해를 입은 미국문화원과 사건 해결에 수고하신 당국에 죄송한 마음을 금치 못하는 바입니다. 이 일을 계기로 하여 학생지도에 더욱 전력할 것을 약속하는 바입니다.
>
> 1982년 3월 30일
>
> 고신대학 학장 이근삼 외 교수 일동

또 이근삼 학장은 3월 31일 오후에 회집된 긴급이사회에 사표를 제출하였는데, 바로 수리되었고 오병세 교수가 후임 학장으로 임명되었다. 이 일은 대학으로서는 학장이 사면하고, 교단적으로는 총회장 역시 사과문을 발표하는 선에서 문제를 해결하도록 정부 측과 양해가 되었다. 총회장과 학교법인 이사장도 아래와 같은 사과문을 발표하였다.[448]

> 금번 미국문화원 방화사건에 본 교단 소속인 고신대학에 적을 둔 몇몇 학생들이 관련된 것에 대해 국민 여러분과 교계에 깊이 사과를 드립니다. 특히 이번 사건으로 희생된 학생의 가족에게 삼가 조의를 표하며, 화상을 입은 형제의 조속한 쾌유를 빕니다. 이번 사건에 직접적인 피해를 입은 미국문화원에 사과하며, 사건 해결에 수고하신 당국에 죄송함을 금치 못하는 바입니다. 본 교단은 이 사건을 계기로 기독교계에 교묘히 침투하여 국가와 사회를 변란시키려는 불순한 세력과 복음전도의 길을 막는 적그리스도의 계교를 경

448. 「부산일보」, 1982. 4. 2.

계하고 대응하는 일에 더욱 힘쓰고자 합니다. 여러분의 관대한 용서와 교유 여러분의 기도와 성원을 거듭 소원하는 바입니다.

1982년 3월 31일

대한예수교장로회(고신) 총회장 최일영

학교법인 고려학원 이사장 박창환

방화사건 관련자들은 국가보안법위반, 계엄령위반, 현주건조물방화치시상, 집회 및 시위에 관한 법률위반 등 혐의로 문부식과 김현장은 사형, 그 외는 징역 1년 및 집행유예 2년의 형을 선고받았는데, 사형선고를 받은 두 사람에게는 1983년 국민화합조치의 일환으로 감형되었고 후에는 풀려났다. 이 사건은 방화라는 폭력을 사용하고 그 과정에서 무고한 대학생이 희생되었다는 점에서 사회적 충격을 주었고, 개혁주의 신학과 신앙을 표방하는 고신교회에 큰 파장을 일으켰다

이 사건은 지금(2022)에 와서 생각하면, 고신교회가 기독교대학에 대한 이상을 가지고 출발한 것에 큰 시험을 제공하였고, 교회나 대학의 사회적 책임에 대해서도 다시 살펴볼 문제가 있었으며, 이러한 총회장의 사과는 교회가 사회에 대해 사과하는 것이어서 그 의미에 대한 신학적인 논의가 필요했지만, 고신교회나 대학에서는 그럴 수가 없었다. 당시 총회에서는 이를 극단적인 좌경세력의 침투로 이해하였고,[449] 『고신의료원 50년사』도 이를 인용하여 역사적 의미를 기술하고 있다.[450]

---

449. 허순길, 『고려신학대학원 50년사』, 224.

450. 『고신의료원 50년사』, 96.

40. 1980년대의 성령론 논쟁 / 배정훈

신학대학원은 1980년 11월 고신대학 특수대학원으로 인가받은 후 한 차례 큰 신학논쟁을 겪었다. 그것은 바로 안영복 교수로부터 시작된 성령론 논쟁이었다. 안영복 교수는 칼빈대학에서 수학하고 1970년 고려신학교 본과를 졸업했다. 고려신학대학에서 가르치던 중 1976년 화란 캄펀신학교로 유학을 떠나 2년 동안 히브리어를 연구했다. 귀국 후 1978년 1월 1일부터 1992년 8월 31일까지 고려신학대학원 교수로 활동하며 히브리어를 가르쳤다. 성경언어교육의 중요성을 강조한 그는 강도 높은 히브리어 교육으로 학생들의 원망을 듣기도 했다.[451]

구약과목을 교수하던 안영복 교수는 1986년 9월 16일 경건회에서 '성령세례'(롬 8:12-17)라는 제목으로 설교하면서 종전의 성령론에 대한 문제를 제기했다. 그는 중생과 성령세례는 분리되어야 하며 중생한 자가 능력을 받기 위해 성령세례를 받아야 한다고 주장했다. 또한 오순절 성령강림은 단회적이 아니라 지속적이라고 주장했다. 이에 대해 신학대학원 교수회는 9월 16일 이근삼, 고재수, 박도호, 이승미 교수에게 한 달 동안 성령론에 대한 연구보고서를 제출하도록 했다. 11월 14일 연구위원들의 논문이 교수회에 제출되었고 이것이 받아들여졌다.[452]

안영복의 주장 핵심은 중생과 성령세례를 별개의 현상으로 구별하고 중생은 구원에, 성령세례는 은사에 해당하는 것이라는 점이다. 따라서 신자는 복음전파와 능력 있는 삶을 살기 위해 성령세례를 중생 후 받아야 한다는 것이다.

---

451. 안영복, 『안영복 교수 자서전: 성령론 정립을 위하여 걸어온 길』 (부산: 디자인모토, 2016), 19-44.
452. 허순길, 『고려신학대학원 50년사: 1946-1996』 (부산: 고려신학대학원 출판부, 1996), 242-43. 안영복, 『안영복 교수 자서전』, 46-67. 성령론 논쟁의 시작과 전개에 관한 자세한 기록은 다음을 참고하라. 안영복, 『안영복 교수 자서전』, 46-141.

이러한 주장의 증거로 사도들과 제자들이 오순절 성령강림 이전에 회심했고 그 후에 성령을 받았다는 점이 제시되었다. 이에 대해 교수회는 중생과 성령세례는 구분될 수 없는 본질상 하나의 사건이라고 반박했다. 신자는 성령세례를 통해 중생하게 되며 그때부터 성령이 인도하는 삶을 살 수 있다. 중생 후 신자가 해야 할 일은 성령세례를 받는 것이 아니라 성령 충만을 구하는 것이다. 교수회는 또한 사도행전에 등장하는 중생과 성령세례의 구분은 신구약 중첩기 시대에만 한정된 사건으로 오늘날의 신자들에게는 해당하지 않는다고 지적했다.[453]

그 후 안영복과 교수회는 여러 차례 만나 성령론에 대해 논의하고 조언했으나 문제는 해결되지 않았다. 교수회는 안 교수의 성령론의 문제를 지적하는 연구위원회의 결론을 수용했다. 하지만 안 교수는 만족할만한 논의가 이루어지지 않았다고 판단하고 자신의 성령론을 주장하는 『성령론 이해의 문제점에 관한 성경적 고찰』, 『성령론의 바른 이해』 등을 출판했다. 고려신학대학원에서 시작된 성령론 논쟁은 교수들뿐만 아니라 학생들 역시 찬반으로 나뉘어 신학 연구 이상의 감정적, 정치적인 문제로 번져나갔다. 따라서 성령론 논쟁은 교수회를 넘어 총회가 여러 번 다루게 되었다. 1987년 37회 총회는 성령론에 대한 조사 해명위원을 선정했다. 이사 정승벽 목사가 안영복 교수의 신상 문제를 이사회에서 처리해 줄 것을 건의했다. 또한 그를 이단이라고 말하는 소문이 퍼지기도 했다. 이에 대해 안 교수는 "성령론의 바른 이해를 위한 소견"을 이사, 총회 신학부원, 교단의 목사들에게 보냈다. 그 외에도 여러 글을 발표했다.[454]

1991년 41회 총회는 교회 안에 존재하는 이질적인 성령론에 대한 우려를 표명하며 성령론에 대한 교단의 견해 정립을 위해 연구위원을 선정하고 다음해 보고 하기로 했다. 이러한 과정에서 총회 신학부는 문제가 커지는 것을 막

---

453. 허순길, 『고려신학대학원 50년사』, 243-44.

454. 허순길, 『고려신학대학원 50년사』, 244; 안영복, 『안영복 교수 자서전』, 67-84.

기 위해 다시 중재를 나서게 되었다. 1992년 6월 신학부 전체 회의를 소집하여 특별위원 7인과 안영복이 성령론을 두고 토론하도록 했다. 여기서 그에게 지나치게 사건을 강조함으로 교회에 물의를 일으키지 말 것을 권유하고 사과문을 내 줄 것을 부탁했다. 며칠 후 안영복 교수에게 총회 신학위원회로부터 교단지(기독교보와 월간고신)에 사과할 것을 결의했다는 통보가 왔다. 안영복은 이를 거부하고 총회의 결의를 따르겠다고 답했다. 1992년 총회를 앞두고 안영복은 7월 중순 "성령론 정립을 위하여 총회에 드리는 글: 종전의 성령론은 왜 잘못되었는가?"라는 소책자를 전국교회에 배포했다. 이에 대해 총회 신학부는 이 소책자를 분석하여 총회에서 답변해 줄 것을 신학대학원 교수회에 요청했다. 안영복 교수는 성령론 정립의 글의 내용이 아닌 표현상의 미숙함을 사과하는 글을 기독교보에 실으려 했으나 좌절되었다.[455]

여러 차례의 모임 속에도 성령론 문제가 풀리지 않자 안 교수의 92년도 2학기 강의가 총회 결정이 나기 전까지 유보되었다. 학생 비상대책위원회는 이에 42회 총회 때까지 수업을 중단한다고 선언했다. 총회 신학부는 안영복이 특별위원의 자문과 권유를 거절했기에 그의 신학대학원 교수직을 해임하도록 총회에 건의했다. 신학대학원 교수회는 연구보고서 "성령론, 무엇이 문제인가?(부제: 안영복 교수의 성령론 정립을 위해 총회에 드리는 글: 종전의 견해가 왜 잘못인가")를 작성했는데 교수회의 입장은 기존과 같았다. 즉, 성령세례와 중생은 하나의 사건이라는 것이다. 1992년 9월 21일에서 25일까지 열린 제42회 총회에서 안영복의 해임 건의가 올라왔다. 1986년 말부터 시작된 성령론 논쟁이 약 6년이 지나 교수해임 건의까지 이르게 되었다. 총회의 장시간의 격론 끝에 안영복의 인사 처리 문제를 이사회에 맡기기로 했다. 총회 후 이사회는 다시 안영복의 입장에 대해 문의했고 변화가 없음을 확인하고 해임을 결정했다. 20여 년 동안 신학대학원에서 구약과 히브리어를 가르쳐 온 안영복

455. 허순길, 『고려신학대학원 50년사』, 244-45; 안영복, 『안영복 교수 자서전』, 84-107.

교수가 성령론에 대한 견해의 차이로 학교를 떠나게 된 것은 아쉬움이 있다. 허순길 교수는 이를 교단의 바른 성령론을 정립하기 위한 불가피한 선택으로 평가한다.[456]

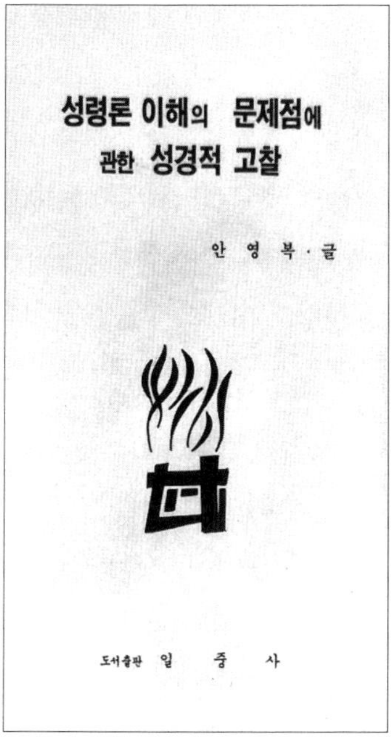

안영복 교수가 자신의 성령론을 제시한 소책자와 이에 대한 고려신학대학원 교수회의 반박문

456. 허순길, 『고려신학대학원 50년사』, 245-47; 안영복, 『안영복 교수 자서전』, 106-32.

41. 고신교회의 군목 및 군선교 활동 / 정하태

주후 4세기 성 마틴(St. Martin)의 외투(cappella) 이야기까지 거슬러 올라가는 '군목'의 독특한 성격에 대하여 미 해군 군종감을 역임한 예비역 소장 리차드 허치슨은 "군목의 한쪽 발은 하나님 나라에 있고, 다른 한쪽 발은 군화 속에 있다"[457]라고 말한 바 있다. 이런 독특한 환경 속에서 영혼을 구원하고 하나님 나라를 세워가는 중요한 선교의 장이 군목활동인데, 하나님의 은혜로 해방 후 한국에서도 시작되었었다. 군 선교를 통한 민족복음화에 고신교회도 적극적으로 동참하여 우리 고신총회도 오늘에는 군선교 역사의 중요한 발자취를 남기게 되었다.

한국에서의 군선교

한국군에 공식적으로 군종제도가 시작되기 이전인 1948년 9월 15일 손원일 제독의 도움을 받아 감리교 정달빈 목사가 해군 중위로 자원입대하여 해군 정훈감실 교화과에서 활동하게 되었다. 그는 낮에는 사무실을 방문하여 전도하고 밤에는 내무실을 찾아가 장병들의 덕성 함양과 사상 선도 교육에 힘을 기울였다. 이러한 노력이 1949년 2월 5일 해군과 육군 장교들과 가족 15명이 모인 용산군인교회의 첫 예배로 이어졌다. 1950년 11월 10일 해군본부의 명령으로 군목실이 설치되고, 이때부터 각 군에서는 소수 신자들에 의한 자발적인 집회활동이 간헐적으로 진행되었다.[458] 6.25 전쟁이 한창이던 1950년, 미 제30사단 10공병대대에서 근무하던 한 카투사 사병이 전쟁과 죽음 앞에서 한없이 무력한 인간의 모습을 절감하고 이승만 대통령에게 "성직자가 군에 들어와

457. 리차드 허치슨, 박상칠 역, 『교회와 군선교』 (서울: 도서출판 실로암, 1988), 2.

458. 박성원, "군종약사(국방부, 육해공군)소개," 대한예수교장로회총회, 『군선교신학』 (서울: 대한예수교장로회총회출판국, 1990), 351-352.

전투에 임하는 장병들의 가슴에 신앙의 철판으로 무장시키고 기도로써 죽음의 두려움을 없게 하여 주옵소서"라고 편지를 썼다. 이것이 계기가 되어 군종제도에 대한 본격적인 논의가 시작되었다. 1950년 9월 18일, 장로교, 감리교, 구세군, 성결교 등 각 교단과 천주교에 군종제도 추진위원회가 조직되었고, 장로교에 한경직 목사, 감리교에 류형기 목사, 천주교에 캐롤 안 주교 등 세 사람의 대표를 선출됐다. 이들이 이승만 대통령을 여러 번 찾아가 군종제도의 공식적인 창설을 위해 건의한 끝에, 1950년 12월 21일 이승만 대통령은 '종군목사가 각 군대에 들어가서 일하도록 하라'는 지시(국방신 제29호)를 내렸고 이듬해 2월 7일 육군 군종제도가 정식으로 창설되었다.[459] 김양선은 "그들이야말로 모든 점에서 모범군인이었고, 죽음을 두려워하지 않는 천하무적의 강군이 되었다. 이 보고에 접한 이 대통령은 교회의 요청에 응하여 군내에 시급한 군목제도를 설치하도록 명했다."[460]라고 한국 군목제도 설립 동기에 대해서 기록하였다.

1951년 28명의 육군 군목 제1기가 임관했고, 공군에서도 1952년에 공식적인 군종업무가 시작되었다. 1952년 5월 20일에는 국방부에 군종실이 설치되었다. 이후 동년 6월에 유급 문관으로 격상되었다가 1954년 12월에는 현역 장교로 다시 격상되면서 오늘날의 군종제도의 기반을 마련하였다. 최초 28명으로 시작된 군종목사들은 현재 260여 명으로 늘어나 신앙을 기반으로 한 강군육성에 열정과 젊음을 불태우고 있다.[461]

고신교회의 군선교 역사

초창기 역사(1959년~1979): 1959년 제9회 총회에서 부산노회 박손혁 목사는 강도사 한학수씨의 군목청원을 요청하여 허락되었고, 목사로 장립된 한학

459. 김기태, 『전쟁과 선교』 (서울: 한국장로교출판사, 1997), 206.

460. 김양선, 『한국기독교 해방 10년사』 (대한예수교장로회 총회교육부, 1956), 138.

461. 군선교연합회, "6.25 전쟁과 군종제도," 「군선교신문」 351(2015.6.27), 13; 박성원, 359-362.

수 목사가 고신교단 최초의 군종목사가 되었다.[462] 이때는 고신총회가 군종장교 후보생 지정학교 인가를 받기 이전이었다. 1965년에 모인 제15회 총회에서 군목파송과 관련하여 국방부와의 교섭위원으로 한학수, 윤봉기, 최해일 목사 3인이 결정되었다.[463] 교섭 결과 국방부로부터 1967년 12월 18일과 1968년 4월 1일에 군목파송을 의뢰받았다. 하지만 지원자가 없어서 아무도 파송하지 못했다. 그러다가 1970년 3월 6일, 전호진 강도사가 경북노회에서 목사안수를 받고 군목으로 임관하여 교단 최초의 육군 군종목사로 사역하였다.[464] 1970년 고신교단 첫 번째 군종장교후보생으로 김철봉, 정병재, 최갑종, 유영기가 선발되었다. 1971년에는 병사로 군복무를 마친 김석영 목사가 다시 군목으로 입대하였고, 1972년에는 병사로 군복무를 마친 최학량 목사 또한 군목으로 입대하였다. 이로 인해 1972년에 전호진, 김석영, 최학량으로 구성된 최초의 고신군종목사단이 창단되었다. 초대 단장이 전호진 목사였다. 1973년에 전호진 목사가 전역하였고, 장희선 목사가 군목으로 입대하였다. 1975년에 정영택 목사가 군목으로 입대하였다. 1977년 초대 군종장교후보생 4명이 군목으로 파송되어, 고신군목단은 김석영, 최학량, 장희선, 정영태, 김철봉, 정병재, 최갑종, 유영기 등 8명이 되었다. 1978년 2대 군종장교후보생 전태, 강원준, 조근순 등 3명이 군목으로 파송되었다. 1979년 3대 군종장교 후보생 윤장운, 황만선, 임영효, 김성복 등 4명이 군목으로 파송되었는데, 이 중 김성복 목사가 교단 최초의 해군 군종목사로 임관되었고, 임영효 목사는 최초로 공군 군종목사로 임관을 함으로써 고신교단은 육해공군 모두에 군목을 파송하게 되었다.[465]

---

462. 대한예수교장로회총회(고신)총회출판부, 「제1-10회 총회록」 (1952-1960), 205, 222.

463. 대한예수교장로회총회(고신)총회출판부, 「제13-20회 총회록」 (1963-1970), 10.

464. 대한예수교장로회총회(고신)총회출판부, 「제13-20회 총회록」 (1963-1970), 343. 제20회 총회에 경북노회 보고서를 통해 보고됨; 전호진, "군종목사 시절의 회고," 대한예수교장로회총회 군선교위원회, 『총회(고신) 군선교 48년사』 (서울: 총회 출판국, 2003), 54.

465. 대한예수교장로회총회 군선교위원회, 174-182.

1979년 이후 역사

육군: 지금까지 106명의 고신 목사가 육군 군목으로 임관되었는데, 그중 영관급 군종장교가 21명이었다. 대령 진급자는 3명이고, 중령 진급자는 2명이었다. 김석영 목사가 고신교단 육군 최초의 소령 진급자이고, 최학량 목사는 고신교단 육군 최초의 중령 진급자가 되었다. 최문식 목사는 육군군종목사단장과 한국군종목사단장을 역임하였고, 국군중앙교회와 육군본부교회를 담임하였고, 국방부 군종실장으로 근무한 후 대령으로 예편하였다. 김종은 목사는 육군군종목사단장과 한국군종목사 단장을 역임하였고, 국군중앙교회와 교육사령부 자운교회를 담임하고 대령으로 예편하였다. 이호상 목사는 육군훈련소 연무대교회와 작전사 무열대교회를 담임하였고, 대령으로 예편하였다. 정성덕 목사는 중령으로 진급하였으며, 현재 육군본부교회를 담임하고 있다.

해군: 해군은 1979년 김성복 목사가 처음 임관한 이후로 2021년 현재까지 총 10명의 고신군종목사가 사역하였다. 그중에 장기로 복무한 사람은 권창근 목사와 정상덕 목사이다. 권창근 목사는 중령으로 예편하였는데, 현역시절 해군해병대교회 총회장 및 해군군종목사단장을 역임하였다. 또 해군본부교회 및 해군중앙교회를 담임하였고, 국방부 군종과 및 해군본부 군종실에서 근무하였다. 정상덕 목사는 2021년 중령으로 진급 선발이 되었으며 해군본부교회와 해군중앙교회를 담임하였다.

공군: 공군은 1979년에 군종장교 후보생으로는 최초로 임영효 목사가 임관을 한 후 2021년 현재까지 총 21명의 고신군종목사가 사역하였다. 그중에 영관급 군종장교는 4명이었다. 그중 문용만 목사는 고신교단 최초로 공군군종감과 공군군종목사단과 한국군종목사단장을 역임하였고, 공군본부교회, 공군작전사령부교회, 공군중앙교회를 담임하였고, 국방부 군종실에서 근무하고, 대령으로 예편하였다. 신성열 목사는 공군중앙교회와 공군본부교회를 담임하

였고, 중령으로 예편하였다. 윤영욱 목사는 공군본부교회를 담임하였고, 공군중앙교회를 담임하였다.

역대 군종목사단장으로 1대 전호진 목사, 2대 김석영 목사, 3대 최학량 목사, 4대 강원준 목사,5대 조근순 목사, 6대 피완찬 목사, 7대 김희택 목사, 8대: 최문식 목사, 9대 권창근 목사, 10대: 김종은 목사였다. 역대 군종목사 현황은 아래와 같다.

육군

임관기수	이름	최종계급(복무기간)
군종 26기	전호진	대위(1970~1974)
군종 27기	김석영	소령(1971~1981)
군종 28기	최학량	중령(1972~1987)
군종 32기	장희선	대위(1974~1978)
군종 33기	정영택	소령(1975~1984)
군종 35기	김철봉	소령(1977~1980)
군종 35기	유영기	대위(1977~1981)
군종 35기	정병재	대위(1977~1980)
군종 35기	최갑종	대위(1977~1980)
군종 36기	강원준	소령(1978~1993)
군종 36기	전 태	대위(1978~1981)
군종 36기	조근순	소령(1978~1998)
군종 37기	윤장운	대위(1979~1982)
군종 37기	황만선	대위(1979~1983)
군종 38기	이성희	중위(1980~1983)
군종 38기	피완찬	소령(1980~1999)
군종 39기	강도순	대위(1981~1984)
군종 39기	김희택	소령(1981~2001)

군종 39기	주원명	대위(1981~1984)
군종 39기	전원호	대위(1981~1984)
군종 40기	고명길	소령(1982~1993)
군종 40기	최광석	대위(1982~1985)
군종 41기	이광수	대위(1983~1987)
군종 41기	장갑덕	대위(1983~1986)
군종 41기	정찬수	대위(1983~1986)
군종 42기	김성룡	대위(1984~1987)
군종 42기	김인수	중위(1984~1987)
군종 42기	서상기	중위(1984~1987)
군종 42기	최문식	대령(1984~2012)
군종 42기	황은선	소령(1984~1998)
군종 43기	김준성	대위(1985~1988)
군종 43기	김한식	소령(1985~2005)
군종 43기	박형대	대위(1985~2000)
군종 43기	안영호	대위(1985~1990)
군종 43기	양승환	소령(1985~2005)
군종 43기	원차희	중위(1985~1988)
군종 43기	정두영	소령(1985~1994)
군종 43기	정은일	대위(1985~1991)
군종 44기	강석준	대위(1986~1991)
군종 44기	김종철	소령(1986~1990)
군종 44기	최형근	중위(1986~1989)
군종 44기	배은철	중위(1986~1989)
군종 45기	고수영	대위(1987~1991)
군종 45기	김도원	대위(1987~1990)
군종 45기	김은식	대위(1987~2001)
군종 45기	김형권	대위(1987~1991)
군종 45기	성중근	대위(1987~1991)
군종 45기	신성주	대위(1987~1990)

군종 45기	이성우	중위(1987~1991)
군종 45기	이형재	대위(1987~1992)
군종 45기	최승락	중위(1987~1991)
군종 46기	오재원	소령(1988~2005)
군종 46기	이승희	대위(1988~2003)
군종 46기	정수열	대위(1988~1994)
군종 47기	김선엽	소령(1989~2006)
군종 47기	김영곤	중위(1989~1994)
군종 47기	남일우	대위(1989~1994)
군종 47기	장시용	중위(1989~2004)
군종 47기	제인출	대위(1989~1992)
군종 48	윤성현	중위(1990~1996)
군종 48	이운연	대위(1990~1995)
군종 48	정하태	대위(1990~2001)
군종 49	강영구	중위(1991~1996)
군종 49	김종은	대령(1991~현재)
군종 49	남현우	대위(1991~2000)
군종 49	반흥업	중위(1991~1995)
군종 49	문종은	대위(1991~1999)
군종 49	심형권	중위(1991~1995)
군종 49	윤갑석	중위(1991~1996)
군종 49	정상용	중위(1991~1994)
군종 50	김경근	소령(1992~2009)
군종 50	박관수	중위(1992~1995)
군종 50	윤순기	중위(1992~1997)
군종 50	윤재지	대위(1992~2008)
군종 51	강대군	대위(1993~2001)
군종 51	김성일	대위(1993~?)
군종 52	고수용	대위(1994~1999)
군종 52	안재경	대위(1994~1999)

군종 52	신학균	대위(1994~2009)
군종 53	김은중	중위(1995~1999)
군종 53	손병찬	대위(1995~2010)
군종 53	이호상	대령(1995~2020)
군종 53	하현진	대위(1995~1999)
군종 53	황동현	소령(1995~2014)
군종 55	장창희	중위(1997~2000)
군종 56	문상균	중위(1998~2001)
군종 56	서근석	대위(1998~2010)
군종 57	정일권	중위(1999~2002)
군종 59	윤형준	대위(2001~2012)
군종 60	구성덕	중령(2002~현재)
군종 60	이병결	중위(2002~2005)
군종 61	강찬영	소령(2014~현재)
군종 61	문화랑	중위(2003~2006)
군종 63	황훈	대위(2005~2008)
군종 65	김성훈	소령(2007~2017)
군종 65	정은웅	대위(2007~현재)
군종 67	임준호	소령(2009~현재)
군종 68	정현철	대위(2010~현재)
군종 69	김민웅	대위(2011~2014)
군종 69	주영준	대위(2011~2014)
군종 72	유모세	대위(2014~현재)
군종 75	배지홍	대위(2017~현재)
군종 75	김윤수	대위(2017~2020)
군종 76	정주현	대위(2018~2021)
군종 78	김필립	대위(2020~현재)
군종 78	이호산나	대위(2020~현재)

해군

임관기수	이름	최종계급(복무기간)
군종1(육군 군종37기)	김성복	대위(1979-1982)
군종8	최경섭	대위(1985~1988)
군종13	권창근	중령(1991-2016)
군종16	한현제	대위(1994~1997)
군종 17	정성주	대위(1995-1998)
군종 20	김일국	대위(1998-2004)
군종 23	이성일	대위(2001~2004)
군종 25	정상덕	중령(진)(2003~현재)
군종 30	강진실	대위(2008-2013)
군종 39	정효민	대위(2017-2021)

공군

임관기수	이름	최종계급(복무기간)
특과 4	한학수	소령(1960-1968)
특과 49	임영효	대위(1979-1982)
특과 57	강도순	대위(1981-1984)
특과 77	구자일	소령(1986-1993)
특과 81	문용만	대령(1987-2010)
특과 89	성희찬	대위(1989-1994)
특과 98	이석규	대위(1991-1994)
특과 98	강중석	대위(1991-1996)
군종 16	강학구	대위(1994-1999)
군종 15	신성열	중령(1993-2010)
군종 16	김형호	대위(1994-1999)
군종 17	하재성	대위(1995-1998)
군종 18	이만형	대위(1996-1999)
군종 23	정상준	대위(2001-2008)

군종 24	윤영욱	소령(2002-현재)
군종 29	박종찬	대위(2007-2014)
군종 31	이충만	대위(2009-2012)
군종 36	권호수	대위(2014-2019)
군종 38	박신영	대위(2016-현재)
군종 40	이명성	대위(2019-현재)
군종 40	장기영	대위(2019-현재)

42. 총회교육위원회 조직과 활동 / 나삼진

고신교회에는 고려신학대학원, 고신대학교, 복음병원 같은 중요기관 외에도 세계선교회(KPM), 총회교육위원회, 고신언론사, 학생신앙운동(SFC) 등 여러 기관이 있고, 각기 주어진 고유한 역할을 하며 발전해 왔다. 이 중 1982년 출범된 총회교육위원회는 교단교육 정책을 입안하고 각종 교회학교 교재를 개발하고, 교사교육을 시행하는 등 고신교회 역사에서 큰 족적을 남기고 있다.

교단교육 기구와 사역의 혼돈 시대

1952년 대한예수교장로회가 발회되면서부터 총회 종교교육부는 교재개발, 통신성경학교 등을 통해 총노회 산하 교회의 교육활동을 지원해 왔다. 1960년 승동측과의 합동이 있었고, 3년이 되지 않아 고신측이 환원함으로써 1963년 9월 17일부터 사흘간 제13회 총회를 환원총회로 모였다. 그러나 이러한 환원에는 절차적 정당성에 동의하지 못한 이들이 있어 서울의 중심교회들을 포함해 합동측에 잔류한 교회들이 많아 145교회를 잃었고, 중견목회자들과 교단지 「파수군」도 잃었다. 고신교회는 합동과 환원의 후유증으로 영남 중심 교단으로 위축되는 어려운 현실을 맞이하였다.

이러한 때에 제14회 총회(1964)에서 교과과정심의위원회(위원장 오병세 박사)가 구성되었고, 위원회는 교단 교육이념과 목적을 제정하고, 주일학교의 독자적인 신앙교육 교재로 어린이들을 위해 '생명의 양식' 교육과정(6년 과정)을, 성인들을 위해 '진리의 말씀' 교육과정(3년 과정)을 간행하였다.[466] 생명의 양식 교육과정은 한국교회 최초로 체계화된 주일학교 교육과정이었다. 이

466. 이상규·강용원·나삼진, 『대한예수교장로회(고신) 교회교육 역사』, (서울: 생명의 양식, 2016), 88-89, 98.

교재는 간행 초기 주일학교 교육에 유익을 주었으나, 1970년대 중반에는 그 일을 담당하였던 이들도 교단 분쟁에 관여되면서 개정 작업이 이루어지지 않아 교회교육은 심각한 정체기에 접어들게 되었다.

1970년대는 한국교회 성장기로 교회마다 주일학교마다 큰 부흥이 있었는데, 고신교회는 이 시기에 성장의 흐름을 타지 못하였다. 1970년대 총회교육부는 교회교육, 신학교육, 교재 편찬을 함께 담당하다가, 실무책임자 심군식 목사가 목회와 함께 「개혁신앙」이라는 교단지 편집과 출판, 운영까지 관장하여 교육에 전념할 수 없었다. 1970년대 후반, 총회 교회교육부는 신학 교육, 평신도 교육, 교재 편찬 등 각 분과위원회로 나뉘어 담당하기도 했다.

고신교회의 교육은 첫 교재 발행 후 그렇게 15년이 지나면서, 생명의 양식 교육과정은 교회로부터 외면당했다. 환원 이후 1960년대는 교세가 약해진데다가 신학교육과 대학교육이 총회 사역의 중심이 되었고, 노회나 교회를 지원해 주는 사업이 거의 전무했다. 1980년대가 되었지만, 교단교육의 상황은 달라지지 않았다. 이에 각 노회에서는 다양한 교육관련 헌의안을 제출해 문제해결을 요청하였다. 심군식 목사가 총무로서 이를 담당하였지만 총회의 인력과 재정의 지원이 없는 상태에서 목회를 하면서 원고를 쓰는 정도의 일을 하는 그로서도 달리 방법이 없었다.

1970년대 후반에 계속되던 교육현안에 대한 건의는 교회교육 현실이 더욱 심각해짐에 따라 각 노회가 제출한 건의안도 더욱 구체적으로 제안되었다. 제28회 총회에 교회교육국 설치를 제안했지만 받아들여지지 않았고,[467] 제30회 총회(1980)에 경기노회는 교육정책 수립, 상설전문기구로서 교육국 설치, 중고등부 공과 완성, 대학부와 청년부, 장년부 교재 편찬, 교육재원 확보 계획 수립을,[468] 전국주일학교연합회에서는 계단공과 재검토, 계절학교 교재의 충실한 조기 발행, 어린이주일 헌금의 교단적 참여, 교육전담 간사 채용, 주일학교

467. 이상규·강용원·나삼진, 『대한예수교장로회(고신) 교회교육 역사』, 121-123.

468. 앞의 책, 140.

명칭 환원을,[469] 총회교육부에서는 교재 출간업무(편성, 집필, 출판 업무 일체)를 교육부에 맡기도록 건의하였다. 제31회 총회(1981)에서도 교육부가 교육연구를 위한 기구 설치를 헌의했고, 서울노회에서는 교육연구위원 설치를 건의해 교육연구위원회 설치는 교육부에서 연구하도록 보고했다. 제32회 총회(1982)에서는 전라노회도 교육국 설치를 건의하였고, 제33회 총회(1983)에서 전국주일학교연합회에서는 계단공과 개정과 어린이 교재 간행, 계절학교 교재의 조기 발행, 유치부 교재 발간, 교사통신대학 개설, 교육전담 간사 채용을 건의하였다.[470]

이렇게 열화 같이 분출하던 교단교육의 개선을 위한 노회적인 건의는 그 시절 매년 총회 때마다 숙제가 되었다. 제32회 총회에서는 전라노회가 교육국을 설치해 달라는 헌의에 대해, “제28회 총회가 결의하여 시행 중인바 아래와 같이 교육위원을 보강하여 실시케 함이 좋은 줄 아오며”라고 보고하였지만, 교육국은 재정적인 뒷받침이 없어 가동되지 못했다. 그러나 이에 따른 재정청원은 재정부로 보내었고, 재정부 보고에서는 교육국 설치는 재정 염출에 문제가 있으므로 교육부에 맡겼고, 구체적인 계획을 작성하여 운영위원회에 제출하였다.[471]

그러나 이와 같은 계획은 오직 계획일 뿐이었다. 또 이 같은 계획은 재정의 지원과 인력의 충원이 없는 한 불가능한 일이었다. 연간 예산을 1,000만 원으로 잡고, 총회와 외국 보조, 그리고 주일학교연합회가 각각 1/3씩 부담하도록 제안한 것도 실효성이 없는 것이었다. 총무 심군식 목사도 교단지 「개혁신앙」의 편집을 담당하는 실정에 총회의 재정지원 없이 스스로 재정을 확보할 수도 없었기 때문이었다.

469. 심군식·나삼진, 『전국주일학교연합회 30년사』, (서울: 전국주일학교연합회, 1997), 124-126.
470. 심군식·나삼진, 『전국주일학교연합회 30년사』, 126-127.
471. 이상규·강용원·나삼진, 『대한예수교장로회(고신) 교회교육 역사』, 156-159.

총회교육위원회의 출범

제28회 총회(1978. 9)는 교육국의 설치를 잠정적으로 인정하였고, 제30회 총회는 총회교육연구위원회의 설치를 결정하였다. 그러나 총회적으로 이를 추진할 수 있는 여건이 되지 못했다. 재정지원이 따르지 못한 것이나 심군식 목사의 업무 스타일이나 기질과도 깊이 연관된다고 할 수 있다. 총회교육위원회는 이렇게 몇 년간의 산고 끝에 태어난 것이었다. 이 결과 제31회 총회(1981. 9)에서는 예산 문제가 있으므로 교육부에 맡겼고, 심군식 목사는 실제적인 계획을 세 가지로 제시하였는데, 최소한의 재정인 123만 원의 예산을 배정함으로써 교육위원회가 출범할 수 있었다. 제31회 총회기 제2회 운영위원회에서 교육위원회 재정지원 문제가 확정되면서 1982년 2월 14일에 교육위원회는 전체회의를 열어 위원장 홍반식 박사, 총무 심군식 목사로 조직하고, 중고등분과와 청장년분과로 나누어 업무를 분담하였다.[472] 총회 정치적인 일에 일절 관여하지 않았던 홍반식 박사가 위원장이 된 것은 총회교육부가 제29-2회 위원회에서 결의하고 제31회 총회에 교육연구를 위한 기구 설치를 청원할 때 '위원장은 반드시 본 교단의 신학과 교리 문제에 책임을 책임질 수 있는 인사'로 한 것이 기준이 되었고, 위원 또한 '본 교단 직영 신학을 졸업한 인사로 편성하도록 건의한 것'에 근거를 두었다.[473]

이 기간 동안 교단의 대표적인 신학자들이 대표가 되어 신학적인 울타리가 되었고, 고신대총장 김병원 박사가 위원장에서 퇴임하기까지 정치적인 외압을 받지 않고 전문적인 사역을 할 수 있어 총회교육위원회가 교육 전문기구로 성장하는 데 큰 힘이 되었다.

472. 나삼진 편, 『심군식 목사와 교단교육』(서울: 총회교육위원회, 2001), 41; 대한예수교장로회 제44회 총회 회록, 30. 위원장: 홍반식 목사, 총무: 심군식 목사, 회계: 정금출 장로, 위원: 중고등 분과: 최진교, 최성환, 이한석, 정금출, 청장년 분과: 조긍천, 정순행, 정승벽, 박정덕, 최해일

473. 총회교육부 제29-2회 결의사항(1980. 4. 28); 이상규·강용원·나삼진, 『대한예수교장로회(고신) 교회교육 역사』, 142.

유급간사 제도 도입과 교단교육의 변화

1983년 2월에 총회교육위원회가 출범하였으나 명실상부한 교재를 개발하고, 본격적인 교사교육을 위한 시작하기까지는 다시 상당한 기간을 필요로 했다. 제33회 총회 후 1984년 2월 2일 개최된 총회교육위원회에서는 유년부의 전면 교과과정 개편을 하기로 하고, 교단교육에서 처음으로 간사를 공개 채용하기로 하고, 송길원 강도사를 유급 간사로 채용하였다. 이를 위해 재정을 모금해야 했는데, 심군식 목사와 회계 정금출 장로의 노력으로 부산지방의 부산노회, 동부산노회, 중부산노회 여전도회 연합회의 협력을 얻어 매월 10만 원씩을 헌금을 지원받아 전담간사의 생활비를 지급하였다.[474] 송길원 간사는 새 교육과정 개발을 준비하였고, 10년 이상 중단되었던 중고등부 교육과정 개발이 이때 완성되었다. 송길원 간사는 또 제2차 교육과정의 각 부 1차년도의 커리큘럼을 작성하였고, 1985년 1월에는 생명의 양식 교재 개편을 위한 공청회와 교재개발 집필자 세미나를 부산 애린유스호스텔에서 개최하였다.

그러다가 제35회 총회에서는 주일학교 교사통신대학의 개교와 김상옥 강도사와 나삼진 전도사를 간사로 선임한 일은 우리 교단 교회교육의 새로운 변화와 큰 진전을 이루었다. 이들 간사는 주 4일 총회교육위원회를 봉사하고, 주 3일을 교회를 위해 봉사하면서 교회가 급여를 지불하는 비전임 간사 제도였다.[475] 이러한 제도는 현실성이 없어 그 실행에서 쉽지 않았는데, 1988년까지 4년 동안 계속되었다. 이렇게 시작된 비전임 간사의 헌신으로 교사통신대학의 개교(1986년), 생명의 양식 제2차 교육과정 개발(1987-1989), 성경통신대학의 개교(1989)와 두 통신대학을 위한 '교사양성총서'(전 16권)과 '평신도 성경연구 총서'(전 12권) 출간과 월간 「교회교육」이 출간될 수 있었다. 또 총회의 재정지원 없이도 교단교육이 상당한 수준으로 진전되었다.

총회교육위원회는 1986년 교사통신대학 개교와 생명의 양식 제2차 교육

---

474. 나삼진 편, 『심군식 목사와 교단교육』, 44.

475. 나삼진, "교회와 함께 교육과 함께 1", 「교회와 교육」 2011년 봄호, 152-153.

과정(1987-1989)을 개발하면서 교회의 호응이 컸고, 재정적인 자립도 이루어져, 1987년 11월 나삼진 대표간사부터 전담간사로 전환되었고, 교회지원 간사 제도는 1989년에 완전히 폐지되었다. 총회의 재정지원 없이도 교사통신대학(1986)과 성경통신대학(1989)의 개교와 부흥, 그리고 교재개발이 본격화되면서 재정이 독자적으로 확보되었기 때문이었다. 총회교육위원회는 교단교육의 전문화를 추진하면서 총회교육정책협의회(1989)에서 '교단교육진흥 제1차 5개년 계획'(1989-1994)을 수립하고,[476] 간사의 전담화와 전문화를 추구하며 간사 해외 연수의 길을 열게 되었다.

교단교육은 총회교육위원회가 자리를 잡으면서 교재개발, 교사통신대학 운영, 성경통신대학 운영, 월간 교회교육 출판, 교육행사 등 1990년대에 새로운 도약을 가져왔다. 총회교육위원회의 업무를 원활하게 운영하여 그 효과를 최대한 높이기 위하여 행정기구가 합리적으로 조직화되어야 했다. 1984년 총회교육위원회 설치 20주년을 맞아 장기적인 발전을 위해 기구의 전문화를 논의하였고, 그 결과 제44회 총회의 결의와 실무 협의의 후속 조치를 거쳐 이듬해 1월 17일 부산광장호텔에서 총회교육원 출범식을 가졌다.

총회교육위원회의 사역과 공헌

총회교육위원회의 출범과 교단교육의 성장은 15년 이상 침체되었던 교단교육의 새로운 출발을 이루는 전환점이 되었다. 이후 몇 가지 중요한 변화를 정리하면 다음과 같다. 첫째, 생명의 양식 교육과정의 개편이 지속적으로 이루어졌다. 1966년에 처음 간행된 '생명의 양식' 교재가 1987-1989년에 2차로 개편되었고, 1970년대 초에 발간된 중고등부 교재는 1988-1993년 사이에 제2차 개편, 2000년과 2001년에는 제3차 교육과정이 개발되었다. 이로써 주일학교

476. 총회교육위원회의 인재양성 정책은 간사 제도의 합리적 개선, 간사 처우 개선, 간사 연수와 재교육의 현실화 등을 포함하고 있다. "교단교육진행 제1차 5개년 계획(1989-1994)", 『총회 교육정책협의회 자료집』(1989. 9. 7-8, 부산 광장호텔). 89-95.

교재에 대한 교회의 오랜 갈증을 해소되었다. 당시 예장합동과 예장통합 등 대형 교단은 새 교육과정을 개발하는데 15년 정도가 걸렸지만, 젊은 간사들의 헌신적인 노력으로 9년 단위로 새교육과정이 개발되면서 교재의 질이 한층 나아질 수 있었다. 이러한 교재개편은 2000년대에 접어들면서 한국교회 최고의 교재로 출간되었고, 독자적인 교육과정을 갖지 못했던 예장합신 등 다수의 교단에서 고신교단 교재를 즐겨 사용하였다.

둘째, 교사교육의 전문화와 평신도 훈련 프로그램의 강화였다. 1986년 3월 교사통신대학을 개설해 교사의 전문성을 강화하였다. 이후 교사통신대학은 세 차례에 걸친 교육과정 개편이 이루어졌고, 모두 5천 명 이상의 교사들이 이 과정을 이수하여 상당한 교회에서 '교사의 자격화'가 이루어졌다. 1989년부터 종전의 박정덕 목사가 운영하던 통신성경학교를 총회에 헌납하면서 제39회 총회의 결의로 1989년 3월 성경통신대학이 설치되었다. 조직적인 성경공부 교재 개발과 학사 운영으로 폭발적인 성장을 가져왔는데, 이 운영이 총회의 재정적인 지원 없이 교단교육이 자립하는 계기가 되었다. 지금은 '바이블키 성경대학' 프로그램으로 총회가 직영하는 프로그램과 교회가 목회 차원으로 운영하는 프로그램으로 양분되어 있는데, 총회적인 호응이 따르고 있다.

셋째, 교단교육의 전문화를 위한 노력이다. 간사 제도를 도입한 이후 신학대학원 졸업생을 간사로 선발하여 일하게 하였고, 이후 각종 훈련과 연수를 통해서 전문가로서의 자질을 닦아 나가도록 하였다. 총회교육위원회는 장기적이고도 전문적인 사역을 위해 대표간사 나삼진 목사를 유학하게 했고, 박홍철 목사와 후일 안동철 목사가 같은 유형의 훈련을 받았다. 또한 1977년 기독교교육학과가 개설되고 교수들의 전문적인 준비가 이루어지면서 교수와 교육위 간사들의 협력이 이루어져 1990년대에 접어들어 교육정책이나 교재개발에 참여 또한 두드러졌다. 미국 유학 지원 프로그램이 조정되면서 효율성을 위해 3년 이상 사역한 간사들은 국내 대학의 교육대학원 진학을 장려하였다. 이 프로그램으로 제인호 목사(한양대), 이기룡 목사(연세대), 박미화 연구원(숙명여대), 김성수 목사(단국대), 오경석 목사(한양대) 등 여러 간사들이 각 교육대학원에서 공부하고 석사학위를 받았다. 이러한 간사의 역량 강화는 교단교육의 역량의 강화를 의미하는 것이었다. 이들은 목회로 돌아가서도 괄목할만한 성과를 내고 있다.

넷째, 교단교육의 중장기 정책에 기반한 교육 발전의 방향성을 정립하였다. 특히 1987년 9월에 있었던 제1회 총회 교육정책협의회(1987)를 시작으로 여러 차례의 교육정책협의회(1989, 1994 등), 각종 공청회, 세미나, 다섯 차례에 걸친 교회교육 센서스 등은 교회의 의견을 수렴하고, 교육정책의 새로운 방향을 제시하는 의미 있는 모임이었다. 그동안 3차에 걸친 '교단교육진흥 5개년 계획'(1989-2004)이 수립되었고, 이후의 교단교육발전 계획(2005-2009)도 그같은 일환이었는데, 교단교육이 보다 체계화되고 정책화되는 기회가 되었다.[477]

다섯째, 신학대학원 원장 혹은 고신대 총장이 위원장에 선출되면서 총회교육위원회의 교단 내 위상이 확립되었고, 간사들은 정치적인 영향력이 배제된 가운데 교회교육을 위해 헌신할 수 있었다. 재정적인 여유가 없었던 당시 총회는 교육위원회를 위해 재정을 지원하지는 않았으나 교단교육의 신앙적, 신학적 위상을 고려하여 신학대학원장 홍반식 박사를 위원장으로 배정하여 첫 6년간 일했고, 이후 오병세 박사 1년, 이근삼 박사 4년, 김병원 박사가 6년간 봉사하였다. 총회교육위원회는 2005년 총회교육원으로 승격했고, 교육벤처로서 지속적으로 활력 있게 사역할 수 있었다.

여섯째, 총회교육원회는 교재개발과 교사교육, 그리고 평신도 교육 등 당면 과제가 정착하고 큰 성과를 내면서 출판사역으로 확대되었는데, 「복있는 사람」 큐티 사역과 '생명의 양식' 출판활동 등 다양한 사역으로 발전되었다. 이러한 노력은 고신교단이 크지 않는 교단임에도 불구하고 한국교회 주류 교단

477. 나삼진, "고신교회 교육정책의 발전과정과 '교단교육 발전 계획(2009-2014),'" 『대한예수교장로회 총회교육정책서(2009-2014)』(서울: 총회교육원, 2009), 101-134.

들의 역량을 넘어서는 결과를 가져왔고, 2009년 한국기독교출판문화상 신학 부문 최우수상을 수상하였으며, 총회교육원 교육목회 프로그램은 2012년 국민일보 기독교교육 대상을 받았다.

43. 고려신학대학원의 천안으로의 이전 / 이성호

1946년 9월 설립된 고려신학교는 부산진 일신여학교 교실에서 개교했으나 초량교회 유치원, 광복된 1가 7번지(1947. 4. 19)로 이전하였고 1956년 4월 부산시 서구 암남동 34번지에 교지를 마련하고 교사를 이전하였다.[478] 이때로부터 42년간 송도교정에서 신학교육을 실시했으나 1998년 천안시 삼용동에 신축한 교사로 이전하게 된다.

이전 배경

1998년 8월 25일에 고신총회의 중요한 지도자들이 함께 모여 고려신학대학원의 새 교사의 준공예배를 드렸다.[479] 신대원의 이전은 그 자체가 엄청난 일이었다. 건물 공사비만 해도 200억이 드는 대공사였다. 오늘날 기준으로 환산하면 2000억 원 정도로 추산할 수 있을 것이다. 1997년 12월 말 IMF 금융위기가 있었음에도 불구하고 신축 공사는 순조롭게 마감될 수 있었다. 이날을 기점으로 신대원은 부산시대를 마감하고 천안에서 새 시대를 열게 되었다.

신대원의 천안 이전은 고신 역사에 있어서 하나의 큰 이정표라고 하지 않을 수 없을 것이다. 이와 같은 엄청난 프로젝트가 어떻게 가능할 수 있었을까? 여러 가지 요인들이 있었을 것이다. 무엇보다도 신대원이 수도권으로 가야한다는 광범위한 공감대가 있었다. 교단 교회들이 대부분 부산, 경남 지역에 편중되어 있음에도 불구하고 큰 반대 없이 신대원이 이전하게 된 것은 그만큼 수도권 진출에 대한 총회의 열망이 그 만큼 강했다는 것을 증명한다. 신대원 이전은 학교가 설립될 때부터 논쟁이 되었던 부분이다. 박형룡 박사가 고려신

478. 이상규, 『한상동과 그의 시대』, 37.

479. 교지는 1995년 8월 25일에 매입되었고 기공식은 1996년 4월 26일에 이루어졌다. 98년 9월 4일에 천안교정으로 위치변경이 인가가 났고 9월 8일에 2학기 개강예배가 천안교정에서 드려짐.

학교에서 이탈한 중요한 이유도 신학교가 서울에 있어야 한다는 생각을 강하게 가지고 있었기 때문이었다. 그 당시 교단 지도부도 박 박사의 생각 자체에는 반대하지 않았으나 시기가 아직 적절치 않았다고 보았다. 하지만 부산에 정착한 이후 그 적절한 시기는 50년 이후로 연기되었다.

부산 교사의 열악한 시설도 천안 이전의 중요한 요인이었다. 화란 개혁교회의 지원으로 제법 근사하게 세워진 부산 교사는 시간이 지나면서 늘어나는 학생 수를 감당하기가 어렵게 되었다. 기숙사의 경우 6명의 학생들이 협소한 방에서 같이 생활을 해야 했다. 무엇보다 의대 학생들과 건물의 상당 부분을 공유하는 것이 문제였다. 예를 들면 도서관 자체도 열악했지만 그 시설마저도 의대학생들에 의해 대부분 점유되었다. 축제 기간이 되면 음주가무, 사물놀이, 집회 등으로 인해 수업이 제대로 이루어지기 쉽지 않았다.

신대원 이전이 필요하게 된 결정적인 이유는 신대원과 바로 인접한 복음병원의 확장이었다. 복음병원이 지상 13층의 대규모 병동(현재 5동) 건물을 준공하게 되자 주차장이 절대적으로 부족하게 되었다. 그래서 이사회의 결정으로 신대원 학생들이 쓰던 운동장을 주차장으로 바꾸어 버렸다. 외적인 측면에서 보았을 때 신대원은 의과대학 및 병원에 의해서 압도당하고 있었고 신학대학원의 정체성을 거의 상실하고 말았다. 병원과 의과대학을 위해서 신대원이 이전한다는 것이 납득하기 어렵지만 그만큼 의대와 병원의 위상이 커졌다는 것을 의미한다.

새 교사는 시설이나 규모 면에서 지금도 훌륭하지만 그 당시로서는 최고였다고 할 수 있다. 대지가 3만 평이 넘고 건물도 8,577평에 이르고 있다. 오늘날 관점에서 보면 과연 이렇게 큰 규모의 신학교를 세워야 했을까 의문이 들 수도 있을 것이다. 하지만 그 당시에는 여전히 교회가 크게 성장하고 있었고[480] 신대원의 입학 경쟁률은 2대 1 정도를 유지하고 있었다. 대학이 몰려 있는 수

480. 고신총회는 세례교인 수에 있어서 2012년 지속적으로 성장하였다. 그 이후 답보상태를 보이다가 2017년부터 뚜렷한 감소세를 보이고 있다.

도권에서 지원하는 학생 수가 늘게 되면 신학교의 규모도 계속 확장될 것이라 예상하는 사람들이 꽤 많았다. 이와 더불어 남북통일 시대를 대비해야 한다는 목소리도 상당한 설득력을 가지고 있었다.

이전의 유익

신대원의 이전이 고신교회에 주는 역사적 의미는 무엇인가? 천안 이전으로 인하여 고신 교회가 얻은 가장 큰 소득은 목사 후보생을 위한 최상의 교육 시설을 가지게 되었다는 것이다. 송도캠퍼스가 가지고 있었던 거의 모든 문제점들이 해결되었다. 학생들이 전원 기숙사 생활을 함으로 동기와 선후배 간의 교제가 훨씬 돈독해지게 되었고 교수 사택이 구비되어 거의 모든 교수가 캠퍼스에 거주하면서 학생들과 함께 경건회 뿐만 아니라 새벽기도회에서 같이 기도하게 된 것도 고려신학대학원만의 특징이 되었다.

둘째, 고신교회가 얻은 유익은 여러 지역에 흩어져 있던 신학교들이 하나로 통합되었다는 것이다. 거리상의 문제로 인하여 고신교회는 부산 외에도 인천, 대구, 광주에도 소규모의 비인가 신학교를 세워서 운영하고 있었다. 그 당시 목회자 수급이 어려워서 이런 학교들을 운영할 수밖에 없었고 졸업생들이 주로 농어촌 교회에서 귀한 사역을 하였지만 시간이 지나자 출신학교에 따른 갈등의 요소도 잠재적으로 내재하고 있었다. 만약 천안 이전이 없었더라면 오늘날 훨씬 더 많은 젊은 목사들은 임지가 없어서 고통을 당하고 있을 것이다. 천안 이전으로 인하여 180명이 넘는 졸업생들의 수가 120명 이하로 떨어지게 되었다. 신학교의 통합이야말로 천안 이전이 고신교회에 준 가장 큰 선물이다.

셋째, 천안 이전으로 고신교회는 경상도 교단이라는 이미지를 거의 완전하게 불식시킬 수 있게 되었다. 신사참배 반대운동이 경남노회를 중심으로 시작되었기 때문에 경상도 편중성은 어쩔 수 없이 고신교회가 역사적으로 감당해야 할 짐이었다. 천안 이전으로 우리는 약점을 극복할 수 있었고 비 경남지역에서 복음 전도를 보다 효과적으로 수행할 수 있는 발판이 되었다. 거의 대부분 서울에서 개최되는 학회에 신학교수들이 부담없이 참석하여 교류를 하게 되면서 학교의 위상도 자연스럽게 올라가게 되었다.

넷째, 신대원과 총회의 관계가 긴밀하게 되었다. 1300석이 넘는 신대원 강당은 총회 회의장소로 최적화 되어 있기 때문에 특별한 예외를 제외하고는 고신총회는 신대원에서 개최되었다. 서울에 있는 총회 본부와 훨씬 가까워졌기 때문에 총회 산하의 여러 기관들과 효과적인 관계를 맺을 수 있게 되었다. 총회 교육원은 아예 신대원으로 이전하여 (2016년 12월 27일) 일종의 산학협력 체제를 구축하게 되었다. 1994년에 대전으로 이전한 세계선교본부(PCA)와도 훨씬 가까워졌기 때문에 신학생들과 선교사들의 지속적인 교류가 활발해졌고 선교에 대한 학생들의 이해와 관심이 증가하게 되었다. 신대원 안에 있는 탈북 청소년 대안학교인 드림학교는 통일 시대를 위한 총회의 위대한 자산이라고 하지 않을 수 없다.

다섯째, 수도권에 위치한 교회와 교류가 활발해졌다. 1998년 이후 수도권에 있는 고신 교회들의 비중이 훨씬 커졌다. 이것은 신대원이 천안으로 이전했기 때문이라기보다는 수도원의 인구가 계속 증가했기 때문에, 무엇보다도 수도권에서 사역하는 목사들의 역량이 뛰어났기 때문이라고 보아야 할 것이다. 하지만 이로 인해 학생들에게 수도권에서 사역할 기회가 늘어난 것은 총회의 미래를 위해 큰 유익이 될 것이다. 하지만 기대했던 만큼 수도권 대학에서 우수한 학생들이 신대원에 지원하지는 않았다. 여전히 천안은 서울에서 볼 때 지방으로 인식되고 있으며, 교단의 벽이 생각 외로 공고하다는 것을 의미한다.

이전의 과제

1998년 당시와 비교 보았을 때 수도권 집중화는 훨씬 더 심해졌다. 이와 같은 추세는 특별한 이변이 없는 한 바뀌지 않을 것이다. 천안보다 서울에 더 가까이 갔으면 좋았을 것이라는 견해도 있지만 부산/경남 중심이라는 고신총회의 역사적 한계를 고려하면 천안은 최적의 장소라 할 수도 있다. 특히 고속철의 발전으로 대한민국의 교통의 중심이 대전에서 천안으로 이동하면서 신대원은 강원도 일부를 제외하고 전국의 모든 교회와 손쉽게 교류를 할 수 있게 되었다.

이와 같이 천안 이전은 하나님께서 고신교회에 준 선물임에 틀림없다. 하지만 천안 이전 자체가 고신교회에 유익이 되는 것은 아니다. 선물을 제대로 활용하지 않는다면 그 선물은 땅에 묻힌 한 달란트와 다름없다. 천안으로 신대원이 이전하였으나 수도권에서 교회 개척을 위한 총회 차원의 전략은 부재하였다. 교수들도 우수한 학생들을 영입하기 위해서 지금과 같이 큰 노력을 하지 않았다. 특별한 노력을 하지 않아도 학생들을 모집하는데 큰 어려움이 없었기 때문이다. 천안 이전 이후 가장 큰 문제는, 교수들 사이에 발생한 극단적인 분쟁과 갈등이었다. 심지어 최(崔) 모 교수는 유죄판결을 받아 6개월간 실형을 살기도 하였다. 교수들의 분쟁은 총회 지도자들의 분쟁으로 이어졌고, 이로 인해 신학교는 상당 기간 동안 전 교회의 큰 근심이 되었다. 아무리 좋은 건물을 보유했다고 하더라도 가르치는 교수들이 바로 서지 않을 때 그 건물은 아무런 유익이 될 수 없다는 것을 보여준다. 고려신학교의 역사는 신학교수 한 사람을 선발함에 있어서 얼마나 신중해야 하는지를 모든 교회 지도자들에게 잘 가르쳐 주고 있다.

천안 이전으로 인한 경남지역 교회들의 상대적 소외감도 극복해야 할 과제 중의 하나이다. 신대원은 훨씬 더 적극적으로 경남 지역 교회들과 소통하는 일에 힘써야 할 것이다. 이와 더불어 부산에 위치한 고신대학교와의 연계성도 보다 강화되어야 할 필요가 있다. 실제로 물리적 거리가 두 기관의 관계에 있어서 중요한 것은 아니었다. 두 학교가 서로 가까이 위치했던 송도 시절에도 두 기관의 협력은 그다지 잘 이루어지지 않았다. 지금부터라도 가능한 것들부터 찾아서 서로 협력하여 앞으로 다가올 역경들을 극복해야 할 것이다.

교회의 쇠퇴의 시기는 신학교도 위기에 처하게 되었다는 것을 의미한다. 이와 같은 상황일수록 본질에 충실해야 생존할 수 있을 것이다. 고려신학대학원의 임무는 아주 분명하다. 개혁신학에 충실한 유능하고 신실한 고신교회의 목사들을 양성하는 것이다. 이것이야말로 (학생 숫자나 교육시설이나 교수의 학적 수준이 아니라) 고려신학대학원에 대한 평가 기준이 되어야 한다. 이 점에 있어서 신대원 교수들은 늘 겸손하게 자신들을 성찰해야 할 것이다. 천안 이전은 고신교회를 향한 하나님의 선물(Gabe)이지만 또한 감당해야 할 과업(Aufgabe)이기도 하다. 신학대학원은 성도들의 기대와 사랑에 부응하는 기관이 되도록 노력해야 하고 교회는 교회의 학교를 위해서 지속적으로 후원을 아끼지 말아야 할 것이다. 교회가 해야 할 가장 중요한 일은 훌륭한 자질을 갖춘 목사 후보생을 발굴하여 신학교에 파송하는 것이다. 고신 교회의 미래는 이 과업을 얼마나 잘 감당하는가에 따라 결정될 것이다. 천안 이전 이후 고려신학대학원의 주요 사항은 아래와 같다.

1999. 5. 1. 이승미 박사가 제 17대 원장으로 취임
1998. 11. 1. 선교학과(ThM in Missiology) 입학정원 14명을 인가
1998. 9. 8. 1998학년도 2학기 개강예배를 천안교정에서 드림
1998. 9. 4. 천안교정으로 위치변경 인가
1998. 8. 25. 고려신학대학원 천안교정 준공감사예배
1997. 2. 허순길 박사가 제 16대 원장으로 취임
1996. 11. 2 일반대학원 기독교교육학과의 석사과정 14명의 증원과 신학대학원 석사과정 입학 정원 120명을 인가
1996. 4. 26. 행정동, 강의동, 도서관, 강당, 기숙사, 교수사택을 포함하는 연건평 8,577평의 고려신학대학원 신축교사 기공식
1995. 10. 18. 일반대학원 신학과의 박사과정 10명, 종교음악과 석사과정 15명, 간호학과의 석사과정 15명의 신설과, 의학과 석사과정 50명, 박사과정 30명의 증원과 아울러 신학대학원의 석사과정

70명의 증원 (총정원 300명)을 인가

1995. 8. 25. 충남 천안시 삼용동 산 20-1번지의 32,479평을 매입

44. 고신대학교의 변화와 시련 / 배정훈

고신대학교는 2022년 현재 6개의 단과대학과 7개의 대학원으로 구성된 중소형 기독교 종합대학이 되었다. 대학은 신학대학, 보건복지대학, 의료과학대학, 간호대학, 의과대학, 학부대학으로, 대학원은 일반대학원, 신학대학원, 교육대학원, 선교목회대학원, 보건대학원, 교회음악대학원, 기독교상담대학원으로 이루어져 있다. 복음을 전하시고 가르치고 병자들을 치유하고 돌보신 예수님의 사역에 따라 신학, 의료, 보건, 복지, 교육 등에 특성화된 대학의 형태를 지니고 있다.[481] 고신대학교는 새로운 시대를 선도할 세계적 명문 기독교대학을 발전 비전으로 성경적 세계관에 따른 사랑과 공의를 실천하는 인재 육성을 위해 노력하고 있다.

고신대학교의 발전은 개혁주의 신학과 기독교대학의 이상, 그리고 교회와 사회를 위한 기독 인재 배출이라는 고유한 정신에 따라 이루어진 측면이 크지만, 또한 한국 사회와 교회의 요청, 시대적인 과제 앞에서 급박하게 이루어진 측면도 많다. 그 과정에서 고신대학교는 여러 변화와 시련을 겪었다. 그럼에도 불구하고 고신대학교는 계속 개혁주의 기독교 대학교의 이상을 버리지 않았다.[482]

기독교대학으로서의 정체성 문제

고신대학교는 기독교 종합대학교이기 때문에 기독교 학교의 정체성은 중요한 문제이다. 이러한 정체성은 우선적으로 얼마나 학교 구성원이 기독교 공동체를 유지하느냐에 달려 있다. 고신대학교는 이를 지키기 위해 입학생들에

481. 고신대학교 70년사 편찬위원회, 『고신대학교 70년사』 (부산: 고신대학교, 2017), 160.
482. 고신대학교 70년사 편찬위원회, 『고신대학교 70년사』, 160.

게 최소한의 자격, 즉 학습의 신급을 요구했다. 1991년에는 의예과를 제외한 모든 학생에게 이를 요구했고, 1994년에는 의예과 학생들에게도 보편적으로 적용하였다. 여러 우여곡절이 있었으나 대학의 신급 정책은 자리 잡아 교내의 경건 활동과 면학 분위기가 크게 향상되었다. 하지만 복음병원 분규와 부도, 관선이사회의 파견, 고등학생 수의 감소로 신입생 모집에 큰 어려움을 겪게 되어 2006년 신학대를 제외한 나머지 학과는 신급 제한 조건을 다시 완화했다. 이로 인해 많은 비기독교인 학생들이 학교에 입학했고 학교는 기독교대학으로서의 사명과 함께 비기독교인들을 신자화 하는 미션스쿨의 임무도 가지게 되었다. 교목실은 비그리스도인 학생들을 대상으로 소그룹 경건 모임을 만들었고 경건회 역시 일정부분은 이들을 위한 전도 집회와 기독교 소개의 형태로 변화했다.[483] 학교는 기독교 인재 양성이라는 궁극적인 목표와 함께 기독교 소개를 부가적인 의무로 가지게 되었다. 하지만 기도와 경건 훈련, 기독교 학문훈련과 지도자 배출, 국내외 전문 선교사 양육 등 대내외적으로 본래의 정체성을 더욱 공고히 해야 할 필요성이 있다.

신앙교육과 더불어 교육과정과 커리큘럼, 그리고 대학 행정에 이르기까지 얼마나 기독교의 정신이 바탕을 이루고 있는지도 기독교대학의 정체성 유지에 중요한 부분이다. 교육과 행정까지 기독교적으로 운영되지 않는다면 완전한 기독교 학교라고 말하기는 힘들 것이다. 학교는 성경과 개혁주의 신학, 기독교대학교 의 원리와 특성에 맞춰 학교를 발전시키려고 노력했지만 때때로는 현실적인 제약과 문제로 잘 이루어지지 못했다. 학교는 확장되고 다양화되었지만 고려신학교 초창기의 정신은 약해졌다고 볼 수 있다. 아울러 기독교 학문과 고등교육을 실행하기 위한 전문적인 교수 인력도 충분히 채워지지 못했다. 학교 시설 역시 최상의 여건을 마련해주지 못해 학생들이 불만을 토로하기도 했다.[484] 다행히 2018년 교육부 주도의 대학 기본역량 평가에서 자율

483. 고신대학교 70년사 편찬위원회, 『고신대학교 70년사』, 160-61.
484. 고신대학교 70년사 편찬위원회, 『고신대학교 70년사』, 162.

개선대학으로 선정되어 정부로부터 3년간 약 90억원을 지원받게 되었다. 이러한 재정으로 학교 시설을 리모델링하고 있으며 2024년까지 거의 동일한 액수의 정부 지원을 받을 예정이다.

신입생 수급과 정부 대학평가

2010년 후반부터 고등학생의 수가 급속도로 줄어들어 2020년 입시부터는 대학 정원수가 학생 수보다 많아 대학교의 정원미달 현상이 본격적으로 시작되었다. 지방대학, 특히 고신대학교와 같은 기독교대학은 학생모집에 더 큰 어려움을 겪을 수밖에 없었다. 특별히 신학대학의 세 학과, 신학과, 기독교교육과, 국제문화선교학과의 지원율이 계속 하락하고 있다. 절대적인 학생 수도 감소하였고 그 가운데 기독교인의 수는 더욱 줄어들었다. 또한 한국 사회 안에서 반기독교적인 경향도 커졌다. 따라서 대학은 2021년 입시부터 이를 해결하기 위해 성인 학습자를 대상으로 하는 "드림 과정"을 개설하였다. 현재 정원의 20-30%가 드림 학생으로 이루어져 있다. 대학은 앞으로 이들을 위한 교육과정을 더욱 세밀하고 정교하게 다듬을 필요가 있다. 더불어 고등학생 모집을 위한 다각도의 노력을 기울이면서 드림 과정과 외국 학생 유치 등 다양한 루트의 개척이 요구된다. 또한 교회, 노회와 총회 간 다음 세대 기독교 지도자 양성을 위한 협력이 절실히 필요하다.

교육부는 계속되는 학생 수 감소를 대비하고 경쟁력 있는 대학을 만들기 위해 2015년부터 대학들을 상대로 강도 높은 평가를 시행하고 있다. 이러한 평가에 미달하는 학교는 정원 감축과 재정지원을 제한하여 사실상 자연적으로 퇴출되도록 한다. 2015년부터 3번에 걸친 평가에서 고신대학교는 모든 구성원의 헌신적인 노력으로 통과되어 2018년부터 2024년까지 약 200억 원의 재정을 지원받게 되었다. 이러한 재정지원으로 시설보강부터 교육과정에 이르기까지 여러 사업들을 진행할 수 있었다.

앞으로 고신대학교는 기독교종합대학으로서의 정체성을 더욱 강화하면서도 정부 지원사업을 수주받을 수 있는 수준에까지 이르러야 한다. 지금까지 학교는 기독교대학으로서의 정체성을 강조하다가 정부와 지방자치단체 등 사회와 거리를 두는 경우가 적지 않았다.[485] 하지만 이제는 정체성을 지키면서도 급속도로 변화하는 한국 사회와 교육환경에 능동적으로 대처하여 사회적으로도 지방의 강소 대학으로 인정받을 수 있는 노력을 기울여야 한다. 대학의 강도 높은 구조개혁이 필요하고 교수 역시 세계적인 수준의 연구역량을 갖추어야 한다. 다행히 교육부 사업에서 그동안 취약했던 신학대의 여러 신진, 중진 학자들이 연구재단 연구과제에 선정되고 있다. 앞으로는 개인 과제와 더불어 공동과제, 더 나아가 인문 영역에서의 큰 연구 수주를 받을 수 있는 수준까지 나아가야 한다. 또한 신학교육이 교회에 실질적인 도움이 될 수 있도록 교회와의 연계도 절실히 필요하다. 따라서 고신대학교는 앞으로 교회뿐만 아니라 사회에 기여할 수 있는 대학이 되어야 할 것이다.

신학대학원과의 협력

고려신학대학원은 1998년 천안으로 이전함으로 새로운 시대를 맞이하였다. 하지만 오랫동안 대학의 신학과와 신학대학원은 여러 가지 이유로 협력이 어려웠다. 신학과와 신학대학원은 사실상 고려신학교라는 한 학교에서 시작되었다. 그때의 예과는 신학과로 본과는 신학대학원으로 발전한 것이다.[486] 현재 우리는 교인 수의 감소, 청년들의 탈 기독교화, 반기독교적인 사회여론 등에 대처해야 하는 중대한 시기에 있다. 특히나 목사 후보생 지원자 수가 급격하게 줄고 있고 이러한 경향은 앞으로도 계속될 것으로 보인다. 이러한 시기에 두 주체는 기존의 갈등과 반목을 넘어 발전을 위해 상생하고 협력할 필요가 있다.

485. 고신대학교 70년사 편찬위원회, 『고신대학교 70년사』, 162.

486. 고신대학교 70년사 편찬위원회, 『고신대학교 70년사』, 161-62; 허순길, 『고려신학대학원 50년사: 1946-1996』 (부산: 고려신학대학원 출판부, 1996), 231-40.

45. 복음병원의 변화와 발전 / 황권철

일반적으로 '복음병원'이라고 불리는 고신대학교 복음병원 1951년 6월 21일 제3영도교회의 창고에서 시작되었는데, 1953년에는 부산시 서구 암남동 34번지에 1만3천여평(복음병원용 5,000평, 신학교용 8,000평) 땅을 극적으로 확보하게 되었고, 이곳에 병동을 건립하고 1957년 5얼 28일 이곳으로 이전하였다. 이곳의 땅을 매입하는데 박봉화, 주태화, 주영문 장로와 이성태 김선애 집사들의 수고가 적지 않았고, 병동신축을 위해서는 이종석 집사가 수고했다.[487]

복음병원 시절(1961-1981)

1961년 8월 7일 대한기독교 경남구제회가 주체가 되어 복음병원으로 개설 허가를 받았다. 당시 직원은 39명이었다. 1965년 9월 6일에는 재단법인 대한예수교장로회 고신총회 유지재단에 병원재산을 가입시켰다. 1966년 4월에는 청십자의료보험조합(이사장 장기려 박사)을 설립하고 1968년에는 네덜란드 정부의 원조를 받아 복음간호학교를 설립하였다. 장기려 박사는 병원과 상관없이 가난한 자들을 도울 수 있는 방법을 모색했는데, 그것이 청십자의료보험제도였다. 이 민간 의료보험이 후일 대한민국 건강보험제도의 뒷받침이 되었다. 장기려 박사는 천막병원시절 매 주일마다 모여서 성경을 공부하는 부산기독인 모임을 가졌다. 이때 채규철 씨가 이웃 사랑을 위해 매월 적은 돈을 내고 병이 생겼을 때 저렴한 비용으로 의료혜택을 보는 의료보험제도였다. 1968년 5월 13일 청십자의료협동조합 창립총회가 정식으로 출범했다. 이렇게 하여 415세대 1,662명의 조합원이 확보되었다. 월 회비 1인당 60원이었다. 복음

487. 허순길, 『고려신학대학원 50년사』 (부산: 고려신학대학원 출판부, 1996), 109.

병원에서 시작된 의료보험제도는 부산뿐만 아니라 전국적인 관심거리가 되었다. 당시 보건사회부 정희섭 장관이 장기려 박사의 의료보험 제도를 국가의 시정사업으로 채택하였고, 1977년 전국민의료보험시대가 열게 되었다.[488]

1968년 복음병원 크고 작은 변화들이 많이 일어났다. 당시로서는 병원은 많은데 거기에 대한 간호사 수가 절대적으로 부족했다. 그래서 의사들의 업무량이 가중되었다. 그래서 병원은 문교부에 간호학교 설립 신청서를 제출했고, 1968년 3월 25일 부산 복음병원 부속 간호학교 설립인가를 받았다. 그해 4월 1일 초대교장으로 장기려 박사가 취임했다. 정원 20명으로 하여4월 8일 개교하여 제1회 입학식을 가졌다. 이후로 병원은 시설확충에 많은 변화를 통해 병원은 든든히 세워져 갔다.

송상석 목사가 학교법인 고려학원 이사장으로 취임한 이후, 장기려 원장은 의료 기술은 탁월하나 병원경영에는 별 은사가 없음을 알고 병원경영을 박영훈 원장에게 넘기려 하였다. 이것이 화근이 되어 박영훈 원장이 잠시 복음병원을 떠나 침례병원에 가 있었던 때가 있었다. 그러나 병원의 환자 수가 격감하고 재정적 압박을 견디지 못하여 다시 박영훈 박사를 복음병원에서 초빙하였고, 1976년 6월 25일 그를 제2대 병원장으로 취임하게 하고 초대원장 장기려 박사는 명예원장으로 추대되었다.

고신의료원 시절(1981-2020)

1977년 3월 22일에는 복음병원이 보사부로부터 종합병원으로 인가를 받게 되었다.[489] 암센터를 개설하고 병원을 현대화로 혁신했다. 첨단장비를 도입하여 암 치료에 앞장섰다. 당시 복음병원에 입원 환자들 80%가 암환자였다. 이렇게 하여 암센타 설치를 추진한 지 5년만인 1978년 3월 15일 '암센터' 문을 열게 되었다. 개원한 지 3년 만에 1,676명의 환자를 치료했고, 1,100명의 암환

488. 『고신의료원 50년, 1951-2001』, 83.

489. 『고신의료원 50년, 1951-2001』, 90.

자를 진료하게 되었다. 암센터 설립은 복음병원 외적으로나 내적으로나 많은 변화를 가져왔다.

1946년 설립된 고려신학교가 고려신학대학으로, 그리고 고신대학, 고신대학교로 승격하면서많은 변화를 겪게 된다. 특히 고려신학대학에서 의예과 인가를 받고, 1981년 3월 5일 의예과 신입생 104명의 입학은 복음병원에도 많은 변화를 가져왔다. 복음병원은 의료원 체제로 전환되었는데, 이는 재단 산하 복음병원과 의학부(의예과, 의학과, 복음간호대학)을 유기적으로 통솔하기 위한 기구 개편이었다.[490]

1982년 3월 18일에는 의학부 학생이 관련된 부산 미문화원 방화사건이 발생했다. 당시 민주화를 열망하는 이들이 대학가에 침투하여 반외세, 민중운동을 의도하고 데모와 폭력을 동원하기도 했는데, 미문화원 방화사건은 의예과가 설치된 지 불과 1년밖에 되지 않은 때였다. 미문화원 방화사건에는 고신대학생 5명 중 3명이 의학부 학생이었다. 이 사건은 미국 정부의 대한정책에 대한 저항으로 심각한 논란에 휩싸이게 되었다. 이 일로 인하여 고신대학장과 교수회는 일간신문에 사과문을 발표했고, 당시 이근삼 학장은 학장직에서 물러났다. 총회장과 이사장 또한 사과문을 발표했다.

1980년대 초 대학 캠퍼스 확충을 위해 영도 캠퍼스를 조성했다. 1980년 7월에 영도에 7만여 평 대지를 사들이고, 이곳에 1982년 4월 신축교사 건축을 시작하여 1984년 2월에 3동 2, 356평 건물을 준공하였다. 이렇게 하여 이사회는 1985년 2월 19일에는 학부를 영도 캠퍼스로 이전하기로 결의했다.[491] 대학과 병원 규모가 확장됨에 따라 보사부의 권유로 영남의료원이 제안한 김해병원을 1983년 6월 23일 인수하였다. 그러나 후일 경영난으로 많은 어려움을 겪게 된다. 복음병원 혹은 고신의료원의 가장 큰 문제점은 노조설립이었다. 1987년 민주화 선언 이후 노동자의 인권보장을 위해 노동조합이 탄생하였으

490. 『고신의료원 50년, 1951-2001』, 95.

491. 허순길, 『고려신학대학원 50년사』 (부산: 고려신학대학원 출판부, 1996), 224.

나 민주화 이전에는 기업주로부터 사회적인 약자인 노동자를 보호하기 위한 제도였으나 지금은 노동자들이 기업주를 억압하는 무서운 세력으로 변해가고 있다. 천막 진료소에서 출발한 병원 오늘의 복음병원으로 그리고 고신의료원으로 발전하게 된 것은 하나님의 은혜이고, 앞으로 새로운 시대를 준비해야 한다.

46. 학생신앙운동의 발전 / 나삼진

SFC는 학생신앙협조회, YFC, 그리고 고려신학교 청소년 수양회가 하나가 되어 형성되었지만, 초기 SFC의 에너지의 원천은 수양회였다. 수양회에서 학생들은 강력한 신앙훈련을 받았고, 1952년 전국대회를 개최하면서 본격적인 학생운동으로 성장하였다. 김양선 교수는 1956년에 이미 '고려신학교 측 교회의 학생신앙운동(SFC)의 진전도 놀랄만하다'고 평가였다.[492] 이번 항에서는 1990년대까지의 학생신앙운동의 성장에 대해 정리하고자 한다.

1950년대: 수양회 중심의 학생운동, 전국적인 확장

해방 후 교회쇄신운동의 아들로 형성된 학생신앙운동(SFC)이 전국대회 발족 후 학생 중심의 조직적인 운동이 가능하였고, 이 운동은 다양한 지역으로 확산하였다. 한국전쟁 기간 동안 이북과 서울 및 중부지방에서 피난을 왔던 학생들이 부산에서 몇 차례 SFC 수양회를 경험하고, 전쟁이 끝나 이들이 고향으로 돌아가면서 SFC도 각 지역으로 확산된 것이었다. 이러한 확산은 1952년 대한예수교장로회 총노회 창립 이후 급격하게 증가하였다.

1956년에 발표된 '전국SFC 12지방도'에는 경남을 부산지방, 마산지방, 진주지방, 거창지방으로 나누었고, 대구지방, 경주지방, 남동지방으로 나누었고, 전남지방, 전북지방, 충남지방, 충북지방, 서울지방으로 이루어져 있다.[493] 서울지방의 경우 이북출신 목회자들이 중심이 되어 십여 개의 개척교회가 설립되었고, 교회마다 자연스럽게 SFC가 시작되었다. 1950년대 후반에는 학생들이 수양회도 점차 변화를 가져왔는데, 전통적인 저녁집회와 새벽기도회, 오전

492. 김양선, 『한국기독교 해방 10년사』, 116.

493. 이상규·나삼진 외, 『하나님의 주권을 이 땅 위에: 학생신앙운동사』, 112-117.

성경공부와 특강 외에 오후시간은 성가경연대회, 교리문답 암송대회, 웅변대회 등 다양한 프로그램이 도입되어 학생들의 축제의 시간이 되었다. 수양회는 계속하여 교회 연합운동 혹은 연합수양회 수준에 머물고 있었고, 변화가 필요한 시점이었다.

이 시기에 미국에서도 SFC운동이 시작되었다. 한국전쟁 후 미국 유학을 떠났던 유학생들도 1955년에는 10여 명이 되었는데 SFC시절의 신앙훈련을 기억하며 방학 동안에 수양회를 가졌고, 유학생들의 동향과 수양회 소식을 「파수군」을 통해 알렸다. 이들은 제1회 수양회(1955. 12. 28-29)를 가졌고, 제2회 수양회(1958. 6. 3-8, 필라델피아)에서 조직을 갖추었는데 위원장 오병세, 서기 홍창표, 회계 손영준, 대내 연락위원 한기범, 대외 연락위원 강진선이 선임되었다. 제3회 수양회를 1960년 6월에 가졌고, 위원장 조용석과 임원들을 선출하였다.[494]

1960년대: 승동측과의 합동과 SFC

승동측과의 합동과 SFC: 1960년대까지 승동측 교회의 각 교회 학생회는 청년면려회와 짝을 이루어 소년면려회라 불렀다. 청년면려회(CE: Christian Endeavor)는 1881년 2월 2일 미국 메인주 포틀랜드에서 윌리스톤회중교회(Williston Congregational Church)의 클라크(Francis Clark) 목사의 제안으로 창립되었는데, 기독교 청년들이 성경 읽기와 기도, 그리고 섬김을 통해 그리스도인다운 생활을 개발하도록 격려했다.[495] 이렇게 시작된 청년면려회(C.E.)가 '그리스와 교회를 위하여'라는 표어 아래에 1900년에 운동의 방향을 그리스도에 대한 고백, 그리스도를 위한 봉사, 그리스도인들과의 교제, 교회에

494. 오병세, "유학생들의 동향", 「파수군」 (1960. 9), 57-66; 오병세, "재미 학신 위원 개편", 「파수군」 (1960. 12), 47-50.

495. Micheal Anthony ed., *Evangelical Dictionary of Christian Education*, (Grand Rapids, Michigan: Baker, 2001), 134.

대한 충성 등 네 가지로 정리하고, '그리스도와 교회를 위하여(For Christ and the Church)'를 모토로 했다. 이 운동이 한국에는 안대선(Wallis Anderson) 선교사에 의해 1921년 한국에 소개되었고, 1933년 소년면려회가 조직되었다.

대한예수교장로회 제44회 총회(1959년)에서 승동측과 연동측이 분리되면서, 4대 선교부들과 선교부가 설립한 기독교학교들이 연동측으로 넘어갔다. 이에 승동측은 위기의식을 느끼던 가운데, 고신측도 14년 동안 신학교육을 책임졌던 박윤선 교장이 떠난 상황에서 난국을 맞이했기 때문에, 서로의 이해가 맞아 위기를 타개하기 위한 합동이 급격하게 추진되었다.[496]

1960년 9월에 고신측 제10회 총회와 승동측 제45회 총회에서는 합동을 위해 추진위원을 선출하고 정회했고, 3개월의 짧은 준비 끝에 12월 13일 서울승동교회에서 합동총회를 개최했다.

합동총회에서 채택한 규칙에는 SFC를 지도하던 '학생지도위원'을 포함해 고신측의 학생운동을 합동총회에서 단일 학생운동으로 공식적으로 받아들여 학생지도위원을 배정하였고, 한부선 선교사가 위원장으로 선출되었다.[497] 1961년 1월 제18회 동기수양회 기간 동안 제12회 정기대회를 개최하였고, 승동측 교회 학생들을 받아들이기 위해 승동측과 합동을 위해 SFC 규약을 수정하고 정회하였다. 1961년 3월 22일 대구서현교회에서 SFC 합동총회를 개최하였는데, 한명동 목사가 설교하고, 석원태 목사가 기초한 합동선언문을 채택하고, 통합 임원을 선출했다.[498] 승동측과 고신측의 합동은 합동측 교회에 SFC가 소개되면서 전국교회로 확산되는 계기가 되었다. 조직적인 학생운동이 없었던 합동측 교회에서 볼 때, 학생들이 수양회를 스스로 기획하고, 준비하고, 운영하는 것을 보고 적지 않은 충격을 받았고, 교회마다 SFC를 도입하는 계기가

496. 허순길 교수는 이를 '단번에 이루어진 밀월의 약속', '과속으로 치달은 합동'이라 했고, "고신지도자들은 … 지난날 교권의 전횡으로 당한 과거의 피해를 상기하고 경계해야 했었다"고 했다. 허순길, 『고려신학대학원 50년사』, 146.

497. 석원태, 『학생신앙운동 20년사』, 73-74.; 『하나님의 주권을 이 땅 위에: 학생신앙운동사』, 142.

498. 『하나님의 주권을 이 땅 위에: 학생신앙운동사』, 143-148.

된 것이다.

합동 당시의 수양회: 고신측과 승동측의 합동기 3년 동안 세 차례 SFC 수양회를 모였다. 첫 수양회가 1961년 1월 합동된 지 3주 만에 '처음 사랑을 찾자'는 주제로 대전중앙교회에서 개최되었다. 이 제18회 수양회에서는 남학생 319명, 여학생 114명, 모두 433명이 참여하였다. 이 수양회에 승동측 출신 학생들이 많이 참여하지 못했지만, 승동측 지도자들은 학생운동의 가능성을 발견하였고, 승동측 교회가 참여할 수 있도록 했다. 제19회 수양회는 1962년 1월 18일부터 24일까지 '젊음들아 어찌할꼬'라는 주제로 대구서문교회에서 개최되었다. 남학생 706명, 여학생 360명 모두 194교회에서 1,066명이 참가하였다. 평소 참가교회가 150교회 정도였던 것을 보면 승동측에서 대거 참여한 것임을 알 수 있다.[499]

제20회 수양회는 1962년 8월 16일부터 23일까지 서울승동교회당에서 '성경으로 돌아가자'라는 주제로 개최되었다. 남학생 471명, 여학생 865명, 합계 1,336명이 등록했는데, 당시까지 역대 최고 참가자 수를 기록하였다. 이로써 SFC는 합동총회의 새로운 희망으로 등장하였고, 『학생신앙운동 20년사』에서는 이러한 수양회에 대해 "개혁주의 신학을 지향하는 한국 보수교단의 일대전진"으로 평가하고 있다.[500]

SFC의 분리와 SFC의 전국교회 확산: 1962년 9월 합동측 제47회 총회가 파회한 후 10월 17일 고려신학교 경건회를 인도한 후 고려신학교 복교를 선언하였고, 2월 말에 '동방박사 세 사람'이 고려신학교에 합류하였다. 고려신학교가 정상화되면서 합동측에서는 고신측 교회의 이탈을 걱정하게 되었다. 제21

499. 전국SFC 제19회 동기수양회지, 1962. 1.
500. 석원태, 『학생신앙운동 20년사』, 73.; 이상규·나삼진 외, 『하나님의 주권을 이 땅 위에: 학생신앙운동사』, 141.

회 수양회 준비에도 영향을 미쳤는데, 합동측 지도부에서는 강사중에 고신측 강사들이 많으므로 이들을 제외하고, 총신측 강사를 다수 넣도록 압력을 가하였고, 수양회가 이제까지와 달리 교단 정치에 휘말리는 상황이 되어,[501] 수양회 개최를 포기하였다. 1963년 8월에는 고신측 각 노회가 환원하였고, 9월에 고신교회는 제13회 총회를 환원총회로 모였다. 합동측은 이전까지 별도의 학생운동이 따로 없었기 때문에 고신측이 환원한 후에도 SFC의 이름과 강령을 그대로 사용하였고, SFC 수양회를 회차를 그대로 계승하여 수양회를 개최하였다.[502] 고신측과 승동측의 합동은 승동측에 SFC를 이식시켰고, SFC가 합동측 전국교회로 확장되는 기회가 된 것이었다.

합동측 SFC는 그렇게 해마다 수양회를 개최해 왔지만, SFC가 고신측 운동으로 생각해, 제58회 총회(1973)에서 합동측 청년운동으로 존재하던 청년면려회(CE)와 짝을 맞추기 위해 학생면려회(SCE)로 개칭하였다.[503] 지금도 SFC강령을 SCE강령으로 바꾸어 사용하고 있다. 2007년 리더 컨퍼런스를 개최하는 등 여러 차례 조직을 복구하려는 노력을 계속했지만,[504] 자생력이 없는 학생운동 SCE는 총회를 하기도 어려울 정도로 뿌리를 내리지 못하고 있다. 미국의 기독교 학생운동의 역사를 볼 때, CE는 1900년대 초기에 미국에서 활동하였고, 1940년대 이후 YFC가 일어난 후 영향력을 잃었는데, 합동측에서도 개체교회의 성장으로 교회 단위 수양회가 활발해 SCE의 복구가 어려운 실정이다.

1970-80년대의 SFC

산업화 이후로 1970년대에는 국가의 경제 수준이 나아지고, 고등교육에 대한 욕구로 SFC에서도 대학생층이 크게 증가하였고, 학생운동도 새로운 길이

---

501. 석원태, 『학생신앙운동 20년사』, (부산: 전국학생신앙운동, 1971), 79-83.
502. facebook.com 나삼진, "고신역사 아카이브 SFC 49: 합동측 전국SFC 동기수양회지 '70년대의 SFC'"(2022. 2. 20.)
503. 김남식, 『대한예수교장로회 총회 100주년사』, (서울: 대한예수교장로회 총회, 2013), 503.
504. 김남식, 『대한예수교장로회 총회 100주년사』, 445-448.

모색되었다. 1971년에 간사 제도가 도입되어 김만우 강도사가 초대 간사가 되었고, 변의남, 장희종 목사가 뒤를 이었다. 1980년부터 강영순 목사 때부터 전임간사 제도가 도입되었고, 이후 이성구, 안용운, 전성준 등이 뒤를 이었다. 그러나 이 간사 제도가 안정적으로 정착되기까지 시간이 필요했는데, 간사는 처음에는 위원들과, 초기에는 지도위원회와의 갈등이 끊이지 않아 이성구, 오병욱, 이세령 간사가 각각 다른 이유로 시기를 달리하여 해임되었다.

대학생층이 증가하면서 1971년부터 전국 SFC지도자 수련회를 개최, 학원복음화운동 전략을 마련하였다. 1974년부터는 매년 여름 전국대학생대회가 개최되어 대학생들의 독자적인 운동이 본격화되었다. 제2회 대학생대회에서 소극적인 시국선언문이라 할 수 있는 '알돌의 소리' 선언문이 발표되었다. 1970년대 중후반에는 농어촌 봉사활동이나 순례전도도 교회와 대학 SFC의 중요한 프로그램이었다. 1970년대 캠프가 시작되면서 SFC에서도 SFC 캠프장 설치를 위한 헌금과 구입을 노력을 하기도 했다. 1973년 SFC동문 윤종하 선생이 창간한 한국성서유니온의 「매일성경」을 SFC OEM판으로 발간하여 성경묵상 운동에 참여한 바 있었고, 1984년부터는 「날마다 주님과」를 발행하면서 본격적인 성경묵상운동을 전개했다.

1970년대 중반부터는 수양회도 변화를 가져왔는데, 참가자 수가 늘어나면서 1976년에 중고등부와 대학부로 나뉘어 수양회를 개최하였고, 이후 1977년(서울), 1978(부산), 1979(대구), 1980(부산), 1981(거창)에 같은 기간에 중·고·대학부로 나누어 개최하였다. 1970년대 후반에 유류파동으로 난방비가 크게 증가, 겨울수양회 개최가 부담이 많아 매년 개최하던 동기수양회를 매 3년마다 개최하고, 여름으로 변경, 첫 시작으로 1983년(광주)에서 3천 명이 모였고, 1986년(대전)에서는 5천 명이 모일 정도로 수양회 참가자들이 급격하게 늘어났다.

1973년에는 김해여고와 밀양고등학교에서 국기경례 문제가 발생하여 학생들이 퇴학당하는 일이 있어 사회적인 문제가 되었고, 1975년 4월에는 통일교가 부산을 시작으로 새로운 포교활동을 하면서, 변의남 간사가 중심이 되어 반통일교운동을 전개하였고, 동아일보 광고면에 선언문을 게재하기도 했다. 경남노회의 행정보류로 고려측 교단이 분리되면서 고려측 SFC가 조직되어 분열되었다. 이것이 교단 단위 학생운동의 한계였다. 1980년대에 1987년 한국사회의 민주화운동 과정에서 SFC에서도 다양한 토론이 있어 왔는데, SFC 정체성과 방향성에 대한 토론으로 이어져 1989년 제7회 대학대표자 모임에서 학생신앙운동 언약문이 채택되었고, 1980년 제8차 대표자 모임에서 학신협이 탄생하였다.[505]

1990년대: 학생신앙운동의 전성기

1990년대에 접어들면서 학생운동의 전성기를 맞았다. 이 시기에 SFC는 몇 가지 특징을 보이고 있다. 첫째, 학생들의 수양회 참여가 폭발적으로 증가하였다. 지역교회가 성장하면서 학생들에 대한 관심과 SFC에 대한 지원이 늘어 교회마다 수양회 참가를 크게 증가하였다. 매 3년마다 모이던 수양회는 1991년(덕유산) 캠프에서는 2만 명이 모였으며, 1994년(고신대)에서 12,000명이 모였다.[506] 1997년은 50주년 기념 수양회를 개최하였는데, 참가자들이 만 명에 이를 정도로 성장하였다. 2003년 수양회의 경우 학생들의 수용이 불가능하여 네 주간에 걸쳐 개최해야 할 정도였다.

둘째, 1990년대 중반부터는 영역운동에 대한 관심이 나타났다. 제2회 대학생대회부터 전공별, 혹은 관심별 모임이 시작되었는데, 이것이 발전되어 영역운동으로 나타났다. 이후 부문운동으로 이루어지다가 영역운동으로 개칭되어, 기독교 교육운동, 구제와 봉사운동, 창조과학운동, 기독교경영운동, 사회변혁운동, 농촌공동체운동, 미디어운동, 선교운동, 바른교회운동 등 다양한 영역운동이 나타나 포괄적인 사회변혁을 수행하려 했다.

---

505. 『하나님의 주권을 이 땅 위에: 학생신앙운동사』, 302.
506. 『하나님의 주권을 이 땅 위에: 학생신앙운동사』, 309.

셋째, 선교에 대한 SFC가 성장하면서 '오직 성령이 너희에게 임하시면'을 주제로 1991대회를 개최한 후 선교에 대한 관심으로 세계선교위원회가 조직되었고, 선교헌신자 발굴과 관리, 선교정책 준비 등에 힘썼다.[507] 세계선교가 한국교회의 주된 관심었던 시절, SFC에서도 오랫동안 외쳐왔던 '세계 복음화'의 이상으로 1998년 첫 해외지부로 마닐라지부가 개척되었고, 2천년대에는 여러 국가, 여러 지역으로 더욱 확대되었다.

넷째, 1980년대 후반부터 기독학생운동의 연합적인 모임에 적극 참여하였고, 그 활동이 증대되었다. 1996년에는 학원복음화대회 선교한국대회의 주관단체가 되기도 했다. 오늘날 학원복음화협의회의 중심단체로 활동하고 있다.

다섯째, 1990년대 이후 SFC는 캠퍼스와 사회적 현실에 대해 성경적인 대안을 세우려는 노력이 따라, 학생운동의 역량이 다양한 방식으로 성장했다. 컨닝추방, 음란퇴폐, 개인주의, 도덕성 상실, 과소비 등 대학문화 5적 추방운동(1991), 이단대처운동(1990), 공명선거운동(1991), 통일운동(1989-) 등을 전개했고, 주력사업으로 말씀사랑 실천운동, 기도운동, 전도운동(1993), SFC다움운동, SFC 확장운동(1994), 전도운동, 기도운동(1995), 신조 공부하기, 기도와 회개운동, 우리 교회 살리기(1996) 등을, 주력운동으로 변화와 확장(1997), 영적 각성을 통한 민족사랑운동(1998) 등을 전개했다.

여섯째, 1990년대에 학원을 중심으로 하여 강령공동체 모임이 모색되었다. 1976년에 고신측에서 고려측이 분리되었고, 1980년대에 합동측에서도 교단분리가 폭발적으로 이루어져 SFC도 여러 SFC조직을 갖추게 되었다. 이에 따라 SFC강령을 고백하는 단체들의 교류가 시작되었는데, 1991년 합동측 SCE 중앙위원회를 방문해 교류하면서 1990년대 중반에 강령공동체 모임으로 나타났다.[508]

---

507. 『하나님의 주권을 이 땅 위에: 학생신앙운동사』, 327.
508. 『하나님의 주권을 이 땅 위에: 학생신앙운동사』, 324-327.

47. 재미총회, 유럽총회, 대양주총회의 조직 / 나삼진

고신교회의 신앙과 정신은 한국전쟁 후 미국 유학의 길이 열리면서 미국으로 건너갔고, 1960년대 중반에는 국가적으로 독일 광부와 간호사 파견과 함께 유럽으로 건너갔으며, 1970년대 해외 교포교회 목회를 시작하면서 대양주로도 건너갔다. 오늘날 고신교회는 해외에 재미총회, 유럽총회, 대양주총회를 두고 있다.

재미총회의 조직과 발전

재미총회의 형성의 배경: 한국전쟁 후 미국 유학을 떠난 이들이 생겨났고, 공부를 마친 다수는 귀국해 한국교회의 지도자들이 되었지만, 이후 유학을 간 학생들은 미국에서 현지교단에 속해 목회하기도 했다. 그러나 정서상 만족스럽지가 않아서 고신교회에서 받은 신앙을 이어가려는 열망을 갖게 되었다. 1978년 한명동 목사와 박상순 목사가 미국에 방문하면서 그러한 분위기가 조성되었고,[509] 1978년에는 황창기 목사와 정홍권 전도사에 의해 개혁주의 선교회가 조직되었다. 1980년에는 김만우 목사가 고신후원회를 조직하였다. 1982년 고신노회 조직을 위해 13명의 목사와 2명의 전도사가 서명했지만 성사되지 못했고, 1982년 8월에 총회선교부장 한명동 목사의 요청으로 총회장 최일영 목사와 고신대학장 이근삼 박사가 함께 모였으나 이때에도 성사되지 못했다. 미국에 노회를 조직하려는 노력은 이근삼 박사가 부산미문화원 사건(1982. 3. 18)으로 고신대 학장직을 사임하고 안식년으로 미국에 체류하면서 구체화되었다. 그 기간에 이근삼 박사가 회갑을 맞아 제자들이 뜻을 모아 회갑 축하 겸 고신인 모임을 1983년 10월 펜실베니아주 포코노수양관에서 가졌

509. 박재영, "재미 고신교단의 태동", 『재미총회 10년사』, (재미한인예수교장로회 총회, 1995), 27.

고, 한부선 선교사도 함께 했다. 1984년에 제2회 고신인 모임에서 노회 조직을 계속 추진하기로 하였고, 1985년 2월 4일 맨하탄 서울하우스에서 모인 이근삼 박사 송별 모임에서 합의된 원칙에 서명하고,[510] 이듬해 제3회 고신인 모임에서 노회를 발족하기로 했다.

총노회의 조직: 이러한 준비과정을 거쳐 제3회 고신인 모임이 1985년 11월 11일부터 사흘간 포코노수양관에서 모였다. 총노회는 처음 네 교회가 소속교회로 참여하였고, 타교단 교회에서 목회하던 이들을 포함하여 목사 13명, 강도사 1명이 모여 발기총회를 개최, 총노회 헌장 초안위원을 선정하여 창립총회를 준비했다. 재미한인예수교장로회 총노회 창립총회를 11월 12일 개최하여 헌장 초안위원들이 제출한 총회 규칙을 받고, 임원 선거에 들어가 총노회장 박재영 목사, 부회장 신현국 목사, 김만우 목사, 서기 임종수 목사, 회계 윤정태 목사를 선출하였다.

총노회는 출범 초기에 회원들의 총의를 모으기 위해 기획위원 제도를 도입해,[511] 집단지도체제로 이끌었다. 총노회를 조직한 후 귀국하는 박종수 목사로 하여금 이를 한국총회에 설명하게 하고, 제36회(1986) 총회에 사절을 파송하기로 했다. 이듬해 1월 27일에 필라델피아에서 모인 제1회 임원회와 기획위원 연석회의에서는 재미총노회의 진로를 논의하여 소속교파와 관계없이 결속의 중요성, 개척과 미자립교회 적극 지원, 한국총회와의 상호방문과 교류 필요, 교역자 양성을 위한 신학교 설립, 다양한 선교 강화를 토론, 방향을 제시하였다.[512]

510. 이근삼, 박재영, 신현국, 김만우, 김진경이 서명한 이 문서에서 "북미 고신총노회 발족, 본국 총회와 자매관계 추진, 현지 사정에 맞는 독자적인 헌법 제정, 취지에 찬동하는 서명자 목사 7인, 장로 7인(이중 절반은 현역 교포교회 목회자와 시무장로)이 되면 창립조직회의 개최" 등 3개 항으로 되어 있다. 박재영, "두 번째 10년의 감사", 『재미총회 20년사』, (재미한인예수교장로회 총회, 2005), 50

511. 박재영, "재미고신의 과거", 『재미고신 30년사』(재미한인예수교장로회 총회, 2015), 21.

512. "제1회 임원회 및 기획위원 연석회의 촬요", 『재미총회 10년사』, 97.

재미총회의 발전

공개 신학 강좌 개최: 1992년에는 다미선교회가 중심이 된 불건전한 종말론 열풍이 불어 미국의 이민교회에도 큰 영향을 미치고 있었다. 이 시기에 재미고려신학교(교장 박재영 목사)는 종말론 신학 공개강좌를 개최하였는데, 홍반식, 이근삼, 오병세 교수를 강사로, 제1차로 1991년 1월에 로스엔젤레스, 필라델피아, 아틀란타, 뉴욕 등 네 지역에서 개최하였고, 2차로 7월에 시애틀, 시카고, 토론토, 와싱턴, 볼티모어 등에서 개최하여 개혁주의 신학적 입장에서 종말론을 제시하였다. 이 공개강좌는 1994년에 브라질에서, 1995년에는 시카고, 산호세, 로스엔젤레스, 휴스톤 등 네 지역에서 개최되었다. 고려신학교 제5회 졸업생으로 유학 후 귀국하여 평생 고려신학대학원에 몸담았던 '동방박사 세 사람'은 협력하였지만, 때로 경쟁하였고 갈등의 시간도 없지 않았을 것이지만, 강의와 여행을 겸한 공개강좌는 그들의 노년에 다시 우의를 다졌고 큰 위로가 되었을 것이다. 홍반식 박사가 별세하기 불과 1년 전의 일이었다.

신학교의 설립과 에반겔리아대학교: 재미총노회가 구성되면서 독자적인 신학교육을 위해 1990년 9월에 뉴저지에 재미고려신학교(학장 박재영 목사)를 설립하였다. 1993년 9월에 서부에서도 고려신학교(학장 신현국 목사)를 설립하여 목회자를 양성하였다. 당시 재미총회는 고려신학대학원 출신들이 주를 이루었다. 고신대학교에서 은퇴한 이근삼 박사가 재미고려신학교의 초청을 받고 잠시 일하다가 한인들이 많은 남가주로 옮겼고, 1995년 가주고려신학대학원이 설립되었으며, 이근삼 박사의 노력으로 미국 침례교 계통의 대학을 인수하여 에반겔리아대학으로 개칭하였다. 동부와 서부의 두 신학교는 그동안 정리되어 지금은 에반겔리아대학이 신학교육을 책임지고 있다. 2020년 제3대 총장에 김성수 박사가 취임해 선교중심대학으로 발돋움하여 세계 10여 개국의 현지지도자 양성에 힘쓰고 있다. 에반겔리아대학은 그동안 미국신학대학원협회(ATS)의 준회원교로 있다가 자체보고서(self study)를 제출하고 엄격한 심사를 받아 2022년 6월 정회원으로 인가를 받아 미국의 주류 신학교들의 수준에 맞춘 신학교육이 이루어지고 있다.

노회의 조직과 발전: 재미총노회가 시작된 후 제4회(1988) 총노회에서 동부노회와 서부노회로 분리하고, 총회로 승격하였다. 제10회 총회(1994)에서는 동부노회를 동부노회와 중부노회로 분리하였고, 제13회 총회(1997)에서는 동부노회에서 캐나다 노회를, 서부노회는 북서노회를 분립했다. 제23회 총회(2007)에서는 노회 구역조정이 이루어져 캐나다노회는 동서로 구분하여 동부노회와 북서노회에 병합되었고, 동북, 동부, 중부, 중남부, 서부, 북서, 남미 등 7개 노회로 자리잡았다. 서부노회에서 서중노회가 분립되었고, 한국총회가 고려측과 합동하면서 재미총회에서도 고려측 수도노회를 영입하였고, 동부, 동북, 수도노회를 통합하여 동부와 수도노회로 조정하였다. 미국은 한 나라가 곧 대륙이어서 서부와 동부는 3시간의 시차가 나고 비행기로도 6시간을 이동해야 하기 때문에 한국에서와 같은 교류가 가능하지 않다. 재미총회는 2021년 현재 남미, 동부, 북서, 서부, 서중, 수도, 중남부, 중부노회 등 모두 8개 노회에 135교회가 속해 있다.[513]

학생신앙운동 활동: 재미총회는 산하 각 노회를 중심으로 SFC가 조직되어 활동하고 있다. SFC의 초기 핵심 멤버로 신앙훈련을 받았던 박재영 목사는 목회가 안정되면서 학생들을 위해 목회자들과 뜻을 모아 교회연합 SFC수양회를 개최하였다. 1979년 8월 15일부터 나흘간 주여 '나를 새롭게 하소서'(Load, Make Me Renew)라는 주제로 Eastern College에서 그 첫 수양회가 개최되었다. 김상복 목사, 김홍수 목사, 남정숙 교수를 강사로 한 수양회는 필라델피아, 뉴욕, 와싱턴DC 볼티모어의 15개 교회에서 350여 명이 참가하였는데, 뉴욕과 필리델피아, 와싱턴DC 지역의 학생 대표를 선정하기도 했다. 이 수양회

513. 이 표는 2021년 12월에 발행된 재미한인예수교장로회 총회 주소록에 근거한다.

는 그 후 제6회까지 매년 활발하게 개최되어 오다가 1985년부터 뉴욕과 뉴저지, 필라델피아, 와싱턴DC 등 세 지역에서 개최되었고, 지금은 각 노회 단위로 수양회를 개최해 각 교회 학생들의 신앙훈련을 지원하고 있다. 1999년 제1회 전국대회를 개최한 이래 매 4년마다 개최하도록 했는데, COVID-19 팬데믹으로 연기되고 있다.

세계선교대회 시작: 고신총회 세계선교회(KPM)가 주관하는 세계선교대회는 재미총회가 그 첫 출발이었다. 1970년대 한국의 선교역량이 크게 강화되면서 미국의 교포교회 중심으로 한인선교대회가 개최되었다. 1992년 제2회 선교대회가 1992년 7월 27일부터 8월 1일까지 시카고 휘튼대학 빌리그레함센터에서 개최되었는데, 미국의 많은 한인교회들이 선교사들의 여비와 참가비를 부담하는 형식으로 선교대회를 지원하였다. 이 대회에 부대회장 박재영 목사, 한국준비위원회 총무 전호진 목사 등 고신교회 관계자들이 다수 준비위원으로 참여하였고,[514] 고신교회 출신 선교사들도 이 선교대회에 20여 명 참가하면서 재미총회 산하 교회들이 힘을 합쳐 그들의 항공료와 참가비로 1,500달러씩 지원하여 주었다.[515] 이 대회는 세계 한인 선교사들과 해외한인교회들의 축제와 같았는데, 고신출신 선교사들이 모여 세계 각 총회 총노회 대표, 홍관표(호주), 조병철(일본), 임종수, 김용출, 명병헌(미국) 김대영(유럽) 등이 세계선교협의회를 구성하고, 1992년 8월 4일부터 이틀간 시카고 래디슨호텔에서 모여 제1회 세계고신대회를 개최하고, 선교 협력, 정보 교환, 친목 도모를 하기로 하였다.[516] 제2회 세계선교대회는 오스트레일리아 시드니중앙장로교회가 중심이

---

514. http://www.kwmc.com/conferences/2nd-conference/1992-2-organization.htm (2021. 12. 15 출력)

515. 김만우, "고신 세계선교운동", 『재미총회 10년사』(재미한인예수교장로회 총회, 1995), 85-89.

516. 총회에서는 회장: 홍관표 목사, 부회장: 조병철 목사(일본) 임종수 목사(미주) 김대영 목사(유럽), 총무: 김용출 목사, 서기: 황상호 목사, 부서기: 김종국 목사, 회계: 변의남 목사, 부회계: 강혜민 장로로 구성하였다. 『선교사들의 증언: 제2차 세계선교대회』(대한예수교장로회 대양주총노회,

되어 개최하였지만, 해외총회의 규모와 재정 상태로는 지속하기가 쉽지 않았다. 그동안 한국총회 선교부의 역량도 신장되어 이 대회를 한국총회 선교위원회(KPM)에 이관, 제3회 세계선교대회를 1995년 부산에서 개최한 이래 고신총회세계선교회가 담당하고 있다.

유럽총회의 형성과 발전

2014년 영화 '국제시장'이 개봉 후 1,426만 명이 관람하며 역대 4위의 관객 동원을 기록한 바 있다. 영화 속에는 온 나라가 어려웠던 시절 파독 광부 '덕수'와 파독 간호원 '영자'가 결혼을 한 후 평생 가족을 위해 희생하는 감동적인 스토리에 온 국민이 뜨거운 애정을 보냈다. 유럽한인교회는 '덕수와 영자'와 같은 이들을 지원하기 위해 파견되었던 목회자들에 의해 독일을 시작으로 유럽 대륙 곳곳에서 교포 선교가 이루어졌고, 이들이 설립하였던 교회들이 중심이 되어 1989년 유럽총로회가 조직되었다.

제2차 세계대전 전범 국가였던 서독은 전후 국제 사회의 지원과 독일인들의 강인한 의지로 '라인강의 기적'이라 불리는 경제성장을 일으켰다. 서독은 패전국가에서 불과 10여 년 만에 세계의 중심국가로 다시 등장하였다. 1960년대에 독일은 경제가 크게 부흥하였고, 각 분야에서 노동인력, 특히 간호사와 광부 등이 부족하였다. 간호사는 단기간에 양성되지 않는 직업군이고, 광부는 극한 직업이라 인력 충원이 쉽지 않아 외국에서 인력을 조달해야 했다.

유럽 한인교회의 시작과 총노회의 조직: 서독에 설립된 최초의 한인교회는 1967년 11월 2일에 설립된 베를린기독교한인교회로,[517] 60년 가까운 역사를 가지고 있다. 그동안 한국은 1970년대 한국교회의 성장에 힘입어 복음전파를 위해 노력하게 되었다. 고신교회는 제31회 총회의 결의로 교포교회를 담임하

1994). 175-176.

517. 김학우, "유럽 고신총회 30년 약사(1987-2016)", 미간행 문서, 1.

는 목회자들을 선교사로 인준하여 파송하였는데,[518] 이러한 제도는 유럽총노회의 안정적인 정착에 기여하였다. 1980년대 이전에 고신교회 인사에 의해 설립된 교회는 화란한인교회, 쾰른중앙교회와 스페인 바르셀로나제일스페인교회 등 세 곳이었다.[519]

1981년 9월 제31회 총회에서 유럽의 첫 선교사로 파송받은 김은수 목사는 1979년 4월 쾰른중앙교회를 개척한 후 독일 병원선교의 도움으로 최한주, 이송신, 박의석, 전원호 목사 등을 초청, 이들이 한인교회를 개척하였다.[520] 1980년 스페인으로 이주해 목회하던 도만기 목사는 바르셀로나 제일스페인교회를 설립하여 목회를 시작하여 1981년에는 마드리드에 교회를 개척해 황상호 선교사를 초청한 바 있고, 1984년에는 스페인에서 활동하던 선교사로 인준되었다.[521] 유럽총로회가 조직되기 전까지 초기에 유학생 신분으로 유럽 여러 나라에 와서 목회한 이들은 손봉호, 변의남 등이었고, 이어 장희선, 장희종, 김은수, 이송신, 최한주, 박의석, 도만기, 황상호, 김학우, 김덕복, 강병호, 김진신, 강화식 등이 동참하였다.[522] 이들은 개인적으로 만나 교포교회 목회를 하면서 갖는 동병상련을 나누었고, 목회자들이 늘어나면서 1986년에 유럽고신목회자협의회를 조직하였다. 상호교류와 친목으로 목회자들이 교제하면서 교회와 목회를 위해 치리회 구성의 필요성에 공감하였다.

"대한예수교장로회 유럽 고신총노회"는 한해 후 1987년 3월 17일에서 이틀간, 독일 아헨(Aachen)에서 조직되었다. 이때까지 고신교회는 바르셀로나제일스페인교회(도만기 목사)와 라스팔마스제일교회(김학우 목사) 두 교회뿐이

---

518. 이상규, "고신 선교 40년 개관", 『고신선교 40년』(서울: 총회선교부, 1998), 73. 이 제도는 제35회 총회에서 노회의 관할로 변경되었고, 제46회 총회에서는 교포선교사 제도를 폐지하였다. 이로 인해 재미총회의 경우 남미 선교에 결정적으로 좋지 않은 영향을 미쳤다.

519. 김학우, "유럽 고신총회 30년 약사"(1987-2016), 1.

520. 김학우, "유럽 고신총회 30년 역사(1987-2016)", 「코람데오닷컴」 2021. 11. 26. 출력.

521. 이상규, "고신 선교 40년 개관", 『고신선교 40년』, 74.

522. 김학우, 앞의 글.

었다.[523] 총노회가 회집되어 황상호 목사를 초대 유럽 고신총노회장으로 선임하고, 부회장에 장희종 목사, 서기 박의석 목사, 회계 최한주 목사를 선임하였다. 매년 부활절 다음 주간에 총노회로 모이기로 하였으며, 제2회 차기 총노회는 스페인 마드리드에서 모이기로 결의하였다. 제1회 총노회에 황상호, 장희종, 변의남, 박의석, 최한주, 김은수, 이송신, 김학우 목사 등 8명이 참석, 이들이 유럽총회의 기틀을 놓았다.[524]

유럽총회의 성장과 발전: 유럽에 정착한 목회자들은 총회의 선교사 파송 규정에 따라 교포교회를 목회하는 선교사로 파송받아 교포교회 개척이나 선교지 확보 등의 임무를 담당하였다. 1979년 4월 독일에 와 사역하던 김은수 목사는 제30회 총회(1980)에서 선교사로 파송받아 독일 북부지역을 중심으로 한인교회를 개척하고 여러 목회자를 초청하였고, 도만기 목사는 스페인과 포르투갈 지역에 교회를 개척했으며, 독일에서는 최한주 목사와 이송신 목사가 다수의 한인교회를 개척하였다.[525]

이들은 교포교회 목회만 아니라 해외선교에 큰 관심을 가지고 협력하였는데, 지리적으로 가까운 아프리카 선교를 위해 김학우 목사는 시에라리온의 수도 프리타운에 한인교회를 개척하였을 뿐 아니라, 여러 차례 선교 현지를 답사해 한국총회에 요청하여 아프리카에 교단 선교사를 파송하게 했다.[526] 총회 선교부가 아프리카 시에라리온 선교를 시작함에 있어 김학우 목사는 1985년부터 3년 동안 아프리카 선교를 위한 40일 기도회를 네 차례 열었고, 1986년과 1987년 두 차례에 걸쳐 도만기 목사와 함께 현지를 답사하여 아프리카 선교지 물색에 나섰다. 시에라리온 선교사로 파송받은 신대원 선교사는 도만기

523. 김학우, "유럽 고신총회 30년 약사(1987-2016)", 미간행 문서.

524. http://www.kscoramdeo.com/news/articleView.html?idxno=9737 2021. 12. 출력

525. 김학우, 유럽 고신총회 30년 약사, 『고신선교 40년』, 182.

526. 김학우, "유럽 고신총회 30년 약사(1987-2016)", 미간행 문서.

목사의 주선으로 리카르도 목사의 초청장을 받고 스페인을 경유하여 1988년 4월 28일 시에라리온 프리타운에 도착했다.[527] 스페인한인교회들은 이렇게 아프리카 선교의 장을 여는데 크게 기여했다. 이런 일은 제46회 총회(1996)에서 교포선교사 제도가 폐지될 때까지 계속되었다.

유럽총노회는 제28회 총회(2014)에서 유럽예수교장로회 고신총회(The Koshin Presbyterian Church in Eroupe)로 확정하고, 제27회 총회에서 구성한 김경량, 권준, 장도민 등 4인의 헌법성문화 위원들이 작성한 헌법을 통과시켰다. 1987년 총노회로 모인 이후 2002년 유럽 고신총회가 출범되기까지 15년 동안 유럽지역 내에 교회와 회원은 대략 14개국, 25개 교회로 증가하였고, 총회에 가입된 목사, 선교사, 장로 회원은 모두 35명 정도였다.[528] 선교사와 유학생도 준회원의 자격으로 참여하고 있다.

유럽 고신총회는 2002년 제16회 총노회 모임으로부터 시작되었다. 제1회 유럽 고신총회는 2002년 4월 2일부터 6일까지, 5박6일 동안 바울이 사역한 유서 깊은 소아시아 일곱 교회를 순회하면서 가졌다. 유럽총회 승격은 총노회 조직 후 15년이 걸려야 했던 것이다. 유럽총회는 국내교회와 협력하여 유럽의 거점 도시에 교회를 개척하고자 하는 노력을 계속해왔다.

유럽총노회의 현황: 오늘날 유럽총회는 중부와 남부 두 개의 노회로 나뉘어 있다. 중부노회는 피레네산맥을 중심으로 북쪽 지역인 독일과 프랑스, 영국, 오스트리아, 스위스, 벨기에, 네덜란드, 그리고 광활한 러시아까지 포함되어 있다. 남부노회는 피레네산맥 아래쪽으로, 스페인, 포르투갈, 동쪽으로는 터키, 남쪽으로는 북부 아프리카와 서부 아프리카까지 포함하고 있다. 1987년 3월에 총로회가 창립된 이해 제16회 총노회에서 총회로 승격한 이래 2016년에는 30회 총회를 모였다. 김학우 목사가 그간의 역사를 정리하였다.

527. 이병길, "선교활동과 재정운용", 『고신선교 40년』, 190.

528. 김학우, 앞의 글.

지난 30여 년 동안 유럽총회는 독일 박의석, 스페인 도만기, 김학우 목사 등이 중심을 이루었다. 미국과 달리 유럽에서는 대규모 이민이 이루어지지 않았고, 유학생들이나 상사, 지사 근무자들이 일정기간이 지나면 귀국하는 형태가 많았기 때문에 교회와 목회에도 한계가 있었다. 유럽총회가 역사에 비해 미국총회 수준으로 성장하지 못한 것도 그러한 연유라 하겠다.[529]

대양주총회의 형성과 발전

교회의 형성과 총회의 태동: 대양주총회는 1979년 홍관표 목사가 호주장로교회 소속의 한인장로교회의 초청을 받아 시드니에서 목회를 시작한 것에서 출발한다. 그가 시드니의 한 한인교회에서 이민목회를 하던 중 개혁주의 신학에 기초한 교회운동을 위해 시무하던 교회를 나와 1981년 시드니한인중앙장로교회를 개척했는데,[530] 이후 고신교회가 하나둘 늘면서 대양주총회가 형성되었다. 1991년 4월 2일 시드니중앙장로교회당에서 대한예수교장로회 대양주총노회 창립총회를 가졌다. 김은수 목사 사회로 홍관표 목사가 '말씀대로 행하는 교회'(행 6:7)라는 제목으로 설교하였다. 2부 회무에서 회칙을 제정하고, 임원 선거에 들어가 총노회장 홍관표 목사, 부총노회장 김성진 목사, 서기 김은수 목사, 부서기(회록서기 겸임) 강해민 장로, 회계 김종수 장로, 부회계 최성은 목사를 선출했다.

총회의 성장과 발전: 첫째, 주일학교연합회 조직. 대양주 총노회는 초기에 주일학교연합회를 구성하여 교회교육에 힘썼다. 해외 한인교회들의 일반적인 경우와 같이 대양주총회 산하교회도 주일학교 교육이 어려웠는데, 시드니중앙장로교회가 중심이 되어 대양주주일학교연합회를 구성, 교사들의 역량 강화를 위해 노력하였다. 초기에 한국총회 교육위원회를 초청해 연합 교사세미

529. http://www.kscoramdeo.com/news/articleView.html?idxno=9737 2021. 12. 출력
530. 이병길, "선교정책과 재정운용", 『고신선교 40년』, 192.

나를 가졌는데, 나삼진 목사가 두 차례 이를 지원하였다. 또 시드니중앙장로교회는 한국총회 교육위원회가 개설한 교사통신대학에 16명이 참여하여 교사훈련을 받았다.

둘째, 노회의 확장. 대양주총노회는 총노회가 창립된 후 3년 만이던 1993년 총노회에 뉴질랜드에서 유학을 마치고 오클랜드 한우리교회를 개척하였던 남우택 목사와 뒤를 이어 임기홍 목사가 참여하여 정회원이 되면서 뉴질랜드로 확장되었다. 제2회 총노회에서는 시드니 한인 평신도신학교를 인준하고 홍관표 목사 중심으로 평신도신학교를 운영하여 호주지역의 고신교회만 아니라 초교파 평신도 교육을 활발하게 이끌었다. 제5회 총노회를 1995년 8월 14일부터 사흘간 뉴질랜드 한우리교회에서 회집하면서 총노회는 호주노회와 뉴질랜드노회로 분립하고, 총회로 승격하였다. 총회의 결의에 따라 뉴질랜드노회가 8월 15일 창립되어 남우택 목사를 노회장, 임기홍 목사를 부노회장에 선임하였고, 호주노회는 김은수 목사를 노회장, 최성은 목사를 부노회장에 선임하였으며, 총노회는 총회로 승격되었다. 제5회 총회에서는 홍관표, 김은수, 최성은, 남우택, 임기홍 목사와 김측도, 김경철 장로로 교단발전위원회를 설치, 총회의 발전과 교역자 수급 문제를 논의하기 시작했다. 제5회 총회 기간에는 목회자 재교육 시간을 가졌다.

셋째, 제2차 세계선교대회 개최. 대양주 총노회는 제2회 선교대회를 1994년 8월 4일부터 9일까지 시드니 중앙장로교회에서 개최하였다. 재미총회에서 언급한 바와 같이 오늘의 고신총회 KPM의 세계선교대회는 재미총회에서 처음 시작하였고, 대양주 총노회가 제2회 대회를 주최했다. 대양주 총노회 주최로 '성령 세계선교(행 1:8)'라는 주제로 개최된 제2차 세계선교대회는 선교사와 해외교회 목회자 85명, 대양주 총노회 목회자 20명, 한국총회장을 비롯한 관계자 40명 등 모두 150명이 모인 선교대회였다. 이 세계선교대회는 교회의 선교와 선교사를 지원하는 일이었지만 시드니중앙장로교회와 대양주 총회의 역량을 확보하는 일이기도 했다. 이 선교대회에 세계선교협의회(고신)가 중심이 되고, 대양주 총노회와 시드니중앙장로교회의 재정 협조가 있었다. 대양주 총노회에서 세계선교협의회 회장이었던 홍관표 총회장이 선교대회 취지를 듣고 이에 적극 협력하기로 하였고, 파송 선교사들의 항공비를 지원 교회들이 부담하도록 하였다. 선교대회에서는 선교사 보고, 선교 특강과 토의, 선교찬양의 밤 등을 가졌고, 선교대회가 마친 후 보고서를 남겼다.[531]

넷째, 신학교육. 코람데오신학대학원은 대양주총회 직영 신학교육기관으로 호주와 뉴질랜드에 캠퍼스를 두고 있다. 코람데오신학대학원 뉴질랜드 분교는 2010년 개교하여 8명이 입학하였고, 현재까지 15명이 입학하여 8명의 강도사를 배출하였고, 현재 목회학석사 과정 1명과 편목과정에 1명이 등록하여 공부하고 있다. 2012년에는 호주 분교가 시작되었는데, 현재 목회학석사 과정 3명, 편목과정 5명이 졸업하였고, 현재 석사과정 3명, 편목과정 1명이 공부를 하고 있다. 코람데오신학대학원은 교역자 양성뿐만 아니라 평신도 리더십 개발 과정도 두어 전문교사 및 평신도 리더십을 세워나가는 데 주력하고 있다.[532]

대양주 총회의 현재: 지난 30년 동안 시드니의 중앙장로교회와 오클랜드의 한우리교회가 대양주총회가 성장하는 밑거름이 되었다. 제30회 총회를 지낸 2021년 기준으로 호주노회는 27교회 목사 32명(은퇴 2명 포함), 장로 24명(은퇴 2명 포함), 강도사 1명, 목사후보생 5명을 두고 있다. 뉴질랜드노회는 20교회, 목사 28명(은퇴 1명 포함), 장로 32명(은퇴 6명 포함), 강도사 4명, 목사후보생 1명을 두고 있다. 아시아 전역을 포함하는 아시아노회는 14교회, 목사 19명, 장로 9명(은퇴 2명 포함), 목사후보생 4명으로 모두 61교회, 목사 79명(은퇴 3명 포함), 장로 65명, 강도사 5명, 목사후보생 10명을 두고 있다. 초기 소수의 교회와 목회자가 중심이었던 대양주 총노회가 30여 년 동안 세 노회에 61

531. 『제2차 세계선교대회 선교사들의 증언』, (대한예수교장로회 대양주총노회, 1994).

532. 남우택, "대양주 총회 간략사" 미간행 문서.

교회의 알찬 총회로 성장했다.

해외의 세 총회 외에도 교단에 속하지 않은 독립교회이면서도 고신교회와 깊은 관련을 가진 교회들도 있다. 고신대학은 이근삼 학장의 노력으로 남아공화국 포쳅스트룸대학교와 자매관계를 갖고 교수 요원의 유학을 주선했는데, 김용섭, 정근두, 이승미, 김성수, 한정건 교수 등이 박사학위를 받고 고신대학과 신학대학원 교수로 봉사하였다. 포쳅스트룸대학교에서 유학중이던 배굉호 목사가 남아공화국 요하네스버그에서 한 한인에게 세례를 베푼 것을 계기로 한인교회 예배가 시작되었고, 그는 유학을 하면서 먼 거리를 오가며 담임목사로 사역했다. 1991년 4월 요하네스버그한인교회가 설립되었고, 1년 후 배굉호 목사가 귀국하면서 정은일 목사가 담임을 하며 교회가 꾸준히 성장했는데, 초교파적으로 아프리카 지역의 대표 교회로 성장하였다. 요하네스버그한인교회는 1994년 5월에 1.6헥타르의 교회당 부지를 구입하고 이듬해 8월에 기공, 1년에 걸쳐 종합컴플렉스 예배당을 건축, 봉헌하였다.[533] 요하네스버그한인교회는 레소토 등 인근 나라 선교에 힘쓰는 선교중심교회로 성장하였다.

533. www.http://sakorch.org/chnet2/home/?type=sub&step1=4&sid=2 (2021. 11. 20. 인출)

48. 고신교회와 국제개혁교회협의회(ICRC) / 배정훈

고신교회와 국제개혁교회협의회

고신교회는 개혁주의 신앙 안에서 교회의 일치를 중요하게 여겼다. 다양한 신학을 추구하는 세계교회협의회(World Council of Churches, WCC), 개혁교회연맹(The Alliance of Reformed Churches, ARC), 개혁주의 에큐메니칼 협의회(The Reformed Ecumenical Counci, REC) 등과는 교류하지 않았다. 또 국제기독교협의회(International Council of Christian Churches, ICCC)는 신학적으로는 보수적이지만 지나치게 정치적으로 편향되어 있다고 판단되어 교류하지 않았다. 고신교회는 개혁주의 신앙과 신학을 표명하는 교회들 간의 협의체 구성을 추구하고 이에 가입했다. 이러한 성격의 국제교회 기구가 국제개혁교회협의회(The International Conference of Reformed Churches, ICRC)이다.[534]

ICRC의 창립협의회는 1982년 10월 화란의 북쪽지방 도시 흐로링건(Groringen)에서 개최되었다. 화란개혁교회(31조)를 중심으로 한 자매교회와 스코틀랜드자유교회(The Free Church of Scotland)가 개혁주의 신학과 신앙의 증진을 위해 국제적으로 서로 협력할 수 있는 기구를 조직하기 위해 논의하였다. 이때 고신교회를 대표하여 이근삼(1923-2007) 교수가 참석했다. 협의회는 개혁교회의 일치신조(벨직신앙고백서, 하이델베르크교리문답, 도르트신조)와 웨스트민스터 교리표준서(신앙고백서, 대・소 교리문답)의 고백대로 신구약 성경을 기반으로 삼아 다섯 가지의 협의회의 존재목적을 두었다:

1. 회원교회가 그리스도 안에 가진 신앙의 일치를 표현하고 증진하며,

---

534. 허순길, 『한국장로교회사』 (서울: 영문, 2008), 575-76.

2 회원교회 간에 완전한 교회 관계를 갖도록 격려하며,
3. 선교 및 다른 사명을 수행하고 있는 회원교회들 간에 협력을 촉진하며,
4. 회원교회가 당면한 공통적인 문제들을 연구하고 이 문제들에 관하여 추천하며,
5. 세계에 개혁주의 증거를 제시한다. 협의회의 가입을 위해서는 개혁주의 신앙을 추구하고 WCC 회원교회가 아니며 두 회원교회의 추천을 받는 조건을 충족해야 한다.[535]

협의회 모임

제1차 협의회가 창립회의 3년 후인 1985년 스코틀랜드 에딘버러(Edinburgh)에서 10교파의 교회대표가 참석한 가운데 열렸다. 여기서 화란에서 만든 헌장과 규칙을 채용하고 이후의 모임을 4년마다 하기로 결정했다. 이에 따라 2차 회의는 1989년 캐나다 랭리(Langley), 3차는 1993년 화란 쯔볼러(Zwolle)에서 열렸다. 1997년에 열린 4차 회의는 고신교회에서 주관했다. 서울 서문교회에서 10월 15일부터 23일까지 9일간 열린 이 협의회는 21개 회원교파와 스텝들을 포함 약 80명이 참석했다. 이때 고신교회의 대의원인 허순길(1933-2017) 교수가 회장으로 선임되어 활동했다. 5차 협의회는 2001년 미국 필라델피아에 위치한 웨스트민스터 신학교에서 9일 동안(6월 20일-28일) 열렸다.[536] 이후 6차 협의회는 2005년 남아공 프레토리아(Pretoria, 10월 12일-19일), 7차는 2009년 뉴질랜드에 있는 크라이스처치(Christchurch)에서 10월 15일부터 22일까지 열렸다. 8차는 2013년 8월 28일부터 9월 4일까지 영국의 웨일즈(Wales), 마지막 8차 협의회는 2017년 캐나다 온타리오(Ontario, 7월 12일-19일)에서 진행되었다. 현재 국제개혁교회협의회에는 34개 교회에

535. 허순길, 『한국장로교회사』, 576-77.
536. 허순길, 『한국장로교회사』, 577.

회원으로 가입되어 있다.[537] 2017년 7월 27일 ICRC는 화란개혁교회(31조파)가 목사, 장로, 집사에 여성안수를 허용했기 때문에 회원권을 정지한다고 발표했다.[538]

537. ICRC 홈페이지 참조(https://www.icrconline.com/).

538. "31조파, ICRC 회원권 정지," 「개혁정론」, 2017. 7. 18.

49. 대한예수교장로회(고려) 측의 분열과 고신총회로의 통합(1975-2015) / 신재철

1975년 고신총회로부터 분리된 '반고소 고려'측이 다시 분리되어 경남(법통)노회측과 석원태 목사 중심의 경기노회측으로 분리되었다는 점은 앞에서 설명하였다. 경남(법통)노회측은 1982년 본래의 고신총회로 흡수되었으나 석원태 중심은 이른바 '대한예수교장로회 고려'라는 이름으로 독자적인 길을 갔는데, 이 교회는 크게 5차례의 분열을 겪으며 결국 본래의 고신총회로 통합되거나 흡수되는 과정을 밟게 된다. 이번 항에서는 이 점에 대해 정리해 두고자 한다.

1차 분열과 통합(1984년 3월 이전)

1976년 반고소 고려총회가 출범할 당시는 휘하의 3개 노회, 곧 경기노회, 경남(법통)노회, 부산노회로 출발했다. 그러나 1977년 경기노회가 분열하였는데, 이것이 고려측의 첫 분열이었다. 경기노회에는 석원태를 중심으로 한 그룹과 최영구를 중심으로 한 그룹이 있었다. 최영구는 경기노회에 몸을 담고 있었지만 경남(법통)노회 송상석 목사의 지도를 받는 목사였다. 이 경기노회 일부가 경남(법통)노회와 분리되어 1982년 고신총회로 복귀한 것이다. 1977년 경남(법통)노회와의 최초 분열 이후 개별적으로 고려 교단에 가입하거나 고려 교단을 떠난 경우도 있었다. 이것은 조직적으로 이루어진 것은 아니었고 개별적이거나 소수 규모로 이루어졌다.

2차 분열과 통합(1984년 3월 23일)

반고소라는 이름으로 고신총회로 분리된 이들은 서울에 '고려신학교'를 복교라는 이름으로 설립했는데, 졸업기수를 1946년 설립된 부산의 고려신학교를 이어 갔다. 31회(1977년 2월 24일 졸업)는 신학원 18명, 신학예과 3명이, 32회(1978년 2월 23일 졸업)는 신학원 20명, 신학예과 2명, 33회(1979년 2월 15일 졸업)는 신학원 60명, 대학부 3명, 신학예과 1명, 34회(1980년 2월 12일 졸업)는 신학원 34명, 여자신학원 1명, 대학부 1명이 졸업하였다. 그런데 2000년 12월에는 31회 졸업생 중 목사 2명, 32회는 4명, 33회는 2명, 34회는 5명의 목사만이 교단에 남아 있고 그 외는 이미 교단을 떠났다.

이 기록들에서 볼 수 있듯이 고려 교단의 정착기는 무질서했음을 보여준다. 고려신학교 복교 이후 31회 졸업생이 처음 배출되었는데 이때부터 33회 졸업생까지는 고려신학교에서 3년을 온전히 공부한 사람보다는 1년이나 혹은 2년 정도 공부하고 졸업을 한 이들이 다수였다. 그러다가 34회부터 온전히 3년을 공부하고 졸업한 학생들이 배출되기 시작했다. 34회 졸업생들은 향후 부산의 고신총회와 통합한다는 석원태 목사의 말을 믿고 서울의 고려신학교에 입학했던 이들이었다. 향후 교단이 통합된다면 구태여 부산까지 가서 공부할 이유가 없었으므로 서울의 반고소를 표방하는 고려신학교에 입학한 것이다. 그러나 시간이 지나도 통합의 기미는 보이지 않고 오히려 통합 불가 쪽으로 기울자 34회 졸업생은 자신들이 먼저 뭉쳐 부산의 고신총회 측과 합동하는 것이 석원태 목사를 위시한 남은 이들에게도 통합의 길을 여는 계기가 된다고 판단했다. 그래서 조직적으로 통합을 시도했는데 이는 고려 측에서 보면 조직적인 분열이었다.

당시 고신총회의 남영환 총회장과 접촉을 가졌던 34회 졸업생 중 오인국, 박성대, 이일우, 구성문, 방의혁, 박성환, 김승진, 김태복 목사 등은 1984년 3월 1일(목) 오전10시부터 고려측 서울지역 연합제직수련회가 서울 신림동에 소재한 고려신학교에서 개최될 때 교인들은 제직 수련회에 보내고, 자신들은 별도로 모여 고려측을 떠나 고신총회로 가기로 결의하였다. 구체적 접촉을 거쳐 이들에 대한 영입환영예배가 고신 교단총회에 의해 1984년 3월 23일 서울시

관악구 신림11동 1490-12번지에 소재한 오인국 목사가 담임하는 낙현교회당에서 드려졌다. 이것이 고려측에서의 두 번째 분열이자 고신총회로의 두 번째 통합이었다.

3차 분열과 통합(2001년 4월 16일)

2000년 6월경 고려측에 소속한 중진 목사들은 고려측의 현실과 교단의 미래에 대하여 마음속에 담고 있던 문제점들을 토로하고 염려하기 시작했다. 특히 당시 총회장이었던 양문화 목사는 교단 내 중진 목사들과 함께 한 자리에서 총회장이란 직함만을 가지고 있을 뿐 사실상 교단의 행정에 관여할 수 없음을 개탄했다. 이런 분위기 속에서 뜻을 같이한 고려측 총회장을 역임했던 조석연, 노회장을 역임했던 황영석, 조용선 목사 등은 교단의 건실한 발전을 위하여 교단의 실질적인 지도자인 석원태 목사에게 건의문을 작성하여 올리게 되었다.[539] 교단의 행정이 지나치게 석원태 목사 중심으로 운영되고 있고, 이로 인한 여러 문제점을 지적하고, 특별히 차세대 지도자가 양성되지 않고 있음을 우려하면서 교단의 제 문제, 타 교단과의 관계, 석원태 목사 개인에 대한 건의 등 17개 항에 걸친 시정 요구였다. 이 건의문에 대해 석원태 목사와 측근 인사들은 크게 당황한 나머지 2000년 7월 20일(목) 오전 11시 문산 고려신학교 본관 2층 소예배실에서 긴급 좌담 및 비상 기도회를 소집했다. 총회 임원 및 상비부장, 노회 임원 및 시찰장, 교역자회 임원, 동문회 임원 등이 모인 이 자리에서 조석연 목사 등이 교단을 향해 건의한 안건을 놓고 논의한 후 기도회 시간을 가졌다. 이날 조석연 목사는 "교단을 사랑하는 마음에서 여러 사항을 동료들과 함께 건의했다"고 설명했다. 석원태 목사는 "교단을 사랑하는 목회자들이 많아 깊이 감사한다."고 전제하고, 교단의 쇄신을 위한 건의를 100% 수용하고 앞으로 고려 교단이 더욱더 개혁적이며 대내외적으로 좋은

539. 신재철, 「대한예수교장로회 고려교단의 형성과 발전」(1975-2001), (부산: 고신대학교대학원, 2002), 163-66.

교단으로 정착할 수 있도록 노력하겠다고 공개적으로 천명했다.[540]

그러나 시간이 지남에 따라 석원태 목사는 이 건의를 수용할 의사가 없음을 드러내기 시작하였고,[541] 이런 분위기 속에서 조석연 목사가 속한 인천노회에서는 고려측 총회와의 교감 후에 조석연 목사와 그를 지지하는 목사들에 대한 법적인 제재를 검토하기 시작했다. 2000년 9월 8일 인천시 부평구 산곡동에 소재한 산곡교회에서 회집한 인천노회 제36회 2차 임시노회에서는 조석연 목사 등이 교단 문제, 타 교단과의 문제, 석원태 목사 자신에 대한 문제 등에 대해 시정할 점을 교단에 건의한 것을 불순한 의도로 간주하여 진상규명을 하려 하였다. 그러나 조석연 목사는 일관되게 이 건의는 교단의 개혁과 변화를 요구한 일이라고 해명했다. 결국 노회 안건으로 상정된 '현안 교단 문제 건의에 대한 진상규명 건'은 없었던 일로 하기로 하였다.[542] 이날 노회 임원들은 조석연 목사를 징계하려고 하였으나 노회원들의 거센 반발로 무산되고 말았다.

때마침 고신교단 제50회 총회(2000. 9. 25-29)는 고려측과의 통합을 적극적으로 추진하기로 하고, 9인의 합동추진위원회를 구성했다. 위원장은 진주의 이금조 목사였다. 그리고는 고려측에 합동을 제의했다. 동년 10월 16일 고려측 총회는 총회 운영위원회와 각 노회 임원 및 고려신학교 교수 연석회의를 소집하여 합동 추진 제의에 대한 교단의 거부 입장을 '성명서'로 발표하였다.[543]

고신총회와의 통합 의지가 없음을 분명히 한 고려측은 2000년 12월 14일 총회재판국을 열어 석원태 목사에게 개혁안을 올린 조석연 목사에게 제5계명

540. 「초원교회보」(2000.7.30), 4.

541. 석원태 목사는 자신이 만든 교단을 조석연 목사의 지도력 하에 둘 수 없다고 여러 목사와 자신이 담임하고 있는 교회의 장로들에게 말하면서 수용거부 의사를 피력했다.

542. 「초원교회보」(2000.9.17), 3.

543. 이 성명서 내용에 이름이 게재된 사람들 가운데에는 이런 성명서 자체를 몰랐고, 교단의 공식적인 모임을 통하여 토론을 해본 일도 없이 성명서가 석 목사의 지시대로 일방적으로 작성되어 형식적으로 연석회의를 거쳐 발표되었다고 지적했다.

과 제6계명을 어겼다는 죄목을 씌워 제명을 결의하였고, 인천노회는 12월 15일자 공문을 통해 선두교회 조석연 목사에게 이 사실을 통보하였다. 그러나 조석연 목사가 담임하고 있는 선두교회 당회원들과 고려측의 개혁성향의 목회자들의 분명한 반대입장, 고려측 교단 교회에 배포한 조석연 목사의 석명서(釋明書),[544] 그리고 고려 교단 동역자에게 보낸 조석연 목사의 사신[545] 등의 저항을 받아 제명 건은 원인무효로 처리되었다. 사실 조석연 목사에 대한 치리 자체가 합법적 정당성이나 도덕적 명분을 얻지 못했기 때문에 집행될 수 없었다.

이런 과정에서 조석연 목사를 중심으로 뜻을 같이한 목회자들은 고려 교단이 고신교단과 통합할 의사가 없고, 또 교단 내적으로 개혁도 불가능하다고 판단하여 고려 교단을 떠나게 되었다. 당시 조석연 목사는 합동측 지류교단과 통합을 제안하였지만, 신재철, 추경호 양향모 목사 등은 이를 반대하고 고신 본류인 고신교단으로 가야 한다고 주장하여 이를 결의했다. 그리고 고신과의 합동을 위해 대화 통로를 모색했다. 이에 신재철 목사는 이전부터 알고 있는 고신대학교 이상규 교수에게 도움을 요청했고, 이상규 교수는 고신교단 전호진 총무에게 연락하고 상황을 설명하였고 석원태 목사를 반대하는 고려측 인사들과 접촉하게 주선하였다. 전호진 총무는 일을 적극적으로 추진하여 통합은 원만하게 추진되었다.

그리하여 고려 측의 조석연, 황영석, 조용선, 이길봉, 신재철, 추경호, 조원근 목사 등은 고신총회의 이금조, 원종록, 조긍천, 박종수, 윤지환, 곽삼찬, 조재태 목사 박재석, 차철규 장로 등 9인 합동추진위원들과 접촉하고 합동을 추진하기로 합의하였다. 2001년 9월에 모인 제51회 고신총회에서는 고려측에서 영입된 교회를 별도의 '서경노회'로 하여 고신총회의 34번째 노회로 가입시키기로 정식 결의하였다. 이렇게 되자 고려측에서 나온 교회와 목회자들은 신학적, 신앙적, 행정적으로 뿌리가 같은 고신총회와 합동하기 위하여 고려측을 떠

544. 신재철, 「대한예수교장로회 고려교단의 형성과 발전」(1975-2001), 168-170.
545. 신재철, 「대한예수교장로회 고려교단의 형성과 발전」(1975-2001), 170-73.

난다는 성명서를 발표했다.[546]

그리고 2001년 4월 16일(월)부터 17일(화)까지 인천시 강화군 길상면 선두4리 865-5에 소재한 선두교회 수양관에서 "너는 그 반석 위에 섰으라"(출 33:21)라는 표제로 '서경노회'를 설립하고 제1회 노회를 개최하였다. 이때 고려측을 떠나 서경노회에 합세한 노회원은 목사 65명, 선교사 5명, 장로 17명이었다.[547]

서경노회 조직 이후 2001년 8월까지도 고려측에서 개혁을 시도하다가 난관에 부딪친 교회와 교역자들이 간헐적으로 고신총회 휘하의 서경노회에 합세하는 이들이 이어졌다.[548] 이렇게 되자 고려측의 9개 노회는 파행으로 운영될 수밖에 없었고, 인천노회, 경기노회와 서울 서노회 등은 절반에 가까운 교

---

546. 교단탈퇴 성명서

아래교회와 교역자들은 대한 예수교 장로회 총회(고려)에 소속되었으나 신학과 신앙이 같고 교단 뿌리가 같은 대한예수교 장로회 총회(고신)교단과 합동하기 위하여 고려교단을 탈퇴합니다.

1. 교회(54교회) : 선두, 인천성문, 초원, 만나, 명문, 광성, 동신, 비전, 참사랑, 주영, 가좌동광, 알곡, 기드온, 전곡대영, 선진, 성은, 안디옥, 동명, 명성, 일광, 한세, 성광제일, 한빛, 수정, 광타네일, 의성, 시화제일, 서림, 혜광, 대은, 혜림, 서문, 광명제일, 한마음, 밝은 신정, 대전동광, 태영, 대구목원, 천산, 생수, 은성, 영풍, 새생명, 대한, 동현, 신광, 양문, 양무리, 운서, 열린 문, 동두천예일, 대구창대 금상중앙.

2. 목사(66명) : 조석연, 김상규, 하태환, 신재철, 김규한, 양향모, 김승현, 성태봉, 고태식, 강대식, 조용선, 오성재, 김완일, 구자상, 최행부, 송성규, 장기용, 김병한, 김주호, 손영주, 소병조, 유상현, 박승환, 김승태, 김인구, 백광희, 강영용, 유순호, 성국진, 황영석, 김정삼, 백준봉, 최식, 이현구, 전종철, 박성영, 배극수, 주남호, 이길봉, 이준성, 조원근, 추경호, 김수구, 박승용, 김용희, 주춘식, 김철온, 황인주, 류호윤, 박인규, 이기환, 고종철, 박충성, 최형철, 최성훈, 김종민, 배승구, 김병진, 이창호, 이정출, 장정복, 정성삼, 이태웅.

3. 선교사(5명) : 김선식, 권영기, 이상석, 이영식, 조성일.

4. 강도사(10명) : 김성남, 임재규, 김 신, 정태승, 이강민, 배성호, 서경욱, 최돈호, 조현수, 유병찬.

5. 장로(50명)

6. 강도사후보(2명) : 윤기영, 조세규.

7. 신학생 8명 외 교인 일동 : 이상범, 이광호, 이정봉, 김성의, 정완수, 전철민, 양정금, 정중수. (제1회 정기노회 "노회보고서", (서경노회, 2001. 4), 49-50.).

547. 대한예수교장로회(고신) 서경노회, 「제1회 정기노회 노회보고서」 (2001.4), 17.

548. 「제2회 서경노회(2001.10.15-16) 노회보고서」 17쪽에 의하면 목사회원 66명, 선교사 6명, 장로총대 13명으로 기록되고 있고, 15일 6명이 목사 안수를 받아 목사회원은 72명이 되었다.

회들이 이탈했다.

4차 분열과 통합(2013년 12월)

서경노회 이탈 후 고려 교단의 정비: 고려측을 떠난 교회들이 고신총회와 통합하여 서경노회를 결성했다는 점을 지적했는데, 잔존한 고려측 교회가 계속하여 합류할 수 있도록 서경노회를 존속시켰다. 당초 합동합의 사항은 '고려측 교회를 영입함에 있어 모든 자격(목사, 장로, 강도사, 전도사, 선교사, 신학생, 군목)은 그대로 인정하고 받기로 하다' 외 4개 항을 2001년 3월 30일 고신총회 사무실에서 양측 합동위원장 및 위원 16명이 합의했다.[549] 당초 합의서에는 영입하는 교회들의 독노회는 인정하고 노회 존속기간은 고려측 의견을 수용한다고 되어 있으나 사실은 일 년 동안 서경노회를 존속시킨 후 지역 노회로 가입한다는 이면 합의가 있었다. 그러나 문서에서는 이를 제외했다. 고신에서 노회 존속기간은 고려측 의견을 수용한다고 한 것은 고려 교단의 교회들이 쉽게 고신교단에 합류할 수 있도록 길을 열어달라는 청을 받아 1년이라는 기간은 명시하지 않았다. 서경노회는 약속된 1년이 되자 석원태 목사가 은퇴하기까지 연장해달라고 요구하였다. 석원태 목사가 은퇴할 때가 되면 상당수 교회가 고신총회로 돌아올 가능성이 있다고 본 것이다. 그러나 석원태 목사가 은퇴한 2004년 이후에도 서경노회를 존속시켰는데 이는 남은 고려측과의 합동을 염두에 두었기 때문이었다.

4차 분열 이후 고려측은 상당한 타격을 입었다. 교회와 성도 수도 급감했지만 경향교회를 제외한 선두교회나 의성교회 등 영향력 있는 교회와 지도자들이 이탈했기 때문이다. 여전히 고려측에 잔존한 목사들은 두 부류, 곧 석원태 목사와의 인간관계로 떠나지 못한 경우이고, 다른 하나는 고려측에 남아서 개혁을 하겠다는 경우였다. 상당한 진통이 있었지만, 대형교회인 경향교회와 석

549. 신재철, 『교회분쟁 해결의 길은 없을까』 (서울: 쿰란출판사, 2009), 195.

원태라는 지도자가 있었기에 고려측은 존속이 가능했다.

고려 교단의 부분 이탈과 통합(2013년 12월 분열이 있기까지): 2001년 4월에 서경노회가 결성된 후 매회기마다 고려측을 떠나 서경노회로 합류하는 교회들이 있었다. 2001년 4월에 서경노회가 결성될 당시 54교회에 목사 수는 66명, 선교사 5명, 강도사 10명, 장로 50명, 강도사 후보 2명, 신학생 8명이었다. 2015년 10월에는 교회 80개 처, 목사 123명, 선교사 19명, 은퇴목사 13명, 목사준회원 1명, 장로 135명으로 성장했다.[550] 이는 고려 교단에 잔존했지만 개혁성향을 가졌던 교회와 목사들이 교회와 목사별로 합류한 결과였다. 서경노회에 속하였다가 지역노회로 이동한 교회들도 있었다. 인천 초원교회(신재철 목사)와 하동노량제일교회(조정국 목사), 청주 한마음교회(류호윤 목사), 전주 성도교회(김경렬 목사)가 대표적인 경우이다. 이 교회들은 여러 이유로 자청하여 고신총회 산하의 지역 노회로 옮겨갔다. 그런가 하면, 2006년 1월 신년하례회를 통해 서경노회를 떠나 다시 고려측으로 돌아간 교회들도 있었다. 성은숲속교회(오성재 목사)와 시화제일교회(이준성 목사), 천성교회(천재석 목사), 수정교회(구자상 목사) 대은교회(조원근 목사) 등 7개 교회 9명의 목사이다. 이들은 서경노회가 개혁이 미진하다고 판단하여 돌아갔지만 후에 다시 고신총회로 돌아왔고 이들 중 성은숲속교회의 오성재 목사는 2015년 고려측이 고신총회로 합동하기까지 중요한 역할을 감당했다.

고려측의 5차 분열과 고신총회와의 통합과 이탈

몇 차례의 이탈에도 불구하고 고려측에 남은 교회와 목사들은 2013년 10월을 전후하여 대단히 혼란스러운 사건을 접하게 되었다. 그것이 2001년 고려측을 이탈한 이들이 이미 제기했던 석원태 목사의 부도덕한 문제였다. 이 문

550. 대한예수교장로회(고신) 서경노회, 「제30회 서경노회보고서」(2015), 19.

제는 석원태 목사의 가족들에게서부터 시작되었고, 이를 구체적으로 사건화 한 이는 경향교회의 김 모 장로였다. 이 문제로 경향교회는 물론 고려측 교단은 다시 내홍을 겪게 되었다. 이 문제를 수습할 목적으로 고려측 총회를 대표하여 홍록두 목사가, 경향교회를 대표하여 최창식 장로가, 고려신학교를 대표하여 강구원 목사가 고려신학교에 모여 각각 발언했다. 이때 석원태 목사 측에서는 서울남노회에 속한 강구원 목사를 통해 문제를 제기한 김 모 장로와의 타협을 시도하는 등 석원태 목사의 사임과 해임을 두고 논란이 일어났지만, 고려총회 특별위원회는 석원태 목사를 제명하기로 뜻을 모았다.

이때 석원태 목사의 장남이자 경향교회 담임목사인 석기현 목사는 석원태 목사의 제명을 감지하고 2013년 12월 15일 주일 경향교회 당회를 통해 고려측 총회에 행정보류를 선언했다. 이때 경향교회 당회는 강구원, 이현상 목사 등과 함께 내부적으로 교단 탈퇴를 결정했다.

당시 고려 교단은 경향교회와 보조를 맞추어 향후 진로를 가늠하고 있었다. 경향교회가 모교회였고 교단 유지에 여러 면에서 기여도가 컸기 때문이다. 고려 교단은 결국 석원태 목사 문제로 양분되는 아픔을 다시 겪었다. 이때부터 반 석원태 측을 가칭 '개혁고려'로 석원태 측을 가칭 '석향측'이라고 불렀다.

고려 교단의 혼란 속에 개혁고려교단(총회장: 천환 목사)은 2014년 9월에 제64회 총회를 하면서 통합추진위원회를 구성했다. 통합의 대상은 구체적으로 정하지 않았으나 그즈음에 고신총회 지도부와 만남의 길이 열리게 되었다. 김철봉 목사는 2014년 9월 고신 제64대 총회장에 피선되면서 고려 교단과의 합동에 대단한 비중을 두게 되었다. 김철봉 목사는 필자를 만나 면담까지 했다. 그 후 구자우 사무총장은 경인노회까지 방문하여 필자를 포함한 노회 중진 목사들과 회동까지 했다. 총회장과 사무총장과의 회동 내용은 불신법정 소송불가로 환원하는 문제였다. 이때는 이미 필자가 담임목사로 있는 초원교회에서 경인노회를 통해 성도간의 불신법정 소송문제를 23회의 불가로 돌려달라고 헌의했으나 2013년 63회 총회는 받아들이지 않았다. 그러나 총회장과 사무총장의 권유로 64회 총회에 한 번 더 헌의했으나 결과는 동일했다. 하지만 이 문제가 교단에서 다시 주목을 받게 하는 효과가 있었다. 1970년대의 일이니 잊히어져 버린 사건이었지만 다시 수면 위로 부상을 시킨 것이다. 그러나 64회 총회에서 가결되지 않음으로 결국 고려 교단의 요구가 수용되지 않아 합동은 어려워지는 것으로 판단했다.

이런 와중에도 김철봉 목사는 고려 교단의 천환 총회장을 위시한 지도부와 20여 차례 공식 혹은 비공식으로 만났다. 그리하여 2015년 8월 5일에는 '고신총회와 고려총회 통합 합의문'[551]으로 '고신총회와 고려총회는 2015년 9월에 개최되는 제65회 총회 시에 결의하여 통합하기로 한다. 통합 시 양 총회의 모든 역사(총회회기, 교회역사, 신학교졸업기수 등)는 병합된다.' 등 5개 항에 서명했다. 이때 양 총회 14명의 대표가 서명에 참여했다.

고려측과 통합(2015. 9.16). 아래 좌, 김철봉 고신총회장과 천환 고려측 총회장.

551. 대한예수교장로회(고려)총회, 「제65회 총회보고서」, 27-28; 대한예수교장로회(고신)총회, 「제65회 총회 중요결정사항 요약」(2015), 38-39.

그 후 9월 9일에는 '고신총회와 고려총회의 통합 세부 사항 서명의 건'이라는 제목 하에 "성도 간의 소송은 원칙적으로 불가하다"에서 의료법인, 학교법인 고려학원, 유지재단, 은급재단, 고신 언론사 등 운영상 부득이한 경우는 예외로 할지라도 "총회 산하의 목회자와 교회와 성도는 소송이 불가하다" 등 16개 항으로 입장을 천명하여 양 교단의 합동에 걸림돌을 제거했다.

고려 교단은 제65회 총회를 2015년 9월15일(화) 15시부터 사랑의교회 안성수양관에서 '교회의 사도성을 회복하라'(엡2:20-22)는 표제 하에 개최했다. 이때 목사 244명, 장로 103명 등 총 347명의 총대가 명단에 올랐다.[552] 65회 총회에서 국내교회 179개, 해외선교지 교회 91개 등 270개, 교역자 340명이 보고되었다. 국내 전체 교인 수는 18,438명으로 보고되었다. 결국 65회 총회에서 고신교단과 합동 안이 헌의되어 통과되었고 이에 따라 천안고려신학대학원에서 모이는 고신교단 제65회 총회 장소로 이동하여 함께 총회에 참석했다. 2015년 9월 현재 개혁고려교단은 3개 처 교회 정도를 제외하고 모두 고신교단에 합류하였다. 당초 미합류 교회가 많을 것으로 예상했으나 통합은 순조로웠고 고려 교단 지도부는 남은 교회들도 조만간 합류할 것으로 예상했다.

한편 석원태 목사측의 고려 교단에 남은 교회와 목사 중 일부가 고신교단 지역 노회로 바로 가입하기도 했다. 천안 좋은교회의 오기정 목사와 백향목교회의 이연기 목사가 대표적이다. 이들은 2001년 서경노회가 고신교단 합동추진위원회와 결의한 고려 교단에 소속된 교회나 고려신학교 출신 목회자가 가입을 원할 경우는 허락한다는 합의사항에 따라 고신교단 지역 노회로의 직접 가입이 가능했다.

석원태 목사의 고려 교단은 고신교단의 과를 되돌리게 하는 막대기로 사용받았음이 드러났다. 2015년 고신 65회 총회에서 제24회 총회의 성도간의 소송가능을 불가로 결정함으로 고려 교단과 통합이 이루어졌다. 이는 석원태 목

552. 대한예수교장로회(고신)총회, 「제65회 총회 중요결정사항 요약」(2015) 13.

사가 교단 창설 당시 고신교단이 소송을 취하하면 언제든지 복귀한다는 약속을 하나님께서 성취하신 것이다.

고신측이 부산에 지역적 기반을 두고 활발한 복음 운동을 전개했다면, 고려측은 서울을 중심한 수도권에서 복음 운동을 전개해왔다. 고신측은 고려 측보다는 긴 역사 속에 교회의 전국적인 분포를 보여주고 있지만 고려측은 상대적으로 짧은 역사 속에 전국적인 교회분포를 보인다고는 할 수 없지만 특별히 수도권 지역에 강세를 보이고 있었음이 사실이다. 이런 의미에서 볼 때 고려교단의 형성과 발전 그리고 고신과의 합동은 결코 과소평가할 수 없다.

따라서 양 교단은 2015년 9월 합동이 된 이상 지나간 과나 아픔을 들추는 것보다는 변화하는 미래의 세계를 전망하면서 하나님 앞에 믿음으로 맡겨진 큰 사명들을 잘 감당하는 교단으로 거듭나 하나님 영광을 드러내어야 할 것이다. 아울러 양 교단의 합동은 우후죽순처럼 분열된 상태의 교단 통합에 모델로 제시되기에 충분한 가치가 있다 할 것이다.

50. 순장총회와의 교류와 합동추진 / 이상규

고신총회는 합신측에 이어 순장측과도 교류하며 통합을 추진했는데, 비록 합신측과의 교류 추진보다 5년 늦은 2017년부터 시작되었으나 합신측과의 합동보다 더 적극적으로 추진되었다. 그러나 순장측 내부의 의견의 대립으로 현재까지 실제적인 합동은 이루어지지 못했다. 분열은 쉽지만 연합하거나 합동하고 통합하는 일은 용이한 문제가 아님을 알 수 있다.

순장총회

순장(純長)측이란 '대한예수교장로회 순장' 총회를 의미하는데, 1938년 9월 장로교총회가 신사참배를 가결하자 함남노회의 이계실(李桂實, 1889-1971) 목사 휘하에 있던 5개 처 교회(덕천교회, 기곡교회, 동상리교회, 상수리교회, 장흥리교회, 그리고 신사참배를 받아드린 본궁교회에서 나온 일부 성도들이 이계실 목사의 지도를 받게 되는데 이들을 별도로 본다면 6개처 교회가 된다)는 우상숭배를 수용한 총회에 반발하여 노회와 총회를 떠나 독자적인 신앙공동체를 유지했다. 해방 후 공산치하에서는 김일성 공산집단의 탄압을 받았으나 이계실 목사의 인도로 5개처 교회 성도 130여명은 함흥철수 때 극적으로 함흥을 떠나 거제도에 정착하였고, 부산 문현동을 거쳐 1955년 3월에는 서울 영등포구 신길동 107번지에 약 2천평의 대지를 매입하여 교회와 신도들이 집단적으로 이주했다. 한 때 재건교회와 연합한 일이 있으나 이들과 결별하고 1957년 10월 29일 덕천교회를 비롯한 9개 교회가 연합하여 '대한예수교 순장로회'를 창립했다. 1969년 2월 7일에는 순장로회 독노회로 개편되었고, 1979년 10월에는 순장로회 총회로 발전하여 오늘에 이르고 있다. 순장측이 운영하는 신학교가 성경신학대학원대학교였다. 이 순장측은 산사참배를 거부하고

신앙을 지키기 위해 싸웠던 점에서 고신교회와 신학과 생활이 다르지 않아 양 교단 간의 교류가 제안된 것이다,

대화와 교류

2016년 고신 제66회 총회 제11차 임원회에서 순장총회와 교류하기로 가결하였고, 고신총회는 2017년 9월 20일 개최된 제67회 총회에서, 순장측은 2017년 9월 19일 모인 제65회 총회에서 상호 교류를 결의했다. 고신총회의 임원 및 대표는 김상석 총회장, 김성복 부총회장, 서기 김홍석 목사, 회록서기 정은석 목사, 구자우 사무총장, 신대종 장로, 박영호 장로, 김충무 장로, 신원하 신학대학원장, 김성수 교수였고, 순장총회의 대표는, 김동민 목사, 서정환 목사, 이준순 목사, 권정희 목사(전임총회장), 이재성 목사(전 부총회장), 한재화 장로, 김종후 장로, 최홍식 총장(서울성경신학대학원대학교), 이세진 교수였다.

양 대표는 3차례(2017. 12. 5; 2018. 2. 6; 7. 2) 회합을 통해 몇 가지 사항에 합의했다. 첫째, 강단교류를 시행한다. 이 합의에 따라 순장총회 소속의 동천교회는 고신의 총회장 김상석 목사를 초청하여 부흥회를 개최하였고(2018. 3. 4-7), 창대교회는 고신총회 서기 김홍석 목사를 초청하여 부흥회를 개최했다(2018. 4. 13-15). 고신총회 휘하의 안양일심교회는 순장측의 김동민 목사를 저녁 집회를 개최했다(2018. 3. 4). 둘째, 전도사, 교육전도사, 비전임 교역자를 당회결의로 초청할 수 있다. 셋째, 총회에서 주관하는 각종 행사에 상호 초청한다. 넷째, 순장총회 소속 모든 교회에 '기독교보'와 '월간고신'을 1년간 발송한다. 다섯째, 순장 전국장로회 정기총회에 고신 교류위원(장로)이 방문하여 인사하기로 했다. 또 향후 고신 전국목사 부부수양회에 순장 총회 교류위원이 참석하고, 고신 전국장로회 여름 수련회에 순장 총회 장로회 임원단이 방문하여 인사하고, 고신총회와 순장 총회에 총회 임원단이 상호 방문하고 인사하기로 했다. 신대학교 이상규 교수는 교류추진위원회의 요청으로 「기독교보」에 순장측 교회의 역사(2018. 12. 22.), 신앙과 신학(2018. 12. 29), 교회현황

(2019. 1. 5)에 차례로 소개한 바 있다.

양측 교류위원회는 워크숍을 개최하고, 5개 위원회, 곧 신학소위원회, 역사소위원회, 헌법 소위원회, 재산소위원회, 행정소위원회를 구성하여 구체적인 교류에 대해 토의했다. 특히 신학소위원회의 제안에 따라 고신과 순장측이 통합할 경우 고려신학대학원을 총회직영신학교로 하고, 서울성경신학대학원대학교를 총회 인준 신학교로 한다. 총회 통합 이후에는 두 기관의 학점을 상호 인정한다. 편목과정은 양 기관 중 어느 기관에서든 가능하다는 등에 대하여 의견을 같이 했다. 재산소위원회는 유지재단 및 교회 소유 재산의 매각이나 합병 등에 대해 연구하고 토론했다. 이처럼 고신과 순장 측은 교회 간 연합 정도가 아니라 두 교단의 통합에 대해 상당한 정도의 의견일치를 보여주었으나 2022년 현재까지는 통합이 성사되지 못했다.

이런 교류와 합의에도 불구하고 순장측과의 합동 혹은 통합은 2020년 현재까지 이루어지지 못했다. 순장측 일부가 강하게 반발하고 있기 때문이다. 따지고 보면, 그것은 순장측의 의견조율 부진, 순장측 일부 위원의 잦은 교체, 그리고 코로나19로 인해 교류를 위한 모임 자체가 원활하게 진행되지 못했기 때문이었다.

51. 합신총회와의 교류와 합동 추진 / 이상규

고신총회는 2012년부터 대한예수교장로회 합신총회와 교류하며 교단 간 합동을 추진해 왔다. 고신과 합신 교단은 다같이 12개 신조와 웨스트민스터신앙고백서를 받아드릴 뿐만 아니라 개혁주의 신학과 생활을 강조하고 있어 신학적으로나 신앙생활면에서 차이가 없었다. 따라서 적극적으로 신뢰할 수 있는 교회로 인식하고 있었다. 이런 인식 위에서 교회 지도자들 간의 사적인 교류가 있었으나 2012년에는 고신총회 차원에서 합신측과 교류하기로 합의하게 된 것이다. 양 교단은 처음부터 '합동추진위원회'로 출발했고, 여러 건설적인 결정을 한 바 있으나 실제적인 합동의 가능성이 희박했다. 합동해야 할 절박한 이유가 없었기 때문이다. 그래서 2015년부터는 '교류추진위원회'로 명칭 변경되었고, 그 이후 오늘가지 10여년간 총회 차원의 교류가 지속 되고 있다. 이 항에서는 이런 두 교단 간의 교류와 접촉에 대해 정리해 두고자 한다.

합신 총회와의 합동을 위한 시도

2012년 9월 17일 소집된 제62회 고신총회에서는 합신측과의 합동추진위원회를 설치하기로 하고, 위원으로 박정원 주준태 이용호 윤희구 윤현주 정근두 오병욱 목사와 김수관 김태열 김삼관 장로를 임명했다. 이들은 2012년 11월 29일 11시 서울역사(驛舍) 내의 식당 산천봉피양에서 첫 모임을 갖고, 박정원 총회장을 위원장으로, 오병욱 총회서기를 서기로, 장로부총회장 김수관 장로를 회개로 하는 합동추진위원회를 구성했다. 그리고 분과위원을 조직했는데, 교류분과위원은 박정원, 정근두, 구자우 목사, 김창대 장로, 정치헌법연구분과위원은 이용호, 윤현주, 오병욱 목사, 김태열 장로, 신학교연구분과위원은 윤희구, 주준태, 한정건 목사, 김수관 장로였다. 이어 12시에는 합신측 대표들과 연석 회의를 가졌다.

이날 합신총회 참석자는, 이철호 목사(총회장) 이주형 목사(부총회장) 구자신 목사(총회서기) 김훈 목사(증경총회장) 최홍준 목사(증경총회장) 임석영 목사(증경총회장) 권태진 목사(증경총회장) 박성호 목사(상임위원) 성주진 목사(합신대학원대학교총장) 장중렬 장로(증경장로부총회장) 황의용 장로(증경장로부총회장), 그리고 박혁 목사(총무)였다. 두 교단 대표가 모인 이날 첫 회의에서는 다음과 같은 몇 가지 중요한 합의에 도달했다.

1. 신학교 학생 교류: 학적은 한 학교에 두되 양 신학원에서 학점을 취득할 수 있다.
2. 교역자 교류: 교단은 유지하면서 양 교단에서의 사역 경력을 인정한다.
3. 신대원 교수 교류: 현재 시행하고 있는 교류를 총회에서 정식으로 인정한다.
4. 목사, 장로수련회 강사를 상호 교류한다.

그리고 강사교류를 구체적으로 논의하기 위해 12월 24일(월) 오전11시 다시 만나기로 합의했다. 이 합의에 따라 12월 24일 모인 회합에서, 양 교단 전국장로회 수련회에 강사를 교류하기로 했고, 양 교단 목사부부 수련회, 신년하례회도 양 교단 총회 임원들이 참석하는 등 상호교류하기로 했다.

이상에서 보는 바처럼 양 교단간의 대화와 교류는 원만하게 전개되어 2013년 7월 15,16일 양일간 경주에서 개최된 모임에서는 합신총회와 합동하기로 하고, 완전 합동할 때까지는 1교단 2대회(고신대회, 합신대회) 체제로 하고, 총회총대는 양 교단 동수로 하며, 5년 후 완전 합동하기로 합의하고 이를 총회에 헌의키로 했다. 대단한 결정이었다. 그리고 합신측과의 합동추진위원회를 존속키로 했다. 위원은, 증경총회장 4인(윤희구, 윤현주, 정근두, 박정원 목사), 증경장로부총회장 2인(김태열, 김수관), 제63회 총회장, 목사 및 장로부총회장, 서기, 사무총장(구자우 목사), 그리고 고려신학대학원장(김순성 교수) 등 12명으로 정했다. 그런데 문제는 이런 결정에도 불구하고 이런 일이 실제적으로는 추진되지 못했다는 점이다.

2014년 7월 25일 개최된 두 총회 합동추진위원회는 고신과 합신의 고려신학대학원과 합동신학대학원 간의 교류협정(MOU: Memorandum of Understanding)를 맺어 교수 교류와 더불어 각 학교에서 취득한 학점을 상호 인정해 주기로 했고, 부교역자의 청빙의 경우 양 교단이 동일하게 청빙할 수 있도록 결의했다. 이런 획기적인 결정에도 불국하고 현실적으로 시행되지는 못했다. 그것은 두 교단 간의 교류나 합동이 절실한 현실이 되지 못했기 때문이었다. 합신측으로 볼 때 스스로 존립할 수 있고 고신교단과 합동해야 할 이유가 절실한 이유가 없었다. 고신측에서 볼 때도 그러했다. 결국 오랜 교류와 접촉에도 불구하며 신학과 신앙, 개혁주의 생활원칙을 공유하는 형제교회라는 점을 확인하는 것에 불과했다.

합신총회와의 교류

이런 현실에서 2015년 9월에 회집한 고신 총회는 기존의 합동추진위원회를 '합신과의 교류추진위원회'로 개칭하기로 하고, 위원은 총회장, 부총회장 2명, 직전총회장, 서기, 사무총장, 임원회가 인정하는 1인으로 구성하기로 했다. 이렇게 하여 김철봉 신상현 신수인 주준태 구자우 배굉호 등을 위원으로 선출했다. 이들 위원은 2015년 1월 22일 서울역그릴에서 합신총회의 우종휴 황인곤 이주형 이내원 박혁 등 대표들과 아래의 사항을 추진하기로 합의했다.

1. 양 교단은 지금까지 진행해 오던 대로 예배 및 신학교의 교류를 계속하기로 한다.
2. 고신의 목회자수련회와 합신의 교역자수련회, 양 교단의 전국 장로회 수련회에서, 양 교단의 사절단이 방문하고 총회장이 설교하기로 한다.

3. 양 교단의 총회 시에 사절단이 방문하여 친교를 하며, 인사하기로 한다.

4. 신학대학원의 교수와 학생들의 교환을 적극 권장하기로 한다.

5. 양 교단 교역자들의 목회지 교류에 대하여 연구하기로 한다.

이때의 합의는 이전의 합동추진위원회의 결정을 재확인하는 것이었다, 교류추진위원회는 MT를 개최하고, 2017년에도 계속되었으나 더 이상의 진전은 없었다. 2018년에도 수련회나 수양회 시 상호방문 등의 접촉은 있었으나 더 이상의 진전은 없었다. 2019년 당시 교류위원회 고신측 대표는 김성복(총회장) 신수인(목사부총회장) 서일권(장로부총회장) 김철봉(전임총회장) 정태진(서기) 정은석(부서기) 김충무(회계) 최성은(회록서기) 강영구(부회록 서기) 이영한(사무총장)였고, 합신측의 대표는 홍동필(총회장) 문수석(목사부총회장) 장임구(장로부총회장) 최칠용(증경 총회장) 김기홍(서기), 장덕만(부서기) 한철형(직전 서기) 최윤화(회계) 허성철(부회록서기) 정성엽(총무) 등이었다.

2020년까지의 교류는 상호 총회와 총회산하 기관의 수련회나 수양회에 상호 방문하여 인사하거니 교회와 사회 현실에 대한 공동성명서를 함께 발표하는 정도에 불과했다. 2020년 당시의 교류위원 명단은 아래와 같다.

고신총회: 신수인(총회장), 박영호(목사 부총회장), 윤진보(장로 부총회장), 정은석(서기), 최성은(부서기), 강영구(회록서기), 김희종(회록부서기), 황성진(회계), 김태학(부회계), 이영한(사무처장)

합신총회: 문수석(총회장), 박병화(목사부총회장), 원유흥(장로부총회장), 박병선(서기), 공현식(부석), 최병엽(회록서기), 변세권(회록부서기), 김근택(회계), 양일남(부회계), 정성엽(총무).

52. 노회 및 기구 개편과 쇄신 / 최정기

2015년 9월에 개최된 제65회 총회는 나눠진 두 개의 총회가 하나로 회복하는 역사적인 총회였다. 고려총회와 고신총회와의 통합이었다.

양 총회가 통합을 하면서 하나가 되는 여러 조건과 합의가 있었는데, 그중 기존 노회의 유지와 행정 개편에 관한 내용도 포함되었다. 당시 합의문, 제2항, 고려총회의 노회는 그대로 유지하고 통합총회의 행정 개편과 함께 지역노회로 편성한다. 제3항, 양 총회 소속의 목사, 선교사, 교역자의 신분은 헌법대로 보장하며, 항존직을 비롯한 교회의 직분은 그대로 유지된다. 교회(당)은 가급적 유지재단 가입을 권장하고, 목회자에게 은급(연금)제도 혜택 및 계속 수학의 기회 등은 양 총회 공히 동등하게 제공한다.(합의문 내용 일부) 등 노회와 관련된 부분이 있다.

이 통합 합의문에 따르면, 당시 고려총회의 노회를 그대로 유지하고, 추후 통합총회의 행정 개편과 함께 지역노회로 편성키로 했다. 이 조항이 특별히 주목되는 것은 기존 서경노회 상황과 밀접한 관련을 가지고 있었다. 이미 10여 년 전에 고신총회에 들어온 서경노회는 고신에 들어올 당시 수년 후 고신의 각 지역노회로 편성하기로 약속한 바 있었다. 그러나 서경노회는 당초 계획과는 달리 지역노회로 들어가지 못하고 있었고, 이런 상황이 10여 년째 유지되고 있었기 때문이다. 이미 10년 전 고신총회에 들어온 서경노회가 계속 독립적으로 노회를 구성하고 있었는데, 이는 서경노회 구성원들 간에 교류하는 데는 이점이 있으나, 기존 고신교회 구성원들과 원활하게 소통하는 데는 어려움이 있었다는 평가와 함께 해결되어야 할 과제였다. 이런 면에서 새로이 함께하는 고려총회 구성원들과 고신총회 구성원들이 융화하는데 행정적인 부분과 정서적인 부분에서 상당한 노력이 필요했다.

노회편성 문제는 의외로 빨리 진척이 되었다. 지역노회로 들어가는 문제에 대해 고려측에서 먼저 논의를 시작했고, 이 과정에서 오랫동안 숙제로 미루어져 왔던 기존 고신측에서의 노회 구획정리 문제와 함께 전국적인 노회 개편안 논의는 급물살을 탔다.

장로교 노회구역의 원칙은 지역중심이다. 그런데 총회 설립 이래 세월이 흐르는 동안 여러 갈등과 또는 정치적인 이유로 이 지역주의 원칙에 적지 않은 예외가 있었다. 쉽지 않은 이 문제들을 포함해 지역을 기반으로 한 노회 구획 문제는 수차 총회 상정안건으로 올라와 집중적인 논의를 거쳤다. 그러나 번번히 '현행대로'라는 결론이 내려졌는데, 고려측 교회와의 통합과 이에 따른 노회구역 정리에 따라 '지역별 구획 원칙론'이 힘을 받아 비교적 어렵지 않게 추진되었다.

양 총회가 통합된 지 2년 만에 지역별 노회구획안이 입안되고 노회의 명칭 또한 통일성을 유지하면서 진행되어 2017년 9월 제67회 총회에서 전격 가결되었다. 제67회 총회는 당시 39개 노회에서 33개 노회로 개편하면서 노회명칭을 변경했다. 이 과정에서 60개 이상 교회는 '3년 유예'라는 예외를 인정했다.

제67회 총회는 1) 회의안 및 보고서 '노회 명칭 및 구역 설정안'은 받고, 2) 유인물에 수록되지 않은 교회라도 부득이한 경우에는 총회 폐회 후 1주일 내로 양 노회 및 관련 노회와 협의하여 임원회에 알려 주도록 하면 임원회가 허락하기로 가결했다.

노회 명칭변경 및 노회 구역 설정으로 고신교회 39개 노회가 33개 노회(2070교회, 해외교회 13개처 별도)로 조정되었는데, 서울 3개, 인천 1개, 경기 4개, 강원 1개, 충청 1개, 대구 2개, 경북 3개, 울산 2개, 제주 1개, 전남 2개, 전북 1개, 경남 7개, 부산 5개 노회였다.

이 개편안의 개요에 따르면, 노회 구역 설정은 장로교의 정치원리에 따라 노회의 지역성과 동등성을 추구한다. 노회의 지역성은 행정구역을 따라서 노회 구역을 나누되 광역시·도를 경계로 나누지만 부득이한 경우 광역시·도의 관련 노회가 합의하면 조정할 수 있다(경남 양산-부산시 강서). 이와 함께 노회 간의 동등성을 위해 각 노회의 소속 교회를 60~80개 교회를 기준으로 한다. 하지만 큰 규모의 교회가 많은 대도시 지역 노회는 교회 수가 적어도(서울특별시), 작은 노회가 많은 농어촌지역 노회는 80개 이상이라도 허락한다(경상남도). 광역시도에 속한 교회가 60개 이하라도 독립된 노회를 구성하며(강원, 제주), 광역시·도를 합쳐도 교회 수가 120개에 미달하여 2개 노회를 조직할 수 없는 경우에는 1개 노회로 조직했다(충청노회).

노회의 명칭은 광역(동부, 서부, 남부, 북부, 중부)을 원칙으로 하면서도 광역시·도에 속한 노회 간의 협의에 따랐다. 특히, 특별한 사정이 있는 교회는 관련 노회 간 협의가 있으면 소속을 3년간 유예할 수 있으나 2020년 10월 노회에는 지역의 소속노회에 소속된다(대구서부노회 영남시찰 등). 경기동부노회 및 경기서부노회, 경기중부노회의 중부시찰은 적절한 시기에 각 노회의 결의에 따라 시찰에 재편성될 수 있도록 했다.

이 노회 구역 설정에 따른 경과 조치(3년 유예) 교회는 제67회에 총회에 보고한 자료에 따르면 64개였다. 3년간 유예를 허락받은 교회는 2020년 10월 노회 이전이라도 해당 교회의 치리회가 원하면 총회가 설정한 지역노회로 갈 수 있도록 했다. 하지만 이후 지역노회로 복귀한 경우는 매우 미미했다. 이후 전라노회에서 전라노회와 전북노회로, 충청노회에서 충청동부노회와 충청서부노회로 2개 노회가 분리 설립되어 2022년 6월 현재, 고신총회에 속한 노회는 모두 35개 노회가 되었다.

53. 2020년 고신 교회의 현황 / 이상규

앞에서 이미 설명한 바와 같이, 1951년 5월 부산중앙교회당에서 개최된 제36회 속회 총회에서 경남법통노회 총대들은 축출 당했으나 교회 분리를 원치 않았기 때문에 일 년을 기다리다가 1952년 4월 29일 대구서문교회당에서 개최된 대한예수교장로교 제37회 총회에 다시 총대를 파송했다. 그러나 12명의 총대는 이 때에도 회원으로 인정받지 못하고 총회로부터 축출되었다. 그래서 경남법통노회는 1952년 9월 11일 진주성남교회당에서 제57회 노회를 개최하고, 총회를 떠나 별도의 새로운 교회(敎團)를 조직하지 않으면 안 되었다. 이 날 55명의 목사와 38명의 장로는 충심으로 기도한 후 대한예수교장로회 총로회를 조직했는데, 이것이 고신총회의 시작이 되었다. 총로회를 조직한 후 9월 22일부터 10월 12일까지 3주간의 자숙 기간을 가진 후 10월 16일 부산 삼일교회당에서 대한예수교장로회 총로회 발회를 공포함으로서 고신교회는 공적인 출범을 하게 되었다. 이 당시 총로회에 속한 교회는 310여 개 교회에 불과했고, 이 중 90%는 부산경남지역의 교회였다. 그러나 점진적으로 교회수가 증가하게 되고 또 타 지역으로 확산되는데, 1953년 3월에는 317개 교회, 1953년 12월에는 321개 처 교회로 증가되었다. 그러다가 1954년에는 428개 교회, 1955년에는 497개 교회로, 1956년에는 568개 교회로 증가되었다. 그간 경남(법통)노회가 중심이었는데, 이 노회를 모체로 경남, 경북, 경기, 전라, 부산, 진주노회 등 6개 노회가 형성되어 1956년 9월 20일에는 '대한예수교장로회 총회'를 조직하였다. 이때 총회에 속한 교회 수는 568개, 목사는 111명, 장로는 157명에 달했다. 새로운 교회가 개척되기도 했지만 타 교단에 속한 이들의 가입도 적지 않았다.

그러다가 1960년 12월 13일에는 고신총회가 승동측과 교단 합동을 하게 되는데 당시 교세는, 교회 590개, 조직교회 135개 처, 목사 126명, 강도사 32명, 전도사 205명, 장로 213명에 달했다. 또 세례교인은 17,503명, 학습 6,476명, 원입9,083명, 유년주교 33,722명, 총 66,784명이었다. 승동측과 합동하여 합동이라는 교단을 형성했으나 2년이 지난 1962년 10월 17일 한상동 목사의 고려신학교 복교선언으로 합동총회로부터 환원 혹은 재분리운동이 일어나 1963년 9월 17일에는 부산남교회당에서 환원총회를 구성하게 된다. 이 때 목사 36명, 장로 36명, 도합 72명이 모여 고신 제13회 환원 총회를 조직한 것이다. 승동측과 합동하여 합동교단으로 불린 지 34개월 만에 다시 '고신'으로 돌아 온 것이다. 이 때 고신은 150여 교회를 잃고 445개 교회가 환원에 가담하였다. 이 때 목사는 116명, 장로 192명, 세례교인수는 약 10,000명에 지나지 않았다. 1955년의 497개의 교회에도 미치지 못하는 것으로서 교세 면에서 볼 때 8년 전으로 후퇴한 결과가 되었다.

1963년 환원에서 1970년대 까지는 성장이 미미하였다. 환원 이후의 교단 내외의 혼란과 정비, 교단 내분으로 교회의 수적 성장을 이루지 못한 것이다. 1964년의 경우 450개 교회, 1967년 496개 교회, 1970년 38개 교회, 1972년 566개 교회로 성장했다. 1972년의 목사수는 209명, 장로 402명, 세례교인 수는 23,182명이었다. 그래서, 1963년부터 1972년까지 10년간 121개 교회가 증가되어 연평균 12개 교회가 증가되어 연평균 2,7%의 저조한 성장을 가져왔다.

1970년대는 고신역사에서 불행한 시기였다. 1970년대 초반부터 드러난 분열과 대립은 1975년 교단 분열로 이어져 70여 개 처 교회가 반고소라는 이름으로 고신총회로부터 분리되었다. 1970년대 한국교회는 경이적인 성장을 이룬 시기였고 여타의 교회는 교회 성장을 위해 매진하였으나 고신교회는 대립과 분열로 상호비방 하는 성명전이 교계신문을 장식하고 있었다.

1972년 당시 고신교회는 566개 교회였으나 1974년에는 593개 교회, 1976년에는 572개 교회로 감소되었다. 교회 분열의 결과였다. 그러다가 1978년에는 625개 교회, 1980에는 673 개 교회, 고신총회 구성 30주년이 되는 1982년에는 731개 교회로 집계되었다. 이 때 목사는 472명, 장로는 956명이었고, 세례교인은 54,002명, 유년 주일학생까지 포함한 전체 교인 수는 179,489명으로 집계되었다. 정리하면, 고신교회는 30년 동안 730여 교회, 18만 성도를 가진 교회로 성장한 것으로서 한국의 타 교단에 비해 수적 성장면에서는 매우 저조하였다.

1982년 당시 합동측(주류, 비주류, 개혁 측 포함)은 4,909개 교회, 통합측 3,819개 교회, 감리교 2,793개 교회, 성결교 1,303개 교회, 침례교 965개 교회, 오순절 961개 교회, 기장측은 945개 교회로 집계되어 있다. 고신은 이보다 작은 731개 교회에 불과했다. 지난 10년 간 타교단은 연평균 22% 성장했으나, 고신교회의 성장률은 12.4 %에 지나지 않았다.[553]

지역적으로도 고신교회는 부산 경상도 지역에 편중되어 있었는데, 부산경남 지역 교회가 절대 다수였다. 1952-4년 당시 부산경남지역의 교회는 80%를 점했는데, 1960년에는 70.5%, 1970년에는 66.2%, 1974년에는 65.4%, 1980년에는 59%, 1982년에는 56.5%에 달했다. 고신총회에 속한 전체교회 중 절반 정도가 부산경남지역에 산재해 있었음을 알 수 있다.

뒤돌아볼 때 1980년대 이후 고신총회는 안정을 누리고 이전 시기에 비해 빠른 성장을 보여주었으나 2000년 이후 한국교회에 나타난 정체 현상에 따라 고신총회의 성장도 미미했다. 그럼에도 불구하고 2008년부터 총회는 '3천 교회 운동'을 시작하여 침체 현상을 탈피하고자 노력한 점은 교회 설립운동에 영향을 주었다고 평가된다. 1985년의 경우 15개 노회로 구성되어 있었는데, 전체 교회 수는 976개 교회로 성장했고, 이로부터 5년 후인 1990년에는 21개 노회(거창노회 43, 경기 54, 경남 101, 경동 45, 경북 58, 경안 39, 김해 40, 남마산 84, 남부산 39, 대구 76, 동부산 71, 마산 47, 부산 53, 서울 75, 성진 17, 울

553. 이상과 같은 고신교회(교단) 성장에 대한 자세한 통계는 이상규, "고려파교회는 얼마나 성장했나1," 「월간 고신」 18(1983. 2), 44-48, "고려파교회는 얼마나 성장했나2," 「월간 고신」 19(1983. 3), 72-79, "고려파교회는 얼마나 성장했나3," 「월간고신」 21(1983. 5), 40-44에 근거하였음,

산 41, 전라 80, 중부산 47, 진주 91, 충청 50) 1,197개 교회로 성장했다. 그러다가 1995년에는 1,360개 교회로, 2000년에는 1,424개 교회로 성장했다. 이후 교회의 수적 성장은 매우 완만했다. 2005년에는 1,658개 교회로 성장했는데, 이는 2005년 이후 5년간 연 평균 46개 교회가 설립되거나 우리 총회로 가입하였음을 알 수 있다. 2010년에는 1,720개 교회로 성장했는데, 2005년 이후 연 평균 12개 교회가 증가되었을 뿐이다. 그러다가 2015년에는 교단 주소록에 의하면 1,783개 교회로 증가되었다.[554] 그러나 총회 사무실에 비치된 자료에는 1,840개로 산정되어 있다.

2015년 당시까지 고신총회에 속한 교회는 약 1800여 개였고, 목사 수는 3,350여 명, 유년주일학생까지 포함한 전체 약 40만 정도였다. 이후 고신총회에 속한 교회가 2천 여 개를 넘게 되는데, 2020년에는 교회 수는 2천1백 여 개 교회로, 목사 수는 3,870여명으로 불어났다. 2000년대 이후 반고소 고려측으로부터의 유입이 교회에 실제적인 그리고 심리적인 성장에 도움을 주었다. 2021년 현재 고신총회의 교세현황은 아래와 같다.[555]

교회수 : 2,110
노회수 : 35
목사수 : 4,059명 (은퇴목사 469명 포함)
세례교인 수 : 275,000
교인 총수 (주일학생 포함) : 401,538
법인 및 준법인 : 총회유지재단, 학교법인, 은급재단, 총회교육원, 고신총회 세계선교회

정리하면, 310여개 교회로 출발한 고신총회가 70년이 경과한 오늘 2천여

554. 1985년 이후 2015년까지의 교회 수 통계는 당해 연도 교단 주소록에 등재된 교회를 산정한 것임,
555. 고신총회 사무실에 비치된 자료에 근거함.

개 교회, 40만 성도를 가진 교단으로 발전한 것이다. 또 고신대학교와 고려신학대학원, 고신대학교복음병원을 경영하며, 교단 기관지로 「월간 고신」과 주간 「기독교보」를 발간하고 있다. 고신 총회는 2022년 현재, 57개국에 487명의 선교사를 파송하고 있다. 파송 선교사 규모로 볼 때 고신교회는 233개 교단 혹은 선교단체 선교사 파송 수에 있어서 10-15위권에 속한 것으로 파악된다. 고신교회의 전체 성도 수를 40만 명으로 볼 때 대략 870명 당 한 유닛의 선교사를 파송하고 있다고 볼 수 있다. 또 13명의 군목과 8명의 군선교사가 활동하고 있다. 또 110여명의 학생신앙운동(SFC) 간사들의 국 내외에서 학원 복음화를 위해 헌신하고 있다.

교회 수에서 볼 때, 고신총회(2,113교회)는 장로교의 합동 (11,758교회), 통합(9,288), 백석(7,019), 기독교대한감리회(6,695), 기독교대한하나`님의성회(5,020), 기독교한국침례회(3,260), 기독교대한성결교회(2,886)에 이어 8위에 해당한다.

54. 내일을 위한 교회 / 이상규

종합과 정리

이상에서 고신총회의 70년의 역사를 정리하였다. 이를 요약하면 아래와 같다. 기원 30년 경 예루살렘에서 시작된 예수 그리스도의 구원의 복음은 안디옥으로 전파되었고 안디옥을 거점으로 서진(西進)의 과정을 거쳐 소아시아, 에베소, 빌립보, 고린도, 그리고 로마로 전파되었다. 오랜 기간 유럽의 종교로 남아 있던 기독교는 15세기 말 지리상의 발견과 16세기 종교개혁 이후 선교운동이 일어나지만 특히 18세기 이후 근대선교운동의 결과로 기독교는 아시아와 아프리카로 전파되었고, 19세기 말에는 한국으로도 전파되었다. 한국에 선교사를 파송했던 미국북장로교(1884), 호주장로교(1889), 미국남장로교(1892), 그리고 캐나다장로교 선교부(1898)는 각기 다른 지역에서 활동했으나 여러 지역에 교회가 설립되자 네 선교부는 연합하여 하나의 장로교회를 조직하게 된다. 즉 1907년에는 독로회를, 1912년에는 장로교 총회를 조직하였다. 존 낙스의 개혁에 따라 스코틀랜드에서 장로교총회가 조직되고(1560) 352년이 지난 때였다. 1912년에 조직된 대한예수교장로회 총회는 1943년 5월까지 30여 년 간 하나의 총회로 남아 있었다. 물론 소소한 분파도 있었고 1943년 이후에는 각 교파가 일제에 의해 일본기독교 휘하의 조직으로 개편되거나(1943. 5) 한국의 모든 교파의 교회가 '일본기독교 조선교단'이라는 조직으로 통폐합되기도 했다(1945. 7. 20).

해방이 되자 교회 각 교파의 재건운동이 일어나고, 장로교회의 경우 지역별로 노회가 다시 조직되고, 1946년 6월에는 '남부총회'가 조직됨으로서 해산되었던 장로교총회를 재건하게 된다. 이런 기구적인 혹은 외적인 재건 외에도 부산경남지방, 곧 경남노회에서는 진정한 의미의 교회 재건, 곧 교회쇄신운동이 일어났다. 일제하에서 범한 신사참배의 죄를 회개하고 순결한 교회를 세우고자 하는 회개와 자숙운동이었다. 그러나 친일 전력의 교권주의자들은 이에 반발하여 교회쇄신론자들과 대립하게 되었고, 교권주의자들은 자기 보위의 수단으로 기존의 경남노회를 떠나 1949년 3월 별도의 '사조(私租) 경남노회'를 조직하였다. 이것이 한국교회 한국장로교회의 분열의 시작이었다. 기존의 경남노회는 '사조 경남노회'와 구별하기 위해 '경남법통노회'라고 부르게 되는데, 여러 논란이 있었으나 1951년 5월 25일 부산중앙교회에서 개최된 장로교 제36회 총회(속회)에서는 사조 경남노회가 주축이 된 총회 별(別)위원회가 새로 조직한 경남노회 총대를 받아드리고, 경남법통노회 총대를 인정하지 않음으로 결국 해방 이후 줄기차게 교회 쇄신을 주창하던 경남법통노회를 축출하였다.

총회에서 축출된 경남법통노회는 교회 분열을 원치 않았음으로 일 년을 기다리며 1952년 4월 29일 대구서문교회에서 열린 제37회 총회에 다시 총대를 파송하여 총회와의 관계회복을 시도했으나 총회는 "고려신학교와 그 일파는 총회와 하등 관련이 없다"고 재언명함으로서 경남법통노회 축출을 재확인하였다. 이렇게 되자 별도의 교회 조직이 불가피했다. 그래서 경남법통노회는 1952년 9월 9일부터 11일까지 사흘간 진주 성남교회당에서 제57회 노회를 개최하고, 목사 50명, 장로 37명이 참석한 가운데 '대한예수교장로회 총노회(總老會)'를 조직하게 된 것이다. 총로회는 임시의장 이약신 목사의 사회로 예배를 드리고 임원을 선출했다. 총로회장은 이약신(李約信) 목사, 부회장 한상동(韓尙東) 목사, 서기 홍순탁(洪順卓) 목사, 회록서기 오병세(吳秉世) 목사, 부서기 윤봉기(尹奉基) 목사, 회계 주영문 장로, 부회계 김인식 장로가 각각 선출되었다. 이것이 오늘 우리가 말하는 '고신교회,' '고신교단' 혹은 '고신총회'의 시작이었다.

이날 총회를 마치고 밤 11시를 훌쩍 넘긴 시간, 산회하기 전에 불렀던 마지

막 찬송이 합동찬송가 46장, '이 세상 빛 된 예수'였다.[556]

"이 세상 빛 된 예수여
내 마음에 항상 비추사
어둠을 멀리하시고
주 낯을 보게 하소서.

이 눈에 잠이 올 때
엎드려 주께 비는 말
이 곤함 몸이 쉼같이
내 영혼 쉬게 하소서."

고신교회가 출발할 당시 총로회에 속한 교회는 310여개 교회였는데, 이중 90%가 부산. 경남 지역에 위치한 교회였다. 총로회에서는 한국교회가 범한 신사참배의 죄를 자백하고 자숙하기 위한 3주간의 특별집회를 갖기로 결의하였고, 3주간의 자숙의 기간을 보낸 후 1952년 10월 16일, 총로회장 이약신 목사는 '대한예수교 장로회 총노회' 발회(發會)를 공식 선포하였다. 이날 발회식 선언문을 초안한 이가 송상석 목사였다.

고신교회의 정신 혹은 이념은 세 가지로 정리될 수 있다. 첫째, 개혁주의 신학의 확립이었다. 이것은 고신교회의 신학적 기초였다. 고신교회는 자유주의나 신정통주의 혹은 타협주의적인 신학을 거부하고 개혁주의 신학운동을 전개해 왔다. 한국교회는 1930년대 이후 진보적(자유주의) 신학의 영향을 받았고 그 결과 신사참배 요구에 대해서도 타협적인 입장을 취하게 되었다. 그래서 해방 이후 주남선, 한상동 목사는 자유주의적이고 타협적인 신학교육기관인 조선신학교에 한국교회의 미래를 맡길 수 없다는 확신에서 고려신학교를

556. 이상규, 『교회쇄신운동과 고신교회의 형성』, 88-89.

설립하게 되었고, 고려신학교는 설립 때부터 개혁주의 신학을 교육의 이념으로 제시한 것이다.

둘째는 개혁주의적인 삶의 방식으로 생활의 순결, 혹은 거룩한 생활이었다. 신사참배 강요와 같은 국가권력의 부당한 신교(信教)자유에 대한 거부와 신사참배반대 정신을 계승하는 삶의 방식을 의미한다. 그래서 고신교회는 처음부터 신전 의식(coram deo), 거룩한 삶, 혹은 생활의 순결을 강조해 왔다. 셋째, 바른 교회 운동, 곧 교회쇄신운동이었다. 해방 후 고려신학교를 중심으로 경남노회 지역에서 전개된 회개와 자숙 운동은 다름아닌 교회쇄신을 위한 운동이었고, 이는 교회의 본질과 사명을 새롭게 하기 위한 시도였다. 해방된 조국에서 바른 교회를 건설하려는 의지였다. 회개와 자숙은 고신교회가 지향해온 소중한 가치였다. 실제로 1950년대 초까지 회개를 신앙과 생활, 설교의 중요한 주제로 인식했다. 고신교회는 '회개에 심취한 교회'(Repent oriented church) 라고 불릴 정도였다.

총로회는 1952년 9월 경남(법통)노회로 출발했으나 곧 경북노회(1953), 경기노회(1954), 전라노회(1954), 부산노회(1956), 진주노회(1956)가 조직되었으므로 1956년 9월 20일에는 '대한예수교장로회 총회'가 조직되었다. 이 당시 고신교회에 속한 교회는 568개 처였는데, 이중 부산. 경남지역에 위치한 교회는 387개 교회로 전체교회의 70%에 해당했다. 목사는 111명, 전도사 252명, 장로 157명, 세례 교인수는 15,350명에 달했다.

반성과 성찰

총로회를 조직하기 이전까지는 기존의 교회조직체 안(內)에서 교회의 정화와 쇄신을 시도했으나, 총로회라는 별도의 교회조직체(教團)을 형성한 이후 교회 정화나 쇄신은 교단 내적인 과제가 되었다. 이전에는 '순례적' 성격이 강했으나 이제는 조직과 제도 속에 머물러야하는 '제도적' 성격을 지니게 되었다. 이제는 하나의 교회 조직체(a church organization)로서의 생존과 존립의 길을 모색해야 했다. 그것이 내적인 결속과 외적인 확장(外延)이었다. 기존의 교회조직과의 경쟁도 불가피하게 되었다. 이런 필요가 후일 교회당 쟁탈전과 같은 교회당 확보에 취심하게 된 원인이 된다.

그래서 총로회 조직 이후 여타의 교회들과 같은 현실지향적 성격으로 경도되기 시작했다. 이념의 변질과 타협의 노정이었다. 이 점을 공개적으로 지적한 첫 인물은 고려신학교 박윤선 교장이었다. 그는 고려신학교 10주년을 기념하는 1956년 9월의 제6회 총회에서, "우리 진영에서 교정하여야 할 몇 가지 과오"를 지적하면서 4가지 문제를 지적하였다. 그것은 예배당 쟁탈 문제, 교회 질서에 대한 문제, 기독교보에 대한 문제, 그리고 고려신학교에 대한 재정문제였다.[557] 교회 재산과 관련한 교회당 명도(明渡) 문제는 총로회 이전부터 제기되었는데, 이에 대한 태도는 고신의 정신 혹은 이념 문제의 첫 시험대였다. 이 점에 대해서는 박윤선, 송상석, 한상동 등 세 지도자들이 각기 그 견해를 달리했다. 교회 재산권 문제와 관련하여 일관되게 법적 소송을 반대한 이는 박윤선 교장뿐이었다. 이런 문제와 관련하여 고려신학교와 고신총회는 혼란을 거듭하였고, 결국 박윤선은 14년간 혼신을 다했던 고려신학교를 뒤로하고 1960년 고신총회를 떠났다.

1960년에는 고신교회가 승동측과 합동하여 이른바 합동교단을 구성했으나 불과 1년이 못되어 고신측 인사들의 불만이 제기되었고, 1962년 10월 17일 한상동 목사의 고려신학교 복교 선언을 시작으로 고신환원 운동이 일어나 1963년 9월에는 합동에서 분리하여 고신총회를 조직하였다. 합동할 당시 고신에 속한 교회는 590개 교회였으나 환원 총회 당시는 445개 처 교회였음으로 150여개 교회를 상실하는 결과를 가져 온 것이다. 불신법정 소송문제는 1960년대로 종결되지 않고 1970년대 초 다시 제기되었고, 교회의 두 지도자들을 중심으로 부산노회와 경남(법통)노회는 심각하게 대립하였다. 결국 교단

557. 『총회록(1-10회)』, 90.

이 분열되는 아픔을 겪었다. 뒤돌아보면 1952년에서 1982년까지 30년은 불신법정 소송문제, 합동과 환원, 고려신학교를 둘러싼 분쟁, 사조이사 사건, 복음병원을 둘러싼 대립 등 일련의 사건들로 혼란했던 시기였다. 그럼에도 불구하고 오늘의 교회로 발전해 온 것은 전적으로 하나님의 은혜라고 하지 않을 수 없다.

1982년 이후 금년까지 40년은 비교적 안정된 시기였다. 비록 2003년 5월에는 복음병원의 부도와 관선이사 파송이라는 초유의 사건으로 4년 간 시련을 겪었으나, 파산의 원인이었던 부채 200억 원을 모금하여 해결하였고, 2007년 4월 17일 관선이사는 철수하고 정이사체로 정상화되었다. 고신총회와 교회가 일치단결하여 단기간에 부채를 해결한 일은 대단한 일이었다.

고신의 이념이나 정신을 말할 때 우리는 다음의 두 가지 점을 검토할 수 있을 것이다. 첫째로는 고신교회 본래의 이념이 무엇인가 하는 문제이고, 둘째는 그 이념이 어떻게 계승되고 발전되어 왔는가 하는 점이다. 어떤 조직이든 기구가 커지면 이념은 퇴색할 가능성이 높고 이념적 주체가 차세대로 계승해 갈수록 이념은 약화되거나 변질될 가능성이 높다. 그렇기 때문에 이념과 정신계승을 위한 특별한 노력이 필요하다. 고신교회가 지향해 왔던 이념이나 정신을 정기적으로 교육하거나, 신앙고백서나 신앙지침, 혹은 교육지침과 같은 문서를 통해 교육하는 것도 한 가지 방법일 것이다.

매 시기마다 고신총회와 총회 산하 기관에 위기가 있었지만 오늘의 교회로 발전한 것은 하나님의 은혜일뿐이다. 오늘 우리가 해야 할 일은 지난 역사를 뒤돌아보고 반성하고 성찰하는 일일 것이다.

내일을 위한 교회

고신총회는 부산경남지역 중심의 310여개 교회로 출발하였으나 70년이 경과한 이제 2천여 개 교회, 40만 성도를 가진 교단으로 성장했고, 한국의 많은 교회 조직체 가운데 8번째로 큰 교회로 발전했다. 고신교회는 시련과 환란 가운데서도 믿음을 지켰고, 교회에 주어진 사명을 감당하기 위해 고투해 왔다. 이제 우리는 지난 70년을 거울로 삼아 우리 앞에 주어진 교회의 사명을 감당하기위해 다시 일어나야 한다. 일제하에서는 신사참배 강요와 같은 국가권력의 종교 탄압에 저항하며 신교의 자유를 싸웠고, 해방 이후에는 교회 쇄신운동을 전개하며 참된 교회 건설을 위해 싸웠다. 그리고 인본주의와 자유주의를 배격하고 개혁주의 신학과 생활을 위해 고투해왔다. 이제는 불신앙과 세속주의, 혹은 반 신앙적 세력과 싸우며 우리가 믿는 신앙의 계승을 위해 노력해야 할 것이다. 동시에 우리의 현실에서 북한구원, 국내전도와 미전도종족을 위한 선교 등 민족복음화와 세계 복음화의 사명을 감당해야 하며, 차별금지법, 동성애 합법화와 같은 반 기독교적인 입법 활동에 저항하며 건실한 사회를 위해 노력해야 할 것이다.

디모데후서 2장2절, 4장1-5절, 그리고 요한계시록 3장 7절 이하의 말씀에 근거하여 볼 때, 한 시대의 교회를 판단하는 가장 중요한 표준은 그 시대의 교회가 교회의 본질을 지키고 교회에 주어진 사명을 감당하기 위해 어떤 노력을 감당해 왔는가에 있다고 볼 수 있다. 비록 교회가 고난을 당해도 그것이 교회의 정체성을 지키며 교회의 사명을 완수하기 위한 결과였다면 그것은 가치 있는 고난일 것이다. 설사 교회가 사회로부터 비난을 받아도 그것이 교회의 본질을 수호하며 교회의 사명을 감당하기 위한 불가피한 결과였다면 그 비난을 두려워할 이유가 없다. 반대로 교회가 세상으로부터 칭찬을 듣고 박수를 받아도 그것이 세상과의 타협을 통해 얻는 것이라면 그 칭송과 박수가 무슨 의미가 있겠는가? 교회가 세상으로부터 지지를 받고 칭송을 들어도 교회에 주어진 본래의 사명을 감당하지 못한다면 그것은 교회의 본질을 상실한 것이며, 그 칭송은 의미 없는 공허한 누각이 되고 말 것이다.

신학자이자 목회자였던 브루스 밀른(Bruce A. Milne)은 교회의 사명을 4가지, 곧 하나님을 영화롭게 하는 예배(latreia), 전도와 선교를 중시하는 증거(martyria), 믿음 안에서 교제하며 말씀 가운데 성장하도록 가르치는 교육

(paideia), 그리고 교회 내외적인 섬김의 사역인 봉사(diakonia)라고 지적했다. 우리 고신교회는 이 사명을 수행하기위해 어떤 노력을 경주했는가에 따라 평가받게 될 것이다. 교회사는 교회공동체의 말씀에 대한 응답이며, 신앙고백의 역사라고 할 수 있다. 그 시대의 교회가 무엇을 믿고 어떻게 고백하며 실천했던가의 흔적이라고 할 수 있다.

역사를 기술할 때는 "감사함으로 뒤를 돌아보고, 하나님께서 일하실 내일을 기대하며 앞을 내다보라"(Looking back with gratitude; Looking forward with anticipation)고 했다. 지난 70년을 감사함으로 뒤돌아보고 앞으로 70년 혹은 100년, 그 이상의 날들 가운데 일하실 하나님의 역사를 기대하면서 내일을 준비하는 교회가 되기를 기대해 본다.

'70 Years History of
he Presbyterian Church
n Korea(Kosin)

제4부

총회 산하 기관의 역사와 현황

1. 고신대학교 / 배정훈

고신대학교는 1946년 9월 20일에 개교한 고려신학교로부터 시작되었다. 신사참배 강요에 항거한 순교자적인 신앙과 생활의 순결, 개혁주의 정통신학에 따라 교회를 건설하는 목회자 양성에서 시작된 고려신학교는 이후 70여년의 세월이 지나 교회 지도자와 전문적인 기독교 인재를 양성하는 기독교종합대학으로 발전했다. 고신대학교의 발전 시기는 크게 네 시기, 곧 고려신학교(1946-1970), 고려신학대학(1971-1980), 고신대학(1981-1992), 고신대학교(1993-현재)로 구분될 수 있다. 시기에 따라 학교의 역사를 돌아보고 앞으로의 과제와 전망을 논하고자 한다.

고려신학교(1946-1970)

고려신학교는 1946년 9월 20일 설립되었는데, 신사참배 반대로 투옥되었던 주남선(1888-1951), 한상동(1901-1976) 목사는 해방을 예견하고 한국교회 재건방안으로 신학교를 설립하게 된 것이다. 해방 당시 신학교는 1940년 설립된 조선신학교뿐이었고, 이 신학교는 1946년 남부총회에 의해 총회 직영 신학 교육기관으로 승인되었다. 이런 상황에서 한상동과 주남선 목사는 신학교 설립에 대해 합의하고 1946년 4월 서울에서 전 만주 동북신학교 교수였던 박윤선 목사를 만나 신학교 설립에 대한 협조를 구했다. 곧 신학교설립 기성회를 조직하고, 6월 23일부터 8월 10일까지 박윤선 목사를 강사로 진해 일본 하사관 수양관에서 신학 강좌를 개최했다. 남부대회 개최 약 한 달 후인 1946년 7월 9일 주남선과 한상동 목사는 진해읍교회에서 열린 경남노회 47회 임시노회(노회장: 주남선 목사)에서 신학교설립 허가를 받았다. 노회는 신학교의 설립을 환영하면서 학생들을 추천해 줄 것과 교사 2동을 대여해주기로 약속했다. 고려신학교는 박윤선 목사를 임시 교장으로 1946년 9월 20일 부산 일신여학교에서 개교하였다. 그리고 평양신학교를 잇는 명실상부한 장로교 대표 신학교로 만들기 위해 1947년 만주 봉천에 체류 중인 박형룡 박사를 송상석 목사가 안전하게 모시고 귀국하여 1947년 10월 14일 그를 교장으로 추대했다.

개교한 고려신학교의 이념은 다음과 같다: "신사참배 거부로 폐쇄된 평양신학교를 복구 재건하여 정통신앙을 파수하며 생활의 순결을 지켜 진리를 위하여 생명을 바칠 수 있는 참된 교역자를 양성한다." 고려신학교는 평양신학교의 정신을 계승하고 자유주의 신학에 반대하여 개혁주의 신학의 확립을 가장 중요한 목표로 삼았다. 정통신학과 순결한 신앙을 모토로 교회 재건을 위한 목회자 양성에 초점을 두었다. 첫해 53명이 입학했고 1947년 6월 27일 이인재, 조수완, 황철도 등 3명의 첫 졸업생을 배출하게 되었다.

개교 당시 학제는 본과 3년, 예과 2년, 별과 3년, 여 교역자 양성과 3년이었다. 고려신학교는 부산진 일신여학교에서 시작되었으나 1947년 3월 5일에는 초량교회 유치원으로, 4월 19일에는 광복동 1가 7번지로 이전했다. 1956년 4월에는 미군 AFAK의 지원을 받아 부산시 서구 암남동 34번지에 교사를 신축하고 이전하였다.

1960년 이전까지 고려신학교는 여러 위기를 겪었다. 우선 교장으로 취임한 박형룡 박사가 한상동 목사와의 의견 차이로 6개월 만에 떠나는 사태가 벌어졌다. 표면적인 이유는 두 가지였다. 첫째, 장로교 총회의 승인과 외국 선교부와의 관계이다. 박형룡은 고려신학교를 총회 직영신학교가 되어야 한다고 주장했고 한상동은 이에 동의하면서도 아직은 시기상조라고 생각했다. 박형룡은 또한 고려신학교가 메첸파 선교사 이외에도 4개 장로교 선교부(미 남·북장로교, 호주 장로교, 캐나다 장로교)와 관계를 맺음으로 외연을 확장해야 한다고 생각했지만 한상동은 이를 거절했다. 둘째, 박형룡은 고려신학교가 명실상부 평양신학교를 잇는 대표적인 신학교가 되기 위해서는 서울로 옮겨야 한다고 보았지만 한상동은 반대했다. 결국 이들은 인식의 차이를 좁히지 못하자 박형룡 교장은 1948년 4월 고려신학교 교장직을 사임하고 서울로 올라갔다.

그 후 박윤선 박사가 1948년 5월부터 1960년 10월까지 교장으로 활동하며 교단의 신학자로, 학교의 행정가로 봉사했다. 박윤선 박사는 고신의 1세대 신학자로 사실상 고려신학교의 신학을 대표했다. 이상규 교수는 고려신학교의 신학은 곧 박윤선의 신학이라고 해도 과언이 아니라고 주장한다. 그는 고려신학교에 미국 구 프린스턴 정통 보수주의 신학과 더불어 화란 개혁주의 신학을 종합하여 소개하고 뿌리내리게 했다. 박윤선 박사는 고려신학교에서 14년 동안 봉직하면서 「파수군」에 총 218편의 글을 남기며 왕성한 연구 활동을 보이면서도 기도에 힘쓰며 영성과 복음에 대한 열정으로 잃어버리지 않도록 노력했다. 하지만 그 역시 교회 소송 문제와 주일성수 문제로 결국 고신을 떠나게 된다. 1960년 7월 주일을 범했다는 이유로 고려신학교장에서 해임되었고 10월 고려신학교에서 나왔다. 박윤선의 이탈은 박형룡보다 고려신학교에 훨씬 큰 타격을 주었다.

이후 고려신학교는 고신과 승동 측과의 연합과 환원으로 다시 위기를 겪게 된다. 고신과 승동 측의 현실적인 필요가 맞자 연합을 위한 움직임은 급물살을 탔다. 고신은 1960년 9월 20일에서 23일까지 부산 남교회당에서 열린 제10회 총회에서 승동 측과의 합동을 추진하기로 결의하고 합동 추진위원회 9인을 선정했다. 승동측 또한 고신측과의 합동을 만장일치로 가결하고 합동 추진위원회 10인을 선정했다. 양측 대표들은 10월 25일, 26일 양 일간 모여 합동에 필요한 제반 사항을 결정했다. 신조는 웨스터민스터 신앙고백과 12신조로 하며 신학은 칼빈주의 신학을, 신학교는 총회 직영 단일 신학교로 하되, 양측 동수의 이사를 선출하여 경영하도록 했다. 그리하여 회의 3개월 만인 1960년 12월 13일 서울 승동교회에서 합동총회가 개최되었다. 고신측의 한상동 목사를 총회장으로, 승동측의 김윤찬 목사를 부총회장으로 선출하여 연합을 위해 양측의 인사를 적절히 분배했다.

하지만 이러한 극적인 연합은 오래가지 못하고 곧 갈등이 초래되었다. 특히 신학교 운영방식에 대한 이견이 생겼다. 1961년 12월 28일 고려신학교는 합의안에 따라 서울 장로회 총회 신학교와 병합하기로 결정되었다. 고려신학교는 총회 신학교 부산분교가 되었고 차츰 폐교하려고 했다. 하지만 이러한 일원화에 대한 양측의 해석이 달랐다. 고신은 승동 측의 총회신학교와 고려신학교가 별도로 운영되면서 행정적인 연계성을 가진 일원화 된 체제로 이해했으나 승동 측은 양 신학교의 통합을 의도했다. 또한 홍반식, 오병세 박사는 1961년 귀국하여 총회 신학교 교수로 일하고 있었지만 1962년에 귀국한 이근삼 박사는 상황이 여의치 않아 부산의 칼빈학원의 원장으로 취임하였다. 고려신학교 폐쇄의 위기 앞에서 1962년 10월 17일 한상동 목사는 단독으로 고려신학교 복교를 선언했다. 이는 곧 고신교단의 환원을 의미했다.

환원으로 인한 어수선한 분위기에서 고려신학교는 '세 동방박사'로 불리는 고려신학교 5회 동기생인 홍반식(1918-1993), 이근삼(1923-2007), 오병세(1926-2016) 박사의 활동으로 재도약을 시작했다. 이 세 사람은 한상동과 박윤선을 잇는 고려신학교 2세대 지도자들이다. 고려신학교는 1964년 9월 고신 제14회 총회에서 총회 직영신학교가 되었다.

고려신학대학(1971-1980)

1970년 12월 30일 고려신학교는 문교부로부터 정식인가를 받아 고려신학대학으로 개칭되었다. 이때 한상동 목사가 초대 학장으로 취임했다. 한상동 목사는 고려신학교 설립자로 1974년 1월 정년퇴임 때까지 교수와 행정책임자로 봉사하였다. 40명의 신학과로 시작하여 1977년 기독교교육과(30명), 이듬해에 종교음악과(30명)가 신설되었다. 1978년에는 대학원 신학과와 기독교교육학과가 신설되었고 1980년 11월에는 신학대학원이 특수대학원으로 인가받았다. 화란 개혁파 교회(31조파)의 지원과 국내교회의 헌금으로 1975년 8월 15일 지상 3층, 연건평 1,700평의 신축 교사를 준공했다.

종합대학으로서의 고신대학으로 넘어가기 전에 기독교종합대학의 전신인 칼빈학원의 역사를 살펴보는 것은 가치가 있다. 고려신학교는 개교 때부터 예과 2년을 두어 어학, 철학 중심의 인문학 교양교육을 실시했다. 그러나 예과 2년으로 부족하다는 판단하에 4년 대학 과정으로의 개편을 추진했다. 이는 인문교육을 통한 보다 수준 높은 신학교육을 위한 조치였을 뿐 아니라 개혁주의적인 기독교 종합대학을 설립하려는 위대한 포부가 담겨 있는 것이었다. 4년제 대학 설립의 임무를 받은 한명동 목사는 1955년 9월 부산 김천 해변 근처의 영국군 부대가 쓰던 건물을 인수하여 '칼빈학원'이라는 이름으로 개교했다. 이 학교는 칼빈이 1559년에 설립된 제네바 아카데미를 모델로 삼았다.

한명동이 원장(1955. 9. 1- 1963. 2. 28)으로, 장석인과 김진홍이 전임교수로 활동했고 이듬해부터 한부선 선교사 부부를 위시하여 여러 선교사가 강사로 섬겼다. 이근삼 교수가 1962년 귀국한 후 교수와 원장(1963. 3. 2-1964. 2. 28)으로 봉사했다. 칼빈학원에는 신학과, 종교학과, 영문학과, 철학과가 있었다. 당시 교육은 주로 어학(영어, 독어, 불어, 히브리어, 헬라어, 라틴어), 문학(국문학, 영문학), 철학에 집중되었다. 이 학교는 안타깝게도 여러 사정으로 인해 1964년 다시 고려신학교 예과로 흡수되었다. 칼빈학원은 제도적으로 고신대학교의 전신이며 기독교 종합대학 설립을 위한 첫걸음이었다고 평가될 수 있다. 4년의 인문교육과 목회자 교양교육, 3년의 신학 과정으로 7년제 목회자 양성과정을 만들려고 했던 초기 고신 지도자들의 비전이 담겨 있었다.

고신대학(1981-1992)

1980년 10월 2일 학교명이 고려신학대학에서 고신대학으로 변경되었다. 이 시기부터 고신대학은 신학대만으로 구성된 단과대학이 아닌 기독교 종합대학으로 발전하게 되었다. 개혁주의 목회자 양성에서 개혁주의 문화건설을 위한 기독교 종합대학으로의 확장이었다. 신학부가 확장되어 신학과 60명, 기독교교육과 40명, 종교음악과 40명, 총 140명이 되었다. 교명의 변경과 함께 처음으로 개설된 학과는 의예(학)과(80명)였다. 이미 고신총회가 운영하고 있던 장기려 박사로 대표되는 복음병원은 의예과의 설립으로 최상급 종합병원인 대학병원으로의 발전을 꾀했다. 또한 고려학원이 운영하던 복음 간호전문대학과 고신대학이 1988년 10월 29일 통합되어 고신대학 의학부 간호학과로 승격되었다. 이렇게 신학대, 의예과, 간호학과로 이루어진 고신대학은 80년대 중반 이후로 보건의료, 자연과학 계열의 여러 학과가 신설되었다. 보건학과, 생물학과, 식품영양학과, 화학과, 수학과, 아동학과, 가정관리학과 등이 이 시기에 만들어졌다. 1980년 10월에는 지하 2층, 지상 5층의 연건평 1,937평의 송도캠퍼스 제 2교사가 착공되어 대학 시설 면에서 진전을 이뤘다.

학부 대학뿐만 아니라 대학원의 설립도 이어졌다. 신학교육에서 예과가 1970년에 고려신학대학으로 정식인가가 났지만 본과는 신학교육의 중심이면서도 오랫동안 인가받지 못했다. 그러다가 1980년 11월 3일 신학대학원이 특수대학원으로 인가(80명)되어 정식과정이 되었다. 일반대학원도 계속 발전이 이루어져 신학과, 기독교교육과에 석사과정이 시작되었고 의학과의 경우 석박사과정을 개설했다. 이처럼 고신대학은 종합대학으로서의 면모를 조금씩 갖추어 갔다.

이 시기에 가장 큰 외형적인 변화 중 하나는 영도 캠퍼스로의 이전이었다. 고려신학대학 시절 송도캠퍼스는 이미 포화상태여서 불만이 컸다. 1980년 7월 18일 고신대학 장기발전계획의 일환으로 부산시 영도구에 약 7만 평의 땅을 매입했다. 1982년 4월 22일 지하 1층, 지상 3층의 3동(행정동, 강의동, 교수동)의 연건평 2,356평의 신축 교사를 착공하여 2년 후인 1984년 2월 7일 준공했다. 이듬해 1학기부터 의학부와 신학대학원을 제외한 대학 본부와 학부의 모든 학과가 영도로 이전했다. 학교 이전 문제를 둘러싼 불미스러운 일로 오병세 학장이 임기를 채우지 못하고 사임하게 되었다. 경건회와 종교음악과를 위한 음악동은 1986년 6월 16일에, 자연과학동은 1989년 1월 15일에 준공됨으로 영도 캠퍼스는 행정동, 강의동, 교수동, 음악당을 갖추어 종합교육을 위한 기본적인 여건을 갖추었다.

부산 송도에 건축된 고려신학교 본관

고신대학의 갑작스러운 확장은 여러 문제를 초래했다. 무엇보다도 기독교 대학으로서의 정체성 유지에 어려움을 겪었다. 의예과와 자연 계열에 많은 불신자가 입학하여 대학의 신앙적 분위기가 손상되었고 음주와 흡연 등의 문제도 발생했다. 또한 여러 교수도 개혁신앙, 기독교 학문과 기독교 교육에 대한 전문성을 갖출 기회가 없어 신학대 교수들과 갈등이 생겼다. 대학의 재정적인 여건이 좋지 못해 교육시설 확충이 제대로 이루어지지 못해 학생들의 불만이 커졌다. 무엇보다도 이 시기에 예상치 못한 큰일이 벌어졌는데 고신대 학생들이 일으킨 1982년 3월 18일의 부산 미 문화원 방화사건이다. 이는 기독교 정신에 배치되는 정치적이며 폭력적인 사태일 뿐 아니라 정부와의 관계에서 대학에 큰 위기를 초래했다. 이에 대학과 총회는 대사회 사과문을 발표하고 이근삼 학장이 사임하게 되어 어느 정도 일단락되었다. 신학대학 교수들과 총회는 이러한 혼란을 기독교대학의 정체성 상실에 그 원인을 두고 정체성 확립에 큰 노력을 기울였다. 대학의 교육이념을 명확하게 하고 1988년부터 기독교 학문과 대학에 대해 교수교육을 했으며 해외의 여러 유수의 개혁주의 기독교대학과 활발하게 교류하였다. 또한 1991년부터 신입생 지원 자격에 최소한의 신급, 즉 학습 교인 이상을 요구하여 대학 공동체의 신앙화에 힘썼다.

고신대학교(1993-현재)

고신대학은 1993년 3월 1일로 고신대학교로 교명이 변경되었다. 이제 고신대학교는 한국교회와 사회를 위한 기독 인재를 배출하는 중규모 이상의 기독교 종합대학교를 지향하였다. 8대 학장으로 있던 이근삼 박사는 이러한 개편에 따라 제1대 총장으로 취임했다. 이근삼 총장은 기독교대학으로서의 정체성 강화에 주목했고 그 목적으로 입학 자격을 "기독교 신자"에서 "학습교인 이상"으로 전환하려고 하였다. 본래 신학과는 세례 신자 이상이 입학 조건이었지만 다른 학과의 경우 기독교 신자로 하였다. 그러나 이러한 자격 기준이 모호하여 다수의 불신자가 대학교에 들어왔다. 따라서 1991부터 신학부 전 학과, 1993년에는 자연과학부 전 학과의 입학 조건을 학습 이상으로 제한하였다. 의예과의 경우 법정 소송까지 가는 많은 우여곡절이 있었으나 1994년 이후에 동일하게 되었다.

기독교 세계관에 기초한 학문 공동체를 위해 1988년부터 신임 교수 오리엔테이션, 교수 연수회, 기독교 학문에 대한 여러 강좌들이 개최되었다. 이 시기의 고신대학교는 복수의 학과를 포함하는 여러 단과대학(신학대학, 인문사회과학대학, 자연과학대학, 예술대학)으로 발전하였다. 우선 신학대학에 1993년 9월 4일 선교언어학과가 개설되었다. 세계화 시대에 평신도 선교사를 배출하기 위한 이 학과는 후에 국제문화선교학과로 변경되었다. 2007년 7월에는 특수선교학부가 신설되어 이후에 태권도 선교학과로 특화되었다. 종합대학이 되면서 인문 사회과학 계열의 학과들이 지속적으로 신설되었다. 1993년 9월 4일 영어영문학, 2002년 10월 1일 중국학과가 만들어졌다. 양 과는 2012년 5월 2일 국제어학부로 통합되었다. 보건학과에서는 2000년 3월 의료경영학과가 독립하였다. 이는 국내에서 최초의 시도였고 이 학과는 동남권의 주도적인 학과가 되었다. 자연과학부의 가정관리학과는 가정복지학과로 개편되었고 그 기반 위에서 2004년 6월 1일 사회복지학부가 신설되었다. 가정복지 전공은 2012년 5월 폐 전공 되었다. 아동학과에서 2004년 10월 유아교육과가 신설되었고 기존의 아동학과는 아동복지학과로 변경되었다. 2006년 10월에는 재활복지학과가 신설되었다. 광고홍보학과가 1998년 10월, 2006년 5월에는 인터넷 비즈니스 학과가 개설되었다.

자연과학대학은 교육시설 부족과 학생 수의 감소, 이공계 지원자들의 감소 등으로 여러 조정과정을 거쳤다. 수학과는 여러 번의 개편을 거쳐 결국 폐 전공 되었고 인터넷 미디어 전공이 인터넷 비즈니스 학과로 개편되었다. 가정관리학과가 가정복지학과로 변경됨으로 자연과학에서 사회과학으로 옮겨졌다. 화학과는 두 번에 걸쳐 개편되어 결국 2003년 10월 화학 신소재학과가 되었고 생물학과는 1998년 3월 생명과학과로 명칭이 변경되었다. 두 학과는 2012년 5월 하나의 학부로 통합되어 생명과학 화학부로 개칭되어 각각 전공을 운영했다. 보건학과에서 2000년 3월 의료경영학과와 환경보건 학과가 독립했고 환경보건학과는 후에 보건 환경학부로 개칭, 확장되었다. 식품영양학과는 그 명칭을 그대로 유지했다. 2002년 예술대학이 신설되었고 종교음악과가 2000년 3월 교회음악과로 변경되어 예술대학의 모체가 되었다. 이후 교회음악과는 음악과가 되었다. 1998년 10월에 신설된 산업디자인학과는 2012년에 폐 전공 되었고 1999년 11월에 신설된 미술학과는 2008년 2월 폐과되었다. 이 시기의 고신대학교는 신학, 의료, 복지 영역은 확장되었지만 자연과학계열과 예술은 점차 감소, 폐과되는 경향이었다. 한국 사회가 전반적으로 이공계와 순수 음악과 미술 분야가 크게 약해지면서 그 여파가 학교에도 미쳤다.

대학원과 특수대학원도 확장, 조정되었다. 신학, 기독교 교육학, 의학 석사과정은 계속 증원되었고 이 외에도 여러 학과에서 석사과정이 신설되었다. 화학과, 종교음악과, 간호학과, 생명과학과, 보건과학과, 유아교육학과에 석사과정이 개설되었다. 이후 화학과와 생명과학과의 과정은 폐과되었다. 박사과정의 경우 의학과 외에도 신학과, 기독교교육학과, 보건과학과, 간호학과, 유아교육학과에 개설되어 대학교수나 전문 연구원을 배출했다. 특수대학원의 경우 기존의 신학대학원과 더불어 보건대학원, 선교대학원, 교육대학원, 생활 정보대학원, 기독교 상담복지대학원, 교회음악대학원이 신설되었다. 후에 선교대학원은 선교 목회대학원으로 개칭되었고 생활 정보대학원은 폐원되었다.

영도캠퍼스는 학과의 증설과 늘어난 학생들의 수요에 맞추어 효과적인 교육을 위한 강의동과 실습실 등의 시설을 지속해서 확충했다. 1994년 3월 중앙도서관과 생활관이 준공되었다. 중앙도서관은 이후 고려신학교 시기의 하도례 선교사의 헌신적인 사역을 기념하여 하도례 기념 문헌 정보관으로 개칭되었다. 1995년 12월에는 학생회관도 준공되었다. 2005년 1월에는 제3, 4강의동이 준공되어 학교 교육여건이 크게 향상되었다. 인문 사회과학 계열의 많은 학과들이 이곳으로 이전했다. 2006년 10월에는 두 번째 생활관인 글로벌 비전하우스(샬롬관)를, 2017년에는 세 번째 생활관인 행복기숙사를 준공했다. 2012년 12월에는 김선조 장로의 기부로 월드미션센터가 준공되어 대학원 및 외국인 목회자 양성을 위해 사용되었다.

이 시기의 가장 큰 위기는 관선이사 파송이다. 고려학원 이사회의 갈등, 복음병원 부도 등으로 2003년 4월 1일 교육인적자원부는 기존 이사 전원을 해임하고 임시이사를 보냈다. 기업이 학교를 인수하고 신학과와 신학대학원은 폐교될 것이라는 흉흉한 소문이 나돌았다. 총회는 임시이사 선임 사유를 해소하여 고신대와 복음병원이 정상화되도록 노력했다. 인천신학교 부지 판매와 총회 산하 교회의 모금으로 2백억 원을 마련했고 의대 교수협의회도 정상화를 위해 체불임금 받는 것을 미루었다. 이러한 노력의 결과 4년 만에 정이사 체제로 전환되었다.

고신대학교는 2022년 현재 6개의 단과대학과 7개의 대학원으로 구성된 중소형 기독교 종합대학이 되었다. 대학은 신학대학, 보건복지대학, 의료과학대학, 간호대학, 의과대학, 학부대학으로, 대학원은 일반대학원, 신학대학원, 교육대학원, 선교목회대학원, 보건대학원, 교회음악대학원, 기독교상담대학원으로 이루어져 있다. 복음을 전하시고 가르치고 병자들을 치유하고 돌보신 예수님의 사역에 따라 신학, 의료, 보건, 복지, 교육 등에 특성화된 대학의 형태를 지니고 있다. 고신대학교는 새로운 시대를 선도할 세계적 명문 기독교대학을 발전 비전으로 성경적 세계관에 따른 사랑과 공의를 실천하는 인재 육성을 위해 노력하고 있다.

고신대학교 전경(2022.8)

전망과 과제

고신대학교의 발전은 개혁주의 신학과 기독교대학의 이상, 그리고 교회와 사회를 위한 기독 인재 배출이라는 고유한 정신에 따라 이루어진 측면이 크지만, 또한 한국 사회와 교회의 요청, 시대적인 과제 앞에서 급박하게 이루어진 측면도 많다. 그 과정에서 고신대학교는 여러 변화와 시련을 겪었다. 그렇다면 앞으로 고신대학교는 어떻게 나아가야 할까? 지난 역사를 돌아보며 앞으로의 과제를 몇 가지로 생각해 볼 필요가 있다.

기독교대학으로서의 정체성 문제: 고신대학교는 기독교 종합대학교이기 때문에 기독교 학교의 정체성은 늘 중요한 문제이다. 이러한 정체성은 우선적으로 얼마나 학교 구성원이 기독교 공동체를 유지하느냐에 달려있다. 고신대학교는 이를 지키기 위해 입학생들에게 최소한의 자격, 즉 학습의 신급을 요구했다. 1991년에는 의예과를 제외한 모든 학생에게 이를 요구했고 1994년에는 의예과 학생들에게도 보편적으로 적용하였다. 여러 우여곡절이 있었으나 대학의 신급 정책은 자리 잡아 교내의 경건 활동과 면학 분위기가 크게 향상되었다. 하지만 복음병원 분규와 부도, 관선이사회의 파견, 고등학생 수의 감소로 신입생 모집에 큰 어려움을 겪게 되어 2006년 신학대를 제외한 나머지 학과는 신급 제한조건을 다시 완화했다. 이로 인해 많은 비기독교인 학생들이 학교에 입학했고 학교는 기독교대학으로서의 사명과 함께 비기독교인들을 신자화하는 미션스쿨의 임무도 가지게 되었다. 교목실은 비그리스도인 학생들을 대상으로 소그룹 경건 모임을 만들었고 경건회 역시 일정부분은 이들을 위한 전도 집회와 기독교 소개의 형태로 변화했다. 학교는 기독교 인재 양성이라는 궁극적인 목표와 함께 기독교 소개를 부가적인 의무로 가지게 되었다. 하지만 기도와 경건 훈련, 기독교 학문훈련과 지도자 배출, 국내외 전문 선교사 양육 등 대내외적으로 본래의 정체성을 더욱 공고히 해야 할 필요성이 있다.

신앙교육과 더불어 교육과정과 커리큘럼, 그리고 대학 행정에 이르기까지 얼마나 기독교의 정신이 바탕을 이루고 있는지도 기독교대학의 정체성 유지에 중요한 부분이다. 교육과 행정까지 기독교적으로 운영되지 않는다면 완전한 기독교 학교라고 말하기는 힘들 것이다. 학교는 성경과 개혁주의 신학, 기독교대학교의 원리와 특성에 맞춰 학교를 발전시키려고 노력했지만 때때로는 현실적인 제약과 문제로 잘 이루어지지 못했다. 학교는 확장되고 다양화되었지만 고려신학교 초창기의 정신은 약해졌다고 볼 수 있다. 아울러 기독교 학문과 고등교육을 실행하기 위한 전문적인 교수 인력도 충분히 채워지지 못했다. 학교 시설 역시 최상의 여건을 마련해주지 못해 학생들이 불만을 토로하기도 했다. 다행히 2018년 교육부 주도의 대학 기본역량 평가에서 자율 개선대학으로 선정되어 정부로부터 3년간 약 90억 원을 지원받게 되었다. 이러한 재정으로 학교 시설을 리모델링하고 있으며 2024년까지 거의 동일한 액수의 정부 지원을 받을 예정이다.

신입생 수급과 정부 대학평가: 2010년 후반부터 고등학생의 수가 급속도로 줄어들어 2020년 입시부터는 대학 정원이 학생 수보다 많아 대학교의 정원 미달 현상이 본격적으로 시작되었다. 지방대학, 특히 고신대학교와 같은 기독교대학은 학생모집에 더 큰 어려움을 겪을 수밖에 없었다. 특별히 신학대학의 세 학과, 신학과, 기독교교육과, 국제문화선교학과의 지원율이 계속 하락하고 있다. 절대적인 학생 수도 감소하였고 그 가운데 기독교인의 수는 더욱 줄어들었다. 또한 한국 사회 안에서 반기독교적인 경향도 커졌다. 따라서 대학은 2021년 입시부터 이를 해결하기 위해 성인 학습자를 대상으로 하는 "드림 과정"을 개설하였다. 현재 정원의 20-30%가 드림 학생으로 이루어져 있다. 대학은 앞으로 이들을 위한 교육과정을 더욱 세밀하고 정교하게 다듬을 필요가 있다. 더불어 고등학생 모집을 위한 다각도의 노력을 기울이면서 드림 과정과 외국 학생 유치 등 다양한 루트의 개척이 요구된다. 또한 교회, 노회와 총회 간 다음 세대 기독교 지도자 양성을 위한 협력이 절실히 필요하다.

교육부는 계속되는 학생 수 감소를 대비하고 경쟁력 있는 대학을 만들기 위해 2015년부터 대학들을 상대로 강도 높은 평가를 시행하고 있다. 이러한 평가에 미달하는 학교는 정원 감축과 재정지원을 제한하여 사실상 자연적으로 퇴출되도록 한다. 2015년부터 3번에 걸친 평가에서 고신대학교는 모든 구성원의 헌신적인 노력으로 통과되어 2018년부터 2024년까지 약 200억 원의 재정을 지원받게 되었다. 이러한 재정지원으로 시설보강부터 교육과정에 이르기까지 여러 사업들을 진행할 수 있었다.

앞으로 고신대학교는 기독교종합대학으로서의 정체성을 더욱 강화하면서도 정부 지원사업을 수주 받을 수 있는 수준에까지 이르러야 한다. 지금까지

학교는 기독교대학으로서의 정체성을 강조하다가 정부와 지방자치단체 등 사회와 거리를 두는 경우가 적지 않았다. 하지만 이제는 정체성을 지키면서도 급속도로 변화하는 한국 사회와 교육환경에 능동적으로 대처하여 사회적으로도 지방의 강소 대학으로 인정받을 수 있는 노력을 기울여야 한다. 대학의 강도 높은 구조개혁이 필요하고 교수 역시 세계적인 수준의 연구역량을 갖추어야 한다. 다행히 교육부 사업에서 그동안 취약했던 신학대의 여러 신진, 중진 학자들이 연구재단 연구과제에 선정되고 있다. 앞으로는 개인 과제와 더불어 공동과제, 더 나아가 인문 영역에서의 큰 연구 수주를 받을 수 있는 수준까지 나아가야 한다. 또한 신학교육이 교회에 실질적인 도움이 될 수 있도록 교회와의 연계도 절실히 필요하다. 따라서 고신대학교는 앞으로 교회뿐만 아니라 사회에 기여할 수 있는 대학이 되어야 할 것이다.

신학대학원과의 협력: 신학대학원은 1998년 천안으로 이전함으로 새로운 시대를 맞이하였다. 하지만 오랫동안 대학의 신학과와 신학대학원은 여러 가지 이유로 협력이 어려웠다. 신학과와 신학대학원은 사실상 고려신학교라는 한 학교에서 시작되었다. 그때의 예과는 신학과로 본과는 신학대학원으로 발전한 것이다. 현재 우리는 교인 수의 감소, 청년들의 탈 기독교화, 반기독교적인 사회여론 등에 대처해야 하는 중대한 시기에 있다. 특히나 목사 후보생 지원자 수가 급격하게 줄고 있고 이러한 경향은 앞으로도 계속될 것으로 보인다. 이러한 시기에 두 주체는 기존의 갈등과 반목을 넘어 발전을 위해 상생하고 협력할 필요가 있다.

2. 고려신학대학원 / 이성호

고려신학교의 설립

1946년 9월 20일에 개교한 고려신학교는 해방 이후 신설된 최초의 장로교 신학교이다. 설립자는 일제강점기 신사참배 반대 운동을 주도하였던 주남선, 한상동 목사이다. 이 신학교는 해방 이후 장로교회를 재건하는 과정에서 설립되었다. 해방 이후 미국과 결탁한 친일세력들은 남한에서 여전히 주도권을 잡고 있었다. 교회도 크게 다르지 않았다. 자유주의 신학을 따르는 친일세력들이 조선신학교를 중심으로 장로교회를 주도하고 있었다.

고려신학교의 설립자들은 일제의 황국신민화정책(皇國臣民化政策)의 일환이었던 신사참배를 반대하는 운동을 하다 옥고를 치룬 고백자[1]들이었다. 이들이 풀려날 당시 한국교회는 신사참배와 친일에 앞장선 배교자들과 자유주의 신학자들로 인해 극도로 타락한 상태였다. 한국교회는 생활에 있어서 근본적인 회개, 신학에 있어서 바른 신학의 정립이 필요했다. 설립자들은 새로운 신학교를 설립하여 신실한 주의 종을 양성함으로 이 엄중한 과업을 이룩하려고 하였다.

고려신학교가 해방 직후 곧바로 설립될 수 있었던 이유는 이 학교의 설립자들이 이미 옥중에서부터 해방 이후의 한국교회를 생각하면서 신학교 설립에 대한 확고한 비전을 가지고 있었기 때문이다. 주남선, 한상동 목사는 각각 1930년과 1937년에 평양 장로회신학교를 졸업하고 신사참배 반대 운동을 펼치다가 주 목사는 거창에서, 한 목사는 부산에서 각각 구금되어 평양으로 압송되었다. 이들은 평양형무소에서 옥고를 치루면서 다른 감방에 있었기 때문

---

1. 1945년 8월 17일, 평양형무소에서 풀려난 이들은 다음날인 8월 18일에 처형될 예정이었지만, 하나님의 섭리로 인해 풀려나왔다. 이들은 하나님의 도우심으로 순교할 수 없었기에, 이들을 "고백자"라고 부른다.

에 의견을 교환할 처지는 되지 못하였으나 같은 뜻을 갖고 기도하였다. 그것은 바로 신학교육 기관과 성경학교를 세워 순교신앙을 가진 목사들과 전도자들을 양성하여 교회에 파송하는 일이었다.

신학교를 세우기 위한 전 단계로, 1946년 3월에 구성된 신학교설립기성회는 6월 23일부터 8월 10일까지 진해에서 해군 훈련소로 사용되었던 건물을 사용하여 신학강좌를 열었다. 이 진해신학 강좌가 가능했던 이유는 만주에서 귀국하여 서울에 머무르고 있었던 박윤선 박사가 기꺼이 강의 요청을 받아들였기 때문이었다. 신학강좌를 수료한 63명에게는 수료증서가 주어졌으며, 수료자들의 대부분은 이후에 개교한 고려신학교를 졸업하여 목사가 되어 초기 고신교회의 지도자들이 되었다.

진해 신학강좌가 개설되고 있는 도중에 경남 진해읍 교회에서 열린 경남노회 임시노에서 고려신학교를 설립하기로 결정하였다(1946년 7월 9일). 그리고 이 결정에 따라 9월 20일에 역사적인 개교를 할 수 있었다. 이때문에, 최종적으로 총회의 인준은 받지 못했으나, 고려신학교는 처음부터 사설 신학교가 아니라 교회의 신학교로 당당하게 출발할 수 있었다. 그 다음 달 10월에 만주에서 교수사역을 하고 있던 박형룡 박사가 귀국하여 제1대 교장으로 취임하였다. 여기에는 박 박사를 모시기 위해 많은 위험을 무릅쓰고 만주까지 갔다 온 송상석 목사의 공헌이 컸다.

성장: 도전과 극복

하나님의 특별한 섭리로 시작된 고려신학교는 처음부터 안팎의 많은 시련을 견디어내어야만 했다. 무엇보다 배교한 친일파 목사들의 회개운동에 대한 뻔뻔스런 반발로 총회뿐만이 아니라 경남 노회에서도 고려신학교는 공격의 대상이 되었다. 더 나아가 고려신학교의 진로에 대한 이해 차이로 박형룡 박사는 교장직을 사임하고 서울로 떠나게 되자 내부적으로도 큰 어려움을 겪었다. 심지어 한국전쟁의 와중에서도 고려신학교의 설립자들은 총회에서 쫓겨나는 수모를 겪어야 했다. 하나의 총회는 결국 분리되었고, 고려신학교는 분리 당한 자들의 신학교가 될 수밖에 없었고 그 이후에 고려신학교는 고려파 역사의 중심에 서게 되었다.

외적으로 보았을 때, 고려신학교의 시작은 정말로 미미하였다. 처음에는 자체 건물이 없었기 때문에 일신여학교, 초량교회의 부설 유치원, 그리고 광복동으로 수시로 이전해야만 했고, 이때문에 "보따리 신학교"라고 불리기도 하였다. 하지만 북미개혁교회와 전국 성도들의 헌신으로 암남동 34번지 1만 3000여 평의 땅에 독립된 건물을 지어 제대로 된 신학교육을 실시할 수 있게 되었다(1956년). 여기에는 한상동 목사의 동생인 한명동 목사의 헌신이 큰 역할을 하였다.

고려파 교회들은 총회파에 의해 쫓겨나온 후에 예배당 소송문제로 몸살을 앓게 되었다. 총회측은 당연히 고려측에게 예배당을 요구하였고 이것은 결국 소송으로 해결할 수밖에 없는 입장이었다. 박윤선 목사는 이것이 성경에 위배되기 때문에 강력하게 반대하였으나 송상석 목사를 비롯한 다른 이들은 박윤선 목사의 견해에 반대하였다. 이 문제는 해결되지 못하다가 주일성수 문제로 교단에서 징계성 있는 사과를 요구받게 되자 박윤선 목사는 고려신학교를 떠나 총회신학교의 교수가 되었다. 박윤선 목사가 떠남으로 고려신학교는 설립된 이후 또 하나의 큰 손실을 입게 되었다.

고려파를 쫓아내었던 총회는 세계교회연합(WCC) 가입 문제로 갈등을 겪다가 결국 둘로 쪼개지고 말았다. WCC의 반대파들은 고려파 지도자들에게 연합의 손을 내밀었고 두 교단은 다시 하나의 교회를 이룩하였다(1960년 12월 13일). 교단 합동으로 인해 고려신학교도 총회신학교와 잠시 병합을 하게 되었다. 하지만 두 교단의 화합은 너무나 성급한 것이었을 뿐 아니라 합동 이후에도 서로 신뢰를 쌓아 가는데 실패하였다. 고려신학교의 설립 정신이 심각한 위기에 처하게 되자 한상동 목사는 복교를 선언하였고, 이것은 또 다시 교단 분열로 이어졌다(1962년 10월 17일).

환원으로 인해서 고려파는 교세가 상당히 약화되었고, 고려신학교는 합동 이전보다 더 열악한 상황 속에서 새 출발을 해야 했다. 오병세, 홍반식, 이근삼 박사가 새 교수진으로 영입이 되었고, 학교도 교단총회에 의하여 직영 신학교로 인준을 받았다. 하지만 복교된 신학교도 큰 시련을 직면해야만 했다. 고려신학교는 보다 큰 발전을 위하여 문교부로부터 대학인가를 받으려고 시도하였는데 이 과정에서 불법인 사조 이사회가 조직되었고(1967년), 이것은 이후에 교단 내의 갈등의 진원지가 되었다. 이것은 오늘날까지 신학교 역사상 가장 부끄러운 일 중의 하나로 남아 있다.

도약과 발전

1970년 고려신학교는 교육당국에 의해 대학으로 인정을 받게 되었고 이름도 '고려신학대학'으로 개명을 하였다. 이를 계기로 고려신학교는 외적으로 계속 성장하게 되었다. 특히 1975년에는 새로운 교사가 신축되었는데, 그 당시로서는 아주 훌륭한 건물이었다. 여기에는 전 교회 성도들의 눈물어린 헌신과 화란의 자매교회의 도움이 숨어 있었다. 이 일을 계기로 신대원은 화란 개혁교회와 지속적으로 우호적인 관계를 맺어 오고 있다. 이 교회는 신대원 교수진이 부족할 때에 박도호, 고재수 박사를 교수 선교사로 파송하였고, 그들의 가르침은 고신 신학 형성에 중요한 한 부분을 차지하게 되었다. 1980년에는 대학원 인가까지 받게 되어서 목회학 석사(M. Div. 80명) 과정이 개설되었고 이름도 고려신학대학을 줄여서 '고신대학'으로 바뀌었다. 대학으로 바뀐 이후 새로운 학과가 계속 증설되자 의학부를 제외하고 학부는 영도에 새로운 캠퍼스로 확장 이전하게 되었고(1982년), 1988년에는 신학대학원으로서의 정체성을 보다 확고하게 하기 위해 고신대학과 신학대학원을 분리하기로 하고 이름도 '고려신학대학원'이라고 정하였다.

신학대학원이 이렇게 발전하게 된 결정적인 이유는 교단의 교회들이 지속적으로 성장하였기 때문이었다. 고려신학대학원은 부산에서 시작되었지만 교단 내에서는 수도권으로 옮겨야 한다는 의견이 처음부터 늘 있었다. 이런 견해들이 교단 안에서 광범위한 공감대를 형성하게 되자 마침내 1998년에 교정을 천안으로 옮기게 되었다. 이로 인해 신학대학원은 수도권에서 21세기의 새 역사를 시작할 수 있게 되었다. 무엇보다도 그동안 부실하게 운영되어왔던 지방 신학교들이 하나로 통합이 됨으로써 신학 교육의 질이 근본적으로 달라진 것이 교단 전체를 위한 가장 큰 유익이었다.

새 캠퍼스는 이전과 비교할 수 없을 정도로 좋은 교육시설을 보유하게 되었다. 기존의 세 배에 이르는 3만 2천여 평에 이르는 부지와 8500평이 넘는 건물 시설은 그 당시 한국 신학교 중에서 최고라고 해도 전혀 과장이 아니었다. 신대원생들은 전원 기숙사 생활을 하면서 학교에 있는 동안에는 공부에만 전념할 수 있게 되었다. 주남선·한상동 기념 도서관은 120,000권이 넘는 신학 관련 장서를 보유하고 있을 뿐 아니라 371석에 이르는 열람실을 가지고 있다. 도서관 4층에 새로 설치된 설교센터는 다른 어느 학교에 비해도 손색이 없을 정도로 잘 갖추어 있고, 도서관 지하에 잘 꾸며진 고신 영성원과 학교 뒷산 겟세마네 기도실은 학생들의 경건생활을 격려하는 훌륭한 수단들이다.

학교의 질을 결정하는 교수진들도 한 층 보강되었다. 90년 이전에는 겨우 7명의 전임 교수들이 300명이 넘는 학생들을 가르쳤지만 지금은 16명이 넘는 전임 교수들이 이 일을 감당하고 있다. 모든 교수진은 미국이나 화란에서 유수한 신학교에서 박사학위를 취득한 자들로 구성되어 있다. 교정 안에 교수 사택이 마련되었기 때문에 교수들이 학생들과 더불어 경건 생활을 하게 되었으며, 언제든지 학생들과 교제를 나눌 수 있는 환경이 조성되었다. 학생들의 숫자도 현재는 한 학년 당, 목회학 석사과정(M. Div.) 120명, 신학 석사(Th. M.) 34명을 유지하고 있다.

하나님께서는 인간들의 죄와 허물에도 불구하고 이렇게 좋은 시설과 환경을 주었지만, 천안으로 이전한 이후 고려신학대학원은 교회의 기대에 제대로 부응하지 못한 점을 솔직히 인정할 수밖에 없다. 교단 중심지인 부산과 거리가 멀어짐으로 인해서 교회와 신대원의 관계가 이전 보다 소원해졌다. 신대원이 교회의 감독을 제대로 받지 못하다 보니 교수회 안에서 일어나는 부정이 제대로 시정되지 못하였다. 이로 인한 교수들의 갈등도 심각한 수준이었다. 신대원장이 교육부 감사로 인해 징계를 받기도 하였고, 심지어 어떤 교수는 재판에서 유죄를 받아 실형을 살기도 하였다. 천안 이전 이후 신대원이 교회의 희망이 아니라 근심거리가 되었던 것이다. 최근에 이런 어려운 문제들이 해결되어 다시 한번 도약의 발판이 마련되고 있는 것은 하나님의 은혜라 할 것이다.

천안 고려신학대학원 전경

현재에 대한 평가 및 미래에 대한 전망

교단 설립 60주년을 맞이하면서 우리는 신대원의 역사를 정확히 직시할 필요가 있다. 너무 우리 자신을 비관해서도 안 되지만 지나치게 자화자찬하는 것도 우리에게 전혀 도움이 안 된다. 우리의 과거를 정확하게 인식하여야 현재를 정확하게 진단할 수 있고, 이 진단에 근거하여 보다 확실한 미래의 비전을 구상할 수 있기 때문이다. 모든 학교는 그 학교의 설립 이념에 근거해서 평가를 받아야 한다. 외적인 규모나 시설은 그 학교를 평가함에 있어서 주변적인 것일 뿐이다.

'신앙의 정통'과 '생활의 순결'은 해방 직후 고려신학교가 존재하게 된 이유이다. 고려신학대학원은 설립 처음부터 개혁신학에 근거한 목회자 양성을 추구해왔다. 그렇다면, 과연 그동안 신대원은 얼마나 개혁신학에 충실한 목회자를 양성해 왔는가? 과연 신대원 출신 중에서 고신 교회 안에서 개혁신학을 선명하게 표명하면서 실천하는 목사들이 얼마나 되는가? 여기에 대해서 자신있게 긍정적으로 대답할 수 있는 사람은 그리 많지 않을 것이다. 그렇다면 우리 신학교육에는 방향성에 있어서 큰 문제가 있는 것이 분명하다. 신학 교수들이 제대로 가르치지 않았거나 아니면 학생들이 개혁신학을 제대로 습득하지 못하고 졸업하지 않았다는 말이 되기 때문이다.

고려신학대학원 또 하나의 모토는 생활의 순결이다. 신대원은 순교자들의 전통 위에 서 있다. 그들은 바른 신학을 위해서 목숨을 던졌던 이들이다. 바른 신학과 바른 삶은 결코 분리되지 않는다. 삶이 뒤따르지 않은 신학은 인간을 교만하게 할 뿐이다. 이 점에서 우리 신학교육은 근본적인 성찰을 필요로 한다. 기본적으로 신대원은 신앙의 전통을 가르치는 것에는 관심을 가졌지만 생활의 순결을 가르치는 것에는 그다지 강조하지 않았다. 구체적인 교과 프로그램이 뒤따라주지 않으면 생활의 순결이라는 것은 하나의 구호에 그치고 말 것이다.

바른 교육이념을 가르치는 것도 중요하지만 그것을 실천할 수 있도록 하는 교육환경도 중요하다. 교육환경은 크게 교수진, 학생, 그리고 시설로 구분할 수 있다. 지금 현 상황을 보면, 특히 다른 학교와 비교해 보면, 신대원의 교육환경이 결코 뒤떨어지지 않는다. 특히 앞에서 살펴보았듯이 시설 면에서는 오히려 다른 학교보다 월등하게 좋다. 교수진들도 이전에 비해서 많이 보강이 되었다. 아쉽게도 학생들의 수준은 이전에 비해서 좋다고 할 수 없는 상황이다. 안타까운 것은 이런 상황이 당분간 개선될 여지가 없거나 더 악화될 수도 있다는 것이다.

현재의 상황을 볼 때 신대원의 미래 또한 그렇게 낙관적이지 않다. 이렇게 보는 대표적인 이유는 한국교회가 전반적으로 쇠퇴할 가능성이 많기 때문이다. 교회 역사를 볼 때, 교회가 부실한데 신학교육이 잘 되는 경우는 없었다. 교회와 신대원은 같은 배를 타고 있는 한 몸이다. 오늘날 더 이상 불신자들에 대한 전도가 잘되지 않을 뿐 아니라 교회 안에서 청년 대학부 이하 주일학교가 급속히 쇠퇴하고 있다. 저출산과 고령화의 문제는 더 이상 사회만의 문제가 아니라 교회의 문제이기도 하다. 간단히 말하면, 교육산업은 이제 사양산업으로 접어들 것이고 학교들 간의 경쟁이 극심해질 것이며 그 가운데서 경쟁력 없는 학교는 도태될 것이다. 이런 현상은 이미 고신대학에 직접적인 영향을 미치고 있으며 얼마 뒤에는 신대원에도 영향을 미칠 것이다.

사실상 고신교단이 당면하고 있는 가장 큰 당면문제는 교단 내의 인재 유출이다. 우리나라의 구조상 유수한 대학이 다 서울에 위치하고 있다. 이전에 비해서 수도권과 지방의 차이는 훨씬 더 벌어졌고, 이것은 대학에도 그대로 적용되고 있다. 반면 고신교단의 유력한 교회들은 대부분 지방에 포진해 있다. 문제는 대학 입학생들이 이전과 달리 수도권으로 유학 가더라도 자신이 속한 고신 교회를 찾아서 출석하지 않는다는 것이다. 대부분의 대학 신입생들이 사랑의 교회로 대표되는 서울의 유명한 교회를 찾아가는 실정이다. 그만큼 고신 교회가 전반적으로 자기 정체성을 상실했다는 것을 의미한다. 학생들은 고신 교회에 대한 애착이나 자부심을 더 이상 가지고 있지 않다. 서울로 유학 가는 학생들은 어떻게 보면 고신 교회의 가장 좋은 인재들이라고 할 수 있는데, 고신교회는 이러한 인재들을 지방에서 잘 양육시켜서 다른 교단에 그대로 봉헌하고 있는 실정이다. 특단의 근본적 조치가 없다면, 우리 교단과 신학교는 2류, 3류의 수준을 벗어나지 못할 것이다. 60주년을 맞이하여 고신의 지도자들은 무엇보다 이 문제를 해결하는데 모든 지혜와 자원을 모아야 할 것이다.

그렇다고 해서 미래가 어둡기만 한 것은 아니다. 신대원이 위치한 천안과 인근지역은 앞으로 발전 가능성이 대단히 높다. 동쪽으로는 오창 과학도시, 서쪽으로는 아산 산업 신도시, 북쪽으로는 수도권, 남쪽으로는 오송과 세종시가 계속 발전하고 있다. 교단의 발전을 위해서 결코 포기할 수 없는 중요한 지역들이 신대원과 아주 가까운 자리에 위치하고 있다. 더 나아가 KTX 역이 천안에 들어서게 됨으로 신대원과 교단의 중심지인 경상도 지역과 시간적으로 매우 가까워졌다. 교단의 든든한 지원은 다른 신학교에 비해서 신대원이 가지고 있는 가장 큰 장점이다. 이제 외적인 물적 토대는 우리의 노력이나 의지와 상관없이 아주 잘 갖추어지게 되었다. 중요한 것은 이런 변화들을 잘 읽어내고 지금부터라도 그것들을 잘 활용하는 방안들을 모색하여야 한다. 이를 위해 신대원은 목회대학원과 신학포럼을 혁신적으로 바꾸었다. 특히 석사과정에 성경 강해 프로그램을 개설하여 일선 목회자들이 많이 참여하고 있다. 분명 신대원은 변화의 노력들을 하고 있다. 하지만 이것만으로 부족하다. 급변하는 한국 사회 속에서 더 적극적으로 대처하지 않는다면 뒤로 처질 수밖에 없다.

저출산 시대에 신대원이 나아가야 할 방향은 분명하다. 강소형 신학교야말로 신대원이 가야할 일이다. 고신총회의 미래는 신대원에서 얼마나 신실하고 유능한 목회자들을 생산해 내는가에 달려 있다. 학생들의 질이 점점 떨어지는 상황 속에서 무조건 정원을 채우는 식으로 신대원을 운영해서는 안 된다. 더 적극적으로 우수한 학생들을 유치하기 위한 프로그램들을 계속 계발 및 홍보해야 한다. 오래된 시설도 계속적으로 리모델링하면서 학생들의 변화된 요구를 만족시켜야 하며, 경건과 신학에 탁월한 교수요원들도 장기적인 계획을 세워 체계적으로 보강하도록 해야 한다. 과거 신앙의 선배들이 이루어 놓은 것이 오늘의 열매를 맺었듯이, 지금 우리가 하고 있는 일이 10년 뒤에 그대로 열매로 나타날 것이다.

3. 고신의료원 / 황권철

고신대학교 복음병원은 부산광역시 서구 감천로 262에 위치한 고신대학교 의과대학 부속병원으로서 25개 진료과, 16개 병동, 957병상을 두고 있다. 한국 전쟁으로 인한 전쟁 피난민과 병마에 시달리는 가난한 환자들을 치료하기 위해 1951년 설립된 무료병원인 복음진료소가 그 기원이다. 병원의 사명과 비전, 핵심가치, 윤리강령은 아래와 같다.

사명(Mission):

예수 그리스도의 사랑으로 환자중심의 치료, 전도, 교육을 실현하여 모든 인류의 건강과 행복한 삶에 기여하고 그리스도의 복음이 전파되도록 한다.

비전(Vision):

1. 환자중심의 진료로 신뢰받는 병원: 모든 환자에게 최상의 진료와 환자중심으로 의료서비스를 제공하므로 누구에게나 선택 받는 병원이 된다.
2. 영혼구원을 위한 복음을 전파하는 병원: 환우들에게 육체의 질병과 더불어 영혼에 대한 치료를 위하여 복음전파에 앞장선다.
3. 존경받는 의료인력을 양성하는 병원: 인류의 의료 발전에 이바지할 수 있는 최고의 의료인력을 육성한다.
4. 최초의 구제병원: 그리스도의 사랑과 섬김을 바탕으로 이웃들에게 나누어 주고 돌보아 주는 병원을 추구한다. 이를 위하여 상호 존중하고 성숙한 인격과 책임의식을 갖춘 전문가가 되고 진취성과 실천력을 겸비한 지도력을 발휘하여 열정과 창의가 숨쉬는 복음병원을 만들어 간다.

핵심가치(Care Values):

섬김: 우리의 존재 이유로서 모든 환자, 보호자 및 관계자를 섬겨야 한다.

탁월: 교수는 연구와 진료에서 모든 직원은 직무에서 자신의 영향을 키워야 한다.

순결: 영혼과 물질에 대해 순결한 마음을 가져야 한다.

유연: 자신의 책임과 권한 안에서 창의적으로 업무를 수행한다.

병원 윤리강령:

병원은 인간 생명의 존엄성을 인식하고 박애의 봉사정신으로 우리의 강령을 아래와 같이 다짐한다. 병원은 의료가 제일의 의무임을 인식하고 모든 환자에게 최선의 진료를 제공한다. 병원은 항시 구급진료태세를 완비하고 사랑과 정성으로 환자를 보호한다. 병원은 직원의 인화와 협동적으로 친절하고 윤리적인 진료 분위기를 조성한다. 병원은 부단한 연구와 교육훈련으로 의료 발전에 기여하고 환자의 신뢰를 높인다. 병원은 의료환경을 청결히 유지하고 감염 및 화재예방 등 안전관리에 주의의무를 다한다. 병원은 관계 규범을 준수하고 모든 거래행위를 공정무사하게 처리한다. 병원은 환자 진료의 비밀을 지키고 환자의 신앙적 관습을 존중한다.

병원은 유관기관 및 단체와 상호협력하고 지역사회 주님의 보건 증진에 노력한다. 병원은 도의적이며 적정한 홍보활동을 하고 타 병원을 비방하거나 환자 유인 행위를 하지 않는다. 병원은 환자관리, 시설장비 및 진료 활동면에서 과학적이고 객관적인 표준을 유지 향상 시킨다.

고신대학교 복음병원의 주요연혁을 정리하면 아래와 같다.

1951. 1. 대한기독교경남구제회(대표 전영창) 조직

1951. 6. 21. 제3영도교회 내 복음진료소가 개소

1951. 7. 2. 복음의원 원장으로 장기려 박사 취임

1951. 12. 20. 천막병원으로 이전
1957. 5. 28. 현재 부지로 이전
1965. 9. 6. 재단법인 대한예수교장로회 고신총회유지재단이 병원 인수
1970. 12. 31. 학교법인 고려학원 수익기관으로 편입
1978. 3. 15. 지방대학병원 최초로 암센터 설립
1981. 2. 19. 고신대학교 의과대학 설립, 고신의대 부속 복음병원을 고신의료원으로 개편
2002. 9. 1. 고신대학교복음병원으로 명칭 변경
2005. 3. 11. 서울대학교병원과 협력병원 체결
2009. 1. 7. 부산지방국세청 진료지정병원 협약체결
2011. 6. 10. 부산 최초 최우수"인증의료기관"(복지부)
2011. 6. 20. 장기려 박사 탄생 100주년 기념"그 사람 장기려" 뮤지컬
2017. 12. 5. 제1회 부산의료산업대상 수상
2021. 6. 21. 개원 70주년(기념행사 2021. 6. 17).

역대병원장 및 의료원장은 아래와 같다.

1) 복음병원장

초대 장기려 1951. 07- 1976. 06.
2대 박영훈 1976. 06- 1981. 02.

2) 고신의료원장

1대: 박영훈 1981. 03. 01-1985. 02. 28.
2대: 박영훈 1985. 06. 03-1991. 08. 27.
3대 이승도 1988. 06. 01- 1989. 08. 04.
4대 이종담 1989. 11. 01- 1991. 06. 02.
5대: 박영훈 1991. 06. 03.-1991. 08. 27.
정기상 의료원장 대행 1991. 8. 28 - 1996. 6. 27

6대 이화동 1996. 06. 28- 2000. 02. 29.

7대 김재도 2000. 06. 02- 2002. 02. 26.

8대 구자영 2002. 02. 27-2002. 09. 24.

3) 고신대학교 복음병원장

1대 김재도 2002. 12. 06-2003. 04. 21.

2대 이재우 2003. 04. 21- 2003. 09.30

3대 전병찬 2003. 10.10- 2005. 10.13.

4대 이충한 2005. 10.14-2007. 06. 19

5대 6대 조성래 2007. 08. 02- 2009. 08. 01,

6대 조성래 2009. 08. 02- 2012. 08. 02.

7대 이상욱 2012. 08. 21-2015. 09. 03.

8대 임학 2015. 09. 03-2018. 05. 14.

9대 최영식 2018. 07. 12-2021. 05. 07

10대 오경승 2021.05. 08- 현재

고신의료원 전경

4. 고신총회세계선교회(KPM) / 권효상

고신총회세계선교회의 태동과 이념

고신총회세계선교회(KPM)은 고신교회의 세계선교 기구로서 개혁신학 위에 세워진 기관이다. 1952년에 총노회를 조직할 당시 10개의 상비부서 중 선교를 담당하는 조직은 없었다. 이상규 교수는 당시 교단 지도자들은 아직 개혁주의 교회의 외연에 대해서 관심을 가질 만큼 세계교회의 현실을 헤아려 볼 안목이 없었다고 평가한다. 그럼에도 불구하고 선교운동의 영적, 신학적 기초는 이미 고신 교회의 설립 때부터 준비되었다. 1946년 고려신학교의 설립 취지에 나타난 정통신학운동, 정통진리 운동, 참 문화운동은 1955년 총노회 발회식 선언서에도 그 맥을 같이 한다. 이 세 가지 운동의 중심은 개혁교회 건설을 통한 하나님의 영광이었다. 한부선(Bruce F. Hunt) 선교사는 처음부터 고신 교회의 태동과 관계했고, 또한 1955년 학생신앙운동(SFC)의 시작 과정에 관여했다. 그의 선교적 영향이 "개혁주의 신앙의 세계교회 건설과 세계의 복음화"라는 SFC 강령에도 고스란히 담겨 있다.

1955 태동 이후 KPM의 해외선교 업무규정 제2조는 해외선교사업의 목적과 목표를 영혼구원, 교회설립을 통한 하나님의 영광임을 밝히고 있다. 2017년 9월 21일에 공포되어(이사회 정관 제3조) 지금까지 사용되는 KPM의 선교 목적은 다음과 같다. "고신 세계선교회는 예수님의 지상명령에 따라 전 세계에 선교사를 파송하여 가능한 모든 방법을 동원하여 개혁주의 교회를 설립하는 것을 그 목적으로 한다." KPM비전2030에 명시된 핵심가치는 개혁주의 신앙의 세계교회건설(진리운동의 세계화), 남은 과업 완수(순교신앙), 성결한 삶(코람데오), 성령충만한 사역(하나님 중심), 동지애(희생과 사랑)이다. 이 가치는 처음부터 변함없이 지속되어 온 KPM의 핵심 가치이다.

그러므로 고신 선교운동의 '신앙적 기초'는 신앙의 정통과 생활의 순결을 지키기 위하여 목숨 걸고 신사 참배에 항거한 영적 선배들의 순교적 신앙에 기반을 두고 있다. '신학적 기초'는 1946년 고려신학교의 설립 취지문에 표방된 개혁주의 신학운동에 두고 있다. '사명적 기초'는 '개혁주의 신앙의 세계교회 건설'에 뿌리를 두고 있다. 이러한 고신의 영성, 신학, 그리고 사명 위에 세워진 KPM은 고신 교회 소속의 선교 기관으로서 선교 현장에서도 위의 세 가지 기초에 바탕을 둔 개혁교회를 세우는 선교 운동을 하고 있다.

KPM의 발전 과정

개관

선교 태동기(1955-1980): 1956년 선교부는 고신교회 총회 조직을 기념하여 '선교지를 대만으로 선정하며 적임자를 선교부에서 양성하는 건'과 더불어 '선교비는 각 교회에서 염출하는 안건'을 상정한다. 1957년 9월 20일 제7회 총회가 열린 부산 남교회당에서 고신총회는 고신 전교회 최초의 선교사로 당시 제2영도 교회를 담임하고 있던 김영진 목사 부부를 선정하여 파송예배를 드렸다. 대만으로 파송(1958년 5월 13일) 된 김영진 선교사 부부는 신죽교회, 죽동교회 등 12개의 교회를 개척하였으며, 미정통장로교 선교부와 함께 개혁종신학교를 설립하여 많은 사역자들을 배출하였다. 또한 1971년 3월 1일 개혁주의 장로교 노선의 4개 선교부와 협력하여 "대만 기독교 개혁종 장로회"를 조직하는 데에도 크게 기여하였다. 1987년 2월부터 은퇴할 때까지 선교사 출신의 첫 '전담 총무'로써 선교지를 6개월씩 오가며 직임을 감당하였고, 고신선교훈련원(KMTI, 1988)을 설립하여 선교사 후보들을 훈련하는데 힘을 쏟다가 1990년 제40회 총회 시에 32년 간의 공식 사역을 마무리하고 은퇴함으로써 고신의 첫 '원로 선교사'가 되었다. 그러나 이후 제2호 선교사를 파송하기까지는 16년이라는 긴 세월이 필요했다. 1972년 9월 제22회 총회가 선교사를 파송하기로 결정하여, 1974년에 유환준 목사 부부를 대만으로 파송하였고, 11년 후인 1985년에는 이병길 목사 부부가 합류하였다.

1964년 14회 노회 때는 각 노회에 노회선교부를 조직하도록 결의했다. 시대적인 현안에 따라서 총회가 선교와 관련된 의결들을 하였는데, 그중 하나가 교포 선교였다. 70년대 미국, 일본, 남미 등지로 교포들이 대거 이주할 시기였다. 당시 교포 선교는 전도부 소관이었으나 1966년 11월 정길수 목사가 자의로 남미로 파송되는 것을 계기로 교포 선교는 선교부 소관이 되었다. 1972에 조병철 목사가 재일 교포 선교를 위해 파송되었고, 이후 1996년까지 29가정이 브라질, 일본, 캐나다, 미국, 호주, 스페인, 포르투갈, 독일, 홍콩으로 파송되었다. 교포선교사 제도는 1996년 총회 결의로 없어졌다. 당시 선교부에서는 선교재정의 안정화를 위해 거의 매년 총회에 재정 청원 관련 안건을 상정했다(6, 8, 9, 10, 14, 20, 21, 22, 23, 24, 27회). 그러다가 28회 총회 때 선교부가 선교 달력을 발행하여 수익 사업을 할 수 있도록 허락했다. 그만큼 재정 문제로 인해 선교가 활성화되지 못한 면이 있었던 시기였음을 짐작하게 한다. 또한 1975년 구성된 교단발전위원회에서는 효율적인 해외선교를 위한 대책을 제시했으며, 1979년에는 공산권 선교의 중요성을 인식하고 공산권선교위원회를 설치하기도 했다.

1974년 총회록을 보면, 선교부의 문제점을 세 가지로 지적했는데, 1) 각 산하 노회와 지교회의 사명의식 결핍으로 인한 비 협조, 2) 전문직 부재로 인한 비능률적인 업무수행, 3) 예산의 부족이 그것이었다. 이렇듯 1960-70년대는 고신 전교회가 개혁주의 신앙의 파수라는 현안에 집중하는 시기였으므로, 고신 전교회가 해외선교에 힘을 쏟을 준비와 역량이 부족하였고 선교부도 전문성을 갖추지 못하던 때였다.

선교 준비기 (1980-1990): 1980년대는 한국이 그동안 쌓아 온 영적, 물질적 역량을 해외선교로 돌리기 시작한 때였다. 고신 전교회도 본격적인 해외선교를 위해 새로운 일들을 준비하던 시기였다. 1980년 9월 총회에서는 총회선교부 산하에 선교국을 설치하여 그 사무실을 부산 남교회에 두었다. 1982년에는 선교개발연구원(원장 전호진)을 설치하여 선교홍보지 「선교회보」가 창간되었는데, 「해외선교회보」로 개칭되었다가 1988년부터는 「해외선교」로 개칭되어 오늘에 이르고 있다. 선교개발연구원에서는 서울, 부산, 대구를 중심으로 17명의 연구위원을 두기도 했다. 1976년 이래로 전도와 선교가 재통합되어 국내전도분과로 있었으나, 1983년 33회 총회에서 전도부와 선교부를 다시 분립했다. 1982년에는 처음으로 68명이 참석한 제1회 선교지도자 세미나 및 선교대회가 부산에서 열렸고 이 대회는 지속되었다. 이전에 총회선교부의 선교부장 시대(한명동, 신명구, 최일영, 박창환 목사)에서 1986년부터는 전담총무(김영진, 이병길) 시대가 열렸다. 또한 이 시기에는 국제 선교단체(OMF, SIM, WEC, BBT, OM)와 협력 파송을 하기 시작했다.

이래서 1989년 말까지 선교사 수는 원주민 선교사와 교포 선교사 수가 각각 21명으로 총 선교사 수는 42명으로 늘어났다. 1989년 당시 고신교회는 1,100개 처, 교인은 25만으로 추산해 볼 때, 30개 교회당 1인, 교인 6천 600명당 1인의 선교사를 파송한 것이다. 이 당시의 고신 전교회의 총 예산 규모는 약 200억으로 추산되는데, 이중 선교비는 3억 41만 원이므로 고신 전교회 총 예산액의 1.5%가 선교비로 쓰이고 있음을 알 수 있다.

1983년 총회에서는 '해외선교후원협의회 규정'이 채택되었다. 총회선교부는 인도네시아를 다음 선교지로 결정하고, 유환준 선교사 이후 다시 10년 만에 김종국 선교사 부부(1983), 이헌철(1984) 선교사 부부를 파송 했다. 1985년부터는 새로운 선교지를 모색하는 것이 중요한 과제가 되었다.

필리핀 선교는 1986년 8월 13-16일 총회선교부 실행위원 3인(정순행, 박두욱, 김사엽)과 선교개발 연구원장(전호진) 등 4인의 필리핀 방문과 필리핀에서 합동교단 선교부와의 선교협력 합의서에 의해 고신 전교회의 선교 대상지역이 되었다. 합의서 내용은 고신 선교사들의 필리핀 입국을 위해서 합동교단

선교사들이 도와주며, 그 대신 고신 선교사들은 별도의 신학교를 세우지 않고 합동 선교사들이 설립한 기존의 신학교육에 협조한다는 것을 골자로 하고 있었다. 이 협약에 의해 고신선교사들의 필리핀 선교가 가능하게 되었고 선교부는 대만, 인도네시아, 일본에 이어 필리핀을 제4의 선교지로 간주하게 되었다. 이런 배경에서 김자선(1986), 김형규 선교사 부부(1987), 남후수 선교사 부부(1987), 최수일(1989), 김영숙(1989) 선교사가 파송되었다. 이 기간에 전기한 나라들 외에도 아프리카 시에라리온, 남미에도 선교사를 파송하게 되었다.

1984년 부산 남교회에 있던 선교부 사무실을 초량동 삼일교회 별관으로 이전하였는데, 1987에는 초광교회 이경석 목사의 재산 헌납으로 부산진구 초읍동 277-7번지로 이사하여 처음으로 자체 건물을 가지게 되었다. 1988에는 고신선교훈련원(KMTI)의 개원으로 자체적으로 선교사 후보생들을 훈련하는 시스템을 갖추게 되었다. 이 시기에 고신 전교회 선교운동은 의미 있는 발전을 이루었는데, 양적으로 폭발적인 성장을 이룬 것은 아니었다. 그러나 선교 전문기관으로 발전하기 위한 기초적인 준비가 본격적으로 이루어지기 시작했던 시기였다.

선교운동의 확산 (1990-1998): 고신 전교회의 선교사역은 1980년대 준비기를 거쳐1990년대는 폭발적인 양적 성장을 이루는 새로운 단계로 접어들었다. 1990년부터 1998년 7월 말까지 파송된 선교사의 수는 74 가정의 151명이었다. 1958년부터 1980년대 말까지 32년 동안 파송된 선교사의 세배 가까운 수의 선교사가 파송된 것이다, 1990년대는 선교지역도 확대되었다. 종전의 아시아 중심의 해외선교가 아시아는 물론, 유럽, 남미, 아프리카, 미주 등지의 40개국으로 확대되었다.

이 시기의 중요한 발전은 행정적 쇄신이다. 이때부터 선교부는 선교사의 선발과 훈련, 파송, 선교사의 지원 및 재정관리, 선교훈련, 선교회보 발간, 선교사 기도편지 제작과 배포 등의 업무를 통상적으로 실시할 수 있었다. 그 외에도 선교 달력 제작, 선교 세미나 개최, 후원교회 관리 등의 업무도 시작되었다. 그리고 선교행정의 효율화를 위한 본부 선교사 제도(1992), 비 거주 선교사 제도(1994), 선교사 사역 임기 평가제(1995), 선교사 공모제(1995), 선교사 순화보직제(1996) 등을 실시하였다.

또 한 번의 도약이 있었는데, 바로 총회선교센터가 마련된 것이다. 1993년 4월 12일에는 미국장로교(PCA) 한국선교부(대표 James Arely Kobb, 고주영)로부터 대전시 대덕구 중리동 243-17번지에 소재한 대지 5,916㎥(약 1,800평)과 건물(연건평 613.153㎥) 등 부동산을 선교 목적으로 사용한다는 조건으로 인수한 일은 선교훈련과 교육, 선교사 안식관의 확보 등에 획기적인 도움을 주었다. 1994년 11기 훈련부터는 이곳에서 훈련을 할 수 있었다.

1990년대의 중요한 발전은 평신도 선교사의 파송이었다. 1980년대 전반기까지는 단 한 사람의 평신도 선교사도 없었다. 1980년대 후반기에 와서 비로소 강화식(1985 인준, 스페인), 김자선(1986, 필리핀), 이경화(1989, 아이보리코스트) 등 세 사람의 선교사를 파송할 수 있었다. 사실 이때까지 총회선교부는 1990년대까지 평신도 선교의 필요성을 고취하고 이를 실행해 가는 정책적 시도가 없었다. 그러나 1990년대를 거쳐 가면서 평신도 선교 자원자가 증가했다는 점은 1990년대 고신 전교회 선교운동의 두드러진 특징이었다. 1990년대에 파송된 평신도 선교사는 약 30명에 이른다.

해외 각처에 흩어져 있는 고신 선교사들의 선교활동을 보고하고 교회의 선교적 사명을 재확인하는 동시에 선교사 상호 간의 만남의 장을 마련하는 선교사 대회의 필요성이 제기되기 시작하자 1992년 8월 제1차 고신세계선교사 대회가 개최되었다. 제2차 세계선교대회는 1994년 8월 시드니에서, 제3차 선교대회는1996년 7월 부산 남교회당에서 개최되었다. 특히 이 대회에서는 세계선교에 대한 고신 전교회의 의지를 내외에 선포하는 7개 항의 선언문을 발표하였다. 1990년 4월 당시 KPM에는 81명의 선교사(38가정, 5명의 독신, 이중교포 선교사 39명, 원주민 42명이었다)가 17개국에서 활동하고 있었다. 1991

년 10월에는 119명(63가정)의 선교사들이 20개국에서 활동했다. 또 1992년 9월에는 선교사 수는 141명(75가정)이었다. 이 해의 교회 수는 1,310개처, 교인 수는 35만 5천 명으로 추산되는데, 이것은 18개 교회가 1가정씩, 교인 2,500명당 1사람의 선교사를 파송한 것이다. 이는 1988년의 30개 교회당 1인, 교인 6,600명당 1사람의 선교사, 1990년의 23교회당 1인, 교인 2,961명당 1사람씩의 선교사를 파송한 것에 비해 선교에 대한 관심과 참여가 점증하고 있음을 보여준다.

1993년 당시 활동하고 있던 선교사는 78가정 149명이었다. 또 1996년 4월 당시 고신 전교회가 파송한 선교사는 90여 가정 188명이며 이들은 33개국에서 활동하였다. 당시 1,380여 교회 가운데 선교에 직접적으로 참여하는 교회와 단체는 476개 처, 개인 후원자는 115명이었다.

선교비 예산액으로 보면 1992년 당시 고신 전교회 산하 교회의 총 예산은 370억으로 추산되는데 이중 선교비는 12억 3천만 원이므로 선교비는 전체 예산의 3.4%에 해당한다. 1988년의 1.5%에 비해 약 2배가 증가했으나 여전히 5%에 미치지 못했다. 또 선교운동에 후원을 통해 참가하고 있는 교회는 310개 교회로서 전체 교회수의 23.7%에 달했다.

이러한 교회의 본질인 선교에 충실하고자 하는 교회의 노력들은 IMF(1997.12.3-2001.8.23)의 경제 위기에도 불구하고 선교사들에 대한 후원금을 중단하지 않았다. 선교부는 IMF 경제관리 체제 대처 1단계 지침으로 선교비 절감과 선교사업의 한시적 중단, 2단계 지침으로 선교사를 철수시키는 위기상황을 최소화하고, 선교사 파송을 중지하는 선교 위기 상황을 극복하며, 현재의 선교방법을 전략방법으로 전환하는 3가지 원칙을 기본지침으로 하는 선교비 비상 대책안을 마련하였다. 그리고 후원교회들의 변함없는 후원으로 선교사로 계속 파송하였는데, 후원교회들의 각고의 노력에 감사하지 않을 수 없다. 1997년 말부터 시작된 경제위기는 한국교회의 선교와 선교의 미래를 다시한번 반성하고, 고려하는 계기가 되었다. 이상규 교수는 이 시기의 시급한 과제로서 선교지에서 선교사들의 불화, 선교 재정 관리, 일관된 선교 정책의 실행, 자급 선교원리의 재확인, 그리고 보다 세심한 행정과 제도를 꼽았다.

선교운동의 새로운 모색 시대 (1999-2005): 여전히 국가적으로는 IMF의 위기가 고조되는 가운데 밀레니엄을 맞았고, 고신 선교도 어느덧 50주년이 되었다. KPM은 이때를 새로운 선교 운동을 모색하는 시기였다고 평가한다. 1999년 총회의 상비부 안의 선교부 조직으로서의 시대를 마감하고, 독립된 기구의 성격을 가진 총회세계선교부로 조직의 성격이 바뀐다. 서울 총회회관 내에 있던 선교부 사무실이 대전으로 이전하였다. 더불어 선교훈련원, 선교사 안식관이 통합됨으로써 명실상부하게 고신 전교회 선교를 위한 본부로서의 위상을 갖게 되었다. 이러한 행정적인 독립은 이전과는 확연히 다른 KPM의 변화를 가져오는 계기가 되었다. 2007년 49회 총회에서 2000년부터 총무로 사역하던 이헌철 선교사를 1대 본부장(2000.9-2007.9)으로 선임하였다. 남후수 선교사(2003.10-2006.12)가 훈련원장으로 부임하였다. 본부 선교사도 보강하여 총 4명의 선교사가 본부 선교사로서 일하게 되었다. 처음으로 전문기관으로부터 KPM의 역량 진단을 받았고, 이 시기부터 본부의 연구 역량이 한층 강화되었다. 선교지에서의 풍부한 경험을 가진 본부의 전임 선교사들은 보다 세심한 행정 역량을 가지고 선교정책을 입안, 집행하면서 새로운 리더십의 변화를 보여준 점은 고신 선교 50주년을 맞는 고신 전교회 선교운동의 새로운 출발점이라고 할 수 있다.

1999년부터 시작된 IMF의 경제위기는 한국교회의 선교운동에 부정적 영향을 미치기보다는 새로운 선교 방향을 모색하게 했다. 고신 전교회 파송 선교사 수가 비율적으로 한국교회 평균 파송 선교사 수보다 약간 높지만 여전히 선교에의 동참과 후원이 필요한 상태이며, 지역별로는 파송 선교사 수에 있어서 동북아시아가 제일 많고, 그 다음으로 동남아시아인 반면 북아프리카를 제외한 이슬람권에서는 9.11 테러 이후 미국과의 전쟁으로 인해 선교사 수가 오히려 감소하게 되었다. 이러한 한국교회의 선교적 현실 속에서도 KPM은 선교사 파송에 있어서 2007년 말 서경노회 소속 선교사를 포함하여 44개국에 292명(남 143명, 여 149명)으로 증가했다. 정책적인 측면에서 선교 집중 지역으로 인도차이나 반도와 중동 지역을 선정하고 이 지역을 정책 지역으로 결정한 점 또한 변화의 다른 한 부분이었다. 2003년 10월 17일에 소집된 실행위원회에서 선교운동의 제반 정책적 효율성을 기하기 위해 선교정책위원회를 두었다. 1996년 제3회 선교대회를 끝으로 미주에서 조직 되었던 고신세계선교대회가 총회의 결의로 해체되는 것을 계기로 선교후원교회협의회와 고신세계선교사회가 조직이 되었다. 2000년부터 총회선교부가 주관이 되어 3자가 함께 고신세계선교대회를 개최하면서 4년에 한 번씩 모임이 정례화 되었다.

총회선교부(KPM, 대전)

선교 훈련도 체계를 잡았다. 2003년(제48기 OC)부터 선교사 지원자들은 연 2회 (3주간)의 KMTI 훈련 외에 선교사후보생훈련과정(OTC)을 3개월 가

지도록 했다. 2개월은 국내에서, 1개월은 선교 현지에서 훈련 받도록 강화한 것도 새로운 조치였다. 그리고 무엇보다 고신선교 50주년을 앞두고 2004년 방콕에서 모인 고신 세계선교 포럼은 '변화와 성숙'이라는 주제 아래 지난 50년간을 회고 반성하며, 변화의 시기에 KPM의 선교 방향을 모색하기 위한 장이었다. 이 선교 포럼에서 '2004 고신 세계선교 포럼 선언문'이 발표되었다.

비전 주도의 선교시대 (2006-2022): 이헌철 본부장은 두 차례의 선행하는 선교정책포럼을 거쳐 2006년에 비전 2015를 발표한다. 2대 김한중 본부장(2009.9-2012.9)은 2009년 KPM 미래선교전략회의를 통해 2009년 11월 비전 2020을 발표한다. 그리고 5대 박영기 본부장은 KPM비전2030위원회의 오랜 숙고를 거쳐 2021년 6월에 비전 2030을 발표했다. 이 시기부터 KPM은 비전을 중심으로 본부와 선교 현장이 따라가는 비전 주도형 선교 단체로 거듭나게 된다. 이는 3년 주기로 바뀌는 본부의 리더십의 교체에 따른 정책의 혼선을 예방하는 효과도 있었다.

1) 비전 2015 시기; 변화와 성숙 (2006-2009)

제56회기 집행위원회에서 결정된 2006년 선포된 비전 2015의 내용은 다음과 같다. 다음 시기를 위한 선교의 목표는 변화와 성숙이었다. 변화된 선교 환경에서 성숙한 KPM 선교를 위해 10가지의 행동 목표를 정하였다. 1) 전교회 선교 동원; 교단교회 선교참여율 40% 정도를 매년 7%의 증가를 이루어 2015년에는 전 교회 선교 참여를 달성하자는 것이다. 2) 정규선교사 500명, 자비량선교사 1,000명, 단기선교사 1,000명 파송; 당시 파송 선교사는 269명이었고, 매년 평균 25명의 선교사를 파송하여 2015년경에는 500명 선교사 파송하자는 것이다. 3) 전략적 선교지역 집중; 기존의 전략적 집중 지역인 인도차이나의 불교권을 넘어서 중동, 중앙아시아, 북아프리카를 중심 한 이슬람권에 파송 선교사의 60% 이상 파송하자는 것이다. 4) 선교센터 건립, 5) 개혁주의 신앙을 가진 현지 지도자 양성을 위한 신학교육 활성화, 6. 전문인 선교사/자비량 선교사 양성 강화, 7) 현지 선교부 역할 강화, 8. 선교연구 활동 강화, 9) 선교사 케어 시스템 구축, 10) 교단 선교 역량 극대화를 위한 방향 모색이다. 비전 2015는 최초로 KPM 선교의 방향을 제안한 전략적 비전 선언이라는 것에 의미가 있다.

2) 비전 2020 시기; 건강한 선교 (2009-2020)

비전 2020은 2009년 홍콩에서 열린 '2020 뉴비전을 위한 미래선교전략회의'를 거쳐 59-4차 집행위원회(2009.12)의 결의로 확정되었다. KPM비전 2020은 건강한 선교를 지향하고 있다. 목표는 1) KPM을 톱 브랜드 세계선교기관으로 육성, 2) 1,000명 선교사 파송, 3) 전국교회 선교동원 4) 1만1만 운동/ 1만 KPMer 동원을 통한 전략선교펀드 조성이다. 3대 전략방향은 1) 연구훈련의 극대화로 글로벌 선교인재양성, 2) 현지선교부 조직을 통한 팀 사역 강화, 3) 지상명령에 올인하는 교회 중심 선교 활성화이다. 비전과 목표 달성을 위한 중점 추진과제로는 1) KPM본부 사역의 전문화와 멀티 리더십 운용, 2) 선택과 집중 전략으로 미전도지역 교회개척선교 극대화, 3) 30개 지역 현지 선교부 조직과 역할 강화, 4) 전문인선교 동원 훈련 파송 체재 구축, 5) 교육과 훈련지원으로 국내외 선교교회 육성, 6) 한인 디아스포라 사역 선교사 파송, 7) 국내 거주 이주민 선교 전략적 지원이다. 2010년에는 선교사 훈련 시스템도 네 단계(BMTC-KMTC-OTC-LTC)로 구축하고, 훈련원 산하에 연구개발(R&D) 부서를 신설함으로 훈련원을 연구훈련원으로 확대 개편하였다. 2009년에는 1,800평 땅에 새로운 센터와 훈련원, 선교역사박물관, 그리고 안식관을 건축되어 KPM은 외적으로 새로운 면모를 가지게 되었다. 2012.9-2015.9까지 이정건 본부장의 재임 기간 동안 실행한 선교축제는 선교 재정의 건전성이 크게 확대되었을 뿐 아니라, 전국 개 교회 단위에 집중 선교 교육을 하는 획기적인 계기가 되었다. 2014년 9월 총회 이후 KPM은 준법인 이사회 체재로 전환됨으로써 다시 한번 행정적인 큰 변화를 겪는다. 2015.9-2018.9 재임한 김종국 본부장 때 멤버케어원이 신설되었고, 2016년에는 차세대 동원을 위해 232운동이 시작되었다. 같은 해 고려 측과의 통합 이후 고려 측 선교사들의 대거 영입과 훈련, 파송이 진행되었다. 동년 이사회에서 현지인 지도자양성지원을 위한 7인 특별위원회를 구성하였다. 이 위원회는 이사회가 한시적 TF팀을 조직하여 '현지인지도자 양성지원을 위한 매뉴얼'을 제작했다. 2017년 10월에 KPM 28개 지역을 12개 신지역부로 통폐합하고 지역 리더십들을 모아 3주간 비전을 공유했다. 연구훈련원에서 연구국을 분리하여 선교 연구 개발에 집중하기 시작했다.

3) 비전 2030; 함께하는 선교 (2021-2030)

박영기 본부장이 만든 'KPM 비전 2030 위원회'는 'KPM 비전 2020 평가와 2030' 연구 책자를 통해 비전 2020을 질적/양적 평가하는 작업을 했고, 제70-07차 이사회 때 결정(2021.7.13)되었다. 비전 2030은 표어인 'KPM과 함께, 모든 민족을 주께로'에서 보듯이, 고신 전교회와 선교 현장에 새운 교회들이 함께 지상 명령을 수행하고자 하는 의지를 담았다. 목표는 1) 선교 현지 500개 교회 개척, 2) 고신 교회의 70% 선교 동참 및 1만 KPMer 확보, 3) 선교사 100유닛 파송(목사 70, 전문인 30)이다. 이를 위해 현장, 교회, 본부의 중점 추진과제를 수립, 실행한다. 현장 중점 추진과제는 선교 현지 500개 교회 개척이다. 이를 위해 1) 현지 지역 선교부 강화, 2) 현지교회와 협력을 통한 교회 개척, 3) 디아스포라 선교 강화한다. 교회 중점 추진 과제는 고신 교회의 70% 선교 동참 및 1만 KPMer 확보이며, 이를 위해 1) 고신 교회의 선교 참여 극대화, 2) 교회 중심의 선교 훈련 전환, 3) 동역 노회와의 선교협력 활성화한다. 본부 중점추진과제는 선교사 100유닛 파송(목사 70, 전문인 30)이며, 이를 위해 1) 총회 기관과 협력을 통한 동원(인적, 물적, 영적), 2) 4차 혁명 시대에 맞는 본부전략개발, 3) 고신 선교 역사성을 고취한다.

박영기 본부장 재임 기간은 코로나 팬데믹 기간과 물려 있었다. 2020년 예정되었던 65주년 선교대회/노회선교대회/선교사대회들이 취소되는 초유의 사태가 벌어졌다. KPM은 코로나를 겪으면서 자연스럽게 비대면 선교로 바뀌어 가고 있다. 본부는 팬데믹 타결을 위해 안디옥 교회 운동(2020년 2월), 후원 교회에 편지 보내기 운동(2020년 3월), 사랑의 나눔 운동, 전국 교회를 방문하는 운동 (내려가기 운동)을 통해 현장과 한국교회의 어려움을 해결하려고 노력했다. 코로나를 계기로 복음병원 중심으로 선교사 원격진료 시스템까지 발전하고 있다. 2020년에는 인적 물적 동원의 중요성이 대두되면서 동원홍보국이 신설되었으며, 통일에 대한 대비를 위해 고신통일선교원이 신설되었다. 연구국을 통해 그동안 KPM의 역량을 모아 선교 연구지인 'KPM R&D JOURNAL'이 2020년 11월 창간호를 발간한 이래 계간지로 발간되기 시작했다. 2022년 6월 현재까지 7호가 발간되었다.

현재 이사장은 안진출 목사이며, 본부장은 홍영화 선교사이다. 선교지원기관으로 선교정책위원회, 멤버케어위원회, 고신세계선교사회, 현지지도자양성위원회가 있다. 훈련원과 멤버케어원의 2개의 원과 연구국, 행정국, 선교지원국, 동원홍보국, 훈련국의 5개의 국으로 구성되어 있다. 2022년 현재 57개국 전 대륙에 걸쳐 487명의 선교사가 파송되어 있다. 파송 선교사 규모로 봐서 KPM은 233개 교단/비교단 선교단체 중 10-15위권으로 파악된다. 고신 전교회의 전체 성도 수(401,538/2021년)의 약 0.11%가 KPM을 통해 파송되었고, 약 870명 당 한 유닛의 선교사를 파송하고 있다.

5. 총회교육원 / 나삼진

총회교육원은 대한예수교장로회 고신총회 산하 교육목회와 기독교교육의 각 분야의 전문가들로 구성된 교회교육 연구개발 전문기관이다. 총회교육원은 제54회 총회의 결의로 종전의 총회교육위원회가 승격되어 독립적인 준법인으로 있다. 총회 규칙상 교단의 교육이념과 목적 및 단계별 교육목표 설정, 교과과정 연구 확정, 교재 및 각종 교육자료를 개발, 교사통신대학 및 성경통신대학 설치와 교사와 평신도 교육, 기타 교단교회 및 평신도 교육에 관한 사항을 담당하고 있다.[2]

총회교육의 역사적 흐름

고신교회의 초기 교회교육: 1952년 9월 대한예수교장로회 총로회가 출범하였고, 1954년 제3회 총로회에서 "교회교육을 장리(掌理)하기 위해" 종교교육부를 설치하였던 것이 고신교회 교육의 출발이다.[3] 총회는 이때 종교교육부장으로 박손혁 목사를 선임하였는데, 그는 초기 고신교회의 교육을 위해 많은 수고를 하였다. 1946년 9월 고려신학교 초기 광복동에 교사를 두고 있던 당시 학교 관리와 부족한 교수인력 확보를 위해 한명동 목사가 제일영도교회를 사임하고, 학교 행정과 신학교 기숙사 사감을 자청하면서 부산전도교회(현 부산남교회)를 개척하였다. 그때 교수인력으로 박손혁 목사를 제일영도교회 목사로 초빙하였는데, 박 목사는 이후 고려신학교 교수와 총회 종교교육부장으로 활발한 활동을 했다. 초기에 경남주일학교연합회(회장 이근삼)에서 교재를 개

2. 「대한예수교장로회 고신총회 총회 규칙」 제4장 제19조.

3. 「대한예수교장로회 총노회 규칙」(1952) 제5장 제24조.

발한 바 있었고, 이후 박손혁 목사의 노력으로 초기 주일공과가 편찬되었다.

교단의 위기와 교단교육의 출발: 1959년 제44회 총회에서 장로교 총회가 연동측과 승동측으로 나누어지게 되었다. 이때 위기에 처한 승동측의 간절한 요청으로 고신측은 1960년 12월 13일 전격적으로 승동측과 합동하였다. 합동총회 당시 고신교회가 590교회였고, 승동측은 2천 교회 정도였는데, 1960년 합동 당시에도 총회종교교육부 관계 실무자들이 연동측으로 갔기 때문에 승동측은 전문인력이 부족하였고, 그동안 고신측에서 주일공과를 발행한 경험을 기초로 박손혁 목사 주도로 주일공과가 출판되었다. 그러나 합동 3년이 못되어 1962년 10월 한상동 목사의 고려신학교 복교 선언으로 환원이 가시화되었고, 이듬해 8월 각 노회 환원에 이어 1963년 9월 제13회 환원총회를 개최했을 때는 145교회를 잃고, 445교회 만이 환원하였다.

고신교회는 환원총회 이후 교단 지도자들은 어려운 시기에 교단의 재정비를 위해 많은 노력을 기울여, 교리표준 번역과 교단교육에 대한 관심을 갖고 교육사업을 추진하였다. 제14회 총회(1964)에서 교단교육 전문기구로 교과과정 심의위원회(위원장 오병세 박사)를 구성해 이근삼 박사의 초안으로 '교단교육의 이념과 목적'을 제정하고, 단계별 교육목표를 설정하여 제15회 총회의 승인을 받았고, 수년에 걸쳐 '생명의 양식' 교육과정을 출간했다.[4] 이 시기에 총회종교교육부 주관으로 1964년 7월 제1회 전국 교회교육연구대회가 개최된 이래 1972년까지 계속되었다. 이 시기에 고려신학교에 자발적인 교회교육 연구모임으로 주교교육연구회(1965)가 조직, 월간 《주교연구》을 내면서 황무지 같던 교회교육을 위해 노력했다.[5]

1970년대, 평신도 중심의 교단 교육 발전: 1970년대에 고신교회는 1968년

---

4. 나삼진, "대한예수교장로회(고신) 교육의 역사", 고신총회 설립 60주년 기념 교육논문집 『개혁주의 기독교교육의 새로운 지평』(서울: 총회교육원, 2012), 22.

5. 심군식·나삼진, 『전국주일학교연합회 30년사』, (서울: 전국주일학교연합회, 1997), 84-85.

복음간호학교 설립, 1970년 12월 고려신학대학 인가, 1975년 복음간호학교의 전문학교로 승격, 1975년 고려신학대학 본관 준공 등이 이루어져 고등교육이 강화되고 복음병원도 한층 발전하게 되었다. 그러나 교육이나 선교 등 교단의 본질적인 사역은 침체되었다. 교단의 한정된 에너지가 교단분규나 고등교육에 사용되었고, 지도자들은 교육이나 선교나 사회봉사에 관심을 가질 겨를이 없었기 때문이었다. 1970년대 교회교육은 헌신적인 평신도들의 수고로 교단교육이 명맥을 이어 갔다. 1974년부터 전국교사대회가 시작되었고, 노회 주일학교연합회 주최 교사강습회가 활발히 전개되어 교회교육에 활력이 넘쳤다. 총회에서 교회교육에 대한 무관심이 계속되자 교회와 노회마다 교회교육에 대한 불만이 점증되었으며, 1970년대 말부터는 총회 때마다 교단교육의 개선을 위한 각종 청원이 쇄도했다. 전국주일학교연합회는 1980년 제30회 총회에 계단공과에 관한 일, 계절공과에 관한 일, 어린이 주일 헌금 실시, 교육 전담간사 선임, 주일학교 명칭 환원 등 다섯 가지를 건의하였고, 전라노회를 비롯한 여러 노회에서도 계속해 교육관련 청원을 제출했다. 이러한 전국교회의 요청으로 총회교육국이 설치되었지만 재정적인 지원이 따르지 않아 교육현장이 달라지지 않았다.

교단교육의 새로운 출발: 1982년에는 총회교육위원회를 설치하였지만 교육부 소속 부원들이 대거 새로 조직되는 교육위원으로 참여하면서 역시 달라진 것은 없었다. 전국주일학교연합회가 다시 계단공과 개편, 계절공과 적시 편찬, 유치부 공과 편찬, 교사통신대학 개설, 교육전담간사 채용 등을 건의하면서 총회교육위원회는 전담간사 제도를 도입하기로 하고, 1984년 3월에 첫 전담간사로 송길원 강도사를 선임하였다. 제35회 총회(1985년)는 총회교육위원회가 헌의한 주일학교 교사통신대학 설립을 허락하고, 교회지원 간사 제도로 10월 김상옥, 나삼진을 간사로 선임하고 송길원 목사를 대표간사로 임명하였다. 이들의 노력으로 '생명의 양식' 개편작업을 본격적으로 착수하였다. 이듬해 1986년 3월 주일학교 교사통신대학이 개교하였는데, 첫 입학생으로 665명이 등록하여 큰 성황을 이루었다. 이 과정을 위해 2년에 걸쳐 교사양성 총서(전16권)를 완간하였다. 새로운 교육과정이 1987년 1월 출간하여 교육현장에 변화가 오게 되었는데, 교육과정의 연속성을 고려하여 '생명의 양식 제2차 교육과정'이라 부르고, 그 회차를 이어오고 있다. 생명의 양식 제2차 교육과정은 총회의 재정지원 없이도 새롭게 도입된 컴퓨터 인쇄 기법으로 제작해 품질이 뛰어나 호평을 받았고, 어린이 교재가 함께 출간되어 교회교육의 오랜 갈증을 해소할 수 있었다. 교회지원 간사 제도의 한계로 2년 만에 대표간사 나삼진 간사를 1987년 11월에 전담으로 전환하고, 모든 간사들이 1989년에 전담화 되었다. 이후 교단교육의 전문화에 대한 컨센서스가 형성되었고, 대표간사 나삼진 목사(1992-94)와 간사 박흥철 목사(1994-1996)가 차례로 미국에 유학을 마쳐, 교단교육의 전문성이 크게 향상되었다.

1989년에는 종전에 박정덕 목사가 책임지고 있던 통신성경학교를 전면 개편하여 총회교육위원회의 산하기관으로 하는 성경통신대학을 설립, '평신도 성경연구 총서'(전 12권)으로 2년 동안 신구약성경을 집중적으로 공부하게 했다. 그 해 교단 최초로 '교회교육 센서스'를 실시했고, 매 5년마다 실시, 교회와 교육의 현황을 파악하고 교재에 대한 평가와 교회의 요구들을 수렴하였다. 교회교육 센서스 결과를 기초로 하여 제39회 총회를 앞두고 총회 교육정책협의회를 갖고, 중장기 계획으로 교단교육진흥 제1차 5개년 계획(1989-1994)을 총회에 제출, 교육사업을 추진하였다. 이 계획은 제2차 5개년 계획(1994-99)과 제3차 5개년 계획(1999-2004)으로 이어졌다. 1993년부터는 생명의 양식 제3차 교육과정 개편작업이 이루어졌다. 그동안 종전의 장년부 성경공부에 대한 종합적인 분석과 평가를 토대로 「복있는 사람」(1999)이, 이어 「어린이 복있는 사람」이 창간되었다. 학생신앙운동과 협력하여 모든 세대가 같은 본문으로 성경을 묵상하고 있다. 고신교회는 이 분야에서 한국교회의 유일한 교단이 되었다.

2000년대, 교단교육의 전문화 시대 열어: 지난 20년간 교육적 노력으로 고신교회 교육은 2000년대에 접어들면서 한국교회 최고수준에 이르게 되었고, 교회교육 전문화 시대를 열고 있다. 2001년 개발된 '생명의 양식 제4차 교육과정'부터 새로운 차원의 교재로 격상되었다. 총회교육위원회는 위원회 설치 20주년 기념회와 심포지움을 개최하고, 교단교육의 장기적인 발전을 위해 교회교육전문기구로 개편을 논의한 결과 제52회 총회에서 교단교육의 기구 개편 문제를 연구하도록 청원하도록 했고, 제53회 총회에서는 그 연구 결과를 바탕으로 총회교육원으로 개편하기로 결의하였다. 제54회 총회(2004년)에서는 총회 규칙을 개정, 2005년 1월에 총회교육원으로 독립성과 전문성이 강화되었다.[6] 총회교육원은 그동안 간사 전문화를 추진, 안동철 목사가 미국 유학(2007-2009)을 다녀왔고, 연구원들이 3년 근무 후 국내 대학원에서 교육학 석사학위를 공부할 수 있도록 지원, 제인호(한양대), 김성수(단국대), 윤종필(연세대), 박미화(숙명여대), 이기룡 목사(연세대) 등이 교육대학원을 졸업해 연구원들의 역량 강화와 사역의 전문성 향상에 기여했다.

총회교육원은 2004년 세계선교대회를 기해 제1회 해외동포 신앙교육정책 협의회를 부산에서 개최해 이후 재미총회, 대양주총회, 유럽총회, 일본총회 등에 속한 해외교회의 교육과 목회를 지원, 해외총회의 교회교육과 교육목회 발전에 기여하고 있다. 총회교육원은 2004년부터 생명의 양식 제4차 교육과정 중고등부 '클릭 바이블' 시리즈를 개발하였다. 이 교재는 개혁주의 신앙을 기초로 하면서도 현대문화와 청소년들의 감각에 관심을 두었고, 청소년들의 삶과 신앙을 깊이 터치해주어 180만부 이상 간행되었다. 이 '클릭 바이블' 시리즈는 기독교 포털인 갓피플닷컴(godpeople.com)과 CGNTV 등에서 최우수 청소년 교재로 선정되었고, 2008년 기독교보 10대 뉴스 '베스트 오브 베스트'로 선정되기도 했다. 당시 고신교회가 1,720교회에 불과했지만 중고등부 교재

---

6. 심군식·나삼진, 『전국주일학교연합회 30년사』, 35.

의 경우 통합측 8,700교회, 합동측 11,100교회를 능가하는 부수를 간행하였고, 무엇보다도 교재의 수준이 월등하여 한국교회의 중고등부 교육 분야에서 대표적인 교재가 되었다. 2000년 이후 고신교회 교육이 한국교회에서 가장 앞서가는 것으로 언론의 주목을 자주 받았으며, 통합측 교육정책협의회와 새 교육과정 집필자 세미나에서 각각 나삼진 원장이 그동안의 노하우를 전했다.

2008년에는 제58회 총회의 승인을 얻어 주일학교 교사통신대학을 총회교사대학으로, 성경통신대학을 총회성경대학으로 개칭하고, 각각 1년 프로그램으로 축소하고, 교재를 학기당 4책을 공부하도록 혁신하였다. 총회교사대학을 위해 '교회의 미래를 준비하는 교회학교 교사 교육과정 Church Next' 시리즈 9권을 출간하였다. 총회교사대학을 총회교육원 트랙과 교회 트랙으로 이원화하여 '○○교회 성경대학'으로 운용할 수 있도록 프로그램과 교재를 개편하였다.

총회교육원에서는 제54회 총회의 승인으로 교단교육발전계획: '비전 2009'(2004-2009)를 채택하여 전문화된 사업을 추진하게 되었고, 제59회 총회기(2009-2010)를 '총회교육의 해'로 정하여 전국교회가 교육에 대한 관심을 갖게 했다. 제59회 총회에서는 '교단교육 발전 계획'(2009-2013)을 수립, 8개 영역에서 33개 사업을 추진해 교단교육의 전문화가 이루어졌다.

그러나 제57회 총회에서 총회 사무총장을 중심으로 행정을 일원화하는 총회회관 구조조정이 제기되었고, 연구위원회 안이 제58회 총회에서 한해 거부되었다가 제59회 총회에서 받아들여졌다. 이를 추진하는 과정에서 총회적인 갈등이 생겼는데, 구조조정안에 포함되었던 SFC는 현실적인 필요에 의해 제외되었고, 포함되지 않았던 선교위원회가 포함되었으나 결국 총회교육원만 사무총장 지휘와 결재를 받는 형태가 되었으며, 총회교육원 이사회와 총회인사위원회와의 어려움이 있었다. 그 과정에 나삼진 원장이 「교회와 교육」에 기고한 글이 문제가 되어,[7] 교단 지도자들의 명예를 손상시켰다는 이유로 제63회 총회 인준한 지 6개월 만에 총회인사위원회의 결의로 2014년 3월 31일자로 해임되었고, 「교회와 교육」은 정간되었다. 그는 1985년 10월 간사로 선임된 후 1987년 3월에 대표간사로, 2005년 총회교육원 승격과 함께 원장으로 봉사해 왔는데, 28년 6개월 동안의 사역을 타의에 의해 끝마치게 된 것이다. 이듬해 총회에서는 다섯 노회에서 원장 해임과 관련된 질의나 문제점이 제기되었으나 제대로 다루어지지 않았다. 이사회에서는 이후 그의 명예회복을 위해 노력한 결과 2018년 제68회 총회에서 총회장 공로패를 수여하였다. 그동안 생명의 양식 제6차 교육과정 개발과 교육대회가 순연되었고, 총회교육원은 황만선, 강용원, 이영한 원장 대행 체제로 몇 년간 운영되었다.

이후 이사회는 총회교육원은 연구기능 확대와 교회와의 긴밀한 관계를 위해 천안 고려신학대학원으로 사무실을 이전했다. 이에 각 교회 교육을 담당하는 신학생들과 교류를 확대하고, 교수진들과의 교류를 통해 연구에 도움을 받을 수 있게 되었다. 또 제67회 총회의 결의로 총회출판국과 합병이 이루어졌고, 이후 독립채산제로 운영하게 했다. 제67회 총회에서 제2대 박신웅 원장이 인준을 받아 사역하면서 총회교리대학이 시작되었다.

제70회 총회에서 제3대 원장으로 이기룡 목사가 인준을 받아 사역하고 있다. COVID-19 팬데믹으로 한동안 교회회집이 제한되었지만, '스튜디오 K'를 설치, 타교단보다 빠르게 온라인 자료를 개발, 보급하고 있다. 그리고 제한이 풀리면서 그동안 준비해오던 생명의 양식 제6차 교육과정 '킹덤스토리'가 출시되어 큰 호응을 받고 있다.

7. 나삼진, "교회와 함께 교육과 함께 12", 「교회와 교육」(2013. 겨울호), 156-178.

총회교육원 인력

1) 총회교육원 이사회:

이사장: 오승균 목사(경남마산노회)

서기: 공은성 목사(경남진주노회), 회계: 정종균 장로(경남서부노회)

이사: 황신기 목사(서울중부노회), 조성국 교수(고신대학교), 박홍철 목사(경기동부노회), 노정각 목사(부산중부노회), 김종대 목사(대구동부노회), 전통엽 목사(대구동부노회), 김성수 교수(고려신학대학원), 주영찬 목사(전라노회), 강상균 장로(부산중부노회), 홍수권 장로(부산서부노회), 이기룡 목사(교육원장, 당연직)

2) 실무진

교육원장: 이기룡 박사

개발실

연구원: 권구인 목사, 이선 전도사, 김광수 강도사

정책실

정책실장: 김홍일 목사, 연구원: 추영명 목사, 유힘찬 목사

직원: 정승현(영상)

출판실

출판실장: 김은덕 목사, 연구원: 윤웅열 목사

직원: 황정주(재무), 가혜민(행정), 박다영(편집), 서유진(편집)

이사회와 실무진 외에도 '복있는 사람 편찬위원회'(위원장 천환 목사)가 있어 복있는 사람 편찬 업무를 지원하고 있다.

총회교육원의 사역

1) 대한예수교장로회 고신총회의 교육정책 수입, 추진, 평가

총회교육원은 1989년 이후 일관된 교육정책에 의한 사업을 추진하였다. 교회교육 센서스(1989, 1994, 1999, 2004)를 통해 전국교회의 교육 현황과 요구들을 파악하고, 중장기 교육정책을 수립, 추진하여 왔다. 제50회 총회에서는 대한예수교장로회 교육정책서를 채택하여 교육의 방향을 정하였고,[8] 교단교육발전 계획으로 교육사업을 일관성있게 추진하고 있다.

2) 발달과정에 맞는 교육 교재 개발

1966년 개발을 시작한 '생명의 양식 교육과정'이 개편없이 21년 동안 사용되다가 제2차교육과정이 개발되었고(1987-89), 이어 제3차(1993-95), 제4차(2001-02), 제5차(2009-11, 그랜드스토리) 교육과정을 개발하여 조기개편의 결과 교재개발의 역량이 축적되어 높은 수준의 교재를 간행할 수 있었다. 2000년대에 접어들면서 한국교회 최고의 교육과정으로 평가받았고, '클릭 바이블' 시리즈나 '그랜드 스토리'는 180만 권 이상 출판되어 한국기독교교육계에 큰 주목을 받았다. 총회교육원은 총회회관 구조조정 이후 전열을 다시 가다듬어 새교육과정 개발에 나서 2022년부터 사용하는 제6차 교육과정 '킹덤 스토리'를 개발하였다.

3) 총회교사대학 운영

제35회 총회의 결의로 1986년 주일학교 교사통신대학이라는 이름으로 개교한 이래, 몇 차례의 개칭을 거쳐 총회교사대학으로 자리잡았다. 그동안 교사대학 교재로 '주일학교 교사양성총서'시리즈(전 16권)와 '교회와 교육' 시리

8. 『대한예수교장로회 총회교육정책』(서울: 총회교육위원회, 2001).

즈(전 12권)이 간행되었고, 현행 교육과정에 맞추어 '처치 넥스트' 시리즈(전 9권)의 교재를 공부하며 교회학교 교사의 자질을 준비시키고 있다. 코로나 팬데믹 이후에는 온라인으로 교육할 수 있도록 모든 구성을 완료했다. 지금까지 19,155명이 등록하여 9,398명의 졸업생을 배출하였다.

4) 총회성경대학 운영

제38회 총회의 결의로 고신교회 설립 초기부터 운영하던 통신성경학교를 개편, 승격하여 성경통신대학으로 개교하였는데, 총회성경대학을 거쳐 지금은 '바이블 키 성경대학'으로 개칭하였다. 총회와 교회 두 가지 트랙으로 운영하며 각 교회 목회 프로그램을 공동으로 제공하여 큰 호응을 받고 있다. 코로나 팬데믹 이후 온라인으로 교육 시스템을 구축하였다. 지금까지 19,155명이 등록하여 9,398명의 졸업생을 배출하였다. 지도자 세미나를 개최하여 이를 수료한 목회자들과 협력하여 교회 트랙을 운영하는 교회의 수는 250여 교회이다. 또한 제63회 총회의 결의로 개설된 총회교리대학 과정이 2020년 개교하였다. 팬데믹 상황에서 온라인 지도자 세미나를 개설하였고, 영상강의 사이트에서 강좌를 수강하는 방식으로 지금까지 349명이 등록, 143명의 졸업생을 배출하였다.

5) 「복있는 사람」 말씀운동 전개

고신교회는 초기부터 성경을 사랑하여 통신성경학교를 운영한 바 있다. 제48회 총회의 결의로 종전의 장년부 성경공부 교재를 개인 묵상의 시간, 주간 성경공부, 가정예배, 새벽기도회 교재를 통합한 형태로 1999년 1월 「복있는 사람」을 창간하였다. 2000년에 「어린이 복있는 사람」, 2016년에 「큐티키즈」와 「설교자를 위한 복있는 사람」을 함께 출간하고, SFC가 간행하는 「날마다 주님과」와 「날주 틴」과 협약, 온 가족이 매일 같은 본문을 묵상하고, 가족들이 나누는 형태로 운영되고 있다. 그리고 2022년부터 장노년을 위한 「큰글자 복있는 사람」을 함께 출간하고 있다. 이러한 전세대를 위한 큐티책의 발간은 교단 단위로는 처음 있는 일이다.

6) 각종 교육행사의 주관과 출판사역

고신교회의 교육 발전을 위해 총회교육대회, 교육정책 세미나, 여름성경학교를 위한 지도자 세미나와 교회의 필요를 고려한 목회자 세미나와 교육지도자 세미나를 목회적, 교육적 이슈와 함께 개최하고 있다. 그와 함께 도서출판 '생명의 양식'과 '총회출판국'의 이름으로 총회 정책 도서, 교회교육 도서, 신학 도서까지 출판해 목회와 교육사역을 지원하고 있다. '한국의 개혁주의자 이근삼 전집'(전 10권)은 2008년 한국기독교출판협의회에서 최우수상을 수상하였다.

맺는 말: 지금은 교회의 위기를 대비할 시간

고신교회 교육은 합동과 환원의 어려운 상황에서 제14회(1964) 총회에서 교육과정심의위원회를 구성하여 교단 교육이념과 목적을 설정하였고, 한국교회 최초로 본격적인 교육과정을 개발하였다. 1970년대 침체기를 거쳐 1982년 총회교육위원회 설치 이후 간사 제도를 도입하면서 교회교육이 개선되기 시작하였고, 중장기 교육정책과 축적된 교재개발 역량, 그리고 교사교육의 전문성으로 한국교회 교육에 활력을 불어넣었다. 2004년 제54회 총회에서 교회교육 전문기구인 총회교육원으로 승격되고 사역이 전문화되면서 한국교회 대표 기독교교육기관으로 자리매김하게 되었다. 총회교육원은 그동안 고신교회의 역사와 정신을 현대화하고 대중화하며, 또 다음 세대에 전승하기 위해 다양한 노력을 기울여 왔다.

고신교회 교육은 초기의 성공과 그 이후의 실패, 지금은 전문화 시대를 열고 있다. 이제 과거의 빛나는 역사를 자랑하기보다 우리 시대에 주어진 과업에 충실하고, 현재적 성취에 안주하지 않고 우리 시대의 교육적 위기를 내다보며, 그동안의 경험과 역사를 거울삼아 교육혁신에 역량을 집중해야 한다. 지금은 사회적으로 4차산업혁명과 디지털 정보혁명에 대한 대비가 필요한 시기이고, 저출생시대에 교회학교의 위기, 교사들의 헌신도의 약화, 어린이나 청소년들의 신앙에 대한 무관심, 교회의 인력과 역량의 약화 등으로 교회교육이 위기상황에 가깝다.

한국교회의 위기상황이 다가오고 있다. 그동안 교회의 대사회 신인도와 영향력이 급격히 약화되고 있고, 합계출산율 세계 최하위의 저출생시대가 계속되어 교회교육의 대상도 사라지고 있어 주일학교가 없는 교회가 절반에 가깝다. 이는 교재 출판에도 영향을 주어 수준 높은 교재 개발을 어렵게 만들 것이다. 총회교육원은 이러한 당면한 파고를 넘어야 하고, 이를 위한 유효한 전략의 수립과 실행이 요청된다. 그동안 한국기독교 교육학계가 주목할만한 사역을 이루어왔지만, 이전보다 힘써 노력하지 않으면 고신교회의 미래도 불투명하게 될 것이다.

6. 전국학생신앙운동 / 나삼진

학생신앙운동(SFC)은 교회쇄신운동의 아들로서 고신교회와 한국교회 역사에 굳게 자리잡고 있다. 앞서 SFC의 초기 형성과정과 학생신앙운동의 조직과 그 후의 지역적, 교단적 확산과 1990년대까지 사역을 다룬 바 있다. 이 항에서는 학생신앙운동의 현재와 현황, 미래에 대한 기대를 중심으로 다루고자 한다.

오늘의 SFC 조직

SFC는 학원복음화협의회에 속한 다른 선교단체들과는 달리 교회를 베이스로 한 학생운동이라는 독특성이 있다. 이는 교회의 지원 아래 안정적인 학생운동을 이끌어 갈 수 있는 반면, 운동원들이 대학SFC가 아니라 교회SFC의 경우는 자발적인 의사에 따라 회비를 내고 등록한 회원이 아니어서 강한 응집력을 갖는 데는 한계가 있다. SFC의 조직은 다음과 같다.

1) 위원(학생 조직)

SFC는 학생들의 자발성을 특징으로 하고 위원들이 중심을 이루어왔다. 1980년대 중반부터 간사가 증가되면서 간사 중심이라는 평가를 받기도 한다. 현재 위원회 조직은 다음과 같다.

제71대 전국 위원

위원장: 유하경(충청동부지방/충청U, 청주향린교회, 충북대)

부위원장: 김수한(경남마산지방/경남 U, 마산성막교회, 경남대)

총무: 최재범(경남지방/부산U, 진해남부교회, 부경대)

서기: 서주원(충청서부지방/전북 U, 보령시민교회, 전주대)

제30대 교회연합 위원

위원장: 이준하(부산서부지방/부산U: 가야성안교회, 고신대)

부위원장: 엄다은(부산동부지방/경동 U: 남천교회, 한동대)

총무:홍성재(경북동부지방/충청U: 금호중앙교회, 충북대)

서기: 신나원(부산중부지방/부산 U: 장전중앙교회, 부산가톨릭대)

제33대 학원연합 위원

위원장: 김주성(경남지방/경남 U: 진해남부교회, 창원대)

부위원장: 백진우(경남지방/경남 U: 창원교회, 마산대)

총무:김보경(경남진주지방/진주 U: 진주성광교회, 경상대)

서기:오지혜(김해지방/충청 U: 모든민족교회, 충북대)

2) 간사단

대표간사: 허태영 목사

교회사역 총무간사: 안성복

대학사역부장: 공경민

청소년사역부장: 박대영

선교사역부장: 최달호

영역사역부장: 배재준

교육영역연구소: 임우진

훈련원장: 김추현

출판부 책임간사: 유동휘

멤버케어 조종만

서울남부지부: 황환승

서울서부지부: 황대준

서울중부지부: 오승훈

경기서부·북부·인천지부: 최달호

경기동부·중부지부: 손지혜

충청동부지부: 오은태

충청서부지부: 김규태

전라·전남동부지부: 박덕혜

전북지부: 최한림

대구동부지부: 황성하

대구서부지부: 정현철

경북중부지부: 정현섭

경북서부지부: 오주원

울산지부: 김종용

울산남부지부: 김성훈	경북동부지부: 공경민
경남진주지부: 최재혁	경남서부지부: 심동현
경남창원지부: 안성복	경남마산지부: 문효성
경남김해지부: 백경태	부산지부: 김두한
부산동부지부: 김동제	부산서부지부: 김명일
부산남부지부: 신종식, 김대호	부산중부지부: 김성대
제주지부 : 김현정	

3) SFC지도위원회

전국학생신앙운동은 대한예수교장로회 고신총회에 속한 교회중심기관이기 때문에 총회가 파송하는 SFC지도위원회가 있어서 전국 SFC와 소속 간사들을 지도, 감독한다.[9] 위원은 총회에서 해마다 3년조 상임위원으로 배정되어 3년간 사역한다. 장로교 총회의 행정원리에 따른 것이기는 하지만, 장기적이고도 전문적인 사역이 어려운 측면이 있다. 또한 각 노회 지도위원회가 있어 지방 SFC를 지도하고 재정을 지원한다.

위원장: 김문훈 목사(부산서부노회)

서기: 이규현 목사(인천노회)

회계: 안경섭 장로(부산중부노회)

위원: 신성철 목사(경남김해노회), 김문훈 목사(부산서부노회),
이규현 목사(인천노회), 옥경석 목사(인천노회),
구양서 장로(경남중부노회), 안경섭장로(부산중부노회),
안병만 목사(경기동부노회), 박해형 목사(경남남마산노회),
박인홍 장로(부산동부노회)

9. 「대한예수교장로회 총회 규칙」 제3장 제13조.

2천년대: 오늘의 SFC와 사역

1) 간사 제도 확대와 캠퍼스 사역

1980년대 초에 전임간사 제도가 도입된 이후 전국과 해외에 100여 명의 간사가 있어 풀타임으로 캠퍼스를 방문해 학생들의 성경공부를 인도하고, 학생운동을 이끌고 있다. 그동안 간사의 수가 증가하면서 학생자발성이 약화되고 있다는 지적이 있고, 이에 대한 개선노력을 기울이기도 했다.[10]

학생들이 이전보다 헌신도가 떨어지고, 자기중심성이 증가하며 졸업 후 취업 문제가 심각하여 학생운동에 집중하는 것이 어려워지고, 신앙이나 이념보다는 당면한 현실에 관심을 갖고 취업 준비에 이전과 같은 열성적인 학생운동이 어려워지고 있다. 간사들이 자발적인 헌신을 하지만 간사들의 처우 개선은 1990년대 초부터 나온 문제인데도,[11] 아직도 해결의 기미를 보이지 못하고 있다. 간사들이 사명감을 가지고 헌신하지만, 간사도 실정법상 근로자에 해당되기 때문에 앞으로의 전문적인 사역을 위해 처우 현실화, 4대보험 가입, 퇴직금 등 기본적인 예우 등 복지 문제가 숙제가 되고 있다.

2) 큐티운동

SFC에서는 1982년 「날마다 주님과」를 창간하였고, 간사들이 지역에서 '날마다 주님과 큐티 세미나'를 개최하여 이를 확산하였다. SFC는 「날주 틴」도 창간하여 대학생과 청년층, 그리고 학생들에게 큐티 훈련을 시키고 있으며, 총회교육원이 발행하는 「복있는 사람」, 「어린이 복있는 사람」과 매일 같은 본문

10. 전국SFC 50주년 SFC기념주일을 맞아 "학생자발운동으로서의 학생신앙운동의 오늘과 내일"을 주제로 포럼(1997. 10. 31, 총회회관)을 개최했는데, 청소년 사역을 전공한 나삼진 목사가 "학생자발운동으로서의 SFC의 역사적 흐름과 그 활성화를 위한 제안"을, 김인호 간사가 "간사로서 바라보는 학생자발성", 최성욱 전국위원장이 "운동원으로서 바라보는 학생자발성" 발제와 함께 진지한 토론의 기회가 있었고, 설문조사와 함께 토론이 정리되어 전국위원회에 보고되었다.

11. 이지영, "간사들 처우개선부터", 「월간고신」 1991년 10월호, 18.

을 사용하면서, 운동원 개인만 아니라 온 가족이 함께 성경 묵상을 하는 시스템을 구축하고 있다.

3) 출판부 사역

SFC 출판부에서는 「날마다 주님과」 큐티 전문지만 아니라, 성경공부 교재, 기독교 교양, 다양한 신학서적을 함께 출판하고 있다. 출판부의 문서출판운동은 학생신앙운동을 지원하지만 교회를 위해서도 유익한 사역으로 평가되고 있고, SFC출판부는 기독교 출판계에서 중견출판사의 지위를 확보하고 있다.

4) 해외지부 건설

SFC가 강령을 통해 국가와 학원의 복음화와 세계의 복음화를 외쳤는데, 최근 10년간 해외지부 개척이 활발하게 이루어지고 있다. 해외에서의 SFC운동은 SFC출신 유학생들이 중심이 되어 자생적으로 일어난 운동이 있었고, 이들이 미국에 정착하면서 박재영 목사가 중심이 되어 동부지역에서 활발한 활동을 해 왔다. 재미총회 SFC는 초기에 동부와 서부로 나뉘어 활동하다가, 지금은 각 노회 단위로 SFC가 조직되어 연합 수양회를 갖고 있다. 재미총회 SFC는 독자적으로 모이지만, 여러 차례 4년 단위의 전국대회를 개최해 왔는데, COVID-19로 순연되고 있다. 그동안 단기선교훈련 프로그램도 확대되었다. 2007년부터는 국제 리더십 컨퍼런스를 개최해 각국 SFC 대표들을 훈련하고 있다.

1998년 마닐라지부가 시작된 이래 연변지부(2000), 북경지부(2002), 일본지부(2004), 몽골지부(2005), 일로일로지부(2011), 태국지부(2011), 불가리아지부(2021) 등이 조직되었다. 해외지부 대표자들은 다음과 같다.

마닐라지부: 남효종	일로일로지부: 박현진	상해지부: 차세대
몽골지부: 하샤	일본동경지부: 손만석	태국방콕지부: 이지원

미국지부: 김범수　　불가리아지부: 이범석　　C국 B지부: 000
C국 Y지부: 000

5) 동문운동

SFC는 학생자발운동으로 시작되었기 때문에 현역위원을 떠나도 깊은 애정을 갖고 후배들을 지원하는 전통을 가지고 있다. 협동 총무 혹은 선배로 위원회에 참여하였던 선배들의 지원이 동문회로 공식화되기는 1970년대 초부터이다. 동문들은 1974년부터 「미소」라는 소식지를 내며 소식을 나누다가 1979년 1월 서울반도유스호스텔에서 제1회 SFC동문전국대회를 가졌고, 이만열 교수를 회장으로 선출하고 각 지역단위로 동문회를 조직하기로 했다. 동문회는 이후 동문회보를 발행하고, 봄과 가을에 손봉호, 이만열, 홍치모 교수등을 강사로 서울, 부산, 대구, 광주, 마산 등 다섯 개 지방에서 순회강연회를 개최했다.[12] 동문회보는 1984년 「사랑으로」라는 이름으로 게재하여 2년간 발행하였다.

동문회는 그동안 휴면기를 거쳐 50주년 기념대회에서 '동문운동의 새로운 방향'을 모색하고, 활발한 활동을 하고 있으며 SFC동문장학회가 조직적으로 활동하면서 매년 대학생대회 때 장학금 전달을 한다. 역사가 오래라 동문들도 시대별로 관계와 관심에 편차가 있어 하나로 모이는데 한계가 있다.

전국 SFC동문회는 종전의 소식지를 넘어 한국 사회와 교회를 개혁신앙 위에 세우기 위한 문서운동으로 2013년부터 「개혁신앙」을 발행하고 있다.[13] 창간호에서는 '대형교회 집중화 어떻게 볼 것인가?'와 '개혁신앙과 샤넬백' 두 주제로 특집을 다루었는데, 개혁주의 관점에서 대교회운동과 소비주의 사회를 진단하고 대안을 모색하는 것이었다. 「개혁신앙」은 초기에 계간 46배판 100면 수준으로 꾸준히 발행하고 있다.

---

12. 「동문회보」 제1호(1979. 4. 10). 「사랑으로」 제18호(1985.)
13. 「개혁신앙」 창간호(2013. 봄호).

학생신앙운동의 의의

1) SFC의 의의

한국교회 학생운동들을 대표하는 CCC, IVF, 예수전도단 등 각 기관들이 학원복음화협의회에 가입하여 함께 활동하고 있다. 학생신앙운동(SFC)은 형성과 발전 과정에서 다른 단체들과는 다른 특별한 성격을 지니고 있다. SFC의 몇 가지 특징을 다음과 같이 정리할 수 있다.

먼저, SFC는 학생자발운동이었다. 이는 어떤 지도자의 꿈과 비전에 의해 시작된 학생운동이 아니었다. 학생들은 해방 후 민족적 전환기에 새로운 대한 교회를 바라보며 기도하던 가운데 학생자발운동으로 형성되었다. 스스로 기도하고 스스로 전도하며 스스로 수양회를 계획하고 진행하고 평가하였다.

둘째, SFC는 한국에서 형성된 학생들의 순수 신앙운동이다. 한국교회의 독특한 역사적 경험에 따라 해방 후 회개운동 혹은 교회쇄신운동을 보고 기도와 회개에 동참함으로 시작되었다. SFC는 외국 선교단체와 달리 한국에서 형성되고 발전한 학생운동이다. 한부선 선교사는 이러한 SFC를 두고 자주 순수 국산운동(made in Korea)이라 했다. SFC는 어른들의 회개운동을 보며 함께 회개하며 교회쇄신운동에 동참했는데, 시대적 상황과 맞물려 SFC 안에서도 불같이 회개운동이 일어났다.

셋째, 초기 SFC 수양회에 참석한 학생들은 교회쇄신운동에 앞장섰던 한상동, 박윤선, 한부선, 한명동 목사 등 지도자의 메시지에 강력한 도전을 받았고, 이는 운동의 큰 동력이 되었다. 초기 학생신앙운동은 이들 지도자들의 강력한 신앙적인 영향을 받았고, 강력한 영적인 체험이 따랐으며, 새로운 사람운동이 일어났다.

넷째, 학생들은 역사적 상황에서 발생하였던 민족적, 범죄를 철저히 회개하고, 자신의 신앙과 삶을 말씀에 비추어 철저한 생활개혁운동을 전개했다. 수양회에서 은혜를 받은 학생들이 학교와 교회에서 봉사하기 시작하여 생활개혁운동으로 나타났다.

다섯째, SFC는 그동안 혁신의 노력을 다양하게 기울여 왔다. 초기의 수양회 중심, 중기의 교회연합운동의 성격이 있지만, 초기에는 지역전도운동에 힘썼고, 1970년대에 대학생운동으로 발전하면서 농어촌 봉사운동이 있었으며, 1990년대 이후 역사 앞에서 시대적 사명을 감당하고자 하는 노력을 기울여왔다. 이러한 노력은 학생운동으로서 독자적인 힘을 형성하게 되었고, 1990년대 이후 광범위하게 이루어지고 있다.

2) SFC의 과제

먼저, SFC는 가장 중요한 특성이었던 학생자발운동으로서의 특성을 회복하기 위해 힘써야 한다. 해방 후 역사적 상황에서 학생들이 스스로 할 일을 발견하고 모닥불 기도회를 가졌고, 스스로 수양회를 준비하고 운영하고 평가하며 학생들의 리더십이 개발되었다. 경제 수준이 세계에서 가장 낮았던 한국사회에서, 그 시대에 학생들과 교회에 필요한 것을 발견하고 이에 집중하여 하나의 학생운동으로 자리잡았다. 그러한 과정에서 오랜 세월동안 헌신하여 학생운동으로 뿌리를 내렸다. 고신교회가 크지 않는 교단이지만 복음주의 진영에 대표적인 인물들을 많이 배출할 수 있었고, 이는 학생운동계에서도 인정하는 바다.[14] SFC에서 학생들이 스스로 기도와 준비, 운영을 통해 학생들의 리더십을 키울 수 있었고, 지난 70년 동안 시대마다 새로운 변화와 과업을 추구하며 노력해 왔다.

둘째, SFC강령을 재해석하고 구체적으로 적용하려는 노력이 필요하다. SFC는 모일 때마다 강령을 고백하며 개혁주의 신앙의 터전을 확인하고, 우리의 사명으로 '개혁주의 신앙의 대한교회 건설과 국가와 학원의 복음화'와 '개혁주의 신앙의 세계 교회건설과 세계 복음화'를 외치고 있다. 그러나 그러한

---

14. 한철호, "내가 만난 SFC", 「월간 고신」, 1997. 6.

SFC강령이 우리 시대에 어떤 의미를 갖는가에 대한 깊은 논의가 없다. 1971년 『학생신앙운동 20년사』를 출간하면서 석원태 목사가 설교 형식으로 해설한 강령이 오늘의 시대에도 유효한가 하는 것은 의문이 없지 않다. 강령이 제정되고 고백된 지 70년이 지난 이즈음에 그동안 고백해 온 SFC강령이 우리 시대에 어떤 의미가 있는지 다시 해설하고 이를 광범위하게 전달하여 SFC의 이념을 새롭게 할 필요가 있다.

셋째, SFC역사와 정신을 이념화하는 작업이 필요하다. SFC는 뛰어난 지도자 없이, 총회의 특별한 재정지원 없이 오늘에 이르기까지 발전해 왔다. 이 운동이 새롭게 되어 다음 세대에도 지속가능한 학생신앙운동이 되도록 해야 한다. 1971년에 『학생신앙운동 20년사』가 발간되고, 2012년에 40년만에 학생신앙운동 정사 『하나님의 주권을 이 땅 위에』를 출판한 것은 다행한 일이다. SFC간사들과 교회 지도자들, 그리고 운동원들이 이를 읽고, 자랑스러운 역사를 기억하고 다음세대에도 전달되게 해야 한다. SFC의 역사와 정신, 사역 전략에 관해 집적된 연구와 사역 경험을 모아 역사와 정신을 이념화하고, 사역을 효율화하는 작업이 필요할 것이다.

넷째, SFC는 부단한 자기갱신을 통해 우리 시대에 주어진 새로운 과업을 발견하고, 이를 새로운 운동의 방향으로 설정하고 노력해야 한다. 어떤 교회나 어떤 기독교 단체도 시대마다 그들에게 주어진 고유한 과업이 있다. 교회나 기관들은 자신의 역할이 끝나면 그 자리를 새로운 단체에게 비워주어야 하는 것이 역사가 가르치는 바다. 한국의 기독교 학생운동은 미국교회나 그것과 닮아있다. 미국의 기독교 학생운동들이 한 시대에 왕성한 활동을 하였지만, 다음 시대에는 그렇지 못한 경우가 많다. 그러므로 오늘의 SFC도 지난 70년간의 빛나는 역사를 간직하고, 다음 세대에도 여전히 영향을 미치는 운동으로 자리잡기 위해서는 시대의 흐름을 읽고, 시대정신을 살펴 운동의 성격과 방향을 가다듬어야 한다. 성경과 기독교 정신에 견고한 뿌리를 내리되, 우리 시대와 사람들의 문화와 관심에 적절한 방식으로 존재해야 하고, 사역해야 한다.

미국의 기독교학생운동의 역사에서 강력한 학생운동이 다음 시대에 그 영향력을 잃어버리는 것에서 그 교훈을 얻을 수 있다. 그렇지 않으려면 SFC도 부단히 자기갱신으로 시대의 흐름을 이해하고, 그들에게 유효한 방식으로 운동을 전개하는 교회나 기관이 되어야 한다.

3) 정리

금년(2022)은 고신교회 70주년이기도 하지만 학생신앙운동 전국대회를 결성한 지 70주년이 되는 해이기도 하다. 학생신앙운동이 지금까지도 영광스러운 길을 걸어왔지만, 다음 세대에도 지속가능한 학생운동이 되기 위해서는 오늘의 현실을 파악하고, 나아가야 할 방향을 새롭게 정립해야 할 것이다. 지난 20년 동안 지속되었던 저출생 고령화 현상으로 학생들의 수가 급격하게 줄어들고, 교육계가 크게 바뀌고 있다. 고신교회도 어린이나 학생들이 존재하지 않는 교회가 절반에 가깝다. 더구나 학생들은 한국이 경제적으로 크게 성장한 후에 태어났고, 유족한 환경 가운데서 자라 학생들의 문화가 이전과는 크게 다르다. 고신교회들 역시 이전과 달리 교단의 이념과 정신에 충실하기보다는 목회자 개인의 목회철학에 따라 움직이는 경향이 짙다. 그리하여 교회도 그리스도인들도, 학생들도 '자기 소견에 옳은 대로 행하는' 경향이 많다. 한국사회는 신앙에 무관심하는 탈종교적인 경향을 보이고 있으며, 한국교회 역시 대외신인도가 급격히 약화되고 있다. 한국교회 학생운동의 영향력도 급격히 줄어들 것으로 전망된다.

이러한 시대적인 상황과 교회의 현실, 그리고 학생들의 감소와 학생들의 의식의 변화는 SFC역시 이전과 다른 신앙운동의 방향성을 정립해야 한다는 결론이 이르게 된다. 이제 학생신앙운동 지도부는 30년 후, 100주년을 어떤 모습으로 맞이할 것인지 냉철하게 구상해야 한다. 시대를 바르게 바라보지 못하면, 열린 마음으로 바른 대책도 불가능하다.

7. 군선교위원회, 군목활동 / 정하태

총회 군선교 위원회

제21회(1971년) 총회에서 군목위원이 조직되고 초대 군목위원장으로 한학수 목사가 선임되었다. 제24회(1974년) 총회에서는 군경목위원으로 변경 조직되었으며, 제27회(1977년) 총회에서 군선교위원회가 조직되고 군선교위원장으로 이근삼 목사가 선임되었다. 이후 조직적으로 군선교활동을 전개하고 군목들을 후원하고 지도 및 관리해왔다. 군목과 군종목사 후보생 교육을 위해서 총무제도를 도입하여 조긍천 목사, 최해일 목사, 이금조 목사, 김용도 목사로 운영되어 오다가, 민간교회와 군목들의 지속적이고 유기적인 활발한 군선교를 위해서 제39회(1989년) 총회에서 상임총무 제도를 도입하기로 결의했다.[15] 제40회(1990년) 총회에서 김석영 목사가 인준을 받은 후, 김성복 목사, 김석영 목사, 김철봉 목사, 조근순 목사, 황은선 목사, 김종철 목사 등 상임총무의 활발한 활동을 통해서 총회 군선교가 한 단계 발전하는 계기가 되었다. 현재 김선엽 목사가 제8대(2020년 이후) 총회 군선교위원회 상임총무로 섬기고 있다.

제71회 총회 군선교위원회는 위원장 정영호 목사, 상임총무 김선엽 목사, 서기 김동식 목사, 회계 유진욱 장로로 조직되어 있다. 회기 주요 사업으로 육군훈련소 진중세례식과 전방부대 방문, 군목(후보생, 군선교사) 수련회 등이 계획되어 추진되고 있다. 또한 총회 군선교의 활성화를 위해서 제66회 총회의 인준으로 총회 군선교후원회(회장: 이경우 목사)가 발족이 되어[16] 외곽에서 군선교의 실질적인 도움을 주고 있고 후원교회들이 계속 늘어나고 있다. 이렇게

15. 대한예수교장로회총회(고신)총회출판부, 「제29회 총회회의록」 (1989), 14.
16. 대한예수교장로회총회(고신)총회출판부, 「제66회 총회회의록」 (2016), 1092.

총회 군선교위원회는 총회의 전폭적인 지원과 기도로 군목, 군선교사, 후보생들을 철저한 개혁주의 신앙과 신학으로 무장시켜 선교의 황금어장인 군을 복음화하는 일에 최선을 다하고 있다.

군종목사단 구성 및 활동

1) 구성

고신군종목단은 2021년 현재 육군 10명, 해군 1명, 공군 4명 총 15명으로 구성되어 있으며, 중령 김종은 목사가 단장으로, 소령 임준호 목사가 총무로, 대위 유모세 목사가 회계로 일하고 있다. 육군에서는 김종은 목사가 제2작전사령부 무열대교회를, 구성덕 목사가 계룡대근무지원단 육군본부교회를, 강찬영 목사가 육군3사관학교 충성대교회를, 정은웅 목사가 203신속대응여단 함박소망교회를, 임준호 목사가 32사단 한밭교회를, 정현철 목사가 3사단 삼성교회를, 유모세 목사가 3공병여단 독립문교회를, 김필립 목사가 50사단 121여단 임마누엘교회를, 이호산나 목사가 7사단 5여단 교회를 담임하고 있으며, 배지홍 목사는 국방어학원 고급영어과정에 들어가 있다. 해군에서는 정상덕 목사가 해군 군수사령부 해군진해교회를 담임하고 있다. 공군에서는 윤영욱 목사가 공군 항공안전관리단 공군중앙교회를, 박신영 목사가 제10전투비행단 수원기지교회를, 이명성 목사가 제38전투비행전대 군산기지교회를, 장기영 목사가 제8315부대 의상봉 새마음교회를 담임하고 있다.

2) 활동

육군 군종목사는 주일예배, 수요기도회, 새벽기도회 등을 인도한다. 이와 더불어 절기예배, 수송부안전기도회, 6.25구국성회, 기독준부사관 수련회, 초급간부 수련회 등을 실시한다. 양육을 위해서는 TEE 성경공부, 어 성경이 읽어지네, 하나복, 전도폭발 등을 실시하고 있다. 장병들을 위한 선도활동으로는 초급간부행복플러스, 찾아가는 행복플러스, 회복탄력성 교육, 사생관 교육, 자살사고예방교육, 종교인성 심화교육, 안보 특별종교 강연회, 도의강연, 수용자 인성교육 등을 실시하고 있다. 특히 GOP와 GP가 있는 최전방 부대에서 근무하는 군종목사는 소초와 초소를 순회하며 위문 및 격려 활동을 실시하며, 유해 발굴 작전과 같은 특별한 경우에도 안전기도회를 실시한다. 그리고 민·군 상호간의 협력과 이해증진을 도모하기 위해 군 종교활동 지원 민간성직자를 관리하고, 민간교회와 협력해 전방부대 방문, 격오지 교회건축, 세례식 지원, 위문활동 등을 실시한다. 현재 레바논 동명부대, 남수단 한빛부대 및 아랍에미리트 아크부대 등에 육군 군종목사가 파병되어 있다. 그 외에도 참모로서 지휘관을 보좌하고, 각종 훈련 간 전시 군종활동을 실시하며, 교회 소속 시설물들을 관리하고 있다.

해군 군종목사는 주일예배, 수요기도회, 새벽기도회 등을 정기적으로 인도한다. 이와 더불어 필승안전기도회, 6.25 구국성회, 목사 장로 수련회 등을 실시한다. 함정 및 격오지에서 예배가 잘 이루어질 수 있도록 담당자를 선발 및 교육하고, 예배모범집도 발간하고 있다. 양육을 위해서는 TEE 성경공부, 하나복, 네비게이토, 어 성경이 읽어지네 등을 실시하고 있으며, 민수기 프로젝트와 SNS 선교를 통해서 장병들과 군인가족들을 세워가고 있다. 특히, 순항훈련, 청해부대(파병), 림팩(환태평양연합훈련) 등 함정에 함께 승선하여 예배 및 양육, 인성교육, 상담 등 여러 가지 군종활동을 실시하고 있다. 그 외에도 손원일선교센터를 건립 중에 있는데 이를 통해 초급간부들의 신앙 양육을 통해 군종목사가 없는 함정과 격오지에 있는 장병들을 양육하기 위해, 평신도 리더로 세우려고 한다.

공군 군종목사 또한 주일예배, 수요기도회, 새벽기도회 등을 정기적으로 인도한다. 이와 더불어 절기 예배, 군종병 연합수련회, 학생회 연합수련회, 공군 안전기도회, 공군교회 선교의 날 등을 실시한다. 양육을 위해서는 일대일 제자양육(온누리교회), 어 성경이 읽어지네, 풍성한 삶의 초대/첫걸음/기초(하나복) 과정, 기독교 유적지 현장 교육 등을 실시하고 있다. 장병들을 위한 선도활동으로는 회복탄력성 교육, 행복 플러스, 전입신병교육, 일병집중교육, 초급간부교육, 방문 및 위문활동 등을 실시하고 있다. 민간 교회 및 기독교 단체와 연계하여 연합수련회, 체육대회, 찬양제, 위문공연, 봉사활동 등을 실시하고 있다. 이 외에도 참모로서 지휘관을 보좌하고, 각종 훈련 간 전시 군종활동을 실시하며, 교회 소속 시설물들을 관리하고, 군종분야의 제도 및 교리 발전에도 힘쓰고 있다.[17]

군종목사단 비전

현재 군선교 사역은 비전 2020 사역을 마무리하고 비전 2030이라는 새로운 목표를 세우고 이에 따른 전략과 구체적인 사역을 계획하고 준비 중에 있다. 이에 교단 파송을 받은 고신 군종목사들은 '청년이 살아야 교회가 살고 교회가 살아야 나라가 산다. 하나님을 위하여 나라를 위하여'라는 비전을 마음에 품고 전후방 각지에서 활동하고 있다. 군에서 만나게 되는 한 영혼을 귀히 여기며, 그들을 그리스도께로 인도하고 제자로 양육하여 한국교회로 파송하기 위하여 세례, 전도, 양육 관련 사역에 매진하고 있다. 이를 위해 각 도시별로 거점교회를 확보하는 등 군선교 회원 교회와 긴밀한 관계를 유지함으로 민군 연합 사역을 위한 징검다리 역할을 감당하고 있다. 우리 고신군종목사단은 한국교회의 파송 10개 교단과 연합하며, 육·해·공군 군종목사단에 속하여 군선교사로 활동하고 있으므로, 연합과 하나 됨의 정신으로 청년들과 장병들을 위하여 사역할 것이다. 무엇보다 고신군종목사단은 이 모든 사역이 개혁주의 신학 위에서 세워져 갈 수 있도록 중추적인 역할을 하고 있다. 신앙의 정통과 생활의 순결이라는 고신 정신을 마음에 깊이 새기고 군선교사로서 민족 복음화를 위해 헌신하고 있다.

---

17. 윤창길, 『空軍軍宗史 第 4輯(1998~2009년)』 (충남: 국군인쇄창, 2011), 20-65.

8. 전국남전도회 연합회 / 강종환

설립과 조직

고신총회 휘하의 핵심 기관이라 할 수 있는 전국 남전도회연합회는 1987년 12월 12일 대구 말씀교회(초대 회장 마이조 장로)에서 복음증거를 통한 하나님 나라의 확장을 위해 창립되었다. 회의 명칭은 '대한예수교장로회(고신) 전국남전도회연합회'로 하였고, 목적을 "개혁주의 신앙에 입각한 그리스도의 복음을 안팎으로 전파하며 각 연합회와 상호 연락 협조하여 그리스도의 사업을 성취함을 목적으로 한다"고 정했다. 현재 33개 각 노회 연합남전도회가 활동하고 있다. 1980년대 후반 혼란한 격변기를 맞이하여 어려움에 빠져 있는 한국교회의 전도 동력을 되찾고 위기에 놓인 한국교회를 세워나가기 위해 노력하고 있다. 전국 남전도회연합회 결성 당시 각 남전도회가 가장 우선으로 생각했던 사역은 국내에 개척교회를 매년 설립하는 것이었으나, 이후 범위를 확대해 해외선교와 군 선교 등도 함께 실시하고 있다.

주요사업

1) 국내 개척교회설립

1988년 7월 14일 제1호 개척교회로 온양 남부교회(박경채 목사. 충남 아산시 청운로10번길)를 비롯하여 비교적 고신 교회가 없는 강원도, 충청도, 경기도, 전남지역에 비중을 두고 진행됐다. 현재 2021년 1월에 개척한 대구 예주시민교회(최진훈 목사)까지 33개 교회를 개척하였으며, 매년 1개 교회를 개척하여 하나님 나라 확장과 복음에 기여하는 든든한 동반자가 되고 있다.

2) 해외 개척 및 선교 현황

전체 현황: 2001년 인도 뱅가르주에 도마시민교회 개척(빌립 선교사)을 시작으로, 2006년 인도 안드라프리테시주 치뚜르시에 치뚜르남부교회(예수다스 목사), 2008년 필리핀 호산나교회(김재용 선교사), 2011년 캄보디아 풍범시민교회(싸분 전도사), 2018년 남미 페루의 탁나제일교회(KPM협력), 2019년 아프리카 우간다 나비징고 중고등학교, 2021년 베트남 의료선교를 담당하는 우석정 선교사님의 의과대학 설립지원 등 부정기적이지만 해외선교사업을 실시하고 있다.

우간다: 특히 아프리카 우간다에는 2017년 롤로유치원, 롤로초등학교, 카파리펜타코스틸교회를 설립하였고, 지난 2019년 11월 4~15일 전국 남전도회연합회는 KPM(총회세계선교위원회) 본부장 박영기 목사 및 유니온비전미션의 이사장 김성관 목사, 강영구 마산동광교회 목사를 비롯한 10명의 우간다 단기선교팀과 함께, 우간다 부탈레자, 음발레, 마나파, 부시아, 나비징고, 캄팔라, 나카사케 등 나비징고 지역 유니온비전 중,고등학교 개교식과 함께 현지 14개 교회 헌당 예배에 참석하는 등 학교와 교회를 세우는 단기선교 사역을 펼치고 돌아왔다. 이로써 지금까지 전국 남전도회연합회의 지원으로 (사)유니온비전미션은 지금까지 총 643개 교회와 학교를 건축했다. 현재 이슬람 세력이 아프리카 북부지역을 시작으로 남하하고 있으므로, 우간다는 기독교와 이슬람이 첨예하게 대립하고 있는 대표적인 지역으로서 우간다 선교는 중요한 의미를 갖고 있다고 본다. 이슬람은 사우디아라비아 등 중동 석유 부국들이 경제력을 앞세워 이슬람 사원과 이슬람 학교를 세우고 있어 선점하고 있는 형편이다. 우간다 성도들은 허물어진 예배당과 열악한 목회자 교육으로 인해 고사 위기에 빠져 있었으나, 부산 비전교회(담임목사 김성관)가 파송한 김진현 선교사를 중심으로 (사)유니온비전미션 선교회가 목회자 교육과 함께 예배당과 학교

건축에 힘을 쏟아 조금이나마 이를 반전시키고 있다. 이에 전국남전도회가 주일마다 헌신예배를 드리면서 마련한 건축비로 학교와 교회를 세웠고 이번 단기선교를 통해 헌당과 개교식을 했다.

베트남: 2021년 1월 24일 전국 남전도회연합회는 베트남 롱안세계로병원의 선교후원에 나서기로 하였으며, 이를 위하여 대전 KPM 선교센터를 방문하고 후원금 3,000만원을 전달하였다. 이번 후원은 전국 남전도회연합회 임원진들이 함께 참여하여 본부장 박영기 선교사의 주관으로 베트남 우석정, 이희정 선교사를 줌(Zoom)으로 초대하여 선교후원 협약식을 가졌다. 이 선교후원 협약은 그동안 각 교회가 별도로 선교에 나서고 있는 현실을 전국 남전도회연합회가 나서서 KPM을 공식 채널로 하여 선교 후원을 선택과 집중의 방식으로 하도록 홍보하여 선교 패러다임의 전환을 추구하기로 한 것이다.

롱안세계로병원은 베트남 정부에 등록된 합법적인 의료기관으로 초기 설립 인원들을 이어 2세대 팀을 구성하고 있으며, 의료와 각 직능을 가진 한국인 고정 사역자 9인과 베트남 직원 등 전체 80명 정도가 섬기면서 지역의 종합병원으로서 최종 의료기관의 역할을 감당하고 있다. 현재 사역자들이 함께 예배하며, 사역하고, 생활하면서 공동체를 이루고 각 지역을 순회하며 심장병 환자, 고엽제 환자, 언청이 등 기형 수술, 사랑이 집짓기, 장학, 한글 교육 등 사역을 펼치면서 기존 베트남교회와 협력하며 교회 개척에 나서는 등 활발한 사역이 이루어지고 있다. 특히 이번 후원은 베트남 중부지방 의료선교의 거점이 될 다낭 SC센터 건립을 위한 기금으로 사용될 예정으로 이미 기공 예배를 드리고 국가의 최종 인허를 기다리고 있다.

3) 군 선교사업

마이조 초대 회장 때부터 군 선교사업에 열정을 쏟아왔다. 지금까지 33회기 동안 전, 후방 군부대를 방문하여 필요한 물품이나 기구를 구입할 수 있도록 성금을 전달하고 위로 격려해오고 있다. 지난 2020년 11월에는 전방 6사단을 방문하여 태풍에 파손된 교회 종탑을 복구하도록 지원하고, 대대급 부대 장병들에게 간식을 전달하며 친교를 통해 찬양과 기도하는 시간을 가졌다. 매년 남전도회연합회는 군부대를 방문하면서 다시 한번 남북한 분단의 현실을 느끼고 남북한이 속히 하나 되어 함께 하나님을 찬양하기를 기도로 부르짖고 있다.

특히 최근 가장 의미 있는 군선교 사역 행사는 2019년 5월 21-23일까지 3박4일 동안 진종신 회장을 비롯하여 120여 명의 회원들이 백령도를 방문한 것이다. 이는 2010년 3월에 천안함이 침몰된 후 처음으로 제32회기 전국남전도회연합회가 군선교 사역의 일환으로 추진하였다. 백령도의 기독교 역사는 1832년 귀츨라프가 성경을 전하고, 1865년 9월의 토마스 선교사가 지나간 적이 있으나 기독교가 전파된 것은 1890년대 후반이며 첫 교회가 설립된 것은 1898년 중화동교회였다. 그 후 기독교는 빠르게 전파되어 이곳 주민들의 약 70%가 기독교인으로 알려져 있고 가는 곳마다 규모 있는 교회들이 우뚝 서 있다. 현재 12개의 교회가 있고 신자들이 많아지자 복음의 영향인지 감사하게도 이곳에서는 통상 어촌을 중심으로 한 해안지방에서 매년 초에 열리는 풍어제와 같은 제례 의식이 없다.

특히 백령도에 세워진 천안함 폭침으로 희생된 46명의 용사 위령탑에서 다시 한번 국가의 안위를 생각하는 계기가 되었으며 지금도 이곳 백령도에는 해병 6여단과 공군부대가 주둔하여 국토방위에 전념하고 있는 현장을 목격했다. 특히 해병부대에서 정면 능선에 뚜렷이 새겨진 '해병혼'의 글귀는 대부분 군복무의 경험을 가진 남전도회원들의 과거 군 생활을 떠올리면서 국토방위의 숭고한 사명을 다시 한번 되새겼다. 이번 백령도 방문을 통하여 조국의 최전선에서 수고하는 장병들과 지휘관을 만나면서 군사분계선(NLL)은 결코 협상의 대상이 될 수 없음을 확인하는 중요한 계기가 되었다.

백령도 누구나 한 번쯤 방문해 보고 싶은 곳이지만 쉽게 갈 수 없는 곳이기도 하다. 백령도를 방문하면서 조국 수호에 여념이 없는 장병들의 노고에 찬사를 보내며 늘 긴장 속에서도 평화롭게 살아가는 주민들을 보면서 이 나라를 지켜주시는 하나님의 은혜에 감사함을 배우는 계기가 되었다

4) 기타 사업

3개(합동, 통합, 고신) 교단 교류 활동: 형제 교단으로 한 뿌리에서 출발하여 오늘이 있기까지 우리 신앙의 선배들이 세운 공과 폐해를 떠나 믿음의 선진들이 추구했던 '개혁주의 교회'라는 근본정신은 변함이 없다. 매년 3개 교단이 서로 순회, 초청하여 교파를 초월하여 주님 안에서 연합하고 일치하여 한국교회를 새롭게 부흥시키는 일에 함께 힘써 나가고 있다. 그러나 코로나19로 인해 2년째 진행을 못하고 있어 아쉬움을 남기고 있다.

동계수련회: 그리고 매년 2월에 동계수련회를 통해 진정한 신앙 본질의 회복을 위해 노력하고 용서와 화해의 주체가 되어 그리스도의 증인된 삶으로 현장으로 파송하고 있다. 매년 2월이면 경주 등지에서 혹은 고려신학대학원에서 동계수련회(2020년, 2021년은 정기총회만)를 개최하고 있다. 고신교회의 기초를 놓은 순교정신과 정체성인 "하나님 앞에서"를 몸소 실천하고 신사참배 반대 운동을 전개했던 주기철 목사, 손양원 목사를 비롯한 한국의 슈바이처로 불리는 성산 장기려 박사의 봉사 정신을 계승해 나가고 있다. 동계수련회를 통해 강사들의 주옥같은 말씀으로 은혜를 풍성히 받아 광야 같은 세상에서 빛과 소금의 역할을 다하기 위해 노력하고 있다. 바람이 거세어지면 질수록 나무의 뿌리는 더욱 번성한다고 한다. 뿌리 깊은 나무는 어떠한 시련과 고통이 찾아온다고 해도 능히 이길 수 있기 때문이다. 동계수련회를 통해 주님의 향기를 나타내는 사명자들이 많이 나오길 기대한다.

고신대학교와의 협력: 2019. 5. 8. 고신대학교는 어버이날을 맞이하여 앞선

세대의 눈물과 기도와 헌신으로 성장해온 고신대학교와 전국남전도회연합회가 시대적 사명을 감당하고 하나님 나라의 영광을 위한 일을 위해 함께 기도 협약식을 진행하며 서로 축복하며 하나가 되었다.

기도 협약식은 고신대학교를 향한 사랑에 감사의 마음과 어버이의 은혜를 기억하며 유아랑 학생(국제문화선교학과, 3학년)이 기도의 아버지들을 위해 편지를 낭독하였고, 학생들이 감사의 마음을 담아 카네이션을 직접 달아주면서 축복송을 부르며 축복했다.

이어 학교 발전과 인재 양성을 위해 전국 남전도회연합회에서 발전기금 5백만 원과 장학금 1천 2백만 원을 전달했다. 협약식 후 월드미션센터에서 외국인 유학생과 함께 하는 축하음악회를 가지고 고신대학교와 전국 남전도회연합회가 함께 기도로 동역하며 나아가길 소망하며 협약식과 축하음악회를 마무리하였다.

9. 전국여전도회연합회 / 강종환

여전도회의 기원과 조직

한국교회 최초의 여전도회 조직은 '부인전도회'란 이름으로 1898년 평양 판동교회(널다리교회, 후에 장대현교회로 명칭변경)에서 마포삼열((馬布三悅, Samuel Austin Moffett, 1890 - 1936 사역) 선교사로부터 세례를 받은 이신행, 신반석, 박관선, 김성신 등에 의해 63명의 회원으로 발족하였다. 부인전도회는 이선광 여전도사를 제주도에 파송하여 이기풍 선교사를 돕도록 하였다. 그 후 초산읍교회에서도 여전도회가 조직되어 전도인 이용빈을 초산군 도원면에 파송하여 전도활동을 하도록 하였으며, 이어서 강계읍교회, 황주읍교회, 무진교회도 여전도회를 조직하여 전도인을 파송하였다.[18] 초기 여전도회는 회원들이 소액이라도 각자가 헌금을 하고 이 헌금으로 전도인을 선정하여 복음이 들어가지 않는 지역을 택하여 전도사를 파송하는 일을 위주로 하였다.

고신교회에서의 여전도회는, 서울의 표지현, 차은희, 부산의 박인순, 김차숙, 김현숙, 경남의 조수옥, 주경순, 경북의 박복달, 신정순, 김계초 등의 지도자들에 의해 조직되고 발전하게 되는데, 이들이 여전도회연합회를 이끌어 가는 주역이었다. 고신교회의 여전도회연합회는 1971년 서울 중앙교회에서 창립되었다. 창립 당시 경북 19명, 부산 22명, 경기 18명, 경남 8명, 경동 1명 총 68명의 총대가 참석하여 임원을 선출하였다. 임원 선출에 어려움이 있을 법도 한데 전국에서 골고루 안배되는 하나님의 섭리를 느낄 수 있었다. 개체 교회로서는 1951년 서문로교회 여전도회가 조직되었지만, 여전도회연합회는 20년이 지난 후에 출발한 것은 각 지역의 여전도회가 조직되기를 기다렸기 때문이다.

18. 차재명, 『조선예수교장로회사기, 상권』 (서울: 조선기독교창문사, 1928), 74, 172.

여전도회연합회의 주요 사업

신학교 도서비 헌금운동: 1972년 제2회 연합회 총회에서는 신학교 도서비를 위하여 여전도회원 1월 10원 이상 헌금하여 이를 각 연합회에서 모아 연합회 총회시에 납입하고 이를 신학교에 도서비로 헌금하기로 하였으며 이후 지속적인 사업이 되었다.

제주도 개척교회설립: 전국여전도회 제2회 총회부터 제11회까지 회장으로 섬겼던 박복달 권사는 여전도회의 역할을 매우 강조하면서 '고신교회가 없는 지역에 교회를 세워야 한다'고 주장하였으며, 이는 많은 여전도회원들의 대폭적인 지지를 받았다. 이에 따라 1973년 대구 서문로교회에서 열린 제3회 연합회 총회에서는 고신총회에 속한 교회가 전혀 없는 제주도에 교회를 개척하기로 예정하고 현지답사를 시작하였고, 1974년 제4회 정기총회에서 제주도에 개척교회를 설립할 것을 결의하고 조명서 전도사를 파송하기로 가결하였다. 1975년 제5회 연합회 총회에는 제주도 개척교회가 성공적으로 자리 잡아 유년부 40명, 중고등부 10명, 장년교인 6명이 출석하고 있음을 보고하였다. 이는 미래를 내다보고 준비하여 이뤄낸 결과였다. 그 씨앗은 열매를 맺게 되어 처음 고려교회로 출발하였으나 교회명을 서광교회로 바꾸었으며, 1980년 1월 제10회 연합회 총회에서 서광교회의 교회당건축이 완공되었음이 보고되었다.[19]

은퇴여교역자를 위한 사업: 종전 은퇴 여교역자들에 대하여 위로금을 지급하고 위로 관광을 해오기는 하였으나 그것만으로 부족하다는 것을 공통적으로 느끼고 있던 중 1981년 제11회 여전도회연합회 총회에서 은퇴 여교역자를 위한 생활관을 마련하는 사업을 결의하였다. 계기가 된 것은 대구 김복조 전

19. 건축규모가 총건평 110평, 총공사비는 55,641,212원이었다.

도사의 은퇴 후 어려움을 보고, 앞으로도 은퇴 여교역자가 나올 것인데 이들을 위하여 년 1회 각 연합회가 헌금하기로 하여 1991년경 마침내 5천만 원의 기금을 만들었다. 그리고 은퇴 여전도사를 모시기 위한 공간을 필요로 하였는데, 당시 조수옥 전도사가 은퇴한 여전도사들을 양로원에 보낼 수 없다며 여성들의 힘으로 모셔야 한다고 강조하였다. 당시 여전도사들의 은퇴 나이는 70세로 제한되어 있었다. 1992년 조수옥 권사가 은퇴여교역자 생활관건립위원장을 맡았을 때 은퇴 여전도사들의 생활관을 위하여 부산 사상교회 박홍석 장로로부터 거제시 신현읍 문동리의 산 5,000평을 기증받았고[20] 약 5,000평을 매입하여 약 10,000평의 부지를 마련하였다. 이 땅을 유지재단에 편입시켜 생활관 건축을 알아보던 중 지역주민들의 반대와 여러 이유로 진행되지 못하여 계획을 변경하였다.

선교사 파송: 1984년 제14회 연합회 총회에서 총회선교부와 협력하여 여전도회연합회는 본격적으로 선교활동에 뛰어들었다. 총회선교부에서는 인선과 선교지를 담당하고 여전도회연합회에서는 선교사의 필요한 재정을 지원하기로 하여 이헌철 선교사를 인도네시아에 파송하였다. 이헌철 선교사는 현지 엘리오스교회와 협력을 하면서 엘리오스교회가 장로교회로 발족하도록 하고, 교회가 자립할 때까지 지원하며, 신학교를 건립하여 배출되는 신학생이 현지 교회를 개척하도록 하기로 하였다. 이헌철 선교사의 파송이 협력이 순조롭게 이루어지자 다시 총회선교부는 가나에 파송되는 이신철 선교사에 대해 지원을 요청하였으며, 1986년 제16회 연합회 총회에서 가나에 파송되는 이신철 선교사도 협력하기로 하였다. 그리고 1990년대에는 김자선, 강정인, 노정희(필리핀) 등 여선교사들을 지원하였다. 현재는 총 14명의 선교사와 인도네시아 살렘신학교와 먼따와이 사랑신학교, 필리핀 샬롬장로교회와 뚜게가라오

20. 이에 대하여 전국여전도회 30년사인 『백합동산』, (총회출판국, 2002), 115에는 서부산연합회 총무 윤순자, 김우덕 양 가정이 생활관 부지 5,000평을 기증하였다고 기록하고 있다.

GRU.T.S 신학교 등에 연간 1억 원 이상을 지원하고 있다.

세계 곳곳에서 하나님의 말씀을 전하고 있는 선교사들에게 작게라도 도움이 되길 바라며 선교사를 파송하고 기쁜 마음으로 지원해 온 여전도회연합회의 처음 정신은 변함없이 이어지고 있다. 예산이 넉넉하지 않기에 선교비 지원에 어려운 부분들도 있지만, 이역만리 타국에서 지금도 하나님만을 바라보며 사역하는 선교사들을 생각하면서 계속되어야 한다고 믿고 있다. 이런 신앙의 실천이 있기에 여전도회연합회가 튼튼하게 뿌리 내리고 굳건하게 자리 잡을 수 있었을 것이다.

여성지도자 세미나 개최: 1987년 6월 22일부터 3일간 임마뉴엘기도원에서 박삼우 목사, 박명섭 목사, 주신애 교수, 손봉호 교수를 강사로 제1회 여성지도자 세미나를 개최하였고, 매년 계속되고 있다.

여전도회 회관 및 수양관 운영: 거제에 부지를 마련한 은퇴여교역자 생활관건립이 무산된 후 임시로 창녕군 장마면 장기리 846에 위한 장마초등학교의 분교가 폐교 상태에 있어 이를 임시로 임대하여 사용하던 중, 1993년 이곳이 공매절차에 의해 매물로 나오게 되었다. 전국여전도회연합회 외에도 필요로 하는 곳이 많아 경합이 되었지만, 전국 여전도회원들의 합심 기도 덕분으로 간발의 차이로 최종 낙찰자로 선정되었다. 예산 부족의 어려움도 있었으나 대지 매입 당시 540만원 차이로 낙찰을 받을 수 있었던 것은 하나님께서 모자란 부분을 채워주셨음을 고백할 수 있었다. 강순자 권사가 전국여전도회관 건축위원장을 맡아 1994년 3차례에 걸쳐 생활관 건물을 완공하였는데, 많은 여전도회원들이 비용 마련과 신관 건축을 위해 매일 기도하면서 헌금했다. 부족한 비용은 우여곡절 끝에 은행에서 16억 원을 대출했고, 여전도회원들의 피땀 흘린 노력으로 불과 5년 만에 부채 상환을 완료할 수 있었다.

故 최성순 초대 관장은 관장직을 맡기 전에 여러 곳의 노인 시설을 둘러보

면서 은퇴 여교역자들이 행복을 느끼는 것을 가장 중요하게 생각하였다. 세상에는 더 편리한 시설과 좋은 위치에 자리 잡은 요양원과 복지시설도 많지만 신앙과 믿음으로 운영되지 않는다면 진정한 쉼을 얻을 수도 만족할 수도 없기 때문이다. 여전도회관의 규모는 여전도회원들이 한자리에 모일 수 있는 강당이 자리한 본관을 비롯해 숙소 대부분과 언제나 손수 준비해 주어 집밥처럼 먹을 수 있는 식당이 위치한 신관, 그리고 은퇴 여전도사님들이 생활하는 안나의 집까지 크게 3개 건물로 이뤄져 있다. 현재는 적게는 5백 명 많을 때는 천여 명이 훌쩍 넘는 인원이 함께 먹고 잘 수 있는 규모를 갖추고 있다. 코로나 19 이전에는 2만여 명 정도가 전국여전도회관을 찾았으며 매년 6월부터 8월 중순까지는 각 기관과 단체 여름 수련회로 주로 이용되고 있다.

전국여전도회연합회 전임회장이자 안나의 집 명예관장인 故 최성순 전도사가 평생 모은 물질을 희사하였고, 또 김자선 선교사(필리핀)를 비롯해 집회 때마다 강사로 나섰던 전임총회장인 김상석 목사와 안민 총장(고신대학교), 신원하 원장(고려신학대학원) 등과, 김홍석 목사(안양일심교회)와 정태진 목사(진주성광교회), 최성은 목사(남서울교회) 등 제67회기 임원들도 소중한 헌금으로 전국여전도회관을 리모델링 작업을 하게 되었고, 건축과 감리를 맡은 박태규 장로(송도제일교회)와 김덕열 장로(사직동교회)의 노력으로 최소의 비용으로 최대의 효과적 공사가 진행되어 2019년 전관 리모델링을 완료하였다.

10. 전국장로회연합회 / 강종환

배경과 조직

고신교회에서의 타 교단에 비해 늦게 조직되었는데, 처음에는 부산의 장로친목회, 그리고 대구, 경북지역의 장로친목회가 조직되면서 각 지역에서 장로회를 조직하자는 의견이 대두되어 전격적으로 전국장로회친목회를 조직하게 된다. 1970년 9월 24일 제20회 고신총회가 마산 제일문창교회당에서 개최되었을 때 각 노회의 47명의 장로총대가 참석하였는데 총회 첫날 회무를 모두 마친 후 정금출 장로의 요청으로 장로총대들이 모여 일사천리로 회무를 진행하여 '전국장로회친목회'를 조직하게 되었다. 그 후 '대한예수교장로회 고신 전국장로회 연합회', '대한예수교장로회 고신 전국장로친목연합회'로 명칭이 변경되었고, 1997년에는 '대한예수교장로회 전국장로회 연합회'로 바꾸어 존속하고 있다.

주요 활동과 사업

분열을 치유하고 교단 화합을 위한 노력: 1975년 제25회 총회시 고신총회가 고소와 반고소로 나누어졌으나, 경남노회장로회는 1978년 5월 15일 마산동광교회에서 고소측과 반고소측 61명이 함께 모여 '합동장로회총회'를 개최하였다. 그리고 합동장로회총회는 전국장로회에 각 지역장로회와 전국 교회에 합동하여 줄 것을 호소하기로 하였다. 이 호소가 전국으로 확산되어 마침내 1982년 제32회 총회에서 양측은 합동하기로 결의하고 고신대학에서 '고신교단 합동경축대회'를 개최하였다. 또 1995년 9월 제45회 총회를 앞두고 제25회기 전국장로회연합회는 교단의 화합과 발전을 위한 건의문을 작성하여 총회총대로 선출된 장로 242명 중 171명의 서명을 받아 총회에 제출했다. 그 내용은, 총회 산하 모든 기구, 위원회 구성에서 목사와 장로 비율을 동수로 할 것, 장로부총회장 '사회권 없음'의 삭제, 부총회장과 이사 연령제한 삭제, 학교법인 고려학원 이사장을 장로도 할 수 있도록 규칙 개정, 기독교보 전문경영인(사장, 전무 등) 선임 책임경영, 학교법인 직제 상임이사, 상임감사 제도 신설 등이었다.

교단지도자 초청 신년인사회: 1984년부터 1987년까지 매년 12월 교단지도자 초청 대만찬회(大晩餐會) 및 세미나를 개최하다가 1988년부터 교단지도자 초청 신년인사회를 개최하였으며, 2005년부터 신년하례회 및 교단지도자 초청 세미나로 명칭을 바꾸어 지금에까지 이르고 있다.

노회대항 목사, 장로 친선체육대회: 1985년 고신대학교 교정에서 노회대항 목사, 장로 친선체육대회를 개최하였으나, 각 노회의 자체 예선대회와 함께 너무 많은 노력과 재정부담으로 인하여 2004년 종결하고, 이후부터 권역별 지역장로연합회가 주관하는 목사, 장로 친선체육대회로 바꾸어 지금까지 계속하고 있다.

장로부총회장직 신설: 1985년 9월 10일 제15회 전국장로회연합회 총회에서는, 총회가 채택한 '단군신전결사반대 결의문'을 장로회연합회도 채택함과 동시에 '장로부총회장'제를 신설해 줄 것을 총회에 강력히 건의하였다. 그 결과 총회는 '장로부총회장연구위원회(위원장 남영환 목사)'를 설치하였고, 1987년 제37회 총회에서 초대 장로부총회장이 탄생했다.

전국 장로부부 하기수련회: 1988년 전국 장로 하기 수양대회를 시작으로 전국 장로부부 하기수련회로 발전하여 지금까지 계속되고 있다. 특히 2020년에는 코로나 팬데믹으로 수련회 기간 중 방송 및 언론매체를 비롯한 정부 기관의 방역수칙 준수를 위한 좋지 않은 시각과 감시 중에도, 철저한 방역과 개인 수칙 준수로 전국장로회 창립 50주년을 기념하면서 고신대 안민 총장의 진행으로 '고신대학교와 함께하는 50주년 축하음악회'를 가졌다. 2021년 제34회 수련회는 계획된 일정 속에서 매년 개최하던 경주 The-K 호텔에서 개최하지 못하고 부산시 소재 세계로교회에서 개인별 PCR(유전자증폭기술) 검사 및 식사 무료 제공으로 300여 명이 참석한 가운데 은혜롭게 개최하였다.

총회회관 건립: 1952년 진주 성남교회에서 총로회 조직을 선포하였으나 그동안 총회의 재정이 열악하여 총회회관을 가지지 못하고 교회의 사무실을 빌려 사용하기도 하던 중, 1988년 제38회 총회가 총회회관 건립을 결의하여 추진하게 되었다. 이에 부응하여 전국장로회연합회에서도 '총회회관건립 추진위원회'를 결성하고 각 지구별 책임자를 임명하는 등 최대한 협력하기로 하였다. 그 결과 교회 및 장로들을 대상으로 1992년 3월 기공예배 이전부터 1993년 9월 준공 감사예배 이후 재정문제가 완료된 2002년까지 10여 년간, 약 32억 원의 건립기금 모금액이 완료될 때까지 일선에서 최선을 다함으로써 일익을 담당하였다.

고신장학재단 설립: 장로회연합회 총회가 열릴 때마다 예배헌금으로 고신대학교와 고려신학대학원에 장학금을 전달하였으나, 1996년 제27회 총회에서는 고신장학회를 설립하기로 하고 즉석에서 헌금하여 총 175,250,000원이 작정되었다. 이와 함께 '전국 장로회연합회 고신장학재단 설립추진위원회'를 구성하여 2001년 기본자산 200,213,101원, 자산총액 225,213,101원을 확보하여 2001년 8월 31일 법인설립허가를 받았다. 기록을 보면 2006년부터 2021년까지 고신대학교에는 총 598인에게 금 330,000,000원, 고려신학대학원에는 총 326인에게 금 330,000,000원, 총 924명에게 금660,000,000원의 장학금을 지급하였다. 고신장학재단의 주요 재원을 전국장로회연합회의가 연

2,000만 원, 전국장로연합회의 4,500여 명의 시무장로 1인 연 1만 원, 고신장학회 이사, 감사 소속 교회에서 월 10만 원 등의 후원금과 고신장학회의 이사 및 감사의 특별후원금 등 모든 장로들이 함께 참여하는 것이다.

전국 목사, 장로 부부 등산대회 및 산상기도회: 1998년 5월 약 1,800명이 참석한 가운데 창녕군 화왕산에서 전국 목사, 장로 부부 등산대회 및 산상기도회를 가졌으나 이어가지 못하다가, 2002년 5월 경주 남산에서 전국 목사, 장로 부부 등산대회 및 산상기도회를 가졌으며, 이후 매년 4-5월에 개최하고 있다. 기도회는 주제를 선정하고 총회장을 비롯한 저명인사들을 강사로 한 세미나와 함께, 고신총회와 산하 기관을 위하여, 교회의 영적 회복과 부흥을 위하여, 국가와 교회 및 민족을 위하여 간절히 기도하는 시간을 갖는다. 특히 2019년에는 3.1 운동 100주년을 기념하여 2,000여 명이 참석하는 대성황을 이루었다.

고려신학대학원 지원사업: 고려신학대학원은 제38회 총회에서 고려신학대학원을 고신대학과 분리 운영할 것을 결의하여 1998년 현재의 장소인 천안시 삼용동 부지에 건축하였다. 그러나 운동장이 부족한 것을 알고 전국장로회연합회는 1인 1평(30만원) 사기 운동을 전개하여 충분하지는 못했지만 고려신학대학원 운동장의 확충에 협조를 하였으며, 이후 시설보수를 위해 또 장학재단을 통한 장학금 지원, 신대원 발전기금 등을 통하여 고려신학대학원을 지원하고 있다.

학교법인 고려학원 복음병원 경영정상화 운동: 교육인적자원부 종합감사 결과 2003년 5월 9일 고신대학 복음병원이 부도처리가 되면서, 고려학원 이사장 및 이사취임 승인 취소와 함께 이사장과 이사 전원이 해임되고 관선이사가 파송되는 초유의 사태가 발생하였다. 이때 전국장로회연합회는 같은 해 5월

24일 '고려학원 정상화 추진위원회'를 결성하였으며, 위원장에 김국호, 총무 엄송우, 서기 김종복, 회계 정승채 장로로 각 선출하고 전국 교회에 상황을 알리는 한편 공청회와 자금동원 등 정상화를 위한 가능한 모든 활동을 시작하였다. 1년 뒤 고신총회도 2004년 9월 총회 임원으로 고려학원 정상화추진위원회를 조직하였다. 당시 전국장로회연합회와 고신총회를 대표하여 모금위원장 김국호 장로, 김해복음병원 수습위원장 엄송우 장로 등 다수의 장로들이 중심이 되어 총 155억원의 기금을 조성하였고, 많은 노력 끝에 2007년 4월 17일 고려학원은 정상화되었으며, 잔여 업무인 김해복음병원 수습을 위하여 위원장으로 엄송우 장로가 선임되어 마침내 모든 난제들을 해결하고 2010년 7월 12일 부산 서면 롯데크리스탈호텔에서 고려학원 주관 경영정상화 기념예배를 드렸다.

결혼정보센터 운영: 1971년 제2회 장로회연합회에서 '결혼상담위원'을 두기로 하였다. 이는 성도들의 자녀들이 믿음을 가진 배우자를 만나 가정을 이루게 하자는 소망에서 이루어진 결의였다. 그러나 제도적으로 준비하지 않은 상태였으므로 결혼상담위원의 개인적 역량에 맡겨져 있었다. 그러나 2004년 제35회기 총회 때 '결혼정보센터'를 설치할 것을 제안하고 36회기 총회에서 최종 검토를 한 후, 2006년 제37회기 총회 때 회칙을 개정하여 결혼정보센터를 전국장로회연합회 산하기관으로 둘 것을 결의하였다. 이에 따라 2006년 11월 25일 결혼정보센터가 설립되었고 초대 소장으로 우병주 장로가 선임되었다. 그 후 2019년 권역별 지사장을 임명하고 타 교단과의 연계 등 다각적인 방안을 강구하여 성도의 자녀들이 믿음의 가정을 이루는데 크게 일조하고 있다.

지역장로회의 발전

대구, 경북지역 장로회연합회: 대구, 경북지역 장로회연합회는 1968년 3월 26일 서문로교회당에서 '경북장로회'란 명칭으로 창립총회를 가졌으나, 1969

년 9월 경북지역 목회자 중심으로 만든 '독서회'와 발생한 사소한 문제로 해산하였다. 그러나 장로회연합회에 대한 열망을 끊이지 않던 중 1974년 4월 10일 성박교회당에서 장로회연합회의 재발족준비위원회로 모였으나 진행되지 못하고 있다가, 1981년 5월 21일 대구동일교회당에서 1968년 창립총회에 이어 경북장로회 제2차 총회를 개최하여 임원을 선출하고 회칙을 결의하여 출범하게 되었다. 재출발 할 때에 경북노회, 대구노회, 동대구노회의 3개 노회였지만, 2018년 총회의 노회통폐합에 따라 현재 대구동부, 대구서부, 경북동부, 경북서부, 경북중부 등 5개 노회 610여 명의 장로가 참여하고 있다. 현재 매년 목사, 장로 친선 체육대회를 개최하고 있으며 노회별 순회실행위원회가 격월로 회집하여 미자립교회지원, 회원등반대회 등 활발한 활동을 하고 있다.

수도권 장로회협의회: 수도권장로회협의회는 1994년 수도권의 6개 노회에 소속된 장로들이, 교회와 총회의 발전을 위하여 헌신하고 장로 상호간의 영적 교류와 친목을 나누고자 창설되었다. 수도권장로회협의회는 창립총회에서 고신총회가 오직 성경말씀에 기초한 일사각오의 순교적인 신앙을 지켜온 선배들을 본받아, 고신의 이념과 신앙의 순결성 및 정체성을 더욱 확고히 하여 나갈 것을 다짐했다. 수도권장로회협의회는 1995년부터 수도권신년하례회를 개최하여 목사와 장로들이 한자리에 모여 상견례와 함께, 같은 신앙공동체로서 주 안에서 예배와 성만찬을 통해 하나됨을 확인하는 화합의 장을 만들었다. 또 같은 해부터 목사 장로 친선체육대회를 개최하여 노회별로 단합을 도모하고 있다. 그뿐만 아니라 1997년 횃불선교센타에서 제1회 수도권 고신찬양제를 개최한 이후 매년 찬양제를 개최하여, 수도권 고신교회의 친교와 단합 교회찬양의 발전에 기여하고 있으며 수익금은 총회사회부에 전달하여 은퇴교역자를 돕는데 사용하고 있다.

2019년 3월에는 3.1운동 100주년을 맞이하여 수도권 목사, 장로들이 3.1운동의 역사흔적이 남아 있는 서울 종로에서, 3.1독립운동 100주년 기념순례를 통하여 역사의 현장을 1만보 코스로 편성하여 돌아보고 당시 기독교의 역할을 재조명하면서 오늘의 목사와 장로의 역할을 고민하는 시간을 가졌다. 또 코로나가 우리 사회를 억누를 때 2020년 10월 24일 수도권장로협의회는 목사, 장로 부부가 대한민국의 상징인 한강을 품고 기도하는 '걷기도대회'를 가지고 자발적인 성금을 마련하여 총회본부에 전달하였다.

경남지역 장로회연합회: 1998년 11월 10일 마산제일교회당에서 경남지역 장로회연합회 창립준비위원회를 결성한 후 1999년 1월 26일 창립하였으며, 창립시 거창, 경남, 경남중부, 김해, 남마산, 마산, 진주 등 7개 노회로 출발하였으나 2018년 총회의 노회 통폐합에 따라, 현재는 경남, 경남김해, 경남남마산, 경남남부, 경남마산, 경남서부, 경남중부, 경남진주 등 8개 지역장로회 산하 1,100여 명의 시무장로들이 회원으로 있다. 2002년 진주 문산체육관에서 시작으로 격년제로 경남지역장로회연합회 주최로 목사, 장로 부부 한마음체육대회를 개최하고 있으며, 신년인사회, 국내외 격년제 선교비전트립, 지역노회장 및 장로회장 연석회의, 순회 헌신예배 등을 주요사업과 350만 경남도민의 복음화를 위하여 약 600개의 교회와 협력하고 있다.

부산지역장로연합회: 2001년 순수한 복음적 신앙을 지키기 위하여 부산 시내 5개 노회장로회가 그리스도 안에서 교제와 협력으로 교회와 사회에 봉사하며 민족복음화와 세계선교를 위해 뭉쳤다. 특히 부산지역은 항구라는 지역적 특성 때문에 미신과 불교가 횡행하고 복음화 비율이 가장 낮은 지역으로 부산성시화운동본부와 함께 각종 집회를 통하여 부산지역 복음화 사업에 매진하고 있다.

전라지역장로연합회: 1985년 1월 15일 전라지역장로연합회가 조직되어 첫 사업으로 1985년 11월 28일 이근삼 박사 초청 광주, 전남, 전북지역 장로 대상

세미나를 개최하는 등 상호 교류와 함께 다양한 사업으로 연합 활동을 활발히 전개하여 왔다. 이후 1992년 10월 5일 제67회 전라노회에서 전남동부노회(당시 여순노회), 1996년 10월 7일 전라노회에서 전북노회로 각각 분립 되어 2021년 현재 호남지역은 3개 노회 144개 교회(전라 69, 전남동부 35, 전북 40개)로 부흥 성장하고 있다. 또 1994년 11월에는 정사무엘 박사를 초청하여 담양 은광수련원에서 지도자 세미나를 개최하였으며, 1997년 6워 22일 광주광산교회를 시작으로 1년 4-5회 순회헌신예배를 드리고 있다. 2008년 1월 3일 하남은광교회에서 첫 시작으로 신년하례예배 및 기도회를 매년 개최l하고 있다.

11. 전국주일학교연합회 / 강종환

주일학교연합회의 조직

1952년 총로회를 조직하면서 고신총회가 출발하였으나 주일학교 교육은 각 교회가 주도하다가 부산, 경남, 경동, 경기, 전라노회 등 5노회에서 지방 주일학교연합회가 조직되었다. 그 후 1954년 3월 12일 부산남교회당에서 모인 제3회 총로회에서 종교교육부를 설치하고 교회교육 전반을 맡겨 처리하게 하였다. 그러던 중 1964년 7월 15일부터 고려신학교에서 전국교육연구대회가 개최되었다. 이 대회에서 '교회교육의 이념과 목적', '교회교육과정', '주일학교의 조직과 관리' 등에 관한 진지한 논의가 있었다. 그리고 1965년 부산남교회당에서 열린 제15회 총회에서 종교교육부 산하에 '교과과정 심의위원회'(위원장 오병세 박사)를 조직하였고 이 위원회가 총회의 교육활동의 중심이 되었다. 주일학교 교육이 점차 자리를 잡아가자 주일학교의 정보교환과 연대가 필요하게 되고 이러한 움직임은 지방단위의 연합회가 활성화 되었고, 전국주일학교연합회의 창립을 준비하는 계기가 되었다. 마침내 1967년 8월 10일 대구 서문로교회당에서 경남, 경북, 진주, 경동 4개 노회가 각 3인의 대표를 파송하여 12명의 대의원들이 모인 가운데 전국주일학교연합회 창립총회가 개최되었다. 이어서 그 해 9월 마산의 제일문창교회당에서 열린 제17회 총회에서 '전국주일학교연합회'의 조직을 허락하였고 전국주일학교연합회는 총회 교육부의 지도를 받도록 하였으며 이와 함께 '어린이주일'을 제정하였다.

주일학교 운동과 발전

1960년대의 주일학교: '교과과정 심의위원회'는 단계별 교육목표를 설정하고 '생명의 양식'(제1차 교육과정)을 완간하고 계속하여 중, 고등부 교육과정을 만들었다. 이 교육과정은 한국교회가 만국통일공과를 벗어나 우리 학자들에 의하여 만들어진 최초의 계단공과라는 점에서 의의가 있다. 이와 함께 고려신학교에서 전도사들을 중심으로 자발적인 교회교육 연구모임이 만들어져 「주교교육」이라는 정기간행물을 발행하여 교사와 주일학교의 발전을 도왔다. 또 하나 1964년부터 교역자와 평신도들이 함께 시작한 전국교회교육연구대회는 '교회교육의 이념과 목적'을 시작으로 1966년 '오늘을 위한 교회교육', 1970년 '개혁주의 교회교육', 1971년 '전진하는 교회교육', 1972년 '새 시대를 향한 교회교육'이라는 주제로 계속되어 주일학교의 발전에 크게 이바지하였다.

1970년대 주일학교: 1970년대 들면서 빌리 그래함 전도대회(1972년), 엑스플로 74(1974년), 민족복음화 대성회(1976년) 등 복음전파를 위한 대형집회가 개최되었다. 이에 따라 주일학교의 부흥이 간절히 요청되고 있었다. 이에 따라 주일학교연합회에서는 구체적인 활동에 들어가 1971년 '성경모범답안대회'를 시작하여 학생들뿐만 아니라 학부모와 교역자도 함께 참여하는 교회교육의 장이 되었으며 1979년부터 전국어린이대회로 발전하여 성경고사, 퀴즈, 웅변, 암송, 성가경연 등 다채로운 내용으로 구성하였다. 또 1960년대 말부터 시작한 어린이 새찬송가를 완성하여 1972년 5월 초판을 내고 8월에 출판기념회를 가졌다. 또 주일학교 연합회 마크를 만들고 배지를 만들어 배포하여 주일학교 교사의 정체성을 확립하도록 하였다. 뿐만 아니라 1974년부터 8월 12일 청도 동산기도원에서 제1회 전국교사대회를 가졌으며 15년 근속교사를 포상하여 교사들의 사기를 올리고 주일학교 교사로서의 자긍심을 갖게 하였다.

또 1977년 8월 주암산기도원에서 열린 제10회 전국주일학교연합회 총회에서는 '주일학교'를 '교회학교'로 명칭을 변경하는 안을 가결하였다. 이 결정은 전국주일학교연합회의 자발적인 결정이 아니라 제26회 총회에서 채택한 교단발전연구위원회의 '교회교육상의 개선방안'에 따른 것으로 교육기관의 명

칭과 체계를 정비함에 있었다.[21]

1980년대 주일학교: 1970년대는 경제성장으로 산업화, 도시화가 이루어져 도시에서는 많은 교회들이 개척되고 장년교인뿐만 아니라 주일학교도 성장하는 바탕이 되었다. 그러나 고신총회는 총회 내 정치적인 문제로 총회가 분열되고 이에 따라 교육과 선교 등 교회의 본질적이면서도 총회의 장래와 관련된 일에 지속적인 관심을 갖지 못해 상당기간 교회교육 부분은 낙후되었다. 이에 따라 1980년 9월 전국주일학교연합회는 주일학교와 교사들의 뜻을 모아 교육현안 5개항을 총회에 건의하였는데 그 내용을 보면 계단공과 출판, 계절공과 조기 발간, 어린이 주일헌금 실시권장, 교육전담 간사제 채택, '교회학교'를 '주일학교'로 명칭을 환원하는 것[22] 등이었다.

그 결과 1984년 총회 교육위원회가 조직되고 전담간사를 선임하였으며, 1987년 10월 생명의 양식(유치부) 교재를 시작으로 생명의 양식 제2차 교육과정을 준비과정을 거쳐 완성하였다. 1993년 12월에는 생명의 양식 제3차 개편을 통하여 유치, 유년, 초등 세 부서의 교재를 발간하였다. 또 '교사대상' 제도를 신설하여 교사들의 사기를 높였고, 1986년 마침내 교사들의 숙원인 주일학교 교사통신대학이 설립되어 교회교육 발전에 큰 걸음을 걷게 되었다.

1985년부터 전국어린이대회는 전국 노회가 참여하여 각 노회 어린이대회를 통하여 선발된 노회대표들이 참가하는 고신총회의 교육평가의 중요한 행사가 되었다. 이 전국어린린대회는 어린이뿐만 아니라 교사와 부모가 함께 하는

21. 그 자세한 내용은 대한예수교장로회 전국주일학교연합회, 『전국주일학교30년사』(1997), 116를 참고할 것.

22. 교회학교로 명칭을 변경하였으나 총회기관과 개체교회에서 주일학교 또는 교회학교로 혼돈되어 용어 쓰는 곳이 많아 서면교회에서 개최된 41회 총회에서 사무총장 심군식 목사에 대한 질의응답으로 다시 주일학교로 확인하여 명칭을 환원하여 지금까지 주일학교로 사용하고 있다. 다만 총회결정을 모르는 교회와 심지어 총회교육원에서도 교회학교로 가끔 사용하고 있으므로 이에 문의하면 지금 시대에 그렇게 해도 된다고 하니 차라리 두 가지 용어를 다 사용토록 총회서 결정을 함이 좋을 듯하다.

주일학교의 범 총회적인 축제로 자리매김을 하게 되었다. 그리고 전국어린이대회를 지역의 교회를 순회하며 개최하던 것을 천안 고려신학대학원에서 개최하게 함으로서 안정화와 함께 상징적 의미를 부여하였다.

또 도서벽지 교회 어린이들을 초청하여 연약한 지체를 세워주는 교회교육의 평준화를 위한교육행사를 개최하였으며, 전국교사대회는 전도훈련과 함께 전도대를 파송하여 주일학교가 연약한 지역을 중심으로 활동하여 가장 먼저 제주(23회기)에서 약 540명이 참석하여 큰 성과를 이루었다. 그 외에도 전국주일학교연합회는 새 교과과정 개발공청회, 총회 교육정책협의회 등 정책연구모임에 동참하여 총회의 교육정책 수립과 추진에 일익을 담당하였다.

1990년대 주일학교: 1990년대에 들면서 전국교사대회는 더욱 많은 교사들이 모여들어 전국주일학교연합회는 보다 체계를 갖추게 되었다. 이에 따라 매년 1월 전국어린이대회, 6월 각 노회단위 교사강습회, 8월 전국교사대회, 10월 노회 회장단 초청 세미나 및 간담회 등이 주요사업으로 자리를 잡게 되었다. 한편 주일학교연합회에서는 주일학교 교육의 영구적인 목표를 설정하기로 하여 1990년 제23회 연합회 총회에서는 '믿으며 가르치며(신 6:4-9)'로 설정하였다. 이는 히브리인들의 자녀교육 방법에서 본받은 것이다. 또 하나의 변화는 지역별 주일학교 연합사업이 활발해졌다는 점이다. 부산권에서는 부산권주일학교연합회, 대구와 경북지역에서는 대경주교연합협의회 등이 구성되었으며 서울지역도 공식기구는 아니지만 연합사업을 하고 있다.

2000년대의 주일학교: 2002년 제52회 총회에서 기존의 교육부를 신학교육부로 바꾸면서 전국주일학교연합회 지도위원회를 신설하여 전국주일학교연합회를 지도 감독하도록 하였다. 뿐만 아니라 총회의 교육정책을 원활히 하기 위하여 노회의 교육부장, 전국주일학교연합회, 총회교육위원회가 총회교육정책협의회를 만들어 교육정책을 수립하고 추진하도록 하였다. 또한 점차 어려워지는 주일학교 상황을 전환하기 위하여 지역별 신년교사강습회를 개최하도록 지도하고 있으며 고신총회 내 교육관련 유관기관들(총회교육원, S.F.C 등)과 활발한 교류와 협력을 하고 있으며 교회교육협의회 등의 모임을 통하여 주일학교의 발전을 꾀하고 있다.

2000년 제50회 총회에서는 '생명의 양식 제4차 교육과정'을 승인하고 이에 따라 교육부서를 조정하여 유아부(2년 반복), 유치부(1, 2), 초등 1, 2, 3부의 2년 단위 교육과정으로 변경했다. 기존 어린이부서에서 유아부를 신설하고 유년부, 초등부를 초등 1, 2, 3부로 조정한 것이다. 이에 만족하지 않고 2009년부터 제5차 교육과정 '그랜드 스토리'를 개발하여 그에 맞는 교육목표를 정하여 교육에 임하였다. 그 내용을 살펴보면 ① 선명한 하나님의 구원 역사 소개, ② 학생들의 흥미와 재미 확보, ③ 교회공동체의 중요성 부각 및 소그룹 활성화의 노력, ④ 창의적인 학습방법 도입, ⑤ 성경적 세계관 유지, ⑥ 삶의 변화를 추구, ⑦ 가정과 협력할 수 있는 구조 등이다.

2006년 도서벽지 교회를 돕던 전국주일학교연합회의 활동을 '어린이영성캠프'로 전환하여 미자립교회와 도서벽지 교회들을 돕는 일에 최선을 다하고 있다. 어린이영성캠프는 실제적으로 고신총회 내 어린이 신앙교육을 위한 최대의 장이 되었고 여름성경학교 활동으로 자리매김하고 있다.

주일학교 운동의 전망

현재 한국 사회는 저출산과 고령화로 인하여 학령기의 자녀들이 계속해서 줄어들고 있으며, 1995년을 정점으로 한국교회는 마이너스 성장을 시작하였다. 그리고 2000년이 들면서 성인 성도수의 감소와 함께 주일학교 학생들이 줄어들고 각 교회는 급기야 교사의 충원까지 어려워졌으며 중, 소 교회의 경우 주일학교가 없어지는 사례까지 발생하고 있다. 뿐만 아니라 주 5일제 근무와 스마트기기의 공급은 주일학교 교육환경을 더욱 어렵게 만들어 변화가 필요한 시점이 되었다.

이에 따라 전국주일학교연합회는 각 교회의 교육에 관한의 견을 수렴하고 이를 정책기관에 제시하여 주일학교와 교회의 교육현실을 분석하고 있다. 이를 위하여 매년 총회 때 노회 단위의 전국 주일학교의 통계를 발표할 때 보다 정확한 자료들을 제공하고 이를 총회의 교육관련 연합기관들(총회교육원, SFC, CE 등)과 공유하여 교육관련 기관들이 유기적으로 연합하여 주일학교를 발전시킬 대안을 찾아가고 있다.

12. 전국 청년연합회(CE) / 양향모

청년연합회를 'CE(Christian Endeavor)'라고 하는데, 영어의 'Endeavor'는 '면려(勉勵)'로 번역되는데, 노력, 시도, 애씀으로 기독청년으로서 노력하고 애써 할 일을 하자는 의미였다. 그래서 미국에서 CE는 "그리스도와 그 교회를 위하여 어떻게 살 것인가"로 시작하였고, 한국에서는 CE의 정신을 나타내는 마크에서 보듯이 중앙에 "그리스도를 위한 면려회"라는 CE와 함께 "나의 마음을 하나님께 바칩니다"라는 라틴어 "Cor Meum Tibi Offero Domine"가 주의를 둘러싸고 있다. 이처럼 그리스도를 위하여 나의 마음을 하나님께 바친다는 정신으로 시작된 단체이다. CE는 1881년 1월에 미국 메인주 포틀랜드(Portland)에 있는 윌리스턴교회 클라크(F. E. Clark)가 창설한 청년신앙동인데, 현재 세계 CE는 80여 개국에 조직되어 있다.

한국에서의 청년연합회 시작[23]

한국에서 CE 운동은 1921년 2월 5일 안대선(Wallis Anderson) 선교사에 의해 경북 안동읍교회에서 시작되었다. 당시 이 운동의 주축이 된 청년들은 3.1운동으로 옥고를 치른 이들이었다. 그해 9월 제10회 장로회 총회에서 교회마다 CE를 조직키로 가결하고, 1924년 12월 2일 기독청년면려회 조선연합회 창립총회를 서울 정동 피어선성경학원에서 개최하였다. 1928년 제1차 하기 대회를 서울 연희전문학교서 개최(5,300명 참가)하여, 면려 주일을 총회결의로 제정하고, 1930년 세계 CE 대회(베를린)에 대표를 파송하였다. 1932년에 총회 면려부를 설치하고, 1934년 9월 제1회 전국 면려회 대회를 평양 숭실전문학교에서 개최하였는데, 7천 명이 운집하는 대성황을 이뤘다.

---

23. 이 자료는 CE 역사관 관장이며 고신 전국 CE 26대 회장을 역임한 김종화 장로께서 제공한 자료임

1949년 10월 서울 새문안교회당에서 재건된 한국 CE는 이듬해 4월 대구 제일교회당에서 2차 총회를 가졌고 6.25가 일어나자 피난지 부산 광복교회당에서 북한 CE가 창립된다. 1952년 4월 대구 남산교회당에서 2차 총회를 개최하였으나 그해 9월 교단분열로 고신측 승동측 연동측으로 CE가 3분 되었다. 이후 1953년부터 7년간 한 차례를 제외하고 국회부의장 황성수 박사가 승동측 CE 회장으로 재임하였다. 고신과 승동측이 합동함에 따라 1961년 3월 서울 승동교회당에서 CE 합동총회를 열고 배경재 김상철 김주태 3인이 고신측 전형위원이 되고, 부회장으로 주관중(삼일교회) 배경업(부산남교회), 총무 배경재(남교회) 등이 임원으로 피선되었다. 이듬해 9월 서울 청파동 청암교회당에서 총회가 개최되었으나 교단 환원으로 CE도 환원되었다.

1924년 기독청년면려회 조선연합회 창립총회 시 결의한 결정문에서 CE 정신을 다음과 같이 기록하고 있다.

<표어>

하나님께 충성을 다하자.

정직한 <나>가 되자.

사람에게 신의를 지키자.

<주장>

쉬지 않고 나를 교양하자.

나의 교회를 돕자.

방방곡곡에 전도하자.

외지 전도에 힘쓰자.

<작정>

매회원 매년 1인 전도주의자가 되자.

회원마다 11조를 바치자.

내 동리에서 신앙 운동을 일으키자.

외지의 한국 동포를 구하자.

고신에서 청년연합회 재건

1953년부터 고신 CE는 강월남 주태화 박봉화 유현철 정낙관 윤광한 김차석 손창희 김상철 등이 CE 회장을 역임하였다. 1966년부터는 뜻있는 고신 청년들이 CE 재건에 힘을 모아 변종수 김상철 정금출 이우성 손창희 김차석 정재택 김종렬 김영현 최해일(목사) 등이 1967년 8월 9일 대구 서문로교회당에서 전국 CE 창립총회를 개최하였는데, 서울 부산 경북 경남 진주 경동 6개 노회 100여 명의 총대가 모여 변종수 씨를 회장으로 선출하고 조직정비에 주력하였다.

1968년 9월에 서문로교회에서 모인 제2회 총회에서는 주경효 씨를 회장으로 선출한 이후 제53회 총회(2019. 11 하늘샘)에서 박정현 씨를 회장으로 선출하기까지 50여 명의 회장을 배출했으며 수많은 청년들이 CE 활동을 통해 그리스도와 교회를 위해서 복음 전도를 위해서 헌신하였다. 현재 고신 합동 고려 3개 교단 산하에 CE가 조직돼 있는데, 통합 교단은 장로회청년회(장청)으로 개칭되었고, 고신에서는 '청장년연합회(CE)'로 부르고 있다. 정리하면, 기독청년면려회가 기독청장년면려회로, 학생신앙운동(SFC)과의 연계를 위해 일시적으로 청년신앙운동(YFC)으로 개칭되었다가 기독청장년엽합회로 명칭을 바꾸어 현재까지 활동하고 있다. 고신 청년연합회 역대 회장은 아래와 같다.

1회(1967. 8) 변종수, 2회(1968. 9) 주경효, 3회(1969. 8) 주경효, 4회(1970. 10) 정금출, 5회(1971. 8) 정금출, 6회(1972. 9) 정재택, 7회(1973. 9) 최오경, 8회(1974. 9) 신동명, 9회(1975. 8) 명돈의, 10회(1976. 9) 김주태, 11회(1977. 8) 김진호, 12회(1978. 8) 정창영, 13회(1979. 8) 김정겸, 14회(1980. 8) 윤성

근, 15회(1981. 8) 박은식, 16회(1982. 8) 김삼관, 17회(1983. 8) 신주복, 18회(1984. 8) 박종호, 19회(1985. 8) 김상복, 20회(1986. 8) 김회수, 21회(1987. 8) 이강호, 22회(1988. 8) 최수우, 23회(1989. 8) 박필근, 24회(1991. 1) 이우준, 25회(1992. 1) 박홍석, 26회(1993. 1) 김종화, 27회(1994. 1) 임석규, 28회(1995. 1) 이상배, 29회(1996. 1) 문태욱, 30회(1997. 1) 허은진, 31회(1998. 1) 권남철, 32회(1999. 1) 심상백, 33회(2000. 1) 노태식, 34회(2000. 8) 이영덕, 35회(2001. 8) 박석현, 36회(2002. 7) 장상환, 37회(2003. 9) 박수곤, 38회 (2004. 9) 양명석, 제39회(2005. 9) 민영기, 40회(2006. 9) 이상옥, 제41회(2007. 9) 정국일, 42회(2008. 8) 차정수, 제43회(2009. 9) 김병선, 44회(2010. 9) 정용석, 45회(2011. 9) 정경태, 46회 (2012. 9) 박희성, 47회(2013. 9) 정종철, 48회(2014. 8) 정형철, 49회(2015. 9) 임채호, 50회(2016. 11) 정진수, 제51회(2017. 11) 김은표, 52회(2018. 11) 서효경, 53회(2019. 11) 박정현.

청년연합회 주요사업

해방 이전에는 CE의 주요사업은 전도대 편성이나 교회설립 운동도 했지만, 농촌계몽 활동과 한글 보급, 독립심 고취 등의 대 사회운동으로 번졌고 해방 후에는 피난민구제와 반공 활동도 하였다. 고신에서의 CE 활동은 주로 세미나나 부흥회를 통해서 신앙부흥 운동에 주력했고 교회 개척이나 복음 전도에도 앞장섰다. 주요 활동 혹은 사업을 소개하면 아래와 같다.

세미나 및 각종 대회 개최: 하기 수양회, 전국 교육대회, 전국 CE 지도자 워크숍, 전국 청년대회, 고신교단 전국 지도자심포지엄, 신사참배 희년 회개와 갱신 대성회 및 대토론회, 전국 CE 가족 기도회, 전국지도자초청 대만찬회를 개최했다.

봉사활동 및 사회 활동: 벽지 교역자 자녀초청, 벽지 교역자 내외초청간담회, 장학금전달(신학생 목회자 유자녀 교역자 자녀), 개척교회 보조, 전국 CE 개척교회설립(천안한빛), 탈북자 고향마을(충주) 트랙터·콤바인 지원, 미자립 교회 봉사, 예수 사랑 나누기 대민봉사, 전방부대 위문, 불우 단체 및 양로원 돕기, 무료 개안수술, 심장병 수술, 무료탁아소운영, 무의촌 진료, 헌혈운동, 교도소 방문, 소년소녀가장 및 무의탁 노인 돕기.

음악 및 체육대회: 총회장배 전국 CE 축구대회, 탁구대회, CE의 날 한마음 체육대회, 음악경연, 성가대연주회, 심장병 어린이 돕기 자선음악회,

대외활동: 세계 CE 가입, 아세아 기독청년연맹[ACEF] 결성대회, 아세아 CE 동경, 타이페이, 홍콩, 필리핀 선교대회, 대만 개혁파 청년연합회와 자매결연, 고베 개혁신학교 청년대표와 간담회.

대정부 활동: 유신 개헌반대 운동, 기독교 학교에서 성경 과목 금지에 대한 반대, 국기에 대한 경례문제 개선 요구.

문서 활동: 회지발간, 교단 지도자 30명 설교집,『생명의 양식』발간, 군선교 및「월간고신」보내기 운동, 고신 CE 20주년 기념 회보 발간 등이다.

13. 고려신학대학원 총동창회 / 정하태

목적

고려신학대학원총동창회는 1981년 8월 5일 시작되었다. 당시 정순행 목사외 몇몇 뜻있는 목사들이 모여 다음과 같은 세 가지 목적을 가지고 고려신학대학원총동창회를 출범시켰다. 첫째, 출신 동창들 상호간의 친목 도모였다. 신대원을 졸업하고 나면 각기 목양지에서 목회하느라 서로 모일 수도 없고 만날 수도 없었기 때문에 함께 연합하여 공동의 선한 일을 도모하기 위함이었다. 둘째, 모교의 발전에 기여하고자 함이었다. 졸업 후 신학교를 위해 기도하는 것은 물론이거니와 더 구체적으로 졸업생들이 모교의 발전을 위해서 기여하기 위해서였다. 그래서 지금까지 1년 2회 정기노회 시에 동창들이 회비를 내어 모교에 장학금을 전달하고 있다. 셋째, 인재 양성과 복음전파에 봉사하기 위함이다. 교단 내 동창들이 각양 은사와 달란트에 따라 우리 교단뿐만 아니라 한국교회와 나아가 세계교회까지 섬기고 봉사할 수 있도록 인재를 발굴하여 후원함으로 세계의 복음화와 세계교회 건설을 이루는데 중추적인 사명을 감당하기 위함이었다.

역사와 조직

고려신학대학원총동창회는 1981년 8월 5일 출범하여 현재까지 41년 동안 하나님의 은혜로 동문들의 친목과 모교의 발전과 개혁주의 교회 건설에 이바지하고 있다. 이 일을 시작부터 지금까지 주도적으로 이끌어 온 역대 회장들은 다음과 같다. 정순행(1.2대, 1981-1982), 진학일(3.4대, 1983-1984), 박치덕(5.6대, 1985-1986), 김원계(7.8대, 1987-1988), 오성환(9.10대, 1989-1990), 최재균(11,12대, 1991-1992), 김영식(13.14대, 1993-1994), 임종만(15대, 1995), 신명구(16대, 1996년), 장형배(17대, 1997년), 전복식(18대, 1998), 손상대(19대, 1999), 윤진구(20대, 2000), 서봉덕(21대, 2001), 권오정(22대, 2002), 최명식(23대, 2003), 김명석(24대, 2004), 조정용(25대, 2005), 윤희구(26대, 2006), 김재술(27대, 2007), 조주환(28대, 2008), 이경열(29대, 2009), 양기철(30대, 2010), 전병성(31대, 2011), 문동경(32대, 2012), 이성구(33대, 2013), 오병욱(34대, 2014), 박문철(35대, 2015), 변성규(36대, 2016), 이성국(37대, 2017), 정우진(38대, 2018), 이성렬(39대, 2019), 옥경석(40대, 2020), 정은석(41대, 2021), 최영완(42대, 2022).

지난 41년간 총 25명의 목사들이 총동창회를 이끌어왔다. 1999년 손상대 회장 시절 유일하게 동창회 전체 주소록을 담은 수첩을 발간하기도 하였다. 현재 42회기 조직은 회장 최영완 목사(양주새순교회 44회), 수석부회장 권기호 목사(춘천시민교회, 45회), 부회장에 장영돈 목사(은광교회, 41회), 심재휘 목사(김해예닮교회, 42회), 강종안 목사(참빛교회, 44회), 소재운 목사(대구샘물교회, 46회), 김경준 목사(부산제일남교회, 46회), 신영일 목사(한은교회, 47회), 강광만 목사(연초중앙교회, 48회), 공은성 목사(삼천포교회, 49회), 총무에 전성진 목사(산호교회, 50회), 부총무에 구빈건 목사(사랑이꽃피는교회, 50회), 서기에 이성수 목사(가덕교회, 51회), 부서기에 최종혁 목사(왕궁중부교회, 52회), 회계에 임재호 목사(옥길교회, 53회), 부회계에 김상훈 목사(성동교회, 54회), 감사에 옥경석 목사(부천시민교회, 40회), 정은석 목사(하늘샘교회, 43회), 자문위원으로는 변성규 목사(은혜와평강교회, 41회), 이성국 목사(이리아름다운교회, 40회), 정우진 목사(3영도교회, 38회), 이성렬 목사(목포은광교회, 38회)가 총동창회를 섬기고 있으며, 그리고 35개 노회 협동총무들이 각 노회에서 위촉을 받아 동창회 임원들과 함께 수고하고 있다.

중점사업

고려신학대학원총동창회의 중점사업은 크게 세 가지다. 첫째, 일 년에 두 번의 장학금(2천만원) 지급과 교수위로회 및 재학생들을 격려하는 일이다. 학교에서는 매학기 재학생들에게 동창회 이름으로 10명의 학생들에게 장학금을 주고 있다. 둘째, 총동창회에서 주관하는 체육대회이다. 이 체육대회 때 고려신학대학원 원장배 테니스대회도 같이 열린다. 올해로 20년째이며, 종목은 축구와 테니스, 족구, 탁구, 사모 발야구이며, 전체예산은 약 1천만 원으로 해를 거듭할수록 참여 인원이 늘고 있다. 셋째, '전국 목사부부수양회'이다. 현재 전국목사부부수양회 역시 해를 거듭할수록 성장하여 교단 내 단일행사로는 최대 참여 인원수를 자랑한다. 제12차(2019년) 때에는 약 580명이 등록을 하여 목회에 수고하시는 목사부부들이 수양회를 통해 안식과 힐링과 재충전의 기회로 삼고 있다.

미래발전

고려신학대학원 총동창회는 지금까지 선배들의 코람데오 신앙을 이어받아 그 가치와 전통을 후배들에게 전해주는 가교적 역할을 감당해 왔다. 앞으로 고려신학대학원총동창회는 위에서 언급한 3가지 중점사업을 토대로, 보다 나은 내일을 위해 봄, 가을 정기노회 시 회원들이 갹출(醵出)하는 회비와 교회 후원금을 통해 고려신학대학원의 재학생들에게 지급하는 년 2회의 장학금을 점차 늘려갈 계획이다. 이 일을 위해 총회 산하 3,500여 명의 모든 동창들이 한 마음으로 소통하고 교제하는 장을 마련할 계획이었지만 코로나 상황이라 2023년 봄에는 목사부부 수양회와 함께 열 수 있는 방법을 고려하고 있다. 전국목사부부수양회는 목회자들의 영육의 쉼과 회복, 충전, 힐링에 초점을 맞추고 있는 만큼 그러한 목적에 맞는 수양회가 되도록 더욱 힘쓸 것이다. 제41회 임원회는 '소통'과 '미래준비'라는 키워드로 미래를 준비하며 다음과 같은 구체적 계획을 마련하고 있다.

첫째, '소통'을 위해 총동창회 전 회원들에게 '총동창회 소식지'를 연 2회 발행하여 동 문들의 소식을 전하며 총동창회 주요 사업에 더 깊은 관심 을 불

러일으키게 하고,

둘째, '미래준비'를 위해서 '총동창회후원장학회'를 조직하여 고려신학대학원 재학생들에게 전액장학금을 지원하는 발판을 마련하고자 한다. 앞으로 고려신학대학원총동창회가 우리 고신교회의 신앙과 정체성을 이어가는 가교의 역할을 감당할 뿐만 아니라, 급격하게 변화하며 변질하는 시대적 상황 속에서 정통신학과 신앙의 순결을 지켜가는 고신의 정신을 이어가는 사명을 감당할 수 있도록 모든 동창들을 격려하는 일에 최선을 다하고자 한다.

14. 고신언론사 / 최정기

고신총회는 한국의 여러 교단 중에서도 비교적 빠른 시기인 1954년 10월에 주간신문으로 교단지를 발행하기로 하고 '기독교보 창간준비위원회'(위원장 송상석 목사)를 발족했다. 이어 1955년 6월 8일 한국 기독교 교단으로서는 최초로 주간신문 기독교보 창간호를 발행했다.(타블로이드 배판 2면, 3천부, 허가번호 제221호. 발행인 및 편집인 : 송상석 목사. 고문 : 한상동 목사. 주필 : 박윤선 목사). 그러나 이때 발간을 한 초기 기독교보는 1956년 11월 17일 극심한 경제사정으로 인해 제34호를 발간하고 더 이상 명맥을 유지하지 못한 채 중단되고 말았다. 1989년 6월 12일, 고신총회 유지재단 이사회는 34년 전에 발간되었던 주간신문 「기독교보」를 복간하기로 결의하고 교단신문 발행을 추진했으며, 약 3개월간의 준비기간을 거친 뒤 1989년 9월 16일 「기독교보」 복간 1호를 발행했다.

복간 초기, 2주에 한 번씩 발행되어 온 「기독교보」는 이듬해 새해가 되는 1990년 1월 6일을 기해 매주간 발행하는 주간으로 변경하여 발행하기 시작했고, 신문이 정상적인 발행을 하게 될 무렵인 1990년 2월 10일, 한국교회 지도자들과 교단 내외 관계자, 그리고 언론인들을 초청해 「기독교보」 복간 감사예배를 드렸다. 초기에 타블로이드 배판 4면을 발행해 오던 「기독교보」는 1990년 12월 22일을 기해 매주 8면으로 증면하여 발행했으며, 1992년 12월 15일 어려운 여건 가운데서 제100호를 발행했다.

「월간고신 생명나무」는 고신총회 출발 초기에 고신교회의 신앙과 신학을 대변하면서 당시 고신교회를 하나로 엮어낸 「파수군」 지를 이어받아 출발, 성장했다. 전신인 「파수군」 지는1949년 3월, 제1호 창간호를 발행(발행소 : 고려신학교 학우회)했으며, 1963년 6월, 제129호 발행으로 중단되었다.

「파수군」의 명맥을 잇는 「월간고신」은 1981년 7월, 제1호 창간호 발행(발행인 : 박창환, 편집인 : 민영완, 주간 : 박정덕, 운영인 : 김동철)하면서 시작되었다. 이어 1987년 1월호를 계기로 기독교문예신인상 시작했고, 1990년 1월호로 「월간고신」 지령 100호를 발행하게 된다. 1998년 1월호에는 신앙간증수기 공모를 시작했으며, 1998년 5월호, 지령 200호 발행, 2006년 9월호, 지령 300호 발행하였으며, 2022년 3월 현재 지령 486호를 발행했다.

1996년 2월 1일을 기점으로 그동안 자체적으로 발행해 오던 「기독교보」와 「월간고신」을 하나로 합쳐 고신언론사를 출범하게 되었다. 이를 계기로 「기독교보」와 「월간고신」사가 운영을 일원화하는 일대 혁신을 이루게 된다. 「기독교보」와 「월간고신」이 운영을 일원화함에 따라 효율성이 크게 확대되었으며, 이를 바탕으로 「기독교보」는 1996년 2월10일(제280호)부터 매주 12면으로 증면 발행하는 발전을 이루었다. 그리고 1996년 7월 13일에 제300호를 발행하게 됨으로 1996년 7월 26일 제300호 발행 기념행사를 개최했다.

복간되면서부터 전통적인 활판 신문편집을 해 오던 「기독교보」는 1998년 2월 7일(제370)호부터 컴퓨터 화상편집 체제로 전환하면서 기사의 일부를 가로쓰기 형식으로 바꾸었으며, 1999년 첫 호부터 제호를 변경하면서 전면적인 가로쓰기 편집체제로 전환했다. 시대의 흐름에 발맞추어 2000년 6월 3일(제476호)부터는 홈페이지를 운영했다.

「월간고신」과 「기독교보」의 운영일원화와 함께 고신언론사가 출범하면서 초대 사장을 역임했던 정금출 장로는 계속해서 2대 3대 회장을 역임하였으며, 이어 2004년 12월 30일부로 제4대 사장에 임성하 장로가 취임하게 된다. 2005년 5월 14일 「기독교보」 제700호를 발행했으며, 그해 6월 28일에는 「기독교보」 창간 50주년을 기념한 기념감사예배를 서울 반포동에 있는 총회회관에서 드렸다. 계속 증면을 위해 노력해 온 「기독교보」는 2006년 1월 2일 제

732호부터는 평소에는 12면, 격주에는 16면으로 증면 발행했으며, 2007년 1월 13일자인 제777호부터는 매주 16면을 발행하는 발전을 이루었다.

4대와 5대 사장을 역임한 임성하 사장 후임으로 2011년 2월 25일에 제6대 사장 최영석 장로가 취임했다. 이어 그해 인터넷 홈페이지를 전면 개편, www.knews.or.kr로 써버 변경과 함께 새로운 인터넷 「기독교보」를 발행하게 되었으며, 그해 10월 22일에는 복간 22년 만에 역사적인 제1000호를 발행하게 된다. 1천호 발행을 기념해 초기 「기독교보」부터 1천호까지 E-BOOK DVD를 제작, 교단 정보와 역사 찾기에 큰 등대가 되었다.

「기독교보」는 시련을 겪기도 했다. 2013년 8월, 제7대 사장선임 선거과정에서 금권선거 의혹이 불거져 선거가 무효가 되고, 제63회 고신총회(2013년 9월)에서 당선된 사장의 신임이 거부되었다. 이에 이후 약 1년 1개월 동안 사장 직무대행(대행 최정기 목사) 체제로 지내면서 언론사는 위기와 불명예의 시간을 보냈다. 이 사태는 언론사와 직원들과는 직접적인 관련은 없었으나 일부 교회와 독자들로부터 구독거부와 후원 중단의 경제적 위기를 가져왔다. 그러나 이 고통의 시기에도 하나님의 은혜와 「기독교보」를 사랑하는 전국교회와 성도들의 기도와 협력으로 기독교보와 월간고신은 새로운 도약의 발판을 마련하는 기회가 되었다.

2014년 9월, 제64회 고신총회는 배종규 장로를 제7대 사장으로 승인하여 총회석상에서 취임식을 가짐으로 고신언론사는 경영체제가 정상화되었다. 이어 2020년 9월. 제70회 고신총회는 최정기 목사를 제9대 사장으로 승인하여 최초 직원 출신 사장이 취임하면서 현재 전직원이 한 마음으로 주간신문 「기독교보」와 월간잡지 「월간고신 생명나무」, 인터넷신문인 「고신뉴스닷컴」, '도서출판 기독교보' 등 다양한 언론출판매체를 가진 복합 언론사로 안정적인 발전을 이어가고 있다.

고신언론사 임직원 현황(2022년 5월 현재)

발행인 : 강학근 목사

사장 겸 편집인 : 최정기 목사

주 필 : 김하연 목사

기독교보 편집팀

국장(대행) : 이호욱 장로, 부국장 : 이국희 장로(고신뉴스탓컴 담당),

부장 : 이용현 집사, 차장 : 구유진 집사, 과장 : 지민근 집사

월간고신생명나무 및 편집제작팀

부국장 : 박진필 목사, 과장 : 조은희, 주임 : 문지연

총무국

부장 : 최성욱 집사, 과장 : 박수진 집사

영업국

국장 : 구본철 장로

15. 총회 은급재단의 역사와 현황 / 최정기

총회 은급재단은 1993년 9월, 제43회 교단총회에서 시행을 결정하고, 이듬해인 1994년 1월부터 가입자 모집을 시작하여 첫 해 12월에 가입자 223명, 자산 2억 2천만 원으로 출발했다. 이후 매년 가입자와 자산이 큰 폭으로 증가하여 시행 29년째인 2022년 3월 말 현재 가입자 2,485명, 자산은 약 866억 원 규모로 급성장했다. 은급제도는 본 총회에 소속된 교역자(목사 강도사 전도사 등)을 대상으로 목회 기간 중 매월 일정금액을 납입하고 은퇴 후에 본인이 납입한 원금과 증식된 이자를 합해 매월 생활비를 지급받는 노후보장 연금제도이다. 우리 교단을 포함하여 예장통합 교단과 합동교단, 감리 등 현재 국내의 7개 교단에서 은급(연금)제도를 운영하여 목회자들의 노후생활을 보장하고 있다. 은퇴한 목회자들의 노후를 교회와 은행 적금이 아닌, 교단에서 시행하는 은급(연금)제도를 통해 준비하는 것이 점점 보편화되고 있는 추세이며, 고신총회의 은급재단은 향후 상당한 기간 동안 가입자와 자산은 꾸준히 증가할 것으로 전망되고 있다.

수혜현황

총회 은급재단의 현재(2022년 3월 기준) 수혜자는 은퇴은급금 90여 명, 장해은급금 2명, 유족은급금 10여 명으로 총 100여 명이 조금 넘으며, 월 지급금액은 1억 1천만 원을 약간 상회 한다. 그리고 현재 가입자가 납부하는 월평균 납입금은 약 7억 2천만 원 정도이며, 지난 회기(제70회기) 1년간 자산 순증가액은 약 93억 원 정도이다. 따라서 현재의 증가 추세로 비추어 보아 866억 원의 자산이 2023년도에는 1천억 원을 달성될 것으로 예상된다. 그리고 이 시점에 은퇴자에게는 년 약 20억 원 정도 지출될 것으로 예상된다.

자산운영유형

우리 은급재단은 아직까지 수혜자가 비교적 적은 편이어서 지불유동 자금이 많이 필요치 않기 때문에 대부분의 자산을 운영유동자금으로 관리하고 있다. 전체 자산 중 약 90%를 안정 보수형으로 운영하고 있고, 약 10% 정도의 자금을 시장수익 추구형으로 운영하고 있다. 또한 상업용 실물 부동산을 비롯하여 부동산 펀드, 채권 및 채권형 공모주 펀드 등 여러 금융권에 다양한 섹트로 분산투자하여 금융전문가들을 통해서 운영되고 있다. 현재 총회 내에서 법인 형태로 운영되고 있는 은급재단은 목사들의 노후보장 재원인 은급자산은 안전성과 효율성을 잘 유지하면서 수익성이 물가 상승분을 초과할 수 있는 다양한 금융상품과 대체투자처를 잘 발굴하여 투명하고 안정적으로 자산증식을 도모하는 일에 중점을 두고 관리 운영하고 있다.

기독교연금현황

한국 교계에서는 우리 총회를 포함하여 예장통합교단과 합동교단, 감리, 기성, 기장, 예성 등 7개 총회가 연금제도를 시행하고 있다. 7개 총회에서의 전체 가입자는 약 4만 명 정도이고, 총자산은 약 9천억 원으로 집계되고 있다. 1960년대부터 시행한 예장통합 교단은 자산 약 5천7백억 원, 가입자 약 1만 7천 명으로 가장 규모가 크고, 우리 은급재단은 이 보다 훨씬 늦게 시작했지만 현재 교계에서 자산규모가 통합교단 다음으로 2위에 이르고 있다.

한국기독교 연금협의회를 통해 각 교단 간의 연금제도를 비교 분석하며 안정적이고 효율적인 자산운영 정보를 공유하고 있다. 이제는 목회자들이 총회가 시행하는 연금제도를 통해서 노후를 준비하는 것이 보편화되어 있다. 평균수명 증가로 인한 가입자들의 장기 수급체제 도래와 계속되는 저금리 상황이 은급재단의 재정건전성을 위협하여 은급제도의 장기 안정적인 시행 부담을 줄 수가 있다. 은급재단은 이러한 어려움을 잘 극복하고 목회자들의 노후에 든든한 동반자로서 항상 함께 하는 것에 큰 비중을 두고 있다.

이를 위해 은급재단은 재단운영과 자산관리의 안정성과 적법성을 검정하기 위해 총회가 선임한 감사를 통해 년 2회, 외부 공인회계사를 통한 년 2회의 감사를 받고 매년 총회에 그 결과를 보고하고 있다. 역대 이사, 감사들을 통한 경험을 바탕으로 안정적이고 효율적인 재단관리와 자산운영, 그리고 초창기 총회의 사무경상비 지원에 힘입어 이제는 장기적인 시행에 어려움이 없도록 성장하고 있다. 은급재단에서는 계속 성장, 발전하여 총회소속 목회자들의 노후를 안정적으로 보장할 수 있도록 힘쓰고 있다.

은급재단 이사회 임역원 명단은(2022년 3월 현재) 다음과 같다.

이사장 : 강영진 목사(서울강남교회)

서기 : 권준오 목사(김해동부교회) 회계 : 박갑봉 장로(수원시민교회)

이사 : 변성규 목사(은혜와평강교회), 이병권 목사(복음교회),
선부익 목사(거창제일교회), 정병주 장로(부암제일교회),
윤종은 장로(신광교회)

감사 : 김성호 목사(금오교회), 이혜영 장로(삼문교회)

사무국장 : 이홍섭 장로(옥길교회)

16. 이단대책연구소 / 서영국

1. 연구소 역사와 발전

1978년의 제28회 총회는 상비부서로 '유사종교연구위원회' 상설을 결의 하였다. 그후 1995년의 제45회 총회에서 유사종교연구위원회 안에 '이단 상담실'을 처음으로 개원했고, 1995년 5월 3일 오전11시 총회회관에서 총회장 최해일 목사의 설교로 개원예배를 드렸다. 상담실은 총회회관 3층으로 하였고 상담실장은 이용호 목사, 간사는 김은진 씨였다. 이용호 목사 취임이후 많은 이단관련자들을 상담하였고 한국교회 연합단체에서 이단전문가와 교계 이단대처에 헌신하였다. 이를 통해 한국교계에 고신총회의 위상을 높여주었다. 그러다가 2002년의 제51회총회에서는 유사기독교 상담소의 전담제 청원이 허락되었다. 최병규 목사가 전임 상담소장으로 임명되었다. 상담소는 이단에 미혹된 자를 상담하고 이단관련 연구와 고신총회 신앙을 지킬 수 있는 많은 자료를 보급하였다. 최병규 소장은 13년 동안 총회 이단대처를 위해 헌신하였다. 2008년의 제57회 총회에서는 '유사기독교상담소'를 '유사기독교연구소'로 명칭 변경하였고, 2014년의 제64회 총회에서는 서영국 목사를 유사기독교연구소 실장으로 선임하였다. 오랜 기간 이단연구와 이단상담을 통한 개종사역을 인정받아 실장으로 임명된 것이다.

2015년의 제65회 총회에서는 전태 목사를 비상근 유사기독교연구소 소장으로 선임하고 사역하게 하였다. 그는 이단상담과 이단관련자 연구결과를 보고 하였다. 이 때 총회 상비부인 유사기독교연구위원회를 이단대책위원회로 명칭을 변경하였다. 그러다가 2017년의 제67회 총회는 이단대책위원회와 총회인사위원회를 통해 서영국 목사를 유사기독교연구소장으로 선임하였다. 서영국 목사는 '상담을 통한 신천지개종연구'라는 제목으로 박사학위를 받았고,

30년 이상 이단연구와 회심상담을 하였고 교계의 이단 전문가들과 교류하며 한국과 세계를 연계하여 이단대처에 힘을 쏟고 있다. 그는 한국장로교총연합회 이단대책위원장으로, 그리고 세계한인이단대책연합회 상임위원으로 헌신하고 있다. 또 한국기독교이단상담소 소장으로 사역하고 있다. 서영국 소장은 기독교보를 포함 여러 언론에 이단관련 글을 기고하고 있고, 총신대학교전문아카데미 이담상담학과정 조직신학강의를 하고 있다.

2018년의 제68회 총회의 총회이단대책위원회(위원장 신민범 목사)는 이단대책상담소를 이단대책연구소로 명칭변경을 청원하여 허락을 받았다. 서영국 소장은 이단대책연구소장으로 2022년 현재까지 활동하고 있다. 역대소장과 기관 명칭을 정리하면 아래와 같다.

1대, 이용호목사, 이단상담실 (1995-2001년까지)
2대, 최병규목사, 유사기독교상담소 (2002년-2013년까지)
3대, 서영국목사, 유사기독교연구소 (2014년)
4대, 전 태목사, 유사기독교연구소 (2015-2016년)
5대, 서영국목사, 이단대책연구소 (2017-2022년)

2. 주요활동

「바른 신앙」 출간 (1-25호까지)

이단대책연구소는 매년 총회 이전까지 당 해의 이단관련 주요 문제를 총회 및 교계전문가에게 위탁하여 7-10여 편의 연구문을 묶어 책으로 발간해 왔다. 그 결과 150편 이상의 이단 연구 논문이 총회 자료로 남게 되었다. 이단대책연구소는 전국의 목회자가 언제든지 연구 자료를 찾아볼 수 있도록 총회 이단대책연구소에 데이터 베이스화 하여서 제공하고 있다. 시대가 점점 다양화 되면서 이단도 다양화되고 있다. 과거에는 여호와증인, 안식일교, 몰몬교, 통일교,

전도관 정도였지만 30여 년 전부터는 이단의 종류가 다양해졌다. 안상홍 하나님의 교회, 이만희의 신천지, 정명석의 JMS, 구원파(박옥수파, 이요한파, 권신찬파) 등 많은 이단들이 득세하고 있다. 신사도운동이 만연하는 것도 무시할 수 없다. 신사도운동은 거짓 성령운동으로 수많은 사람을 미혹하고 있다. 현재 국내는 이단에 빠진 성도의 수가 300만 명 이상으로 추정되고 있다. 자칭 하나님과 재림주가 40명 이상 활동하고 있다. 정통교회 숫자가 많이 줄어든 것도 이단의 미혹이 끼친 영향이다. 이런 세력들에 대처하기위해 「바른 신앙」을 발간하여 전국목회자에게 도움을 주고 있다. 「바른 신앙」을 통해 연구된 주요 이단들은 여호와증인, 안식교, 몰몬교, 통일교, 전도관, 정명석, 구원파, 로마가톨릭, 프리메이슨, 할렐루야 기도원, 워치만니 지방교회, 이슬람, 인터콥, 영성훈련, 엘리야 복음선교회, 사이비 신비주의 신사도운동, 이재록의 만민중앙교회, 김풍일의 새빛등대교회, 변승우, 박무수, 에덴성회, 뉴에이지, 김계화, 김기동, 관상기도, 666, WCC, 다미선교회, 대순진리회, 동방번개, 뜨레스띠아스 등이다.

서영국 목사 취임(이단대책연구소)

이단 상담

이단대책연구소의 주요 사역중의 하나가 이단 상담이다. 이단대책연구소 소장의 사역의 절반 이상이 이단 상담이다. 연간 상담은 500여회 이상, 직접 회심 상담은 100회 이상이 된다. 이중 완전 회심건은 50회 이상이다. 상담건수는 신천지, 하나님의 교회, 정명석, 인터콥, 구원파 순서대로 많다. 신비주의에 빠져 정신질환을 앓는 분들도 복음으로 치료되고 있다. 이단대책연구소는 모든 이단의 상담과 자료 제공이 가능하며 지속적으로 발생하는 이단을 대처할 것이다. 총회 소속 목회자와 성도는 언제든지 상담이 가능하다.

교계와 연계한 연합적 대처

한국교회 주요 이단 연구 전문가들과 교류하며 이단 대처에 함께하고 있다. 고신총회를 대표한 이단 전문사역자로 주요 교단 전문가들과 교류하며 대처 방법과 자료의 교류와 이단상담의 방법까지 나누며 고신총회 목회자와 교회들을 섬기고 있다. 각종 이단들의 문제를 총회에 보고하며 총회 임원회가 요청할 경우 보고서를 작성하여 총회 대처에 힘을 쏟고 있다. 교계는 고신총회의 이단대처에 관심이 많으며 고신의 결의를 예의 주시하며 고신총회의 결정을 존중하고 있다.

3. 이단대책연구소 연구내용

666에 대한 건전한 이해, 세계교회 협의회(WCC)는 무엇이 문제인가? 베리칩에 대한 잘못된 인식, 예수 전도단에서 발견되는 신사도 영향, 가계저주론의 성경적 비판, 이유빈의 공개 죄 자백 사상, 관상기도의 가능성과 한계성, 구원파는 왜 이단인가? 박옥수의 이단성, 이요한파에 대한 연구, 말씀사랑 선교회 손영수 목사, 미혹의 영이란? 마귀란? 김기동 목사 비판, 바람직한 기도원 운동, 불건전한 기도원이 끼치는 사회문제, 할렐루야 기도원의 문제, 남묘호랭객교, 내적치유에 대한 신학적 고찰, 뉴에이지운동의 위험성, 다락방 이단성

연구보고, 이장림과 다미선교회, 가짜단군상이 무엇일까? 단학선원의 실체, 대방주교회, 대순진리회, 학원선교단체현황, 대학 내의 민족종교 및 불건전단체, 동방번개연구, 한국교회가 탈동성애 운동을 해야 하는 진정한 이유, 라일리안 무브먼트의 허구성, 뜨레스띠아스, 마인드 콘트롤, 최면 그리고 이단, 이재록의 이단성은 무엇인가?, 말일성도예수 그리스도교회(몰몬교), 박무수 목사의 4단계 회계론 비판, 큰 믿음교회 변승우의 계시관, 불교의 허구성, 사탄숭배의 사상과 경계, 삼분설의 위험성, 김풍일의 비성경적인 주장, 피터 와그너, 사도직과 계시에 대한 성경의 왜곡들, 데이비드 차의 주장과 문제점, 신천지의 비유풀이, 칼빈주의와 알미니안주의, 안수와 안찰에 대한 이해, 안식교의 문제성, 에덴성회, 엘리야 복음선교회 비판, 여호와 증인 비판, 박철수 목사의 영성훈련의 실체, 이단을 분별하는 방법, 인간의 종교성과 숭배의 대상, 종말론과 하나님의 나라, 한국 이단들의 비유풀이, 이슬람교란 무엇인가? 고신교회가 지켜야할 신앙의 정체성, 전태식 목사에 대한 고찰, 시한부 종말론을 경계하며, 지역귀신 과연 존재하는가?, 한국교회의 거짓 계시운동, 최보라의 사상연구, 통일교의 교리와 최근 동향, 하나님의 교회, 한기총 사태, 형제교회 등 수많은 이단을 연구하였고 '바른 신앙'을 통해 전국교회에 배포되었다.

4. 이단대책연구소의 미래

이단대책연구소는 성경의 가르침에 따라 이단에 대처하는 사역을 감당하고 있다. 교회 역사는 이단과 싸우며 정통교리를 가르치고 파스하고 계승하는 역사였다. 이단은 바른 진리를 무너뜨려서 영원한 구원을 막는 악한 영들의 대적의 역사였다. 이단은 할 수만 있으면 믿는 자라도 미혹하여(마24:24), 사방에서 거짓 재림주가 출현하고 있다. 이런 상황에서 사명감을 가진 이단 대책 사역자들이 있어야 할 것이다.

교회는 이단 연구 전문가를 양성해야 한다. 교회와 목회자는 많으나 이단을 대처할 사역자가 드물다. 우리 연구소는 인재를 발굴하여 미래 교단을 짊어질 전문가를 키워야 한다. 영적 전쟁을 전선에서 할 수 있는 전문가가 필요하기 때문이다. 동시에 교단과 교회는 이단대책연구소를 지속적으로 후원해야 한다. 이단대책연구소 활동에는 많은 고통이 따른다. 이단들의 공격과 고소, 고발의 난무하기 때문이다. 이단들은 자신들의 실체를 드러내면 고소, 고발을 남발한다. 연구소 사역자는 이단들로부터 정신적 고통을 당할 수밖에 없다. 이에 대해 총회와 교회의 지원이 필요하다. 정신적인 격려와 함께 경제적인 후원이 있어야 우리 교회의 신앙과 신학을 수호할 수 있다. 고신총회가 개혁주의 신학과 신앙을 지켜 나가기 위해서는 입체적으로 이단 대처사역에 깊은 관심을 기울여야 한다.

A 70 Years History of
The Presbyterian Church
in Korea(Kosin)

제5부

부록

부록 1

역대 총회 임원 명단

회수	총회장	부총회장		서기	부서기	회록서기	부회록서기	회계	부회계
		목사	장로						
1	이약신	한상동	-	홍준탁	-	오병세	윤봉기	주영문	황정학
2	이약신	한상동	-	홍준탁	-	오병세	윤봉기	주영문	황정학
3	이약신	한상동	-	홍준탁	-	전철홍	윤봉기	주영문	황정학
4	한상동	박손혁	-	홍준탁	-	전철홍	황철도	주영문	현호택
5	한상동	박손혁	-	전성도	-	전철홍	서완선	주영문	박봉화
6	이약신	한상동	-	전성도	김영진	전철홍	서완선	주영문	박봉화
7	한상동	황철도	-	전성도	정찬준	서완선	정봉조	주영문	박봉화
8	박손혁	황철도	-	전성도	정순국	서완선	정봉조	주영문	김해룡
9	황철도	한상동	-	전성도	정봉조	서완선	정순국	주영문	김해룡
10	송상석	박손혁	-	전성도	정봉조	서완선	김장원	주영문	박봉화
11	한상동	이환수	-						
12	한상동	이수현	-						
13	송상석	황철도	-	김희도	전재린	김주오	송명규	주영문	지득용
14	황철도	한상동	-	김희도	전성도	김주오	이기진	지득용	김은도
15	윤봉기	한명동	-	김희도	전성도	서완선	이기진	지득용	박갑수
16	한명동	송상석	-	서완선	이기진	이금도	정판술	지득용	박봉화
17	송상석	한상동	-	서완선	이기진	이금도	정판술	안명술	조인태
18	한상동	윤봉기	-	이기진	전성도	이금도	정판술	지득용	변종수
19	오병세	김영진	-	이기진	전성도	이금도	김주오	지득용	김은도
20	송상석	김희도	-	이기진	김주오	이금도	김장수	지득용	김은도
21	김희도	손명복	-	이기진	김주오	이금도	최해일	지득용	김은도
22	손명복	김주오	-	이기진	박치덕	정판술	진학일	김은도	현기택

23	강용한	권성문	-	이기진	한학수	정판술	진학일	김은도	현기택
24	윤봉기	김주오	-	한학수	신명구	이금도	심군식	김은도	김도준
25	민영완	최만술	-	한학수	신명구	이금도	심군식	윤은조	김도준
26	전성도	이금도	-	신명구	신현국	심군식	진학일	김차석	윤은조
27	이금도	최만술	-	신명구	이금조	신현국	심군식	박준우	차홍호
28	최만술	신명구	-	신현국	이금조	진학일	심군식	박준우	윤은조
29	박창환	김주오	-	신현국	심순식	진학일	곽삼찬	김도준	윤은조
30	김주오	최일영	-	진학일	이금조	곽삼찬	이 선	윤은조	강경숙
31	최일영	서완선	-	진학일	이금조	곽삼찬	이 선	윤은조	강경숙
32	서완선	남영환	-	이금조	곽삼찬	김용도	김원계	조규태	차홍호
33	남영환	박태수	-	이금조	곽삼찬	김용도	김원계	정재택	이영수
34	박태수	최익우	-	김용도	최상수	조긍천	강호준	정재택	박종석
35	최익우	류윤욱	-	김용도	최상수	조긍천	강호준	박종석	정금출
36	류윤욱	박두욱	임태근	조긍천	박종수	조재태	김영관	박종석	정금출
37	박두욱	박현진	배환갑	조긍천	박종수	조재태	김종삼	정금출	윤은조
38	박현진	이금조	손창희	박종수	김종삼	강호준	정주성	정금출	신종문
39	김인규	박치덕	마이조	박종수	김종삼	강호준	정주성	신종문	김삼관
40	박치덕	정판술	박윤섭	김종삼	조재태	정주성	이종영	신종문	이경상
41	정판술	박유생	강경숙	조재태	김영동	윤지환	이한석	김정남	석삼균
42	박유생	신명구	지득용	박찬규	김영동	윤진구	이한석	차홍호	박상복
43	신명구	최해일	김경래	박찬규	이한석	윤진구	김영동	차홍호	박계두
44	최해일	이금조	마삼조	김용구	이종영	김영동	김희열	박계두	성보경
45	이금조	정순행	차홍호	김용구	정승벽	김영동	김희열	김삼관	박은식
46	정순행	임종만	주경효	김영동	이한석	강규찬	이태덕	박기용	박은식
47	임종만	김종삼	서원수	김영동	이용호	강규찬	이태덕	박기용	박재한
48	김종삼	조긍천	박기용	이한석	강규찬	김영호	윤희구	박은식	박재한
49	조긍천	원종록	배상호	이한석	강규찬	윤희구	김영호	차철규	박은식
50	원종록	박종수	박재석	강규찬	윤희구	윤현주	신상현	차철규	박창제

51	박종수	이 선	정재택	이용호	정수생	윤현주	신상현	이우성	신주복
52	이 선	곽삼찬	한상철	이용호	정수생	박수만	권경호	이우성	정채홍
53	곽삼찬	조재태	김정남	윤현주	주준태	박수만	권경호	김종익	전기원
54	조재태	이한석	김봉갑	윤현주	주준태	권경호	전성준	김종익	전기원
55	이한석	권오정	이우성	주준태	장교종	권경호	임진웅	우병주	김재현
56	권오정	김성천	김국호	신상현	김철봉	최한주	박은조	우병주	김재현
57	김성천	이용호	김삼관	김철봉	최한주	권용수	정우진	성보경	정한석
58	이용호	윤희구	신주복	최한주	권용수	정우진	박래영	정한석	김진욱
59	윤희구	윤현주	성보경	권용수	박래영	김상석	오병욱	김진욱	김수관
60	윤현주	정근두	김태열	박래영	김상석	오병욱	조태환	김수관	박영효
61	정근두	박정원	김창대	김상석	오병욱	조태환	신수인	박영효	이계열
62	박정원	주준태	김수관	오병욱	조태환	신수인	박영호	이계열	김종대
63	주준태	김철봉	엄송우	배굉호	신수인	박영호	권오헌	김종대	김광철
64	김철봉	신상현	최수우	신수인	박영호	권오헌	김홍석	김광철	서일권
65	신상현	배굉호	김진욱	박영호	권오헌	김홍석	정태진	서일권	우신권
66	배굉호	김상석	이계열	권오헌	김홍석	정태진		우신권	박영호
67	김상석	김성복	신대종	김홍석	정태진	정은석	최성은	박영호	김충무
68	김성복	신수인	서일권	정태진	정은석	최성은	강영구	김충무	황성진
69	신수인	박영호	윤진보	정은석	최성은	강영구	김희종	황성진	김태학
70	박영호	강학근	우신권	최성은	강영구	김희종	신진수	김태학	김광웅
71	강학근	권오헌	김재현	강영구	소재운	신진수	박성배	김광웅	김승렬

부록 2

고신총회 관련 주요 연혁[1] (작성자: 이상규)

해방 이전

1907. 9. 19. 대한예수교장로회 독노회 조직

1901. 평양에 장로교신학교 설립

1912. 9. 2. 대한예수교장로회 총회 조직

1918. 3. 「신학지남」 창간

1930's 한국장로교회의 신학적 변화, 신사참배 강요

1938. 9. 10. 장로교 제27회 총회, 신사참배 가결, 평양신학교 폐교

1940년

2. 9. 조선총독부, 후평양신학교 인가,

4. 11. 후평양신학교 개교

4. 19. 서울 승동교회에서 조선신학교 개교

7. 3. 한상동 목사 피첩 구금

7. 16. 주남선 목사 피첩 구금

8. 「신학지남」 통권 113호로 종간.

1941년

3. 서탑교회 정상인 담임목사 봉천신학교(동북신학교) 개교, 1947년 9월말 폐교.

11. 21-26. 조선예수교장로회 제30회 총회 평양 창동예배당에서 개최.

1942년

10. 16-20. 평양서문밖교회에서 열린 조선예수교장로회 제31회 총회를 끝으로 총회 해산. 제31회 총회록 일본어로 작성됨.

---

1. 이 연혁의 1940년부터 1965년까지는 이상규, 『교회쇄신운동과 고신교회의 형성』(생명의양식 2016), 559-573을 중심으로 일부 수정 보완하였고, 1966년 이후는 고신총회 홈피 http://kosin.org/page_irLH82를 참고하되 다른 자료를 종합하였음. 고신총회 형성기에 대해서는 자세히 정리하였으나 1964년 이후에 대해서는 주요 사항만을 정리하였음.

1943년

5. 5. 조선예수교장로회 총회 해산, '일본기독교조선장로교단'으로 개편되어 일본기독교단에 예속됨

5. 25. 경남노회 해산.

1945년

7. 19-20. 조선의 모든 교파 '일본기독교 조선교단'으로 통폐합, 장로교 총회도 해체됨 통리: 김관식 목사, 부산교구장: 김길창 목사, 서기: 박손혁

8. 15. 광복

8. 17. 박윤선 목사 만주 떠나 평북 철산으로 귀향

8. 17, 18. 신사참배 거부자 26명 석방

9. 2. 부산진교회에서 권남선, 김길창, 노진현, 심문태, 최재화 등 20여명이 '신앙부흥운동 준비위원회' 조직, '선언' 발표(9월 9일).

9. 4. 산정현교회에서 평양노회 임시노회를 개최, 부흥회와 3일간 금식기도회 개최.

9. 8. 새문안교회에서 남부대회란 이름의 교단대회 소집.

9. 12. 부산진교회에서 경남재건노회 조직, 회장 심문태, 부회장 최재화, 서기 강섭갑, 회계 구영기 선임. 이때 일제하에서 범한 죄과에 대한 자숙안 상정.

9. 19. 박형룡 박사 만주에서 일시 평양으로 귀국

9. 20. 이북교회 5개 항의 교회재건 원칙 발표.

11. 14. 선천 월곡동(月谷洞)교회에서 평북노회 주관 '교역자퇴수회' 개최. 박형룡 교회재건 원칙 발표, 홍택기 목사(월곡동교회)측 반발.

12. '이북오도연합회' 조직, 교회재건 5개 원칙보다 완화된 6개항 결의.

12. 1. 주남선 목사 거창교회 담임 목사로 부임.

12. 3. 부산진교회에서 경남노회 제47회 정기노회. 주남선 목사 노회장으로 추대됨. 부회장 김응진, 서기 박손혁, 회계 구영기 목사

1946년

1. 1-11. 부산 태종대에서 '경남노회 교역자 수양회' 개최.

2. 19. 마산문창교회에서 경남노회 제47회 노회 속회, 손양원 등 목사 안수.

3. 1. 박윤선 목사 월남하여 서울 이태원에 정착.

3. 한상동 목사 월남, 영도제일교회에서 첫 부흥회 인도.

5. 박윤선 목사 진해로 이거, 경화동 교회에 체류.

5. 20. (고려)신학교 설립을 위한 기성회 조직.

6. 11-14. 서울 승동교회에서 대한예수교 장로회 제1회 남부총회(南部總會) 개최(후에 32회 총회로 명명됨). 회장 배은희, 부회장 함태영 목사. 제27차 총회의 신사참배결의 취소, 조선신학교 총회 직영 허락.

6. 23- 8. 10. 진해에서 제1회 신학강좌 개설(교장 한상동, 강사 박윤선).

6. 15. '학생신앙협조회' 조직, 후에 '학생신앙운동'(SFC)으로 개칭 됨.

7. 9. 진해읍교회당에서 개최된 경남노회 제47회 임시노회에서 신학교설립 허가.

7. 30. 한상동 목사 초량교회 담임으로 취임.

9. 20. 고려신학교 첫 16명의 학생으로 개교(설립자 주남선, 한상동 목사).

10. 28. 한부선 선교사 선편으로 내한 부산 도착.

11. 3. 북한에서 주일날 총선거 실시.

11. 13. 한부선 선교사 고려신학교에서 교수 시작.

12. 3. 진주봉래동교회에서 경남노회 제48회 정기노회, 김길창 목사 노회장 피선, 고려신학교 인정 취소, 한상동 목사 경남노회탈퇴 선언.

1947년

1. 3. 부산의 초량교회, 부산진교회, 영도제일교회, 마산 문창교회, 거창읍교회, 남해읍교회 등 6개 교회가 연합하여 성명서 발표. 경남노회의 67개 교회 한상동 목사 지지성명.

2. 14. 초량교회 외 244개 교회가 연합하여 성명서 발표. 초량교회에서 신도대회(信徒大會) 개최.

3. 5. 고려신학교 초량교회 유치원으로 이전.

3. 10. 구포교회에서 경남노회 제48회 임시노회 개최, 김길창 목사 이하 전 임원 총사퇴.

3. 24. 문창교회 등 67개 교회 평신도대표 200여명(회장 황철도) 경남노회 부패성을 규탄.

4. 18. 대구제일교회에서 제2회 남부총회(제33회 총회).

4. 19. 고려신학교 광복동 1가 7번지의 적산 가옥으로 이전.

5. 20. 송상석 목사 박형룡 모셔오기 위해 상경.

6. 26. 송상석 목사 박형룡 모셔오기 위해 만주로 떠남.

6. 27. 고려신학교 제1회 졸업식(졸업생: 이인재, 조수완, 황철도).

9. 20. 박형룡 박사, 송상석 목사의 인도로 만주에서 귀국

10. 14. 박형룡 고려신학교 교장 취임, 박윤선 한부선 교수 취임. 조선신학교에 재학했던 34명 박형룡을 따라 고려신학교 편입

12. 9. 부산 광복교회에서 경남노회 제49회 정기노회 개최(노회장 이순필). 고려신학교 다시 승인, 한상동 목사 경남노회 탈퇴 선언 취소.

1948년

4. 20-23. 서울새문안교회에서 제34회 총회개최, 고려신학교 문제 총회 차원의 문제로 대두됨. 고려신학교는 총회와 관계없음 확인.

4. 30. 박형룡 박사 고려신학교 교장 사임.

5. 박윤선 고려신학교 제2대 교장 취임, 손양원 고려신학교 총무직 수락

6. 박형룡 박사 서울 남산에 장로회신학교 설립, 고려신학교 재학생 50여명 이 학교로 옮겨 감.

7. 8. 고려신학교 제2회 졸업식(졸업생: 김응도, 남영환)

7. 김길창, 김영환, 배성근, 진종학 목사 외 7인, "고려파와 소위 신성파(神聖派)에 관하여" 성명서 발표.

8. 2. '학생신앙협조회'가 '학생신앙운동'(SFC)으로 개칭됨.

9. 21. 경남노회 제49회 임시노회(항서교회당)에서 44:21로 고려신학교 인정 취소.

10. 19. 여순(반란)사건, 21일 손양원 목사의 두 아들 손동인, 손동신 피살.

11. 27. 고려고등성경학교 부산 부민동에서 개교 (교장 오종덕 목사).

12. 1. 「파수군」 창간.

12. 7. 마산문창교회 별관에서 경남노회 제50회 정기노회. 김만일 목사를 노회장으로 선임.

11. 저녁 한대식 목사 공개적 회개, 한상동 목사가 김길창 목사 치리안 제기.

12. 10. 「파수군」 창간호 발간, 1963. 6, 통권129호로 폐간

12. 27. 송상석 목사 마산문창교회 위임.

1949년

2. 19. 김길창 일파 별도의 경남노회 조직을 위한 소집통지서 권남선 명의로 발송.

3. 8. 경남(법통)노회 제51회 정기노회 개최.

3. 8. 김길창 목사 지지자들(권남선, 김영환, 배성근, 손순열, 윤술용, 지수왕 목사 등 10여명)은 부산 항서교회당에서 경남교회 이탈하여 사조 경남노회 조직하고, 이를 51회 노회로 명명함.

4. 19-23. 제35회 총회(새문안교회당) 개최. 경남법통노회와 김길창 사조노회 각각 총대 파송, 김길창에 대한 조치 없이 경남노회 총대 발언권 보류, 경남노회 문제 처리를 위한 5인의 전권위원 파송. 고려신학교는 총회와 무관함 재확인. 박형룡의 장로회신학교 총회직영 인가. 총회 명칭을 '대한예수교장로회'로 개칭.

4. 27. 노진현 목사 등 중간파 노회 조직

5. 8. 한명동 목사, 광복동 1가 7번지 고려신학교 교사에서 부산남교회 설립.

5. 27. 총회 5인 전권위원회, 고려신학교 측과 관계 단절 요구, 제51회 경남노회 정기노회에서

선출한 임부원 원천무효 선언하고 제50회 임부원으로 대체하도록 요구. 경남노회 3분안(경남, 경중, 경서) 제시.

6. 13. 경남노회장 이약신 목사 총회와 총회전권위원회의 결정 반박 및 항의.

6. 21. 배운학 목사 사회로 경중노회(慶中老會) 조직.

6. 30. 총회 전권위원회 '경과상황'을 발표하고 기존 결정 해명.

7. 6. 기독청년면려회 경남연합회 임원단 선언서 발표, 총회전권위원회 결의와 3분 노회 배격 선언.

7. 한상동, 주남선, "대한예수교장로회 성도들 앞에 드림" 발표

8. 경남노회장 이약신, 노회원 이순필, 송상석 명의로 "경남노회사건 총회전권위원회의 경과 사항 발표에 해답함"이라는 문서 발표.

8. 18. 부산초량교회, 제일영도교회, 진해읍교회, 마산문창교회, 진주봉래교회, 거창읍교회 등 111개 교회 "총회전권위원회의 노회 3분안 결의는 불법임을 확인 한다."는 결의문 발표.

8. 28-29. 마산문창교회에서 111개 교회 '경남신도대회'를 개최, 경남노회문제에 대한 총회의 부당한 처사에 항의, 노회 3분 안 반대.

9. 27. 목사 장로 27명이 모여 제3의 중립 경남노회 조직 (김성여, 노진현, 심문태, 이수필 등 친 박형룡 계 인사들).

1950년

4. 21-25. 대구제일교회에서 대한예수교장로회 제36회 총회.

22. 이날 회의에서 경남노회 문제에 대한 총회전권위원회(위원장 김세열) 보고 기각됨.

24. 오전 총회에서는 별위원(別委員) 7인(권세열, 김광현, 김상권, 박용희, 이대영, 이인식, 조승제 목사)을 선정, 경남지역 노회문제 전권을 위임. 9월 5일 오후 7시 30분 까지 정회하기로 결의.

4. 말. 고려신학교에서 회개 역사 나타남

5. 12. 별위원들 마산 문창교회에서 교회대표자 소집, "총회가 고려신학교 인사들과 관계를 가질 때까지 그들과 관계하지 말 것" 지시. 6월 7일 부산진교회에서 경남노회 51회 이전으로 돌아가 노회 조직할 것을 통보.

5. 경남법통노회의 별위원회의 결정 반대 항의.

5. 13. 경남노회 교회대표자 대회 소집, 대표 249명은 별위원회의 결의 항의.

6. 25. 한국전쟁 발발.

9. 28. 손양원 목사 여수 인근 미평에서 순교.

1951년

1\. 15.　구호시설 복음진료소 시작

3\. 7.　별위원회의 부산진교회당에서 교회 대표자 회의 소집하였으나 노회 조직 계획 무산.

3\. 14.　제36회 총회 속회를 앞두고, 부산진교회에서 별도의 경남노회 조직(참석자: 목사 38명, 장로 45명). 제52회로 명명하고, 김석진 목사를 회장으로, 양성봉 장로를 부회장으로 선출.

3\. 23.　고려신학교 설립자, 거창교회 담임목사 주남선 목사 소천.

5\. 25-29.　부산중앙교회에서 제36회 총회 속회 개최, 경남법통노회 축출.
별노회 총대들(권남선 김길창 김몽수 김석진 김응진 김두선 양성봉) 회원권 인정받음, 조선신학교와 장로회신학교 총회직영을 취소하고 새로운 신학교 설립 결의.

5\. 25　경남법통노회는 제36회 총회장 및 총대에게 "경남노회 진상보고 및 진정서" 발표.

6\. 12.　경남법통노회 제54회 임시노회, 결의문 발표.

6\. 21.　부산 영도구 남항동에서 복음진료소 공식 개원. 병원장 장기려 박사

8\. 26.　대구 서문로교회 설립.

9\. 8.　총회 유지재단, 초량교회 명도 소송제기.

9\. 23.　초량교회 접수위원(노진현 이수필 강주선 등) 초량교회 강단 점령.

9\. 13.　대구에서 총회신학교 설립(교장 감부열 선교사).

10\. 14.　한상동 목사 초량교회 사임하고 주영문 장로 집 뜰에서 삼일교회 설립.

1952년

4\. 29- 5. 2.　대구서문교회에서 장로회 제37회 총회 개최. 경남법통노회 총대 파송했으나 "고려신학교와 그 관계 단체와 총회는 하등 관계가 없다"는 재 언명.

9\. 11.　진주성남교회에서 모인 제57회 경남법통노회에서 별도의 치리회 조직 결의, 목사 50명, 장로 37명의 총대가 참석한 가운데 '총노회'(總老會) 조직. 회장 이약신, 부회장 한상동, 서기 홍순탁(洪順卓), 서기 오병세, 회록서기 윤봉기, 회개 주영문, 부회계 김인식 장로.

10\. 16.　'대한예수교 장로회 총노회' 발회(發會) 공식 선포.

1953년

3\. 6-8.　부산삼일교회에서 제2회 총노회(회장 이약신 목사) 개최.

5\. 19.　대구 서문로교회당에서 경북노회 조직.

6\. 10.　조선신학측 '한국기독교장로회' 조직하고 분리.

9\.　박형룡 총회신학교장 취임.

11. 2. 박윤선 교장 화란 유학 차 출국, 1954년 4월 1일 부인 사망으로 급거 귀국

1954년

1. 19. 하도례 선교사 내한 부산도착.

3. 12-13. 부산 남교회에서 제3회 총로회 개최(회장 이약신 목사).

3. 18. 박윤선 목사의 부인 김애란 사모 교통사고로 사망

4. 1. 박윤선 3월 29일 암스테르담을 떠나 부산으로 돌아 옴.

5. 부산 서구 암남동 34번지 1만3천평 대지(신학교 및 복음병원 용) 확보.

7. 8. 한상동 박윤선 박손혁 목사 ICCC세계 대회 참석차 선편으로 출국. 이약신 목사도 8월 3일 개최되는 ICCC 대회 참가

11. 2. 경기노회, 전라노회 조직.

1955년

3. 8. 송도에 고려신학교 교사 신축 시작.

4. 19-21 부산 남교회에서 제4회 총로회 개최, 해외 선교부 조직.

6. 8. 주간신문 「기독교보」 창간호 발행(발행 및 편집인 송상석 목사).

9. 27. 부산 서구 감천 해변 인근에서 칼빈학원 개교.

1956년

1. 16. 평화고등학교 설립(부산 전포동).

2. 28. 평화중학교 설립(부산 전포동).

3. 2 미국 AFAK의 원조로 부산 서구 암남동 산 34번지에 교사 3동 594평의 교사 신축하고, 고려신학교 이전.

4. 7. 부산 남교회에서 제5회 총로회 개최

6. 5. 부산노회 조직.

6. 19. 진주노회 조직.

9. 20-23. 부산 남교회에서 경남, 경기, 경북, 부산, 진주. 전라노회가 모여 '대한예수교장로회(고신) 총회'(총회장 이약신 목사) 조직. 김영진 선교사 대만 파송 결의.

9. 21. 박윤선 교장 고신교회가 시정해야 할 네 가지 제안, 총회 탈퇴 선언.

11. 17. 「기독교보」 제34호로 정간.

1957년

2. 중순. 박윤선 불신법정 소송 반대하고 고려신학교 교장 사표.

4. 박윤선 서울에 개혁신학원 설립.
6. 1. 복음병원 부산 서구 암남동 34번지 신축건물로 이전.
9. 13. 고려신학교 이사회와 교수회는 공동으로 불신법정 소송 않기로 성명.
9. 19-20. 부산 남교회당에서 제7회 총회 개최. 소송건으로 경기노회 행정보류측 교단 탈퇴(10월 7일).
9. 20. 고려신학교와 개혁신학원 합동 방식으로 박윤선 고려신학교로 복귀.
10. 15. 총회 지지측을 중심으로 새로운 경기노회 조직.

1958년

5. 13. 김영진 목사를 대만 선교사로 부산항에서 출국.
9. 23-26. 고신 제8회 총회 개최, 경남노회는 고려신학교의 총회직영 헌의.

1959년

9. 22-25. 부산 남교회당에서 고신 제9회 총회 개최. 경남노회 고려신학교 총회 직영 재차 건의.
9. 24-28. 대한예수교장로회 제44회 총회 대전중앙교회에서 개최.
9. 29. 연동교회에서 제44회 총회 속회 개최, 연동측 총회 구성.
11. 24. 서울 승동교회에서 제44회 총회 개최, 승동측 총회 조직.

1960년

7. 17. 주일 아침 서아도(A. B. Spooner) 선교사 선편으로 출국, 박윤선 환송차 부산부두에서 선상 예배.
9. 6. 범천교회서 모인 부산노회에서 박윤선 교장 주일 선교사 전송건 문제 제기.
9. 20-23. 부산남교회에서 고신 제10회 총회 개최, 승동측과의 합동 추진결의. 새찬송가 편집 완료.
9. 24. 박윤선 목사 고려신학교 교장직 해임. 박윤선 목사 고신과 결별
10. 20. 부산 고려고등성경학교와 대구 고려고등성경하교 합병, 1966. 3월 부산 부민동에서 대구 산격동으로 이전
11. 22. 제10회 총회 1차 속회(부산 남교회당).
12. 13. 제10회 총회 2차 속회(서울 홍천교회당). 승동측과의 합동안 노회 수의 결과보고 총188표 중 가 178표, 부 8표, 기권2표.
12. 13. 고신은 (1959년 연동측과 분리된) 승동측과 합동 총회 개최, '합동교단' 조직. 고신측 회원 130, 승동측 회원 233명, 합 363명.

1961년

2. 고신 산하 모든 노회 승동측 노회와의 합동 완료.

8. 11. 홍반식 목사 박사학위 취득 후 귀국.

8. 31. 오병세 목사 박사학위 취득 후 귀국.

9. 21-27. 부산남교회당에서 제46회(고신 11회) 총회, 한상동 목사 총회장, 전성도 목사 회록 서기 피선. 고려신학교 폐합 결의, 경남법통노회 항의 후 퇴장.

9. 25. 호남지역 총대 김교완 외 51명 신학교 단일화를 위한 청원건 제출.

10. 20. 고신의 경남노회는 "대한 예수교장로회 합동총회에 대한 경남(법통)노회 대책 결의안" 발표.

10. 25. 경남(법통)노회의 성명서, "합동총회에 대한 호소. 경남(법통)노회의 결의와 해명을 공개함" 발표하고 승동측은 3가지 합동원칙과 합의를 파기하였다고 주장.

12. 14. 고려신학교는 총회신학교 부산분교로 하고, 신입생 받지 않기로 가결(당시 한상동 목사는 부이사장).

1962년

3. 고려신학교 폐합 결정에 따라 3학년 학생 서울 총회신학교로 전학

9. 2. 이근삼 목사 박사학위 취득 후 귀국. 칼빈학원 원장 취임

9. 20-23. 승동교회에서 제47회(고신 12회) 총회 개최, 총회장 이환수 목사, 서기 전성도 목사.

10. 11. 고려신학교 재학생들의 고려신학교 존속 요구.

10. 17. 한상동 목사 고려신학교 복교 선언, 박손혁 이근삼 교수 즉각 복교 동참.

12. 17. 오병세 교수 복교 동참. 이근삼, 박손혁, 오병세 고려신학교 교수 취임.

12. 18. 고려신학교 제17회 졸업식 거행. 서울 총회신학교에서 수학하던 중 고려신학교 복교에 응한 5명(남영희, 이지영, 진학일, 최만술, 최진교) 졸업. 홍반식 박사 복교 동참 거부.

1963년

2. 25. 홍반식 박사 고려신학교 복교 동참, 홍반식 이근삼, 오병세 3인 성명서 발표.

6. 합동교단 총회 강도사 고시에 응한 고려신학교 17회 졸업생 5명 응시자격 불허.

7. 29. 부산노회 소속 고신출신교역자들 고신 환원발기회 조직.

8. 5. 부산노회 내 고신측 목회자 김장원, 박유생 등 29명 부산노회 환원 반대 성명.

8. 8. 부산남교회에서 부산노회 환원노회 조직, 노회장 김영진 목사.

8. 12. 전라노회 환원노회 조직.

8. 29. 강유중, 이인재, 황보연준 목사 등 합동측 내의 구 고신측 목사 49명(경북지구 18명, 경기지구 5명, 전라지구 4명, 부산지구 22명 등)은 고신측의 환원 반대 성명서 발표.

9. 3. 경북노회에서 환원노회 조직.

9. 4. 경기노회에서 환원노회 조직.

9. 10. 경남노회에서 환원노회 조직.

9. 17-20. 부산남교회당에서 환원총회(13회, 대한예수교장로회 고신) 개최. 목사 36, 장로 36명 참석. 445개 교회 환원 동참, 합동위원 대표 송상석 한상동 황철도 목사 총회에서 사과.

9. 23-29. 환원 조치에 대한 목사, 장로 자숙 실시.

10. 8. 「개혁주의」 창간. 1973. 9월 59호를 끝으로 폐간.

10. 10. 전라노회 환원노회 조직.

10. 10. 경동노회 환원.

12. 28. 칼빈학원과 고려신학교 교수 연석회의에서 고려신학교가 칼빈학원 흡수키로 가결.

1964년

2. 28. 칼빈학원 폐교되고, 고려신학교 대학부로 편입됨.

9. 22-25. 제14회 총회(부삼 삼일교회당). 경기노회와 경남노회의 고려신학교 총회 직영 건의에 따라 고려신학교의 총회 직영 결의. 고려고등성경학교(교장 오종덕 목사)와 고려신학교(이사장 한상동 목사) 재산 일체 총회에 헌납.

1965년

9. 6. 대한예수교장로회(고신) 총회유지재단 인가 받음

9. 6. 대한예수교장로회 총회 유지재단이 복음병원 인수, 병원 고신총회로 편입됨

9. 21-24. 부산 남교회당에서 고신 제15회 총회 개최. 화란 개혁파(31조파)와 우호관계 갖기로 결의.

1966년

9. 23. 고려신학교의 대학부의 대학인가를 위해 총회유지재단을 교육재단으로 변경해 달라는 요청을 총회(16회) 에 제출, 교단표준문서연구위원 선정. 위원: 홍반식 이근삼 오병세 박손혁 한학수 한명동 서완선, RES가입 결정.

1967년

4. 10. 송상석 이사장의 동의 없이 사조(假)이사단 조직(이사장: 한상동, 이사: 홍반식, 도군삼, 주경효, 김진경, 감사: 오병세, 이근삼)

5. 1. 사조 이사회를 통해 '학교법인 고려학원' 인가.

8. 9. 전국CE 창립총회 개최 (초대 회장 변종수 장로)

8. 10. 전국주일학교연합회 조직(대구 서문로교회당)

9. 21. 사조(假)이사 해체
11. 화란 개혁교회(31조파)와 자매관계 수립

1968년

2. 28. 고려신학교, 대학에 준한 각종학교 인가
3. 6. 일부교수 음주사건 발생 (부산시 중앙동 3가14, 일광상회 선술집에서)
4. 8. 복음간호학교 설립인가 받음
4. 9. 음주사건 처리, 공개사과문 발표
9. 20. 총회에서 나운몽 집단 이단으로 규정, ICCC와 우호관계 유지 재확인.

1969년

1. 7 고려신학교 학생 파동, 이사장 송상석 목사 불신임 결의 및 난동
3. 12. 이사회가 이사장과 대립했던 대학부 5교수(강기범, 김성린, 김영재, 김진경, 정총해) 사표 수리.
3. 27. 송상석 이사장, 한상동 고려신학교 교장 취임
4. 9. 고려신학교 학우회의 사과로 학생파동 일단락
9. 고려신학교, 대학동등학력 인정 지정학교 인가.
9. 제19회 총회 웨스트민스터신앙고백과 대소요리문답을 신조로 채용키로 결의.
목사, 장로, 집사 정년을 만 70세를 결의하다.

1970년

3. 6. 전호진 고신총회 첫 군목으로 임관, 육군군종 목사 사역 시작, 1973년 전역.
9. 25. 제20회 총회, 캐나다개혁교회(The Canadian Reformed Churches)와 자매관계 맺음.
12. 22. '고려신학대학' 인가.

1971년

9. 24. 제21회 총회, ICCC와의 우호관계 단절, RES탈퇴 결의.

1972년

3. 20. 한상동 목사 화란 교회 방문. 5월 26일까지 두 달간 체류.
9. 22. 제22회 총회, 이사장 송상석 경질, 부정선거 논란, 김희도 목사를 이사장으로 선출.
12. 20. 김희도 목사 이사장 직 사면.
12. 29. 송상석 목사, 문교부이 송상석 목사의 이사장 임기는 1971.9.30-1975.9.29까지라는 확인

에 따라 본인의 학교법인 고려학원의 법적 이사장임을 주장.

1973년

6. 9. 김희도 목사와 윤은조 장로 송상석 목사를 사무서 위조 혐의로 검찰에 고소.
9. 18. 김해여고 국기경례거부 사건 발생
9. 20. 제23회 총회, 형사고소건으로 논란 끝에 정회, 12월 17일 속회.
11. 송상석 목사 이사장 직 사면
12. 17. 성도간 소송문제 불가 결의(23회 총회), 고소측 김희도, 윤은조 총회 앞에 사과.

1974년

1. 18. 대만 선교사로 파송받은 유환준 선교사 출국
8. 12. 송도 고려신학대학 교사 신축 기공식
9. 19. 제24회 총회, 제23회 총회 결의를 번복하여, "소송을 남용하지 않는 것이 본 교단 입장"이라고 번복하여 불신 법정 소송 가하다고 결의, 특별재판국 설치, 재판국장: 민영환, 서기: 신현국, 국원: 강호준 심군식, 박은팔 김수복, 변종수, 손기홍, 조인태.
12. 4. 경안노회 조직
12. 4. 총회 특별 재판국, 송상석 목사 면직 판결, 경남노회에 이의 집행을 지시
12. 16. 경남(법통)노회는 특별재판국 지시 반려

1975년

4. 경남노회, 『경남노회 제100회 기념화보』 출간.
5. 1. 마산신광교회당에서 계승(경남)노회 조직
8. 15. 고려신학대학 교사 완공(지하1층, 지상 3층 연건평 1,700평). 화란 31조파교회 지원과 국내 모금 1억2천만 원.
9. 20. 경기노회 불신법정소송 문제 연구위원 연구서 출판
9. 25. 교단 총무제 신설키로 결의하다(초대 총무 민영완 목사)
10. 9. 경남노회는, 총회가 불법을 행사했다는 성명서 교계신문에 게재
10. 27. 반고소측, 고려신학교 복교 선언.

1976년

1. 6. 한상동 목사 소천
3. 6. 반고소측 고려신학교 개교 (삼각산 제일기도원 별관)
6. 제2대 병원장 박영훈 박사 취임(1996. 6월 정년은퇴)

9. 10. 송상석 목사, 『법정소송과 종교재판』 출판
9. 20. 동부산노회 조직
9. 22. 호주자유개혁교회 (The Free Reformed Churches of Australia)와 자매 관계 맺다.
10. 29. 반고소측, 대한예수교장로회(반고소 고려측) 총회 조직, 이 총회에서 석원태 측 이탈 (1977)

1977년

3. 22. 복음병원 보건복지부로부터 종합병원 인가
12. 1. 「개혁신앙」 창간(발행인 오병세), 1988. 8월호 통권 27호로 폐간

1978년

9. 28. 제28회 총회, 상비부서로 '유사종교위원회' 설치

1979년

1. 남아공개혁교회(The Reformed Church in South Africa) 총회와 자매 관계 체결

1980년

7. 영도 동삼동 새 켐퍼스 조성 위해 7만평 대지 구입
9. 제30회 총회, 총회교육연구위원회 설치 결정
9. 25. 이사회 허락 없이 고려신학대학을 고신대학으로 교명 변경한 일에 대하여 학장 사과, 울산노회, 서울 노회 조직
10. 2. 고려신학대학-고신대학으로 교명 변경
11. 3. 고려신학대학 본과(신학연구과) '신학대학원' 인가 됨
12. 20. 송상석 목사 소천

1981년

2. 복음병원을 고신대학 부속 복음병원으로 개칭
7. 「월간고신」 창간 (발행인 박창환 목사)
8. 5. 고려신학대학원 총동창회 조직
9. 25. 제31회 총회, 일본개혁파교회(The Reformed Church in Japan)와 친선관계 맺다

1982년

3. 18. 부산 미문화원방화사건, 고신대학생 5명 가담, 이근삼 학장 사임
9. 22. 고신총회 역사편찬위원회, 『한국장로교(고신) 교회약사』 출판

9. 27. 제32회 총회, 반고소 고려측(경남노회) 120여개 교회 고신 총회로 복귀
남아공자유개혁교회(The Free Reformed Churches in Sosuth Africa)와 자매관계 체결
10. 국제기독교기구인 ICRC에 회원교회로 참여

1983년

2. 총회교육위원회 출범. 이후 교사통신대학 개교(1986), 성경통신대학 개교(1989).

1984년

2. 영도켐퍼스에 3동 2,356평 건물 준공.

1985년

9. 15. 한국교회100주년 기념사업회(고신), 『한국교회 100년 출간』
11. 12. 미주 고신 총로회 설립.

1986년

9. 16. 신학대학원 경건회에서 안영복 교수 '성령세례' 설교를 통해 성령론 문제 제기.

1987년

3. 17. 유럽 고신총로회 조직

1988년

8. 24. 총회선교부, 『고신선교 40년(1958-1998)』 출간.
8. 고신선교훈련원(KMTI) 설립
8. 31. 고신총회역사편찬위원회, 『한국장로교회사(고신)』 출간

9. 8. 총회 회관 건립을 유지재단 이사회에 맡겨 추진하기로 하다

1989년

9. 16. 「기독교보」 복간호 발행

1990년

9. 17. 총회에 전담 총무제 두기로 하되 1년 후 시행하기로 가결.
경서노회 조직.

1991년

9. 대양주 총로회 조직

1992년

3. 31. 서울 서초구 반포동 58-10에 총회회관 건축 기공예배

9. 22. 캐나다개혁교회(The Canadian Reformed Churches)와 자매 관계 맺다
경남 중부노회, 경인노회 조직

1993년

3. 1. '고신대학'을 '고신대학교'로 개명

4. 12. 미국장로교(PCA) 한국선교부(대표 고주영, James A. Kobb)로부터 대전 대덕구 홍도로 99번길 16에 소재한 대지 5,916㎡(1,800평)과 건물 4동(건평 613.1㎡) 기증 받음.

9. 17. 총회회관 준공 예배 (대지 280평, 지하2층 지상 7층 연건평 1,266평)

9. 제43회 총회, 미국 정통장로교회(OPC)와 자매 관계 체결. 은급재단 설립 결정

1994년

1. 총회은급재단 출범

5. 15. 선교부 대전 대덕구 홍도로 99번길 16으로 이동

8. 30. 부산노회, 『부산노회70회사』 발간

9. 26. 제44회 총회 선교부 전담 총무제 시행(초대 총무 이병길 목사), 고신대학 입학자격을 학습인 이상인자로 하기로 가결.

1995년

5. 3. 제45회 총회 결의로 이단상담실 개원

9. 25. 가주고려신학대학원 설립, 1999년 6월 1일 에방겔리아대학으로 개칭됨.

1996년

2. 1. 「기독교보」와 「월간고신」을 묶어 고신언론사 출범(초대 사장 정금출 장로)

9. 20. 제46회 총회 교포선교사 제도 폐지 결정, 타문화선교사만 파송하기로 결의

10. 26. 허순길, 『고려신학대학원 50년사』 출간

11. 충남 천안시 삼룡동의 3만2천여 평을 고려신학대학원 이전 부지로 매입

1998년

4. 10. 진주노회, 『진주노회 40년사』 출간

8. 25. 천안 캠퍼스 준공(연건평 8,577평) 예배, 9월 학기부터 신학대학원 천안 이전.

1999년

6. 1. Evangelia University 개교, 이근삼 박사 총장 취임

9. 29. 제49회 총회, 기독교개혁교회(De Christelijke Geferormeerde Kerken)와 자매 관계 체결.

2001년

9. 18. 고려측(석원태 계)의 서경노회 영입

2002년

9. 유럽 고신 총회 조직

9. 20. 교단설립 50주년 기념대회 개최(고려신학대학원)

9. 23. 고신역사편찬위원회(허순길 집필), 『한국장로교회사』 출간.

2003년

4. 1. 교육인적자원부, 이사 전원 해임, 임시이사(관선이사) 파송

5. 9. 고신대학교 김해복음병원 최종 부도 처리.

2004년

9. 20. 총회 임원 중심으로 고려학원 정상화 추진위원회 조직

2005년

1. 17. 총회 교육원 출범, 초대원장 나삼진 박사 취임

6. 20. 고신선교 50주년 기념대회.

2006년

3. 고신대학교 신학대 외의 모든 학과 입학자격에서 신급 조항 폐지.

9. 16 고려신학대학원 내에 '고신역사기념관' 개관

2007년

4. 17. 155억원의 기금 조성하여 고려학원 정상화 되다

9. 17. 총회 3000교회 운동 시작

2008년

2. 14. 고 송상석 목사에 대한 해벌(사면) 및 복권 결의.

9. 24. 제57회 총회에서 유사기독교상담소를 유사기독교연구소로 개칭.

2009년

1. 1. 문용만 목사 고신총회 최초 공군 군종감(대령) 취임

2010년

6. 21. 총회선교선터(대전) 완공

7. 12 고려학원 주관 고려학원 경영정상화 감사예배(서면 롯데호텔)

10. 영남노회 해산하고 소속교회는 지역노회로 편입

2012년

6. 14 교단 60주년 기념행사 (부산 사직운동장)

9. 20. 대한예수교장로회합신총회와 합동을 위한 교류 시작, 합동추진위원회 설치

2014년

9. 22. 고신총회설립 60주년기념주석 발행(마태복음, 로마서)

9. 유럽예수교장로회 고신총회 조직

12. 30. 고신역사기념관, 『사료로 보는 고신교회 역사』 출간.

2015년

8. 28. 재미한인예수교장로회 총회, 『재미고신 30년사』 출간

9. 16. 65회 총회에서 고려총회(총회장 천환) 영입,
대한예수교장로회 합신측과의 '합동추진위원회'를 '교류추진위원회'로 개칭

2016년

9. 20. 제66회 총회, 순장총회와의 교류 시작

9. 20. 경남법통노회(강종환 집필), 『경남법통노회 100년사, 1916-2016』 출간

9. 21. 경남노회설립100주년 감사예배

12. 27. 총회교육원 천안 캠퍼스로 이전

2017년

3. 6. 제66회 총회 결의에 따른 '고신신학원' 설립

9. 20. 제67회 총회노회 및 기구 개편안 확정, 39개 노회를 33개 노회로 개편하고 노회명칭 변경.

10. 17. 노회구역 조정 시행

2018년

9. 7. 고려파역사편찬위원회, 『반고소 고려총회 40년사』 출간.

9. 9. 헌법해설 개정판 발행

12. 22. 교단통합(고신·고려)기념교회 헌당 및 한마음교회 설립감사예배

2020년

11. 15. 총회 선교부, 계간지 KPM R&D 창간호 발간

2022년

2. 7. 고신총회 설립70주년기념 70일 특별새벽기도회(2.7- 4.17)

9. 20-23. 고신총회 설립 70주년기념 총회